西北师范大学史话

XIBEI SHIFAN DAXUE SHIHUA

张俊宗　刘仲奎　主编

尚季芳　副主编

人民出版社

主编简介

　　张俊宗　汉族，甘肃省张掖市人。教授，高等教育学博士，博士生导师。兼任中国高等教育学会常务理事、中国高等教育学会高等教育管理分会副理事长。历任西北师范大学团委书记、宣传部长、办公室主任，天水师范学院副院长，甘肃民族师范学院院长，甘肃农业大学党委书记。现任西北师范大学党委书记。

　　主要从事高等教育学、行政学研究，在《光明日报》《高等教育研究》等刊物发表学术论文 60 多篇，著有《现代大学制度：高等教育改革与发展的时代回应》《适应与选择：西部民族聚居区高校人才培养模式研究》等学术著作 7 部。近年来，先后主持完成中国教育科学"十五"规划课题、教育部重点招标课题、教育部人文社会科学研究基地重大研究项目等多项研究课题。荣获甘肃省第十一届社会科学优秀成果一等奖 1 项，甘肃省教学优秀成果一等奖 2 项、二等奖 2 项，甘肃省高等教育教学成果省级特等奖 1 项。荣获甘肃省委省政府"甘肃省少数民族地区杰出人才奖"，入选"全省宣传文化系统"四个一批"人才、甘肃省领军人才。

　　刘仲奎　汉族，1963 年 7 月生，甘肃省通渭县人。教授，博士生导师。1984 年毕业于西北师范大学数学系；1988 年毕业于武汉大学，获硕士学位；1992 年毕业于兰州大学，获博士学位。现任西北师范大学校长、民盟甘肃省委会主委，为第十三届全国政协委员、民盟中央委员会委员、甘肃省第十三届人大常委会委员。

　　刘仲奎教授长期从事环的同调理论以及半群代数理论方面的研究与教学工作，曾经解决了苏联、德国、加拿大数学家提出的五个公开问题，开拓了新的研究领域。在《Journal of Algebra》(《代数杂志》)、《Communications in Algebra》(《代数通讯》) 等刊物公开发表论文 100 余篇。2016 年入选国家"万人计划"领军人才。

　　担任民盟中央委员、民盟甘肃省委会主委、甘肃省人大常委会委员以来，认真履行代表职能，围绕国家和甘肃经济社会发展的重大问题，特别是教育与乡村教师队伍建设等问题积极建言献策，受到多家中央和省级媒体关注，表现出较强的参政议政能力。

副主编简介

尚季芳　汉族，1976 年 2 月生，甘肃省张家川县人。现为西北师范大学历史文化学院教授，博士生导师，校史研究中心主任，国家社科基金重大项目"抗战时期西北国际通道资料整理及研究"首席专家。兼任甘肃省历史学会副会长、中国现代史学会常务理事、中国社会史学会理事、中国毒理学会毒理史专业委员会副主任委员。

主持国家社科基金重大项目、国家社科基金重点项目等课题 15 项。在人民出版社出版《民国时期甘肃毒品危害与禁毒研究》《兰州通史》（中华民国卷）专著 2 部。在《中国经济史研究》等刊物发表学术论文 80 余篇。先后获甘肃省青年教师成才奖、甘肃省社科优秀成果奖和甘肃省高校社科成果奖等奖励多项。

向西向下：西北师范大学的使命

（代序）

西北师范大学发端于 1902 年的京师大学堂师范馆，此为中国高等师范教育之滥觞，开启了教育本源之新篇章。1912 年改名为北京高等师范学校；1923 年改名为北京师范大学；1931 年与北平女子师范大学合并，实力大增。全民族抗战爆发后，中国的大学掀起了一场教育西进运动，北平师大与北洋大学、北洋工学院、北平研究院、河北女子师范学院合并为西北联合大学，北平师大成为西北联大师范学院。1939 年 8 月，西北联大师范学院独立设置为国立西北师范学院；1941 年迁移兰州。1946 年部分师生前往北京，组建北京师范学院，部分继续留在兰州，建设西北师范学院。1949 年中华人民共和国成立后，学校迎来全新的发展契机。1958 年改名甘肃师范大学，1981 年复名西北师范学院，1988 年改名西北师范大学。

回望百廿校史历程，西北师范大学从京城生根发芽，到金城拓展勃发，再到并蒂双开北京和兰州，中国高等师范教育因这两所学校的发轫、坚守和壮大，以致成为时代的缩影，亦为开发西北的先锋和立德树人的典范。

一、近现代中国社会变迁的见证者

1898 年清政府创办京师大学堂，开辟了中国现代高等教育的新纪元。1901 年，清政府在经历了八国联军入侵的阵痛之后，终于认识到不变则亡的道理，开启了自我革新的清末新政。清政府举办新政千头万绪，各项事业均需人才支持，故整顿更新京师大学堂势在必行。在中国大学之父张百熙的主导下，京师大学堂先后设预备科和速成科，其中速成科包括仕学馆和师范馆。设立速成科是国家需才孔亟、权衡利弊之下的重要举措，符合当时的国情，培养了一批管理和教育人才。1904年，师范馆改名为优级师范科，1908年改名为京师优级师范学堂，这是中国高等师范教育独立设置之始，其意义非凡。

中华民国成立后，京师优级师范学堂改名为北京高等师范学校，因着陈宝泉校长锐意治校，北京高师办学质量稳居全国高校前列，并在五四新文化运动中高扬反帝反封建的旗帜，成为这场爱国运动的主体之一。北洋政府时期，北京政府更换频仍，教育经费支绌，军政干预教育的现象无处不在。1926年3月18日，为抗议段祺瑞政府的卖国行径与黑暗统治，北京女子师范大学学生刘和珍不顾病痛，积极动员和组织抗议活动，最终身中数弹倒在血泊之中，鲁迅称赞她是一位具有"干练坚决、百折不回"气概的"真的猛士"，是"为了中国而死"的青年。1935年12月9日，为了揭露日本侵略华北的阴谋，反对国民政府的不抵抗政策，北平学生发动了一二·九学生运动，北平师大仍是运动主力。1937年7月，全民族抗战爆发后，李蒸拒绝了日本的拉拢诱惑，毅然领导学校师生一路西行，从北京辗转至西安、城固，最终在兰州建立永久校址，成为甘肃的第一所国立大学。学校一路西行的艰难历程见证了国土的沦丧和民族的苦难，也更加坚定了战火中的知识分子在西北抗战大后方办学，振兴中华的信心和决心。1944年，140余名西北师院师生投笔从戎，奔赴战场。1949年3月29日，在中共地下党的领导下，西北师范学院发起了三二九学生运动，迫使行将灭亡的甘肃省政府将摊派的300万银圆公债全部取消。

1949年8月26日，兰州解放，师院全体师生坚决保护校产，使其完整地回归到新中国的怀抱，学校迎来了发展的新阶段。在随之而来的抗美援朝运动中，师院学生积极捐献物资，李化方院长毅然送子参军。1958年，西北师院响应国家号召，由部属变成省属，改名甘肃师范大学，此一历史性的变动虽然对学校办学前景和办学声望有较大影响，但师院人坚决配合国家政策，继续躬耕陇原，潜心育人。1978年改革开放后，甘肃师大迎来了科学的春天，老学科焕发新活力，新系科因时而产生。学校成为首批具有学士、硕士和博士授予权的单位。1985年，教育部依托学校设立了"西北少数民族师资培训中心"。1987 年，国务院在学校建立了"藏族师资培训中心"。1988 年，学校更名为西北师范大学，因申报 211 工程大学的契机，实施了"攀登计划"，通过抓好"特色学科工程""教改二期工程""校园文化建设工程""校园计算机网建设工程"和"基础设施建设工程"等，使得学校硬件、软件建设都上了一个新台阶。2000 年以来，借着国家实施西部大开发战略的东风，西北师大乘势而为，全面提升学校办学综合水平。2009 年，教育部与甘肃省政府签署共建西北师范大学战略协议，按照《西北师范大学 2009—2015 年发展战略规划纲要》，新校区开工建设，教育部重点实验室相继设立，"西北师范大学华文教育基地"成立。十八大以来，西北师大主动融入国家脱贫攻坚的伟大行动中，积极投身脱贫攻坚主战场，形成了"三结合、三转化""智志双扶"的"西北师大模式"，树立了地方高校助力脱贫攻坚的先进典范。

2018 年以来，学校发展进入了快车道。经过学校各方谋划思考，《西北师范大学高水平大学建设行动方案》出台，提出了高水平人才培养、高水平队伍建设、高水平学科建设、高水平科学研究、高水平社会服务、高水平国际交流、高水平装备建设和现代大学治理体系的"七高一体系"高水平大学发展蓝图。2020 年获批"国家教师发展协同创新实验基地"和"教育部师德师风建设基地"，2021 年获批"国家语言文字推广基地"。在双一流大学建设上，学校上下一心、群策群力，成效显著，"教育学"和"简牍学"入选省属高校国家一流学科突破工程建设项目。2021 年 12 月，学校胜利召开第八次党代会，提出了未来五年的奋斗目标和远景目标，即到 2025 年，学校稳步进入国家"双一流"大学建设行列，教育学、简牍学两个学科处于全国同类院校前列。到 2035 年，学校人才培养、科学研究、社会服务、文化传承创新、国际合作交流水平得到全面提升，基本实现治理体系和治理能力现代化，基本建成教师教育特色、铸牢中华民族共同体意识特色、服务西部发展特色鲜明的一流大学，其综合实力和国际影响力走在全国同类院校前列。

岁月荏苒，时光如梭，未来可期。从 1902 年到 2022 年，西北师范大学历经清朝、中华民国，再到中华人民共和国 120 年的风雨历程，她真正见证了中国社会从站起来、富起来到强起来的伟大历史征程。一部西北师大的发展变迁史就是一部中国近现代社会发展的缩影，就是一部与祖国风雨同舟，同向同行的辉煌史诗。西北师大在每一个时代都发出了属于时代的最强音，可歌可泣。当下，站在历史发展的新起点上，西北师大一定会为中华民族伟大复兴的征程贡献磅礴力量。

二、中国高等师范教育的引领者

清末师范馆成立后，清政府引入日本的教学模式，采取免收学费、提供膳宿、严格考核等措施，迅速吸引了大批学人报考，为中国培养了急需的新式教师，也标志着师范教育制度的初步确立。民国肇始，全国设置六个高等师范区，并在北京、南京、武昌、成都、广州、沈阳各设高等师范学校一所，师范教育发展态势良好。

然自《二十一条》签订后，国人掀起了反日浪潮，一些留美学生学成归国主张实行美国的师范教育制度。因是之故，师范教育是独立设置还是合并于大学这一问题在国内展开了激烈的争论。蔡元培认为"高专与高师，均可改为专科大学，或并入大学"；陈独秀则主张高师"宜归大学，不另设立"。他们坚称中等师资培养并无特殊性，师范教育靡费财力、人力，合并或废除为上策。面对此等言论，北京高等师范学校师生在校长李建勋的带领下连续发文，指出中国目前最急迫的是普及教育，实现最低层次的知识传播，扩充受教育人数，培育国家发展的新民众，发展师范教育为国家未来前途之关键。

在北京高师的力争下，教育部采取折中态度，1922 年通过了《学校系统改革案》，规定高等师范学校应提高程度，改为师范大学或设于大学内。至此，中国近代的高等师范学校，终于在学制系统上获得了与大学平等的地位。次年，北高师升格为北京师范大学，其他如南京高师改为东南大学，武昌高师改为国立武昌大学，广州高师并入国立广东大学，成都高师并入四川大学，沈阳高师改为东北大学。显然，北京师大是硕果仅存的师范大学，她延续了师范教育的命脉。

进入 20 世纪 30 年代，关于师范大学的存废之争再次卷土重来。1932 年 10 月 16 日，《大公报》发表了《改革我国教育之倾向及其办法》，提出"大学以农工医为主，将现行师资教育一律取消"的建议。12 月，国民党中央组织委员提出《改革高等教育案》，历数师范教育的"弊端"，认为"师范教育不应另设专校"，"国立北平师范大学应即停办"。针对国民政府的这一举动，北平师范大学（国民政府成立后，北京师大改名北平师大）在校长李蒸的主导下，又一次据理力争，陈述师范教育之不可替代性。李蒸指出："师范生实负有继承与传递本国固有文化的责任，同时亦有吸收外来文化与创造新文化的责任。我们知道文化的绵延是要国民一代一代的继往开来，而这种能力是从教师身上学习而来的。"与此同时，北平师大展开了大规模的"护校运动"，加之教育界的呼吁以及国民党内部的意见分歧，最终北平师大这颗"仅存的硕果"被保存了下来。

全民族抗战爆发后，华北容不下一张安静的书桌，北平师大西迁最终改名国立西北师范学院。1941 年西北师院迁往兰州，使中国优质高等师范教育从北京向西推进了 1000 余公里，成为西北地区第一所国立高等师范学院，被时人誉为"西北教育的拓荒者""开发西北教育的急先锋""西北师范教育的摇篮"。此时，国民政府对师范教育亦给予了足够的重视。1938 年 7 月，教育部颁布《师范学院规程》，规定师范学院实行独立设置和附设于大学之内的双轨并行体制，鼓励各地兴建师范学院。

因着西北师范学院的实力，1944 年，西北师院教育系教授郝耀东直接参与筹建了陕西省立师范专科学校，即今天陕西师范大学的前身；1946 年袁敦礼教授担任新筹组的北京师范学院院长；1953 年，中央体育学院（今北京体育大学）成立，其筹建者即为西北师院体育系徐英超教授；1954 年，由原西北师院体育系和西北体育干部训练班合并建立西安体育学院。这些高校至今都是国内外有重要影响的教育机构，其中西北师院的筚路蓝缕之功不可磨灭。

时至今日，中国的高等师范学校达到 150 余所，是中国高等教育的重要阵地之一。但人们不应忘记有开创之功的北京师大和西北师院。西北师范大学和北京师范大学如今雄峙西北和华北，花开并蒂，吐露芬芳。北京师范大学依然引领中国高等师范教育的航向，卓尔不群；而西北师范大学坚持向西向下，在民族地区教育、西北边疆史地研究、西北地区生态环境治理、西北地区经济研究、服务"一带一路"建设等方面贡献卓著，在教育润边、教育稳边方面谱写着西北师大人的华丽篇章。

三、西北师范教育的拓荒者

全面抗战前，广袤的西北无一所师范大学，而要将西北建设成稳固的大后方、新中国的根据地，最切要者莫过于发展教育。迁移大后方对北平师大来说，既是对其实力的一种保存，也使久居于都市的大学增添了西北元素。西北民众勤劳朴实、厚重大气、吃苦耐劳的精神深刻浸染着这所大学，使得这所大学更加接地气，更有民族复兴的担当意识。

亦有进者，国民政府教育部长陈立夫对西北师范学院给予了更高的期望。"西北师范学院实为师大之支衍，昔日师大之精神将因此而永远扩展于西北，在师大同仁必有吾道西行之感……所望执事领导诸同仁，继续努力，共图师范教育使命之完成，为民族复兴奠立精神之基础，则非徒为西北一隅"。教育部期许西北师范学院能成为开发西北、复兴民族的中坚力量。

抗战时期，兰州是西北抗战大后方的中心，其兴衰一定程度上关乎着整个抗战的成败。迁往兰州的西北师院深明政府的用意，李蒸一再强调"西北为中华民族发祥之地，亦为中国文化发源之地"，师院应做西北文化建设的中坚，应承担"奠定民族复兴之基础"的重任。

本此使命，李蒸倡导师院要加强西北边疆史地研究，通过学术为现实、为边疆开发服务。在李蒸的倡导下，师院教授何士骥、陆懋德主持发掘陕西城固张骞墓，目的是弘扬张骞开通丝路、不避艰险的精神，以"增加抗战必胜的信心"。黎锦熙先后主持修成了《城固县志》《宜川县志》《洛川县志》《黄陵县志》《同官方言谣谚志》《洛川方言谣谚志》和《方志今议》等一批典范性的著作，对现代方志学的理论和方法有开拓之功。在黎锦熙的倡导下，师院创办了国语专修科，培养了100余名学生，1945年派20余名学生赴台推行国语，成效卓著。

此外，如邹豹君、李化方、何士骥、殷祖英、林冠一、孔宪武等学者都发表了一系列有关西北地方文化和经济建设的重要论文，从学理上发掘西北的历史文化，建言政府加大开发力度，同时提出一些具体的经营之道。此外，西北师范学院承担了抗战时期陕、甘、宁、青、新、豫、绥七省的现任教师进修，中等教育和小学教育改进等方面的任务。西北师院先后成立了中等教育辅导委员会、中等学校教育进修班、地方教育辅导委员会、师范研究所、中等教育通讯研究处、小学教育通讯处等机构，研究解决师范、中学和小学教学中的相关问题，取得了不菲的成绩，颇受社会和教育部赞许。除此之外，国立西北师范学院在中国文学、地理学、植物学、美术学、家政学、体育学研究方面都有重要的贡献，某些学科成为当时国内学科建设的标准，成一时之盛。

西北师范大学 1958 年由甘肃省管理后，学校师生进一步致力于甘肃乃至西北地区的教育发展，进一步彰显了扎根西北的决心和恒心，进一步弘扬了西迁精神。值得一提的是西北师范大学为新疆地区的教育作出了重要贡献。早在民国时期，西北师范学院就为新疆地区培养师资，学院内设五年制师范专修科一班，定向为新疆培养 50 名初师毕业学生。2008 年，为缓解新疆地区师资力量匮乏，学校与新疆维吾尔自治区教育厅签署校地合作协议，开展实习支教工作，支援新疆基础教育。从当年秋季学期开始，学校每年派出两批优秀师范生在阿克苏地区支教。西北师范大学是第一家到新疆基层地区实习支教的内地大学，也是持续支教时间最长的学校。2008 年至 2021 年间，西北师大共有将近一万名学生前往新疆阿克苏支教，其中 3000 余人在新疆就业，不少西北师大毕业生已成为当地学校教学科研骨干，备受称赞。未来，西北师大还将与阿克苏地区打造支教工作的"升级版"，共同为国家的"一带一路"建设和"民族团结一家亲"的大局作出应有的贡献。

截至今日，学校已为国家培养各类人才 28 万余人，大部分学生都扎根西北大地，在高校、教育行政部门都有西北师大人的身影，尤其在中等学校有 70% 的教师为西北师大所培养，他们默默奉献、甘于寂寞、勇担重任，为国家的繁荣昌盛作出了卓越的贡献。

四、立德树人的光辉实践者

大学是人类文化的重要传递者，是铸造人类高尚灵魂的坚实堡垒。它既是研究高深学问的机关，培养高级人才的场所，亦是国家发展航向的掌舵者，是社会良知和舆论的引路人，是一个民族国家发展的晴雨表。正如梅贻琦所说："所谓大学者，非谓有大楼之谓也，有大师之谓也。"什么样的教师才能称得上大师？必是那些品行高尚、胸怀国家、学问精进、淡泊名利、志向远大、积极创新、有情有义之人。所以作为学校的管理者，应该充分认识到这一点，不遗余力地延揽并培育此类人才。西北师院院长李蒸先生对人才极为重视，他认为人才是开发西北的关键，"此为西北基本重要之途，有人才则百废俱兴"。因着李蒸的人格魅力和礼贤下士，一大批名师跟随他到兰州。李蒸对这些教授待如上宾，敬爱有加。据孙昌吉回忆："当时学校会议室只有一张破旧沙发，每次开会时，校长总是让年纪较长的李建勋教授坐。"另据李蒸的女儿李溪桥回忆："父亲对学院的老师非常尊重，每当某某先生来访之后，他总要向我们介绍这位先生的专长，学识如何渊博，对学校做过什么贡献，使我们肃然起敬。"

这些到兰州的先生们，个个都是国内学术界的翘楚，他们在国内任何一所条件好的大学都可以谋得职业，但他们胸怀国家，抱着吾道西行的宗旨，讲学论道，其乐融融。兰州建校初期，办学条件十分简陋，黎锦熙先生"暂住在两间八面透风、纸糊天棚的房子里，严冬大雪，小火炉一点热气也没有"。一天晚上，顾学颉和叶丁易去看望黎先生，只见他在寒冷的屋子里哆嗦着身子批阅公文，身上裹着家中仅有的两条薄被。二人趁机劝说黎先生，身为部聘教授的金字招牌，为何要留在这穷山恶水的破店里？黎锦熙听后严肃地说："这块金字招牌就要挂在这个破店里！你们知道，西北教育落后，开发的责任谁来担当！"振聋发聩的语言，让顾、叶二位同学不寒而栗。1950年，李秉德先生毅然来到西北师院，到校后，住泥土屋，用煤油灯，条件艰苦之至。李秉德表示："虽然如此，我心里还是很高兴的。因为我对于给我分配的工作十分满意。我一向是教书的，现在仍要我教书；而且我学的专业是教育，现在到师范学院工作，很对口径。我回国前的希望都如愿以偿了，怎能不高兴呢？"1953年，南国农先生主动要求奔赴大西北，执教于西北师范学院，开始了为大西北的教育事业和中国教育信息化发展奉献的六十余年。后来有多所大学邀请，都被他婉言拒绝。他深情地说："我的事业在西北师大，我永远和西北师大同呼吸、共命运——西北师大有我的过去、现在和未来！"这就是撑起西北师大辉煌的先生们，他们为我们树立起了为学、为人和为师的精神丰碑，引领我们奋进。

李蒸在谈到如何形成良好的校风时，他强调"爱"是教育的根源，是教育的出发点，教育的过程及教育的目的都是爱，教职员必须能负责领导学生，举凡思想、课业、生活、精神方面，均能以身作则，以教育家态度教导学生，视学生如子弟，以满腔热忱为学校和学生服务。孔宪武的学生赵国珍回忆老师"真的是好人"。他记得每次寒假前，孔宪武总是对系里的年轻教师和学生说："你们回家，如果没钱了，就从孔师母那儿拿点钱，等你们有钱了再还。"赵国珍当时工资12元，他经常找孔师母借钱回家过年。中文系的学生汪玉良回忆他患了急性阑尾炎，郭晋稀先生竟然走了二十华里，多方打听到了他的住址去看望他，并为他带了一包红枣，说"这是校园里捡的，你喜欢吃，这我知道"，"先生的情意如阳光如空气，赋予我生命的再生力……点燃我心头希望的光束"。漆永祥回忆李庆善先生常叫他们去家里吃饭，"师母不吃羊肉，而先生极嗜羊汤，很少做饭的先生，自己剁洗炖煮，等肉烂熟了，就大老远到学生区找我，先生气喘不能上楼，就在楼下朝上喊'漆永祥！永祥！'我在三楼窗口探头应答，先生乐呵呵地说：'快下来！吃羊肉去。'我就跟着先生到家里，饱餐鼓囊而归。"这些感人温馨的场面，让学生感恩终生，难以忘怀，无论他们行至何处，都深深地怀念和眷恋母校，并将这种爱代代相传。

逝去的是时间，不变的是精神。西北师大从一棵幼苗长成参天大树，"爱国进步、诚信质朴、艰苦奋斗、自强不息"的师大精神存续始终，"知术欲圆，行旨须直"的校训萦绕耳畔，"崇尚学术、追求卓越"的办学理念催人奋发，《我的校园在黄河岸上》的校歌响彻母亲河畔。忆往昔辉煌岁月，看未来璀璨华章。在实现中华民族伟大复兴的征程上，有国家新时代推进西部大开发形成新格局和"一带一路"建设的伟大战略，有新时代振兴中西部高等教育的政策支持，有甘肃省委省政府的关心指导，我们有理由相信，全体师大人定能在创建双一流大学的赛道上交出满意的答卷。

目　录

第一章　发端京师开本源/ 1

　◎张百熙与京师大学堂的整顿创新/ 1

　◎从京师大学堂师范馆到京师优级师范科/ 5

　◎京师优级师范学堂/ 10

第二章　高师改大苦坚守/ 15

　◎陈宝泉与北京高等师范学校/ 15

　◎北京高师与五四新文化运动/ 19

　◎中国第一所师范大学：北京师范大学/ 24

第三章　师范存废结硕果/ 28

　◎范源濂长校/ 28

　◎反对强并重组与独立运动/ 31

　◎北平女师与北平师大的合组/ 35

　◎李蒸主校与护校运动/ 39

第四章　抗日烽火西进路/ 45

　◎国民政府开发西北的教育方针/ 45

　◎北平师大西迁苦旅/ 50

◎南迁城固/ 54

◎从西北联大教育学院到国立西北师范学院/ 59

◎汉水之滨大学魂/ 64

第五章　吾道西行迁兰州/ 69

◎为什么选址兰州？/ 69

◎郑通和、郭维屏对迁校的助力/ 73

◎长达四年的迁校/ 78

◎"国立大学迁甘之第一"/ 82

第六章　黄河之滨也很美/ 87

◎刘志读记忆中的吃饭场景/ 87

◎一年四季一袭蓝衫的康绍言教授/ 90

◎土坯垒墙的教室和宿舍/ 94

◎坐着羊皮筏子进城/ 99

◎丰富多彩的文娱活动/ 103

第七章　名师云集十里店/ 108

◎拼音之父黎锦熙/ 108

◎"恶魔诗人"于赓虞/ 112

◎一代"通人"张舜徽/ 116

◎进步文人叶丁易/ 120

◎黎锦熙的侄女婿顾学颉/ 123

◎"三位一体"的艺术大师焦菊隐/ 126

第八章　笳吹弦诵在金城/ 131

◎"南陶北李"之李建勋/ 131

◎王镜铭的社教思想及实践/ 135

◎汪堃仁的科学人生／138

◎李庭芗与英语教学／142

第九章　体育英杰强国梦／147

◎西北体育学科的缔造者袁敦礼／147

◎国际奥委会委员董守义／151

◎千里寻校徐英超／156

第十章　治家并非平常事／160

◎全民族抗战时期的国立西北师范学院家政系／160

◎中国家政学的开拓者齐国樑／164

◎海归王非曼／168

第十一章　躬行丝路考古人／172

◎忧国忧民何乐夫／172

◎甲骨文一词的首倡者陆懋德／175

◎"南胡北黄"之地理学家黄国璋／178

◎主张建设大兰州的邹豹君／182

◎考古学家黄文弼和阎文儒／185

第十二章　现代心理化西北／190

◎西北地区心理学的奠基人胡国钰／190

◎陕西师范大学的创办者郝耀东／193

◎专注于技术人才培养的心理学家张官廉／196

第十三章　讲学论道乐融融／201

◎国学大师顾颉刚的师院情缘／201

◎向达、夏鼐与西北师院的交往／204

◎中国科技史家李约瑟在师院/ 208

◎为何是最大的师范学院？/ 211

第十四章　扎根北归并蒂开/ 217

◎易价掌院与西北师院永留兰州/ 217

◎国立西北师范学院的复校运动/ 221

◎与兰州大学合并始末/ 225

第十五章　书生报国成何计/ 229

◎城固、十里店社教工作成绩斐然/ 229

◎到台湾去推行国语/ 234

◎知识青年从军运动/ 238

◎三二九学生运动/ 243

◎李蒸为何参加北平和谈/ 248

第十六章　红色之光映师院/ 253

◎王志宏眼中的师院早期红色足迹/ 253

◎西北的小萝卜头"罗立力"/ 259

◎地下党支部书记何苾臣/ 262

◎李嘉言支持进步学生二三事/ 264

◎"西部歌王"王洛宾的师大情缘/ 267

◎地下党组织领导的护校斗争/ 271

◎卫国戍边英雄陈红军/ 275

第十七章　改天换地谱新篇/ 280

◎徐劲的校政改革/ 280

◎带头送子参加抗美援朝的李化方/ 283

◎"中国人民的好儿子"徐褐夫/ 287

◎受到列宁接见的张永奎/ 291

第十八章　西北师院是"富农"/ 295

◎植物分类学家孔宪武/ 295

◎法制史专家萨师炯/ 298

◎追忆"大先生"李秉德/ 302

◎中国电化教育的奠基人南国农/ 308

◎萧树滋与西北师院的电化教育/ 312

第十九章　妙手丹青着新颜/ 317

◎西北师范学院的劳作专修科/ 317

◎西北艺术教育的开拓者吕斯百/ 321

◎洪毅然和他的大众美学/ 326

◎黄胄与西北师院的艺术情怀/ 330

◎常书鸿与兰州艺术学院/ 335

◎西北音乐教育的开拓者/ 339

第二十章　陇上毓苑聚英才/ 346

◎马克思主义文学评论家陈涌/ 346

◎古代文学、文论与音韵学家郭晋稀/ 350

◎提倡"四个一"的校勘学家彭铎/ 354

◎国学耆宿汉诗专家郑文/ 357

◎与郭沫若论辩的李鼎文/ 361

第二十一章　乐道笃行傲西风/ 365

◎一身正气的李之钦/ 365

◎日本文学专家尤炳圻/ 369

◎主张"一本书主义"的焦北辰/ 373

◎农场中的孤独者方孝博/ 376

◎九江"神童"黄席群/ 378

第二十二章　独树一帜写经史/ 383

◎"读书贵能得间"的金宝祥/ 383

◎历史文献学家金少英/ 387

◎校勘考据学家李庆善/ 389

◎编写《中国儒学词典》的郭厚安/ 392

◎《史学杂志》主编刘熊祥/ 395

◎敦煌学研究所的创建者陈守忠/ 398

第二十三章　改革春潮绽新蕾/ 403

◎经济系的创建者宋福僧/ 403

◎法学学科的开拓者吴文翰/ 407

◎中国文化走向世界的"使者"/ 411

◎西北旅游业人才培养的重要基地/ 415

◎应时而生的计算中心/ 419

第二十四章　科教兴校新高地/ 423

◎西北少数民族教育发展研究中心/ 423

◎生态功能高分子材料教育部重点实验室/ 427

◎西北少数民族师资培训中心/ 431

◎西北师范大学新农村发展研究院/ 436

第二十五章　肝胆相照同奋斗/ 441

◎凝心聚力画出最大最美同心圆/ 441

◎坚定信仰紧跟党的共青团/ 447

◎创新创业创未来/ 452

◎存史资政档案馆／455

第二十六章　我的校园在黄河岸上／460

◎校歌往事／460

◎校训的故事／465

◎校庆点滴／469

第二十七章　附属教育枝叶茂／477

◎"启迪有方"的方永蒸教授／477

◎百廿附中的光辉历程／480

◎从自强小学到附属小学／487

◎从保育室到实验幼儿园／491

第二十八章　学术期刊声誉隆／495

◎《国立西北师范学院校务汇报》介绍／495

◎从《学术季刊》到《西北师大学报》／498

◎《丝绸之路》的那些人那些事／502

◎中国电化教育的权威期刊《电化教育研究》／507

第二十九章　校园丽景话沧桑／511

◎校园规划见发展／511

◎旧文科楼逸事／522

◎从水塔山到如意湖／527

◎图书馆走笔／531

◎多彩多姿博物馆／535

◎回眸校医院／539

◎大学与大树／545

第三十章　往事并不如烟/ 550

◎由部属到省属大学钩沉/ 550

◎申报 211 工程大学始末/ 554

◎省部共建与发展新契机/ 559

第三十一章　砥砺奋进新征程/ 563

◎送"智"扶"志"的西北师大扶贫模式/ 563

◎教育润边援新疆/ 569

◎"七高一体系"及双一流大学建设愿景/ 576

后　记/ 582

第一章　发端京师开本源

◎张百熙与京师大学堂的整顿创新

1895年，甲午海战击沉了清政府的海军梦，列强们蜂拥而至，"天下之变岌岌哉"①，康有为、梁启超等一批知识分子组建强学会，上书皇帝请求变法。他们普遍认为，"变法之本，在育人才；人才之兴，在开学校"。1898年6月11日，光绪帝颁布《明定国是诏》，宣布变法。设立大学堂是百日维新中的一项重要内容，梁启超仿照日本学制草成《筹议京师大学堂章程》，共8章54节，为京师大学堂构建了一个初步的学制、学科和管理框架。8月9日，京师大学堂

图1-1　京师大学堂匾额

成立，孙家鼐为第一任管学大臣，余诚恪为总办，朱祖谋、李家驹为提调，刘可毅、骆成骧等为教员，实权掌握在总教习美国传教士丁韪良手里。大学堂校址在景山下马神庙四公主府。由于"京曹守旧，耻入学，赴者绝少，

---

① 《上海强学会续》，《申报》1895年12月4日。

1

其至者图居室饮食之便而已"①，所以招生十分困难。然而风云突变，在封建顽固势力的阻挠和镇压下，9 月 21 日，慈禧发动政变，光绪的新政举措均被废弃，唯独京师大学堂因萌芽早而"幸存"。1898 年 12 月 31 日大学堂开学，但开办条例、课程设置与《京师大学堂章程》相去甚远。

图 1-2　张百熙

1900 年，义和团运动爆发，慈禧西逃西安，在行在召对张百熙，"百熙慷慨陈时事，力请兴学"，深得太后赏识，清末新政开始后，遂于 1902 年初被任命为管学大臣，命其着力整顿京师大学堂，务期"端正趋向，造就通才"。张百熙（1847—1907），字埜秋，又字冶秋，号潜斋，湖南长沙人，曾出访英国，探求其强盛的奥秘，最终归结为人才兴国。就任管学大臣后，张百熙身负朝廷重托，他认为"从前所办大学堂皆系草创，本未详备，且其时各省学堂未立，大学堂虽设，不过略存体制，仍多未尽事宜"，这与其办学章程严重脱节，而且大学堂"不特为学术人心极大关系，亦即为五洲万国所共观瞻"，因此京师大学堂必须改革，"非徒整顿所能见功，实赖开拓以为要务，断非因仍旧制，敷衍外观所能收效者也"②。张百熙识见宏远，力图振刷弊政，为中国教育开一新局面。

大学之兴，人才当先。张百熙认为"大学堂之设，所以造就人才，而人才之出，尤以总教习得人为第一要义，必得德望具备品学兼优之人，方足以膺此选"。据此，他推荐前直隶冀州知州吴汝纶任总教习。吴汝纶（1840—1903），字挚甫，安徽省桐城人，是桐城派后期的领军人物。1889年，李鸿章延聘吴汝纶主讲保定莲池书院，讲学期间，他大胆革新，不拘一格，聘请日本教习教授外文，国内前往求教者不乏其人，如翻译名家严复和林纾都受过教益，被称为"海内大师"。张百熙认为"以之充大学堂总教习，洵无愧色"，奏请朝廷加五品卿衔，出任京师大学堂总教习。

---

① 罗惇曧：《京师大学堂成立记》，《庸言》1913 年第 1 卷第 13 期，第 2 页。
② 《奏办京师大学堂情形折》，《选报》1902 年第 9 期，第 24 页。

张百熙欲聘请吴汝纶为大学堂总教习，但是吴汝纶以年事已高为由推辞不就，对此情景，张百熙深知言语无法打动这位学者，便顾不得体面，亲自登门拜访，"百熙衣冠诣汝纶，伏拜地下"①，他说自己并不是为大学堂一地聘请教习，而是为全中国生徒聘请教习，若先生不出山，中国教育的未来在什么地方都不知道啊！面对张百熙的热忱，吴汝纶准备多日的推辞忽然停在口边，换成了满口地答应。张百熙此举一时传为美谈，张百熙以自己对中国教育之热忱为大学堂换来了一位学识渊博、品行高尚的总教习。

吴汝纶被聘为京师大学堂总教习之后，东渡日本考察教育，将其考察结果和所见所闻著为《东游丛录》，书中详细记录日本学校的管理方法、学校卫生、教授方法、历史沿革、学校设备等内容，其中还附录有欧美各国小学的学科课程设置，内容详细，足见吴汝纶对教育事业的重视。1903 年吴汝纶去世，张鹤龄继任总教习，聘请孙诒让、蔡元培、屠寄，日本服部宇之吉、严谷孙藏等为教员，陆宗舆、范源濂、章宗祥为译员。此时，各省的绩学之士，群集京师马神庙，发扬蹈厉，意气风发，成一时之盛。

为了使京师大学堂及全国教育有法度可循②，在清政府的支持下，张百熙起草了《京师大学堂章程》，全文共分 8 章 84 节，堪称完备。章程规定京师大学堂的宗旨为"激发忠爱、开通智慧、振兴实业"。大学堂分三类，一为大学院，主研究；一为大学专门分科；一为预备科；大学堂附设仕学馆和师范馆。在章程中，因各省学堂设立数量较少，大学堂生源受限，他主张京师大学堂先设立预备科为权宜之计。预备科分政科和艺科，政科课目包括伦理、经史、政治、法律、通商、理财等，艺科包括声、光、电、化、农、工、医、算等。三年预备科毕业考选合格者升入大学分科（正科）学习三年，政科的学生升入政治科、文学科和商务科学习，艺科的学生升入格致科、农学科、工艺科和医术科进一步学习。预备科和正科毕业学生由管学大臣考验合格，分别选择优秀赏给举人和进士身份。这个章程虽然得到慈禧太后的批准，但很快被召回，没有实施，然而它为后来《癸卯学制》的制定打下了良好的基础。

京师大学堂重建选址方面，张百熙对之前孙家鼐所主持的大学堂修建之

---

① 罗惇曧：《京师大学堂成立记》，《庸言》1913 年第 1 卷第 13 期，第 2 页。
② 京师大学堂设立之初，也监管全国教育，1905 年成立学部，全国教育才由该机构管理。

地进行了实地勘察丈量。原有学校四面围墙南北不过 60 丈，东西不过 40 丈，中间所有房屋除维持正常教学外，仅够教师和工役住宿，西北两边的教室不足百间，因此"非大加开拓，万万不敷居住"。他认为学堂现址东西南三面皆可开拓数 10 丈，若能将民房照价公平购买，以此扩充校舍，增招学生当无问题。不然因陋就简，"外人往观者至轻之……此于上国声名极有关系。"他又列举广东的广雅书院，湖北自强学堂、两湖书院，上海的南洋公学，其面积都是京师大学堂的数倍，而偌大的京师，反不如外省，因此若不扩充面积，"不特无以示天下，亦且无以示国中"①。1903 年，张百熙选定京西瓦窑地方（丰台附近）的土地 1300 余亩，作为建筑新校舍之用。建筑费用约需 113 万两白银，但在保守势力的阻挠下，慈禧太后认为"铺张太过"，命令"暂时作罢"②。

张百熙的一系列锐意革新，引起了保守势力的嫉妒和不满，"尤为旧人所恨，蜚语浸盛"，"忌者必欲摧锄大学，目为革命之府，人争为大学危"。在夹缝当中，张百熙不为所动，"苦心支挂，力任群谤，大学赖以存"，他毅然派遣师生东西洋游学，举办师范馆和仕学馆，渐次实行。第一次师生出国时，他亲至车站送行，勉励学生要有宏大之业，"及百熙殁时，旧日生徒集祭，皆哭失声"，感佩至深。

1903 年，在镇压义和团时强占中国东北的沙俄军队拒绝撤兵，京沪等地各界集会抗议，拒俄运动展开，京师大学堂的学生亦罢课游行，反应最为强烈，慈禧太后要求张百熙对学生严加看管，时人恐张百熙"难久安其位"③。果不其然，清政府派刑部尚书满洲权贵荣庆与张百熙共同管理大学堂事务，荣庆独断专权，张百熙有志不得伸，"遂无一事可办矣！"

1904 年，张之洞入京，朝廷要求其会同管学大臣，对"学堂章程悉心厘定，妥议具奏"，在张之洞的领导下，张百熙擘画襄助，共同制定了中国近代第一部真正意义的学堂章程《奏定学堂章程》，又称《癸卯学制》，成为清末新政的一大亮点。《癸卯学制》详细规定了初等小学、高等小学、中学堂、高等学堂、大学堂、蒙养院、初级师范学堂、优级师范学堂、译学馆、进士馆、农工商实业学堂、艺徒学堂等的办学章程以及教员聘用、管

① 《奏办京师大学堂情形折》，《选报》1902 年第 9 期，第 25—26 页。
② 萧超然、沙健孙等：《北京大学校史》，上海教育出版社 1931 年版，第 12 页。
③ 《中国近事·仇视新学》，《新民丛报》1902 年第 14 期，第 93 页。

理通则、考试制度、奖励规则等。

在《奏定学堂章程·奏定大学堂章程》里面，规定大学堂之下又设通儒院和八个分科学堂，大学堂学习时限为三年，政法科及医科四年，通儒院五年；大学堂每日上课时长为2—4小时，而通儒院因招收大学堂毕业生，学力较强，所以无固定学习时刻，学生可在斋舍研究，随时请益，此可视为中国研究生教育的雏形。京师大学堂专业分经学科、政法科、文学科、医科、格致科、农科、工科和商科。若外省将来设立大学，必须至少满足以上三科。各大学招考学生为高等学堂和大学预科毕业生，考入学生必须要有同乡京官为保人。大学堂建设用地必须面积宏敞，附设图书馆，广罗各种图书；大学堂教员设大学监督、教务提调、正教员、副教员、庶务提调、文案官、会计官、杂物官、监学官、检察官和卫生官等。总之，京师大学堂为"各省学堂弁冕……于规模建置力求完善，以树首善风声，早收实效"①。完善的规章定制使京师大学堂的发展走上了正轨。

经过张百熙的艰辛努力，京师大学堂在学科设置、师资力量、教学方法、学校场所等方面都取得了长足的进展。首批师范馆学生俞同奎回忆道："这块园地，是戊戌京师大学堂孙家鼐开垦的，播佳良种子，却是张百熙先生。我写到这里，不能不追念他老人家，当时计划远到和宏大，排除百般困难，培养这个娇嫩的幼苗，实在不是一件容易的事。"②张百熙被后人誉为"中国大学之父"，真乃实至名归。

（尚季芳　郑复甲）

◎从京师大学堂师范馆到京师优级师范科

早在1898年梁启超草拟的《筹议京师大学堂章程》中，就已经出现了"师范斋"一词，其言曰"西国最重师范学堂，盖必教习得人，然后学生易

---

① （清）张百熙撰，谭成耕、李如龙校点：《张百熙集》，岳麓书社2008年版，第253—254页。
② 俞同奎：《四十六年前我考进母校的经验》，《北京大学五十周年纪念特刊》，1948年，第16页。

于成就，中国向无此举，故各省学堂不能收效，今当于堂中别立一师范斋，以养教习之才”①。梁启超提议设立“师范斋”培养教习，可以看出教育人才的缺失已经受到了关注。但“师范斋”的招生、学习年限、课程设置、为哪一级学校“培养教育之材”等，并没有明确规定，后来也始终没有开办。

张百熙就任管学大臣后，在《奏办京师大学堂情形折》中，指出京师大学堂设立预备科，实为权宜之计，而当下国家需才孔亟，士大夫求学愿望甚高，“若欲收急效而少弃才，则又有速成教育一法。应请于预备科之外，再设速成一科。速成科，亦分二门：一曰仕学馆，一曰师范馆”。师范馆的生源“举贡生监等皆准应考”，即从举人、贡生、秀才和监生中选取，范围较广。在师范馆三年毕业后，由管学大臣考验选择成绩优异者数人，晋见皇帝，由皇帝封给一定的科举名号，如原系生员者准作贡生，原系贡生者，准作举人，原系举人者，准作进士。对于准作进士者，“给予准为中学堂教习文凭，准作举贡者，给予准为小学堂教习文凭”②。在科举制度没有废弃之前，传统文人对科举功名依依不舍，因此采取这样的举措也是权宜之举。

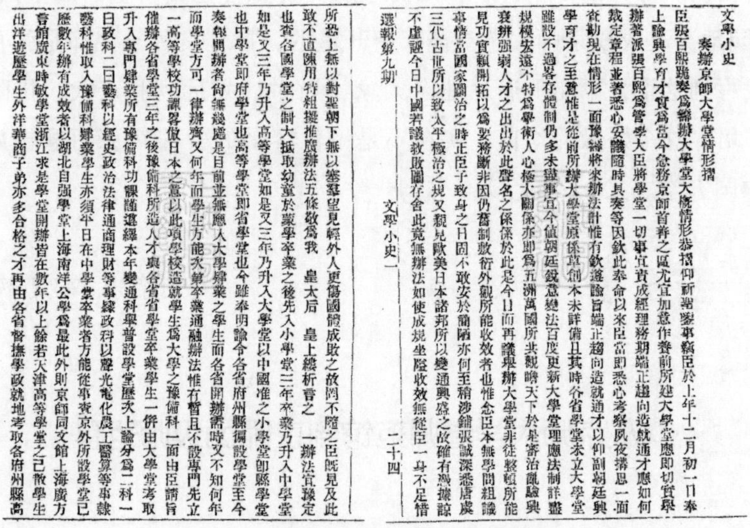
文學小史

奏辦京師大學堂情形摺

臣張百熙跪奏爲籌辦大學堂大概情形恭摺仰祈聖鑒事竊臣於上年十二月初一日奉
上諭興學育才實爲當今急務京師首善之區尤宜加意作養前所建大學堂應即切實舉
辦著派張百熙爲管學大臣將學堂一切事宜責成經理務期端正趨向造就通才應如何
裁定章程並著悉心妥議隨時具奏等因欽此奉命以來臣當即悉心考察夙夜搆思一面
查勘現在情形一面豫籌將來辦法計惟有欽遵諭旨端正趨向造就通才以仰副朝廷興
學育才之至意惟是從前所辦大學堂原係草創本未詳備且其時各省學堂未立大學堂
雖設不過畧存體制仍多未盡事宜今值朝廷銳意變法百度更新大學堂理應法制詳盡
規模宏遠不特爲學術人心極大關係亦即爲五洲萬國所共觀瞻天下於是審治亂驗興
衰辨强弱人才之出出於此聲名之係係於此是今日而再議舉辦大學堂非徒整頓所能
見功實賴開拓以爲要務斷非因仍舊制敷衍外觀所能收效者也惟念臣本無學問粗識
事情當國家圖治之時正臣子致身之日固不敢安於簡陋亦何至稍涉鋪張誠深悉唐虞
三代古世所以致太平極治之規又親見歐美日本諸邦所以變通興盛之故確有爲據諒
不虛誣今日中國君議救敗圖存舍此竟無辦法如使成規坐隳收效無從臣一身不足惜

選報第九期 文學小史一 二十四

所恐上無以對聖朝下無以塞羣望見輕外人更傷國體成敗之故罔不隨之臣既見及此
敢不直陳用特粗擬推廣辦法五條敬爲我 皇太后 皇上縷析言之 一辦法宜豫定
也査各國學堂之制大抵取幼童於蒙學卒業之後先入小學堂三年卒業乃升入中學堂
如是又三年乃升入高等學堂如是又三年乃升入大學堂以中國准之小學堂即縣學堂
也中學堂即府學堂也高等學堂即省學堂也今雖奉明諭令各省府州縣徧設學堂至今
奏報開辦者尚無幾處是目前並無應入大學肄業之學生而各省開辦需時又不知何年
而學堂方可一律辦齊又何年而學生方能次第卒業通融辦法惟有暫且不設專門先立
一高等學校功課畧倣日本之意以此項學校造就學生爲大學之豫備科一面由臣請旨
催辦各省學堂三年之後豫備科所造人才與各省省學堂卒業學生一併由大學堂考取
升入專門肄業所有豫備科功課謹遵繹本年變通科舉普設學堂歷次上諭分爲二科一
曰政科二曰藝科以經史政治法律通商理財等事隸政科以聲光電化農工醫算等事隸
藝科惟取入豫備科肄業學生亦須平日在中學堂卒業者方能從事查京外所設學堂已
歷數年辦有成效者以湖北自強學堂上海南洋公學爲最此外則京師同文館上海廣方
言館廣東時敏學堂浙江求是學堂開辦皆在數年以上餘若天津高等學堂之已散學生
出洋遊歷學生外洋華商子弟亦多合格之才再由各省督撫學政就地考取各府州縣高

图 1-3 《奏办京师大学堂情形折》

（《选报》1902 年第 9 期）

① 《军机大臣总理各国事务王大臣会同筹议京师大学堂章程清单恭呈御览》，《万国公报》1898 年第 116 期，第 53 页。

② 《张百熙集》，第 21 页。

1902 年 12 月 17 日，师范馆正式开学，首批招收学生 79 人。这是有特殊意义的日子，它标志着中国新式师范教育诞生了，其划时代的意义不可估量。1904 年，京师大学堂师范馆改为京师大学堂优级师范科，招收学生 200 人。师范馆的学员，有各省考选保送来的，有在京师自行投考的。优级师范科考试内容，据当时京师大学堂的告示，包括中文论著一篇；中国历史及地理各六问，用策论两篇代替亦可；外国文翻译两篇；外国历史及地理各六问，用策论两篇代替亦可；算术六问；代数及平面几何各三问；物理及无机化学各三问。[①] 可以看出考试科目较多，考试范围中外兼有，文史数理兼考，这对当时还沉浸在四书、五经中的士子是有相当难度的。

师范馆和优级师范科的课程，因以培养"更事较多、立志猛进"教习人才，在课程的设置上特别加入了教育学，其他有伦理、经学、习字、作文、算学、中外史学、中外舆地、博物、物理、化学、外国文、图画和体操等课程，这些科目一律采用翻译的外国课本。据王畫初回忆，学生在校第一年学习普通学科，大致如现在中学的课程，外文英、法、德、日、俄学生任选一种，但日语必须学；国学方面有经学大义，中外历史地理和国文。第二年分专业学习，分四类，第一类国文外国语，第二类中外史地，第三类数理化，第四类博物、动植物、矿物、生理、农学等。[②] 以上四类课程限三年完成。第四年为加习科，主要课程有人伦道德、教育学、教育制度、教育政令机关、美学、实验心理学、学校卫生、专科教育、儿童研究、教育演习十门，类似现在的选修课，修习不少于五门，限一年完成。

除外国文聘用各国教习之外，其余课程皆由中国和日本教习任课。在日本教习中，以服部宇之吉的影响最大。服部宇之吉（1867—1939），日本著名汉学家、教育家、哲学家，毕业于日本东京帝国大学。1902 年被聘为京师大学堂师范馆日文正教习。据他回忆："我按照契约任总教习，那些对新教育一无所知的官员期待我的上任。我上任后，每天早早出勤，为北京大学师范和仕学两馆制定课程和规则：准备教室、实验室、宿舍等，购买机械、图书；还筹划师范馆入学考试的手续，到十月底终于得以开馆。"[③]

---

① 《京师大学堂示》，《申报》1904 年 6 月 17 日。
② 王畫初：《记优级师范馆》，《北京大学五十周年纪念特刊》，1948 年，第 8—9 页。
③ ［日］大塚丰：《中国近代高等师范教育的萌芽与服部宇之吉》，载国立教育研究所编《国立教育研究所纪要》第 115 集，1988 年，第 60 页。

此言不虚，对于长期以来没有任何师范教育经验的中国人来说，服部宇之吉的中西洋背景发挥了较大的作用。到达中国后，他参与了招考命题、师范馆的规制、讲义、斋舍、班长服务等各项制度。他主讲教育学和心理学，他所编辑的《心理学讲义》课本，是当时学生的必读书目，其中包含许多新的心理学理论，对中国心理学的发展作出了重要贡献。教育总长范源濂说："服部博士对于中国师范教育，可以说是很有关系的……将来如有人作中国教育史，叙述师范教育的起源，第一页就应当从服部博士所曾尽力之事业说起，是无可疑的。"① 当然，服部所做的工作是在清政府急需办理师范馆培养人才的大政方针以及张百熙等的鼎力支持下开展的。

师范馆学生在校内的学习和日常生活严格有序。每班学生，按其程度高低至多不过40人，每学期考试合格者则递升一班。考生的成绩，由教习数日一呈总教习，总教习满一月将分数张榜公布。成绩以考试成绩和平时各一半计算。② 学生毕业之时，须切实考验，合格者方可给予文凭。据师范馆的首批学生邹树文回忆，他在学校读了四年半，所开的课程"现代科学是占最大成分的"。考试极其严格，如毕业考试，"把将近五个年头的功课，几乎样样都要考，都是从开宗明义第一章考起，到那门功课的结束为止。……考的第一堂是国文，其中有一篇作文题，我还记得是'淡泊以明志论'，那天学部尚书荣庆到场监试，看了题目，无话可说，但是他听到我们上午除本场外，还有一场，下午还有两场，则为之称奇，在他的意思，还以为每天只有一场呢？考了一共七天，每天如此，等到考完，我们每个都瘦了不少。"③

为了让这些新式师范学生安心学习，清政府给予了他们极高的待遇。据俞同奎讲，"满清政治虽然腐败，但对于初期的大学生，却也十分优待。我们不但不缴学费，并且由校供应伙食。每餐八人一棹，六菜一汤，冬天则改为四菜一火锅，鸡鸭鱼肉都有。有所谓堂提调者，就是现在舍监或庶务科长这类职员，跟我们在一处吃饭。如果饭菜不好，堂提调马上发起威风，惩罚厨子，倒用不著我们学生操心。有一次我记得因为某样菜偷工减

---

① 《本校欢宴服部博士纪事》，《北京高师教育丛刊》1924年第5期，第2页。
② 《张百熙集》，第126页。
③ 邹树文：《北京大学最早期的回忆》，《北京大学五十周年纪念特刊》，1948年，第6页。

料，堂提调大怒，叫来厨子，罚他长跪在饭厅阶前，后来反是学生替他求情，方才饶恕。我们每月有月考，名列前若干名者，都有奖金。数目虽只数元或十数元，但我们大半都是外省来的穷学生，有这笔进款，月间零用，始有著落，有时还可以约二三同学到前门外听听评剧，吃吃小馆。衣服自然是自备，但每人冬夏各给一套操衣。着操衣时脱去长袍马褂，作军队装束，自然感觉新奇。所以那时候对于兵式体操，很感兴趣。虽然每人仍拖一条猪尾巴，不过短衣窄袖，自顾亦以为有'纠纠武夫'气概，大可自豪。"① 邹树文回忆教职员对学生非常客气，吃饭的时候，教职员与学生同桌，学生居上，教员坐在客位。总教习张鹤龄到学生宿舍，见了面行交拜礼，学生不得不自尊自爱。②

师范馆对教学人员也有严格规定。设总教习一员，负责师范馆的一切教育事宜；副总教习两员，对总教习的工作进行协助，同时分别对中外教习的工作和学生学习进行稽查。在外国教习的聘用上，按照学生总数，暂时聘用欧美教习四至六人，教授预备科学生，聘用日本教习四至五人，负责教授速成科学生，按照既定课程设置进行教授，同时设西学课程监督一人，一旦发现有外国教习不按课程既定方案进行教授，监督要及时制止。在外国教习之外，仍设本国通晓外国语言者担任该外教的副教习，一方面是为了方便教学，另一方面则是为了监督外国教习的上课内容等。一旦发现上课懒散或者上课无法，无论中外教习，一律由管学大臣辞退。并且明令禁止在师范馆的外国教习在学堂中进行任何传教行为，一经发现，便面临着被辞退的风险。③

值得一提的是，前述第四类专业的学生，即学习博物、动植物、矿物、生理和农学的优级师范科学生，在 1905 年前往烟台进行了一次实地教学实践，"此行也，为本学堂之创始，即为中国学界之先导"④，实乃破天荒之事，所以学堂制定了《北京师范馆第四类学生旅行实验规则》和《北京师范馆第四类学生旅行实验自治条规》，对实习过程周密布置。这次实习师生共 34 人，实习期限 7 天，要求教习学生同吃同住，朝夕相处，随时研讨，

① 俞同奎：《四十六年前我考进母校的经验》，《北京大学五十周年纪念特刊》，1948 年，第 14—15 页。
② 邹树文：《北京大学最早期的回忆》，《北京大学五十周年纪念特刊》，1948 年，第 3 页。
③ 《京师大学堂章程》，《大公报》（天津）1902 年 9 月 6 日。
④ 《北京师范馆第四类学生旅行实验自治条规》，《教育杂志》（天津）1905 年第 6 期，第 38—39 页。

实习方式分教师讲授和实地采集动植物标本，对学生穿着行装、言谈举止、安全卫生、惩戒奖励都作了严格要求，今天看来仍不过时。

综上可以看出，清政府在清末新政中，对师范教育还是相当重视的，从京师大学堂师范馆到京师大学堂优级师范科，符合当时社会的具体情况和社会需要，是基于特殊历史条件下所做出的明智之举。学校确实也培养出了部分优秀人才。邹树文回忆首批师范馆学生1907年共毕业108人，最优等18人，第1名为廖道传，邹为第17名。[①] 廖道传，广东梅县人，先后担任广西优级师范学堂监督，广东高等师范学校校长，为教育事业呕心沥血，被国民政府授予四等嘉禾勋章。邹树文1908年赴美国康奈尔大学农学院求学，获农学硕士学位，1912年在美国伊利诺伊大学获科学硕士学位，历任金陵大学、东南大学和中央大学教授，国立西北农学院院长和中国农业遗产研究室顾问等职，著有《中国昆虫学史》。此处只列举两位个案，但也能从中看出师范馆和优级师范科所作出的贡献。

（尚季芳　郑复甲）

◎京师优级师范学堂

1904年1月，由张百熙、张之洞和荣庆主持制定的《奏定学堂章程》出台，规定"将来大学堂开办预备科及分科大学，事务至为繁重，仕学师范两馆均应另派监督自为一学堂，径隶于学务大臣。其仕学馆课程应照进士馆章程办理，师范馆可作为优级师范学堂，照优级师范学堂章程办理"。此为设立优级师范学堂在规制上的滥觞。同年，《奏定优级师范学堂章程》公布，"以造就初级师范学堂及中学堂教员、管理员"为宗旨，要求京师及省城各设一所，这又标志着师范学堂的设置呼之欲出，但由于清政府财政困窘，人才缺乏以及分科大学尚未创办，京师优级师范学堂迟迟未能建立。

然而，创办于1902年的三江师范学堂在1905年因应国家政策，改名为

---

① 邹树文：《北京大学最早期的回忆》，《北京大学五十周年纪念特刊》，1948年，第7页。

两江优级师范学堂；1906 年两广优级师范学堂成立；1907 年福建优级师范学堂创立。他们都以培养初级师范学堂和中学堂教员、管理员为宗旨，可视为中国师范学堂早期的发轫者和培育者。斯时作为首善之区的北京居然无独立的优级师范学堂，虽然优级师范科可差强比拟，但终究附设于大学之内，不能伸展自如。

此外，随着科举制度的废除，各省创办的初级师范学堂和中学堂逐渐增多，这些学堂的毕业生迫切需要进一步深造的场所。1906 年，清政府就有设立京师优级师范学堂之议，"已将章程议定，三年毕业，并将贡院改建房舍，作为该堂，明春二月方能开办"①。1907 年 3 月，清政府学部又制定了《师范奖励义务章程》，指出"优级师范学堂程度与高等学堂同而略胜"，对优级师范学堂学生的奖励力度加大，如优级师范学堂学生考列最优等者，作为师范科举人，以内阁中书尽先补用，并加五品衔，令充中学堂、初级师范学堂及程度相当之各项学堂正教员，待服务期满，遇有官缺，尽先录补。当然优级师范生要为全国教育服务，服务期限五年，五年中不得做教育以外之事业。② 这一章程又刺激了师范学堂的兴办。

1907 年京师大学堂师范馆首批学生毕业，1908 年第二批优级师范科学生毕业。校舍将作为京师大学堂招收分科生之用。学部立即上奏朝廷，请求设立京师优级师范学堂。现将奏折全文摘录如下：

圣鉴事，窃京师大学堂向附设师范一馆，以储养高等师范之才，现在分科大学将次开办，势难兼筹并顾，自应另行筹办优级师范学堂，以储师资。查现在五城中学堂地方房屋，于改设优级师范学堂最为相宜，拟就其基址酌添堂舍，改为京师优级师范学堂，其五城中学堂即于附近地方另建。伏查优级师范为教育之本根，非深明教育，才识练达之员，不足以资督率。且现在改建校舍、遴用职员、考录学生、审议教科，事体繁剧，臣等详加选择，查有臣部行走候选知县陈问咸，堪以派充京师优级师范学堂监督。如蒙俞允，即由臣部责成该监督妥

---

① 《时事·北京·改建学堂》，《大公报》（天津）1906 年 11 月 16 日。
② 《学部奏定师范奖励义务章程折》，载璩鑫圭等编《中国近代教育史资料汇编·实业教育·师范教育》，上海教育出版社 2007 年版，第 604、605 页。

为筹画，以重学务。所有筹设京师优级师范学堂，并遴员派充监督各缘由，谨缮折具陈，伏乞皇太后皇上圣鉴，谨奏光绪三十四年五月十六日。①

图1-4 张之洞

该折是在军机大臣兼管学部大臣张之洞的主导下上奏，主要内容为中国分科大学将陆续办理，京师设立优级师范学堂势在必行，请求以五城中学堂所在地为办学场所，并以陈问咸为学堂监督。事实上，早在《奏定学堂章程》颁布的时候，张之洞就倡议师范馆与京师大学堂分设，这次奏折只不过将其变为现实，是张之洞在晚清入主中央权力中枢所做的一件大事。1908年5月，京师大学堂优级师范科改为京师优级师范学堂，以厂甸五城学堂地方改建校舍，陈问咸为监督。陈问咸曾在湖北自强学堂（张之洞创办）学习，后又赴日本学习教育，时为学部建筑科主事。他能成为首任京师优级师范学堂监督，显系张之洞的推荐。

京师优级师范学堂的独立设置，在中国师范教育史上具有里程碑的意义，尤其它出现在清政府行将灭亡的最后几年，更显其难能可贵。从此它与地方上的几所优级师范学堂一起，撑起了中国师范教育的一片天地，培养了大批中等学堂师资和教育管理人员，日益完善了师范教育的教育和管理体系。

京师优级师范学堂于1908年10月举行第一次入学考试，直接录取学生80余名，入公共科。11月14日正式开学。1909年、1910年、1911年又分三次补招各省保送来的学生，共录取150余名，入公共科。此时，第一次录取的公共科学生已经过考试毕业，升入分类科：计入"第一类"者30余

① 《奏设京师优级师范学堂并遴派监督折》，《学部官报》1908年第57期，第312—313页。

名，入"第三类"者40余名。①

京师优级师范学堂建立伊始，连年发布招生文告，要求地方选派俊秀前来报考。1909年学校添设新班，发布招生通知，"各省如有中学堂毕业生或初级师范完全科毕业生，确系国文畅达，英文能通文法作论说，算学能通代数几何，平面三角图画能作几何画，并其余各科均合中学毕业程度者，可即甄录咨送，统限于十一月初旬到京听候定期考验"。② 由于招生定额不足，1910年4月26日、27日京师优级师范学堂又举行补考一次。③ 1911年再次发布招生通告，招生名额60名，对报考资格、报考志愿、身体状况、报名期限、考试日期和考试科目都做了详细规定。京师优级师范学堂连年发布招生布告，一方面说明当时报考者人数不多，考生还不认同师范专业；另一方面，当时学堂招生条件甚高，考题甚难，多数考生望而却步。如1911年，京师优级师范学堂增考第二类（史地类）新生，考试科目有英文、地理、历史、算学和国文，"四科命题甚难，佳卷不易得"，"至国文一艺，缔制尤严，既禁名词，复限篇幅，其题如左：博习亲师说"。④ 这是登在全国知名报纸《大公报》上的一则消息，消息撰写者也深感此题之难度。

京师优级师范学堂录取的学生以初级师范学堂和中学堂毕业的学生为主，报考时必须有毕业凭证。若是私立学堂的生源，必须由本省的学务处验明其学堂与官立学堂程度一致才能考录。为了照顾边远地区新式学堂较少或无学堂的省份，可以选择本省贡生年龄在十八岁至二十五岁品学兼优者，将其派送优级师范学堂，延长其公共科的学习，权作变通。上述各类学生入学后，学习费用全部由国家供给。⑤

京师优级师范学堂学习期限为五年，第一年为公共科，主要学习人伦道德、群经源流、中国文学、日语、英语、伦理学、算学和体操8个科目，每周学习时数36小时，其中英语12小时、日语6小时。外语课程占每周学习时数的一半，说明学堂对外语课程的重视，亦说明外语人才为国家所急

---

① 《京师优级师范学堂》，载北京师范大学校史编写组编《北京师范大学校史（1902—1982）》，北京师范大学出版社1982年版，第17页。（下同）

② 《京师优级师范学堂招生》，《新闻报》1909年11月22日。

③ 《札京师优级师范学堂监督补考日期并以后招考办法文》，《学部官报》1910年第129期，第7—8页。

④ 《优级师范考试纪略》，《大公报》（天津）1911年9月30日。

⑤ 《张百熙集》，第306—307页。

需。分类科学习三年，类似现在的分专业学习，第一类以中国文学和外国语为主；第二类以地理和历史为主；第三类以算学、物理学和化学为主；第四类以植物学、动物学、矿物学和生理学为主。① 以上四类教员要根据学生的兴趣和潜力充分甄别，一旦选定，则要努力钻研，以便将来能胜任教员之职。第五年为加习科，主要以教育类课程为主，要从十门中最少选五门，学习总期限为一年；毕业时要呈交论著，考核所学。② 但是由于当时师资力量的缺乏，大多数科目都需要聘请日本或其他外籍教师担任，所以，京师优级师范学堂仅设立了公共科和分类科，并没有开设加习科。③

京师优级师范学堂建立后，风雨飘摇的清政府极力撑持其发展，希图培养效忠清王朝的新式人才，然而历史不以人的意志为转移，1911 年辛亥革命爆发，1912 年 1 月 1 日，中华民国成立，2 月 12 日清帝退位，清朝统治结束，京师优级师范学堂迎来了新的机遇和挑战。

（尚季芳　郑复甲）

---

① 《张百熙集》，第 296 页。
② 《张百熙集》，第 306 页。
③ 刘基、王嘉毅、丁虎生主编：《西北师范大学校史（1902—2012）》，教育科学出版社 2012 年版，第 11 页。（下同）

第二章　高师改大苦坚守

◎陈宝泉与北京高等师范学校

陈宝泉（1874—1937），字筱庄，中国近代教育家。1896 年在维新思潮影响下参加了康有为创办的强学会。1901 年，任天津开文书局编辑，负责校对工作，这为他从事教育事业奠定了基础。1902 年，陈宝泉任天津民立第一小学堂教员，正式开启了教育生涯。同年他协助严修创办天津师范讲习所，1903 年由严修保送到日本留学，进入日本弘文学院，专攻速成师范科。回国后，历任天津地区各小学教务长。1905 年，主持编辑《直隶教育杂志》，与高步瀛合编《国民必读》《民

图 2-1　陈宝泉

教相安》等读物，这些书都是用白话文写作，在民间非常流行，因此在社会上产生了广泛的影响。随着陈宝泉社会声望和影响力的扩大，1905 年 12 月，受清政府之邀，到清廷学部任职。1907 年受主管学部的军机大臣张之洞委派，编写国民必读书目、中小学教科书审定书目。民国初创，任中央教育会议预备议案员及教育会会员。陈宝泉先生是我国师范教育的先行者，他一贯重视师范教育，在师范教育的理论和实践上均有建树。

1912年5月15日，教育部明令京师优级师范学堂改为北京高等师范学校，任命陈宝泉为校长，筹备开学事宜。1912年8月20日，举行开学典礼，北京高等师范学校正式成立。成功创办一所学校对创立者来说需要做到软硬兼施、双管齐下。硬件上，创办学校需要开辟校址、建筑校舍，给师生创造优良的教学环境。软件上则需设置科系、延聘教师、建章设制，以确保学校建成后的有序运行。

据学校教师王桐龄回忆①，京师优级师范学堂"其建筑物系前清光绪末年五城中学堂之蜕化物，院落狭小，房屋卑陋"，受辛亥革命影响，"教员学生皆已风流云散，校内空无人居者半年"。陈宝泉接办时，"伊威在室，蟏蛸在户"，满目荒凉破败之景，陈宝泉校长与诸位先生"辟草莱，斩荆棘"，开启了艰难的创校之旅。

经过陈宝泉和学校师生的艰苦努力，校舍建设上初具规模。以教室来说，建校之初仅有教室8间。1913年学校获得教育拨款三万余元，建成附属小学校教室8栋，办公室20间。1915年袁世凯给北京高等师范学校特别拨款6万元，自己捐赠1万元，陈宝泉用来建筑教室8栋，宿舍116间。

图 2-2　北京高等师范学校 1916 年新建大门

（《北京高等师范学校校友会杂志》1916 年第 1 期）

---

① 王桐龄：《北京高等师范学校过去十二年间回顾》，《北京师大周刊》1923 年第 203 期，第 7—8 页。

1917 年，由教育部拨款，建筑教室 8 栋。至 1918 年，学校已有阅览室、乐室、教室、学生成绩陈列室、自习室、寝室、手工图书专修科阅览室、图书馆、实验室等等各类建筑，校园建设颇有成绩。学校图书量更是增长惊人，有中外文杂志 63 种，中文书籍 2880 册，外文书籍 8497 册。理化器械、博物器械、历史器械、工艺器械、工具及各学科所需标本均成规模。① 1919年，教育部饬设山西特班，拨建筑费 5 万元，建教室 16 栋，修筑学校大门、围墙等建筑设施。教育部拨给学校的经常费也常被用来添建校舍。

在学科设置上，北京高等师范学校在陈宝泉校长的管理下形成了较为完整的学科体系。1913 年，教育部公布的《高等师范学校规程》中规定，高等师范学校旨在为"师范学校及中学校教员设之"，分预科、本科、研究科。"本科分国文部、英文部、历史地理部、数学物理部、物理化学部、博物部"②。按照教育部的要求，陈宝泉在北京高等师范学校设英语部、物理化学部、历史地理部、博物部。1914 年 5 月 24 日，袁世凯召见陈宝泉，讨论师范教育问题，"温谕以师范教育为重"，随后陈宝泉上书袁世凯，陈述自己对师范教育的看法，提出"师范学校宜就注重之学校扩充，不宜多设""师范教育行政宜注意学校之联络，以谋进行"③ 等五条建议，其中部分为袁世凯采纳，令其制定高师发展五年计划，上报预算。陈宝泉因此主持制定《北京高师规程》《北京高师五年计划书》等。1915 年在袁世凯拨款捐赠支持下，北京高师得以积极实施扩充计划，增设国文部、数理部和教育专攻科、国文专修科、手工图画专修科。1916 年附设音乐练习班和职工科各一班。1917 年增设体育专修科。至 1920 年，北京高等师范学校以较快的速度完成了《高等师范学校规程》规定需要设置的全部部科，本科学科设置了国文、英语、史地、数理、理化、博物六部，还设有手工图画专修科、国文专修科、体育专修科和教育专攻科四科，并附设附中、附小、音乐训练班和职工科。

为提高北京高师的学术水平和声望，陈宝泉聘请了一大批著名学者任教高师。如王桐龄、邓萃英、许寿裳、马寅初、张耀翔、马叙伦、翁文灏、

---

①　陈宝泉：《退思斋诗文存》，天津古籍出版社 2016 年版，第 77 页。
②　《高等师范学校规程》，《中华教育界》1913 年第 6 期，第 77—78 页。
③　《退思斋诗文存》，第 94 页。

何炳松、陶孟和、钱玄同、黎锦熙、毛邦伟等人，尽是学术翘楚。至 1918 年，教师队伍有专任教师 20 人，外国教师 6 人，兼任教师 62 人。教职员工中"学业经验有优于国学且历充教师、久任学务者 13 人，曾在本国专门高等学校毕业者 18 人，在外国专门大学毕业者 47 人，在本国中等学校毕业者 17 人，曾办理中等学校及地方学务或他项职务者 15 人，艺术专家 2 人。"① 鉴于世界各国之教育理论及科学研究日新月异，学校多次派员工出国考察，力求师范教育跟上世界潮流，与发达国家接轨。1918 年派数理部主任兼教育科教员邓萃英赴美研究教育，史地部主任王桐龄、地理科教员刘玉峰赴日本广岛高等师范学校研究地理、绘图，派理化部主任陈英才、物理科教员张贻惠赴日本考察物理化学之设备，图书馆事务员张之轩赴日本考察图书馆组织及管理。可见，北京高师不但延聘名师，还十分重视教职员工理论与实践素养的培训及提高，如此才能保证北京高师的师范教育与时俱进，不落人后。

没有规矩不成方圆。北京高师的组织架构、规则章程在陈宝泉校长在任期间基本完善。组织架构上，执行机构分为教务、斋务、庶务、会计、卫生五部门。议事机关有职员会议、教务会议、训育会议三种。学校行政事务时间为每日早 8 时至下午 4 时，教员授课时间每周在 8—20 小时之间。教职员工必须加入校友会，校友会每月第一周开教务会议一次，第二周开训育会议一次，第三周开职员会议一次。每次开会，教职员工皆莅席讨论，以收集思广益之效。

在学生管理上，北京高师以"诚、勤、勇、爱"四字为校训，以"成己成物"为励学及服务方针。要求学校职员对学生以仁爱为先，不对学生轻易责罚。学校成立德育部、体育部，德育部从教职员中推举正副部长，学生中选出干事，分担会务。学校每月举行训育会议，讨论如何训育学生，学校时常邀请名人讲演以增学生知识。每晚则召集同级学生 6 人，由校长及教员、学监等与之对话，引导学生畅所欲言。学校学生来自五湖四海，住校者甚多，学校将宿舍分为三区，由学监三人负责管理。针对学生住宿管理订立请假制度、饮食要求、点名办法、稽查制度，每区学生寝食、疾病请假及一切琐屑事务，须依照制度办理。学校还十分重视学生体格，凡学

---

① 《退思斋诗文存》，第 87 页。

生入校，必经体格检查，弱者不录用。入校后，开设体育课程。每年学校会开办田径、网球、足球、篮球等各种体育运动，学生每人每季应练习一种，并制订成绩考查、奖励各项条文。除校内体育运动外，还有课外运动和远足旅行。北京高师坚持德育、体育双管齐下的方针取得了极佳的效果，"当时北京高师的学生有统一的校服，学生们出校时必穿校服，佩戴校徽，又言行持重，深得社会各界赞誉"①。

在课程教授上，课堂上教授学科理论及知识，同时因是师范学校，尤其注重实验教学，课外会布置大量实践练习。国文、史地、英语等部均设有学会，由主任教员、专任教员指导各部学生练习讲演，每次均印刷讲演稿分给学生，以备公开讨论。数理、理化、博物三部开办有杂志，学术水平较高。史地、博物二部本科学生学习期间有修学旅行两次。史地部学生访历史名迹、探地理形胜，博物部学生则去调查动植物、矿石等各种物产。每次修学旅行，学生需要绘图、摄影、记录，形成文字报告。假期各部学生均须做暑假调查，学生就其居住地或行经地做社会调查。师范教育旨在培养教师，因此各部本科三年级学生在第三学期须在中小学实习讲课。课堂教学与课外实践的有效结合，使北京高师学生得到充分的发展，能够满足师范学校的要求。1918 年，北京高师在校学生达 666 人，历届毕业生299 人，其中大学或专门学校任职 19 人，中学任教 125 人，师范学校任教 68 人，小学任教 18 人，实业学校任教 8 人，还有在教育行政机关工作及毕业去向未详者，总体看来任职中学者居大多数，达到了师范教育的目的。②

（尚季芳　李海群）

◎北京高师与五四新文化运动

陈宝泉校长主持下的北京高师，校风、学风深得时人信赖。学校在聘

---

① 王淑芳、王晓明：《北师大逸事》，辽宁出版社 1998 年版，第 12 页。
② 《退思斋诗文存》，第 89 页。

任教师、科系设置、课程教学、课外活动、学生管理等方面成绩颇佳。学生的课外活动极其丰富，学生可以开展多种多样的社会调查、开办学生社团、举办学术活动、出版学术刊物。新文化运动时，以钱玄同、黎锦熙、邓萃英、常乃德、楚图南、匡互生、周予同等为代表的北京高师师生，积极投入新文化运动的浪潮中。学校的学术思想活跃，学生参与社会活动的热情高涨，学校出版刊物的种类多样，《平民教育》《劳动文化》《理化杂志》《数理杂志》《博物杂志》《史地丛刊》等记录着学校师生思想的火花和对社会的认识。

1918 年，日本迫使北洋政府签订三个卖国的军事协定，其中有日本军队在战争期间可以进驻中国境内的内容，这无异于开门揖盗、引狼入室，北京国立各专门学校的学生群情激愤，相约同到新华门去见冯国璋，请求废止这一协定。但因事前无组织，最终不了了之。经此一事，学生觉悟到要想成事需要建立有组织有力量的团体。此后数月间，各校学生成立了数十个团体，北京高师数理部学生匡互生、国文部学生周予同、数理部学生刘薰宇等人于 1918 年 4 月 25 日发起组织"同言社"，讨论社会、人生、教育等问题。1919 年 2 月 9 日，工学会成立，目的在于"与都中专门以上各校联络对付日本要求撤换我国议和专使之交涉"，参加的学生有五十多人。至 1919 年 4 月，各高校的团体已经有举行"五七"示威运动的准备，并且取得全体同学的同意。但自 1919 年 5 月 1 日起，由巴黎和会传到北京的消息日益险恶，5 月 3 日，几家报纸和几个外国教员声称中国外交完全失败，并说失败原因全在于曹汝霖、章宗祥等人卖国求荣。当晚，北京各高校学生在校内秘密集会，北京高师工学会成员也开会讨论，认为应将游行示威时间提前到 5 月 4 日，这一天是星期天，同学们无需罢课即可参加，可以扩大游行规模。在这个会议上，一些人主张在可能范围内进行暴动，得到大多数工学会成员的同意。会议决定先派会员将曹汝霖、章宗祥和陆宗舆住宅的门牌号调查明白，待队伍游行至他们的住宅前，实行大暴动。[①]

1919 年 5 月 4 日上午 10 点，北京高师、北大等校学生在堂子胡同法政专门学校开联合会议，讨论下午"游行示威"的具体计划。会议决定散发《北京学界全体宣言》，提出"外争国权，内除国贼"的斗争口号。会议决

---

① 匡互生：《五四运动纪实》，《新文学史料》1979 年第 3 期。

定先到总统府前，要求拒绝在巴黎和约上签字，并惩办曹、陆、章三位卖国贼，再到东交民巷英、美、法、意等公使馆抗议。

下午 1 点钟，各校示威队伍陆续到达天安门前，北京高师、汇文大学到得最早，接着北京工专、北京农专、北京医专、中国大学等学校学生陆续到来，参加人数大约有 3000 人。由于筹备匆促，城郊外的清华学校来不及赶到。参加游行者都手持小白旗，上书"反对日本帝国主义""反对卖国贼"等口号。其中一副对联尤为引人瞩目，那是北京高师史地部的张润芝所写的挽联，上联为"卖国求荣，早知曹瞒遗种碑无字"，下联"倾心媚外，不期章惇余孽死有头"①，他用根大竹竿将挽联挑着扛在肩头，他本人又高瘦，在人群中十分惹眼。学生队伍经过前门楼向东交民巷进发，不料东交民巷的外国守卫队不让通过，虽然学生代表再三向英、美、意各国公使署交涉，足足耗费两个小时，队伍仍被堵在巷口不得通过。长时间的等待及不能通过的屈辱，学生无法压抑悲愤之情，一些同学高呼到赵家楼曹汝霖宅子去，马上得到其他同学的响应。

学生队伍到达曹汝霖公馆，只见公馆大门紧闭，有数十名武装警察守卫着大门，院子围墙相当高，爬墙十分困难。匡互生发现大门右侧一人多高处有一小窗，便一拳砸开窗户，周予同托着他从这仅容一人的窗口爬进去，北京高师数理部的陈宏勋等也从窗户爬过去，他们从里面把大门打开，学生们一拥而入。曹汝霖早已越墙而逃，学生们搜寻无果，十分愤怒，匡互生取出火柴，将卧室的帐子拉下一部分放起火来，有几位妇女说曹汝霖不在家，到总统府吃饭去了，如果火势变大会伤害到无辜之人，善良的同学们听信了他们的话，不再继续放火，事后才知道这几位是曹汝霖的妻妾。章宗祥当天躲在曹家地下锅炉房里，听说起火，便仓皇逃出，在曹宅后门被同学们围住，同学们虽不认得他是章宗祥，但想必是走狗，就将他打了一顿。第二天才从报纸上看到被打的正是章宗祥。这就是"火烧赵家楼""痛打章宗祥"的由来。当大队军警赶到捉拿学生时，大多数同学都已回校，留在队伍后面的学生被捕 32 人，其中陈宏勋、杨荃骏、初大告、向大光、薛荣周、赵允则、唐英国、王德润 8 人为北京高师学生。被逮捕的同学

---

① 宋宪亭：《五四天安门大会上一副引人注目的对联之来历》，载北京师范大学校史资料室编《五四运动与北京高师》，北京师范大学出版社 1984 年版，第 65 页。（下同）

一部分被送到警察总监部，一部分被送到步军统领衙门。初大告回忆军警将他们"这么多人关在一个大房间里，睡在地上，直到第二天才给饮食。半夜警察把学生从睡梦中叫起来说要去过堂（审讯），推事（法官）个个吸足了鸦片，喝足了白酒，高坐堂皇，吹胡子瞪眼，对被审讯者厉声吆喝，企图榨取他所需要的口供好去报功，叫嚷说'你们要造反啊！'学生们异口同声地反问道'造卖国贼的反有什么不对？爱国有什么罪？你不是中国人吗？你愿当亡国奴吗？'推事哑口无言，恼羞成怒，喝令'拉下去'，甚至叫警察掌嘴巴"。① 同学们尽管深陷险境仍毫不畏惧，每天给警察递条子要求释放，又关心巴黎和会的近况要求能看报纸。

图2-3　五四运动中北京高师被捕的八名学生

当被关押的学生和警察斗争之时，学校外的抗争更加激烈。北京高师学生开会讨论营救被捕同学，匡互生认为自己首先打进曹宅，又是自己点火，要"自首"换32人出来，工学会会员们极力劝阻，认为这一举动是徒劳的牺牲。5月5日，各学校代表在北京大学开会商议对策，大部分代表提出即日罢课，要求政府立即释放被捕同学，会议通过了"全体一致罢课营救同学"的议案，并决定由北京大学和北京高师代表起草"北京中等以上学生联合会"组织大纲，5月6日，"北京学生联合会"成立，② 职责是讨

---

① 初大告：《五四运动纪实》，《五四运动与北京高师》，第59页。
② 匡互生：《五四运动纪实》，《新文学史料》1979年第3期。

论当时形势，及时作出决议，领导北京大专学校学生采取统一行动。

为营救被捕同学，北京各大专学校学生联合罢课、游行、上街宣讲。斗争的烈火很快燃遍全国，各地纷纷举行游行示威，这给北洋政府施加了很大压力。北洋政府总统徐世昌惧怕事情闹得更大，最终决定由校长出面具保，释放被捕学生。5月7日，警察厅派两辆汽车将逮捕的北京高师8名学生送回学校。陈宏勋回忆，"我们一下车，就给戴上大红花，把我们一个个抬起来，高高举起，并为我们拍摄了两张照片（这两张照片，我一直珍藏到现在）"①。陈宝泉校长在门口亲自迎接，考虑到被捕同学的安全问题，为免于将来到社会上工作遇到风险，陈宝泉校长亲自为8名同学改名。

自学生出狱后，直至5月20日前后，因为反对田应璜为教育总长和马其昶为北京大学校长，学生们再次罢课，外出演讲，受到政府的高压。学生对政府的戒严令不屑一顾，军警当即抓捕。6月3日，军警逮捕学生的消息传遍全国，全国二十多个省市的工人、学生、商人为支援北京学生的爱国行动，也举行罢工、罢课、罢市的爱国运动，北洋军阀政府被迫释放逮捕学生。6月9日，迫于压力，北洋政府宣布免去曹汝霖、章宗祥、陆宗舆三人的职务。五四运动口号为"外争国权，内惩国贼"，国贼虽受一点薄惩，国权还需继续争取。6月25日，巴黎传来消息，称中国专使即将签字，北京学生联合会决议各校推出数百名代表于27日起向总统府请愿，北京高师学生代表杨明轩（杨荃骏）参与并组织了此次联合请愿活动，28日，徐世昌表示学生要求的拒绝和约签字、赎回高徐和顺济铁路、恢复南北和会三件事政府自当竭力进行，同时答应电告中国专使拒绝签字。至此，这场具有划时代意义的五四运动圆满地完成了它的使命。

五四运动中，北京高师学生敢为人先、不畏牺牲。匡互生、周予同等工学会成员是"火烧赵家楼""痛打章宗祥"的主要成员，陈宏勋、初大告等被捕学生在狱中顽强斗争、不畏强权。从5月4日到6月3日，北京高师的师生开展了轰轰烈烈的罢课、游行、讲演等爱国行动，展现了北京高师师生的爱国风采，在壮丽的五四运动中扮演了重要的角色。

（尚季芳　李海群）

---

① 陈荩民：《回忆我在五四运动的战斗行列里》，《北京师范大学学报》1979年第3期。

◎中国第一所师范大学：北京师范大学

1920 年前后，由于杜威、孟禄在中国讲学的影响和留美学生回国者增多，美国教育模式在中国得到空前的推崇，不少人主张效仿美国实行"六三三制"和非定向师范教育制度。"六三三制"是把中学由四年延长至六年，中学学习年限增加，学生程度提高，必然波及高师学校，提高高师水平、高师升格改为大学就成了当务之急。但是改为师范大学还是综合大学，这是当时人们讨论与实践的焦点。

在高师改大运动中，主张废止师范教育、改为综合大学的人们普遍认为：师范学校的程度太低，不足应对高深学问研究的要求；师范学校独立运营，经济上很不合算；师范学制是抄自日本，现在不应沿袭；目前师资缺乏，中学大学也应负养成师范人才的责任；师范学校太过专门，普通文化知识传授太少；师范学校毕业生的成绩与普通学生并无差别，不必单设师范学校；独立的高等师范、初级师范设备多不完备，如归并为大学、中学则校内设备完善；有志上进的青年不愿入师范学校，如能改为普通大学，可多接收人才。因此他们相信综合性大学的优秀学生，若经过一番教育理论的训练，往往能成长为优秀的教师，持有这种理念的高等师范学校纷纷"升格"为综合大学。南京高师改建为东南大学，沈阳高师与公立文学专门学校合并改组为东北大学，广州高师与广东法政大学、广东农业专门学校合并改组为广东大学，武昌高师改为武昌大学，成都高师则在师范大学与综合大学之间徘徊犹疑，先是改为成都师范大学，1931 年终与成都大学、四川大学合并改组为国立四川大学。民国时期的"七大高师"只剩北京高师和北京女高师。

在这场高师改大风潮中，北京高师始终坚定地站在升格为师范大学的立场上。从"六三三制"提出开始，北京高师就着手准备，首先，延长修业年限，在外在形式上与大学趋同。1919 年，北京高师决定不设一年制的预科，学生修业年限一律为四年；1921 年又把课程分为四年科和六年科两种，并在预备条件成熟时，取消四年制专办六年制。其次，开始注重教育学术研究，1920 年开办教育研究科，这是我国近代教育学研究生培养之开端。其后学校陆续增设理化、博物、数理、国文、英语、史地等研究科。至此，北京高师酝酿改为北京师范大学的准备工作基本完成。

1921 年，北京高师的校长为李建勋。他民国初年留学日本，就读于广岛高师，1917 年留学美国，在哥伦比亚大学获教育硕士学位，这使得他的办学思想在一定程度上融合了日本的"教员养成模式"和美国的"大学教育学院"模式。因此在李建勋看来，一方面师范教育要坚守自己的特色，办理师范大学"除设教育科外，宜兼设师范生毕业后应担任教授之各种学科"；另一方面，师范教育应适应时代需求，必须升格为师范大学，强调"现在高等师范亟宜提高程度，延长修业年限为六年，与其他六年之大学平等，改称为师范大学"。①

北京高师地处京师，是教育部设立的第一所国立高等师范学校，与教育部关系密切，相比较其他高师学校，有着近水楼台的优势。在经费方面，北京高师远胜于其他高师。京师之地，高校林立，北京大学、清华大学等许多学校承担和分享了高师的许多功能和资源，若是改为综合大学，北京高师很难拥有优势，因此若要维系自身生存和发展，只有坚守自己的师范特色，升格为"师范大学"。北京高师师生一致认同学校升格为师范大学的决议。

1922 年 10 月，教育部召集"学制会议"，经过激烈的争辩，通过了北京高师校长提出的"请改全国国立高等师范为师范大学案"。1922 年 10 月25 日，北京政府教育部给北京高师正式发出 252 号《训令》："故造师资宜有专设之师范大学，查该校开办较早，并有各种研究科之设置，亟应先就该校开始筹备，除由本部敦聘教育界耆宿范源濂、袁希涛、李煜瀛等及指派专员外，并由该校先行推定教授二人组织筹备北京师范大学委员会，所有北京高等师范学校一切事宜如何结束暨北京师范大学如何筹备，均由该会妥为商榷。"② 再加上教育部指派的邓萃英和陈宝泉两位先生，北京高师推荐的教授程时煃和张敬虞，由以上七人组成了北京师范大学筹备委员会，

---

① 许椿生、陈侠、蔡春编：《李建勋教育论著选》，人民教育出版社 1993 年版，第 37—38 页。（下同）
② 《教育部训令第 252 号》，《北京高师周刊》1922 年第 174 期。

制定新预算、修订学制、议定聘任教授等事宜。当时李建勋先生赴欧美考察并拟在美留学，已呈部辞去校长职务，因此筹备委员会第一次会议议决呈教育部请聘范源濂先生为北京师范大学校长。但当时范源濂正在美国考察，校务工作先由"北京高师评议会"暂时主持，评议会是辅佐校长规划行政工作的机构，由教授互选代表组成，评议会维持校务一年后，范校长始归国。

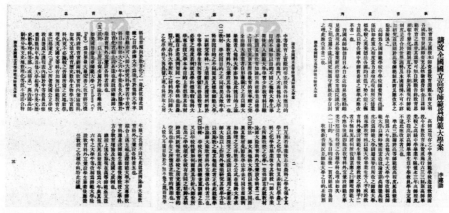

图 2-4　李建勋《请改全国国立高等师范为师范大学案》

（《北京高师教育丛刊》1922 年第 5 期）

1923 年 7 月 1 日，北京高师正式改为国立北京师范大学，并组织成立了"师大董事会"，按照《国立北京师范大学董事会简章》规定，董事会负责学校建设及发展的各项大政方针。1923 年 9 月 28 日，国立北京师范大学在全体师生的共同盼望与祝福中正式开学。许寿裳说："今日为师范大学第一次开学，聚一时之俊彦。树全国之风声，济济冠裳，甚为盛会"①，金振华希望"今日师范大学始业，愿我学友，早树师范大学之标准，教育当局，力图巩固师范大学之基础，国民文化，由此日进，国家命脉，由此益长"②。

---

① 许寿裳：《师范大学第一次祝词》，《北京师大周刊》1923 年第 203 期。
② 金振华：《国立北京师范大学第一次始业祝词》，《北京师大周刊》1923 年第 203 期。

图2-5　20世纪20年代的北京师范大学校门

（《民国一三北京师大毕业同学录》，1924年）

　　1924年1月9日，范源濂就任北京师范大学校长。范源濂先生曾参与创建京师优级师范学堂，三次担任教育总长，又是清华大学和南开大学的创始人之一，在当时的教育界具有极高的声望和广泛的人脉。北京高师的办学宗旨是为培养师范学校及中等学校教师，升格后的北京师范大学则要向着教育学术的方向努力，在已有培养教师的基础上，造就教育行政专门人才及教育学术专家，并研究专门学术。因此，北京师范大学在学科设置上更为完备，本科设置教育系、国文系、英文系、史地系、数学系、物理系、化学系、生物系，并设体育专修科和手工图画专修科；教师队伍得到充实，范源濂先生运用其广泛的人脉关系为师大引进了不少名师；学校在学生管理和考试中更为严格，学生学习采取学分制，并开设各科教学法课程，课堂点名严格认真，考试注重期末与平时成绩，限制学生在外兼职，达到端正学风、培养教育学术专家之目的。

（尚季芳　李海群）

第三章　师范存废结硕果

◎范源濂长校

1923 年 7 月国立北京师范大学宣告成立之时，范源濂校长仍未归国。但对于刚刚成立的国立北京师范大学，没有比范源濂更合适的校长人选。教职员及学生一致认定，无论何等困难，都要争取范源濂长校。于是，全校师生掀起了敦请范校长就职的热潮。

图 3-1　范源濂

1923 年 9 月 24 日，听闻范源濂即将回国的消息后，北京师范大学召开全体教职员会议，从专任教授中推举代表三人，协同评议会进行欢迎事宜。9 月 28 日，改大后的北京师范大学举行首次开学典礼。教育系教授查良钊在致辞中讲到："今日师大开学，乃本校全体以及社会各方面历久渴望之师范大学成立第一日，亦即师范大学奋力前程之起点。在政局不宁，经费久欠之时会中，按事实言，殊难开学，所以迟迟至今。然诸同人惨淡经营，竟克开学，已足庆幸。而尤可庆幸之事，即范校长已启程回国，不日可以到沪。"① 他表示范源濂是建立理想师范大学的关键人物。

---

① 《本届始业式纪事》，《北京师大周刊》1923 年第 204 期。

10月14日，北京师大全体同学发布欢迎范源濂就职宣言，表达了非范莫属的决心：

> 我们回想本校过去的优荣的历史，和目前所处的地位，深深地感到范先生适为我们理想的唯一的校长人选。这不单是我们的心理如此。全校教职员一年来，虽然环境如何艰窘，犹能始终协力合作，使校务不致停顿，无非为范先生减少未就职前的障碍。近来各方面同情的援助的呼声，弥漫全国，似乎大家都明白范先生要是不来，不单师大发展绝望，全国师范教育，亦将受极大的影响。我们相信，以范先生平日提倡师范教育的热心，和勇于办事的精神，决不致袖手望着这个呱呱坠地的全国师范教育的最高学府，依然回复死气沉沉的现象。①

在全体师生的盛情邀请下，范源濂终于在11月30日来校考察。在讲话中他谈道："北京学校是占全国教育重要的地位，所以我尤其注意。但我之就与不就，不能出于诸君的意思。诸君对我的热忱，我固感激。甚而感情是感情，道理是道理，若从此而稍使教育微受些恶影响，我绝不为。"② 演讲结束后，他即请梁启超、熊希龄、李石曾、汤尔和等名流以及教授代表数人，商量发展师范大学的具体问题。

与此同时，北京师范大学的学生为保证其能顺利就职，向学校筹备委员会发文，请求成立校董会，以减轻范源濂长校的困难。1924年1月初，在教育部的主持下，北京师范大学董事会正式成立，由梁启超、熊希龄等组成。校董会的成立，无疑减轻了范源濂就职的困难。终于，范源濂于1924年1月9日同意就职，经过半年多的不懈努力，师生们终于迎来了他们期盼已久的校长。

就职后，范源濂立刻投入工作，连日到校，视察一切。结合自身多年任职教育部以及在欧美考察教育的经验及反思，他从以下几个方面对北京师大进行了改革。

第一，组织学校章程及组织大纲起草委员会，并组织临时教务调查委

---

① 《本校全体学生欢迎范源濂先生宣言》，《北京师大周刊》1923年第205期。
② 《范校长莅本校欢迎会演说词》，《北京师大周刊》1923年第208期。

员会与临时事务调查委员会，主持修订北京师范大学组织大纲和各种规章制度。在他的努力下，至1924年夏季，学校组织大纲及各项制度趋于完备。

第二，以身作则，制定各部系人员签到办法四条，严格要求教师。梁荣若回忆："他每天办公很勤，请教授很努力，把些挂名不管事的兼任系主任都换了更负责的人。他所请的兼任讲座如梁任公、蒋方震、黄郛等都能按时上课。"①

第三，从严要求学生。范源濂认为大学实行考试十分重要，"盖非此不易测知学生之实在学力"。除了考试，对学生上课亦严格要求，"讲堂上认真点名，严格限制学生缺席，并明订旷课满学期三分一者，无论具何理由，当然令其休学"。

第四，创建周会制度。范源濂认为学校师生来自五湖四海，所教和所学专业不一，平时难得交流。而周会可以把师生聚合一处，相互切磋学问，针砭时弊。为了落实周会制度，他不仅带头参与，还邀请名流演讲，严格要求师生参加。

范源濂长校后的这一系列措施，很快使学校出现了新气象。学校系科设置更为完备，教师队伍得到充实，学生学习采取学分制，并开设各科教学法课程，形成了"沉毅朴实、不骛声华"的学风。

范源濂在北京师大极力改革之际，孙宝琦内阁曾任命他为教育总长，但他立即拒绝，他表示当部长是替国家办教育，当校长亦是如此。他自认为只要是在教育界尽力，那做官和做校长便没有轻重缓急可分。

然而，在军阀混战、局势动荡不安的旧中国，范源濂先生的辛勤努力并没有使北京师大摆脱生存的困境。五四运动后，北京政府教育积欠日多，1921年就爆发了"国立八校"②的索薪运动。范源濂就任校长后多方筹款，压缩预算，然至1924年5月，学校已是负债累累，各项累计积欠达268218元，而当月教育部仅拨付24393元。8月，北京师范大学所提预算案教育部也未通过。面对此种情形，范源濂已萌生去意，"敝人就职迄今，无日不在

---

① 梁荣若：《记范静生先生》，范源濂：《范源濂集》，湖南教育出版社2010年版，第651页。（下同）
② 分别为北京大学、北京高等师范学校、北京女子高等师范学校、北京法政专门学校、北京工业专门学校、北京农业专门学校、北京医学专门学校、北京美术学校。

奔走款项中"，且私人暂垫者已达 2 万余元，"从前每月尚可得几成，近且一二成不可得矣"，"迄 9 月 8 日，希望已绝"。① 无奈之情，溢于言表，于是呈请辞职，避居天津。

范源濂辞职后，北京师大多次组织挽留团前往天津恳请他回校，但因经费匮乏始终未允。"我之辞职，全因政府对于教育经费太不注意，致我对于师大新的建设，丝毫不能实现。不愿因循苟且，敷衍了事，因此不能不辞职"②。此后，北京师大校长一职虚悬一年之久，直到 1925 年 9 月 29 日，由校董会推荐数理系主任张贻惠出任校长才得以解决。

范源濂是北京高师改大后的第一任校长，虽然在校不足一年，但是他的改革奠定了学校的基础，他以身作则的作风，深深影响着全校师生。抗战时期，国立西北师范学院曾将一处学生宿舍命名为"静生斋"，以此纪念他对于学校的巨大贡献。

（尚季芳 杨喜红）

◎反对强并重组与独立运动

20 世纪 20 年代末至 30 年代初，北京高等教育格局历经了数次变动。国立北京师范大学在这一过程中数易校名。

1926 年 12 月，奉系军阀张作霖在天津就任安国军司令，次年 6 月入主北京，就任大元帅职，北京政权进入奉系时代。由于北京政府财政困难、军事等财政支出巨大、俄国庚款被挪作他用，使得国立九校③难以为继。同时为了整顿学风、减少学生运动以及解决大学系统不清问题，张作霖命令教育总长刘哲着手对北京国立九校进行合并改组。

---

① 《范源濂辞职之坚决》，《大公报》（天津）1924 年 10 月 4 日。
② 《师大学生挽范运动》，《大公报》（天津）1925 年 5 月 20 日。
③ 分别为北京大学、北京法政大学、北京医科大学、北京农业大学、北京工业大学、北京师范大学、北京女子师范大学、北京女子大学、北京艺术专门学校。

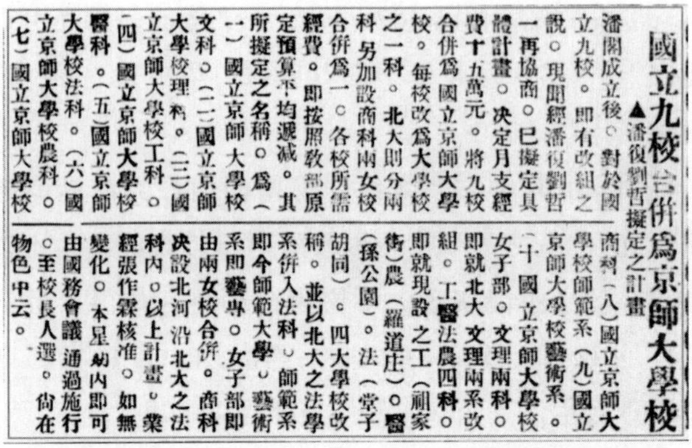

國立九校合併爲京師大學校

▲潘復劉哲擬定之計畫

潘閣成立後。對於國立九校。即有改組之說。現聞經潘復劉哲一再協商。已擬定具體計畫。決定月支經費十五萬元。將九校合併爲國立京師大學校。每校改爲大學校之一科。北大則分兩科另加設商科兩女校合併爲一。各校所需經費。即按照教部原定預算平均遞減。其所擬定之名稱。爲（一）國立京師大學校文科。（二）國立京師大學校理科。（三）國立京師大學校工科。（四）國立京師大學校醫科。（五）國立京師大學校法科。（六）國立京師大學校農科。（七）國立京師大學校商科（八）國立京師大學校師範系（九）國立京師大學校藝術系。（十）國立京師大學校女子部。文理兩科。即就北大文理兩系改組。工醫法農四科。即就現設之工（祖家街）農（羅道庄）。醫（孫公園）。法（堂子胡同）。四大學校改稱。並以北大之法學系併入法科。師範系即今師範大學。藝術系即藝專。女子部即由兩女校合併。商科決設北河沿北大之法科內。以上計畫。業經張作霖核准。如無變化。本星期內即可由國務會議通過施行。至校長人選。尚在物色中云。

图 3–2　《国立九校合并为京师大学校》

（《世界日报》1927 年 7 月 12 日，第 6 版）

1927 年 7 月底，北洋政府正式公布改组计划。决定合并北京国立九校为国立京师大学校，分设文、理、法、农、医、工、师范七科，商业、美术两专门部，女子第一、第二两部。其中师范科由北京师范大学改组，女子第一部由北京女子师范大学改组。8 月 5 日，改组计划通过国务院阁议，并于 8 月 9 日设立京大筹备委员会。

由于刘哲在改组九校的过程中采取“断然”手段，引起了各校学生的不满。8 月 7 日各校学生会在分别讨论之后，联合组织北京高校学生会成立“反对九校合并联合会”，一致对外进行反对合并运动。北京师范大学的学生一开始并不反对改组，但是负责接收的筹备员不仅在接收过程中控制了学生会及学生自治会，剥夺了学生的权利，还解散了学生组织中的学术团体和预备学校，学生认为这种行为破坏了学校的学术氛围。由此，他们奋起反抗，并在学校及北京城内张贴口号来维护自己的权益。

图 3–3　张贻惠

学生的反抗行动引起了当局的不满，9 月 26 日，军警在北京城内大肆逮捕张贴传单的学生，京师大学校师范部十余名学生被捕。9 月 28 日，军警更是直接

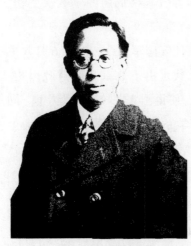

封锁校园，当着全校师生的面逮捕学生七人。同日，刘哲召集京师大学各科部学长，讨论对于此事的态度。众人商议后决定对于被捕学生，因军警尚未定案，不能即行保释。对于在校学生，由各学长严密监视，杜绝再出现类似事件。无奈之下，师范部学长张贻惠以学舍弦歌之地变为官厅侦察之场，殊属影响学生学业为由，将各项学生会一律封闭，严禁学生开展校外运动，军警的逮捕行动才告终止。此后，经张贻惠等人多方斡旋，当局同意于 10 月中旬陆续释放被捕学生。

尽管学生极力反对，但在奉系军阀的强权政治之下，学校最终被改组。不过，由于经费问题始终未能解决，京师大学校一直处于危机之中。1928年，奉系军阀在国民革命军的步步紧逼下退出北京，刘哲及其任命的京师大学校各科部学长、校长和职员都相继离开学校，京师大学校事务已处于群龙无首的状态。

1928 年 6 月，国民政府中央政治会议决议改北京为北平，北平失去首都地位，京师大学校遭到冲击，土崩瓦解，北平教育陷入混乱状态。时人评论"北伐告成许久，政府对于北平国立各校，迄无接办之进行。转瞬暑假届满，或办或停，在前竟无一人负责。甚至校役断炊，教员觅事，师生皇惑，上下不安。办理多年具有历史之国立九校，宛有与北平首都同被取消之趋势。许多私立学校反得利用时机，招徕生徒，达其办学营利之目的。此皆政府不负责任所致，吾人实不胜骇怪愤懑之至。"[1] 在此情形下，国立九校"复校运动"迭起，国民政府也乘机改革北平地方教育行政制度。

对于京师大学校的改革，蔡元培本意改为"北京大学"，以此合并北平国立各校。但这一主张遭到了经亨颐等人的极力反对，未能实现。1928 年 6 月 8 日，国民政府通过决议，改京师大学校为国立中华大学，并任命蔡元培为国立中华大学校长。次日，改组命令到达北平后，北平学界顿失所望，纷纷发文讨论。

然而，就在这时，国民政府又决定在北平试行大学区制。1928 年 9 月 21 日，国民政府会议通过了《北平大学区组织大纲》，决定以北平政治分会所辖之河北、热河两省和北平、天津两特别市设立北平大学区，改"国立中华大学"为"国立北平大学"。改组过程中，为避免各学院课程重复，以

---

① 《维持北平繁荣之捷径》，《大公报》（天津）1928 年 8 月 18 日。

学术独立、课程错综、平均发展、互相联合为原则，将原京师大学校师范部改为国立北平大学第一师范学院。

这种大学区制及对高校的强行合并，遭到各校的一致反对。持续数年的折腾，使得学校受到严重损害。1928年10月中旬，北平各校中工大、法大、医大、艺专、农大勉强开学，北大、女大、师大等校筹备上课。但因为教员缺少，功课不全，经济困难，各校都难以继续维持。时人感叹"数千学子，远道负笈，处斯境地，徬徨无依，可怜亦复可悲也"。但是教育当局对北平的教育，只有计划宣布，却不见实施。林砺儒回忆1928年底北京师范大学已是"校库如洗，挹注无从，教授无用品，办公无纸笔，任职者无薪，执义者无饷。"①

国立北平大学改组，最大的困难在于经费。1928年11月，国民政府教育当局仅筹得临时经费五十万元。这些经费，分配到第一师范学院，更是少之又少，学校难以为继。在这样的情况下，第一师范学院的学生发起了增加预算的请愿运动。1929年初，第一师范学院学生向大学区委员会请愿数次，均未能达到目的。2月19日下午，第一师范学院学生700余人开会，决定派代表赴大学区办公处谒见各委员，门警拒绝学生代表入内，双方发生了激烈冲突，四五十名学生受伤，其中有两名女生受伤甚重，性命堪忧。男生李泰华右臂被刀砍断，同时有一部分学生因伤势太重，不能出门，被关闭门内，捆起毒打，生死不明。②

请愿的同时，第一师范学院学生又上书教育部，请求恢复公费待遇。然而对于学生的正当请求，当局不仅不设法解决，反而变本加厉，严惩学生，甚至认为学生是受党国公敌煽动而滋生事端。③ 面对当局的处置，第一师范学院学生坚决反对。国民党当局即派李石曾善后处理，经李各方筹措，解决了第一师范学院二月份的经费，学潮才渐趋平静。但并未彻底解决问题，新的学潮亦在酝酿之中。

6月15日，第一师范学院学生全体罢课。6月17日，再次发生大规模请愿运动。次日，学潮进一步扩大，第一师范学院学生联合各校学生，反

---

① 林砺儒：《本校最近四年之变迁》，《国立北平师范大学毕业同学录》，1930年，第4页。
② 《北平新学潮，大学与党部报告歧异》，《大公报》（天津）1929年2月21日。
③ 《教部对北平学潮之处置》，《大公报》（天津）1929年2月26日。

对大学当局。

在第一师范学院学生请愿增加经费的同时，社会各界废除大学区制的呼声越来越高。因应形势，第一师范学院师生提出了取消大学区制、恢复师范大学的要求。6月24日，师范学院召集各学院同学开会，当即议决组织北平大学各院学生联合会。25日，学生联合会开会，提出三项议案：（一）请教育部即时取消区制；（二）反对庚款筑路；（三）联络北平大学教职员工一致进行，恢复未改制前之原状。①

在北平学界坚持斗争和社会各界的一致呼声下，国民政府教育部迫于形势，于1929年6月底决定停止大学区制。7月11日，第一师范学院通电全国各机关、各团体及各学校，说明学校现有规模，具备大学资格，理应恢复师范大学，请各方予以援助。8月上旬，教育部最终同意第一师范学院独立，改为国立北平师范大学。至此，北平师范大学结束长达三年的被合并的历史，重新回到独立办学的道路上来。

（尚季芳　杨喜红）

◎北平女师与北平师大的合组

北平女子师范大学前身为1908年8月设立的京师女子师范学堂。中华民国成立后，教育部规定学堂改称学校，遂于1912年5月更名为北京女子师范学校。1919年3月，北京政府教育部颁布《女子高等师范学校规程》。4月，学校升级为北京女子高等师范学校，成为我国历史上第一所国立女子高等学府。1924年5月，在高师改大运动中升格为北京女子师范大学。此后，北京政局动荡，学校也数易其名。1927年8月更名为京师大学校女子第一部，1928年11月改称国立北平大学第二师范学院，1929年12月又更名为国立北平大学女子师范学院。1931年7月，与国立北平师范大学合组。此后，北平女子师范大学作为一个独立的教育机构不复存在，成为今北京

---

① 《废大学区与庚款用途，平大学生组各院学联会》，《大公报》（天津）1929年6月25日。

师范大学和西北师范大学的前身之一。

图 3-4　许寿裳

作为我国第一所国立女子高等学府，北平女师对我国近代女子高等教育体系的确立作出了重大贡献。其一，确立学科体系。1919 年 3 月，教育部颁布的《女子高等师范学校规程》规定女子高等师范学校设预科、本科，还得设选科、专修科、研究科。但是由于经费及师资缺乏等，学校并未设置研究科。预科和本科分设文理科和家事科，文理科下又设部。文科分为国文、外国语、史地三部，理科分为数物化学、博物两部。1922 年，时任校长许寿裳效仿北大，主张改部科为学系，以融通文理。由此形成了较为规范、科学的学科专业设置体系。与科学体系相匹配的，学校有着完整的师资队伍。自升级为高师之后，学校十分注重教师的专业素养，教师队伍大师云集。刘师培、黄侃、胡适、李大钊、钱玄同、鲁迅、周作人、林砺儒、陈中凡等都曾执教于此。至 1930 年，经历数次改组，学校尚有李建勋、黎锦熙、白眉初等 15 名教授，钱玄同、周作人、范文澜、何乐夫等 78 名讲师。其二，建立"教授治校"的评议会制度。在许寿裳的主持下，在改部为系的同时，建立"教授治校"的评议会制度。设立评议会，为学校的立法机关和权力机构，评议会从教授中产生，校长为评议会会长。学校的一切大事都须经评议会协商和投票通过。同时设立行政会议，为学校最高行政机关和执行机构，评议会决定的事项，一般交行政会议实施。该制度的建立与推行，使得学校即使在校长虚位的情况下，也能有条不紊地运行。

二十余年的办学历程中，北京女师的师生密切关注时政和社会变迁，为民族及学校前途命运而斗争，曾发起数次影响深远的学生运动。1919 年 8 月，女高师学生李超因患肺炎在北京去世。李超原本是一个普普通通的学生，并无什么轰轰烈烈的事迹。但是她的死引起了新文化运动领军人物胡适的注意，并为其撰写《李超传》一文。其中写道："我为什么要用这么多的功夫作他的传呢？因为他的一生遭遇可以用作无量数中国女子的写照，可以用作中国家庭制度的研究资料，可以用作研究中国女子问题的起点，可以算作中国女权史上的一个重要牺牲者。"① 由此引发了震动京城、影响全国的女权事件。1919 年 11 月 30 日，北京教育界在女高师为她举行了隆重的追悼大会，蔡元培、陈独秀、胡适、李大钊等社会名流都在追悼会上发表讲话。这场追悼会实际上成了妇女问题的演讲大会，也是向封建礼教、旧制度宣战的声讨会，女青年争取女权的动员大会。

1924 年杨荫榆就任北京女子师范大学校长之初，与教员、学生之间相处颇为融洽。但1924 年底，杨荫榆因整顿学风问题与学生渐起冲突。是年底，杨荫榆开除了几位因战事原因未能及时返校报到的学生，许广平等代表学生自治会向杨荫榆提出抗议，要求杨荫榆收回成命，杨荫榆则责怪学生犯上作乱，积攒的矛盾一触即发。1925 年春，学生呈请教育部撤换校长，而教育总长章士钊与杨荫榆竟于 8 月 1 日以武装警察解散北京女师，学生不屈，努力抗

图 3-5　刘和珍

拒。8 月 22 日教育部司长刘百昭又率军警围校，并雇女流氓百余人，闯入宿舍，殴逐学生，于是群情大愤。危急之下，学校教职员组织校务维持会，社会有识之士组织北京女师教育维持会，在阜成门内南小街宗帽胡同租赁房屋，维持日常教学。至 12 月初，才恢复原校址。在这场运动中，许广平、刘和珍等学生在鲁迅和一些在女师大兼课的北大教师的公开支持下达到了"驱杨倒章"的目的，维护了学校以及学生的正当利益，在中国学生运动史上留下了浓墨重彩的一笔。

1926 年 3 月 12 日，日本军舰在天津大沽口炮轰驻防此地的中国国民军部队，蓄意挑起了践踏中国主权的天津大沽口事件。这一事件后，日本联合英、美等八国于 3 月 16 日向北洋军阀段祺瑞执政府提出撤除津沽防务的所谓最后通牒，激起中国人民的极大愤慨。3 月 18 日，北平女师学生组织并参与请愿活动，却遭到段祺瑞执政府的残酷镇压。北京女师学生刘和珍、杨德群被残忍杀害。惨案发生后，鲁迅先生撰写《纪念刘和珍君》，追忆这

① 胡适：《李超传》，《新潮》1919 年第 2 卷第 2 期，第 274 页。

位"始终微笑的和蔼"的学生,痛悼"为中国而死的中国的青年",歌颂"虽殒身不恤"的"中国女子的勇毅"。

1927年后,北京女师大也被多次强行合并。对此,女师大师生坚持与当局对抗,争取学校正当利益。1929年6月,国民政府教育部决定停止试行大学区制。7月,以北京大学为首,国立各校掀起了轰轰烈烈的独立运动。8月上旬,迫于形势,教育部正式同意国立北平大学北大学院和第一师范学院脱离北平大学独立办学。教育部的这一决定,并未给其他八校①以公平的待遇,一经发出便遭到强烈反对,其中以北平大学第二师范学院(北京女子师范大学)最为激烈。

事实上,早在1929年7月21日,第二师范学院师生就曾致电教育部,要求独立办学。但对于女师的独立要求,并未同意。这让女师师生感到很不公平。7月25日,再次致电教育部,"属院成立二十余年,课程系统与规定并无不合,且为全国唯一之女子最高教育机关。当此训政时期,教育最关重要,而女子师范大学教育,尤为一切教育之基础。按照法理事实,具有组成三院,恢复女子师范大学之必要。"② 此时,全校师生对于独立办学充满信心。7月30日学生会委员陈华先接受采访时表示:"敝校谋恢复女子师范大学,实为正当之理由,故余所以对独立前途甚乐观也。"③ 但是8月上旬,教育部正式发文,北平女师依旧隶属北平大学。群情激奋之下,北平女师联合其他七校,发起了更为激烈的独立运动,推举代表进京请愿。

9月,八校代表数次前往南京教育部请愿,他们到处拜访国民党要员请求援助,但各要员以此事为教育部主管未曾帮助,而教育部又以大学组织条例为由拒绝各校独立要求。各方求助无果后,各校代表在教育部门前请愿达两日之久,以作最后的斗争,最终请愿无果返回北平。12月,独立无果的第二师范学院更名为国立北平大学女子师范学院。

虽然女师大独立办学的愿望未能实现,但是彼时社会上兴起的男女师大合并的呼声却给了北平女师新的机遇。关于男女两师大合并的呼声早在

---

① 分别为国立北平大学第二师范学院、第一工学院、女子学院、医学院、农学院、法学院、艺术学院、俄文法专科。
② 《二师院教职员大会讨论恢复校名问题,师生共同发表宣言》,《新中华报》1929年7月26日。
③ 《男女两师大独立当平等》,《京报》(北京)1929年7月31日。

高师时代就已经有人提出，只是当时男女同校尚处于起步阶段，毁誉参半，男女高师合并自然难以实现。此后数年，在新文化运动的洗礼下，社会各界对于男女同校的反对意见逐渐减少，各大男校也相继招收女生，北平师范大学亦是如此。但北平女师始终坚持其作为全国最高女子教育机关的定位，迟迟不愿招收男生。1928 年，国立北平大学组建之时，招收男生的呼声再次出现。此后数年，虽然北平女师坚持不招男生，但男女同校的呼声却为男女两师大的合并创造了条件。1931 年 3 月，教育部乘整顿北平大学之机，正式决定将原隶北平大学之女子师范学院及其附属学校，与北平师范大学合组为国立北平师范大学，同时制定逐步合并办法，"国立北平师范大学暂分为第一第二两部，以原有国立北平师范大学之各系各班为第一部，以原有女子师范学院为第二部，其两部所设之各学系，应如何避免重复，及依照大学组织法，统一组织，设置学院，逐渐废止两部之分立。……现有北平师范大学及女子师范学院，所有附属中学及蒙养园，均暂照旧办理，惟应逐渐规划，将来成为师范大学之一整个的附属学校。"①

7 月，两校合组正式完成，分设教育、文、理三院。嗣后，又将女师研究所并入北平师大，改名研究院，由校长兼院长，聘定黎锦熙、钱玄同、李建勋、刘拓、李顺卿、程遒颐、傅铜等人为研究员。至此，全国女子最高教育机关与全国最高师范教育机关完成了合组，国立北平师范大学由此成为全国唯一的师范大学。

（尚季芳　杨喜红）

◎李蒸主校与护校运动

1929 年 8 月，经过师生的不懈努力，国民政府教育部终于同意第一师范学院脱离国立北平大学独立办学。北平师范大学结束了三年多被强并合组的历史，重新回到独立办学的道路上来。

---

① 《教育部规定改组平大师大》，《教育周刊》1931 年第 61 期，第 45 页。

1930 年 2 月 14 日，国民政府国务会议上决议任命李煜瀛为国立北平师范大学校长，在未到校以前派李蒸为代理校长。在北平师范大学学生代表的再三催请下，李蒸于 2 月 26 日到校履行代理校长职责。在就职演说中，他表示他来师大的目的有二，一是为学校谋发展，二是为同学谋求学的便利。并提出了今后的工作方针，希望大家对他不要客气，凡事都要公开商量，只要是合理的要求，一定要努力去做。在代理校长期间，李蒸先生对学校内部管理进行了整顿，收效甚好。

图 3-6　李蒸

1931 年 1 月，国民政府任命李蒸为教育部社会教育司司长，不再代理北平师大校长。1931 年 2 月 7 日，教育部任命徐炳昶为北平师大校长。徐炳昶主校期间，完成了男女两师大的合并工作。但由于经费支绌，无奈于 11 月提出辞职。此后半年，校务停顿。1932 年 5 月 13 日，教育部任命李建勋为北平师大校长，但李建勋"迭经敦促，坚辞不就"。无奈之下，朱家骅在 6 月 24 日召开的行政院会议上提请任命李蒸为北平师大校长，获得通过。7 月初，教育部正式任命李蒸为北平师大校长，7 月 15 日到校履职。

为使学校恢复正常，李蒸先生到校履职的第一件事情就是召集各院长、主任、教授代表等举行谈话会，征询意见。"谈话会后，再行促成校务会议，讨论关于校内进行及改革等一切事宜。"① 同时组织成立"校务整理委员会"，拟定《国立北平师范大学整理计划书》。在计划书的开头，他写道："国立北平师范大学，为今日中国仅存之师范教育最高学府，负有改进全国教育之使命。值国脉垂绝之际，政府命令革新大学教育，国人热望以教育为救亡根本要图，蒸适与同人服务是校，责任至重，深惧勿胜。近月以来，黾勉从事，朝夕筹维，制定计划，相期按步实施。无负当轴之重托，与国人殷殷之雅望。"② 言语之间，足见李蒸对于整顿校务之决心。

---

① 《李蒸昨到师大视事》，《大公报》（天津）1932 年 7 月 16 日。
② 李蒸：《国立北平师范大学整理计划书》，《师大月刊》1932 年第 1 期，第 1 页。

　　然而，正当学校积极进行校务整理的时候，1932 年 7 月，国民政府教育部突然命令北平师大停止招生一年。这一命令立刻引起轰动，北平师大学生自治会开会决定组织护校委员会反对停止招生，李蒸等致电南京请求变通停止招生办法，北平师大毕业同学张贴启事说明反对停止招生理由，北平大学院务联席会召集紧急会议讨论反对停止招生步骤，并决定必要时派代表赴京请愿。

图 3-7　民国政府行政院会议通过的整顿教育令

（《大公报》（天津）1932 年 7 月 23 日，第 3 版）

　　7 月 25 日，朱家骅就停止招生问题发表谈话。他认为北平师大 1600 余人原本是为培养中学师资，然现在的教育内容与普通大学无异，因此有人主张废除师范大学制度。又因北平师大迭起风潮，内容复杂，每令办学者深感困难。此次停止招生，是为方便教育部整顿北平师大。为争取教育部改变命令，李蒸于 7 月 26 日前往南京与朱家骅等接洽，并上呈教育部说明不可停止招生的五点理由。其一，北平师范大学为全国师范教育最高学府，教育学术之研讨，良好师资之培养，胥在于此。若停止招生，不仅学校发展中断，全国中等学校亦同受损害。其二，若停止招生，学级班次不相衔接，教授势必纷纷他就，将使各系教务无法进行。其三，学校风潮刚刚平息，亟待从容整理，此时停止招生，势必滋生其他事端。其四，若一旦停招，必使全国各省选送及来平投考学生进退失据，感受失学之苦。其五，当此国难之际，教育救国刻不容缓，培养师资尤为教育根本，不可一日中断。

然而，李蒸的努力并未奏效，教育部仍坚持"停招一年"。8月5日，李蒸返回北平。此后北平师大教授及学生多次致电教育部，请求收回成命。但这些努力并未改变教育部的决定，新的关于师范教育学制的改革争论也悄然形成，北平师大再次到了生死存亡的紧要关头。

事实上，国民政府教育部下令停止招生只是蓄意取消北平师范大学的第一步。李蒸先生回忆："当时北平教育界常有人公开发表文章，对师范大学制度提出异议。最露骨的是《独立评论》派，看起来，他们实际反映了当时教育部当局的主张，因为不久就有《改正我国教育之倾向及其办法》一个文件在天津《大公报》上透露出来。"关于师范大学制度，该文主张将现行师资教育一律取消，小学师资以中学毕业受一年师资训练者充之，中学师资以大学毕业再受一年高等师范教育者充之。这一主张引起了北平师大师生的恐慌。

10月29日，李蒸前往南京，与教育部当局接洽变更师大学制的问题。11月上旬，北平师大教授38人联名具呈教育部，反对变更学制，并陈述五项理由。李蒸与教授积极活动的同时，北平师大学生掀起了规模更大的护校运动。11月11日，北平师大学生会反对教育部变更学制，致函毕业同学进行护校工作，不得已采取罢课罢教手段。同日，李蒸在南京致电在校师生，表示本校现制可望保持，正继续磋商。但学生并不认为教育部有诚意。11月15日，北平师大学生派代表南下，联络各地师范学校拥护师范制。11月18日，学生会开会决议组织全国师范学校联合会，在国民党四届三中全会召开前两日发动全国师范学校及本校毕业同学罢课一日，为拥护现行师范教育制度及护校运动，向政府示威。

就在运动进一步扩大之际，李蒸于11月18日晚上急忙返回北平，次日向师生汇报赴京接洽结果。表示师大改制已得教育当局谅解，明年师大照常招考新生。11月21日，又向师生报告"师大组织不致变更，组织大纲将由教部核准，朱家骅主张大学添师范班"。在得到李蒸的两次肯定答复后，学生暂停激烈的护校运动。

然而，事情并未结束。12月，国民党四届三中全会召开。会上，"中央组织委员会"公然提案"停办师范大学"。北平师大师生闻讯之后，几如晴天霹雳，寝食不安。虽然李蒸致电师生，表示这一提案尚未通过，但师生还是组织起来开展护校运动。12月17日北平师大教授会在《独立评论》上发表文章，从知识本身的训练、教学技术上的训练、教育学的研究三个方面论证了普通大学与师范大学的不同之处，坚持师范大学独立设置。经全校校友多方奔走，据理力争，"停办师范大学"案最终未予成立。

"停办师范大学"案未能通过，但是国民政府教育部当局却下定决心整顿北平师大，其中就有计划要将北平师大迁往西安办学。1933 年 2 月，有报纸报道"教部当局，以北平师范大学环境不适，改革多阻，拟迁西安，彻底整理，养成高等教育人才，刻正详筹校址及改善办法"①。这一消息迅速引起轩然大波，北平师大女生反对尤烈。2 月底，朱家骅致电李蒸，以平津局势危急为由商讨迁校西安。接到电报后，李蒸召集各院长交换意见。文学院院长黎锦熙主张师大不必西迁，因图书迁移不易。理学院院长刘拓主张现时不能西迁，除非中央迁移费及一切与师大不利之处完全解决后，始可从长计议，理学院仪器标本迁移更难。教育学院院长李建勋主张师大万难迁设西安，因与学生实习参观诸多不便。之后，李蒸复电朱家骅，表示北平师大以不迁移为上策。如果平津时局有问题，各大学亦应一并迁移。此后，在北平师大师生的一致反对下，教育部也考虑当时的实际情况，最终放弃"迁校西安"的计划。

图 3-8　《教部当局拟将师范大学迁设西安》的报道

（《世界日报》1933 年 2 月 17 日，第 7 版）

---

① 《教部当局拟将师范大学迁设西安》，《世界日报》1933 年 2 月 17 日。

从 1929 年第一师范学院脱离北平大学独立办学至 1933 年反对"迁校西安"取得胜利,北平师范大学走过了极不平凡的四年。一边是学校"处在风雨飘摇之中",一边是李蒸带领全校师生为延续师范大学联合起来开展护校运动,在中国近代教育史留下了浓墨重彩的一笔。期间所积累的教育理念以及师生的斗争精神,为日后学校西迁办学和抗战胜利后的"复校""复大"运动产生了深刻影响。

（尚季芳　杨喜红）

第四章　抗日烽火西进路

◎国民政府开发西北的教育方针

1931 年九一八事变爆发后，随着日本帝国主义的步步进逼，东北领土不断沦丧，开发西北，成为中国的重要问题。无论是国人，还是国民政府，都开始更加"注意"西北，且用实际的力量来保卫西北，进而保卫整个民族国家的安全。伴随开发西北的呼声高唱入云，西北地区的政治、经济、文化、交通等逐渐受到国人的密切关注，西北教育问题因此提上议事日程，并有针对性地被加以改革和完善。

1932 年 3 月 21 日，何应钦在行都中央扩大纪念周上发表演讲，称秦晋山地及关中平原，为中国文化的策源地，从秦汉至隋唐，汉族文化与各少数民族文化汇集于此，熔于一炉，佛教、景教与道教乃至

图 4-1　"开发西北"
（《开发西北》
1934 年第 1 卷第 1 期）

儒家文化更是于此接触，绽放出灿烂文明的花朵，故提议值此抗战之际，为研究与发扬中华民族固有文化起见，更要加大西北开发，以保存和弘扬

民族文化，为抗战服务。① 文化的保存和弘扬，离不开教育的振兴。但是，彼时西北各省的教育状况极为落后。据统计，当时西北六省的学校教育，初、中、高、民教四部门合起来，还不及江苏一省初等教育情形，所有学校总数仅为江苏省的 5/8，经费是江苏省的 1/10，学生人数也只有江苏省的 1/3。②

为解决西北初等教育落后问题，蒙藏委员会曾拟定计划，每年拨给经费 50 万元，用于西北蒙藏教育。但国民政府中央认为西北诸省教育状况普遍落后，如果仅就蒙藏教育予以发展，不仅不符合教育普及的原则且有失公允。于是，国民政府令行政院转令教育部、参谋本部、蒙藏委员会等机关，重新拟定西北各省教育推进计划，旨在平均发展，教育普及，进而提高民智。1934 年 2 月 8 日，国民党第四届中央执行委员会第 108 次常务会议通过《中央政治学校设置边疆分校初步计划纲要》，以求进一步推进边疆教育，培养健全国民，增进边疆福利，提高边疆青年的学术研究水平。在首批开设的分校中，有张家口、包头、迪化、宁夏、康定、丽江、兰州、伊犁 8 处，按照各地实际情况同时或分期各设立分校一所。1935 年 3 月 14 日，教育部联合蒙藏委员会订立"推广边疆教育实施办法"，要求编辑适用于民族地区的教科书，其内容要点以民族生活状况和灌输科学知识为主，同时注意政治材料的选用，务求启迪民智，养成民众的国家观念。教科书暂定为国语、公民、常识三种，在使用国语编辑的基础上，加以蒙、回、藏、苗等文字从旁注释，帮助各民族理解、掌握。在先期设立的 36 所学校中，宁夏阿拉善特别旗、额济纳特别旗；青海蒙古 29 旗、青海回族、青海藏族；新疆蒙古 23 旗、新疆回族地区③等西北各省"边疆地区"均包括在内。

为更加详细了解西北各地的教育状况，1936 年管理中英庚款董事会聘请教育专家郭有守、梅贻宝、戴乐仁等赴绥远、甘肃、宁夏、陕西等地进行实地考察，并撰写教育发展计划意见书。中英庚款董事会组织的西北教

---

① 何应钦：《开发西北为我国当前要政——二十一年三月二十一日在行都中央扩大纪念周讲演》，《中央周报》1932 年第 199 期，第 2 页。
② 宗亮东：《西北教育与中国前途》，《文化与教育》1937 年第 116 期，第 2—3 页。
③ 《教育部、蒙藏委员会会订推广边疆教育实施办法》，载中国第二历史档案馆编《中华民国史档案资料汇编》第 5 辑第 1 编"教育 1"，江苏古籍出版社 1994 年版，第 868—869 页。

育考察，再次证实了西北教育中所存在的重大问题与实际困难，西北教育开发迫在眉睫。1937 年七七事变爆发后，伴随全民族抗战的开启，西北基础教育问题的重点，在秉持继续开发的基调上，更加注重与现实国难相结合，以引导西北教育走向抗战，服务抗战。首先，加速实行西北各省普遍的民族义务教育。其次，开展自卫教育，在民族抗敌的立场上，对民众灌输坚强的民族意识，以抵御日本的诱骗与挑拨，并实施有力的民众训练，加强民众自卫、卫国的意识和能力，保卫西北国防安全。再次，加强师资训练，在各省经济普遍困难的情况下，对学校设备、学生生活及毕业生的服务安置等问题进行全面考量，加大师资投入力度，在基础设施有所改善的条件下，助力西北教育持续发展。

在推动西北初等教育发展同时，国民政府也开始酝酿在西北设立大学，发展高等教育的计划。彼时，西北高等教育状况相较全国其他省份更显落后、凄凉。1931 年，全国共有 76 所公立与私立高校，其中上海 18 所，北平 12 所，河北 8 所，[1] 而地域广阔的西北地区却仅仅只有设在迪化的新疆俄文法政学院与设在兰州的甘肃学院。就连西北诸省中经济较发达的陕西省，当时也没有一所高校。

1931 年后，国民政府一面从经济建设、交通建设等方面入手进行西北开发，一面开始酝酿加强西北高等教育建设的规划。1933 年前后，经过前期考量，国民政府教育部产生了将设在北平的国立北平师范大学迁移西安的初步想法，但因种种原因，此计划一直未能得到实施。直到 1935 年，日军侵华加剧，北平高校的自身安全逐渐受到威胁，教育部迁移个别高校的讨论再次被提上议事日程。时任陕西省政府主席的邵力子在听闻消息后，认为这是一个发展西北高等教育的契机，遂积极向教育部进行争取。当时国内有识之士亦从平衡教育发展、缩小区域差距的角度向国民政府提出建设西北高等教育的意见、建议。1935 年 12 月 28 日，邵力子向行政院发去电函，希望教育部能将国立北平师范大学迁移至西安并更名"西北大学"，以此为契机带动陕西高等教育的发展。[2]

①　教育部：《第一次中国教育年鉴》，开明书店 1934 年版，第 19 页。
②　邵力子：《邵力子致函行政院》，载中国第二历史档案馆编《抗战时期西北开发档案史料选编》，中国社会科学出版社 2009 年版，第 26—27 页。

　　与此同时，与陕西相邻的甘肃、青海两省也在积极争取高校内迁带动当地高等教育发展的机会。1936年5月25日，甘肃省立临洮师范学校全体教职员向国民政府教育部发去名为《电恳改设西北大学于甘肃由》的请愿电函，声言阅读《西北文化日报》得知教育部为提高西北各省文化并便利学生求学起见，准备筹设西北大学，校址拟选西安的消息，不胜欣喜。但从当前国情形势与西北关系考量，临洮师范学校全体教职员深觉西北大学校址选在甘肃似乎比西安更为合适。甘肃地处西北要冲，与宁夏、青海紧连，又与蒙古、新疆为邻，"疆川藏康绥实成接壤"，其间汉、蒙、藏、回各民族互相杂居，形势扼要，种族繁杂，且交通不便，文化闭塞。欲求"开发西北与中央联为一气"，必先提高文化以奠定复兴民族之基础，大兴教育提振人心，化除畛域，消灭隐患，"立百年树人大计，定万代立国之方针"，综合考虑，甘肃相较西安更适宜作为西北大学校址。[1] 同年5月30日，甘肃省农会、甘肃省妇女会、兰州市教育会、兰州市商会、兰州市各职业工会、兰州市各同业工会、河西学会、崆峒学会、洮阳学会、甘肃学院学生自治会、农校学生自治会、工校学生自治会、女师学生自治会等13个团体，亦联名向教育部发去快邮代电，表达甘肃亟须建立大学的迫切愿望，并恳请教育部能将西北大学设于甘肃，造福西北。6月4日，甘肃省立天水中学全体教职员也向教育部长王世杰发送了表达类似愿望的电文。[2] 6月16日，青海省教育会向教育部发送快邮代电，表示支持在兰州设立西北大学的意见、建议，并认为此举"确系体察西北实际需要，深知民众心理之主张"，若能真正实施，不仅边疆青年可就近接受高等教育，且是造福西北，造福国家之幸事。[3] 6月26日，身为青海省代主席的马步芳亦公开表示，希望教育部能在青海设立大学，使各民族能有享受高深教育的机会，进而造福边疆。[4] 至此，陕、甘、青三省，无论官方或民间都有请求教育部在当地设立大学的呼声发出，蒙藏委员会委员黄慕松亦表示支持西北大学

---

① 甘肃省立临洮师范学校：《电恳改设西北大学于甘肃由》，载陕西省档案局（馆）编《国立西北联合大学档案史料选编》（上），西北大学出版社2018年版，第62—63页。（下同）

② 甘肃省立天水中学：《请一致主张将西北大学校址设立兰州以应需要》，《国立西北联合大学档案史料选编》（上），第63页。

③ 青海省教育会致教育部快邮代电：《请将西北大学设在兰州》，《国立西北联合大学档案史料选编》（上），第65页。

④ 马步芳：《赞同在兰州设立西北大学》，《国立西北联合大学档案史料选编》（上），第65页。

设于兰州的意见，并将提案提交行政院，但未获通过。对于西北各省争相要求在本省建立大学的意见与建议，教育部函复指出，筹设西北大学一事，教育部原有拟议，但因预算未能通过，所以暂从缓办。甘肃、青海要求设立大学的愿望，遂告失败。

正当各方互相争执，意见不能统一，教育部尚未明确表态之时，日军不断加紧侵略中国的步伐，偌大的华北已容不下一张安静的书桌。紧接着日军又制造了震惊中外的七七事变，华北危急，平津危急。平津高校的内迁已是迫在眉睫、刻不容缓。1937 年 9 月 10 日，教育部下令将国立北平大学、国立北平师范大学以及国立北洋工学院三所高校迁往西安，组成西安临时大学，以满足地方人士强烈要求设立高校、带动西北高等教育发展的迫切愿望。国民政府教育部的此项决定，从短期来看达到了收容平津学生、保障战时教育顺利进行的目的；从长远观之，则不仅有效保存了中国高等教育的文化命脉，且为一向缺乏高等教育的西北地区带来了新的生机和活力，奠定了西北高等教育未来发展的良好基础。

1939 年 4 月，国民政府第 3 次全国教育会议正式通过"推进边疆教育方案的决议案"，对西北、西南等"边疆"各地的教育开发方针与中心目标作出具体规定，要求边疆教育要以融合大中华民族各部分文化及促进各自发展为方针，以《抗战建国纲领》与三民主义教育实施原则规定为标准，在适应边疆地区环境与民众生活习惯的基础上，酌情设立初等、中等、高等学校，注重公民训练、语文训练，培养国民意识，养成国家建设的各项专门人才。同时，该"决议案"还从培养边疆教育师资、编译边疆教科图书、推进边疆学校教育和社会教育以及确立边疆劝学制度[1]五方面作了规定，成为指导西北、西南等"边疆"省份教育发展的纲领性议案与文件。

结合上述事实与相关教育规定的出台，我们可以发现，国民政府在开发西北的过程中，在改善落后的教育现状和提高民智的基础上，同时坚持以阐扬三民主义，加强民族意识，巩固精神国防；培植各级干部，配合自治需求，奠定政治基础；造就技术人才，促进经济建设，充裕人民生计[2]等

---

[1]　《第三次全国教育会议关于推进边疆教育方案的决议案》（1939 年 4 月），载中国第二历史档案馆编《中华民国史档案资料汇编》第 5 辑第 2 编 "教育 2"，江苏古籍出版社 1997 年版，第 122—125 页。（下同）

[2]　郑西谷：《西北教育建设刍议》，载中国教育学会编《三十三年中国教育学会年报》，中华书局 1944 年版，第 30 页。

为基本原则，厉行初等教育与高等教育齐头并进的方针，着力振兴民族文化，提振西北民众的文化自信，为抗战建国储备人才力量。尤其是对西北高等教育的筹谋、规划与实施，是"服从国民政府开发西北、完善西北地区高等学校战略布局长远规划的"①。在国难背景下，要开发西北、支援抗战，必须发展教育、开发民智，而仅仅依靠初等教育是不能达到此种目的的。故而，无论是初期筹设西北大学的设想，还是最终西安临时大学的设立，乃至后期西北联合大学由成立到分立的过程，都可谓是顺应时局、因时而生的明智之举，西北高等教育的基础，由此得以奠定。

（尚季芳　咸娟娟）

◎北平师大西迁苦旅

国立北平师范大学，始创于清光绪二十八（1902）年。在国立大学中，除北京大学外，"历史最为长久"。截至 1937 年，国立北平师范大学除教育、文、理三学院外，共设教育、体育、数学、物理、化学、生物、地理、国文、历史、英文等十系，还成立有直辖于教育学院的三年制劳作师资训练科。学校共有教员 163 人，专任教员 74 人，兼任教员 89 人，在校学生 888 人，男生 672 人，女生 216 人。从建校之初到 1937 年，学校共培养毕业生 4313 人，分布于全国各省，"大多数在中等教育界充任教职"。七七事变爆发时，北平师范大学已走过了 35 年的春秋。学校在办学过程中始终坚持"师大之特性"，以培养造就师范师资为己任，间以培养教育行政人员，同时注重研究教育学术，引领教育发展。相较当时国内普通大学，国立北平师范大学有着"显然不同的地方"，是当时"国内造就中等学校师资唯一的最高学府"，也是"硕果仅存的一所师范大学"，② 在培养教育专门人才方面肩负重大使命。

---

① 陈海儒：《西北联大的筹设与抗战时期西北高教战略》，《陕西理工学院学报》2013 年第 2 期。
② 新子：《国立北平师范大学介绍》（上），《学校新闻》1937 年第 65 期，第 230 页。

1937 年 7 月 7 日，日本方面蓄意制造了震惊中外的七七事变，平津随之沦陷。"覆巢之下岂有完卵？"当此国难之际，北平的文化环境被彻底破坏，学校、教师、学生和所有的文化机关一并遭到侵凌。由于日军的侵略、破坏与屠杀，无数知识分子和文人开始逃离北平，成为战争中的流亡者。国立北平师范大学亦在这场空前的国难中被迫开始迁徙，沦为战争的"难民"。

据国立北平师范大学校长李蒸回忆，1937 年七七事变的发生，如同晴天霹雳，举国为之震惊。日军为侵略中国捏造事实，假借名义，侵犯我领土，攻击我军队，屠杀我人民。国民政府军政当局曾据理力争，迭次交涉，但日本方面始终没有悔改之心，反而加紧调用军械，更加积极备战。面对此种情形，国民政府终于下定决心，开始全面抗战。7 月 28 日，北平沦陷，日军长驱直入，进占故都，为达到灭绝中国文化命脉的目的，日军对北平国立各大学采取彻底破坏、消灭策略。8 月中旬，日军城南警备司令部即占据了国立北平师范大学位于和平门外的教育学院和理学院，月末又占领了位于石驸马大街的文学院，教职员工及学生纷纷外逃躲避，偶有教职员在校门口向校内张望或有校工偶尔因校舍被占而叹息，一旦被日军发现，就会立即逮捕，遭遇枪杀危险。日军进入国立北平师范大学后对校内物品无不任意破坏，或生火做饭，或遗弃满地，还运走了物理系的无线电机，就连学生们存放在学校库房中的私人物品如书籍、行李等，"亦横遭抢劫盗卖，毁弃无余"。[1] 同时，因师生仓促离校，学校的数十万卷图书、档案、教学器具等，均被日军侵占或毁坏。日军在占领石驸马街的文学院后，在此实行日伪统治，成立伪"国立北京师范大学"，推行奴化教育，学校与抗日相关的书籍均被封存，就连附属中学的学生课本也未能幸免，但凡含有中华民族、精忠报国、爱国、自强、奋斗等内容词汇的课文，都被删除或撕毁。日军进入学校后，学生们失去了校园和可供学习的地方，大批失学外逃，仅 1934 级、1935 级和 1936 级中，就有 328 人失学，占到学生总数的50%。在施行日伪统治期间，日军更大肆逮捕学校师生，进行严刑拷打与非人折磨，甚至直接杀害。北平师范大学的惨痛遭遇，成为当时国内高校的一个缩影。据统计，仅从 1937 年 7 月到 1938 年 8 月，全国 108 所高等学府中，遭日军侵占、破坏的就有 91 所，占全国高校总数的 85%，有 25 所高校

---

① 李蒸：《敌人摧残后之国立北平师范大学》，《教育通讯》1938 年第 11 期，第 20 页。

因被破坏严重而直接停办，财产损失达 3360 余万元。①

　　鉴于日军对我国文化机关的摧残与破坏，为使抗战中战区内优良师资不至浪费、毁坏，各校学生不至失学，也为在国难中储备人才供应国家需求起见，1937 年 8 月，国民政府教育部颁布"设立临时大学计划纲要草案"，选定适当地点筹设临时大学若干所。首期设置三所临时大学，其中临时大学第一区设在长沙；第二区设在西安；第三区地址尚在选择中。9 月 10日，经过前期考察与讨论，为开发西北并发展西北高等教育起见，国民政府教育部下达"关于成立西安临时大学的 16696 号"电令，"以北平大学、北平师范大学、北洋工学院和北平研究院等院校为基干，设立西安临时大学"。② 接到命令后，原本已于 8 月 7 日化装逃离北平到达天津的北平师范大学校长李蒸又经青岛、济南到达南京，与教育部进行接洽，然后会同北平大学校长徐诵明与新任命的西安临时大学常委陈剑翛，三人同车经徐州转往西安，着手西安临时大学的筹备工作。与此同时，北平师大师生也陆续奔赴西安，开始其西迁苦旅。由于华北陆路交通被日军封锁断绝，他们

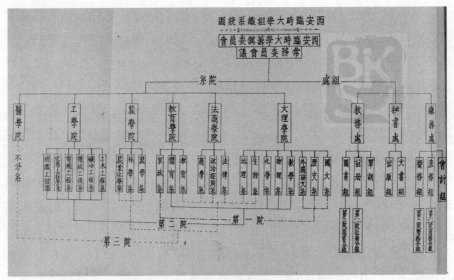

图 4-2　《西安临时大学组织系统图》

（《西安临大校刊》1937 年第 2 期）

---

① 姚远：《西序弦歌：西北联大简史》，陕西人民出版社 2020 年版，第 64 页。（下同）
② 《国民政府教育部关于成立西安临时大学的 16696 号令》，载西北大学西北联大研究所编《西北联大史料汇编》，西北大学出版社 2012 年版，第 2 页。

不得不先向南、再向西、向北绕道而行，一路上冒着被日军搜捕的危险，先进入天津英、法租界，然后搭乘英国客轮经大沽口入渤海，由山东的龙口或青岛上岸，绕一个大弯，再奔赴西安。也有少数人冒着风险从北平前门车站乘坐火车经济南、徐州、商丘、洛阳等地，然后到达西安。原北平师范大学学生纪侗就是以这种方式开始自己的西迁之旅的。据纪侗回忆，从北平出发的火车异常拥挤，几乎座无虚席，一路上整个人的神经时刻紧绷。当火车到达济南继续南行时，车速突然减慢，因为有游击健儿时常出没于此，进行炸铁路等行动，为不使其暴露，乘警便将所有门窗一律堵严，不使灯光有丝毫外露，以配合其行动。进入徐州后，因此处是重要交通咽喉，一部分乘客需再次继续乘车南下，另一部分则转入陇海路西行，所以日军在该站点设置重重关卡，不仅要检查所谓良民证、旅行证，还要检查"防疫注射证"等。① 从8月10日到8月18日，历时9日，纪侗等人才终于安全抵达洛阳，此后又从洛阳辗转奔赴西安。体育系教师王耀东、教授谢似颜，告别自己的妻子女儿后，于1937年10月间化装逃出北平，这段充满凶险的旅程，他们连闯四道关卡：第一关，在布满日军的北平火车站，王耀东用行李挡住自己的脸，才从手持木棒列队而立的日本兵形成的夹道中顺利混进火车站，进站后才发现所携钱包不翼而飞，好在车票尚在。第二关，到达天津后，出站后他们下榻于一所小旅馆，因为日军扣留了许多中国同胞，他们不敢贸然前往火车站取行李。最后终于鼓起勇气硬着头皮去拿行李，只见行李就摆放在站台上尚未检查，但却不敢取走，好在车站服务员提醒"趁着日本人没来，还不拿走"，他们这才敢拿起箱子就跑。第三关，因铁路交通成为中日争夺的焦点，危险系数极大，他们只能改走水路，从天津乘船前往青岛。在天津港又遭遇日军盘查，逐个检查行李，好在二人没有露出破绽，船过大沽口，最终顺利脱险。第四关，从青岛乘火车前往徐州的途中，依旧危险重重。火车刚进徐州站，就遭到日机的低空扫射，站台上的行人纷纷逃散，只有他们还留在站台上，听到旁边有人高喊"卧倒!"，二人这才俯身倒地，随即一排子弹即扫射过来，好在二人没

---

① 纪侗：《从北平到城固——旅途随笔》，《城固青年》1942年第2卷第2—3期，第22页。

有受伤。一路惊险，二人终在 10 月下旬安全抵达大后方西安。①

西迁之旅，充满波折与艰辛，在艰辛的旅途中，北师大师生告别了曾经宁静和谐的校园生活，也失去了曾经教学、生活的母校，成了真正的战争流亡者。几经辗转，他们终于与北平大学和北洋工学院的部分师生安全汇集于西安。但因三所学校在西安都无分校，所以校舍与必要的教学设备无法解决，学校筹建工作困难重重。后经多方努力，才暂时找到了在西安的栖身之所。三所大学的师生按照学系被分为三院，第一院（国文、外国史、历史、家政四学系）安置在城隍庙后街前陕西省省立一中旧址；第二院（数、理、化、教育及工学院土木、矿冶、电机、机械、化工、纺织）安置于原东北大学部分校舍内；第三院（生物、地理、教育、法律、政经、商学、农学、林学、农化各系及医学院）由学校租赁房屋安置在北大街通济坊，② 等待西安临时大学的正式开学。

（尚季芳　咸娟娟）

◎南迁城固

1937 年 11 月 1 日，国立西安临时大学正式开学，11 月 15 日正式上课。③ 学校规定 1938 年 1 月 10 日为学生到校报到的最后期限，考虑到该学期开学较迟，为不影响正常教学计划的完成，经校常务委员会决定将该学期延长至 1938 年 2 月底，且春节、寒假均不放假、补假。截至 1938 年 2 月 10 日，全校共有学生 1472 人，含 151 名借读生。各学院的学生人数分别为：文理学院 439 人，含借读生 50 人；法商学院 279 人，含借读生 35 人；教育学院 149 人，含借读生 13 人；农学院 133 人，含借读生 10 人；医学院 86 人，含借读生 25 人；工学院 386 人，含借读生 18 人。

① 《王耀东连闯四关逃出北平》，载姚远：《衔命东来　话说西北联大》，西北大学出版社 2018 年版，第 53—54 页。
② 《西安临时大学概况》，《教育研究》1938 年第 82 期，第 64 页。
③ 李蒸：《敌人摧残后之国立北平师范大学》，《教育通讯》1938 年第 11 期，第 20 页。

西安临时大学师生校分三地，学生们借住的临时宿舍都是大通间，上下铺架子床。很多沦陷区流亡而来的学生，由于逃难匆忙，衣服、被褥都无着落，国民政府当局为解决困难，发给学生每人棉大衣1件，制服1套，伙食费每月分三次发给战区学生"贷金"共6元法币。教师则自己找房，分散居住在西安市内，因为居住地距离学校较远，不少教师上课时至少步行10—20里路。由于战争原因，加之筹措仓促，学校的教学设备和经费异常困难，没有图书馆，也没有体育场，完全是一种战时流亡的教育状态。但即便如此，西安临时大学的成立，还是为西北高等教育的发展带来了新的生机，缩短了西北教育与全国其他地区教育之间的差距，给西北高等教育打下了一个良好的基础。[①]

在新建立起来的国立西安临时大学中，原国立北平师范大学所设各学系分别归临时大学文理与教育两学院管理，各系原有课程保持不变。在此求学的日子里，国立北平师范大学师生于1937年12月17日在西安迎来了母校建校35周年纪念日，原校长李蒸在《纪念专刊》序言中说道："在参加西安临时大学的阶段中，庆祝师大35周年纪念日，真是悲感交集……想不到故都沦陷，学校流亡……本校同人同学又聚集了数百人于西安，师大生命得以延续，又逢学校诞辰，亦不可不有纪念"。[②] 在西安纪念母校诞辰，师大师生们的心情都格外沉重，国破校散的变故，给他们的刺激太大。但即便身处逆境，他们依旧继承母校的优良精神，在内心立下志愿："'打回老校去！'在和平门外，在石驸马街"，恢复他们"母校的旧观"。为此，他们号召全体师生，要么离开临大冲上战场杀敌，驰往战地服务；要么一面读书，一面在后方努力宣传，组织、训练民众、救护伤兵，或者侦缉汉奸，竭尽所能从事后援工作。总之，期望每个人都能肩负起一种抗战的任务，[③]为抗战胜利作出自己应有的贡献。不过，他们在西安临时大学上学的时间实际只有13周，很快因为日机的轰炸，西安也变得岌岌可危，学校再次被迫停课。

1938年初，日军以5个师团的兵力，相继向晋西北、晋西、晋东南大

---

① 西北大学校史编写组：《西北大学校史稿·解放前部分》，西北大学出版社1987年版，第29—30页。
② 《国立北平师范大学卅五周年纪念专刊·序》，1937年12月17日。
③ 薛贻源：《在"西安"纪念"北平"师大的校庆》，《国立北平师范大学卅五周年纪念专刊》，1937年12月17日，第34—35页。

举进犯，与陕西隔河相望的晋南之临汾、河津、永济、芮城，晋西北、晋西之偏关、河曲、保德、兴县、临县、静乐、军渡、碛石等地相继被日军攻陷。日本占领军还沿黄河构筑起枪炮阵地，企图以此为依托进犯陕西。①3 月，临汾失陷，潼关吃紧，西安亦日有敌机肆扰，师生们难以安心教学、上课。出于对师生个人的安全考虑，也为协助促进后方建设生产，增强国家抗战力量，学校领导在征得教育部同意后，由蒋介石西安行营主任蒋鼎文出面，命令西安临时大学向南迁往汉中继续开展教学工作。3 月 9 日，西安临时大学召开校常务委员会第 23 次会议，决定成立以徐诵明、李蒸等 17 人为首的准备迁移事务委员会，下设布置、运输及膳食三个委员会。不久，校常务委员会又公布了国立西安临时大学全体学生由西安至汉中行军办法：将全体学生按照军训编制，编成一大队、三中队，每中队四五百人，再分为区队，分队人数不等，教职员、女生则各组一独立区队，编入第一中队，各院长、系主任均包括在内。同时，设立膳食、运输、卫生、通讯、医疗、设营等组和收容班，学生沿途一切事务，均按军事化管理。②

图 4-3 《西安临时大学迁汉中》
（《西京日报》1938 年 3 月 15 日，第 2 版）

　　3 月 16 日晚，西安临时大学全体师生乘陇海路专车由西安启程。临行前，学校膳食委员会专门购买了锅饼 8676 斤，咸菜 3000 余斤，用于师生沿途吃食。第二日清晨，全体师生抵达宝鸡车站，此后除部分老弱教师及其家属另行租车外，其余大部分师生均按照事先的军训编制整队出发。行军途中，每个中队携带两天给养，一日三餐早晚集体开火，早餐为粥和馍，晚饭是干饭、粉条、豆腐和肉等合炖的汤菜，中饭是每人自带的锅盔和咸

① 陕西省委党史研究室编：《陕西省抗日战争时期人口伤亡和财产损失》，中共党史出版社 2015 年版，第 67—68 页。
② 《徐诵明、陈剑翛过陕赴汉，昨招待本市新闻界报告西北联大近况、迁移原因、迁移情形》，《西京日报》1938 年 5 月 22 日，第 2 版。

菜。每个中队由学校拨给胶轮大车 15 辆，装运行李和粮食。学校各负责人每日与师生们在一起，安排其住宿、伙食、联络事项，无分昼夜，不避风雨，极为辛苦。宝鸡至汉中全程 250 公里，途经大湾铺、秦岭地段、黄牛铺、草凉驿、古凤州、双石铺、南星镇、庙台子、留坝、马道、褒城等站点，总行程历时十余日，一路艰辛多被师生记录。其中亲自参与此次行军的校友朱兰训在其名为《秦岭行军》的回忆文章中记述，从西安乘火车至宝鸡，下车后住进泥土建造的房子，睡在那铺满杂草的土炕上时，自己已是泪流满面，虽然年轻，但内心谨记"国家兴亡，匹夫有责"的名言，故而化眼泪为悲愤，内心唯愿："抗战！抗战！直到胜利，决不罢休"。次日，开始行军，大家每人背上分好的锅饼，跟在荷枪的领队后边，边走边唱，所经之地大都荒凉不堪，黄土飞扬，大家又都心情沉重。[①]　行军途中，多有艰险，翻越秦岭时，恰逢雨后未晴，道路异常泥泞，行军步履维艰。酒奠梁到柴关岭一带，道路更加难行，汽车在公路上蜿蜒尚不及人们步行速度，因此常有人与汽车争先的情形，学生们为节省精力，多抄小道行走，教职员中多有疲乏狼狈情形，但总体精神振奋，兴致勃勃。[②]

迁移过程也曾遭遇不测，其中一支行军队伍在马道附近曾遭遇土匪抢劫，可谓险象环生。另有一支队伍，因为年老体弱的教职员较多，就二三十家人包了四辆汽车，在大部队出发前提前启程。汽车行至留坝时，突然听到枪声，车子被迫停下。一伙强盗随即上车，他们堵住车门，对车上人员逐一搜身。其中一位小姐戴着个象牙戒指被强盗看见，强迫要其摘下，但象牙戒指难以拆解，强盗竟拿刀要砍了那小姐的手指，最后无法，小姐只能将自己的手表给了强盗，算是保住了一根手指，车上其他人员的手表无一例外都被强盗搜刮一空。强盗抢劫之后，还准备枪毙首车司机，在大家的求情之下，才没有对司机痛下杀手，放过全员继续前进。这件事在当时轰动了陕西省，不久之后，留坝县长因此被撤职。[③]

行军中的住宿问题由膳食委员会下设的前站膳食委员负责，每位前站膳食委员在到达各站后，即预先与当地保甲长接洽，选定住宿地点，购买、

---

①　《纪念父亲诞辰 100 周年，逝世 20 周年》，《李蒸纪念文集》，第 25 页。

②　《西北师大校史》编写组：《西北师大校史（1902—2002）》，甘肃人民出版社 2002 年版，第 22 页。（下同）

③　赵慈庚：《西安临大南迁琐记》，《李蒸纪念文集》，第 256 页。

存放柴火等，等到各分队到达时，即分别引导住宿至指定宿舍。住宿费按照人数，以每人每日 5 分计价，分付各房主。① 由于沿途地方穷困，属于陕川栈道上有名的"穷八站"所在地，因此住宿条件十分恶劣，破屋颓垣，人畜杂居是常有之事，教职员和学生也难免遭遇与牲畜杂居的情况。民房不足之下，还得露宿在没有屋顶的破庙或者三面敞开的戏楼，又或者"周仓脚前，古墓河滩"。但即便如此，每个中队的通讯组成员还是会在沿途驻地坚持每晚收听收音机并将内容记录下来，次日晨间将其书写在大纸上，沿途张贴，便于行军师生了解时事。②

　　迁移的旅途充满了艰辛与波折，西安临时大学的全体师生却不畏艰险，一路前行。每天一出发，大队便高唱抗战歌曲，《义勇军进行曲》是每天必唱曲目，且一天要唱好几遍。除此之外，"枪在我们的肩膀，血在我们的胸膛……""大刀向鬼子的头上砍去……""工农兵学商，一起来救亡……"等抗日歌曲也常常萦绕大家耳边，成了艰辛旅途中的提神剂，每当行军感觉疲惫之时，袅袅的歌声就会响起。3 月 29 日，行军队伍终于到达褒城，学校校长们先行去汉中寻找校舍，四大队其余人员暂停褒城等候。四月份的褒城，已是桃红柳绿，黄花片片，在此停留的时日里，师生们得以饱览石门鸡头关下的许多摩崖石刻。褒河水流清澈，又激起了大家的游泳兴趣，生活也不算枯燥。期间，原国立北平师范大学附中的师生还在褒城山外河滩上组织了一次营火会，节目内容以抗战为主，间有一些行军趣事。

　　1938 年 4 月 2 日，教育部向国立长沙、西安临时大学发出"汉教字1654 号"电令，要求两校分别改称"国立西南联合大学、国立西北联合大学"。4 月 3 日，教育部又单独给西安临时大学发去电报，要求"该校应改称国立西北联合大学"，③ 任命李蒸、徐诵明、胡庶华为国立西北联合大学常务委员。在褒城耽误数日后，西北联大才最终找到了可以在城固安身的处所，然后按单位奔赴各自新校址。其中，学校总办公处及文理、法商、教育、工各学院设在城固县，文理教工分院及高中部设于城固县属之古路坝，农学院设在沔县，医学院则设于南郑县。至此，原国立北平师范大学

---

① 《抗战中的西北联合大学》，载宋如海编著《抗战中的学生》，第 142—143 页。
② 佟学海：《本校迁移行军沿途经过纪录》，《西北联大校刊》1938 年第 3 期，第 22 页。
③ 《教育部汉冬电报（二十七年四收秘组 52 第 359 号）》，《国立西北联合大学档案史料选编》（上），第 115 页。

在战火纷飞中完成了其自北平迁移西安后的又一次迁徙，新成立的国立西北联合大学也顺利迁移至城固，开启其在城固办学的新征程。

图 4-4　国立西北联合大学

（尚季芳　咸娟娟）

◎从西北联大教育学院到国立西北师范学院

1938 年 4 月 18 日起，国立西北联合大学各院系先后分别开课。5 月 2 日上午 9 时，学校在城固校本部总办公处补行开学典礼，千余名教职员工及学生参加了此次典礼。①

国立西北联合大学，原设有文理、教育、工学院以及医学院和法商、体育、地理等学院。1938 年夏，教育部再次命令将工学院、农学院独立设校，农学院迁往陕西武功，工学院独立设在城固县城南古路坝。同年 7 月，依据国民政府教育部《战时教育实施方案》中"中等学校师资，设立师范学院，予以培养"及"师范学院应独立设置或将大学教育学院改称"等规定，国立西北联合大学教育学院（西安临大成立后，北平师大整体改制为教育学院，西北联大成立后，名称沿用）改称师范学院。1939 年 8 月，西

---

① 《国立西北联大在城固补行开学典礼》，《国风日报》1938 年 5 月 8 日。

北联合大学再次改组，变为国立西北大学、国立西北医学院和国立西北师范学院。三校并立，西北联大结束。① 西北联大虽然存在时间只有一年四个月，但其历史意义不可磨灭，尤其是从中分出的联大五校依然流淌着西北联大的精神，为西北地区教育、工业、农学、医学人才的培养作出了重要贡献。

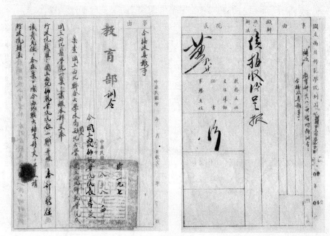

图 4-5　教育部廿八年八月十四日渝 197 号训令：令接收具报事

1939 年 9 月 1 日，国立西北师范学院正式开学，李蒸任院长。1939 年 10 月，教育部转发行政院"吕字第 12118 号训令"，颁发国立西北师范学院关防铜章一枚、国立西北师范学院院长印章一枚。原北平师范大学校长免职，校印缴部，北平师范大学校名终止。此前，除 1939 年的新生是在西北师范学院的名义下招收之外，其余师生都是北平师大旧人，因此，北平师大是西北师院的"前身"，而西北师院则是北平师大的"继续"和未来。西北师院的成立保存和延续了北平师大的历史，使其在战火中"又恢复了独立设校"，在颠沛流离的办学过程中，广大师生继续弘扬师大精神，团结一致，安心教学，维护旧有学风，使北平师大的传统与历史关系从未间断。北平师大与西北师院之间的传承，虽未见"法令"明示，但却是当时政府与社会各界的普遍共识。②

学院下设研究所、训育处、事务处、教务处以及附属中学、附属小学和各种委员会，并设国文、英语、史地、公民训育、数学、理化、博物、

---

① 《教育部廿八年八月十四日渝 197 号训令：令接收具报事》，西北师范大学档案馆档案。
② 李蒸：《北京师范大学历史上的存废之事》，《李蒸纪念文集》，第 79 页。

教育、体育、家政 10 系和劳作专修科。所设各系中，教育系、体育系三四年级学生都是原北平师范大学学生，家政系三四年级学生系原河北省立天津女子师范学院学生，均按原学校四年制要求毕业。国立西北师范学院成立后新招收学生，按照学院新规定，五年毕业。① 独立设置后，国立西北师范学院在聘请国内著名教授方面存在许多困难，因为交通不便，生活艰苦，且生活成本较高，除非与学校有历史关系的，否则其余人员都不愿前往。即便如此，学校的正常教学在先前一批著名学者如李建勋、齐国樑、马师儒、胡国钰、金澍荣、袁敦礼、董守义、黎锦熙、罗根泽、谭戒甫、何乐夫、许寿裳、陆懋德、黄文弼、邹豹君、王非曼、孙之淑等人的鼎力贡献下依旧生气勃勃。

在教学方面，国立西北师范学院实行学分制，学校开设有 52 学分的普通基本科目，22 学分的教育基本科目，72 学分的分系专门科目以及 24 学分的专业训练科目。学生的学业评定实行严格的等级考核，按照甲、乙、丙、丁、戊定级，丙等以上为及格；丁等的必修课需要补考，补考不过者须重修且选修课取消学分；戊等者必修课须重修，选修课同样取消学分。学生在一年的所有考试中，如果考试成绩有 1/2 以上不及格者，无论丁等、戊等，均予退学；一年级新生第一学期考试成绩有 1/2 以上不及格者，退学；"全年成绩有 1/2 以下 1/3 以上学分不及格者，留级"。② 学院十分重视学生日常管理工作，制定有勤惰考核等内容的学生考核制度，全体学生实行寄宿制管理，每日晨间 6 时起床，6 时 20 分早操，6 时 50 分升旗，7 时早餐，上午 8 时至 12 时，下午 1 时至 4 时 50 分上课。中午 12 时吃午餐，下午 5 时晚餐，6 时至 9 时，各自在宿舍或教室自习，晚间 10 时就寝。

学院同时实行导师制，学生按照年级分组，由学院聘请专任教师担任各组导师。导师随时对学生给予个别指导，每学期召集所指导之全体学生举行谈话会、座谈会以及演说、讨论、参观、远足等形式多样的活动，增进师生之间的了解与互动，体察学生个性并进行团体生活之训导，达到了导师兼具家长、医者态度，对待学生"宽严相济""诊断与救治"双向结合的良好效果。1940 年 12 月 28 日，为使学生训导工作更加系统有效进行，

---

① 教育部编：《全国专科以上学校要览》，正中书局 1942 年版，第 192 页。

② 《西北师大校史（1902—2002）》，第 30 页。

经学院训导会议通过,《国立西北师范学院训导实施纲要》正式颁布,导师制、学生军事管理、学生生活指导、服务管理、健康保护、课外活动以及学生操行考查与成绩评定等事项均包括在内,以期借此达到帮助学生养成专一坚定之信仰与忠党爱国之精神,同时兼具服务精神、合作精神以及教学不倦之精神与教育救国之信念。[①] 学院的训育工作继承了北平师范大学的纯朴作风,提倡课外活动,主要社团有三民主义研究会、国剧社、语剧社、诗社、文社、歌咏队、书画社等,丰富学生的日常生活。其中以国剧社参加人数最多,院方还专门聘请专家对学生进行指导,并规定《法门寺》《骂殿》《女起解》《捉放曹》等 7 种剧目,任由学生选择学习。[②] 学院对学生的身体健康亦十分关注,故除正式课程外,要求学生均须进行体育锻炼,并由体育系师生负责全院学生体育活动指导之责。在体育系师生的带动下,无论春夏秋冬,自太阳升起到夜幕降临,师院的操场上永远都充溢着流汗的人群,他们或呐喊,或跳跃,进行着各种体育锻炼,就连新生理发社的伙计们也都参与其中,有着惊人的表演,大家不怕光热、冷冻,不顾疲倦,歇斯底里,都愿把自己练成个"铁罗汉"。[③] 在学生待遇与服务方面,学院免费供给膳食,对家在战区经济困难的学生,在学生入学后依据战区学生贷金办法,经学生申请,由学院发给零用贷金,帮助学生解决日常生活困难。

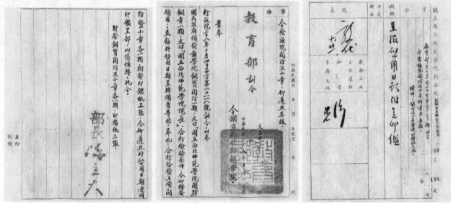

图 4-6　关于发给国立西北师院关防及小章的训令

---

① 《本院训导实施纲要》,《国立西北师范学院校务汇报》1941 年"训导专号",第 30 页。
② 信:《国立西北师范学院近讯》,《读书通讯》1941 年第 2 期,第 15 页。
③ 丁田:《抗战期中的西北师范学院》,《民意周刊》1941 年第 166 期,第 10—11 页。

　　独立设置后，国立西北师范学院将院址设在城固仰止坊，属汉白公路之要冲，由天双公路至甘肃，川陕公路至成都，尚属便利。学院校舍建筑分为城内、城外和场圃三部分，城内校舍在原有基础上添设办公室 8 大间，校工宿舍 3 间；城外在城东校场坝租地 27 亩，分前后两期开工建筑，第一期建筑男生宿舍 32 大间，第二期建筑食堂、厨房、盥洗室共 15 大间，另有劳作科土木厂 1 座，共 5 大间；场圃租地除建筑宿舍等外，还建有升旗台 1 座，足球场 2 处，篮球场 3 处，足供学院师生体育活动之用，场圃的其他空隙地带也被用来充当劳作科农艺园教学实习用地。

　　图书馆对学院的意义重大，为满足师生们对知识的渴求，国立西北师范学院在迁至城固的日子里，加紧图书馆的建设、改造。学院将图书馆选址在城固县之东北隅，也就是城固旧时文庙尊经阁所在位置，此阁建于明万历年间，规模、景致颇为壮观，阁之上下，可容纳百余人。图书馆选址完成后，学院将原阁楼上部西侧作为研究所阅览室，下部东侧划作书库，其余均作阅览室。阁楼周围环境优美，榆柳四合，碧影满窗，游廊环绕，可眺汉江，读倦凭栏，令人意远。截至 1942 年 4 月底，图书馆已藏中文书籍 5364 种，共计 10948 册；西文书籍 1958 种，2125 册；中文杂志 396 种，西文杂志 68 种，地图 40 余幅。至于大部头书籍，则有商务印书馆出版的"万有文库"和文印书局出版的"二十四史"各一部。此外，哲学、宗教、文学、艺术、自然科学、应用科学、报纸及其他实习和教科用书，按照类别言之，均有囊括。图书馆每日白天正常开放 7 小时，夜间关闭。对于书籍外借者，学生限期一周，职员限期两周，教授限期一月，期满均可续借，[①]最大程度满足了师生们的阅读需求。

　　此外，国立西北师范学院各项工作都在建设中有序推进，虽然在经费、教育师资等方面存在诸多困难，但院方与广大师生携手并进，努力克服，尽其所能满足教育师资所需。尽管国立西北师范学院在当时还只是一所新成立的学院，但它保存了原国立北平师范大学的文化火种，延续了其日后得以继续办学的希望，继承和发扬了北平师大与西北联大的奋斗精神和刻苦求知、努力报国的宏伟志向。从西北联大教育学院到国立西北师范学院的变迁过程，反映的正是国难时期西北教育的发展轨迹。国立西北师范学

---

①　何日章：《国立西北师范学院图书馆近况》，《中华图书馆协会会报》1943 年第 17 卷第 3—4 期，第 2 页。

院诞生于民族危难之际，承载着全体师生的国仇家恨与抗战建国的家国情怀，虽饱经磨难，但初心不改，一经成立便给西北地区的教育事业，尤其是师范教育事业增添了新的生机与活力。

（尚季芳　咸娟娟）

◎汉水之滨大学魂

从 1938 年 4 月西北联大迁往城固，到 1939 年 8 月国立西北师范学院独立设置，再到 1944 年全部迁往兰州，在长达 6 年的时间里，曾经的联大教育学院、师范学院与日后的国立西北师范学院，都在陕西城固办学。城固记录和见证了师院师生在艰难岁月中的奋斗与成长，也将其所发扬的大学精神深深镌刻和保留在了汉水之滨。

城固县位于汉中中部，虽是个小县城，但在当时也是陕南的一等县，算是富庶之区。县城南北长，东西窄，南北向的一条大街是当时比较繁华的街道，周围环境尚属清幽，前有汉江，后有青山，东通汉白路之大道，西距南郑 70 余华里。对从平津而来的师生言，在城固面临着生活方面的诸多困难。当地虽然粮食不成问题，但居民大半患有皮肤病与传染病，受此影响，师生们对购买来的粮食，在起初阶段大都心存疑虑，不敢下咽。① 独立设置后，伴随物价的上涨，师院师生的生活，尤其是食物供应更加紧张。当他们每月仅有 8 元的公费可供消费时，米的市价已经涨到了 10 元，当他们的公费涨到 13 元时，米的市价又成了 18 到 19 元，且还在持续上涨。因此，师生们每日的饭食，就只能是早餐稀饭无菜，中饭、晚饭每人约一碗左右的蒸大米和一碟豆芽菜。有时候，早上的稀饭也稀得可怜，几乎可以照见人的面目，中、晚饭要是去迟了，"便会向隅"。因此，在吃饭问题上，师院师生形成了一等、二闯、三抢的"三部曲"。② 西北师范学院附属中学

① 少颖：《西北联大剪影》，《西北论衡》1939 年第 4—5 期，第 12 页。
② 蒋信：《在艰困中的西北师范学院》，《学生之友》1940 年第 7 期，第 14—15 页。

的学生们，此间也从古路坝迁来城固县城，学校没有饭厅，所以学生们吃饭是在走廊里、操场上、树荫下，就地蹲着吃。即使有雨点、雪花落在菜盆、饭碗里，大家也只有感激，没有怨言。若是天气太过恶劣，大家就改在教室开饭。① 至于穿衣的部分，学生虽然都穿制服，但一身绿制服上，总是充满了黄、蓝等各种颜色的补丁，只要看了就会使人想起行脚僧的形象。学生的鞋子，也大都以草鞋居多，即便有布鞋的，平日里也都舍不得穿，非等到有盛大集会的时候才拿出来。日常生活中，除去严冬外，同学们大都是短衫、短裤、赤脚、草鞋。虽然艰苦，但在大家看来"既称经济，也很卫生"。住宿方面，更是简陋，校舍大都颓垣断壁，好在经过一番修葺，因陋就简，勉强可用。刚开始的时候，就连茅舍也只是垂涎而住不上。所谓住所，只是一幢因人数太多，没有房间居住，只能几百人挤在无法遮风挡雨的操场内，操场四周围以竹排，再糊上纸张，就成了墙，至于屋顶则用一层草席盖着。因此掌上灯时，无论是从上面或侧面望去，都是红光一片，像是灯笼一样，故而这样的房子也被大家戏称为"灯笼房子"。之后住宿条件逐渐改善，学生们开始住上 8 人一间的草屋。虽然环境依旧艰苦，但大家仍努力着在朴素中求整洁，在内务上更上进。交通方面，因为宿舍与教室之间有将近半里到 1 里的距离，其间又是稻田，又是阡陌小道。在平常日子里跑步前进倒不成问题，但汉中盆地多阴雨，雨后道路泥泞且滑，同学们一般都无钱购买雨鞋，穿草鞋或布鞋，没几天就得穿烂一双。有时候还会滑倒栽入稻田中，学作"蛙式"泳，也是常有之事。即便困难重重，院方和师生们还是一一克服，他们自认肩上责任重大，所以更加吃苦。在家国多难的岁月中，他们严守各自的职责，用精神克服物质上的困难。在日常学习中，学生们更加孜孜以求，遇到名人演讲或座谈，都踊跃参加。在假期中，各种读书会也照常举行且形式多样，大大提高了学生们的专业知识与技能。②

---

① 方永蒸口述，艾弘毅校订：《铁岭方永蒸回忆录》，方永蒸先生百岁寿庆筹备会，1992 年，第 125 页。（下同）

② 蒋信：《在艰困中的西北师范学院》，《学生之友》1940 年第 7 期，第 14—15 页。

图4-7 国立西北师范学院古路坝校舍远景图

　　岁月艰辛，师院的师生们却能依靠坚强的意志和苦中作乐与埋头苦干的精神战胜、征服一切困难。为解决生计问题，他们计划种田、种菜、养鱼、养猪、喂鹅、办合作社，真正实现了"出自己的汗，吃自己的饭"，自己动手、丰衣足食的自给生活。几筷子白菜就上两碗米饭的日子虽然清苦，但谁也没有怨言。在时代与环境的锤炼中，师生患难与共，精神更加和谐。师生们的课外活动，为枯燥的岁月增添了许多色彩。体育系的日常锻炼，引来了附近的市民与邮政局的大小职员一起参与。夏天的游泳项目，更是吸引众多人群围观、学习。垒球赛的风气，还在城固开了先河。"国语罗马字运动"亦在城固有声有色地开展起来。国语竞赛、英语竞赛以及婚姻问题座谈会等各种名目繁多的学术演讲、比赛等，一学期要进行好几次。新生剧团表演异彩纷呈，学生假期的乡村服务与下乡宣传等，每次都受到当地民众的热烈欢迎与挽留。①

　　考古与文物保护是师院师生在城固期间的重要工作，且成绩显著。汉中地区文物古迹众多，但多因年久失修而破坏严重。位于城固的张骞墓地，便是众多文物古迹中的一个，当时很多人怀疑其为"衣冠冢"或"纪念墓"。为此，1938年，西北联大特向陕西省政府发函，称汉博望侯张骞为我国民族英雄，开疆拓土，沟通文化，为民族所尊崇，历代景仰，其墓地在城固县城西北3公里的饶家营，国难之际为提倡我民族之伟大精神，树立抗敌御侮之楷模，特请政府予以方便，使张骞墓得以整理保护。② 同年5月20日，西北联大校领导及考古系师生开始对张骞墓进行调查，经过调查初步

① 丁田：《抗战期中的西北师范学院》，《民意周刊》1941年第166期，第11页。
② 中央社：《联大函请省府协助整理张骞墓》，《国风日报》1938年9月6日。

判定张骞墓外已见部分石刻"似为汉物无疑",加之调查所得瓦片、砖块等物也为汉代遗物,张骞墓的真实年代"更属明确"。于是,经西北联大考古委员会商定,由何士骥雇佣工人杨法娃为工头,以学生张循祖、杨贻为代表,率同校工1人,联合城固县政府所派保安队员3人,会同当地联保主任、保甲长等,在何士骥、周国亭的指导下,于7月3日上午8时开始张骞墓挖掘工作。此次挖掘,对张骞墓之各种石刻、石刻与坟墓之间距、石刻外露地面或水面之距离以及石刻的具体尺寸和划定的东西两坑中所得各种文物与残片等,均做了详细登记与考证,为张骞墓进行了身份证明。同时,何士骥等人还对张骞墓的进一步保护提出具体方案:不动原物,加以清理,使国内外人士便于礼瞻;在其周边添设博望侯遗物陈列馆,使参观更显亲切,事迹更易动人。[①] 此次考古发掘及保护意见的提出,不仅为张骞墓"验明正身",解决了考古学的重大问题,为正史列传增加了部分新的注脚,而且起到了在抗战的特殊环境中唤起民众民族意识,增援抗战的作用。

在城固的日子里,正值国难当头,因此师院师生除日常教学、学习外,还加紧开展抗日救亡运动。他们办了十几所民众夜校,因为经费困难,教书者非但不拿薪水,反而自掏腰包为民众买书。每当寒暑假到来,学生们就整理好轻便的行囊,带着自己的贷金,前往乡村去办民众学校,借以整顿保甲、宣传兵役、慰劳出征军人家属,大家谦和的态度与平民化的生活作风,广受老百姓好评。在下乡宣传的过程中,学院与西北大学联合组织了一个新生救亡剧团,不仅在陕南居于新剧的领导地位,就是在整个西北也赫赫有名。剧团每年暑假都到各处进行劳军公演,对慰劳、捐募等爱国活动,乃至当地的救济活动等,都起到了积极的领导与推动作用。依靠剧团的募捐演出,还曾救济陕南一批失学中学生,成功为其捐助筹建博望中学一所。除新生剧团外,学院还组织开设一个民众剧团、一个青年音乐学会和一个振中国剧社,在历次公演中,都为国家募得不少费用。救亡工作的开展,使城固变得不再沉闷、死气,街头巷尾贴满了各种救亡漫画与壁报,就连目不识丁的顽童和老妇也能哼唱几句救亡歌曲来点缀他们的生活。[②]

---

① 何士骥、周国亭:《发掘张骞墓前石刻报告书》,《西北联大校刊》1938年第1期,第33—37页。
② 朱瑞申:《西北师范学院在城固》,《中国青年》1941年第3期,第112—113页。

社会教育是师院在城固期间开展的另一项重要活动，其内容主要包括抗日宣传、政治动员、补习教育、合作训练、扫除文盲、卫生宣传、破除迷信、提倡新生活等，同时还设有民众代笔处和妇女识字班。城固的社教活动主要集中在邯留乡，截至1941年7月，该乡扫盲社教组共招收学生208人，保甲长训练共训练保甲长28人，简易诊所为民众施诊250人。另有其他识字班和各类文娱活动相继开展，极大改善了当地民众的日常生活，为当地民众教育的进一步发展打下了基础。师院师生还利用春节假期在邯留乡开展春季种痘与卫生宣传工作。在1941年3月31日的宣传中，即有民众300余人种痘。同年11月，学院又在当地举办乡村建设干部讲习会，70余人参加，讲授课程为：精神讲话、政治讲话、农业讲话、军事讲话、社会教育、乡村建设、国民教育、社会体育、卫生和国语训练注音符号教学等，学院领导李蒸、黎锦熙等分别担任各科讲习。此次讲习会共举办12天，为邯留乡乡村干部队伍带来了新鲜空气，使乡村干部接受了一次新知识的洗礼。

艰苦卓绝的抗战环境，铸就了伟大的"抗战精神"，也铸就了在抗战烽火中饱经风霜，不断磨砺、成长的"西迁精神"与"大学精神"。精神也是大学的根基和血脉，经历了抗战的洗礼，无论是曾经的西北联大，还是独立后的国立西北师范学院，在其发展、前行的过程中，都继承和秉持了"爱国进步""公诚勤朴"的优秀传统与埋头苦干、自强不息的坚强毅力，扎根西北、服务西北，将汉水之滨的大学魂魄与大学精神，传递到了祖国的各个角落。诚如时人所言，迁入城固的一批批大学，吸引了来自天南海北的学子，"年轻人简直就像汉江的水，一批一批的来了，又一批一批的走了。然而，来的时候是孩子，走的时候却成了大人"①。他们传唱着："师资树人表；实业拯民穷"的豪迈壮歌，奔向祖国的大江南北，担任起建国的各种角色，成为引领时代发展的建设者和先行者。

（尚季芳　咸娟娟）

---

① 卢苇：《自城固迁西安的国立西北大学》，载冯岁平主编《石门——汉中文化遗产研究》，三秦出版社2006年版，第208页。

第五章　吾道西行迁兰州

◎为什么选址兰州?

全民族抗战爆发后，西南、西北地区成为重要的抗战大后方，为了维持中国高等教育的血脉，华北、华南的高校内迁西部办学。时在城固的西北师范学院暂时获得安定，弦歌不辍，书声琅琅。城固地处秦巴山间，素称"鱼米之乡"，物阜民丰。但此地交通不便，地盘狭小，迁移至此的学校机构庞杂，人数骤增，导致物价飞涨，不少学校伙食短缺，有的学校甚至出现了只有渗了水发了霉的米和见不到油盐的白水煮菜，每天只吃两顿饭的现象。① 1936 年阎锡山在城固县城建立西北制造厂城固分厂（兵工厂）。该兵工厂主要生产武器弹药，兼少量织布机、弹花机、轧花机等，故常遭日军飞机的轰炸。这不仅影响学生上课，还严重威胁到师生的生命安全。加之当时抗日前线撤退的人流物资涌向大后方川陕之间，给城固带来诸多不安定因素。为缓解城固地方压力，保证学校环境相对安全良好，国立西北师范学院决定迁移他处。在校址选择方面，全体师生及相关人员颇费周折。为谋学校将来发展，学校同仁一致认为应该将师院迁到一个较大的省会地方。最后经过多方努力和综合考虑，1940 年，国立西北师范学院奉令由城固迁往兰州。

---

① 张强：《重塑格局：抗战时期的北平师大与西北高等教育》，《山东高等教育》2016 年第 8 期。

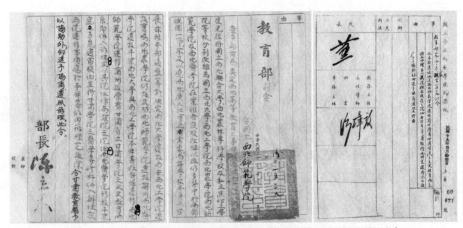

图 5-1　民国政府教育部给西北师范学院迁移兰州的训令

　　全面抗战以前，我国高等教育机关主要集中于平、沪一带，西北、西南广大地区大专院校为数甚少。由于"甘肃位居西陲，国防种族关键甚大，惟年来天灾频仍，交通阻碍，以至甘省教育事业外间人士绝少知悉。"① 尽管兰州是西北抗战大后方的中枢，但甘肃省的教育事业与我国东南沿海相比异常落后。当时"甘肃高等教育唯一的学府只有甘肃学院一处"，即兰州大学的前身。1935 年，该院有文学系、法律系、文史学系、医科、农科五门，学生总计仅有 96 名。② 为推进甘肃高等教育发展，1939 年 4 月，教育部在甘肃创设国立西北技艺专科学校，设立畜牧、兽医、农学、森林、农业经济、土木、水利、机械等科，以期造就农工专门技术人才，树立建设西北之基础。1942 年，教育部为培养医学专门人才，以甘肃学院医学专修科为基础，在兰州设立了国立西北医学专科学校。该校试行六年制，招收初中毕业生。由此可见，虽然甘肃省教育当局积极整顿，竭力发展教育事业，但全省高等院校教育资源仍十分短缺，高等师范教育资源更是一无所有。因是之故，为建立西北高等教育基础，改善办学环境和推进大学分布均衡等问题，国民政府教育部对汉中地区的大学进行了重新规划，力促西北师院进一步西迁兰州，从而优化西北地区的高等教育结构，扩大均衡化的实施范围。

① 《甘省全省教育近况调查，失学儿童十占其九，大学学生为数寥寥》，《西京日报》1933 年 8 月 21 日。
② 《甘省高教调查》，《西京日报》1935 年 2 月 11 日。

兰州地处黄河之滨，五泉山和白塔山南北拱卫，自古为形胜之地，"就中国舆地来说，他是一个心脏，就西北形势来说，他是一个首脑；在国防上，在历史上，给我们写下了许多光荣的册页"①。自抗战爆发后，东北沦陷，海防吃紧，海口被封，军需品接济大感困难，此时的兰州成为苏联援华物资和中国偿债物资的集散地，而西兰公路自然担负起了运输抗战军需品的重任。除此之外，1934 年 1 月欧亚航空公司开辟了兰渝航空线，即由兰州经西安、南郑、成都至重庆；包兰航空线，即由兰州经宁夏至包头，1937 年又从包头延伸到北京；兰宁航空线，即由兰州至西宁等三条航线。②陆、空交通的发展和特殊的地理位置使兰州成为西北的交通中心。

图 5-2　20 世纪 30 年代的兰州

(哈里森·福尔曼摄)

中国共产党为了宣传和扩大抗日民族统一战线主张，1937 年 6 月，在兰州设立八路军驻甘办事处。③同时第八战区驻节兰州，控御宁夏、青海和新疆，蒋介石的得力干将朱绍良担任总司令，因此兰州在抗战时期的政治地位和国防地位极高。1941 年 7 月 1 日，兰州设市，蔡孟坚担任第一任市长。来兰之前，蒋介石召见蔡，嘱咐要将兰州建成大后方的模范都市。蔡孟坚到任后立即采取了"先打后看"的措施，即先从拆马路做起，决定以修马路为建市重点，同时兼顾市区公共设施和娱乐设施建设，如建成兰园

---

① 幻花：《兰州市的诞生》，《市政评论》1941 年第 6 卷第 10—11 期，第 15 页。
② 魏永理：《中国西北近代开发史》，甘肃人民出版社 1993 年版，第 403 页。
③ 况步才：《八路军驻甘办事处建立经过及其任务》，载中共兰州市委党史资料征集办公室编《兰州党史资料汇集》(六)，1983 年，第 65—66 页。

供市民娱乐。同年，兰州开通公共交通汽车，自此兰州有了自己的公交设施。该公交车虽车身高、窗户小、无座位，但可容纳 30 多人，并且开通了两条运营线，由中央广场可直达十里店。除此之外，蔡孟坚还积极整顿市容，开展市区的绿化工作，建设西北大厦。他认为"兰州为一高原都市，气候亢旱，雨量稀少，树木成活不易，为调剂空气，增加美感，造林实为本市重点工作"①。为此，兰州市成立社会局，负责管理植树造林和育苗事务，并组织市民在南大街、中华路、中山路、东关、定西路、励志路等人行道植树万余株。此外，市政府于 1942 年制定了 14 条《兰州市保护树木办法》条例，1943 年又特规定了春季树木补植办法，力争达到"园林化都市"的效果。

斯时不少人提起兰州，想到的便是"无风三尺土，有雨满街泥"，"全山无一草一树，兰州为极端枯索与单调的都市"，甚至有人认为"住到兰州长久的人，时时接触这种环境，脑筋也要简单化起来了"。② 所以城固师院的许多师生对迁往兰州心存犹疑。李蒸院长不为所动，他从大局出发，耐心说服动员教职工。他告诉师生兰州历史悠久，文化底蕴深厚，不是一般想象中的荒凉不堪。为了向师生更详细、全面地描述兰州地区的生活环境和物资条件，李院长甚至对兰州的物价、居住条件等做了细致考察，如大米在兰州较陕西匮乏，价格较高，但天水、河州出产较多。面粉在兰州则相较城固便宜。燃料方面，兰州有煤炭。日用品纸张文具较贵，但省政府有平价办法，可以以省价购得。总之"兰州环境及风习颇似北平，同人等前往居住定能愉快适应。"同时，为减轻城固师生对兰州分院建设的疑虑及迁兰后各规章制度的适应问题，李蒸院长向大家详细说明了分院的建设进度及完成情况，并同城固师生解释，兰州分院为城固本院在兰州之一部分事业，如同各系课程为本院各系之一部分。故兰州分院的一切规定及办法等，均与城固本院保持一致，③ 各位城固师生不必过分担忧此类问题。

西北师范学院迁往兰州的消息甫一传出，便得到甘肃省当局和地方人士的热烈欢迎。1940 年 5 月，甘肃省教育厅致电国民党政府教育部："西北

① 《蔡市长谈绿化兰州》，《甘肃民国日报》1942 年 4 月 8 日。
② 凌云：《西北角落的兰州》，《宇宙风》1939 年第 85 期，第 28 页。
③ 佟学涛：《兰州分院筹备谈话会记录》，《国立西北师范学院校务汇报》1941 年第 32 期，第 4 页。

师范学院迁兰，省府及地方人士均热烈欢迎"。7月，甘肃省临时参议会代电云："贵院历史悠久，成绩卓著，海内蜚声，比闻有奉令迁甘之议，将于西北整个文化推进贡献重大力量，本会代表全甘民欢迎并愿切实赞助，盼早来临"①。在内外力量的促动下，西北师院加快了西迁兰州的步伐。

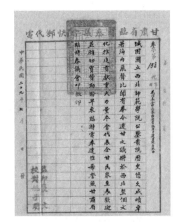

图5-3　关于欢迎西北师院迁移兰州给西北师院的代电

（尚季芳　张传卿）

◎郑通和、郭维屏对迁校的助力

民国政府教育部虽然令西北师院迁移兰州，但对迁至兰州什么地方却没有规定，校址选择全在师院自己。1940年5月，李蒸在总理纪念周活动讲话中提到，在兰州选择校址要符合以下条件：第一，学校不能设在城内，应该选择离城十至十五里的地方，一是防止日军空袭，二是考虑到国立西北师范学院作为一个师范教育机关，不太适合设在城内；第二，要交通方便，最低限度是能通汽车和人力车；第三，必须能见到黄河，一则为风景问题，二则为吃水问题。但李院长和城固师生对兰州情况皆不熟悉，要想找到符合条件的校址绝非易事，幸有当时身为甘肃省教育厅长的郑通和及

----

① 李瑞徵：《介绍国立西北师范学院》，《甘肃教育半月刊》1941年第3卷第21期，第17页。

师院优秀校友郭维屏、李瑞徵等人的鼎力帮助。

图 5-4　郑通和

郑通和（1899—1985），字西谷，安徽庐江人。1912 年，郑通和就读于舒城县立第二高等小学，毕业后考入天津南开中学。1919 年升入南开大学，学习文学。从南开大学毕业后，于 1923 年自费赴美国斯坦福大学留学。在美国，他深感"教育为国家兴强最重要之因素"，所以选定教育为学习主课。此外，他还看到我国学术进步之所以未能与欧美各国并驾齐驱，其主要原因在于"我国大学师资设备两感不足，设立研究院所者甚少，大学毕业生除极少数能往外国大学深造外，几无继续研究机

会"①，所以大力发展我国教育事业十分重要与迫切。1925 年，郑通和回国任上海大夏大学教授等职，1927 年任江苏省立上海中学校长。在上海中学时，郑通和除致力于教学、训导与设备之改进外，还注重加强全体学生品德陶冶与体格锻炼。为了学生毕业后的就业能适应社会需要，他提倡普通科着重升学准备，师范科及商科着重实习与外界联系。在郑通和的悉心办学下，上海中学成绩卓然，成为当时全国中等学校的示范之一。1938 年冬，郑通和调任甘肃省教育厅长。初上任，他便看到甘肃教育事业虽在各方之督促下，略有进步，但因位居西北，交通阻梗，经济发展缓慢，故教育事业整体发展迟滞，质量方面尚须竭力改进。在任职期间，他积极谋求甘肃教育之发展，"对甘省教育切实整顿，注意质的改进与量的扩充"，并"依据本省实际需要，订定甘肃教育实施方案，检讨既往，策励将来，冀于安定状态之中，进而谋各项教育均衡发展"。② 1940 年在讨论国立西北师范学院迁往何处的问题时，郑通和积极提出应将此校迁移兰州，并在兰州建立永久性校址的建议。此建议经过多方协商得到共识，成为西北师院迁兰成功的助推。郑通和在兰期间，还支持创办国立西北医学专科学校，国立甘

①　郑通和：《六十自述》，三民书局 1972 年版，第 4—5 页。
②　郑通和：《抗战初期甘肃教育一瞥——民国二十八年度甘肃教育之设施》，《郑西谷先生教育论文选集》，台湾商务印书馆 1984 年版，第 173 页。

肃科学教育馆，促成省立甘肃学院升格为国立甘肃学院，其对甘肃高等教育贡献卓著。

郭维屏（1902—1981），字子藩，甘肃武山人。1924 年毕业于武昌高等师范学校，1926 年毕业于北京师范大学教育研究科。曾任甘肃省皋兰县县长，甘肃学院教育系主任兼校长，兰州大学校长，甘肃省政府顾问，甘肃省参议会副议长，国民党甘肃省党部执行委员等职。郭维屏非常重视西北开发，他说："任何事业，均需人才，开发西北是件很大的事业，当然要先有更多的、更专门的人才，庶足以言开发。关于开发西北的人才问题，我们可分作三项来讨论，即集中现有人

图 5-5　郭维屏

才，造就将来应用的人才，与延聘外国的人才"①。1934 年在《开发西北协会第二届年会报告》中，郭维屏提出以下议案："一、请中央确定发展西北文化事业之经费。二、请教部拟定发展西北边区教育之整个计划。多派专员赴西北各省勘察，以便对西北现有之教育作切实之援助与改进……五、请政府在青海或兰州，筹设大规模之西北图书馆，以便西北人士钻研高深学术之参考。六、在西北各省各设模范中学或师范学校一处，以作改进西北中等教育之先声，其经费请由庚款中拨给之。"②

1940 年 6 月，李蒸院长来兰州考察，郭维屏同李瑞徵、漆荫棠、陆润林等人与李院长见面，并在兰州励志社成立师大校友会兰州分会。该会"以联络感情，研究学术，并谋学校之发展为宗旨"，选举郭维屏、李瑞徵、沈滋兰、漆荫棠等人为理事。郭维屏与李瑞徵等人充分向李院长介绍了兰州的情况，并竭力协助校址选择一事。当时，李瑞徵在兰州市政府及国民党党部工作，他亲自带着李蒸院长考察了市政府为躲避日机空袭在十里店建造的 35 所临时疏散用的土平房。此地位于黄河北岸，环境优美，吃水方便，且靠近甘新公路，交通便利。最终，根据李蒸院长拟定的选址原则及

① 郭维屏：《开发西北谈》，《新西北》1932 年第 1 卷第 3—4 期，第 12 页。
② 郭维屏：《开发西北协会第二届年会报告》，《开发西北》1934 年第 2 卷第 3 期，第 84 页。

郭维屏等人与地方人士的协商，西北师院购买了兰州西郊十里店 250 亩①地作为学院永久校址。

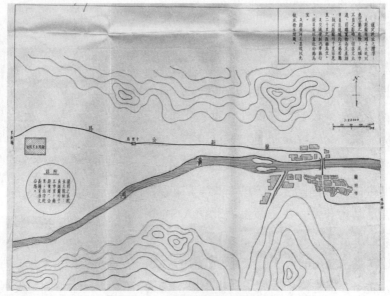

图 5-6　西北师院兰州校址

　　校址选定后，李蒸立即返回城固，拟定了五点建筑校舍的原则：（一）规模须朴实远大；（二）材料须就地取材；（三）设备须新颖充实；（四）作用须费小效宏；（五）房屋位置须联络与疏散兼筹并顾，以防意外。②并且向城固全院师生报告：校址背山面水，既离开闹市，又距城不远，环境幽静，交通比较便利，菜蔬比较丰富，取水及购置生活用品比较便利，不仅枣树繁多，附近还有桃林的风景，是读书的好地方，是兴建师范学院的好场所。职工宿舍在十里店街上，教学区另在不远的空地上建造，二者分开，有利于办学。③李蒸院长向城固师生描述当师院兰州校址勘定的那一刹那，他的心情异常兴奋。他独自坐在黄河北岸，望着十里店遐想联翩：在这片土地上很快就要兴建起一座高等学府，这是多么有意义的事啊！④

---

① 《李蒸纪念文集》中为 250 亩；李瑞徵《介绍国立西北师范学院》一文中为 280 余亩；《国立北平师范大学七十周年校庆纪念特刊》以及方永蒸回忆录中都为 275 亩。

② 《为奉令迁设兰州遵谕前往勘察校址等呈请鉴核转请拨款由》，西北师范大学档案馆藏。

③ 郭士豪：《李蒸院长二三事》，《李蒸纪念文集》，第 286 页。

④ 曹述敬：《记忆中的李云亭院长》，《李蒸纪念文集》，第 299 页。

1941 年春，李蒸率领师院部分师生再次来到兰州，聘请兰州各界知名人士 29 人组成学校建筑设计委员会，并于 5 月 5 日成立分院筹备处，正式开始建筑校舍的工作。但该时教育部所拨经费十分有限，新学校建设颇遭挫折。郭维屏、李瑞徵等人为师院能良好发展，多次以校友身份对学校建设施以援手。1941 年冬天，师院建设遇到木材短缺问题，郭维屏会同李蒸院长冒雪迎风亲赴青海西宁，找到了青海省政府秘书长黎丹，在黎丹的大力协助下，得到青海省政府的赞助，拨给师院大量的木材。这些木材除兴建教室、办公室、实验室外，还修建了一个能容纳千人的大礼堂。此外，在迁校过程中，因新校舍一时未建成，来兰老师人生地不熟，住宿遇到一定困难，郭维屏索性让其居住在自己家中，尽心招待，为地方教育贡献力量。①

1946 年 5 月，时任兰州市党部书记长的李瑞徵在西北师院四十四周年校庆纪念会上，宣布将十里店公路改名为"李蒸路"。会上李瑞徵回忆起当时师院在兰州办校的艰辛以及李蒸院长的伟大付出，充分肯定了师院对于甘肃高等教育的重要贡献。他讲道："民国三十年，西北师院开始迁兰，当时开了一个盛大的迎新大会。在那个会上，我以西北人的资格说过，西北最需要的有二：一、教育，二、交通。西北师院担负了研究高深学术的使命，及担负了培养西北师资的使命，又担负了提高西北师资水准的使命，更负着恢复北平师大的使命。当年（三十年）本院在兰州招生，报名者 30人，投考者 27 人，这可见西北的社会，基础不够，及政府环境不够了，此外经济条件不够。教部只拨了 17 万元，而一切经费皆在内。这两点，可见当日学校的困难情形，与所负担的使命的重大。在这种困难情形下，担负起这种大责重任，完全是李云亭先生的努力。李云亭先生确实为西北下了很多的苦功，他进城不吃饭馆，归途过金城关，走至空无人处，坐在胶轮马车上啃大饼，其生活之困苦可知。所以这次我们三个机关发动，把从城里到十里店的一段公路，改为'李蒸路'，今日正式宣布，以报答李云亭先生。这种菲薄的礼物，不足以报答李先生的功德。但李先生尚不接受，这更可见李云亭先生的伟大。"② 李瑞徵参与了当年西北师院的选址和建设工

---

① 王九菊：《郭维屏纪念文集（序二）》，载郭春海编《郭维屏纪念文集》，2002 年。
② 《兰州市党部书记长李瑞徵先生讲词：代表兰州党部政联席会宣布十里店公路改名"李蒸路"》，《国立西北师范学院校务汇报》1946 年第 84 期，第 2 页。

作，亲眼见证了学校的困境及李蒸先生的艰辛，提出命名"李蒸路"之事应该是市政府的慎重抉择。

（尚季芳　张传卿）

◎长达四年的迁校

西北师院迁建兰州是师院历史上的大事，整个搬迁期间，师院师生饱受艰苦。由于采取了边建设新学校边从原址迁出，城固毕业一班旧生，兰州招收一班新生的搬迁方式，所以自 1941 年起至 1944 年，全校历时四年才搬迁完毕。当时的陕甘交通甚不方便。卡车行驶川陕公路需要翻越秦岭，据说平均每十辆卡车经过，就有一辆跌落山沟，车毁人亡的惨剧时有发生，故师院师生担惊受怕，大多采用徒步的方式经月来兰。职工用毛驴驮着学校器物文档，日夜兼程，过秦岭、越渭河，来到兰州十里店，暂住在上文提到的省政府防空用的临时土平房中。①

1941 年 10 月 24 日，梁荣庭教授同师院四位教职员（男生 1 人，女生 3 人）带着图书文具 22 箱以及私人行李共计 40 件左右由城固启程来兰。为了避免因行李过重而额外负担昂贵的加价费，他们巧妙地采取了"化整为零"的办法，将大行李全部变成小行李，省去不少行李费。一行人乘着直达兰州的木炭车，将沿途各色风光尽收眼底。但是上下不绝的"黄鱼"（即私客）不但使本就拥挤的木炭车更加拥挤，而且使车子走走停停，耽误不少行程，令人十分讨厌。10 月 29 日时，木炭车索性坏于陕西凤岭，司机向距四十华里的双石铺请派救济车，但救济车当日无法抵达。为了免于挨饿，众人皆下车步行前往酒奠梁。天热爬山，结果三个女生病倒两个，大家一面用"八卦丹"等药品救治，一面自己张罗午饭。当地虽有两户人家卖食物，但是面对突然到来的大批食客自是应接不暇。起初还有羊肉泡馍，后

① 李爱民、曹怀玉：《西北师范学院史略》，载《甘肃文史资料选辑》第 23 辑，甘肃人民出版社 1985 年版，第 94 页。

来变为馍泡豆腐，再后来连开水都不能足够供应。最后大家历经苦楚，终于抵达双石铺，在双石铺改乘汽车直开兰州。

原本以为改乘汽车，路途情况会好转不少，结果汽车的情况与木炭车相比，简直有过之而无不及。这辆汽车司机虽不好"黄鱼"，却喜欢"喝稀的"（偷汽油的黑话）。因该车运送师院公用物品，关系甚大，所以司机沿站索要汽油，以为奇货可居。而且司机是一名"大烟鬼"，上午开车一帆风顺，一到下午烟瘾一犯，人就没精神了，车也出毛病了。梁教授在《赴兰旅途报告中》讲，10月30日清晨，大家出发后不久就开始阴雨绵绵，而汽车一路上却屡屡需要修理。等到汽车艰难地移挪至徽县江洛镇五十华里处，又停车修理良久，一直到傍晚五时许才继续前进。夜幕逐渐袭来，汽车电灯却破坏无用，司机只能借着月光奋力前进。偏巧此段公路桥梁被水冲坏多处，司机只能尽量选择水浅处前行。当汽车行至一处河滩上时，前进无路，后退不能，四面环山，大家直感觉盲人摸象，夜半深池，危险无比。等到汽车冒险探路抵达江洛镇时已经深夜，镇上的茅房小店早就人满，居民家家大门紧闭，呼之不应。最后几经波折终于寻到一家招待所，解决了吃住问题。当晚招待所熬得大米稀饭一桶，炒得白菜一大盘，十余人狼吞虎咽吃起来，直觉得比鱼肉还香，真应了那句"饿咽糟糠甜似蜜"。31日，众人再次出发，原本阴雨绵绵的天气竟转成雨雪霏霏，这让大家本就艰苦坎坷的旅途"雪上加霜"。汽车盘旋行走在曲折陡峭的山路之上，众人反倒生出听天由命的胆气。雨雪寒风交加刺得大家连眼睛都睁不开，衣裳皆被雨水浸透。彻骨的寒冷袭来，众人只得在车上撑起油布勉强躲避。经过十多天的煎熬，11月8日，梁教授一行人终于抵达兰州。回看梁教授的来兰之旅，一路上不是车坏了需要修理，就是油告罄需要救助，搞得每次都是披星戴月赶路。真可谓司机喝稀大烟鬼，"黄鱼"乱翻误行程，夜来风雨浸人骨，一路颠簸终到兰。

1942年秋，李蒸院长携全家与张德馨夫妇及几位学校教职员从城固坐敞篷大卡车来兰州。他们经汉中、褒城，抵石门后进入山区，又经庙台子、凤凰岭、双石铺，再经甘肃徽县、江洛镇、兴隆镇、天水、通渭、华家岭山脉、定西，途中共花费七八天时间才抵达兰州。若只是一路颠簸，倒也能忍受，但卡车驶过天水后不久，便发生了一段令人心惊胆跳的插曲。李蒸的女儿李溪桥回忆，当时他们几个小孩坐在高高的行李上面，一路上环顾四周，兴奋异常。但卡车在一段山坡拐弯处突然侧翻，全车人和行李都被甩了出去，等到大家从惊魂不定中反应过来，才挣扎着从行李堆下爬出来，互相查看伤情。所幸旁边不是山谷，众人虽受伤轻重不等，好在均无生命危险。张德馨教授的夫人腰部被一只大箱子的拐角击中，母亲因双手着地，手掌心全都擦破，血流不止。父亲李蒸额头受伤，但他从地上爬起后，顾不得抹去自己额头上的血迹，便急忙查看众人伤势并安慰大家，使大家的情绪逐渐稳定，安心等待救援。司机师傅见自己闯下大祸，溜出驾驶室逃跑了，但因良心发现，又折了回来。李蒸并未严厉训斥他，只对他进行了教育。在如此荒郊野岭，大家举目怅然，幸好有李蒸院长的沉着冷静和细心安慰，才使大家不至于极为惶恐地来到兰州。李蒸的儿子李幼蒸回忆到"后来我的嗅觉永远记住了那次卡车旅行中好闻的汽油味道。多少年后，一闻到汽油味总会想到那次陕甘路上的初次嗅觉体验。我还模糊地记住了途中过夜的天水市。这个名字大概是我一生中除城固外记住的第二个地名。"① 同年 9 月，从城固前往兰州的一批教授因缺乏车辆而延期，使兰州分院的开学时间推迟了二十天。

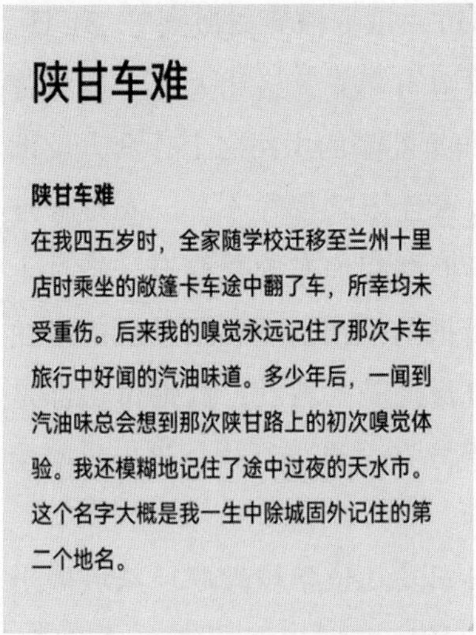

陕甘车难

陕甘车难

在我四五岁时，全家随学校迁移至兰州十里店时乘坐的敞篷卡车途中翻了车，所幸均未受重伤。后来我的嗅觉永远记住了那次卡车旅行中好闻的汽油味道。多少年后，一闻到汽油味总会想到那次陕甘路上的初次嗅觉体验。我还模糊地记住了途中过夜的天水市。这个名字大概是我一生中除城固外记住的第二个地名。

图 5-7　李幼蒸《忆往叙实》
（重庆大学出版社 2009 年版）

1944 年秋，西北师院进行最后一次迁校工作。黎锦熙教授坐车来兰，恰逢袁敦礼教授携其儿子过西安，所以与黎教授同道。时至深秋，本就给人悲凉凄惨之感，偏偏卡车行至乾县时，机中电丝断裂，众人只得下车等待救援。冰冷的雨水无情拍打，饥饿的肚子咕咕直叫，前不着村，后不着店，真是到了饥寒交迫之时。更不幸的是，黎教授没带厚实衣服，只穿了毛绳裤裤，在如此阴冷的天气下时不时便患有腹泻。众人一直等到傍晚五时，才见一位老农送来电丝，卡车重新上路。路过平凉时，黎锦熙和

① 李幼蒸：《忆往叙实》，重庆大学出版社 2009 年版，第 29 页。

袁敦礼两位教授一起参观了省立平凉师范学院，并为其做了精彩的演讲。卡车行至静宁时，黎教授的腹泻还不能痊愈，袁敦礼教授急忙为其前往县中学求医，中学校长偕众人为黎教授送来皮帽毛毯。之后两位教授顶着寒风继续赶路，到达兰州时已是深夜十点。总结该次旅途，黎教授忍饥受冻，病痛缠身，可谓非常艰辛。为此，他专门作诗一首记录途中各种情况，全诗为：

> 浃岁关中居，卧游历四邑。洛川既流盼，祋祤亦履及。桥山显轩灵，壶口载禹迹。玉华企唐宫，寒露已相逼。度陇敢迟回？阻雨累朝夕。堡垒穿云端，敌弹徒夜袭。崇垣人塞洞，洞口风如戟。抱病登长途，随身但毛衹。

> 腾冲报克捷，八莫塞丸泥。凿空开新道，峭绝复逶迤。以兹困物资，对付逾一期。车行经醴泉，白雨来纷披。电丝断难续，下座共推跻。饥肠损臂力，三牛雇挽之。守望有高台，夜驻无危疑。前后不巴村，㟃峿（xie san）望若棋。忽来一老农，云有物相赆。众询是馍否？探囊出电丝。大喜真过望，乾州息乏疲。

> 豳风远邠州，香梨不复香。泾川酌泾水，热茗涤中肠。晴干得添程，昏暮投平凉。烙饼软无沙，砂锅果鲜汤。倚装本腹疾，及兹回健康。比价仅得半，谓此堪徜徉。不图语成谶，浓云兴八方。一雨亘三日，旅馆寒灯旁。

> 平凉好城池，雄姿胜长安。柳湖旧如画，暖泉今不澜。礼殿启新规，会讲藉寸闲。北游约崆峒，西征向六盘。砭骨来雪风，冻馁成僵瘫。绨袍感友朋，竟同范叔寒。静宁一日程，深夜抵皋兰。①

若非亲身经历，没有一本史书能够把师院的迁校过程写得如此具体生动。随着国立西北师范学院西迁来兰，1943 年西北师院附中也随之迁往兰州，1945 年暑假后，城固的师院附中全部迁到兰州。在搬迁途中，附中师生同样饱受困苦。1945 年 6 月 1 日，城固师院附中安排 1946 届、1947 届、1948 届和 1945 届部分初中毕业生前往兰州新学校。大家怀着激动复杂的心

---

① 黎锦熙：《再度陇至兰州》，载赵逵夫主编《世纪足音——西北师范大学教师诗词选》，甘肃文化出版社 2012 年版，第 16—17 页。

情登上开往兰州的卡车，与欢送的人群相互挥手致意。从城固至天水，路况虽有不尽人意之处，但好在沿途风景优美，给大家带来些许欣慰。但卡车驶过天水后，映入眼帘的便是广阔无际的黄土高原。附中老师王鸿文、李树龙回忆起迁兰的情景，历历在目。他们讲汽车驶过黄土道路，车后扬起一片尘土，顿时车上、大家的身上、脸上都披上了黄土，变成了真正的“黄土人”，暮色苍茫下的定西县荒凉寂静，同学们只能各自找到农家小店，在简陋的土炕上落宿。6 月 4 日，大家终于在风尘滚滚中抵达兰州。[①]

（尚季芳　张传卿）

◎“国立大学迁甘之第一”

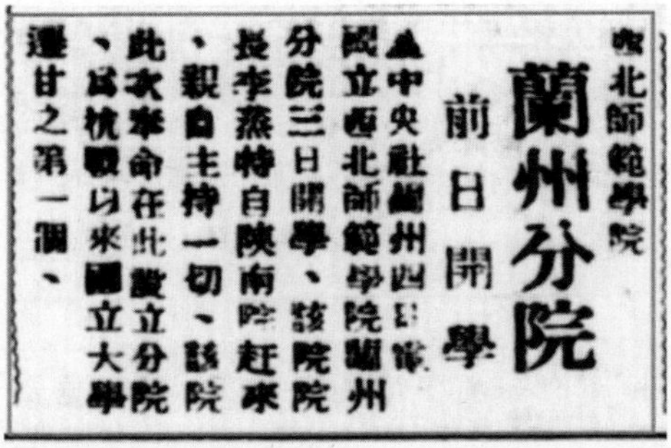

西北師範學院
蘭州分院
前日開學
▲中央社蘭州四日電
國立西北師範學院蘭州分院三日開學、該院院長李蒸特自陝南院趕來、親自主持一切、該院此次奉命在此設立分院、爲抗戰以來國立大學遷甘之第一個、

图 5-8　《南华报》1941 年 12 月 6 日关于西北师范学院兰州分院开学的报道

1940 年，国民政府教育部抱着对国立西北师范学院无穷之希望令其迁至兰州。陈立夫谓李蒸院长言：“执事领导诸同仁继续努力，共图师范教育使命之完成，为民族复兴奠立精神之基础，则非徒为西北一隅。”[②] 在教育部的推动和师院全体师生的伟大使命担当下，1941 年暑假，西北师院“招收之新生二百五十名，先行在兰成立分院，入学上课”，结束了甘肃无国立大学的历史。国立西北师范学院迁至兰州之前，甘肃省高等院校仅有省立甘肃学院和国立西北技艺专科学校两所。因此西北师院的到来实为“抗战以来国立大学迁甘之第一个”[③]，为甘肃乃至西北地区的教育事业作出

① 王鸿文、李树龙：《难忘的兰州附中校园生活》，载《西北师院附中纪念文集》，2001 年，第 100 页。
② 《陈立夫致李蒸信》，西北师范大学档案馆藏。
③ 《西北师范学院兰州分院前日开学》，《南华报》1941 年 12 月 6 日。

了重要贡献，亦使甘肃的高等教育事业迎来发展新高潮。

名师云集，助推了甘肃和西北地区的现代化

随着兰州师院的不断迁建，许多知名教授陆续来到兰州。1942年8月，兰州分院改为本院，城固师院则改为分院。同年10月，李蒸院长由城固包车来兰，主持一切。同行者公训系主任王凤岗、数学系主任张德馨、总务主任汪如川、公训系教授李镜湖、博物系讲师包桂瀿及文书、注册、会计各组主任等教职员共16人。教务主任黎锦熙教授，史地系地理教授王心正、郑象铣，体育系教授董守义及英文系教授傅岩都先后由各地来到兰州师院。师院还在兰州新聘教授多位。① 截至1944年，西北师院全部由陕西城固迁至兰州，完成迁校工作。时在校学生1010人，学校教授人数达51人，副教授26人，教师人数159人，职员66人。② 实力堪称西北一流。

国立西北师范学院由国民政府教育部直接领导，实行院长负责制，下设教务处、训导处、总务处，各处设处长1人，由院长聘任。主要开设国文系、英语系、史地系、公民训育系、数学系、理化系、博物系、教育系、体育系和家政系十系，以及劳作专修科、国文专修科、史地专修科、理化专修科、国语专修科、体育专修科及劳作师资训练班、优良小学教师训练班和先修班。另外，还设有图书仪器委员会、校舍建筑委员会、地方教育辅导委员会、家庭教育委员会和社会教育推行委员会等五类委员会，以及国民教育实验区、家庭教育实验区、附属中小学、函授学校和生产农场等附属单位。

大批专家教授云集兰州，不但大大充实了师院的师资力量，极大地提高了师院声誉，而且为甘肃乃至整个西北的教育事业注入了现代化的气息。第一批现代教育学家、历史学家、体育学家、心理学家、方志学家、文字学家、文学家、家政学家、社会学家、地理学家、数学家、物理学家、生物学家、化学家等在十里店讲学论道，培育人才，这在兰州历史上是绝无仅有的。他们把当时世界上最先进的教育理念、学术思想、民主风气、研究理论和治学方法传递到西北，加速了甘肃地区现代化的进程。同时他们

---

① 时子明：《一年来在兰州西北师范学院——四十周年纪念》，《西北日报》1942年12月17日。
② 《北京师范大学校史（1902—1982）》，第113页。

扎根西北、艰苦奋斗的精神成为西北师大的宝贵财富。他们潜心育人、不计名利的高风亮节代代相传。自 1939—1949 年，国立西北师范学院共毕业学生 1677 人。① 这些毕业生大部分都投身于西北建设中，为西北地区的教育、文化事业发展做出了重要贡献。

西北教育的拓荒者与急先锋

李蒸院长认为西北师范学院担负着双重使命，"一为实施教育专业训练，培养中等学校各科师资，教育行政人员，及研究教育学术专家；二为钻研高深学术，探讨宇宙真理。师大除负有一般大学的使命之外，同时亦负有教师专业训练之使命。"② 故西北师院迁兰后，始终延续其前身北平师范大学的校风及精神，主动担负起改进西北教育、建设西北文化的使命。

在改进西北地区小学教育方面，李蒸院长认为"中小学师资的专业训练，应为西北文化建设之根本"③。因此，国立西北师范学院于 1938 年 12月 26 日设立小学教育通讯研究处，协助地方"研究及解答小学教育实际问题，辅导小学教员进修，藉以改进小学教育。"④ 随后通讯研究处在陕西、河南、甘肃、宁夏、青海、新疆等六省招生，并编印研究生状况调查表、小学教育实际问题征集表及通讯研究各科讲义。1941 年，国立西北师范学院小学教育研究通讯处编写了《小学教育实际问题》一书。该书中所有问题之回答皆是师院教师和学生参照学理与经验而得。李建勋说："倘从事于小学教育者，各能人手一册，则不仅与其个人之进修有所补助，而小学教育，亦可藉以获得相当之进步也。"因师院小学教育通讯研究处对改进和发展西北地区小学教育意义重大，受到国民政府教育部嘉许："查该院举办小学教育通讯研究颇著成绩，殊堪嘉许，仍仰继续努力，尽先汇印小学教育实际问题研究报告，分发参考。"⑤ 1943 年，西北师院将小学教育通讯研究处改为中心国民学校教员函授学校，并与兰州市政府合办国民教育实验区，以便"为当地民众普遍了解，并扩大社教宣传"。

---

① 《西序弦歌：西北联大简史》，第 333 页。
② 李蒸：《本院的使命与校风——代发刊词》，《李蒸纪念文集》，第 185 页。
③ 李蒸：《略谈西北文化建设》，《李蒸纪念文集》，第 194 页。
④ 《小学教育通讯研究处概况》，《国立西北师范大学院务汇报》1939 年第 1 期，第 8 页。
⑤ 《教育部指令》，《国立西北师范学院校务汇报》1941 年第 32 期，第 6 页。

西北师范在中等教育方面也不遗余力，积极推进。1941年，师院在城固召开本区中等教育辅导委员会第一次会议，会议提出该辅导委员会的任务是培养师资、指导现任教师进修和辅导本区内各省中等教育之改进。此后学院逐年举办暑期讲习班，派城固教师轮流来兰州进行暑假讲习活动，并与地方当局合办暑期中等学校各科教员讲习研讨会，切实帮助当地教师提高教学水平。此外，针对中学各科教材教法以及各科教师在施教过程中遇到的各类问题，师院教授金澍荣、李庭芗、杨少松等编著了《初级中学英语课本之分析》《高级中学英语课本之分析》以及《西北中等学校师资之改进》等书。这些讲习活动和专著不但切实推进了西北地区中等教育的发展，而且有助于我国整个中等教育的发展改进。

北京师大和西北师院向来重视高深学术的研究，早在1920年北京高等师范学校即创设教育研究科，是为我国高等学校招收教育学研究生的开端。1930年北平大学女子师范学院成立研究所。1931年国立北平师范大学成立研究院，"其目的一为培养学生独立研究教育之能力，一为对于教育科学为深刻的及有系统的研究。"[1] 1932年研究院改为教育研究所，1934年停办。全民族抗战爆发后，教育学术研究极其重要。教育部乃指令各校就原设研究科部添招新生，或增设研究科部，以应急需。为配合国家需要，完成本院研究高深学问之使命，1938年7月师院奉令再次筹设师范研究所，由教育系主任李建勋教授兼任主任。1943年，师范研究所迁至兰州，在兰州招收研究生，进行研究工作。1945年7月，西北师范学院师范研究所奉令改为教育研究所。至1948年，研究所共录取研究生51人，除退学休学者外，实际培养学生31人。[2] 1950年，教育研究所因学校行政机构整编而被撤销。西北师院教育研究所不仅是甘肃高等教育院校及机关中首开的教育研究所，也是在抗战期间，由师范类院校创设的唯一一家教育研究机构。在当时办学条件简陋、图书资料缺乏、生活条件艰苦的环境下，研究所荟萃了李建勋、齐国樑、金澍荣、程克敬等知名教育学者和一大批潜心钻研教育学术的研究生，他们为西北教育的研究、辅导与改进作出了重要学术贡献。

总之，国立西北师范学院作为西北地区师范教育的最高学府，其使命

---

[1] 《院务概况：师范研究所概况》，《国立西北师范学院校务汇报》1939年第1期，第6页。

[2] 《西序弦歌：西北联大简史》，第294页。

不仅限于课堂教学，它"对于国家民族之复兴，社会文化之促进，及西北人民与在学青年之陶冶训练，均负有领导责任"①。师院迁兰不但使学校在战火纷飞的时期保存了高等师范教育血脉，维持了教育不辍，从而为抗战的胜利和中国人民的解放事业培养、输送了大批进步知识分子。而且把我国平津一带第一流专家、教授吸引到西北地区，使他们将优良的教育资源和长期积累的先进办校经验搬到古老的西北，大大缩短了西北地区和沿海地区的教育差距，初步改变了中国高等教育东强西弱的基本格局，促进了西北地区高等教育事业的空前发展。西北师范学院的迁入，带动了国立兰州大学、国立兽医学院、国立西北医学专科学校、国立甘肃科学教育观、国立西北图书馆和国立敦煌艺术研究所的相继成立，这些教育机构吸引延揽了一大批名流学者，如顾颉刚、张舜徽、向达、夏鼐、李约瑟等来兰讲学，使兰州成为抗战时期名副其实的西北文教中心。因是之故，西北师院也被誉为"西北师范教育的摇篮""西北教育的拓荒者""开发西北教育的急先锋"，它将我国优质高等师范教育向西推进了 1000 多公里，是抗战时期乃至新中国成立后中国大学向西向下的典范。

（尚季芳　张传卿）

---

① 李蒸：《本院的使命与校风——代发刊词》，《李蒸纪念文集》，第 186 页。

第六章　黄河之滨也很美

◎刘志读记忆中的吃饭场景

　　国立西北师范学院在兰州建校之初，办学条件十分简陋，师生们的日常生活尤为艰苦。万事开头难，民以食为天。解决好师生们的吃饭问题就成为学校所面临的头等大事。针对这一问题，西北师院主要采取学生自行管理且学校加以协助的形式，食堂炊事人员由学校雇佣，炊事用具也由学校负责采购，日常所需的柴米油盐则由炊事班长带领每天轮流监厨的同学去购买。1942 年，经院务会议批准，学生食堂全部由学生自己管理。

　　曾就读于西北师范学院的刘志读，生于 1917 年 5 月，河南滑县人，他自幼便十分羡慕教师这一职业。1937 年，刘志读毕业于河南省立百泉乡村师范，1941 年考入国立西北师范学院教育系。在师院求学的那段岁月给刘志读留下了极为深刻的印象，每每回想起当时的校园生活场景，刘志读不禁感慨师生生活之艰苦。当时，西北师院的校舍数量极为有限，吃饭没有专门的饭桌，许多学生只能在学校院子里用餐，有的学生站着吃，有的学生蹲着吃，饭盆和菜碗直接放在坑坑洼洼的地面上。这样的吃饭情景若是在春夏之日，大家伙儿倒也不觉得艰苦，但若是在零下二十几摄氏度的冬日里，同学们站在寒冷的院子内用餐可就没有那么容易了。据刘志读回忆，某天早晨学校开早饭时，由于天气十分寒冷，刚出锅的热馒头很快就冻成了冰疙瘩，饥肠辘辘的学生们在寒风中瑟瑟发抖，尽管大家饿得肚子咕咕叫，但也只能望着手中那冻得硬邦邦的馒头兴叹。在刘志读的印象当中，西北师院的师生们并没有因生活艰苦而沮丧，教师仍旧认真教课，学生依旧勤奋学习。

刘志读在西北师院读书期间，与地理系的李荣滏交好。1940 年，李荣滏高中毕业，次年他从天津的家中逃出，千方百计经安徽亳州冒着生命危险越过日寇封锁线，再经界首一路步行到洛阳。为了减少漫长路途中的安全隐患，除了几件破旧的随身衣物之外，李荣滏没有携带任何与自己身份相关的证件。艰难跋涉数月之后，李荣滏来到兰州的西北师院。

在李荣滏的记忆中，自 1941 年至 1945 年间，虽说学校条件比较艰苦，但是学生们对于日常饮食还是比较满意的。为了合理解决学生们的伙食问题，学校专门成立了伙食委员会，该委员会的成员由全校各年级、各系按期推举学生担任，每期推选五人，任期为半个月。伙食委员会的成员们对待工作认真负责，每一期的伙食账目都会按时公布，委员们常常亲自去采购蔬菜和肉类，有时甚至不顾路途遥远，几度来回奔波，只为给大家买来便宜而新鲜的蔬菜。学校对于学生自己办理伙食一事也是极其信任，校内从未发生过学生因为伙食问题闹矛盾之事，更没有出现过在伙食管理上贪污不作为的现象。李荣滏和刘志读曾一起担任过伙食委员会的委员，二人在其他伙委会成员的协助下兢兢业业、调剂得当、管理有方，在伙食卫生和就餐秩序方面做得尤为突出。他们的成绩得到了师生们的普遍认可，还曾得到过李蒸院长署名的布告嘉奖。

吃饭虽是俗事，却也是一天中的乐事，西北师院的校园里就曾产生不少关于吃饭的趣事。每天的朝会一散，就是学生们的早餐时间，每每这个时候男生跑得很快，女生则速度较慢，"待女生走到餐厅，男生已吃第二碗了。有时女生就没饭吃了，管伙食的人就到街上买大饼给女生吃。"① 由于战时经济十分拮据，平日里学校师生的饮食结构比较单一，"人人感到脂肪营养的缺乏，而口腔和肠胃更有一种清淡的滋味"。② 当时有一道名为炒黄豆的菜被同学们戏称为"刻骨铭心菜"，由于黄豆的价钱比较便宜，且营养价值较高，炒黄豆就成为师院学生餐桌上的必备菜。学生就餐时常常会上演一场惊心动魄的"黄豆大战"，起初的胜利者通常为男生，他们伸手便用

---

① 刘基、丁虎生主编：《西北师大逸事》（上），辽宁人民出版社 2001 年版，第 118 页。（下同）
② 《十里店的一隅，西北师院琐谈》，《西北日报》1946 年 4 月 10 日。

勺子将黄豆送进自己的碗中，后来女生提出抗议，约定吃黄豆时只许用筷子夹，不能用勺子舀。这个公平竞争的办法一出，手指灵敏的女生便转败为胜，她们那高超的筷功让粗手笨脚的男同学们目瞪口呆。当时有同学感慨："如果说在抗战时期的艰苦环境下，同学们的身体里面还有些营养的话，就靠的是这盆黄豆！"①

当时，学生的伙食完全公费，伙食费由学生自己管理，每人有主副食费（主食是一袋面粉）。月底就是学生们最期盼的改善伙食的时候，大家拿出手中剩余的伙食费，派食堂的厨夫到农户家赶七八头大肥猪回来。等到饭菜齐全后学生们便自由组桌（但通常都是男女界限分明），尽情享用大餐，"当男生桌上杯盘狼藉之时，便翘首环顾四周的女生桌是否有退席趋势，如有，则一拥而上，大享其剩余物资"。②虽说学生们的日常伙食较简单，但比起校园外那些食不果腹的老百姓而言，食堂的饭菜已算得上是美味佳肴了。西北师院的学生们常会看到"每顿饭前，大食堂的四周便围绕着一二十个邻村的农民，白胡须的老汉，不穿裤子的尕娃，摆动着猪尾巴似的辫梢子的小女孩还有老太太……等我们吃完了，他们便进去抢桌上的饭屑、碗里的剩汤，一年四季都是如此。"③

黄河之滨的校园就餐记忆妙趣横生，尽管生活条件十分艰苦，师生们却苦中作乐，在逆境中绝处逢生，一心向阳。李荣滏曾写下一首《山坡羊　忆往》④：

往事如烟，心绪难宽，十里店人话当年，生活苦，读书难，冷风袭人不说寒。

国破家远，图负责担，读、攻难关！学、攻难关！

好友刘志读在读完这首词作后不禁感慨："当时在校的千名莘莘学子，不怕苦，不怕难，个个精神振奋，奋发学习，成为德才兼备之人才。李荣滏学长为其中杰出代表之一。"

---

①　《西北师大逸事》（上），第51页。
②　刘维崇：《兰泉弦歌》，《李蒸纪念文集》，第424页。
③　《学府风光·师院》，《西北日报》1944年1月17日。
④　李荣滏、李景超：《想念十里店，怀念李院长》，《李蒸纪念文集》，第332页。

1944 年，国民政府当局号召知识青年从军报国。那时，西北师范学院有在校学生一千余人，而志愿为国捐躯、投笔从戎者达百余人之多，这一人数在兰州各高校中名列前茅。刘志读也毅然加入知识青年从军的队伍，成为众多爱国青年中的一员。西北师院的贫苦生活非但没有消磨刘志读的斗志，反而激发了他吃苦耐劳、甘于奉献的男儿气概。西北师范学院的师生们在贫苦的岁月中，"以有余之精神，补不足之物质"。① 这些渴求知识的青年学生们刻苦学习、追求进步，他们奋发图强的身影铸起了西北师院永不坍塌的精神之墙！

（尚季芳　李月娇）

◎一年四季一袭蓝衫的康绍言教授

在抗战的艰难困苦之期，师生们的穿衣问题也十分困窘。谈及当时师院人的穿着，"那时从昆明西南联大传来的自嘲说法是：戴的是'怒发冲冠'的帽子，穿的是'脚踏实地'的鞋子和'空前绝后'的袜子"。② 如此这般显眼的衣着窘相，西北师院的师生们大多亲身体验过。

1945 年毕业于西北师范学院国文系的刘维崇，曾多次回忆起自己在师院求学的时光。刘维崇刚入学时，为了以全新的面貌迎接崭新的大学生活，他用自己曾经在中央报社服务两年多所攒下来的积蓄，买了一双光芒四射的赭红色新皮鞋和一套阔气十足的深灰色棉制服。刘维崇穿上新衣新鞋，给左手的手腕配上一枚手表，再于胸前的口袋里别上一支派克钢笔，这身行头真可谓帅气十足。但刘维崇入学时的神气劲儿，被后来三年多的清苦岁月消磨得狼狈不堪。那双锃光瓦亮的新皮鞋，在求学的第一年还是闪亮的，第二年时已经失去了原有的光泽，待第三年时鞋帮子与鞋底子已经分了家，穿着它走起路来发出啪嗒啪嗒的声音，前后一拉一拽、左右一缩一

---

① 《沙碛上的黉宫　西北师院一瞥》，《西北日报》1942 年 12 月 18 日。
② 管玉珊：《在兰州西北师院任教的日子》，《李蒸纪念文集》，第 249 页。

合，甚是别扭。

刘维崇在中央报社工作时有一位关系不错的同仁卜惠民，有一次，该同仁专程来到十里店看望他。二人见面寒暄一番之后，卜惠民看着刘同学脚上早已开口的红皮鞋，仔细打量一通后给这双古董鞋子特赐雅号"双龙吐珠鞋"。再看看刘维崇身上那套深灰色的棉制服，第一年时制服尚且挺括有型，第二年时最初的光鲜已经被难以清洗的油垢无情替代，待第三年时，磨损较多的胳膊肘处和膝盖处毫不留情地开了花。制服因长期磨损许多地方有了破洞，起初还能勉强凑合着穿在身上，后来破洞已有拳头般大小，刘维崇只好从女同学那里借来针线，再找到几块与衣服颜色相近的旧布，缝补在破洞处。看着这套陪伴自己三年多且经过多次缝缝补补的制服，刘维崇戏称自己仿佛那跪地叩拜的善男信女。

由于生活条件比较艰苦，学生们的鞋子也可谓千奇百怪。有的学生穿着麻绳或者旧布条编成的鞋子，有的人穿着家人亲手做的布鞋，有的学生家庭条件相对宽裕一些，他们在入学时可以穿上皮鞋，但通常也是一双皮鞋熬过整个大学时光。当时学校并没有规定学生必须穿着统一的制服，因而学生们的着装实在是五花八门。他们有的穿着旧式长袍，有的穿着旧军服，有的是家中长辈退休下来的中山装，有的是腰间走风的旧短袄，样式有新有旧，颜色有深有浅。倘若仔细打量一番学生们的衣着，就会发现他

们的衣服大多不合身，"有的灰不灰，有的蓝不蓝，不知穿了多少年，洗了多少次，才变成那样的颜色。还有的缝缝补补，像小孩子穿的百家衣"。[1]

当时不但学生们生活困苦，就是一般的老师也并不宽裕。许多教授都是常年身着一袭蓝衫，脚踩一双布鞋。那时，在西北师院有两位最引人注目的教授，一位是康绍言先生，另一位是胡国钰先生。在刘维崇的《兰泉弦歌》一文中，有这样一句关于康绍言教授的生动描写："他风趣潇

图6-1　康绍言

① 刘维崇：《兰泉弦歌》，《李蒸纪念文集》，第425页。

洒，头上戴一顶褪色的毡帽，脖上围一条战前的围巾，鼻梁上架一副黑框眼镜，嘴巴里一支大众牌香烟，手上挂一只手杖。"那时的康教授50多岁，腿脚灵便，常常身着一袭陈旧的蓝衫，其实他的手杖根本派不上用场，但康先生在上下班时总是挎着。后来有学生好奇地问康教授，既然不使用手杖为何还时时挎在手臂上，康先生回答："因为我的衣着像是工友，所以我要挎上手杖，以示和工友有区别。"

西北师院的学生们平时都很喜欢听李蒸院长的辞令。有一次，李院长去重庆开会，直到两个多星期后才返回学校。一两日后，李院长在教室前的广场上举行周会，他说由渝返兰和大家一起举行周会很开心，春季来临天气逐渐转暖，万物欣欣向荣，给学校带来一派生机勃勃的景象。这时，李院长恰巧看到端坐在前排的康绍言教授（康先生留着满脸张大千型的胡子），幽默地说道："不仅万物复苏，就连康教授的胡子也都表现出发扬的气象了！"院长此言一出，在场集会的师生们捧腹大笑，康教授也在笑声中显露出一番更为得意的样子。

教育系的著名教授胡国钰曾说："我一年到头就这一身衣服，冬天是棉袍棉裤，春天去掉棉絮成夹袍夹裤，夏天去掉里子成长衫、单裤，秋天再加上里子，冬天再絮上棉絮。"[1] 胡先生短短的几句话便将教授生活之清苦表现得淋漓尽致。当时通货膨胀严重，物价一日三涨，人们的生活举步维艰，即便是大学教授也不过这番光景，胡国钰先生把自己的生活喻为"老牛破车刮风下雨载重爬高坡"，把大学教授的生活则比作"活蒸螃蟹"。[2] 胡先生的比喻听起来很是酸楚，这份无奈的幽默恰恰是生活窘迫的真实写照。

西北师范学院迁至兰州后，师生生活之艰苦随处可见。院长李蒸先生为了师院的建设与发展，更是时时劳苦奔波，处处以身作则。李院长每天都会早早前往操场参加升旗仪式或早操，春夏秋冬不论什么天气，只要他在学校就从不会缺席。尤其是在寒冷的冬季，每次清晨升国旗之前，李院长都会先于学生来到操场上，笔直地伫立在国旗杆旁，先生那不畏严寒、精神不懈的表现，是全校师生的表率。西北师范学院的学生王锡大是甘肃兰州人，他1943年考入西北师院数学系，1944年投笔从戎。在王锡大的记

① 刘志读：《伟哉李夫子——我所知道的院长李蒸先生》，《李蒸纪念文集》，第314页。
② 《西北师大逸事》（上），第138页。

忆中，李蒸院长虽身着一袭简朴的蓝衫，却有富可敌国的气概。李院长不仅有北方人的率直，而且有南方人的儒雅，亲和中见庄重，严肃中有慈蔼。"我们从李院长身上，丝毫看不出寒酸穷苦气质，真正修养到了大教育家精神富有的境界，值得为人师表者去学习。"①

1943 年，为了减轻教职员在生活上的困难，西北师范学院成立了"教职员日用必需品购买分配委员会"，下设交际股、购买股、财务股、分配股，成员包括王镜铭、佟学海、李瑞徵、孔宪武、孙一青等人，委员会的宗旨为"办理平价日用必需品，减少生活困难"②。该委员会一经成立，便积极协同学校开展相关工作，为缓解教职员的生活困难做出了一定的努力与贡献。

即便在抗战结束后，西北师院师生的生活条件依旧比较艰苦。当时物价继涨，法币不断贬值，拖欠教职员薪水的现象屡见不鲜。教育界的"清高"已变为"清苦"，西北师院的人们只好逐步降低生活水准，"他们的服装，固尚能保暖，但若衡之新生活运动整齐清洁的条件，已距离太远了，尤其是头上的帽子与脚下的鞋子，实在有伤大雅。有的人的帽子，换鸡蛋的人拒绝接收；有的人的鞋子，已变成大头鱼还外带翅膀，因为两缘已作飞起状了"。③

从西北师范学院师生们的衣着方面，我们不难看出当时学校生活条件之艰苦，办学处境之艰难，贫穷实实在在地体现在穿衣吃饭上。尽管如此，西北师院的老师和学生们仍旧在逆境中奋发向上，在贫穷中昂扬斗志。纵使身着粗布旧衣，脚踏破旧鞋子，他们也在荒凉的十里店培育出了鲜艳的学术之花。

（尚季芳　李月娇）

---

① 王锡大：《功在教育，造福西北——李蒸院长记感》，《李蒸纪念文集》，第 410 页。
② 《本院教职员日用必需品购买分配委员会简章》，《国立西北师范学院校务汇报》1943 年第 58 期，第 8 页。
③ 《十里店的一隅，西北师院琐谈》，《西北日报》1946 年 4 月 10 日。

◎土坯垒墙的教室和宿舍

1940 年 4 月，国民政府教育部明令西北师范学院从城固迁往兰州，并选定兰州为永久办学校址。1940 年 5 月，甘肃省教育厅致电国民政府教育部："西北师范学院迁兰，省府及地方人士均热烈欢迎，祈电令该院派员来甘筹备。"① 一月之后，李蒸院长前往兰州勘察校址，他详细听取多方意见，并通过实地查勘，最终选定十里店为建校之地。

当李院长返回城固向师生报告兰州校址时，他说校址背山面水，既离开闹市又距城不远，环境比较幽静，交通比较便利，菜蔬比较丰富，取水及购置生活用品也比较便利，不仅枣树繁多，附近还有桃林，是读书治学的好地方。1941 年，西北师范学院兰州分院校舍建筑委员会成立，成员包括教育厅厅长郑通和，省政府秘书长王漱芳，甘肃省建设厅厅长张心一，甘肃省财政厅厅长陈冠杰，甘肃省铨叙处处长水梓等二十余位兰州各界知名人士。② 该委员会的成立，为西北师范学院在兰修建校舍提供了帮助。

西北师院迁建兰州的过程充满艰辛。李院长 1941 年 9 月在介绍兰州分院的筹备情况时讲道："初拟建房百间，以部款困难未果，现共奉发十二万元，已汇到七万，十一月二号 24 间教室可落成，分配十五间为教室，九间为办公室，另租建设厅疏建房若干间为教职员住宅及学生宿舍。"③ 校舍不足是当时西北师院所面临的首要问题，加之建筑经费不能及时拨发，迁兰工作变得愈发艰难。后经多方交涉，在郑通和、郭维屏等人的协助之下，"将十里店公路旁政府为躲避日机轰炸所盖的房屋十余栋，暂借西北师院使用，以应当务之急"。④

西北师院在城固时期，学校在修建校舍时采取了就地取材的方式，尽

---

① 陆润林：《李蒸与甘肃第一所国立学院》，载刘基主编《我与西北师大》，甘肃文化出版社 2012 年版，第 236 页。（下同）

② 《本院兰州分院校舍建筑委员会委员名单》，《国立西北师范学院校务汇报》1941 年第 26 期，第 8 页。

③ 《兰州分院筹备谈话会记录》，《国立西北师范学院校务汇报》1941 年第 32 期，第 4 页。

④ 《西北师范大学校史（1902—2012）》，第 126 页。

可能利用当地所盛产的竹木茅草为建筑材料，把校舍一律修建成了草房子。待学校迁至兰州后，校舍一律修建为土坯房。土房校舍修建在十里店的一片沙滩上，直到新中国成立前，学校也没有修建出一条像模像样的路。师生们不论是进出教室、去食堂就餐，还是去操场运动，走的都是铺满砂石的土路，大家过着"雨天满脚泥，晴天一身土"的生活，同学们戏称当时的西北师院"处处无路，处处路"。①

图 6-2　20 世纪 40 年代的西北师范学院校园

尽管当时经费短缺，但西北师院在校舍的布局方面还是比较合理的，如：教室、宿舍、操场、饭厅、医务室、盥洗室、图书室等，都尽可能从学校的实际需求出发，选定合理的位置修建。据教育系毕业的学生铁鸿业回忆，当时学校建筑虽无高楼大厦，但土顶平房的教室、图书馆、实验室、体育场等教学研究设施也都初具规模。虽然教室极为简陋，但室内干净整洁；尽管各项教学设备数量不足且质量不佳，但正常的教学活动依然有序开展。

1943 年，来自新疆的女学生周健实考入西北师范学院英语系，1947 年毕业后她留在焦菊隐先生创办的"北平艺术馆"工作。若干年后，周女士回想起当时的师院生活，所谓"学院"，只不过是三排土坯垒墙并抹以黄土的教室和办公室，另有三间土房连成的一个图书馆，几排更为矮小的平顶土屋是学生宿舍。简陋的土坯墙宿舍，在夏日尚且算得上舒适，倘若遇上鹅毛大雪的寒冬之日，就格外艰苦难熬。雪花从木板拼成的房门中或关不严实的窗户中飘进来，一层层地落在学生们的发梢上、眉毛上或鼻尖上。一夜过后，那几名睡在门口附近的同学已经变成了圣诞老人，他们头顶和眉毛上的雪花早已凝固，鼻尖上还挂着冰凌。在天气寒冷的晚上，学生们

---

① 《西北师大逸事》（上），第 45 页。

大都选择躲在被窝里看书背书，张口都能哈出热气的宿舍里背书声此起彼伏。学生在睡前要把自己被子的边角处压得严严实实，再将棉衣棉裤都盖在被子上面，想方设法为自己争取一丝温暖。冬日的学校宿舍里往往会挤很多人，因为挤得人越多越暖和。

图 6-3　20 世纪 40 年代西北师范学院的校舍

　　除了土坯垒墙的校舍比较简陋外，办学条件的艰苦还体现在其他方面。那时，学校里的很多教室没有安装电灯，学生们早晚自修依靠的是为数不多的几盏简易汽灯。宿舍里也同样没有灯，学生们往往都是争取在天黑之前做完手头的事情，完成当天的学习任务。倘若某几日大家的手中比较宽裕时，他们就去十里店买一两根洋烛，放在宿舍里照亮。有一次周健实和同学孙文荷去十里店买洋烛，她们前前后后走遍整条街也没有买到，最终只好买了两支当地人结婚时用的大红烛，拿回宿舍后她们宣称两人要喜结连理，同宿舍的姑娘们还纷纷送上祝贺，甚是有趣。

　　不仅教室和学生宿舍比较简陋，即便是教授们的住宅也十分简陋。在由城固往兰州迁校时，为了方便迁移，许多教授不得不将家中的大件家具丢弃。而来到兰州后，由于经济条件有限加之物价上涨，教员们添置家具成了一件难事。如果公家添设新家具时，李蒸院长往往先分配给学校教员们使用，自己家中使用的仍然是旧的桌椅板凳。李蒸的儿子李幼蒸时常回忆起他儿时跟随父亲在西北师院生活的场景，"抗战期间，校舍极其简陋。我家七八口人住在三间土房内"[①]。李幼蒸对于当时十里店的课堂生活已无太深刻的印象，但一家人所居住的那座普普通通的土坯房后的枣树林，却

---

① 李幼蒸：《忆往叙实》，重庆大学出版社 2009 年版，第 29 页。

成为他儿时记忆中最美妙的游乐园。

图6-4　国立西北师范学院总办公厅

我国著名语言学家黎锦熙先生，曾任西北师范学院教务主任，国文系教授，1945年后担任过西北师范学院院长一职。黎先生一生勤勤恳恳、踏踏实实献身于学术事业和教育事业，在个人生活方面极为简朴，从不讲求物质上的追求与享受。1942年，西北师院在兰州成立分院不久，黎锦熙以教务主任、系主任的身份代表李蒸院长前往兰州布置工作。在兰州建校初期，一切办学条件十分简陋，黎先生"暂住在两间八面透风、纸糊天棚的房子里，严冬大雪，小火炉一点热气也没有"。有一天晚上，顾学颉和同班同学叶丁易去看望黎锦熙，只见先生在寒冷的屋子里哆嗦着身子批阅公文，身上裹着家中仅有的两条薄被。学生二人趁机劝说黎先生，身为部聘教授的金字招牌，为何要留在穷山恶水的破店里？黎锦熙听后严肃地说："这块金字招牌就要挂在这个破店里！你们知道，西北教育落后，开发的责任谁来担当！"[1]

西北师院的土房子到了20世纪50年代初依然没有改变，斯时李秉德教授被引进西北师院工作，他满怀信心奔向兰州，住在十里店师院的教工土

---

[1]　顾学颉：《济世海人　殚思竭虑——忆黎锦熙先生》，载《湘潭文史》第5辑，1986年，第134—135页。

房子宿舍里。到达的第二天清晨，"我便顺路西走，过狼沟后看见的还是像十里店宿舍的土塈房子，再走远就是农田了。我就又问一个农民：'西北师院在哪儿？'他说：'你已经走过来了。'我这才知道这些土房子就是国内颇有名气的西北师院。不过大门是朝东开的，未见校名挂牌而已。这对不久前从巴黎来的我来说自不免有落差太大之感"。不过这并没有影响他留在师院的决心。①

西北师范大学教育学院的焦瑶光教授，从小就生活在西北师院的院子里。据焦老师回忆：当时西北师院的教师们住的都是土房子，土墙到处透风，房顶是用木棍和麦草搭建起来的，再零零星星盖上些许灰瓦。每逢下雨天，土房子经常会漏雨，"每当外面下大雨，屋里就下小雨，盆盆罐罐就成了接雨的工具"。②待第二日天亮，他们才发现被子上到处是从屋顶上漏下来的雨水，一家人抱着被子去院子里晾晒之时，焦老师的父亲还指着大大小小的水印，兴致勃勃地观察它们的形状像什么。尽管日子过得艰苦，但师院人也能苦中作乐，生生不息。

西北师院为了缅怀教育界前辈，采用北平师大历史上几位颇有名望的校长的字号来命名学生宿舍。南苑区西南角的男生宿舍命名为静生斋（静生是范源濂的字），南苑区另外一排男生宿舍命名为筱庄斋（筱庄是陈宝泉的字）。学校以此种方式命名学生宿舍，可谓用意深远，这一方面增加了在校师生热爱教育事业的热情；另一方面，也使师生了解学校的历史变迁，弘扬师大精神。当时的女生宿舍命名为旭生斋（旭生是徐炳昶的字），又名白宫。某一日，学校忽然在旭生斋门口挂上一块写着"男生止步"的木牌，而且专门派出工友监督，谢绝男生直入。但女生如果出宿舍去教室、操场，或者出校门，都要经过筱庄斋前后，"大丈夫怎肯甘休，抓起粉笔，就向道旁壁上大书好多'女生止步'，然而她们哪在乎这个"。③后有女生提笔在"止"字头上加了一笔，成了"女生正步"，颇为风趣。

艰苦的环境练就了西北师院师生们坚毅不屈、奋发向上的品格，他们将这份油然而生的光荣感转化为勤奋学习的动力，在艰苦卓绝中书写师院

---

① 李秉德：《名师荟萃的殿堂》，《我与西北师大》，第183—184页。

② 焦瑶光：《记忆中的"水"》，《我与西北师大》，第322页。

③ 《学校风光：西北师院一斑》，《青年世界》1949年第1卷第3期，第12页。

佳话。人创造环境，同样环境也创造人。西北师院如是，那些名师亦如是。

（尚季芳　李月娇）

◎坐着羊皮筏子进城

国立西北师范学院选址十里店，学校距离市区约十公里。从十里店到城内是一段崎岖不平的砂石路，当时的兰州市虽有公交车通行十里店，但由于费用较高，学生大多不敢问津。一般老师或学生进城有四种方式可供选择：一是步行，二是乘坐黄河上的羊皮筏子，三是"扒车"进城，四是乘坐私人马拉车。[①]

步行是当时最普遍的一种交通方式，许多学生囊中羞涩，他们进城与返校的路途都选择步行。由于长距离的步行使得双脚磨损较大，曾有学生回忆说："我们的脚底都磨出了泡，变成使人终生受苦的鸡眼，但日子久了，也就不疼不痒了。"[②] 此外，乘坐黄河中载人的羊皮筏子进城，也是主要的交通方式之一。同学们先步行一段路程到达黄河边的筏子站点，然后乘坐筏子顺流而下，到中山桥附近上岸进城，但返校时基本都是依靠步行。如此一来，进城一趟就得花去差不多一天的时间，尽管当时的交通不似如今快捷便利，但偶尔能进城一趟，对于学生们而言也是一件极为开心的事情。

每逢节假日的时候，西北师院的学生们就会三三两两结伴而行，到黄河边乘坐羊皮筏子进城。他们坐在羊皮筏子上环顾着黄河四周的景象，尽情享受在波涛中上下飘摇的乐趣，有的同学去游白塔山，有的去爬五泉山，也有的去游小西湖。据曾在西北师院体育系任教的管玉珊老师回忆，每逢周末，同学们就坐着羊皮筏子进城。"夏天时，在波涛滚滚的黄河中游向运

---

① 《西北师大逸事》（上），第47—48页。
② 张奉珍：《怀念云亭师》，《李蒸纪念文集》，第431页。

西瓜的小贩，买个西瓜后，用拳头把瓜敲破，然后捧着大块大块的瓜尽情地吃，吃得满脸都是西瓜水，于是就在黄河水中把脸和手洗得干干净净。"①

图6-5　羊皮筏子

(哈里森·福尔曼摄)

西北师院当时仅有的交通兼运输工具，是一辆马拉的胶轮大板车，由简易木板拼成的车身极其普通且没有顶篷，该马车的主要任务是从城里往学校运输各种物品。除此之外，这辆马车也会作为院长及其他学院负责人进城办公的交通工具。那时候，西北师院在城里（今西关十字附近）专门设立了办事处，校长或其他领导进城办事，就乘坐这辆马车去，返回学校时顺便从城里采购一些学习用具和生活必需品。

除了步行与乘坐羊皮筏子之外，"扒车"进城也成为十里店的常见现象。当时在十里店有两家单位拥有自己的运输卡车，一个是甘肃油矿局兰州运务段，另一个是辎重汽兵团运输连，这两家单位常常有大卡车往返于城区与十里店之间。久而久之，十里店的人们在进城时就打起了运输卡车的主意。由于辎重汽兵团的卡车属于军车，人们不敢随意搭乘，因而油矿局的卡车就成为大家的重点目标。油矿局的车经过十里店时，由于是上坡路，车速通常比较慢，经常可以看到有人小跑着追赶在卡车后面，他们一

---

① 管玉珊：《在兰州西北师院任教的日子》，《李蒸纪念文集》，第250页。

边跑一边寻找时机，随后瞄准目标双手用力握住车厢上的木板，胳膊蓄力向上撑，身子顺势一跃便爬上车子。倘若遇上一名好说话的司机，就可以顺利搭车进城去了。

　　西北师院的学生白子祥就曾有过一段难忘的搭车经历。某个周末，他有事必须进城一趟，出校门走了一段路程后，恰好在十里店看到油矿局的卡车缓缓驶过，白子祥便产生了搭乘便车的念头。这个想法在脑海里产生之后，他当即快步小跑着去追赶前面的卡车。就在这时，恰巧遇到李蒸院长乘坐学校的马车进城公干，白子祥看见院长后顿时极为尴尬，他不好意思地扭头向路边走去。谁知李院长却让同样赶车的校工将白叫住，神情严肃地告诫道："这种搭乘汽车的做法太危险了，万一发生意外，后果将不堪设想，以后千万不能再做这种危险的事情了！"① 院长边说边挪动身子给白子祥腾出一块位置，示意他搭乘马车一起进城去。出于和领导同乘一车的不自然心理，白子祥婉言辞谢了院长，独自步行进城。多年后，白子祥在台湾遇到当年在十里店油矿局工作的许段长夫妇，他们一起回忆起在十里店的那段岁月，几人的谈笑声中满是怀念。白子祥回忆说，当年想搭乘油矿局的便车，并非完全是自己偷懒不想多走路，而是担心走路过多磨坏自己穿在脚上的那双鞋子，因为他的手头再没有闲钱可以购买新鞋子了。

　　西北师院仅有的这辆交通工具不但见证了学校的发展变迁，而且在它的身上曾发生过很多令人难忘的回忆。有一次，李院长因公干乘坐马车进城办事，他在师院的院门外刚刚跨上车辕，一名教师恰好经过校门看到此情景，便打趣地说道："院长，您坐的是什么专车呀，拉砖的车！真是'如此师范学院'！"李院长听后爽朗地大笑起来。当时西北师范学院大门上的校

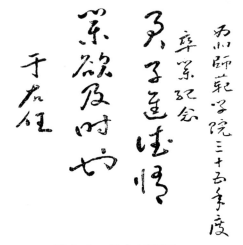

图6-6　于右任题词

---

① 白子祥：《怀念李院长云亭先生》，《李蒸纪念文集》，第440页。

名是于右任先生所题的草字，"西北"二字看起来有些像"如此"二字，因而，学生们都将校名戏称为"如此师范学院"。

曾任西北师院社会教育实验区主任的纪海泉也对学校的这辆马车记忆深刻。在他的印象中，驾驶这辆马车的车夫老张为人朴实，态度亲切和蔼。有一次纪海泉外出办事，踏着尘土步行至半路时，恰巧遇见李蒸院长所乘坐的马车，李院长便招呼他搭便车。乘车过程中纪海泉发现，在板车行进的途中，这匹拉动车辆的白马只要遇到陡峭的上坡路，不用车夫吆喝加鞭，它就会自动加足马力向前冲进。纪海泉将这一发现告诉李院长，二人还就此讨论了一番。李院长很欣赏这匹白马的精神，他说"我们人类也是一样，如果在日常生活中，越是遇到艰难险阻的时候，越要咬紧牙关，加倍努力，这样才能冲破困境，走向坦途"。[①]

北京师范大学中文系教授曹述敬先生，于1943年毕业于国立西北师范学院国文系，他曾先后两次在西北师院和北平师大担任黎锦熙先生的助教。曹先生在音韵、词汇、文学评论等方面颇有建树，专著和主编的作品有《钱玄同年谱》《音韵学辞典》《钱玄同音学论著选辑》等。曹先生从西北师院毕业多年后，仍对师院的求学时光记忆犹新，"我们常常看到李先生或黎锦熙先生在这辆车上跨辕坐着，有时还啃着馒头或大饼到兰州市去公干"。[②]

1945年，李院长因职务变动不再担任西北师范学院院长一职，随后被调至重庆工作。李院长在离开十里店时，乘坐的就是这辆马车。送李蒸先生离开的那一日，黎锦熙先生也因公干要进城一趟，二人便同乘马车准备一起前往兰州市区。离别之时，站在道路两旁的师生与李院长挥手道别，院长一边朝师生们挥手一边开玩笑说："今天我把黎先生也要带走了！"前来送行的师生们望着李院长的马车渐行渐远，飞扬的尘土和记忆里翻腾起的回忆模糊了他们的双眼。再次回望李院长的来时之路，真可谓是呕心沥血创办西北师院，踏破铁鞋争取办学经费，初心不改情系师范教育，一蓑烟雨难断师院情怀！

（尚季芳 李月娇）

---

① 纪海泉：《我所知道的李蒸院长》，《李蒸纪念文集》，第416页。
② 曹述敬：《记忆中的李云亭院长》，《李蒸纪念文集》，第300页。

◎丰富多彩的文娱活动

虽然西北师院师生的吃穿住行都不如人意，但师生们仍能苦中作乐，积极开展丰富多彩的文娱活动。当时，李蒸院长和分管文娱活动的袁敦礼先生对学生活动采取的措施为"放手信任、鼓励推动、解决困难"。西北师院形式多样的文娱活动给师生们留下了美好而深刻的印象，成为师院人心目中久久不能忘怀的珍贵回忆。

社团活动

为倡导师生开展文娱活动，学校组织成立了许多社团。当时，师院有国乐团、京剧团、话剧团、合唱团、棋社等，这些社团都是由爱好并且擅长于此的师生们自发组织起来的。每到周末或者节假日，西北师院内球赛、墙报、书画展览、诗歌朗诵、音乐晚会、文艺竞赛、戏剧演出等表演琳琅满目。国乐团、京剧团、秦腔剧团的成员们个个大显身手，为师生们带来专业而精彩的表演，极大地丰富了西北师院的校园生活。

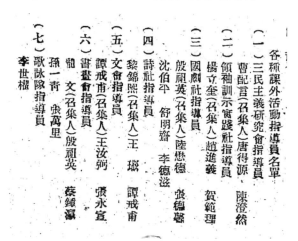

图 6-7　丰富多彩的社团活动

（《国立西北师范学院校务汇报》1941 年第 19 期）

学校各社团聘请名师担任指导教师，李瑞徵指导三民主义研究会，李嘉言指导诗词研究会，张德馨、朱芳春指导国乐团，胡国钰指导棋社围棋组，吴樾荫指导合唱团。[①] 话剧团由焦菊隐、叶丁易两位先生指导。焦菊隐知识渊博、学术造诣深厚，言谈举止幽默风趣，深受学生们喜爱，他常常与同学们一起探讨话剧演出，耐心且热情地指导话剧团的日常排练活动。焦菊隐还专门开设了戏剧课程，他的每堂课座无虚席，有时候甚至教室门口、窗户旁都挤满了前来听课的学生。话剧团每年都有许多演出活动，除了在校内演出外，还多次参与兰州市举办的演出活动，演出的节目大多受到兰州市民的好评和喜爱。话剧团曾排练过《沉渊》《原野》《桃花扇》《雷雨》等节目，学生剧团自公演名剧《雷雨》以来，"连日观众拥挤，颇获一般人士好评。该团历史悠久，演员个个俱为老练沉着，有令人意料不到之精彩表演"。[②]

1943 年 6 月，西北师范学院为倡导音乐教育，在三民主义青年团大礼堂内举行音乐大会，"节目内有该院合唱团之六十男女大合唱，由吴樾荫先生指挥，张德馨教授之笙独奏可谓国内乐坛唯一之复音国乐，以及国乐合奏，二胡、钢琴、手风琴、小提琴、琵琶等独奏"。[③] 1944 年 6 月，西北师范学院在省党部大礼堂举行一年一度的音乐大会，师院合唱团七十余人及该院附中三十余人同台演唱，合唱歌曲为《我所爱的大中华》《空军歌》《黄河夏日》等。此外，"该院教授张振光、史德伦、张德馨、朱芳春等亦均有个人表演"。[④] 在学校合唱团、国乐团的积极参与之下，西北师院所举办的音乐会节目繁多，形式多样，精彩纷呈。

西北师院所开展的各类活动不仅仅局限于娱乐，师院人在开展活动的过程中，也自觉肩负起了关心国家前途与民族命运的光荣使命。学校在城固和兰州多次开展社教活动，进行抗日宣传教育。参加社教的同学积极编印抗日小报，组织宣传队伍，深入各厂矿农村，他们通过演讲、演出话剧、举办抗日图片展等多种形式，向广大民众宣传抗日形势，动员群众捐钱捐物。在政府号召知识青年从军之时，西北师院的学生积极响应，学校社团

---

① 《西北师范大学校史（1902—2012）》，第 163 页。
② 《〈雷雨〉演出获佳评》，《甘肃民国日报》1947 年 1 月 29 日。
③ 《西北师院将在青年团举行音乐会》，《西北日报》1943 年 6 月 6 日。
④ 《师院举行音乐大会》，《甘肃民国日报》1944 年 6 月 17 日。

或张贴标语，或公演话剧，或举办辩论会，动员学生从军。话剧社曾在社长张洁忱的号召下，公演了一场《木兰从军》，演出十分成功，令观者动容。

体育活动

西北师范学院有一个很好的风气，即十分注重体育并且关注学校师生的身体健康状况。无论是学校领导还是各系教员，大家都普遍重视体育训练对于学生的重要性，学校不仅强调体育对个体人生的重要意义，更强调体育对社会风尚的重要意义。

国立西北师范学院体育系教授袁敦礼，是我国现代体育教育事业的主要创始人。在开展体育运动的指导思想上，袁先生打破陈规，颇有见解地指出，"体育活动无处不有个性之表现，及情感之抒发，且无不与社会价值，道德标准，人与人之关系相联属"。① 袁敦礼一贯视体育为教育的重要组成部分，且十分强调理论与实践的结合。在袁敦礼、董守义、徐英超等一批体育教育专家的倡导与组织之下，学校的课外体育活动十分活跃。当时的《西北日报》开辟了"学府风光"专栏，多次报道西北师院的文体活动。一年四季，不论寒冬酷暑，"操场上总是活跃着不少的生气勃勃、姿体健美的男女运动员，喊着笑着跑着奔着，周末虽然举行学期考试，而操场上仍不见寂寞"。② 各类体育比赛层出不穷，运动员在赛场上大显身手，场下的观众们时而欢呼雀跃，时而惊心动魄，"班与班打，私人组织队向人家挑战，每天下午操场都挤满了人在观战，女将也上了阵！一不小心，不是折了金莲，就是闪了腰肢，叫场外的人为她们担了天大的心"。③ 精彩纷呈的各类体育活动，为师生们的日常生活增添了许多色彩。

此外，各项体育赛事也十分精彩，每年的春季运动会是学校的盛会。1943 年 5 月，西北师范学院兰州分院举行了一场春季运动会，李蒸院长担任本次大会会长，学校师生积极参与，"参加报名者甚为踊跃，现人数已占全校二分之一，是日兰市师大校友，亦将前往母校参观，并将赠送奖品"。④

---

① 《西北师大逸事》（上），第 165 页。
② 《学府风光·师院》，《西北日报》1944 年 1 月 17 日。
③ 《从活跃中求进步　西北师院生活写真》，《甘肃民国日报》1948 年 5 月 4 日。
④ 《西北师院将举行春季运动会》，《西北日报》1943 年 5 月 7 日。

西北师院的学生曾多次在校外体育竞赛中取得佳绩，1943 年举行的兰州市田径运动会上，西北师院夺得全部项目的第一名。这些体育运动的开展，一方面有利于激发大家参与体育运动的兴趣，使得师生逐渐加强体育锻炼；另一方面也增进了师生之间、学科之间、学校之间、校地之间的情感。西北师院在有限的条件下艰苦办学，克服困难极力关注并支持学校师生的体育活动，注重学院师生的身体健康状况，这一点真可谓是高瞻远瞩。

学生的学术训练和社会实践活动

除轻松愉悦的娱乐活动之外，西北师范学院也注重开展学术训练活动，各类学术活动形式多样、时间灵活、组织有序。学校每年都举行论文比赛，李院长会亲自参与主持评定，评选结果往往客观公正。演说竞赛也是西北师院的常规活动之一，1943 年 6 月，学校就在劳动服务周上宣布"全体学生参加工作，并于本周举行国语演说竞赛，下周英语演说竞赛"。[1] 英语系的同学们还自发组织成立了英语文学研究会，该研究会通常两周举行一次研讨，同学们使用英语互相交流并且讲评英国文学作品。"学术研究的风气很盛行，各级系会都有学术讲座，常请校内外教授专家讲解各种问题，同学获益匪浅。"[2] 这些学术活动的积极开展，为西北师院师生们的学术训练提供了良好平台，使得大家在课堂之外也能探讨学术，相互学习、共同进步。

学术训练的地点不仅仅局限于校园之内，有时也会依据实际情况开展一些校外研学活动，西北师院会主动为各年级、各学科的学生争取外出考察、研学、参加培训的机会。如组织史地专修科的若干名学生前往兴隆山作地理考察；挑选文笔优良、思想纯正的优等生参加战地工作人员训练班；挑选符合条件的学生免试接受师资培训等等。此外，西北师院也很重视社会实践活动。1943 年，学校以"树人树木贵在同时，文化绿化乃能并进"[3]为宗旨，大举植树。省立农业职业学校和农业改进所慷慨赠送树苗，植树工具大多是从学校周边的农民家里借得，全院师生大多参与了本次义务植

---

① 《西北师院举行演说竞赛》，《甘肃民国日报》1943 年 6 月 3 日。
② 《从活跃中求进步 西北师院生活写真》，《甘肃民国日报》1948 年 5 月 4 日。
③ 《西北师范大学校史（1902—2012）》，第 165 页。

树活动。西北师院通常还会在暑期开展乡村社会服务，成立暑期乡村社会服务团，有序开展社会调查、青年补习教育等各项工作。西北师院的社会服务多次受到地方民众的支持与欢迎，实践内容较为充实，实践成效较为显著。

在抗战时期，一代师院人不畏环境之艰苦，不畏物资之匮乏，他们在流离失所的局面中尽可能争取宝贵的学习机会；他们在千难万险中突破逆境迎难而上，积极创造办学条件；他们努力改变平实的校园生活，通过各种各样的文娱活动装点清贫的岁月。他们开拓进取、苦中作乐、持之以恒的精神难能可贵，这种优良的精神品质值得一代又一代师大人永续相传。

（尚季芳 李月娇）

第七章　名师云集十里店

◎拼音之父黎锦熙

图 7-1　黎锦熙

黎锦熙是国立西北师范大学历史上的一位重要人物，作为毛泽东的老师，他不仅在自己的研究领域有独到的建树，而且在引领社会风气和教书育人诸领域贡献卓著。"即知即行"的教育思想与实践活动始终贯穿他的人生。他不是一个坐而论道的理论家，而是一个长于躬行的实践者。

"立志"为国为民的践履之路

黎锦熙"即知即行"教育思想的形成，与他早期接受儒家思想的熏染是分不开的。据说在他四岁时父亲就为他请来塾师，师从我国著名国画大师齐白石老人的妻弟王仲言先生。由于黎锦熙聪慧过人，经过几年启蒙教育和唐诗宋词的训练，八九岁就能吟诗赋对，十岁参加了家乡民间组织的"罗山诗社"，被乡人称为"神童"。早年的良好教育使黎锦熙内心深处产生了为国家、为民族做一番事业的崇高志向。"1906 年，年方十七岁的黎锦熙只身来到长沙，假曾国藩祠堂为活动地址，以'致良知'为宗旨，以'牺牲个人，努力报国'为原则，组织'德育会'"。十九岁考入湖南优级师范学堂史地部，三年后以全校第一名成绩毕业。经过几年的教书生涯，黎锦熙对当时的国文教科书极为不满，产生变革的思想，"1912年，开始编辑小学教科书，将《西游记》收入课文，包含了改革教育、废除八股文、学作语体文的思想，引起保守人士的惊骇"，但也得到了很多开明人士的同情和赞赏。1915年，黎锦熙受北京教育部的邀请出任特约编纂员。次年，便和同仁发起成立了中华民国国语研究会，拟订该会宗旨为"国语统一"（推行普通话）和"文言一致"（普及白话文），并促成教育部正式公布注音字母及常用字的标准读音；改定小学、初中"国文科"为"国语科"，取消小学读经活动，以白话文代替文言文。黎锦熙等人以白话文代替文言文无疑是一场革命，其服务的对象是中华民族大众，而不是极少数人。在此基础上推行"普通话"，更使中华文化得到全面普及，深入民心。推行普通话和普及白话文，事实已证明了其非凡的历史意义。

1920年开始，黎锦熙先后在北京师范大学、北京大学等高校任国语教授，大力推行国语改革运动。1923年，黎锦熙与钱玄同、赵元任等组成国语罗马字拼音研究会，面对保守派提出"白话文只有新文学而无新文法"的诘难，出版了第一部汉语白话文语法专著《新著国语文法》，该书科学地、系统地揭示了我国白话文内在的语言规律，是我国第一部完整的、具有自己独特体系的、将传统语法体系应用于现代汉语的专门著作。

为推进中国的文字改革，黎锦熙提出了"减省现行汉字的笔画案"，把中国的新文字定名为国语罗马字。1926年公布的《国语罗马字拼音方式》就是黎锦熙、钱玄同、刘半农、林语堂等6人组成的"数人会"共同拟定的，这是现行《汉语拼音方案》的奠基工作之一。新中国成立后，毛泽东指定黎锦熙等7人共同组成"中国文字改革协会"。此后，他便尽其所长，为汉字改革殚精竭虑，作出了重大贡献。正如1958年公布"汉语拼音方案"时，周恩来在《当前文字改革的任务》这一报告里所说："黎锦熙、钱玄同等人制订'国语罗马字'的功劳是不能不承认的。"

黎锦熙的"践履"之路，还体现在编纂国语辞典上。他建议编纂《国语辞典》以填补群众阅读白话文学作品遇到难解之词无书可查的空白。

1923 年国语辞典编纂处成立，1928 年改名为中国大词典编纂处。尽管他们做了充分准备和大量工作，并已先后印出了《中国大辞典样本稿》《中国大辞典长编》，但由于经费不足、战乱频仍而未能成书。1949 年后，他把所剪录的数百种书报、依音序装屉储存排定整理的 300 多万张卡片捐献给了中国科学院语言研究所，为我国编纂大型辞典提供了丰富的资料和宝贵的经验。

毛泽东的老师黎锦熙

黎锦熙先生是一位学者，更是一名教师，在他的教书生涯中始终把"立德树人"放在首位，受其熏染和教诲的学生很多，毛泽东便是其中之一。1913 年毛泽东在长沙师范求学，先后与杨昌济、徐特立和黎锦熙三位老师密切交往。黎锦熙对毛泽东的印象十分深刻："毛泽东个子高，沉静儒雅，衣着朴素，言谈之间流露出以天下为己任的气概。"毛泽东也万万没有想到："眼前这位名重一时的先生，竟是这般年轻、随和、可爱，不由更平添了几分钦佩。"两人大有相见恨晚的感觉，从此仅比毛泽东大三岁的黎锦熙，便和毛泽东开始了他们心灵上的神交，这从黎锦熙 1915 年 4 月 4 日至 5 月 9 日的几则日记可以看出：

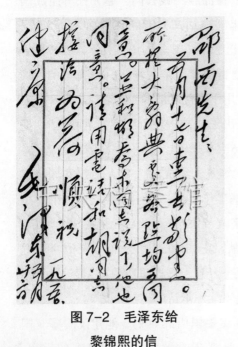

图 7-2 毛泽东给
黎锦熙的信

"4 月 4 日，星期日。上午润之来，阅读日记，告以读书方法。""4 月 11 日，星期日。上午一师学生萧子升、润之及甫（熊光楚）至，讲读书法。""4 月 18 日，星期日。润之、少青及执钦相继至，共话社事。""4 月 25 日，星期日。上午游园（即'李氏芋园'），润之来，告以在校研究科学学术。""5 月 9 日，星期日。润之至，稍话读书事。"

在他们的交往中，毛泽东的收获颇丰，1917 年 8 月 23 日，毛泽东在致黎锦熙的信中说："弟自得阁下，如婴儿之得慈母"，"甚愿日日趋前请教"。在黎锦熙慈母般的教诲中,毛泽东的思想和精神世界发生了很大变化,他立志"改造中国与世界"的目标也越来越清晰明了。也就是在这期间,毛泽东悟出这样一个道理——要挽救中华民族的危亡,推动中国社会的变革,必须是具有远大理想、高深学问和健壮体魄的人,才能当此重任。后来毛泽东离开长沙师范,走上职业革命之路,但与黎锦熙的交往没有间断。1917 年毛泽东创办《湘江评论》,黎锦熙和章士钊分别寄给毛泽东 400 大洋,解决了毛泽东的燃眉之急。此后一直到 1949 年,他们虽没有再见面,但两人心灵与精神上的交往一直延续着,这从黎锦熙晚年保存的毛泽东的六封信里可以得到见证。新中国成立后,两人更是多次会晤,谈论国家大事。这种影响及终其一生的师生之情,无疑是今日学人的典范。

黎锦熙在国立西北师范学院

黎锦熙是近代中国致力于"言文一致"和"国语统一"的先驱。七七事变后,执教北平师大的他随校西迁,任西安临时大学国文系教授、主任。1938 年,学校迁移汉中城固,改称西北联合大学,1939 年,"西北联大改为西北师院,后陆续迁往兰州。先父兼任教务主任,奔波于城固、兰州两地授课"。[①] 1945 年 2 月因李蒸前往重庆任职三青团,同年 12 月由黎锦熙代理院长。1946 年 6 月,教育部正式聘任其为西北师范学院院长。在西北期间,他致力国语运动、深耕师院教育、精研县志编写、注重方言调研并参与创立九三学社。

在西北的 10 年,他继续致力于"专作"国语运动,主授语言文字音韵,对于统一国语,改创国语教学,贡献突出。他主张"文字附列注音符号,期读者声入心通直接了解,俾使民众短期能学习汉字,并收国家语言统一之功效。"[②] 在他的倡导下,国立西北师范学院、国立女子师范学院、国立社会教育学院 1944 年创办了国语专修科。而对方言的调查研究与方志的编纂,则成为黎锦熙学术的另一个主要方面,他走访西北各地,收集民俗词汇,编辑出版《洛川方言谣谚志》《同官方言歌谣志》《宜川方言谣谚志》,并先后撰成出版《洛川县志》《同官县志》《黄陵县志》《宜川县志》,

---

① 黎泽渝:《黎锦熙先生年谱》,《汉字文化》1995 年第 2 期,第 58 页。
② 光中:《黎锦熙》,《民意报晚刊》1946 年 7 月 2 日。

他融古通今、立足科学、别创新体，其中的土壤志、气候志、地质志、地形山水志都是前人撰修地方志时不被注意的创新。黎锦熙之所以这么做，正是他说的"抗战建国！我以为文化界中人要真正负起责任来，第一步工作，就在给所在的地方修县志"①。身处抗战大时代，黎锦熙视撰写方志能应国家社会之需，能动员国民精神，为文人报国的一种神圣使命。

1946年，"名流褚辅成、许德珩等为纪念去年九月三日日寇正式签降之抗战胜利日，发起组织'九三学社'"②，黎锦熙则是其主要发起者和创始者之一。经过筹备，5月4日，九三学社于重庆青年大厦召开成立大会，黎锦熙被公推为监事。这一知识分子为主的学术性政治团体，不但在解放战争中贡献了力量，而且在1949年第一届中国人民政治协商会议召开前夕，借着湖南省立第一师范时期的师生情谊，毛泽东主席拜访黎锦熙，之后黎从中协调，促成九三学社被正式确认为中国民主党派之一，以党派身份参加了全国政协。

抗战时期，西北条件艰苦，人才难得，像黎锦熙这样的大教授国内各高校求之若鹜，但他坚守国立西北师范学院，不为所动。有人劝他离开西北师院另谋高就，但他义正词严拒绝，一直坚持工作到抗战胜利后，因编纂中国大辞典才离开兰州。黎锦熙的义正词严至今仍振聋发聩，令后人不敢懈怠。

（李迎新）

◎ "恶魔诗人" 于赓虞

于赓虞（1902—1963），乳名献，我国著名的新月派诗人、文学翻译家，是中国诗歌运动中最有影响力的诗人之一。因诗歌风格多古怪、阴郁、低沉，时人认为单看他的诗歌，就觉得"充满了阴森的鬼气"③，加之他性格孤僻、不苟言笑，所以于赓虞被誉为中国的"魔鬼诗人"，著有诗集《晨

---

① 黎锦熙：《方志今议》，岳麓书社1984年版，第15页。
② 《重庆民主人士成立九三学社》，《解放日报》1946年5月17日。
③ 赵景深：《文人剪影·于赓虞》，北新书局1936年版，第64页。

曦之前》《骷髅上的蔷薇》《魔鬼的舞蹈》
《孤灵》《春云》《世纪的脸》等，译有意大
利诗人但丁的《神曲》等。

应时写诗

图7-3　于赓虞

1902年，于赓虞出生于河南西平县玉皇
庙村一个没落地主家庭。其父通文墨、懂医
术，所以于赓虞一定程度上受父亲影响，热
爱学习，聪明伶俐。1912年，于赓虞进入西
平县立高等小学堂求学。1918年，进入河南
省立第一师范学校。在这里，于赓虞接受了
五四运动进步思想的影响，与徐玉诺、曹清
华、屠亚超、张默生等经常聚集在一块谈论新文学，议论国家民族兴衰存
亡大事，并积极参加校外社会活动。① 也是在此时，于赓虞对于诗有了点模
糊的概念，"而且也写点所谓的诗"。1921年春，于赓虞为营救一名被捕学
生，当面斥责校长软弱无能，以致被学校开除。随后在大伯的帮助下，前
往天津进入汇文高中读书。

在天津，于赓虞的视野得到了开阔，学问上有了长足的进步，并结识
了一批对自己影响较大的文学界朋友，如万曼、焦菊隐、朱光旭、王亚薇
等。这一时期，于赓虞开始向各个刊物投稿。他最初投稿的刊物是赵景深
编辑的天津《新民意报》，继而又扩大到北京的《晨报副刊》。于赓虞回忆
由于在天津"认识了赵景深、焦菊隐，这才真正引起了写诗的兴趣"。1923
年，他投稿到北京《晨报副刊》时，发现"居然每次都招了青睐"，这更加
坚定了他将自己训练成一个诗人的自信。② 同年6月，他和焦菊隐、万曼、
朱光旭等人组织了一个新文学社团，即在北国文坛风云一时的"绿波社"。
该社在短短几个月内出版了《春云》《新诗集》《安徒生童话集》《柴霍甫
小说集》等。同年7月底，在天津读中学的几位河南老乡推举于赓虞为主
编，在《华北日报》上创办《中州文艺》半月刊，主要刊登新诗及有关诗

① 许风才：《诗人于赓虞传略》，《西平文史资料》第1辑，1990年，第100页。
② 于赓虞：《世纪的脸·序言》，北新书局1934年版，第2—3页。

歌的批评文学。"绿波社"和《中州文艺》的成功，使于赓虞在新诗创作上达到小高峰，同时也促使他大胆地发表了一些对新诗理论有建树的意见。

1924年8月，于赓虞考入燕京大学的国文系，在北京结识了徐志摩、闻一多、朱湘等人。1926年，他参加了"三一八"请愿活动，认识了刘和珍、杨德群二人，并目睹了刘和珍临危不惧、饮弹喋血的为民请愿过程。为此他奋笔写下《不要闪开你明媚的双眼》一诗来纪念刘和珍的英勇大义和控诉段祺瑞执政府的万恶罪行。① 此后，他又结识了沈从文、丁玲、胡也频、黄庐隐等文学青年。

辗转教学西北师院

1927年，于赓虞结束求学生活，于该年2月经焦菊隐推荐到山西太古铭贤学校任中学语文教员。周围苍凉的环境和远离亲人、朋友的痛苦，使于赓虞将自己的情感全部倾注于诗集《骷髅上的蔷薇》中。未等学期结束，他便愤然离去，再次回到北京。1928年应北京市立二中校长焦菊隐之邀，任语文教员。1931年，于赓虞接受河南省立第一师范的聘书，前往开封担任教员。1935年，为求深造，于赓虞赴英留学。1937年全民族抗战爆发后，于赓虞回国就任河南大学文史系副教授。1938年开封沦为敌占区，他随河南大学迁至栾川，后回老家养病。

1942年，焦菊隐担任西北大学文学院院长，特聘于赓虞担任西北大学文科教授。焦菊隐离去后，于赓虞接替文学院院长一职，1943年转教于西北师范学院。"于赓虞很有个性，头发很长，穿长袍，却不怎么洗，很有诗人气质"，当年受业于于赓虞的李新章回忆，"于老师平易近人，没有一点诗人、学者的架子。他是西北大学文学院院长，到我班——西北师范学院英文系三年级兼课，绝不是为了若干之兼课收入，而是事业心所促使。我听了他的英诗翻译课，有理论，讲透诗的意境；有实际，着重讲误译、似是而非等问题，举出各种类型的病句，分析它们错在哪里，为什么错，然后再讲正确的，即如何修改。没有多年实践，是不能讲得如此透彻的。听这门课的同学都受益不浅……我热爱他的课，更热爱他的为人，这门课建立了师生感情，我多次到他家拜访、请教，受到热情的欢迎"。在教学之

---

① 于赓虞：《不要闪开你明媚的双眼》，《晨报副刊·诗刊》1926年第1期，第3页。

余，于赓虞也教学生们写诗，他还会到西北师范学院附中的"江汉诗社"参加学生的活动。牛汉就读西北联大时和于赓虞关系密切，两人时常去西北联大附中听中学生朗读自己的诗。① 此外他在城固创办《西北文学报》，并以《春之歌》为总题，发表译诗《静默的爱人》（两首）《商籁体两章》《爱情与康柏丝》《爱的诀别》《商籁体四章》《生命》《人生》等诗歌。

1944 年 5 月 1 日，于赓虞辞去西北大学，来到兰州正式担任西北师院国文、外语两系合聘教授，兼英语系主任一职。此后他将精力主要放在翻译外国诗歌上，如但丁《神曲》的第一部《地狱曲》。1945 年，于赓虞回河南西平县参加"国大代表"竞选，竞选失败后又重回兰州，仍在西北师院任教。②

黄河之畔的"星期讲座"

1945 年，为了使普通民众有习得科学文化知识、接近学院学术的机会，并激发其参加地方建设的热情，兰州社会服务处与国立西北师范学院合作举办"星期讲座"，邀请学者专家发表演讲，地点设在兰州中正公园，时间一般为星期日上午。因讲座主题五花八门，富有极大的趣味性，如《民国营养与建国》《达尔文之演化学说》《左文襄公之西北经略》等，所以大批听众欣然前往，效果良好。于赓虞前后两次在"星期讲座"上做演讲。第一次于 1945 年 10 月 21 日，时"旭日普照，草木欣荣，听众达四五百人，由西北师院教授于赓虞讲《自我教育》，略谓文人应重修善，先由自知自觉自想而达自我，更由自我中解脱而达忘我。文人应重情轻死，卓然独立。一个人有自我之真理，所趋虽系极端，如墨子之兼爱、杨朱之为我，不知者谓为自私，实另有其见地。词语恳切，阐述颇详，至十一时于氏词终退席，听众于掌声中欢散"。③ 第二次于 1946 年 10 月 13 日，中正公园上午十时"举行第五十一次讲演，由于赓虞先生主讲。于氏为文学界先进，对于新诗有特殊成就，现任西北师院教授兼英话系主任，讲题为《辨新旧文学》"。④

教学与作诗的同时，于赓虞还兼管教育管理之要职。为谋学校更好之

---

① 庞琦昕：《西北联大的文学教育与创作初探》，《新文学评论》2018 年第 2 期。
② 王贺：《"恶魔诗人"——于赓虞的异域抒写及边地言行》，《中国现代文学研究丛刊》2012 年第 3 期。
③ 《于赓虞讲自我教育》，《西北日报》1945 年 10 月 22 日。
④ 《星期讲座于赓虞讲演》，《甘肃民国日报》1946 年 10 月 12 日。

发展，他聘请焦菊隐、张舜琴、李霁野等诸名家任西北师院英语系专任教授。1948年，于赓虞辞去中文系教授一职，继续担任英语系教授兼主任。此外，他还升任学校图书仪器委员会委员、教员升等审查委员会委员、训育委员会委员三大要职。不过这时期因家乡有事，他时常往返于兰豫之间，虽仍属于西北师院教授，但同时又被河南大学聘用。[①] 1948年6月，于赓虞随河南大学暂迁苏州，1949年6月返回开封，此后他便一直任教于河南大学。

于赓虞老师一生既为诗人，又为文学教育者、翻译者、文学编辑，他一面担负起传道授业解惑之责，一面埋首于专业的学术研究和文学编译工作。他参与了一时代一区域之新文化的建构，为新文学在边远地区的传播和发展作出了自己的贡献，[②] 也为我国新诗的发展作出了重要贡献，值得我们尊敬和学习。

（李迎新　张传卿）

◎一代"通人"张舜徽

图7-4　张舜徽

张舜徽（1911—1992），湖南沅江人。中国现代著名历史学家、文献学家，长于校勘、版本、目录、声韵、文字之学。张舜徽出生于书香世家，自幼其父亲自授业，后转益多师，从小到大，走的是自学之路。曾任中国历史文献研究会会长，是中国

---

① 许风才：《于赓虞年谱简编》，载王文金《愧书庐诗歌论稿》，河南大学出版社2018年版，第410页。
② 王贺：《"恶魔诗人"——于赓虞的异域抒写及边地言行》，《中国现代文学研究丛刊》2012年第3期。

第一位历史文献学博士生导师，一生完成学术著作 24 部，共计八百万字。精于"小学"，博通四部，成为一代"通人"大家。其学术著作有一个特点，即全部由毛笔撰写完成。这里要说明一下何为"通人"，专业地讲，就是指"经史子集"四部皆通的人。有人统计，张舜徽一生阅读的文献经部有 7 种，史部 11 种，子部 11 种，集部 55 种，近人著述 11 种，凡 95 种。①张舜徽先生作为一代"通人"，他的主要观点包括以下几个方面：一是治学当以经世致用为归旨，他十分推崇曾国藩。二是治学博采众说，择其善者而从之，主张博通之学。三是为学当为本原之学，摒弃汉宋门户之见，消融程朱陆王之争。四是学者当作有用之学，当不屑以纯粹文人自居。

关于张舜徽在兰州的讲学和治学，周国林在《张舜徽先生在兰州期间的学术活动与成就》和《张舜徽西北师范学院任教考论》已有研究。1946年秋至 1948 年夏，张舜徽在兰州任教两年，这时期是他学术突飞猛进的一个阶段。张先生回忆称兰州时期为其"生平教书读书之乐以此时之最"，而且在兰州出版著述达 8 种之多。"张舜徽先生在兰州的学术活动，可以分为两个方面，一是对中国学术史的研究，重在厘清学术的渊源，建立学统；一是发挥学术经世致用的作用，在学术和教学中培养明体达用、敦实宏阔的人才，以求国家之富强。"兰州独特的自然环境与人文氛围促使先生治学思想更加确立；在兰州期间的学术积累，为张舜徽后半生的学术论著奠定了坚实的基础。②

《壮议轩日记》③ 是张舜徽 1942 年 9 月 24 日—1947 年 1 月 7 日的日记记载，分为《居湘编》《入陇编》两部分。《日记》以学术为中心，探索古今，议论纵横，显示出先生学术思想形成的历史渊源和人生轨迹。因当时张舜徽身经战乱漂泊，所以《壮议轩日记》时断时续，或详或略，但也大致概括了先生在湖南蓝田国立师范学院、北平民国学院（抗战时迁入湖南）和 1946 年入陇任教于兰州大学和西北师院的历史。"壮议"一语出自《大戴礼记·曾子立事》："其少不讽诵，其壮不论议，其老不教诲，亦可谓无业之人矣。""壮议轩"是先生书斋名号，《日记》谓："余生于辛亥七月。

① 彭琴：《〈张舜徽壮议轩日记〉引清人文集考述》，华中师范大学硕士学位论文，2015 年。
② 周国林、张祥干：《张舜徽先生在兰州期间的学术活动与成就》，《甘肃社会科学》2016 年第 1 期。
③ 张舜徽：《壮议轩日记》，华中师范大学出版社 2018 年版。（下同）

去秋三十已满，盖古人学成之年，而吾碌碌如斯，因取《大戴记》之语，名所居曰'壮议轩'。"

1946 年夏天前，张舜徽先后在蓝田国立师范学院、北平民国学院任教。后因战乱、学校财政日益困难，加上先生忙于校际事务，心力交瘁，不得不于 1946 年 8 月 16 日举家回到湖南老家。到家却是"自前岁敌骑过境，抄掠一空，徒四壁立。"[①] 就在这时，他收到了兰州大学辛树帜校长的特邀，请其赴陇讲学。从 1946 年 9 月 18 日到 27 日，张舜徽多次往返于当地民航局索求机票，终于得行。张舜徽到西北来，与其他学者教授因躲避战火随高校内迁不同。他这一段时期的人生经历和讲学活动可以通过《壮议轩日记》之《入陇编》清楚地了解到。

刚到兰州，有两件事在他的《壮议轩日记》记载得十分清楚。1946 年 10 月 1 日的日记是这样写的："午后，从市肆买得洮砚一方，此为陇西名产，镌刻亦佳，自是文房清品。"10 月 2 日的日记中写道："晚餐后，偕西山往观黄河铁桥，工程浩大，修成于宣统二年，盖假手外人营建者也，其下水势湍急，汩汩奔流而下，余立其上，神为之慄。"除了购置当地的特产、观看人文景点外，张舜徽雷打不动的一件事就是每天早晚的看书活动。在兰州这段时间先生主要看的书有《全汉文》《三国文》《全晋文》《宋文》，特别研读了《甘肃人物志》，并记录了"儒行七人"，即杨庆、肖光汉、李南晖、邢澍、张澍、牛树梅等，"文学九人"即吴之铤、胡弋、吴镇、潘挹奎、李铭汉、王权、任其昌、张国常等人的主要事迹和成就。

张舜徽在日记里还记载了有关陇上名酒的一件事，十分有趣。10 月 12 日："董爽秋先生出其所携徽县酒飨同座诸子，余为之饮二两许，味醇气香，不负名品。董盛称其与茅台酒等质齐名，不为过誉。退食后，余微有醺意，以梨果解之。"[②] 从这些日记中可以想见，张舜徽先生入陇伊始，就对当地的景物名人、异物特产有所了解，现在读来，依然感到十分亲切。

张舜徽与国立西北师范学院发生关系，与当时师院国文系教授何乐夫有关。1946 年 11 月 3 日，何乐夫教授携弟子乔敬众等人前往兰州大学拜见张舜徽。张舜徽在日记这样形容当时的何乐夫："年五十许，温温儒者，把

---

① 张舜徽：《壮议轩日记》，第 279 页。
② 张舜徽：《壮议轩日记》，第 292 页。

晤之下，谈议甚欢。自称与黎劭西、谭介甫诸先生共事最久，治文字考古之学，来西北已三四年。"当何乐夫向张舜徽说明想请他为国立西北师范学院高年级的学生讲授校勘、目录之学时，他本想拒绝，但看到何乐夫与诸弟子的一片热忱，"余不忍拂其来情，勉应许之"。因张舜徽先生所居之地与十里店相距较远，双方商定张舜徽每周去十里店国立西北师范学院讲学一次。之后，何乐夫在市里一家酒店设宴招待张舜徽，推杯换盏之间，两人有相见恨晚之意。①

11 月 5 日，张舜徽前往十里店回拜何乐夫。日记记载："阍者引余见乐夫，入其室，满地骷髅，为之退避数步。"何乐夫笑着答道："此皆吾考古之资也。吾考定若者为殷以前人尸骨，若者为周以后人尸骨。"并一一为张舜徽道其详，如数家珍。对于当时的感受，张舜徽在日记中这样形容："余犹不免掩鼻愵神，未敢正视。而乐夫寝食于斯，与共昕夕。人之嗜好不同有如此者，为可慨也。"当日，何乐夫陪张舜徽参观了学校图书馆和校舍，在日记中张舜徽先生感叹道："在此荒凉旷野中，居然聚徒七八百人，讲论不辍，不能不服执事诸君子施教不倦之仁也。"看到这一切，加上何乐夫再三邀请其来讲学，张舜徽先生便"慨然诺之"。②

由此张舜徽便开始了到国立西北师范学院讲学的历史。1946 年 11 月 6 日，国立西北师范学院向张舜徽正式发了聘书，主要为文学系三四年级学生讲授校勘学。1946 年 11 月 14 日，张舜徽第一次到国立西北师范学院讲学。何乐夫引导张舜徽与学生见面，日记这样记载当时的情况："约四五十人，余首为论及文学二字含义之广、博，不限于诵诗作文，必以多读立言记事之书立其基，又为援证昔人成功事实以敦厉之。闻者悚然，皆大欢喜。"11 月 21 日，他第二次到师院讲学，"朝食后，赴十里店西北师范学院授课，今日汽车无阻碍，到校甚早，与何乐夫、冯仲翔诸君闲话甚欢。旋登堂为诸生讲校雠学之功用，历二时许"。11 月 28 日，"朝食后，赴十里店授课，逾午方归"。12 月 5 日，"朝食后，赴西北师范学院授课，为言著述体例。诸生皆若有所发悟"。③

---

① 张舜徽：《壮议轩日记》，第 317—318 页。
② 张舜徽：《壮议轩日记》，第 320—321 页。
③ 张舜徽：《壮议轩日记》，第 336、346、355、364 页。

关于张舜徽当时在西北师范学院讲学的情况，我们无法搜集到听课学生的一些回忆文章以及对此的感受，但从张舜徽先生日记中的"竦然""诸生皆若有所发悟"等字眼来看，他的讲学无疑是很精彩的，也是深受学生欢迎的。作为一代"通人"的张舜徽教授，在20世纪一个特殊的年代能够有缘到学校讲学，不仅提升了当年"十里店"学术重镇的气氛，也为学校的历史增添了精彩的一笔。

（李迎新）

◎进步文人叶丁易

图 7-5 叶丁易

叶丁易（1813—1954），原名叶鼎彝，曾用笔名孙怡、访竹、光隼之等，安徽桐城人，现代著名作家、学者、文学史家、民盟中央宣传委员。曾先后在西北师范学院、北京师范大学任教。毕业于西北师范学院、后任阜阳师范学院中文系教授的牛维鼎曾撰文《回忆叶丁易先生》，对叶丁易20世纪40年代在西北师范学院讲学、开展革命活动，以及向国民党政府开展斗争的情况有过详细的回忆和评论。在牛维鼎的笔下，叶丁易无疑是一个"鲁迅式"的硬骨头，对革命抱有无限的同情心，对敌人敢于投掷匕首，特别是在兰州的一段日子，叶丁易给当时的师生留下了难以忘怀的形象：敢爱敢恨，无所畏惧。

向复古潮流叫板

叶丁易出身于官僚知识分子家庭，两岁时随父母从南京回到老家桐城。其曾祖父、祖父、父亲都是前清秀才。叶丁易三岁被送入私塾读书识字，不满 12 岁就读完了四书、五经和《通鉴辑览》等古文经典。1925 年考入桐城小学，深受五四新文化思想的影响，大量接触鲁迅、郭沫若、郁达夫和蒋光慈等人的作品，开始关心国家大事，表现出了忧国忧民、以天下为己任的远大志向。

中学毕业后，由安徽省政府保送入北平师范大学国文系读书。在此期间，他受到黎锦熙、钱玄同、高步瀛等教授的影响，组织学生走上街头表演话剧《放下你的鞭子》等，体现了他思想的进步性。大学毕业后，在四川中学当国文教师，不但讲古文，更讲现代文学，尤其讲鲁迅等革命文学。一次，他在高年级的班上讲课，讲到读书的问题时，他不主张读经书，说读经书是"复古"、是"倒退"、是"引导脱离现实"。班里有个学生是国民党三青团的小头目，思想保守，她突然站起来说："孔子的书就是应该读。"叶丁易听后随之在黑板上写下了一行大字："子曰：唯女人与小人难养也。"转过头对她说："孔子说，唯女子与小人难养也，你赞成吧！孔子的话都对吧！"那位女士瞠目结舌，哑口无言。① 这以后，班里的进步学生非常佩服他，渐渐地，在他周围团结了一大批思想进步、向往革命的青年学生，他私下里也将一些进步书籍借给他们阅读。

在兰州讲鲁迅精神

牛维鼎在回忆文章里深情地说，我们青年学生之所以特别喜欢叶丁易先生，主要还在于他开设了"现代文学史"课。新中国成立前的国统区，许多大学是不开"现代文学史"的。流俗之见认为只有开古代典籍和古文字学的教师才算有真才实学，而叶先生敢于力排众议，毅然开设"现代文学史"，特别是重点讲鲁迅，这就引起了同学们的尊重。其实叶先生对于古文字、音韵、词章乃至史学，都有很深的造诣，在这些方面，他的著述即足以证明，用不着多说。开"现代文学史"讲鲁迅，在那时确实需要有一定的胆识。兰州地处陕甘宁边区外围，军统、中统都十分重视这个城市。当时的"兰训班"就是军统设在那里的一个重要特务机关。西北师范学院更是他们密切监视的重点。而叶先生公然大讲鲁迅，就自然获取了很多进步青年学生的爱戴。

---

① 《西北师大逸事》（上），第 216—217 页。

牛维鼎回忆,有一次在叶先生家谈鲁迅,谈到了他一首著名的七律,其中有句"怒向刀丛觅小诗"。其第一个字,同学们偶然间都忘记了。叶先生让大家回想并填出来。有位同学不知怎的,记成了"悔"字。叶先生立刻纠正说,不对,是"怒"字,如果用"悔",就和鲁迅精神不相一致了。而这位同学接着解释说,他之所以想到"悔"字,并非消极情绪,而是想到鲁迅素所主张的"以眼还眼,以牙还牙",即应以武器的批判来代替批判的武器。叶先生说有道理,另外却又发挥了一番鲁迅主张的"壕堑战",即不要赤膊上阵,以免中了敌人激将法的诡计,还讲了布列斯特和约和"左派幼稚病"等。至于在课堂上的讲述,令牛维鼎感受最深的,除鲁迅外,他还强调地讲了"宋阳"即瞿秋白。当毛泽东同志的《在延安文艺座谈会上的讲话》刚刚秘密传到兰州时,叶先生除暗中让大家传阅外,还不着痕迹地将其中"为工农兵而写作"的部分在课堂上讲述出来,讲解过程中还特别强调从工农兵出发,和工农兵打成一片的思想。①

被迫离开兰州

1941 年秋天,叶丁易来到兰州,任国立西北师范学院国文系讲师。由于他宣传进步革命思想,颇受地方特务打压,1943 年秋,他不得不离兰赴蜀,行前,赋诗一首,以志胸怀:

> 南北东西笑孔丘,枣花香里买归舟。
> 牌楼今已看三易,蜗角何期竟两秋!
> 狂态自知难偶俗,豪情犹复哂封侯。
> 书成廿卷千毫秃,纵使名山也白头。

首联是说自己像孔丘一样到处漂泊,而今兰州十里店一带枣花盛开,奇香溢野,我却要离开;颔联说校名改了三次,即从西安临大、西北联大到国立西北师范学院,我在此已经待了两个年头;颈联说自己特立独行,难以容身,但赤子之心不改;尾联指在兰州写成了《中国文字形体变迁考

---

① 牛维鼎:《回忆叶丁易先生》,《西北师大学报》1990 年第 1 期。

释》等著作，纵然白发多了，但书可以藏之名山。①

据牛维鼎回忆，叶丁易被迫离开兰州有两个方面的原因：其一，当时兰州，特别是西北师范学院的特务与国民党区分部、三青团区队部分子，已十分注意他的一切活动。黎锦熙老师虽然很喜爱他并暗中保护他，但也感到十分难办。学校当局也很不满意叶先生的教学和行为，因而他已很难立足。其二，当时在成都的陈翔鹤、陈白尘、贺孟斧、马彦祥、史东山诸位先生正筹办戏剧专科学校，并积极从事民主运动，所以极其盼望他前去。另外，聂绀弩等办《野草》，也约请叶先生。于是，他便离开兰州到了四川。临行前，管家骅、李鼎文、郭松茂、黎思友诸同学前往送别，依依惜别之情，已非言语所能表述。在四川，他先后到成都、重庆及三台东北大学各地讲学。这一时期，牛维鼎与叶丁易之间时有书信来往，一直到1944年冬末。牛维鼎也被迫离兰出走，两人之间才隔断了消息。

（李迎新）

◎黎锦熙的侄女婿顾学颉

"哉生魄，犹照天南塞北。长河道，万壑千岩，黉舍崔巍映雄阔。登临，情愤切；佳节，烽烟明灭。幽燕地，马厩辟雍，应有铜驼卧阶泣！新欢乍陈迹，记凤阁流丹，鸳瓦凝碧，春风化里穷坟籍。恨芦沟月破，长安风紧，秦山陇水常作客。望京华凄恻！泪热，心如铁。有笔扫千人，聋开寸舌，百年教育回天力。看河清似练，瓯圆如月。四秩筵开，厂甸里，说今日。"②

这首气势如虹的《兰陵王》词作者为顾学颉，作于1941年国立西北师范学院39周年校庆之时。全词表达了1937年日军铁蹄践踏北平，北平师大被迫西迁，后改名国立西北师范学院在兰州办学的具体事实。作者在词里表达了对日本人的愤慨之情和歼灭之心，也寄托了对西北师范学院的殷殷期望之意。

---

①　李鼎文：《叶丁易》，载甘肃省文史研究馆编《陇原鸿迹》，上海书店出版社1994年版，第59—60页。
②　顾学颉：《兰陵王·师大卅九周年暨西北师院兰州分院始业纪念》，载顾学颉《坎斋诗词录》，第52页。

图 7-6　顾学颉

顾学颉，字肇仓，号东坎，别署坎斋，1913 年 2 月生于湖北随州。1938 年毕业于国立北平师范大学国文系。后随其师黎锦熙执教于西北师范学院，直至 1946 年离开。1949 年后，被调至人民文学出版社古典文学编辑部、编译所任高级编辑。著作有《元人杂剧选》《元曲释词》《白居易诗选》《白居易世系谱》《介存斋论词杂著等三种》《顾学颉文学论集》等。

顾学颉的父亲顾复周系清末廪贡生，学识渊博，重视家教。顾学颉从六岁起，就跟随其父认写《说文解字》部首，听其讲解词义和读法。并规定"刚日读经，柔日读史"，他先后阅读了《孝经》《诗经》《左传》《礼记》《尚书》等经书。父亲又叫他读唐宋人的五七言绝句，以致"几年之中，已能背诵很多名篇"。此外，他还熟读了《三国演义》《水浒传》《西游记》《三侠五义》及上海新出版的故事、新小说等。上高中后，受教于潘重规、林景伊、蔡尚思和杜则尧诸老师，他们分别讲授文学研究法、国文、国学概论和新文学，使对知识如饥似渴的顾学颉，受益匪浅。高中毕业后，考入国立北平师范大学国文系，又师从高步瀛学习诗、古文及考证之学，师从钱玄同学习文字音韵及经学，师从黎锦熙学习文法学。在这里他认真系统地读了一些书，记了不少笔记、卡片，还写过几篇专门性的研究论文发表，深受师生重视。①

受各位师长的影响，顾学颉为人正直、疾恶如仇，对时政时加评论。1937 年 6 月，他撰写《严惩贪污与澄清吏治》，指出"世之廉者甚少，贪者亦甚少，不廉不贪，可廉可贪者最多，廉者励之使益廉，贪者刑之使其廉，不廉不贪可廉可贪者，自将矜于名，畏于法而不敢不廉矣，吾深望于邹敏初案，固应不顾情面，严刑以绳，即其他违法失职者，亦应'毋惮大吏'，而依法惩处，则全国官吏，定当去贪污之途，相率而为循官良吏矣"。② 邹

① 高增德、丁东编：《世纪学人自述·顾学颉自述》第 4 卷，北京十月文艺出版社 2000 年版，第 342 页。（下同）
② 《严惩贪污与澄清吏治》，《黄胄周刊》1937 年第 5 期，第 4—5 页。

敏初时任广东省政府委员，当时在广东市面上中央大洋和广东豪洋的比价悬殊，即大洋 1 元兑换毫洋 1 元 4 角 4 分，邹认为有歧视广东之嫌。为此，他向中央写报告，要求以大洋代替毫洋发给广东驻军军饷，减轻广东的负担。蒋介石本对中央币制不及两广，余怒未消，认为邹"有意捣蛋"，恰逢又有人向蒋密报邹在广东大量炒买港币，扰乱金融。蒋介石即命广东当局将邹逮捕、解京严办，最终被判死刑。邹之死与顾之文没有必然联系，但由此可以看出顾是一个关心时局、敢于说真话有气节的知识分子。

全民族抗战爆发后，顾学颉来国立西北师范学院任教，先后教过诗歌、词曲、目录、文学史、训诂学及音韵学等课。还在史学系教过通史和断代史。在兰州他和黎锦熙的本家侄女黎靖结婚，向黎先生请教的机会就更多了。黎先生治学、处事的科学态度和科学方法，给了他无比的教育和示范。他回忆在担任词曲课教师时，"我曾经试图用先生的图解法解剖一些唐五代的名家词，编了一本《文艺图解法示例》。其中偶有疑难之处，向他请教。记得是一首温飞卿的词，参考了一些旧说，经过反复讨论才确定画出来。他看着图诙谐地说：这叫做'脔割飞卿'！后来，他知道我讲授词曲时，并没有采用这种新方法，很为惋惜"。由于没有坚持用黎锦熙的图解法讲授诗词，未遵黎锦熙的教诲去教学生，顾学颉一直感到不安。

在师院任教期间，顾学颉先生任劳任怨，系上安排什么课程就带什么课程，每一门都努力备课，唯恐落于人后。他还专心学术研究，用密密麻麻的小字和各种颜色的符号批校了一部段注《说文解字》，并在他自谓的面山背河轩完成了《律诗作者第一人——徐陵》《李后主传论》《温飞卿传论》和《新旧唐书温庭筠传订补》等宏文。此外，顾学颉还参加一些社会活动，如受经世学社社会部和兰州社会服务处邀请，于 1946 年 6 月 23 日上午 10 时在中正公园四照厅做了《"侧艳"词人温飞卿》的讲座。①

顾学颉还非常重视研究方法，他说一个人的治学和一点点微小的成就，固然与父兄师长的教导和熏陶有直接关系，但是，如何在自己长期的治学实践中，加以融会，加以提炼，在前人的基础上另辟蹊径，成为新的风格，结成新的果实，则是自己的课题，我们应该努力以赴，做到老学到老。既不可妄自尊大，又不可墨守成规，更不应沾沾自喜，满足于微小的成绩，

---

① 《星期讲座·顾学颉主讲》，《西北日报》1946 年 6 月 22 日。

而要不断创新、前进。①

在兰州，顾学颉受黎锦熙先生民主思想的影响颇深。黎锦熙先生是民主革命人士，他和毛泽东关系密切。在城固时，毛主席就托马师儒向他致意，并寄去《论持久战》。他经常翻阅《大公报》和重庆版的《新华日报》，了解共产党动态。顾学颉回忆抗日战争即将胜利之时，有一次他陪黎锦熙夫妇进城，住在当时兰州的高级宾馆西北大厦。吃饭时饭厅墙壁上悬挂着罗斯福、丘吉尔、斯大林和蒋介石四巨头的巨幅像。"他问我：你看哪个人的像最好？我没有了解问话的含义，随便答：看样子，丘吉尔还有点政治家的风度。他不以为然，指着斯大林像说，还是他好。又慢慢补充一句，很英武！那个像（指蒋）不好。这时，我才明白他说话的用意。"② 黎先生意识到国民党在重庆的一系列贪污腐化，已经逐渐失去了民心，后来他组织九三学社，一心跟着共产党。受黎的影响，顾也加入了九三学社，思想也逐渐向中国共产党靠拢，最终投入人民的怀抱。

（尚季芳）

◎ "三位一体"的艺术大师焦菊隐

图 7-7　焦菊隐

焦菊隐（1905—1975），原籍浙江绍兴。祖辈曾是清王朝的显贵，家族势力庞大。到焦菊隐的父亲时，家境没落，经济拮据，为了改变家境命运，故为儿子取名焦承，即承继祖上曾经荣辉之意，焦菊隐是他后来的"艺名"。作为集戏剧导演、翻译与理论研究于一身的艺术大师，焦菊隐不但在戏剧创作方面的成就海内蜚声，

---

① 《世纪学人自述·顾学颉自述》第 4 卷，第 347 页。
② 顾学颉：《济世海人　殚思竭虑——忆黎锦熙先生》，《湘潭文史》第 5 辑，1986 年，第 128—129 页。

为戏剧界内泰斗级的人物，而且将戏剧艺术带到十里店，为西北师院丰富的艺术教学史增添了浓墨重彩的一笔，实为学校的一笔宝贵历史财富。

理论创新与戏剧翻译

1933 年，焦菊隐在《剧学月刊》上发表《舞台光初讲》一文，这是焦菊隐早期有关戏剧理论的文章。1935 年 9 月，焦菊隐离开北京赴巴黎深造。在留学期间，他还到英国、瑞士了解风土人情，考察欧洲的文化艺术状况。在学习上，焦菊隐极为勤奋，他深入研究西方文学和戏剧，尤其对欧洲的戏剧家、理论家的作品做了大量比较研究，并在广泛学习西方戏剧理论的基础上，理解融会、分析比较，开始有系统地整理过去所研究的中国传统戏曲知识。经过长期钻研，焦菊隐进一步认识到中国戏剧艺术和传统文化的辉煌精美，体会到中国戏剧在世界戏剧史中的重要地位。他的博士学位论文《今日之中国戏剧》成为他早期戏剧理论中最重要的一部论著。1938 年，焦菊隐被授予巴黎大学文学博士学位，随后立即回国。

20 世纪 40 年代，焦菊隐针对中国旧剧和地方戏的状况撰写了一批极有价值的文章，如《旧剧构成论》《艺术教育管窥》《论新歌剧》《旧时的科班》等。1941 年，他受聘为广西建设会研究员和广西戏剧改进会社员，写有《桂剧之整理与改进》和《桂剧演员之幼年教育》等文章，在理论上对桂剧的改进作出重要贡献。该年冬，焦菊隐离开桂林前往四川江安，应聘在国立戏剧专科学校任教。

这一时期，为了中国文艺戏剧界的朋友们能够尽快看到世界著名戏剧，了解和学习西方艺术精髓，并实现自己在中国建立本民族戏剧的理想，他将主要精力放在翻译外国戏剧上。1943 年，他翻译了苏联戏剧家和教育家丹钦科的《回忆录》。此后又翻译了《契诃夫戏剧集》、法国自然主义作家左拉的长篇小说《娜娜》、匈牙利贝拉·巴拉希的《安魂曲》等。

在翻译西方戏剧的过程中，焦菊隐将斯坦尼斯拉夫斯基的戏剧理论和我国的戏剧艺术传统融会于一体加以分析，突破了斯氏体系将"体验"绝对化的片面认识，创新性地提出了"戏剧不只是表现或反映现实，而戏剧就是现实"[1] 的理论，从而形成了独具东方文化意蕴的演剧学派的"萌芽"。

---

[1] 《戏剧就是现实，焦菊隐在北大讲演》，《经世日报》1947 年 12 月 8 日。

座无虚席的戏剧课

1945 年 10 月，于赓虞从兰州致信焦菊隐，请他来西北师范学院英语系担任教授。焦菊隐闻之欣然答应，当月就到西北师范学院。当时师院的各方状况虽已逐渐稳定，但条件依然艰苦。焦菊隐不嫌弃、不放弃，在兰州的生活非常愉快，他的课也一直很受学生欢迎。焦菊隐在给重庆好友秦瑾的信中讲，只要他一讲课，能坐几百人的大教室座无虚席，连门外窗外都挤满了人。学生们说自鲁迅以来，焦菊隐是听课学生最多的教授。很多学生、助教提起焦菊隐都是"对他崇拜得不得了"，"他很有学问，大家都拥护他"等言语。

当时有学生常林炎回忆，选修焦菊隐课程的同学极多，所以只能设在第七教室，因为那是全校最大的一个教室。即便如此，只要焦菊隐一上课，便座无虚席。抢位子、占板凳者大有人在，一个可容数百人的场地，瞬间挤得满满当当。学生们喜欢听焦菊隐上课，并非单纯出于慕名，而是他教学有其独特的成就。当时一般大学教授讲课多半只重内容，不讲方法，而焦菊隐与众不同，他两者兼顾，从语言到教态，富于生动性、直观性，津津娓娓，引人入胜。讲悲剧，听者也悲；讲喜剧，听者也乐。此外，他善于发挥学者兼艺术家的自我优势，使每节课都能酿成积极的课堂效果。学生听焦菊隐讲课，实在是一种高尚的艺术享受。

焦菊隐教学特点之一为"实""博""新"。"实"即理论联系实际。他讲戏剧，总是联系演出、导演、表演；讲小说，总是联系创作、概括生活、塑造形象。"博"就是博古通今、广收博采。从莎士比亚的《罗密欧与朱丽叶》到京剧小戏《一匹布》，从《金瓶梅》再到《双城记》，凡能为他教学所用的，皆可信手拈来。"新"指方法新、视角新、观点新和学风新。据常林炎回忆，焦菊隐在当时就已采取开卷考试了，他不搞对学生不信任的课堂监考制，也不单从考分论英雄，而是注重让学生开阔视野。常林炎后来感叹："青年人是最富于崇拜性的，只要他崇拜谁，就没有不受谁影响的。在当时的文科学生中，焦菊隐的崇拜者何止一人！受其影响者，也就何止一个人、一个班、一个系！"①

----

① 焦世宏、刘向宏：《焦菊隐》，中国戏剧出版社 2007 年版，第 96—97 页。（下同）

他还有一个很重要的教育理念，就是坚持"德育并重，五育并举"，在大学生中开展话剧演出。在焦菊隐等教授的指导下，西北师院的话剧团达到了较高的水准。话剧团曾演过《沉渊》《原野》《蜕变》《桃花扇》《朱门怨》《北京人》《雷雨》等剧目，并多次在兰州市内售票演出，很受大家欢迎。尤其是话剧《雷雨》，时人评价为"该团历史悠久，演员个个俱为老练沉着，有令人意想不到之精彩表演"，"连日观众拥挤，颇获一般人士好评"。① 一时，西北师范学院的校园里，文化活动十分活跃。1946 年，随着北平师院的复校，焦菊隐回到北京，在该校任英语系主任。

图 7-8　西北师院英语系师生欢送焦菊隐

作为导演的焦菊隐

在北平师范学院任教时，焦菊隐为该系开设了"斯坦尼斯拉夫斯基体系讲座"和"西洋戏剧概论"等课程，并翻译了美国作家爱伦坡的作品《爱伦坡故事集》和《海上历险记》等。教学之余，他几经周折，找到了当时在北平开展戏剧活动的抗敌演剧二队。在该剧团的帮助下，1947 年上半年，焦菊隐导演的高尔基名作《夜店》取得巨大成功。夏淳回忆这段经历时说："那个时候，我们也常提向生活学习，但是，自觉地把体验生活与创

---

① 刘海峰主编：《中国大学校史研究的回顾与前瞻》，厦门大学出版社 2016 年版，第 329 页。

作结合，却是从焦先生排《夜店》开始的。"① 《夜店》之后，焦菊隐接着又导演了《上海屋檐下》。

新中国成立后，焦菊隐迎来了他艺术人生的春天。1950 年 1 月，北京人民艺术剧院成立，李伯钊为院长。李伯钊院长邀请从美国讲学归国的著名作家老舍撰写话剧《龙须沟》，后聘请焦菊隐导演此剧。《龙须沟》于 1951 年 2 月 1 日在北京剧场公演。由于导演和演员的通力合作，该剧演出取得了极大的成功。戏剧界专家认为它是"五四以来戏剧艺术，特别是导演艺术最高成就之一"。在焦菊隐的艺术道路上，《龙须沟》是焦菊隐在新中国成立后导演的第一个戏，也是一部光辉的代表作，甚至可以说是他探索中国民族话剧的开始，是形成他的导演学派的起点。在北京人艺举行的《龙须沟》演出庆功会上，焦菊隐感叹："在旧社会，我努力挣扎，付出十倍于此的努力，但是一无所获。而今天……我不知从何说起，我只能以工作实践来表达我的感激之情。"②

1955 年，焦菊隐作为中国戏剧家代表参加在芬兰赫尔辛基召开的世界和平大会。10 月，北京人艺剧院正式建立总导演制，焦菊隐兼任剧院的总导演。1956 年 7 月，在周总理的指示下，北京人艺剧院排演了《虎符》，焦菊隐担任该戏总导演。1957 年冬，焦菊隐导演了老舍的《茶馆》，他运用戏曲的艺术手法，打破"一片生活"的舞台形态，强调生活真实与剧场性相结合，将老舍先生的创作意图和艺术追求深深默契，珠联璧合。1958 年 3 月 29 日《茶馆》首演，在京城引起轰动。同年 6 月，焦菊隐又导演了《智取威虎山》，受到各方面的高度称赞。紧接着他又与郭沫若合作，导演了郭沫若先生的历史剧《蔡文姬》等，将其导演生涯推向了极致。

焦菊隐的戏剧研究及戏剧导演一定程度上代表了中国戏剧在一个新的历史时期和新的文化层面上顺应我国文艺"民族化"的发展方向。同时，他在西北师院的任教，也为西北的戏剧文化发展和师院的教学作出了重要贡献。

（李迎新）

---

① 《焦菊隐》，第 106 页。

② 蒋瑞：《焦菊隐的艺术道路》，载中国艺术研究院话剧研究所编《中国话剧艺术家传》第 2 辑，文化艺术出版社 1986 年版，第 318 页。

第八章　笳吹弦诵在金城

◎ "南陶北李" 之李建勋

李建勋（1884—1976），字湘宸，河北省清丰县人，中国教育行政研究的拓荒者，对于我国高等师范教育制度的确立作过不懈的努力，关于高等师范教育的办学理念具有重要的现实意义。他将毕生精力全部奉献给祖国的教育事业。

图 8-1　李建勋

求学与爱国

1884 年，李建勋出生于一个贫苦的农民家庭。1892 年，八岁的李建勋入私塾，因其笃志好学，十四岁考取了秀才。"癸卯学制"颁行后，他以第一名成绩考入大名中学。由于天资聪颖、学习刻苦，两年余时间读完了四年课业。1905 年，他被选入直隶高等学堂，后转入天津北洋大学师范班学习。1908 年，从北洋大学毕业后，由直隶提学使司派往日本广岛高等师范学校学习理化。在日期间，他与日本学生共同生活、学习，面对日本学生的嘲讽，李建勋怀有强烈的民族自尊心，在学习上以优于日生的成绩为国争光，在参加"相扑"体育活动中，接连战胜七、八位日本

131

选手。他用行动践行着爱国热情，这种热情也溢于词句之间："乌云弥漫神州天，东亚睡狮岂永眠。但愿同胞登福地，莫让他人着先鞭"。①

李建勋目睹日本明治维新后的快速强盛，深叹清政府的腐败无能，寻着"辛亥"的光，他毅然回国参与兴办团体，并说明改革的必要性和重要性，因而遭到清政府的通缉。1915 年，他自日本毕业回国，在直隶省教育厅作督学，对于一些学校领导只知逢迎、索取、无领导能力，一些教师只知得薪、不认真教书的情况，他不讲情面、果断撤换，其中包括他的同学、亲属，当时的学风为之一振。这种不畏强权、果敢公正的作风得到了上级的支持，他被推荐到美国哥伦比亚大学师范学院进修，于 1918、1919 年先后获得教育学学士、硕士学位。1920 年后半年，他在美国调查了各类学校、各级教育和各种类型的教育行政组织。

1920 年李建勋回国后，任北京高等师范学校教育系教授、教育研究科主任。1921 年升任校长，1922 年参加教育部召开的全国教育行政会议，力主"高等师范升为师范大学"。之后，北洋政府通过该提案，将北京高等师范学校改名为师范大学，确立了师范教育在社会上的地位。1923 年，他作为中国代表，出席在旧金山举行的世界教育会议。其后，再入哥伦比亚大学师范学院进修，他努力研究教育行政及学务调查等学科，以实现教育救国的理想，1925 年获得哲学博士学位。完成学业后，他被教育部派为考察欧美教育专员，完成任务后取道欧洲回国。

1925 年至 1929 年，李建勋历任东南大学、清华大学和北京大学教授；1929 年至 1939 年，任北平师范大学教育学院院长兼教育系主任、教授；1939 年至 1946 年，北平师大改为国立西北师范学院，他仍任该院教育系主任兼教育研究所主任。抗战胜利后，为维护高等教育制度，培养合格的教育工作者，他奔走重庆，进行护校运动，使北平师范大学得以复校。但是复校后，受到争权夺利者的排挤，他被打成"游击教授"，一学期在北京，一学期在兰州，往返数年。1948 年，他回到四川大学讲学，继转到川东教育学院授课。新中国成立后应平原省晁哲甫主席邀请，任平原师范学院教授兼平原省文化委员，服务桑梓。后任华北行政委员会文化委员等职。数十年间，他工作勤勤恳恳，负责认真，坚持原则，不畏权势，对各种嘲讽

① 杨毓节：《李建勋生平简史》，《文史资料存稿选编》第 24 辑，中国文史出版社 2002 年版，第 949 页。

诽谤置之不理。

"教育行政"课程与"南陶北李"的由来

李建勋在美留学主攻"教育行政"，他定义教育行政为"研究、讨论、计划、指导及处理教育之一切活动"，强调了教育行政机关的专业化、学术化，也就是教育行政要科学化。他主张教育民主，各级教育行政机关应设民意机关，行政首长必须博采众议、集思广益，不能独断专行。回国后，他在北京师大为学生讲授该课程，他说："在中国首先讲授教育行政者有两人，一在南京高等师范，为陶行知先生，一在北京师范大学者，为余"。因此，当时的教育界便有"南陶北李"之称，以此赞誉大江南北两位大教育家。

关于教育行政机关的功能，他认为：一是领导，包括实况研究，对症方案，专业提倡，疑难解决等；二是法权，包括发布命令，订定规程，处理教育诉讼等；三是统合，包括划一标准，统一方案等；四是会商，包括对办学人员参考其经验，及获得其了解；五是合作，指对于非直属各机关，采取互助态度，以便教育专业圆满进行。关于如何更好发挥教育行政的功能，他指出：一方面要加强组织建设，即一为建构的，主要指撰写研究、计划、报告等事；一为执行的，主要指决定、推行、督促等。另一方面在于用人，行政处理、教学指导、教育研究三者，在教育行政机关内同样重要，若要三者充分发挥效能，须有受过专业训练者主持不可。理想的教育行政机关人员，至少须有百分之九十，为大学卒业者，且大部分为学教育者。如此，方能实现教育行政专业化。[1]

怎样才能当好一名教师

教师对于国家发展和公民培养是至关重要的，当一名教师需要学问与道德兼备。李建勋认为，教师首先要有健全的人格，即要有儒家的气节，这种气节，存乎心则为浩然之气。孟子曰："其为气也，至大至刚，以直养而无害，则塞于天地之间"，"其为气也，配义与道，无时，馁也"。立身处世要做到"富贵不能淫，贫贱不能移，威武不能屈"。教师作为社会之先知先觉者，必须具有此气节，才能养成整个社会"成仁取义"的风尚。不仅

① 李建勋：《论教育行政之改进》，《教育通讯》1941 年第 4 卷第 36、37 期，第 1—2 页。

如此，他认为教师还要有国家思想、民族意识。因为人不能离群而独立，群之组织，以国家民族最为有力，教师负有维护国家生存、促进民族文化发展的使命，若无国家思想、民族意识，则不能称职。此外，教师的职业是一种艰苦事业，而且责任重大，需要健康的体魄，否则"内不足胜职业之繁剧，外未能御敌国之侵侮"，不仅自己事业难成，而且也不能作学生表率。[1]

就教师职业道德而言，李建勋结合国情借鉴了《美国全国教育联合会教师服务道德规程》的部分内容。例如，学校不应作为宗教的或私人宣传处所；教师不该利用其教育业务来参与政治的活动，图谋个人的利益，或作其他各种自私自利的宣传；教师的私人生活应表现教育的尊严；教师须避免对于其他教师的不良批评；教育行政当局和教师应保持合作的态度，教师应遵守行政当局的领导权，而行政当局也应当承认教师的自我发表权。

就教师专业精神而言，他认为需做到以下几点：敬业，即要有崇高的信仰，肩负起抗战建国的责任；勤业，即始终不懈地努力追求进步；乐业，即教育事业虽然清苦，但若能深入，则自有真乐；科学头脑，即对于一切事物要以科学的态度及方法处理；专门学识，即分为专科学力和教育知识；领导能力，即教师作为知识分子，为社会所推崇，故有领导社会之责任。

关于如何更好发挥教师的专业精神，他概括为四类：一为修养科目，如哲学、伦理、政治、经济、文化史等；二为基本科目，如国文、外国史、生物、社会等；三为专业科目，如教育概论、教育心理、教学法、测验统计、中等教育等；四为专门科目，如各系专门科目。此外，李建勋指出，教育不仅限于课内教学，课外活动尤关重要。如此，按以上条件确立目标，认真实施指导、督促、考核、奖惩，则师道可立。

中国教育的出路在哪里

李建勋的一生都在为中国教育的发展尽心费力，针对当时中国教育的情况，他做了深入的分析。就"量"的方面而言，他指出：无论初级、中级、高级，均不如世界各强国；而且偏重中学教育，而忽略职业教育（或生产教育）；忽视普及教育。就质的方面而言，他从世界各国与中国各级教

---

[1] 李建勋：《师道论》，《教育通讯》（汉口）1940年第3卷第7期，第1页。

育的经费、设备、教员及行政效率和所培养的学生两方面进行比较，认为"中国教育虽偏重知识的传授，然以该项知识非由社会需要中选定，学生所获得者，恒不足应社会之实际要求，兼以办学者只求学生众多，不顾将来出路，遂致一方有失业之苦，一方叹求才之难"，"虚浮骄奢未能刻苦奋斗，校内生活与社会生活悬殊，中国教育是造就绅士的，中国无论中学或大学的卒业生，大多数都有这种绅士的态度与思想"。①

故而，他认为中国教育的出路在于：实施普及教育，注重职业教育，需要与供给均衡，注重品格的培养，培养国人的自尊心与自信力，增强教育经费，养成勤苦奋斗的精神，启发学生事业的思想，树立教育行政权威，采用人才主义。

（陈来虎）

◎王镜铭的社教思想及实践

王镜铭，河北省磁县人，早年毕业于国立北京大学政治系，曾任河北省立第四师范学校指导主任、天津《大公报》记者，全民族抗战时期任教于国立北平师范大学、西北联合大学、国立西北师范学院等校，是我国著名的社会教育家。

什么是社会教育？西北师范学院院长李蒸定义为："在现行学制中，大学、中学、小学、师范学校、职业学校等学则规定以外的教育事业。笼统地说，就是学校教育以外的教育事业。"② 李蒸认为在落后的中国推行

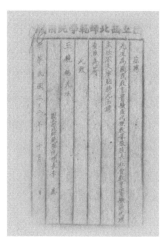

图 8-2 王镜铭聘书

① 李建勋：《中国教育之出路》，《大公报》1935年1月1日。
② 李蒸：《大学兼办社会教育的方法》，《教育通讯》（汉口）1938年第1卷第23期，第1页。

民众教育是尤为迫切的，他讲道："吾人当知任何国家之富强，端在乎全体人民各个之实力是否充实，而使人民充实个己之实力，又端乎教育。在具有特殊情形之中国，小学教育之普及既不及待；则民众教育之当用全力推行，实毫无疑义矣。"① 在李蒸院长的直接推动下，西北师院的社会教育蓬勃开展起来。王镜铭教授作为社会教育专家，其直接参与并领导了西北师院的社会教育运动。

抗战进入相持阶段后，王镜铭坦言"抗战的工作，也一步比一步艰难"，为取得抗战的最终胜利，"首应加紧与充实民众动员工作，发扬广大民众潜在力量，以支持长久抗战"。他认为发动民众，增加粮食及军用原料生产，减少不必要的消费，扩大兵员，使其成为直接的与间接的，武装的与非武装的战斗员，"则战局立可好转，胜利指日可待"。因此在军事第一，胜利第一的最高原则下，战时的大学应当与民众发生联系，着力推行民众教育。而这也是王镜铭学以致用报效国家的初衷，"本匹夫有责之义，尽愚者一得之忱"。②

在李蒸和王镜铭的倡导下，西北师院在陕西城固和甘肃兰州期间，就大力兴办乡村社教，主要发动师生在寒暑假，进行抗日宣传、政治动员、补习教育、合作训练、甲长训练、扫除文盲、卫生宣传、开设诊疗所、破除迷信、提倡新生活、开办游艺室、开设民众代笔处和设立妇女识字班等。③

在城固期间学校就设置了"乡村社会教育施教区"，王镜铭谈到其创设旨趣，"本区奉令兼办社教而设，在于利用本院人力及设备，实施一般社会教育，以期化除'学校与社会之界限，而使学校成为社会教化之中心'，并从事社教方法试验，以供社教机关的参考。而最大任务，在发动大学师生下乡研究乡村问题，及推行社教，藉教生深入民间的机会，从民间生活里去认识问题，研究问题，搜集材料，发现方法，以发扬社会教育学术，并培植高级兼办社教干部，推动中小学冀办社教发展，而实现国家全部学校社会化政策"。④

---

① 李蒸：《民众教育的认识》，《教育与民众》1930 年第 2 卷第 3 期，第 4 页。
② 王镜铭：《战时大学推行民众教育意见》，《西北联大校刊》1939 年第 15 期，第 24、29 页。
③ 尚季芳：《抗战时期内迁高校与西北地区现代化——以国立西北师范学院为中心的考察》，《西北师大学报》2012 年第 5 期。
④ 王镜铭：《国立西北师范学院城固社会教育实验区二年余工作介绍》，《甘肃民国日报》1943 年 11 月 6 日。

1941 年，西北师院联合附中、区党部、分团部等单位，确定城固邯留乡为寒假兵役宣传和慰劳抗属活动区域，1 月 24 日召开了筹备会议，王镜铭总干事作了大会动员，他说 "诸位是施教区工作先锋队，诸位此次除慰劳抗属并从事兵役宣传，解释兵役法规，宣传当兵重要，使民众免除非法待遇，踊跃从军，实具有重大教育意义"，且通过此次宣传慰劳，"由学校深入农村社会，借农村服务认识民间疾苦，由工作中锻炼宣传组训技术，实是一种很好的自我教育"。①

除进行战争宣传动员外，师院师生还积极为地方社会发展献言献策。1941 年 7 月 20 日，师院成立 "暑期乡村社会服务团"，次日乡教工作开始，为期三周。此次乡教工作，主要工作是社会调查，青年补习教育和加强民众组训。相继开办初高中补习班、儿童班、成人班、妇女班和甲长训练班，整体看来，"各组同学均能按照工作计划实行，工作异常紧张"。服务期满后，当地士绅及民众对师院师生的工作非常满意，"民众纷纷设宴践行，情绪至为热烈"，"爆竹之声震野"，"成人班学生自愿将行李送至本院"，有些还 "请求延长服务期限"，李蒸认为 "此次服务有相当成功"。②

随着西北师范学院逐步迁到兰州十里店办学，社会教育活动也愈加丰富。1943 年西北师范学院联合兰州青年会，举办了为期六周的暑期补习班，开办有儿童班、妇女班。1944 年举办了为期一个月的暑期补习班，王镜铭担任服务指导，开办了儿童班、中学班、妇女班和成人班。其中妇女班的办学取得了显著成就，如有一位山西籍的女学生，"入学以来，不曾缺过一次课，她有一个不曾离手的小孩。上课时，一手抱娃儿，一手操笔杆，现在她已会写通顺的书信，也会记家庭的账簿"。③ 社会教育不仅在学生和一般民众间进行，还进入工厂工地，如在 1943 年冬，社会教育实验区（由原先的乡村教育试验区改名）联合第七汽车修理厂合办工人补习学校，王镜铭担任主任。师院的社会教育活动蓬勃开展起来，院长李蒸也题词勉励，"普及教育，服务人群"④。

---

① 《寒假兵役宣传及慰劳抗属报告》，《国立西北师范学院校务汇报》1941 年第 23 期，第 15 页。
② 《本院学生暑期乡村社会服务经过》，《国立西北师范学院校务汇报》1942 年第 46 期，第 8 页。
③ 李德三：《西北的拓荒者　文化的播种人——记十里店社教工作队》，《甘肃民国日报》1943 年 8 月 30 日。
④ 李蒸：《普及教育　服务人群》，《甘肃民国日报》1944 年 8 月 25 日。

西北师范学院的社会教育活动取得了不少成就，同时亦存在着一些困难和问题。作为亲身参与和领导社教运动的王镜铭，对此有着深刻的认识。由于农民受教育程度低、识字率低，所以学生采取的贴标语、办壁报等形式的活动，往往流于形式而未能深入民众。开展暑期社会服务的工作地点大多选在县城附近，因而当地的部分民众"多染城市习气，每日纷往城内茶馆吃茶，施教对象殊难把握"，另外还有颇为棘手的问题是"地方领袖协助亦欠热心"。①

西北师院的社会教育一开始便与时代和国家命运牵连紧密，作为社会教育积极的参与者和领导者，王镜铭有着专业学识的涵养，有着对家国民生的殷切眷念和希冀，其以实际行动在践行着"深入民众，嘉惠民生"的理念。②

（尚季芳　祁少龙）

◎汪堃仁的科学人生

图 8-3　汪堃仁

汪堃仁（1912—1993），安徽休宁人，生理学家、细胞生物学家、教育家，中国组织化学的开拓者。在消化生理、组织化学、细胞生物学等方面均有深入研究。他从事教育工作近 60 年，对促进中国大学和中学生物学教育事业的发展作出了很大贡献。

1928 年，汪堃仁中学毕业，本拟攻读工科，走"工业救国"之路，但因家境清寒，改考北京师范大学预科。两年预科期间，他深受达尔文进化论的影响，对生物学产生了特殊的兴趣。预科结业后，他进入北京师范大学生物系，身体虽弱，但学习勤奋，无论

---

① 王镜铭：《苦干穷干的一年国教区》，《甘肃民国日报》1944 年 11 月 13 日。
② 王镜铭：《民众教育与学校教育之关系》，《益世报》（天津）1937 年 5 月 24 日。

是课堂听课、实验操作、课后作业，都一丝不苟。除了教师讲授的内容之外，他经常到图书馆阅读参考书籍，收集中外资料，认真钻研，不仅如此，他还选修了化学系、英文系的一些课程，为以后的深造打下了良好的基础。

1934 年，汪堃仁留系任助教，负责生理学、比较解剖学的实验课，由于工作认真负责受到系内师生一致好评。1937 年夏，经生物系主任郭毓彬教授推荐，他到北京协和医学院生理系深造。协和医学院图书、仪器设备齐全，教授们多为著名的学者。在协和期间，他进一步学习了生理学、生物化学、神经解剖学、组织学、人体解剖学等课程。在此期间，他还在著名生理学家张锡钧、林可胜教授的指导下进行了迷走神经与垂体后叶反射的研究，在《中国生理学杂志》（英文版）上发表了三篇论文，并且从两位教授身上学到了从事科学研究必须具备的素质和作风。他们对研究人员的要求极为严格，从实验设计、文献查阅、实验前的准备、手术操作到论文撰写，都必须扎扎实实地去做，容不得半点草率和马虎。这些对其后来从事科学研究和指导学生，产生了深远的影响。①

全民族抗战爆发后，民族危机空前严重。汪堃仁遂毅然决定离开当时由美国人控制的协和医院，到后方已迁往城固县的西北师范学院去。但由于日机轰炸，交通被破坏，须取道海上，绕越南到昆明，经黔、蜀才能到陕西。1939 年 5 月，在筹借到路费后，他携带妻女（当时长女两岁，次女才六个月）和简单的行装，开始了西北之行。从塘沽登船，经香港抵海防，换乘火车到昆明；再由昆明乘卡车穿过云贵高原，到达山城重庆，此时已是盛夏酷暑的七月天了。在重庆停留期间，敌机不时狂轰滥炸。考虑到内地教学很需要生理仪器，汪堃仁便冒着被敌机轰炸的危险，找到当时中央大学医学院生理教授蔡翘所主办的教学仪器厂，自己筹款买了几套生理实验仪器，以备教学之用。由于大后方的交通十分不便，四川没有铁路，成渝公路尚未通车，汪堃仁夫妇抱着孩子带着仪器和行李，从重庆乘江轮溯江而上，到达泸州。再由泸州经成都、剑阁、广元到陕西，途中多次更换交通工具，有时还得步行，历经艰难于 1939 年 9 月到达陕西城固。目睹日军的残暴肆虐、国民党统治的反动腐朽，汪堃仁为灾难深重的祖国感到无

① 汪堃仁：《科学需要毕生的奉献》，载王志均、韩济生主编《治学之道——老一辈生理科学家自述》，北京医科大学出版社 1992 年版，第 115 页。（下同）

限的忧思。

当时西北师院师资很缺，设备条件极差，从事教学和开展科学研究都非常困难。汪堃仁到校后，不顾生活艰苦，不怕工作困难，一心投入教学之中。先后担任生物系的《动物生理学》《解剖学》和《组织学》，体育系的《人体解剖学》和《人体生理学》，以及家政系的《生理学》，文科各系必修的《普通生物学》等课程的教学工作。起初没有助教，凡是课堂讲授、准备实验、上实验课、课堂演示等，均由他一人完成。虽然条件非常艰苦，但他标准很高，所开设的基本生理实验课程几乎和北京协和医学院一样。解剖学实验没有尸体，他便和同事泡制狗、猫来代替；没有骨骼，便拣取无主尸体，加工后串成骨骼架子。为了提高教学质量，他千方百计自制了不少标本和教具，以满足教学需要。在教学中，汪堃仁力求以严谨的治学态度，用生动活泼的语言，深入浅出、条理分明地把课中的重点、难点讲清楚，并随时介绍一些科学新成就，备受学生欢迎。当时，西北师院与西北大学仅一墙之隔，两校都设有生物系，但两系教授均不齐全，由于双方负责人之间有矛盾，教授们不能互相兼课，致使学生因一些课程无法开设而蒙受损失。对于这种情况，汪堃仁便从中奔走斡旋，最终使两校消除了隔阂，两系的教授们可以相互兼课。他亲自带头先为西北大学生物系讲授《动物生理学》等课程，仪器设备也互通有无，使两系的学生学有所获，他一心为学生着想，不负教师神圣职责。[1] 1945 年 8 月 15 日，日本帝国主义宣布无条件投降。1946 年北京师范大学复校，汪堃仁随校迁回北京。

1947 年春，汪堃仁经袁敦礼等师友推荐，到美国伊利诺伊大学医学院临床科学系进修，在著名消化生理学家艾威教授指导下进行研究工作。由于基础扎实，又有实践经验，在短短十个月内就通过了硕士论文答辩，并获得学位。在格罗斯曼教授的指导下，他自己设计，反复试验，制成一台可供细胞学和组织化学使用的简便"冰冻真空干燥器"。这台仪器的制成，对当时简便冰冻干燥器的发展起了推动作用，其成果多年来被国外许多研究所应用，也奠定了汪堃仁从事组织化学工作的基础。在美国两年，汪堃仁单独或与王志均、格罗斯曼、艾威教授以及其他工作者合作，研究了有

---

[1] 汪堃仁：《难忘抗战年代的艰苦教学》，载中国科学院院士工作局编《科学的道路》（上卷），上海教育出版社 2005 年版，第 692—693 页。

关消化腺的生理问题，共发表六篇论文，也奠定了其运用组织化学的方法进行消化腺生理研究的基础。

1949 年 7 月，汪堃仁接到署名"华北文化委员会"和北师大的电报，让其尽早回国参加新中国的建设。他便决心立即回国。临行前，他向艾威辞别道："我的祖国革命成功了，我要回国参加新中国的建设"。艾威教授挽留道："中国的局势很不稳定，要进行科学研究，还是留在美国好"。汪堃仁毅然谢绝了艾威老师的盛意，怀着一颗激动的心，登上远洋轮船，乘风破浪，驶向刚刚获得了解放的祖国，于 8 月初回到了离别两年的北京。回国后仍任北京师范大学生物系教授，讲授《生理学》《组织学》等课程。1952 年全国高等院校院系调整后，他被任命为师大生物系主任。1953 年，汪堃仁被安排到中央卫生研究院病理系兼任研究员及系主任之职，使该院的病理系得到长足发展。他很重视青年科学工作者的成长，除教课外，还在师大带领青年教师和研究生开展了在胰腺再生过程中组织化学的研究，以及四氯化碳中毒肝脏的实验性病变及其防治的研究。[1]

1956 年 3 月，汪堃仁加入中国共产党。同年参加了我国十二年科学远景规划会议。1957 年被聘为国务院科学规划委员会生物组组员和中华人民共和国科学技术委员会生物组组员。1964 年，被选为第三届全国人民代表大会代表。后又调到新建的北京市肿瘤防治研究所工作，担任了该所细胞生物学研究室主任。他从物色工作人员、定购仪器到调查研究、确定研究课题都一一过问、亲自操办，使该室很快就建立并充实起来。从 1974 年起，他开始把注意力集中在环核苷酸（cAMP）的研究上，这项研究为癌症的治疗提供了一个新的方向。

1980 年，由于工作需要，汪堃仁又被调回北京师范大学生物系任系主任。作为一个教育工作者，他深知人才培养的重要性。他认为要办好一所大学、一个系，不仅要有坚强的领导，还需要有一批好的教师；不仅要开好基础课，还要开好一系列选修课。这样，研究生的课也就可以迎刃而解了。他反复讲："办学校一切要为同学着想，同学一辈子就听一次这门课，讲不好课会影响人家一生"。为此，他常亲自出马聘请著名的教授、专家来系内讲课，还筹划开设一些新的课程，同时又选派一些年轻有为的教师出

---

[1]　汪堃仁：《科学需要毕生的奉献》，《治学之道——老一辈生理科学家自述》，第 118—119 页。

国深造，为师大的未来培养骨干力量。在科学研究中，他主张取长补短，开展社会主义大协作。同时，他开始注意到"细胞骨架"和癌化的关系问题，并和同事们对 cAMP 对癌细胞分化的调节作用，以及 cAMP 细胞骨架与癌变及逆转的关系等问题进行了进一步的研究，取得了显著成果。①

1979 年，全国细胞生物学学会成立，汪堃仁被选为副理事长。1981 年5 月，被选为中国科学院生物学学部委员。他一生从事生物科学的研究和教学工作。虽然历经坎坷，但在科学研究和教学工作中，始终孜孜以求，未有丝毫懈怠。如他所言，科学事业需要一个科学工作者作出毕生的奉献。

（陈来虎）

◎李庭芗与英语教学

图 8-4　李庭芗

李庭芗（1914—1997），河南省内黄县人，中国当代外语教学法专家。1936 年夏毕业于清华大学外国语言文学系，先后在南阳中学、西北师范学院、北平师范学院任教，一生埋头苦干，献身英语教学事业，培养了一大批外语教学骨干，为中国的外语教育发展作出了贡献。

学生眼中的李庭芗

1937 年 7 月，日军发动全面侵华战争，清华大学南迁。10 月，李庭芗回到河南南阳中学任英语教师，四年的中学英语教学经历，不仅奠定了其中学英语教学的初步经验，而且展示了其高尚的师德师风。

---

① 汪堃仁：《科学需要毕生的奉献》，载王志钧、韩济生主编《治学之道——老一辈生理科学家自述》，第 123—124 页。

这段时期，李庭芗独自一人在校生活，他全身心投入教育教学工作。据其学生关键翼回忆，从入校一年级开始，李庭芗就教学生用简单的英语同老师对话。随后，又辅导学生编出一份英语周刊《Our weekly》以锻炼学生写简单的英语文章，并张贴在校园内，为条件简陋的校园生活平添了一份生气。当时，我国绝大部分地区、学校缺乏英语交际的环境，提倡师生英语对话，创办英语刊物，对学生活学活用语言知识，教师做到教学相长大有裨益。

李庭芗带班也是别具一格，他为班级编写了班歌："巍巍西山、赫赫东阳，吾班朝气，光辉互映……"，当时学校条件十分艰苦，但他带的学生富有朝气。那时全校学生上晚自习，都是点的小豆油灯，光线昏暗，油烟熏人。唯独李庭芗给班上买了汽灯，每天晚上光彩照人。每到春天，李庭芗带领学生春游；平时教学生练书法；中秋节又自掏腰包买些花生、核桃与学生们联欢。他总是教学生们如何做一个正直的人，如何关爱贫苦者。有一次，学校发生一起盗窃案，窃贼是一个穷汉，被土皇帝捉拿，为了面子，土皇帝就把盗贼就地枪决了。有学生曾去围观这事，后来被李庭芗严厉训斥，批评学生们没有是非观，对受压迫的穷人没有同情感。他自己总是以身作则，每月从微薄的工资里拿出一部分用来资助班里的贫困学生，有时给学生做新衣服穿，有时补助学生伙食。[1]

1940 年春，日军疯狂轰炸南阳。1941 年 9 月始，李庭芗前往国立西北师范学院教育研究所任助教、研究员。在金澍荣教授指导下，进行了教法实验、分析，研究当时全国通用的初、高中英语课本，并与金澍荣合编出版了《初中英语课本之分析》和《高中英语课本之分析》二书。1945 年 9 月至 1947 年 8 月，李庭芗在国立西北师范学院英语系任讲师、副教授，教三、四年级专业英语、英语教材教法、公共英语，并指导学生的教育实习。1947 年 9 月起，李庭芗任北平师范学院英语系副教授，教学任务与在西北师范学院时相同。1949 年北平师范学院改名为北京师范大学，英语系改名为外语系，还成立了外语教学法教研组（后改为教研室），李庭芗任组长（主任）。1983 年李庭芗升为教授，1987 年退休。

---

[1] 关键翼：《怀念母校　怀念恩师》，载张群抑等编《悠悠学子情：南阳一中校友回忆录》，2003 年，第199—200 页。

李庭芗与英语教学法

针对中国的英语教学长期以来存在的无序状态，李庭芗和他的同事们于 1948 年秋至 1950 年夏通过实验建立了一种"计划教学法"（organic method），即有组织有步骤地进行教学之法，他亲自编写了实验教材，然后由系里的两名青年教师在北京师大两个附中上课，他随堂听课，课后进行辅导。为进一步改进英语教学法，1979 年 9 月至 1982 年 7 月，李庭芗和同事们采用 English Through Pictures（英语图解）第一、二册，由师大三个附中的四名教师和师大外语系一名青年教师上课，由他和美国专家伦纳德博士（Dr. Graham Leonard）随堂听课和指导。两次实验证明了教师有计划地用教过的英语教英语，学生在教师的引导下用学过的英语学英语，不仅明显地提高了学生学习英语的兴趣和运用英语的能力，而且教师用教过的英语教英语，在运用英语的能力上、在教学理论的领会上和在教学技巧的运用上都前进了一大步。

关于培养学生运用英语的能力方面，李庭芗概括出四点：四会并举，阶段侧重，口语领先，最后突出阅读。具体而言，他指出英语有两条输入的途径，即听和读；还有两条输出的途径，即说和写。学习英语要有入有出，不断反复，循序渐进，才能养成运用英语的听、说、读、写能力。在他看来，听是学习英语的重要渠道。多听一些人说话，习惯于各种人的声音和语调，有助于听力的提高。练听力要聚精会神听内容、听大意、听整句，一次没有听懂，要重复听，听的时候要注意、想象对方的表情、声调、眼神、动作。说是学习英语的重要目的之一，想要提高说英语的能力，就需练好听力，克服畏难心理，敢说、多练。而阅读亦为学好英语的重要基础，阅读时要读内容，抓大意，整段整句读，遇有不认识的词或句就跳过去，往下读。精读则要逐句、逐词弄清它的意思。写作是英语运用的重要表现，写作练习有造句、看图写话、改写课文、按中心题目写段或课文大意、模仿作文等。要写得整齐、美观，写完后要反复校读若干遍。[1]

关于英语教学的目的，李庭芗认为语言、思想和智力三个方面是相互

---

[1] 李庭芗：《关于英语听说读写能力的培养》，载沈阳师范学院学报编辑部编《在茫茫的学海中——谈科学的学习方法》，辽宁教育出版社 1984 年版，第 226—232 页。

联系、相互促进的。比如，中学英语教学的目的首先是为学生运用或进一步学习英语切实打好基础。基础指的是培养学生运用英语的听说读写的初步能力。为了切实打好基础，教师和学生的注意和精力应放在培养言语能力上，即"四会"，不能单纯地放在语言知识上。教师要结合英语教学进行思想教育，即寓思想教育于语言教学之中，把学生培养成具有共产主义思想和道德品质的人，使学生具有高尚的志趣和踏实的作风，热爱劳动、热爱自己的工作，言行一致、表里如一。此外，英语教学还要注意发挥学生的智力培养，包括注意力、记忆力、观察力、想象力、表达力。总之，英语教学为进行思想教育和智力培养提供机会，思想教育和智力培养又是提高英语教学质量的可靠保证。[①]

女儿眼中的李庭芗

在李守京眼里，父亲李庭芗是把自己的全部身心献给了外语教育事业的人，也是对她一生影响最大的人，是她敬重的人生导师。据她回忆，在"文革"读书无用甚至有罪的年代，父亲李庭芗却嘱咐她带上残存的课本，他说"国家不会总这样乱下去的。年轻人还是得念书。没有科学知识，怎么接班？劳动之余，尽量不要荒废学业"。年轻的李守京当时还无法完全理解身处政治风浪中的老知识分子忧国忧民之心。她依言把课本装进了箱子，后来，每逢她从黑龙江生产建设兵团回京探亲，李庭芗总是借来英文故事书，让她和弟弟阅读。1966年初中毕业的李守京，读原版英文书，困难可想而知。但父亲李庭芗不容许她有丝毫犹豫，先是带着姐弟俩读；待到他们对读书产生兴趣后，又放手让孩子自己选书、阅读，他只负责答疑。无书可读的饥渴和有趣的故事情节，渐渐将他们带进一个崭新的知识天地。李守京讲，没有父亲李庭芗的远见和循循善诱，她这个初中毕业生无论如何不可能在1978年以28岁的大龄考入中国人民大学英语师资班。

大学期间，同学们常说李守京"得天独厚，有父亲辅导，天天吃小灶"。事实并非如此，自从姐弟俩考入英语专业，李庭芗就要求他们遇到问题时先查字典，再结合上下文、前后章节独立思考；如果还解决不了，再

---

① 李庭芗：《漫谈中学英语教学目的》，载刘学惠主编《英语课程与教学研究（1979—2009）》，南京师范大学出版社2016年版，第89—92页。

去问老师。他告诉孩子们："你们老师的教学法很对路，好好跟着老师学吧。"面对这种情况，起初李守京对父亲有所不满，以为他只顾忙于自己的工作，不再关心孩子学习，还让他们徒有"吃小灶"的虚名，却不再能享有他的恩泽。直到她后来留校任教，才体会到父亲这种"不干预"策略的良苦用心，他以实际行动教育孩子要尊重、信任老师。表面上他对孩子们学习"不关心"，而实际上是在教导他们要自觉学习、善于学习。这些对于学习态度和方法的指点，其意义远胜于解答几百个、几千个具体问题。李守京大学毕业留校任教后，李庭芗经常告诫她："不但要上好课，还要研究教学法。没有教学法理论指导，单凭经验教书，充其量只能成为一名'教书匠'。"他还说："学会写文章，是知识分子的基本功。"在其教诲、影响下，李守京很早就结合教学实践，学习语言学理论，并逐步形成自己的研究方向，在教学、科研上成果显著。①

自 20 世纪 80 年代中期以来，李庭芗对他提出的教学法五项原则中"交际性原则"的内容作了进一步的发展，提出了"教、学、用的原则"。由于我国绝大部分地区缺乏英语语境，难以真正实施国外学者提出的"交际教学法"。因此，他在学术刊物上发表文章，提倡教师在教学中运用英语，通过运用英语教英语；学生则在使用中学习语言知识，巩固语言技能。这样做，学生可望学到活的英语知识，而教师也能做到教学相长。晚年的李庭芗，还没有来得及将这一思想写进他的《英语教学法》，就与世长辞了。北师大外语系敬献的挽幛上写道："平生德智人间颂，身后何劳更立碑"，是对其一生高尚品德和贡献的总结。

（陈来虎）

---

① 李守京：《怀念我的父亲》，载首都女教授联谊会编《繁花絮语》（二），北京邮电大学出版社 1998 年版，第 63—67 页。

第九章　体育英杰强国梦

◎西北体育学科的缔造者袁敦礼

袁敦礼（1895—1968），字志仁，祖籍
河北徐水。我国近现代著名的教育家、体
育理论家、中国现代体育的奠基人之一。

1895 年 10 月 25 日，袁敦礼出生于北
京。他幼年丧怙失恃，同伯父家堂兄袁复
礼、袁同礼一起长大。三兄弟情同手足，
勤奋努力，相互勉励，后来三人均有卓越
成就。袁复礼是我国著名的地质学家、古
生物考古学家和教育家，是中国地质学的
奠基人之一。袁同礼是著名图书馆学家、
目录学家，是北京图书馆（即国家图书馆）
的主要创建人，是我国图书馆学的奠基人
之一。曾有"袁氏三杰""徐水三杰"之美称。①

图 9-1　袁敦礼

1917 年袁敦礼于北京高等师范学校外语部毕业后，留校任体育科秘
书兼外籍教师的翻译（北京高师体育专修科也是这一年所创建，美国人
医学博士舒美柯和袁敦礼为主要创建人）。1919 年袁敦礼继舒美柯任体

① 　顾明远：《北京师范大学名人志·校长篇》，北京师范大学出版社 2010 年版，第 241—263 页。

育专修科主任。1923 年赴美留学,在芝加哥大学、哥伦比亚大学和霍普金斯大学攻读生理学、体育理论及公共卫生,获芝加哥大学理学(生理)学士学位、霍普金斯大学公共卫生证书、哥伦比亚大学(体育与健康教育)硕士。在美期间,袁敦礼被聘为美国体育学会特别通讯员。1927 年学成回国,先后任职北平师范大学教务长、体育系主任和浙江大学体育主任、教授。1936 年,以中国体育考察团正指导身份赴欧洲各国考察,同年当选为瑞典林氏体育会会员。七七事变后,北平师大西迁组建西北联大。袁敦礼负责完成迁校扫尾工作后,1938 年 4 月由北平辗转越过日军封锁,最后抵达陕南校部。其间,袁先生除了任体育系主任外,还兼任西北联大教授、教务长、总务长、训导主任、校务代理等职。西北师范学院独立设置后,袁敦礼做了大量工作,任职学院训导主任、体育系主任。1945 年袁敦礼被美国国务院聘任为客座教授赴美讲学,这在我国体育界是空前的,在当时教育界也是屈指可数的。1946 年袁敦礼任复校后的北平师范学院、国立北平师范大学校长直到解放。曾兼任中华业余运动联合会执行委员、北平体育委员会常委、全国体育研究会会长、中国体育学会常务理事、民国政府教育部体育委员会常务委员等。

新中国成立后,袁敦礼任西北师范学院、甘肃师范大学教授,体育系主任,副校长。还曾任兰州体育学院副院长,全国政协委员、中华全国体育总会副主席、甘肃人大代表、九三学社常务委员等职。1968 年 8 月 3 日,袁敦礼先生逝世。

袁敦礼是我国现代体育教育的主要创始人,被尊称为体育界"五大泰斗"之一(袁敦礼、董守义、马约翰、吴蕴瑞和郝更生),对我国近现代体育事业的创建和发展,尤其对师范教育、体育教育及体育理论、公共卫生教育和电化教育都作出了具有开创意义的卓著贡献。

袁敦礼在大学时代就以冠侪同辈的学业、优秀的体育运动技能、过人的组织领导才能,誉满北京高师。[1] 在体育教育事业中,创设和讲授多门专业课程,如英文、体育卫生概论、健康教育、体育原理、体育行政等,授课最多时每周达 24 学时。还承担生物系解剖、生理和全校健康教育等课程的教学任务,筹划建立了实验室,培养了一批生物学科的年轻教师。

---

[1] 吴蕴瑞、袁敦礼:《体育原理·袁敦礼先生小史(封五)》,上海勤奋书局 1933 年版。

　　袁敦礼主持起草了中华教育改进社附设全国体育研究会"章程"，编写了国民政府教育部卫生部《暑期卫生教育与讲习会演讲录》，起草了"高级中学普通科体育暂行课程标准""师范学校健康教育暂行课程标准""全国健康教育实施方案"。最早提出了"全民健康"的倡议，并组织成立了"国民健康学会"。草拟了"中央大学卫生教育科计划"。

　　1933年他与吴蕴瑞合著出版了中国第一部《体育原理》，"将我国体育学术从技术层面带进思想层面之境"①。受国家体委委托整理和撰写"中国近代体育史"（未出版），与董守义合著《奥林匹亚运动史》。② 发表了《世界奥林匹克运动会的价值及对我国体育的影响》《心身关系与体育》《体育究竟是什么?》《谈谈"体育"一词如何解释的问题》等论文50余篇。对我国近现代体育学科建设作出了非凡贡献。

　　袁敦礼在学科建设、教育教学、学校管理及社会体育等工作中，坚持把欧美等国较为先进的教育、体育理论引进到中国。创建体育专修科时，就把"养成完全体育教员"作为培养目标。他率先在师大推行体育理论、体育技巧和体育道德并重的教育思想。创造性地在教育教学、科学研究和学校管理中，逐渐孕育形成了体系较为完整的体育教育思想，内容主要包括："身心合一"的体育哲学观，体育意义、功能、目标的教育价值观，自我实现的体育主体观，健全人格的体育人才观，反对纯竞技化的体育竞技观。③ 对我国现代体育学科建设、发展及其体系化、科学化，特别对师范院校体育教育的发展，一定程度上起到了奠定思想基础和引领方向的作用。

　　袁敦礼就学北平高等师范学校时，就在篮球和中距离跑等体育运动项目上技能出众，加之1915年以运动员身份参加在上海举办的第二届远东运动会（即后来的亚运会）的资格和经历，培养了良好的体育兴趣，练就了一定的体育运动技能，为他终其一生服务于我国现代体育事业，铺垫了基础。袁先生参与起草了《国民体育实施方案》和对《国民体育法》的修改。多次主办华北运动会，参加筹办全国运动会，以及中国参加远东运动会、奥运会的组织工作。

① 徐元民：《中国近代知识分子对体育思想之传播》，（台湾）师大书苑有限公司1999年版，第336页。
② 于耀：《对袁敦礼教授生平事迹和教育思想的回忆》，《甘肃体育史料》1986年第2期。
③ 常毅臣：《袁敦礼体育教育思想研究》，人民体育出版社2012年版。

袁敦礼重视体育技能的训练，要求学生理论与技术并重。他常说："只重学理论，则只能是纸上谈兵；而只学技术，难以精益求精，缺乏理论依据。只有两者兼得，才能成为优秀体育教师。"袁敦礼特别注重教师身体力行对学生的教育示范作用。1951年，袁敦礼带领西北师院学生到北京实习时，谢绝了众多亲戚朋友的邀请，坚持和学生一起睡地铺，愉快而顺利地完成了实习任务。1952年初，他已是年近花甲的著名专家，但为引进苏联体育理论教材，亲自参加了俄语培训班，专门补修了俄语。之后，在教学中引进了巴甫洛夫学说，还翻译了一本苏联院校的《运动生理学》教材，供师生学习时参考使用。1953年，教育部要求以西北师院体育系为主筹建西安体育学院。为此，袁先生奔波于兰州与西安之间，为之做了大量工作。在社会体育方面，袁敦礼热情地带领学生为西北地区的学校体育、社会体育及军队体育服务。经他主办或协办的各种大小运动会20余次。① 1956年，袁敦礼被评聘为二级教授。同年，他以中国体育代表团成员身份参加了在莫斯科举办的世界青年联欢节。1958年，袁敦礼受命筹建兰州体育学院，任职副院长，主持学院教学、科研和管理等工作。1962年，时任中华全国体育总会副主席、甘肃师范大学副校长的袁敦礼先生到北京参加全国体育总会时，应周恩来总理的邀请，和夫人赵玉崑到中南海与周总理晤谈，并和周恩来、邓颖超一起合影留念。

虽然生活艰辛，但袁敦礼学识广博、才干过人，这培育了他博大宽宏的胸怀，成就了他锐意进取的信念，孕育了他乐于奉献的事业情怀，塑造了他刚正不阿的人格品质。袁敦礼重视锻炼身体、强健体魄、为国奉献、为民服务的最高人生价值，一生崇尚科学、追求真理。正如启功题词所颂：袁敦礼、董守义为"体坛重望，教育宗师；二老高风，千秋典范"。不难让人感受到人们的仰慕和怀念之情！

袁敦礼自1917年跻身于体育服务事业以来，直至1968年惨遭迫害离世，为我国体育教育事业勤奋耕耘、无私奉献了半个多世纪，堪称学者典范、一代宗师，为我国近现代体育教育事业的发展作出了重要贡献。更令人敬佩的是袁敦礼在推进我国社会体育、竞技体育和现代体育普及与发展作出的功绩，同样值得世人称赞。

---

① 袁玫、袁璨：《袁敦礼先生简介》（函访资料），2009年9月。

在此，借引袁先生的一句名言结束此段文字："不懂体育很难成为一个优秀的教育家，不懂教育也很难成为一个优秀的体育家。"

（常毅臣）

◎国际奥委会委员董守义

董守义（1895—1978），河北蠡县人，幼名兴顺，笔名心竞、君由，我国著名的体育教育家，社会体育活动家，新中国第一位国际奥委会委员，中国现代体育事业的奠基人之一。被后人尊奉为"中国篮球运动之父"、体育界"五大泰斗"之一。

董守义出生在农民家庭，先入私塾，11岁进入家乡郑村初等小学堂学习《三字经》《百家姓》和《论语》。1907年初进入保定公理会办的同仁学堂，因为这是一所教会办的学校，免收学费，为了生活他成了一个基

图9-2　董守义

督徒，初步接触了体操、游戏等活动。在同仁学堂的三年，董守义被一种新游戏"筐球"所吸引，自幼活泼好动的性格也给了他健壮的体魄，"筐球"技艺在同仁学堂里小有名气。1910年初，董守义考入通县协和书院中斋部（中学部）上学，体育和音乐是本校的传统，他不仅积极参加篮球项目，而且还积极参加足球、棒球、田径等项目学习，表现出较好的身体素质和非凡的运动才能。在升入大学部就被选为校篮球队的队长和中锋，同时还担任学生体育会的委员和足球队的中锋，初步显露出较强的体育组织能力和领导号召力。在校期间，除代表协和参加三校（协和书院、清华大学、汇文大学）对抗赛外，还参加了在北平天坛举行的第二届全国联合运动会，他作为棒球游击手的华北棒球队和作为中锋兼队长的华北足球队都获

得冠亚军。①

董守义的青少年时期是初涉体育事业阶段，从最初遵循先祖嘱托"改变贫困、光宗耀祖"，进入私塾接受儒家启蒙教育，而后进入教会学校接受心灵"与人为善"的洗礼，开始接触西方近代体育，对篮球运动的酷爱和各项目的广泛涉猎，通过这一过程的历练，不仅锻炼了健康的体魄、坚韧的性格和坚强的意志，造就出良好心智和领导才能，而且对竞技体育运动产生了深刻的认识和领悟，形成了异于常人的体育实践观。② 这些成长过程对他后来从事体育事业打下了坚实的基础。

1916 年 8 月，董守义从协和书院毕业后，为实现当初"立志传体育之道"的诺言，来到天津基督教青年会体育部当练习生。1917 年 5 月代表中国参加了在日本举行的第三届远东运动会，同年 11 月，由天津青年会保送到上海参加基督教青年会全国协会办的体育干事培训班学习，通过培训，他的理论素养和运动技术水平得到了很大提高。从 1918 年起，董守义到上海爱国女中和东亚体育专科学校兼职任教，并义务担任一些比赛的裁判工作。1919 年，应南开学校张伯苓校长之邀到南开学校义务担任体育指导兼篮球教练，并任天津学校体育联合会委员，1923 年任天津篮球队教练，从此走上篮球专业教练和裁判工作。同年 5 月代表中国参加在日本大阪举行的第六届远东运动会篮球赛，这也是董守义作为中国运动员参加的最后一次重大比赛。从此以后，他更多的是以一个体育运动的推广者和组织者的身份活跃在社会上。③

由于他对体育的极大热情和对体育事业的执着，1923 年 5 月，被青年会推荐到美国春田学院进修，成为篮球发明者詹姆斯·奈史密斯的高徒，并当选为春田学院篮球队队长。为了珍惜这次学习机会，他除专攻篮球外，还选修网球和棒球等，并入选校足球队、网球队、棒球队、橄榄球队，期间积极参加各类比赛，取得了优异成绩，也证明了黄皮肤的中国人并不天生就是"东亚病夫"。学习结束后，董守义没有留恋美国富裕的物质生活和良好的工作条件，谢绝学院的极力挽留，于 1925 年 7 月毅然回到天津，担

---

① 谭华、董尔智：《夙愿——董守义传》，人民体育出版社 1993 年版，第 12 页。（下同）
② 于凤全、桂裕龙：《董守义竞技体育思想研究》，《南通大学学报》2017 年第 4 期。
③ 黄迎兵、张振东：《体育锻炼与欣赏——篮球》，郑州大学出版社 2005 年版，第 77 页。

任了青年会体育部主任，并重新回到南开大学任教。留学的两年里，他深深感到，中国人并不缺乏运动天赋，所缺乏的是练习的机会和有效的组织。① 1928 年，他在河北五马路倡议创建天津第一个公共体育场，使天津以"篮球之乡"驰誉全国。

从 1918 年到 1930 年，他指导的南开篮球队，先后获得华北篮球赛冠军、万国篮球赛冠军、第四届全国运动会篮球赛冠军，并代表中国参加第九届远东运动会，在当时成为闻名全国的"南开五虎"篮球队。

1917 年到 1930 年是董守义运动生涯最辉煌的时期，也是他从运动员转向裁判员的重要时期。他作为运动员，身体力行，积极拼搏，不畏艰辛，顾全大局，在比赛中尊重对手，服从裁判，劝导同伴"不应单纯以胜败为荣辱，而只应用全力求技术的精进和身心的健全，以养成有为的国民"；作为裁判员，他秉公执法，不徇私情，公平竞争，维护声誉；作为教练员，言传身教，指导的球队都养成了遵守规则、服从裁判的良好体育道德。从担任运动员、教练员到裁判员以及体育组织官员，他积极倡导和宣传体育，传播篮球技术，他成了天津、华北以至全国篮球运动的积极推动者，为民国时期体育运动和竞赛的开展，尤其对中国早期篮球运动的发展作出了突出贡献。

1930 年秋，董守义应北平师范大学体育系主任袁敦礼邀请到该校任教，聘为教授，同时兼任北平民国大学体育科主任、女子文理学院等校教授。同年出版《田径赛术》和《足球术》两部著作。1936 年董守义率领中国男篮参加了在柏林举行的第 11 届奥运会，期间出席了国际业余篮球联合会会议，并被推选为国际篮球裁判会会员。奥运会闭幕后，董守义与马约翰结伴自费考察了欧美 16 国体育发展情况，发现体育在这些国家有很好的群众基础，多数国家的政府把体育作为国策之一。②

全民族抗战爆发后，北平局势紧张，北平师大西迁，董守义被迫"流亡"。他假扮商人，混进逃难队伍，辗转天津、青岛、济南、开封，最后到达西安，参与了西安临时大学的筹建工作，在他的奔走努力下，成立了西安体育协进会，促进了西安地区体育活动的广泛开展。董守义还亲自率领学生组成抗战宣传队赴汉中宣传抗日救国，并进行了一系列抗日救国的捐

---

① 董凤瑞（口述）、姜桂荣（整理）：《董守义与中国奥运》，《今晚报》2018 年 4 月 27 日。
② 《夙愿——董守义传》，第 71 页。

献活动，如"文化劳军""黄河赈灾篮球义赛"等。① 国立西北师范学院成立后，他又在城固和兰州继续从事体育专业和公共体育教学工作，并担任学校体育委员会委员，负责指导校内比赛工作，并积极倡导"体育救国"，指导周边各县开展群众性体育活动。在他提倡和指导下，篮球、排球、足球、垒球等项目不仅在西北师院开展得有声有色，而且很受当地群众喜爱。值得一提的是，1939 年暑假董守义出差到贵州都匀，发现当地苗族青年男女玩打的一种"鸡毛毽"游戏很适合在学校开展，返回学校后就带领师生对这种"鸡毛毽"游戏进行改进创新，自制球拍和羽球，并同本系青年教师凌洪龄一起制订了《板羽球规则》，使之成为具有民族特色的"板羽球"项目。由于该项目简便易行、老少皆宜，很快在西北地区流传开来，随后流传到全国。

　　1945 年抗战胜利后，董守义召开全国体协干事会，讨论战后体协的复原工作和筹建全国体协分会，建议召开全国运动会和准备参加第 14 届奥运会，还亲自找到孔祥熙谈申办奥运会的问题，② 并亲自草拟了《第 15 届奥林匹克运动会（1952 年）在我国举行案》，在中华全国体育协进会第二届监理事会议上获得通过，这是中国人第一次提出申办奥运会，但由于旧中国特殊的历史条件，该草案最终流为一纸空文。1947 年 6 月，董守义应邀参加在斯德哥尔摩举行的第 40 届国际奥委会会议，并正式被选为国际奥委会委员。1947 年初到 1948 年 7 月，董守义作为体协总干事到处奔波，筹措和募捐奥运会代表团经费。1948 年 7 月，第 14 届奥运会在伦敦举行，董守义任中国奥运会代表团总干事。由于国民党政府打内战正酣，无暇顾及经费筹备，体育界内部为了私利尔虞我诈，致使奥运会运动员的选拔、集训草率，最终中国代表团重蹈柏林覆辙，败北伦敦。伦敦奥运会所受的猜忌和埋怨，使他对国民党的统治失去了信心，"国民党不亡，是天无理"③。1949年，国民党败逃台湾，董守义先生胸怀爱国热情和对新中国的一片希望之情留在大陆，成为留在大陆的唯一的国际奥委会中国委员。④

---

① 董尔智：《董守义》，《民国档案》1985 年第 2 期。
② 董凤瑞（口述）、姜桂荣（整理）：《董守义与中国奥运》，《今晚报》2018 年 4 月 27 日。
③ 董守义：《奥林匹克旧事》，载体育文史资料编审委员会编《体育史料》第 2 辑，人民体育出版社1980 年版，第 3—14 页。
④ 《西北师大逸事》（上），第 172 页。

　　1950 年 3 月，董守义到西北师范学院体育系任教，担任体育系篮球、足球、垒棒球及裁判法课教学，同时担任校篮球队教练。在搞好教学工作的同时，还以极大的热情积极推动群众体育工作。1951 年 3 月，董守义应邀担任中国人民解放军第四军运动会顾问，后又率领学生参加了西北军区运动会的筹备和裁判工作，并承担西北野战军体育培训班篮球、足球、棒球等授课任务。尽管董守义仅在西北师范学院工作了两年多，但对甘肃省的竞技体育、群众体育，以及学校体育等方面作出了重要贡献。

　　1952 年 5 月，周恩来总理指示教育部将董守义调至北京，进京商讨准备中国参加第 15 届奥运会和第 47 次国际奥委会会议事宜。1952 年 7 月底，中国奥运代表团参加了在赫尔辛基举行的第 15 届奥运会，这是新中国成立后，我国第一次参加奥运会。董守义任中国奥运代表团总指导，并出席了第 47 次国际奥委会执委会会议。在奥运会期间，董守义与国际奥委会委员们广泛接触，积极宣传新中国政府对发展体育运动的重视和取得的成绩，并列举事实，义正词严地驳斥了郝更生等人的妖言惑众。经据理力争，使许多国际委员真相大白，也使得在 1954 年的国际奥委会第 49 次会议上，承认中华体育总会为中国的奥委会。1955 年 6 月，在国际奥委会第 50 次会议上，国际奥委会在参赛资格上故意制造"一中一台"，董守义虽然屡屡抗议，国际奥委会仍我行我素，为了反对"两个中国"，维护祖国统一与尊严，中国决定不参加 1956 年墨尔本第 16 届奥运会，董守义也遂于 1958 年 8 月辞去了国际奥委会委员职务，结束了从 1947 年 6 月到 1958 年 8 月 11 年的国际奥委会委员生涯。

　　纵观董守义从事体育工作的一生，他几十年如一日，呕心沥血，为国家培养了大批体育精英和运动人才，并在实践过程中认真总结经验，钻研运动技术，撰写了多部著作和 150 多篇文章，内容涵盖竞技体育、学校体育、社会体育、奥林匹克运动等诸多领域。[①] 其中对体育不同视角下的许多深邃认识和真知灼见，即使在今天，也仍然具有重要的学术价值和实践意义。

（孟峰年）

---

① 孟峰年：《董守义体育思想研究：溯源、内涵及贡献》，《西北师大学报》2019 年第 5 期。

◎千里寻校徐英超

图9-3　徐英超

徐英超（1900—1986），曾用名徐文斌，祖籍浙江绍兴，北京通县人。我国著名的教育家、体育理论家，毕生从事体育教学、科研与管理工作，功勋卓著。

1916年，徐英超从北京通县潞河中学毕业，因他从小就热爱运动，又擅长体操、摔跤、推合手手法，练就了超出同龄人的体育本领和身体素质。1917年他考入北京高等师范学校体育专修科。在校期间，徐英超勤奋好学，立志"体育救国""体育兴国"，对体育理论、体育技能技巧和体育实践能力等有较深的造诣。

1919年毕业后，先后在山西太原农业学校、北京河南中学任教，成绩优良。

1923年徐英超被聘到国立北平师范大学任教，期间还攻读了英文专业，1926年毕业，颇受体育系主任袁敦礼先生及其他师生的赞赏。1936年他作为中国体育考察团成员，赴柏林考察第11届奥运会，借此机会，为开阔眼界，增长见识，他游学欧洲各国。同年在袁敦礼先生的安排和促成下，漂洋过海赴美留学，专攻体育与健康教育专业。

徐英超到美后，在春田学院学习，1938年获体育与健康教育硕士学位。在得知日本全面侵华的消息后，徐英超抱着赤子初心，一心想尽快回国报效祖国，却面临诸多困难和险阻。据北京体育大学徐迪生教授（徐英超之子）记述，当时面临的困境主要有两个方面：一是全面抗战爆发后，回国必经之路——我国沿海地区和城市及口岸，大多被日军占领和把守，登岸通过困难重重；另一方面，徐英超回国时，北平已被日军占领近一年，北平师范大学已内迁至城固县。要从北平到城固去，"又是一段遥远且吉凶难测的路途"。为了确保万无一失，他托人设法在天津办理了一份"该人患心脏病，需休息两年"的虚假证明，以备在回北平后，逃避日本人拦截他去北京伪"师大"任教等事宜。通过精心准备，他秘密回到北京。甫进家门，他看到几个孩子已经在学日本话，不禁悲从中来，决然要尽快离开。徐英超趁日本人无计可施之际，带上家人（徐先生夫人高玉卿和 4 个孩子，最大的孩子只有 11 岁，最小的只有 4 岁）悄然离开北平，踏上了千里寻校路。

寻校征程一开始就遭遇不便，从北平南下的铁路线被日军占领，通往城固的沿途布满了鬼子的情报人员，陆路不通，徐英超无奈选择了走水路，先行到了烟台。从烟台去香港时，因经济拮据，购买了条件极为简陋、价格低廉的通铺筒仓轮船票，在海上漂泊了一周后到达香港，全家人已是身心疲惫不堪，几近到了崩溃的边缘。然而，徐英超还是婉拒了香港朋友"暂缓行程"的再三劝说，带着家人绕道到了越南边境海防。在海防遭遇了粗俗、野蛮的检查，受尽了人格上的屈辱。在越南赶了十几天的路后，一家人终于从越南的老街进入了中国云南境内，不久到达了昆明。[①] 徐英超在昆明西南联合大学见到了老朋友、著名体育家、清华大学教授马约翰先生。马约翰得知徐英超一路历经艰险、千里寻校的故事后，感到十分惊奇和佩服，又对"赶路多日、面黄肌瘦"的徐家孩子们既感动又怜惜，赶忙接徐英超一家人到家吃住休息。

徐英超在昆明停留了些许时日后，因返校心切，婉谢了马约翰先生"留在西南联大吧，跟我一起教书"的挽留，带着家人离开昆明，经由贵州前往成都。在云、贵、川崎岖险道上，乘坐大卡车颠簸行走了一个月的时间，安全地到达了四川境内。到成都后，为了等前往城固的汽车，徐英超一家住在只能容六口人睡觉的简易阁楼里，在这里度过了灰暗和疲惫的三个月时间。期间，他接受并完成了在江津筹建四川体育师范专科学校的任务。后终于等到了一趟盐务局从四川前往陕西的运盐车，一家人高高兴兴地当起了"黄鱼"上路了。经过一个月颠沛流离的日子，一家六口人在一个阳光明媚的早上到达了陕西汉中。在汉中休息了一晚上，第二天雇两辆人力车拉着四个孩子，徐英超和夫人随同步行，一直走到黄昏，终于到达魂牵梦萦的城固县。一家人从 1938 年自北平城出发，整整过了一年时间才到达城固。

---

① 徐迪生、徐括、骆达：《徐英超体育实践与体育思想》，北京体育大学出版社 2018 年版，第 41—42 页。

徐英超携家眷从被日寇占领的北平市，途经烟台、香港、越南海防、越南老街、昆明、成都、汉中等地，最终到达城固县的西北联合大学，任体育系教授。西北联大是中华民族危难时期支撑和延续高等教育之西北擎天一柱。西北联大体育系先后融合了北平师大体育系、北平大学女子文理学院体育系、河北省女子师范学院体育系科，汇集了当时国内体育精英，形成了强大的师资阵容，"城固成了全国体育学界的中心"。

徐英超辗转寻校的艰辛，唯有徐先生内心能知。据徐英超的儿子徐迪生回忆，时任西北联大体育系主任的袁敦礼先生、著名体育活动家与教育家董守义先生等人，见到风尘仆仆的徐家夫妇和累得变了形的孩子们，几乎不敢相信眼前事实，让人唏嘘不已，极大惊喜之余，倍感神奇、钦佩！袁敦礼先生是我父亲的老师，一看到我们这一家人，简直惊奇得不得了，他问："我们来的时候，日本还没占领北京，交通还很方便。现在北京及沿海都被占了，你们是怎么过来的？"父亲告诉大家我们行进的路线，西北联合大学的师生无不称奇，随后把我们一家安排到租借来的西关外 42 号一个地主家住。徐迪生老师还回忆道，在一路的行程中，我的姐姐只有 12 岁，长得很漂亮，沿途不管住在哪，人家都会来说亲。城固人看见这么漂亮的小女孩，以为是个逃难来的难民，会说："你把你的女儿留下吧，我们家很富裕，不要再让她受苦了。"①

徐英超在西北师范学院任教期间开设的"体育统计""体质测验和研究方法概论"课程不仅填补了我国体育学科的空白，而且为其首创并提出的"体质教育思想"奠定了理论基础，提供了研究的方法论。

1946 年教育部准许国立北平师范学院建院时，徐英超带领 200 余学生历尽艰辛到达北平，为筹建北平师院作了贡献。9 月，徐英超任北平师范学院体育系主任、教授。1948 年 12 月，因同情和支持进步学生，被国民党特务逮捕入狱，在狱中面对敌人严刑逼供，他正气凛然，忠贞不屈。1949 年 1 月，被共产党和谈代表营救出狱。新中国成立后，徐英超被任命为北京师范大学体育系主任，中华全国体育总会副主席。1950 年率领第一个中国访苏体育代表团到苏联访问。1952 年任中央体育学院筹委会主任，1953 年任

① 尚季芳、朱文博：《抗日烽火西进路：徐英超教授的家国情怀——徐迪生先生访谈录》，2019 年 3 月在徐迪生先生北京体院家中采访。

中央体育学院副院长。徐英超在任中央体院（现北京体育大学）筹备处主任时还身兼北师大体育系主任，中央教育部体育指导处处长之职，他经常骑自行车在教育部、北师大和先农坛（中央体育学院最初的校址）三地之间来回奔波，为北京体院的顺利建立付出了辛勤的劳动。

徐英超是我国著名的老一辈教育家，一生致力于我国体育教育教学、科学研究和学校管理工作。他从事体育教育事业66年之久，为了祖国的强盛，人民的健康，呕心沥血、艰苦奋斗，为国家培养了大批体育专业人才。曾历次参与《国家体育锻炼标准》的研制和修改工作，并首次提出"体质教育"概念，形成了其独特的体质教育思想。倡导体育教育教学改革，亲自主持开展调查研究，践行体育教育的方法论创新。创建了我国体育统计、体育测验学科，完成"体育统计""体质测验和研究方法概论"课程建设。主持筹建的中央体育学院（现北京体育大学前身），开了新中国高等体育学校的先河。先后出版和发表了《论体育》《体质教育研究初论》《体育统计方法》和《体质考查制度的设计和验证》《论改造体育的两个问题》等专著和论稿，不仅为其体质教育、体育改革思想的形成奠定了理论基础，而且为丰富我国现代学校体育理论、创新体育科学研究方法与手段，推动体育学科建设和体育教育教学改革等，提供了实践经验。①

（常毅臣）

---

① 　常毅臣、陈仁伟：《徐英超体育教育思想：历史渊源、核心内涵及当代价值》，《兰州交通大学学报》2021年第4期。

第十章　治家并非平常事

◎全民族抗战时期的国立西北师范学院家政系

国立西北师范学院家政系的前身是始创于清光绪三十二年（1906）的北洋女子师范学堂，1929 年 4 月，正式更名为河北省立女子师范学院，即今河北师范大学的前身之一，"在我国女子师范教育历程中，独享创校时间最早、独立设置最连贯、办学体系最完整的殊荣"①。全面抗战爆发后，日军对天津实施狂轰滥炸，河北省立女子师范学院校舍在日军轰炸中毁于一旦，学校各种器物也被日军掠夺一空，仅中外图书损失就多达 57000 余册，中文期刊损失近 210 余种，整个学校校务因日军侵略而陷于停顿。

面对校舍被毁、师生安全无法保障的现实困境，女师院长齐国樑决定率学生退出天津英租界。经过多方商洽，在私立耀华中学和圣功中学找到了女师学生的临时收容所。但学院师生的长期安置，依旧无从解决。经过考虑，经齐国樑申请，教育部核准，同意河北省立女子师范学院利用中英庚子赔款补助并迁往西安办学。于是，在院长齐国樑的带领下，部分女师师生开始长途跋涉，辗转西北，终在西安与国立北平大学、国立北平师范大学、天津北洋工学院等合并，于 1937 年 9 月 10 日正式合组为国立西安临时大学。时国立西安临时大学设有文理学院、教育学院、工学院、农学院、

---

① 王淑红、邓明立：《河北省立女子师范学院西迁并入国立西安临时大学史略》，《西北大学学报》2012年第 3 期。

法商学院、医学院等6个学院，而河北省立女子师范学院和北平师范大学则共同归属于教育学院。在此期间，河北省立女子师范学院家政系因是整建制加入教育学院，故而得以独立建系，其他各系学生则分别转入国立西安临时大学各系学习。

国立西北师范学院独立设置后，此前的师范学院家政系也一并归入国立西北师范学院管理。家政系成为国立西北师范学院的特色学系，当时开设课程主要有：普通化学、家政学概论、伦理学、有机化学、生物学、生理学、织品与衣服、定性定量分析化学、营养学、食物选择及调制、服装学、儿童保育、家庭管理、家事教学实习、论文研究、家庭工艺等，类别涉及化学、生物、医学等，文理兼修，课程完备。为加强对学生的艺术熏陶，家政系还开设有音乐、美术等艺术类课程，供学生学习。

家政系因受限于西北地区经济落后等原因，开始阶段招生较为困难，截至1940年尚无人报名。齐国樑在分析原因后认为人们不重视家政系的理由有二：一、认为家政系设备不够完善，成绩不够突出；二、认为不学家政一样可以生活，家务之事太过平常，没有必要专门学习。为了打破人们对家政教育及家政系的偏见，齐国樑呼吁社会重视家政教育，注重家庭幸福，不要认为作贤妻良母就是开社会倒车，要从国家社会方面着想，一起提倡家政学，共同实施家政学。经过多方努力，家政系招生情况开始好转。同年2月，教育部为统一职业学校教学程度起见，特委任西北师院家政系拟编高、初级家事、缝纫、刺绣、烹饪各科职业学校课程及设备标准，并要求于3月底前完成。家政系接到命令后，在齐国樑的带领下，迅速组织师资开始工作，最终编制完成《高级普通家事专科职业学校课程标准》与《初级普通家事专科职业学校课程标准》，并从性质和人才两方面确定了家政学的培养目标。两份课程标准如期完成并上报，得到了教育部的肯定，家政学得以进一步在全国推广，西北师院家政系的影响力也因此扩大，不少学生慕名而来，要求在家政系旁听或就读。其中，本于1934年毕业的原河北省立女子师范学院学生王少英，毕业后先在北平私立煤渣胡同小学任教两年，本打算此后继续返校学习，但因重病未能如愿。全面抗战爆发后，河北省立女子师范学院辗转西迁，王少英也在战争中颠沛流离，尝尽人间艰辛。生活的不易与战时环境的复杂，让其更加坚定继续学习的决心，时值教育部统一招生，王少英毅然报名投考，但因毕业年限较长，加之疾病缠身，居无定所，因此两次投考都以失败告终。鉴于战时环境瞬息万变，王少英遂向家政系申请，请求入家政系旁听，一面学习，一面备考，以期将来考中，学习更多家政知识，全力贡献国家社会。王少英的申请最终获得学院教务处批准，其本人也得偿所愿入家政系旁听。另有学生陈文慧、白桂清二人，也先后申请入家政系旁听，均获批准。更有学生蒋玉珍申请在家政系就读，同样顺利获批。1940 年 4 月，国民政府下令将西北师院迁往甘肃兰州，1941 年，国立西北师范学院正式在兰州建立分院并开展教学，齐国樑先期前往考察，为解决家政系生源不足问题，经校方决定，决议补招家政系新生。同年 10 月 16 日，经过考试，家政系共计录取一年级新生 9 名，9 名新生直接赴兰州分院报到入学。

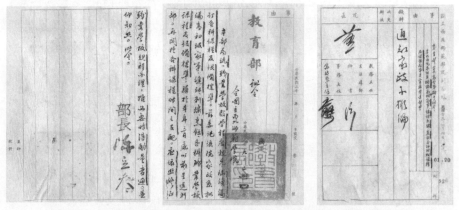

图 10-1　教育部委托家政系制定相关家事课程及设备标准令

国立西北师范学院家政系的课程设置虽然与国内其他大学大致相同，但更加注重实践教学，尤其依赖实验室等设施。为此，齐国樑努力克服物质条件不足等困难，在院方的积极支持下，逐渐引领家政系建设不断走向正规化。为提高教学实践水平，加强学生日常训练，家政系在城固和兰州时期都开设儿童保育室，接收 2 岁以上 4 岁以下儿童入室，有意识减轻学校教职员工的育儿负担，更注意弥补家庭教育之不足，增加母亲工作效率。同时，家政系的家庭教育注意从儿童科学养护的角度对儿童父母进行教育，也力求对儿童施行活泼指导，其教育环境整体舒适良好，教学设备也较为完善、适宜，获得社会普遍好评。为响应教育部大力开展乡村社会教育活动的号召，西北师范学院还在城固邯留乡设立乡村社教施教区。在施教区成立大会典礼上，家政系学生郑文仪代表家政系师生向与会民众做了介绍社会教育与家政教育的讲演，内容涉及家庭卫生、乡村婴儿之保育、家庭生产事业之改进以及乡村妇女思想之改进等方面。此外，家政系在此次大会中的参展作品，亦使妇女"颇感兴趣"①。此后，家政系以学生为主体，每周到张家巷等地进行家事教育演讲一次，"备受民众欢迎"。乡村社教施教区更以家事教育为突破口，试办家事中心的妇女组训，先后组织家事教育巡回团、设立表证家庭等形式多样的活动与激励机制，促进家事教育的普及、发展。家政系师生亦分赴各地乡村施教，开设与妇女紧密相关的儿童保育、家庭管理等课程，由于施教人员态度和蔼可亲，讲授认真细致，"妇女参加者甚为踊跃"。此外，家政系还从妇女乡村生活的普遍实际入手，以改善家庭生计为目的，帮助贫困妇女学习家事，寻求自身出路，收到了良好效果。② 而家政系在兰州周边成立的家庭教育实验区，更是影响深远。注重教学实践的同时，家政系师生也不忘服务抗战。师生们先后多次组织义卖，积极募捐，支援前方抗战将士，更积极从事各种进步活动，与反动派进行斗争。在城固和兰州期间，广大家政系师生组织读书会，传阅进步书刊，出版各类进步油印刊物，拒绝配合反动当局的反动游行，以实际行动践行着全系师生的家国责任与爱国情怀。

为进一步在全国范围内推广家政教育，也为使国立西北师范学院家政系的影响力更加扩大，家政系在原有师资齐国樑、王非曼、孙之淑等著名教授的基础上，于1941年度，又聘请郑闻义、方兆云等干事3人，加上之前聘请的助教、讲师、保育师等，教师总数达到8人。截至1945年12月，国立西北师范学院家政系共有教师11人，教师队伍得以扩大，师资力量更加雄厚。

国立西北师范学院家政系成立于战火纷飞的战乱年代，肩负着服务抗战、服务社会的双重使命，在复杂的时局环境中坚韧求生并获发展，一路走来，其历程可谓艰辛，其贡献可谓卓越。家政系的教学、科研和社教活

---

① 《乡村社会教育施教区开幕典礼纪实》，《国立西北师范学院校务汇报》1941年第23期，第8—9页。
② 岳霞：《西北联大家政教育研究》，《陕西理工学院学报》2016年第2期。

动，不仅打破了时人对家政学的偏见，更为女子教育开拓了新路径，拓宽了女子求职、就业的机会，一定程度提高了女性的社会地位和自信，为社会培养了一大批紧缺的实用型人才，更推动了家政教育在整个西北地区的传播与发展。家政系教师兢兢业业的敬业精神和言传身教的授课形式，启发和鼓励了无数在此求学的学子，影响和坚定了她们立志从事家政教育的勇气和决心。全民族抗战期间，国立西北师范学院家政系培养出了一批师范及中学家政学科教师，使大批女性走出家庭，走向社会，成为社会建设的重要力量，为西北社会教育、家庭教育注入了新鲜血液，成就了抗战教育史上的一段佳话。

（尚季芳　咸娟娟）

◎中国家政学的开拓者齐国樑

图 10-2　齐国樑

齐国樑，字璧亭，1884 年出生于河北省宁津县（今属山东省）县城内一个世代为农的普通家庭。其父齐俊元曾是当地著名的开明士绅，热心教育与公众事务，坚持"忠厚传家"之古训，又支持维新变法，赞成革命，并鼓励自己的儿孙们接受新式教育。齐国樑的母亲是位聪明、能干、勤俭持家的贤妻良母。母亲的兢兢业业与自立自强的实际行动，对齐国樑产生了很大影响，打破了他对"男尊女卑""男强女弱"传统观念的认识，也为其日后"毕生从事妇女教育事业奠定了良好的思想基础"。①

---

① 齐文颖：《毕生从事师范教育的齐国樑》，载中国人民政治协商会议天津市文史资料委员会编《近代天津十二大教育家》，天津人民出版社 1999 年版，第 171 页。（下同）

　　齐国樑幼年离开家乡到直隶省会保定高等师范学堂求学，从此开始师范教育学习的生涯。1907 年，齐国樑以优异成绩考入北洋大学堂师范科学习，两年后毕业，即获公费留学日本广岛高等师范学校的深造机会。① 在日留学期间，齐国樑目睹了日本女子教育崇尚实用，且注意向欧美国家学习，特别是从美国学来的家政学这一新兴学科的设置，给齐国樑留下了深刻印象。日本的家政学科多设于女校，旨在帮助女生学习科学管理家庭、料理家务、教育子女等基本技能，对于提高妇女的家庭、社会地位，乃至谋求独立的生活，创造了良好条件。② 受此影响，齐国樑萌生了在中国开展家政教育的念头。

　　1915 年，齐国樑完成了在广岛高师的学习任务并顺利获得学士学位。1916 年 1 月，齐国樑担任直隶第一女子师范学校校长。1921 年，在该校任职 5 年后，齐国樑毅然放弃校长职务，前往美国学习教育学。在美学习期间，齐国樑对中美两国的女子教育差距有了更深刻的认识。他认为，中国过去的女子教育，只注重造就些女文人、女学士，对社会毫无贡献，女子读书，也并非以服务社会为目的，而只是装饰自己而已，失去了教育原来的意义。故此，齐国樑留学归国后更加主张推进女子教育，屡次向河北省政府提请增设女子家政艺术学院，以研究家政科学与家事艺术，改进女子教育。但因时局动荡，意见未被重视。直至 1929 年 4 月，河北省政府才正式批准在天津成立河北省立女子师范学院，还专门设立了家政系，齐国樑亦被聘请为该院院长。河北省立女子师范学院正式成立后，最初开办国文、家政两系，1930 年与河北省第一女子师范学校正式合并，包括学院本部与师范以及中小学和幼稚园于一体的完整教育系统格局基本奠定。

　　河北省立女子师范学院家政系旨在造就女子师范人才与中学家政教师，并以改善我国家庭生活为目的。其培养目标为：指导学生认识家庭为社会发展之基础；教授学生家政学知识技能，帮助学生胜任家庭指导师等职务；汲取中外新旧家庭优点，引导社会，改良家庭生活等。同时，河北省立女子师范学院家政系尤其注重学生实践能力的培养，建立多个实验室供学生

① 　戴建兵、张志永、戴宇龙：《齐国樑与中国北方师范教育》，载刘仲奎编《第三届西北联大与中国高等教育发展论坛会议论文集》，2014 年，第 29 页。（下同）
② 　《毕生从事师范教育的齐国樑》，第 173 页。

实习之用。凡有关家政研究之所需者，无所不备，实为全国之冠。[①] 担任女师院长期间，齐国樑为发展女子教育还提出打破"墙内教育"的说法，提倡新的教学方针，结合中国社会农村破产，各项发展"因之衰退"的实际，倡议"改良中国社会，要以复兴农村为出发点"，建议女子教育，"应以复兴农村为大目标"，主张女子教育担任起复兴国家民族的重任，既要抓住服务社会的机会，又不能放弃组织家庭的义务。[②] 依靠自身努力与影响，女师在开办后的短短数年间，逐渐改变了社会对家政学的轻视态度，使家政人才出现供不应求之势。

1937 年 7 月 25 日，齐国樑自庐山参加蒋介石召集的一个座谈会后返回天津，亲历了天津沦陷及日军对天津轰炸、侵扰的残酷事实。在此次轰炸中，女师损失惨重，轰炸后又遭遇日军驱使的乱民抢劫，校内残余书物，均被洗劫一空。[③] 1937 年秋，女师前往陕西西安与当时西迁的北平大学、北平师范大学以及北洋工学院一起合并组建西安临时大学。1938 年春，太原失陷，潼关告急，西安亦时常遭遇日机袭扰，为安心教学并为保障文化命脉，西安临时大学于 3 月 16 日晚开始举校南迁。齐国樑担任膳食委员会主席，负责采买粮食、炊具、咸菜等迁移途中必备之物，并安排沿途食宿问题。3 月底，西安临时大学师生顺利抵达陕西汉中，4 月，国立西北联合大学成立，并以城固为驻地继续办学。期间，齐国樑一直担任家政系主任，在抗战的艰难岁月中矢志不渝，坚持发展家政教育。1938 年 10 月，西北联大教育学院家政系在齐国樑领导下制定《家政系课程标准》，将教学目的、教学方针以及教学原则和组织等分别向社会予以介绍，借以普遍推广家政学教育。《家政系课程标准》指出，其教学目的有四：造就中等学校教师教育师资；养成家庭善良主妇及贤慈母性；训练家政学专门人才，研究家政学学理技能，解决国家内部各种家事；培养家庭改进之倡导者。训练方针旨在涵养服务社会、家庭及教养子女健全人格；锻炼学生胜任职务的坚强体魄；养成学生服务家事教育的专业信念；陶冶学生勤劳刻苦的生活习惯；培养学生适应职务的知识技能；培养改进家庭的领导精神等。在课程编制

---

① 《齐国樑与中国北方师范教育》，第 30 页。
② 林冰：《女师学院院长齐国樑先生四十岁始赴美研究教育主张妇女须兼顾社会家庭》，《益世报》（天津）1937 年 2 月 17 日。
③ 《西序弦歌：西北联大简史》，第 65 页。

上，家政系注重学生的专业科目与专业训练，坚持循序渐进，在专业课程学习前先安排基础课程作为引导。具体课程设置包括必修科目、专业课目两大类。其中专业课目设教育与家政两大类，家政科目包括关于家事的一般家政学概论以及衣、食、住、医学、管理、教育和毕业论文编制等内容，同时还开设图书、刺绣、音乐、服装学、烹饪学等选修科目，课程设置形式完备、内容丰富。

在西北联大时，齐国樑所在的家政系曾于 1939 年 4 月起承办学校组织的为期 3 个月的家事讲习班，将家事教育向社会推广。[①] 家政系还在陕西城固开设儿童保育实验室一处，以补助家庭教育不足，增加母亲工作效率，同时借以引导儿童养护之科学方法。开设初期实验室只接收学校内部教师员工的 2—4 岁子女 20 名，后期扩充时再增添其他儿童。[②] 尽管接收的儿童有限，但保育实验室的开设却在城固开了先河，起到了示范作用。同时，为支援抗战，家政系师生还将自己平日实习所得全部进行义卖，将收入用以购买前方将士所需鞋袜，以补充抗战力量。更在学校大礼堂设置长期义卖处，每周星期六举行义卖 1 次，义卖物品包括饼干、花生饼、油煎饼、牛肉干、柠檬酱、橘子汁、可可糖花生、小蛋糕等食品数十种，另有大批精美儿童服装、桌布、靠垫、枕套、手帕等。家政系师生热心义卖，全校师生亦积极支持，慷慨解囊，成绩十分可观。[③]

1939 年 8 月，国立西北师范学院成立，齐国樑所在的家政系也一并划归西北师范学院，家政系成为西北师院的特色学系，拥有完整的 1—4 年级学制，开设课程有普通化学、家政学概论、伦理学、有机化学、生物学、生理学、织品与衣服、定性定量分析化学、营养学以及儿童保育、家庭管理、家事教学实习和家庭手工艺等，内容齐全，文理兼修。同时，为响应教育部大力开展乡村社会教育活动的号召，西北师范学院还在城固邯留乡设立了乡村社教施教区，收到了良好的效果。

西北师范学院迁兰后，齐国樑担任兰州分院院长及家政系主任，他为兰州分院的建设付出了巨大的心血，并且努力推动家政教育在甘宁青一带

① 《家事讲习班开课》，《西北联大校刊》1939 年第 15 期，第 15 页。
② 《本校家政系筹设儿童保育实验室》，《西北联大校刊》1939 年第 18 期，第 17 页。
③ 《家政系将实习成绩义卖捐赠抗战将士鞋袜》，《西北联大校刊》1939 年第 11 期，第 11 页。

的发展。齐国樑提倡兴办家政教育的初衷与实践是其家国情怀的重要表征，作为中国家政学的早期开拓者，齐国樑不仅为中国教育发展，尤其是女子教育的发展找寻到了新的出路，而且提出了许多新的改革意见与建议，对中国教育的发展影响深远，其见解在今天依然具有很大的教育意义和现实意义。

（尚季芳　咸娟娟）

◎海归王非曼

图 10-3　王非曼

王非曼，1897 年生，山东省齐河县人，其父是民国"山东四大教育家"之一的王祝晨。1923 年，王非曼以优异成绩考取了山东省官费赴美留学生，前往美国哥伦比亚大学学习，最终获得硕士学位。1931 年归国后，王非曼任天津河北女子师范学院家政系教授，为中国大学设家政系的开先河者。

在河北女子师范学院家政系执教期间，王非曼大力宣传并普及家政教育观念，呼吁社会重视家事、家政人才的培养。1933 年 10 月 1 日，王非曼在《大公报》发表题为《家政在社会中的位置》一文，从国际视野进行比较，指出中国人对于衣食住的消极态度以及与西方国家之间所存在的差距，强调衣食住当中所包括的原理性及科学性，提醒中国人改变对衣食住的基本态度，以科学的眼光审视衣食住，并形成相应的教学与研究，从而与西方国家竞争。在谈及家事问题与妇女的关系时，王非曼直言在新式家庭中，治家是妇女的一种职业，因为治家能力突出所以妇女的地位和男子同等。妇女学习家政后不仅可以科学、合理治家，还能走出家门，参与诸如护理、家事服务以及食品研究等社会事务，提高就业率，更可以教书育人，搞科研，提升自身价值，建立自信。政府、社会也要大力提倡并鼓励家政事业的发展，从民族、国家的角度考量家政学的意义，要将家政学看成与其他科学一样重要的学科，学习欧美经验，在各大学开设家政学科，大力发展家政教育。①

　　全面抗战爆发后，王非曼随校西迁，执教于西安临大、西北联大、西北师范学院。在西北师范学院家政系任教期间，王非曼于《教育通讯》发表署名文章《抗战时期的家事教育》，结合现实经历总结抗战两年中自己的所思所感。王非曼指出，我们的许多弱点在抗战以前都没有得到觉悟，经过两年抗战，反而得以暴露，家事教育便是其中之一，既然已经发现问题，就需及时补救，以增加抗战建国力量。抗战以前，我国的许多高校都在大都市，吃、穿、住、用皆很方便。抗战爆发，都市沦于敌手，高校被迫迁移至最偏僻的地方。我们的女子教育在平常基本没有经过专业的家事训练，所以学生突然远离都市，深处交通闭塞的环境，吃穿等不免发生严重问题。女学生想吃顿面条竟然不会煮饭，衣服破了、烂了，能够自己缝补的，更是少见。抗战建国需要全国男女同胞的总动员，人人应当尽其人力物力以帮助国家。无论谁都不应袖手旁观，无论谁做的事也不应当和抗战建国的目标相冲突。在此国难时期，女子至少应当有独立生活的能力，若再能帮助男子促成抗战建国的伟大使命，这更是国家社会所希望的。针对中国抗战的实际情况，王非曼指出，在抗战的关键阶段，无论身处后方或战区，家庭都应当有经济自足的能力，以免金钱外溢。家庭是国家的元气，抗战建国力量的所在，家庭的衣食住、卫生、儿童养育以及其他，皆有积极提倡改良的必要。提高家庭的力量就是提高社会的力量，就能更进一步促进抗战建国的完成。②

　　积极宣传个人家政思想，极力提倡战时家政学发展的同时，王非曼更注重通过教学实践来影响和引导家政学的发展。1940 年 2 月，教育部委托国立西北师范学院家政系编写高、初级家事、缝纫、刺绣、烹饪等各科职业学校课程与设备标准，以进一步统一职业学校教学计划，并要求于该年 3

---

① 王非曼：《家政在社会中的位置》，《大公报》1933 年 10 月 1 日。
② 王非曼：《抗战时期的家事教育》，《教育通讯》1939 年第 2 卷第 25 期，第 2—3 页。

月底完成报送教育部。在家政系主任齐国樑的带领下，作为家政系带头人之一的王非曼积极参与，协同齐国樑迅速组织家政系师资力量，投身相关文件的起草、编写。经过家政系教师的共同努力，顺利编写完成《高级普通家事专科职业学校课程标准》与《初级普通家事专科职业学校课程标准》两部极具指导意义的家事课程标准指南，使中国家政教育的发展迈上一个新台阶。其中，《高级普通家事专科职业学校课程标准》强调指出，发展家事教育的目的在于训练学生处理家事及督导工作的能力；涵养学生研究家事的兴趣与改进志愿；陶冶主妇应有的健全道德；培养社教机关的家事教育部主任、中心小学劳作教员、幼稚园保育师以及儿童保育院主任和保育师。该标准的出台与目的的阐释，从家政教育的职业技能和未来职业发展两方面为家政教育教学指明了方向。①

1942 年冬，国立西北师范学院奉教育部令在陕西城固设置家庭教育实验区，以实验家庭改进方案，改进各级家庭生活，在实验及实际改造结果基础上，制定新方案，作为推行全国家庭教育的参考。具体工作由王非曼所在的家政系负责实施，其主要工作包括：调查实验区内家庭实际情况，研究改善方法，制定实施方案，分期举行各类短期家庭教育讲习会，开设家庭教育讲习班，进行家庭教育宣传等。按照工作计划，家政系在城固设立城内、城外两处实验区，成立家庭教育讲习班三个，为激发民众学习兴趣，家政系注意择选适当教材，注重学以致用，训练民众职业技能，借以补助家庭生计；成立家庭妇女职业训练班一所，开展妇女家事训练，深受妇女欢迎。此外，家政系还举行以卫生和预防天花为主题的短期讲习会，到会妇女亦颇感兴趣。② 国立西北师范学院迁移兰州后，继续推进家政教育的发展，在兰州周边亦成立有家庭教育实验区，其范围东至徐家湾，"西至安宁堡……在孔家崖中心学校设办事处，分设研究、实验、总务三部。以十里店为中心，从事城镇社教方法实验。以孔家崖为中心，从事乡村社教实验"③。王非曼兼任家庭教育实验区委员并积极开展工作，举凡家庭教育

① 邱士刚：《民国时期家政学科建设的理论与实践——以河北省立女子师范学院为例》，《河北师范大学学报》2015 年第 17 期。
② 白莉：《国立西北师范学院社会服务研究》，西北师范大学硕士学位论文，2021 年，第 33—34 页。
③ 《社会教育实验区工作实施》，载西北师范大学校史资料编研组《国立西北师范学院史料摘编》（上册），中国文史出版社 2014 年版，第 575 页。（下同）

讲习会、讲习班、家庭教育讨论会、演讲会、展览会等活动，"均著成效"，被当地民众誉为"善教爱民"的典范。结合十里店周边的实际情况，王非曼等家政系师生还因地制宜适时开展家庭走访、实地调查等活动，了解妇女现实需要，给予适当帮助与指导，以期普及实验区内妇女教育，改进实验区内一般家庭，以利抗战建国之推进。

在国立西北师范学院工作期间，王非曼专心致力于儿童保育工作的开展，结合师院儿童保育训练中经常开展的自由活动、升降旗集合、礼仪练习、谈话、说故事、讲图书、唱歌、游戏、吃点心、吃午餐、午睡、街市艺观、野外游行等项目，指导学生开展课程实践，成效显著。经过西北师范学院保育室照料的儿童，其"生活有序，发育正常，言动循规，性情活泼愉快，疾病减少，为一般家庭所称道"①，也对当时周边地区的儿童保育工作起到了积极的模范引领作用。此外，王非曼还曾多次带领师院家政系学生在西北师范学院的乡村教育施教区内开展儿童保育指导工作，为农村妇女讲解儿童保育基本知识，帮助提升其儿童保育的理念与技能。1944 年 9月，鉴于王非曼在家政教育与社会实践服务方面所作出的卓越贡献，教育部特颁发其三等服务奖状，以示表彰。② 抗战胜利后，王非曼毅然留在西北，担任国立西北师范学院家政系主任，为推进家政教育继续贡献自身力量。

王非曼毕生倾心女子教育，"不仅培养了一大批师范及中学家政学科教师，也通过言传身教，在开启女性智慧，提高女性社会能力和社会地位等方面起到了巨大的推动作用"③。其在多年研究家政学和从事家政教育的基础上形成的家政教育思想自成体系，有着自己独到的见解且观点清晰，极具说服力，体现了她对家政学的执着追求和不断探索的科学精神。其躬身实践，致力家政教育教学，并扎根西北、服务社会的事实，更是情系国家民族教育事业与社会发展的重要体现。

（尚季芳　咸娟娟）

---

① 国立西北师范学院编：《国立西北师范学院近况》，1944 年。
② 《表扬优良教师（续）四百二十七教授荣获奖状》，《中央日报》（贵阳）1944 年 9 月 2 日。
③ 戴建兵、王永颜：《王非曼：治家并非平常事》，《河北师大报》2018 年 10 月 30 日。

第十一章 躬行丝路考古人

◎忧国忧民何乐夫

国立西北师范学院在战火纷飞的年代，虽历经千难万苦，但全体师生依然初心不改，矢志教育科研。在困苦中立生命，在磨难中作学问，为求学校更好发展、抗战早日胜利以及祖国富强建设，他们将科学与人文并举、爱国与爱校相融，充分贡献自己的力量。其中涌现出一大批突出的史地学人，如何乐夫、陆懋德、邹豹君、黄国璋、阎文儒等。

图 11-1 何乐夫

何士骥（1893—1984），字乐夫，浙江省诸暨人，毕业于清华研究院，师从国学大师王国维，主攻中国文字学与考古学。何乐夫一生论著丰富，其在考古学方面造诣深厚，尤其对我国西北地区的考古事业贡献突出。

1932年秋，徐旭生前往陕西着手陕西考古会成立事宜，何乐夫随其在陕西进行考古发掘工作，该次考古发掘得新石器时代遗址及红陶、彩陶、石、骨、角诸器。何乐夫根据出土器物特征及考证安特生之研究，最后得出"盖吾国文化之基础，确始于先民奠居新疆之时，及入甘肃则更为隆盛，再东而至于河南、陕西、山西各省，则吾国之中心文化已完全建立矣"。但安特生讲我国文化中心，必讲我国西北文化来自西方，则不免外人轻视中国之私见，不仅不值得信，亦损失其为学者之风度。[①] 1934 年 2 月，何乐夫受陕西考古会委托主持在民政厅的发掘工作。他在陕西民政厅前院发掘出土了唐代大明兴庆宫图石刻等珍贵文物，随后发表《唐大明兴庆及太极宫图残石发掘报告》。同年 4 月，何乐夫担任了斗鸡台发掘工作组秘书，参加三次斗鸡台发掘及关中渭河流域的古遗址调查工作。鉴于西北多年无研究学术团体，何乐夫力促张扶万领衔成立以"研究西北史地学术，发扬民族文化为旨趣"的西北史地学会，以期通过文献资料与田野调查资料相比较互证为切入点，重振源远流长之关学雄威。张扶万接受何乐夫的建议，于 1937 年 6 月成立西北史地学会，并创办了《西北史地学会季刊》。该会还积极配合禹贡学会以及西北论衡社在陕西设立分会，开展相关考古工作。但由于日机对西安的轰炸，学会的所有工作不得不暂行终止，其《西北史地学会季刊》亦仅出第一卷第一期即告结束。何乐夫也携家眷离开西安，辗转宝鸡，南下汉中。

1938 年 5 月，国立西北联合大学史地系成立考古委员会，时学校迁至陕西城固，何乐夫被推为考古委员会委员之一。因其担任考古学教师之故，何乐夫遂参与陕南各县古迹之考察工作。该"工作之较大而已见诸实行者，有城固汉王城汉墓之发掘，洋、城各县汉砖及城固汉唐公房（欧阳修集古录等，房作昉、防，均误）碑，宋杨从仪（随吴玠、吴璘抗金，为一时名将）墓碑、六朝隋唐造像、经幡之椎拓、洋县汉蔡伦墓、城固汉萧何、韩信、樊哙墓，及张骞古城（土名如此，疑为张骞生前住宅）之调查等等。其间尤较重要者，为汉博望侯张骞墓之发掘"。[②] 1942 年，何乐夫发表《西北考古记略》。1943 年，何乐夫由城固来兰州十里店时，"沿黄河北岸西行有土墙，春季随校旅行安宁堡，同人同学谓余曰'此古长城也'"。何乐夫察其形制，认为是明代兰州旧边城。期间他虽常访友人和查阅史料，但一直未得确切实物文字之记载。

1944 年，何乐夫教授偕学生数人，在洮兰公路沿线各山沟谷作考古实习，

① 何乐夫：《中国文化起源西北》，《新西北》1944 年 7 月 12 日，第 6 页。
② 何乐夫：《博望侯张骞墓中之陶印》，《和平日报周刊》1948 年第 3 期，第 4 页。

掘获新石器时代（或旧石器时代末期）古物，计彩陶、素陶、灰陶等各种陶制品及石斧、石刀、骨针、火烧骨等百数十件，并发现灰坑、洞穴、灶土等汉代后期遗址。时年冬天，西北师范学院举行校庆，何教授借此举办了一次历史文物展览活动，展出石器、陶器、铜器、历代货币、玉器、玉简册（部分）及历代文物拓片、历代碑帖、汉代画像石拓片、秦砖等，以供大家研考。1945 年，何乐夫发表《陕南考古记》。1947 年夏，何乐夫在西北师院东北角的残堡处发现一块明代石碑，他遂携众人将其带回师院史地系保存，以资研究。该碑长 0.64 米，宽 0.51 米，厚 0.10 米，[①] 碑文包括墩军伍名口、火器、器械、家具等内容，碑后明确记载其为万历十年二月立。该碑石的出土证明了此前何乐夫对兰州明代旧边城的判断，之后他反复参考史志碑碣，撰写了《十里店新发现之墩军碑》这一重要文章，为研究兰州黄河两岸古长城遗址提供了有力的证据。此外，他还在十里店油矿局西约半公里的山沟西侧及西北师院大礼堂左侧的台地上发现考古之屈肢葬与交肢葬两墓，并分别对两墓出土情况及此两种葬仪的时代、来源与意义作了进一步阐释。

从事考古工作的同时，何乐夫还为宣传抗战，鼓舞抗战士气，撰写了《宋代西北抗金名将杨从仪史迹之调查》《宋代抗金名将吴玠、吴璘史迹考》《从历史与实际上检讨中倭文化之高下》等文章，以期国人能够从抗金名将杨从仪、吴玠、吴璘的故事中大大激发爱国之情，汲取抗战的精神力量。并且他深刻地认识到国人若"斤斤自恃于先人过去之繁荣，以傲于人而欺于己，一若今日之萎靡不振为无关于国家民族之生死存亡者，则亦与故家中落，徒诩旧日金窟，何异！但必主于贵人贱己，抹杀吾百数万年之文化不谈者，则亦数典忘祖之类也"。因此作为中国人，在"抗战以临胜利关头，尺土寸地，片草一木，均为吾历祖历宗汗血之所遗。吾人既为其子孙，能不尽子孙奋而益进之责，以保全吾固有之领土，与发扬吾悠久之文化乎?"[②]

"语言是团结民族，建设国家的利器"，因此，何乐夫十分重视推行国语运动。他在 1947 年发表的《国语运动在大西北上的重要性》一文中切中肯綮地论述了我国语言纷杂的弊端及推行国语的重要性。他谈到"中国地

① 何乐夫：《十里店新发现之墩军碑》，载刘再聪，胡小鹏主编《考古学民族学教学与研究》（第 1 辑），甘肃文化出版社 2017 年版，第 231 页。
② 何乐夫：《从历史与实际上检讨中倭文化之高下》，《军党月刊》1945 年元旦专号，第 18 页。

大人众，所以本身的语言却就相当的纷歧，除了汉语而外，境内更有蒙、藏、回、苗等民族种种不同的语言（尤以新疆为特甚）。即以汉语而论，因地理环境的关系，却又随地而异。各族的语言未能统一，彼此间自然存在着一种隔阂，以致彼此的长处不能互取；彼此的生活不能了解；彼此的情感不能融洽，因而对于民族团结上便发生了很大的障碍。同时，政府对于一切政治经济文化教育等等的建设工作，都感觉到棘手"。因此，推行国语的意义十分重要，"有了这种沟通精神的法宝，推行边教的利器，民族自然可以团结，政令自然可以统一，国家不久自然可以强盛了"。最后何乐夫"虔诚的盼望西北政教诸首长，以及一般教育同人，和知识青年，都来热烈的提倡，或参加大西北上最迫切需要的'国语运动'"。①

1952 年，何乐夫任甘肃省文物管理委员会委员兼办公室主任，负责建立了甘肃省博物馆。在此期间，他组织了规模较大的兰州新石器时代文化遗存的调查和发掘工作，足迹遍至黄河两岸数十处，发现并整理大量文物，撰写了重要文章《兰州新石器时代的文化遗存》。1958 年何乐夫任甘肃省博物馆馆长，为甘肃博物馆事业的开创者，此后他一边钻研学术，一边为甘肃博物馆的良好发展计划筹谋。

（尚季芳　张传卿）

◎甲骨文一词的首倡者陆懋德

陆懋德（1888—1961），字用仪，别号泳沂，山东历城人。1911 年考入清华学堂，同年留学美国威斯康星大学修教育学。1914 年回国，任教育部视学、编审。1919 年任北京政法专科学校教授，1922 年任清华学校教授，1926 年创办历史系。全面抗战爆发后，先后在西北联大、西北师范学院任教，1944 年任陕西省立师范专科学校史地科教授。抗战胜利后，随西北师范学院部分师生复校至北平，任北平师范学院教授。陆懋德在中国古代史

---

① 何乐夫：《国语运动在大西北上的重要性》，《西北论坛》1947 年第 1 卷第 1 期，第 17—19 页。

图 11-2　陆懋德

及考古学方面成就显著，著有《汉中古迹杂咏》《中国上古史》《中国史学史》《甲骨文之历史及其价值》《中国发现之上古铜犁考》《汉中区的史前文化》等。

陆懋德教授虽曾在美国留过学，但他不爱穿西装，就喜好自己特有的一身"装扮"。他平常总是戴一顶帽盔儿，上面缀一个小红疙瘩，冬天穿一件大肥的棉袍，外边不套大褂，也不套马褂，只套夹袍。因为夹袍一方面可以随意控制冷热，另一方面还可以兼做大罩。如果觉着热了便一脱，冷了再随时套上，如果脏了，就只需要洗夹袍，这要比洗棉袍方便得多。而马褂就不成，它只能穿在上半身，下半身就无法顾及了。所以夹袍比之马褂，更为方便。陆懋德教授不仅穿着十分有创意，上课也十分有特点。他最拿手的是中国上古史，但他上课从来不挟大皮包，总是用小包袱皮将书一包。书多了，改用大包袱皮儿。拿书的姿势和书的多少有关系，书少了往胳臂里一挟，书多了在手里一"提拉"。因为他总是戴着近视眼镜，拿着"文明棍儿"，所以不认识他的人，一定会说他像个传教的牧师。[1] 陆教授上课还有一个特点便是爱写笔记。一上课，他便先在黑板上将这节课所要讲的材料，都给学生们列出一个提纲，使学生一目了然，然后才慢慢地与学生讨论。此外，他十分主张阅读原文书籍，在他看来译本有很多错误的地方，往往以讹传讹，最后学生学到的也是错误的东西。并举例学生吕某之所以著书错误百出，完全是吃了只看译本的亏。所以他讲"我希望你们看原文的书籍，宁肯速度慢点，不要开快车一样的浏览译本"。[2]

五四运动后，传统的一切都面临着被重估的境地，经学典籍遭到怀疑、批判和驳斥。中国上古史的研究领域中，顾颉刚的"层累说"应运而生，从而开启了 20 世纪中国古史学革命。而由顾颉刚引领的"古史辨运动"在对中国旧古史系统进行解构的同时，一定程度上也刺激了中国近代考古学

---

[1]　贞祥：《陆懋德》，《北平晨报》1935 年 2 月 22 日。
[2]　白费：《听了陆懋德讲课以后》，《大学新闻》（北平）1935 年 12 月 25 日。

的兴起。当时一大批新式古史学研究者对考古学的期待之情普遍，大家认为要想解决古史问题，唯一的方法就是考古学。[①] 陆懋德也呼吁历史学家重视考古学，将考古史料作为研究中国古史的重要证据。他认为"尧舜之有无，依然为考古学上之问题，当与禹之有无同一解决，是当有待于地下发掘而后能断定者也"。[②]

"甲骨文"一词出现之前，人们对出土的殷墟龟甲、牛骨称呼不一，如"龟甲""牛骨""殷契""贞卜文"，等等。直到 1923 年陆懋德首次做了《甲骨文之历史及其价值》的演讲，"甲骨文"一词才作为殷墟出土文字的固定称谓被学术界广泛接受。并且对于王国维的甲骨文研究，陆懋德高度赞誉："王君深通钟鼎甲骨之文，并能用科学方法，穷究古音韵，古礼制，及古器物之学，此其所以度越前人也。"[③] 1926 年，陆懋德对安特生的商代为石器时代晚期的观点提出怀疑，他认为"西国考古学家定欧洲石器时代晚期之末至少为距今六千年以前。余考吾国自商初至今，最多不过三千余年。如谓吾国三千年前尚在石器时代晚期之内，则是吾国上古文化之幼稚，且不能望欧洲上古文化之肩背矣。试观殷墟发见之甲骨文字，刻画工整，极为可观，又岂石刀石斧之民所能为哉？且商周之相去，仅数百年之时间耳。夫以石刀石斧之人物，仅越数百年之时间，即能有文武精密的制度，诗书优美的文学，孔老高尚的哲理，此短期内之进步，又何其独为迅速如此乎？此则非科学常理所能解释者矣？"[④] 陆懋德对安特生仰韶文化研究的怀疑，为后来李济、梁思永等一系列学者系统的研究中国史前史提供了突破口和理论基础。

1938 年，陆懋德参与西北联大初步发掘张骞墓的工作，并发现了汉隶"博望造铭"封泥，发表《汉中各县诸葛武侯遗迹考》。1943 年，陆懋德发表《观古杂咏》，对郑鹤云所藏河南出土五璧、徐褐夫在城固郊外所得西汉昭帝元凤三年砖及城固新出土新莽钱范、易均施的舞阳书像拓片、何乐夫

① 李玄伯：《古史问题的唯一解决方法》，载顾颉刚编著《古史辨》（第 1 册），上海古籍出版社 1982 年版，第 269—270 页。
② 陆懋德：《评顾颉刚〈古史辨〉》，载顾颉刚编著《古史辨》（第 2 册），上海古籍出版社 1982 年版，第 381 页。
③ 陆懋德：《个人对于王静安先生之感想》，《文字同盟》1927 年第 4 期，第 30 页。
④ 陆懋德：《评顾颉刚〈古史辨〉》，载顾颉刚编著《古史辨》（第 2 册），上海古籍出版社 1982 年版，第 372—373 页。

的岐山出土铜器拓片及宝鸡出土镜铭拓片和李心庄所藏敦煌藏书照片等内容分别简要阐述。1943年，陆懋德教授发现了龙岗寺遗址旧石器，在当时成都《说文月刊》上发表《汉中区的史前文化》，立刻引起了地质、考古、古生物学界的高度重视。1949年他发表《中国发现之上古铜犁考》，详细论述了中国究竟何时在农业上开始用犁，世界农业之缘起，中西方对牛耕之考究等问题。

（尚季芳　张传卿）

◎ "南胡北黄"之地理学家黄国璋

图 11-3　黄国璋

黄国璋（1896—1966），字海平，祖籍湖南省湘乡县（今湘乡市）黄泥坪，生于上海。我国著名的地理学家、地理教育家。与丁文江、翁文灏合称中国"地理三杰"。因其1936年主持北平师范大学地理系，与胡焕庸主持的南京中央大学地理系形成南北呼应的格局，故人称"南胡北黄"。

黄国璋的父亲曾在上海谋事，深信"师以长技以制夷"才有出路，因此他让黄国璋从小学习英语，以通晓西事，掌握西方科学技术。1911年，黄国璋考入湘乡驻省中学，与毛泽东结下亲密友谊。1919年，黄国璋从长沙雅礼大学毕业，曾任该校中学部英文、地理教员兼教务长。1926年，黄国璋赴美国芝加哥大学地理系攻读研究生，师从著名人文地理学家亨廷顿，学习了先进的野外考察方法和绘图技术，成为我国出国学习经济地理第一人。黄国璋"一生所最爱者有三：一是祖国，二是地理科学，三是他的学生"。在他的眼里，地理不仅仅是一个沙盘，它牵连一个国家、一个民族的政治文化历史、经济民风民俗。而在战火纷飞，日军入侵，民不聊生的时代，"统治者无心科学，连版图都绘的错误百出，家底不知，民事不晓，谈何国家图强?"因此，黄国璋毕业后拒绝留在美国，毅然回国领导地理研究工作。1929 年，他被聘为中央大学地理系教授，后兼任系主任，开设人文地理、北美地理和地理考察三门课。黄国璋使我国"地理新潮滚滚东来，在国内新型科学中，俨如异军之突起"。

研究普通社会学的人，他们在"研究社会的自然基础的时候，往往只注意气候、地形、土壤、水系等自然要素与人类生活的关系，而与'位置'一项，少有涉及"。但黄国璋别开生面地通过地球昼夜长短、昼夜分配以及各大洲所处的位置，找到社会学与地理学之间复杂的关系。他指出无论哪一个地区绝不会完全孤立而不与外界发生关系，这些所发生的关系便影响着相关的民族、经济、文化和人民的政治思想。对于研究地理必不可少的工具——地图，黄国璋多次强调其对地理学研究的重要性及选择地图的要求，同时他对如何正确、有效地观图提出若干科学、实用的建议。1933 年，丁文江、翁文灏、曾世英编著出版了《中国分省新图》，黄国璋评价此地图"是中国图学界一部空前未有的巨制，虽尚难合我们理想的标准，但它确切能够供给一些比较正确的地理资料，使我们至少可以很放心地把他当作一部可资参考的图册来应用。"[1]

九一八事变后，英国在云南、缅甸交界等处寻衅。中国地学界决定由黄国璋负责筹组云南地理考察团入滇考察。黄国璋满怀爱国热情，积极筹措经费及购置德国进口仪器，并希望通过自己的实地考察，为我国地理事业发展和国家建设作贡献。1934 年，黄国璋与德籍专家韦斯孟、滇籍外交专家张凤岐、助手王德基、严德一等五人，组成预期七个月的中央大学云南地理考察团。该团由北京出发赴沪，乘轮船取道香港、粤、桂，经安南入滇。在滇考察地形、植物、气候、种族、村落分布、交通路线、土地利用及政治、经济、社会文化等项，并调查当地民众对国家之观念。黄国璋带领地理考察团访问傣族村落、测绘农田水利、勘探云南边界，最终获得云南西部地区有关热带资源、农业地理、边界形势、民族历史等方面的第一手重要资料。该考察团于 1935 年 6 月 24 日离滇返京。后中央大学开展纪念周，特请黄国璋讲解云南考察之事。黄国璋在会上将滇南在国防上的重要性阐发无遗，获得在场全体教职员及学生千余人的喝彩。

---

① 黄国璋:《丁文江等合编中国分省新图》,《图书评论》1933 年第 2 卷第 4 期,第 3 页。

对于地理教学工作，黄国璋亦十分重视。在教学过程中，他结合自己地理旅行的实际经验，不但将课堂和课本中抽象的知识具体化、生动化，增加学生对地理学习的兴趣，而且使学生明了人生与自然之综合关系，养成刻苦耐劳、团结服务的精神。此外，黄国璋还敏锐地将学习地理和国际局势紧密联系在一起，用心良苦地解释"我们为什么要学外国地理"，"实在有三个最大的原故：第一，可以明瞭国际间的相互关系；第二，可以明瞭中国在国际间所处的地位；第三，可为改进国计民生的借镜"①。

黄国璋一生不仅"为地理发展奠定了重要基础，也可以说是北师大地理系发展史上的一个重要里程碑。"② 1936 年 9 月，李蒸为求改进校务，聘请中央大学黄国璋来校任地理系教授、主任。任教后，黄国璋首先确定地理系的任务和目标有三点：第一，改进各中等学校的地理教学；第二，培养中学优秀地理教师；第三，开展地理科学研究工作，并积极同李蒸商量地理课程之改进与钟点分配等问题。1937 年他创办了第一个论述中等地理教育的杂志——《地理教学》，该杂志按月刊行，凡有裨于中小地理教学之材料者，均在罗致之列，以期对中小学地理教员进修上有所补助。③ 当时地理学界很多著名的学者如刘玉峰、周立三、鲍觉民等都为该刊撰稿，一时在国内影响很大。此外，他几经周折，将争取到的中英庚款董事会捐赠的两万银圆全部用来采购图书和仪器。

全面抗战爆发后，黄国璋随学校前往陕西城固，担任西北师院地理系主任。当时他虽身处大后方，但时刻心系抗战，关注抗战情形。在《铁路运输之经济地理》一文中，他精准指出发展铁路运输对抗战的重要影响，并呼吁"全国各路轨道宽度之务求统一，以免货物之中途卸装致受时间上与经济上之损失……此外如河港、海港、车站之务求地点适当，设备完全，以谋水陆交运之便利，亦为铁路运输之重要经济地理问题"④。1938 年广州失陷后，国人陷入忧虑恐慌的氛围，许多人甚至对抗战的前途产生怀疑。黄国璋立即发文《广州失陷后我国国际路线的检讨》，文中他从地理学的角度，将该阶段抗战的形势审慎分析，并从我国抗战过程中逐渐呈现出来的

---

① 黄国璋：《我们为什么要学外国地理》，《申报》1936 年 2 月 24 日。
② 《黄国璋》，载许康、许峥编《湖南历代科学家传略》，湖南大学出版社 2012 年版，第 452 页。
③ 黄国璋：《发刊词二》，《地理教学》1937 年第 1 卷第 1 期，第 2—3 页。
④ 黄国璋：《铁路运输之经济地理》，《铁道半月刊》1937 年第 2 卷第 10 期，第 8 页。

残敌线、我国对外交通线及我国复杂的地理地形等方面总结得出，广州一隅的失守对于抗战前途实在没有多大的影响。广州的失陷不但不能动摇我们，反而更要加强我们的力量，国人应抱定抗战必胜，建国必成的信心。该文在一定程度上及时、深刻地鼓舞了抗战士气，挽回了国人对抗战胜利的信心。

在西北师院期间，中英庚款会组织西南、西北、川康科学考察团，邵逸国为团长，黄国璋为副团长。这是在抗战时期进行的一次较大规模的科学考察，考察范围涉及现在的川西和青藏高原东部地区。黄国璋一行在考察中翻山越岭，崎岖跋涉，克服重重困难，对考察地的地质地貌、地理环境、森林资源、宗教民情等情况都作了较全面的科学考察，填补了这些地区地理研究的短缺。

1940年，黄国璋前去重庆北碚筹办中国地理研究所，并担任第一任所长。研究所下设自然地理、人文地理、大地测量和海洋地理四个组，之后又设置土壤地理组，以研究四川盆地和汉中盆地为主要课题。1941年，黄国璋亲自组织并指派王德基对汉中盆地进行实地考察，开启了我国综合性区域地理调查的先河。后又指派李承三、周廷儒、郭令智等对嘉陵江流域及青海、甘肃等地进行考察，取得珍贵的区域性地理考察成果，并且在实践中培养了许多地理人才。

1945年，黄国璋应西北师院邀请来兰州讲学，其间邀请黎锦熙与袁翰青加入他与许德珩一起组织的"民主科学社"。抗战胜利后，"民主科学社"被重新定名为"九三座谈会"。1946年又改为九三学社，许德珩、黄国璋、潘菽等16人为理事，黄国璋后又为常务理事兼总干事。1946年9月黄国璋回到北平，任北平师范学院地理系主任。1952年，黄国璋调任陕西师范大学。1958年，62岁的黄国璋还率领学生跋山涉水，考察陕南大巴山地区汉中盆地，为开发大巴山区经济作出重要贡献。

（尚季芳 张传卿）

◎主张建设大兰州的邹豹君

邹豹君，山东蓬莱人，我国著名地理学家，英国皇家地理学会终身会员。1906 年，邹豹君出生于山东蓬莱（今烟台市蓬莱区）安香于家村一个普通农民家庭。幼年在私塾读书，1922 年考入山东省立第八中学，1929 年考入国立北平师范大学地理系，1933 年毕业后留校担任地理系助教，1937 年，由国立北平师范大学以研究助教名义派至英国利物浦大学地理系学习，师从英国著名地理学家罗士培教授，潜心研究区域地理学。1939 年回国后担任西北师范学院史地系主任，后又随学校迁至兰州十里店，任史地系主任及史地专修科主任。1947 年担任广州中山大学地理系教授兼地理系主任，1949 年赴台湾担任台中农学院教授，1959 年去新加坡南洋大学担任文学院院长兼地理系主任，1971 年退休后在美国著书立说，1991 年回国在上海安度晚年，1993 年 7 月 29 日在上海病逝。

图 11-4　邹豹君

邹豹君一生孜孜不倦，致力于地理教学和著书工作。因他十分提倡科学救国，主张提高全民族的文化素质，从而推动国家的建设，使国家繁荣富强。所以从英国回来后，他便将自己学习到的先进理论与方法充分融入自己的教学与开发西北实践。在西北师院任教时，他结合兰州实际情况，创新性地提出建设"大兰州"的主张，将兰州近代都市化建设理论提升至新高度。

中国是人类城市文明最早崛起的地区之一，中国的城市建设为世界的城市建筑艺术和都市计划理论贡献了大量的东方文化智慧。鸦片战争后，受西方文化的影响，中国都市建设理念增添了近代西方城市建设内容。1939

年，国民政府颁布《都市计划法》，尽管这些法规没有真正执行，落到实处，但它是中国历史上的一部都市计划成文法规，是中国都市计划早期规范化、体系化和科学化进程的重要标志。

兰州为甘肃省省会，西北交通枢纽，全民族抗战爆发后，人口激增，交通逐渐发达，国防地位上升，建设兰州成为一个重要议题。1939 年，李玉书就对兰州市市政建设及兰州城区下水道工程有所关注。他对兰州市政建设的道路、桥涵、沟渠、河堤、城垣、防空工事、公私建筑、征工服役、树艺、规划设立新市区等方面作了分析总结，力求达到建设新兰州之目的。1940 年 1 月，李玉书在《西北日报》发表文章《对兰州市建设市区之管见》，文章主要从"改良旧市区""新建市区""建筑之取缔""土地之收用"等方面阐述了兰州市的建设。1940 年 7 月，时任甘肃省政府主席兼兰州市区设计会主任委员的朱绍良，为促进兰州市区建设，主持制定《兰州市区建设纲要》并发表告民众书。该建设纲要指出，"兰州市建设之惟一目标，必在'生产''需要''防空'诸大原则之下，为最大之努力，上期有裨于公益，下期有利于全民"，后并制定建设兰州市区程序纲要。①

1941 年 7 月，兰州设市，建设步伐加快。1947 年，国立西北师范学院邹豹君教授发表《由地理和地缘方面论兰州市将来的发展》一文。文章从地理和地缘两方面分别阐述兰州市将来能够发展成近代化都市的基本条件和优势所在，提出建设"大兰州"的思想。邹豹君认为，就地理方面来看，有四个理由可以认定兰州市将来前途无量。第一，兰州附近是一块广大而肥沃的河谷平原，与宁夏平原、河套平原合称黄河上游三大平原。兰州平原皆为重要的农业区域，有了这块平原，才产生了兰州市。第二，兰州平原在黄河两岸，可以利用黄河水灌溉两岸的农田，增强土壤的生长力，不仅可以发展农业，且可发展园艺，所以兰州食粮丰富，蔬菜及瓜果众多，易于发展大都市。第三，兰州有丰富的动力。甘肃省有两块重要的煤田，皆在兰州市附近，这两块煤田使住民的燃料不成问题，工业的动力丰富可靠，这是兰州市可望大规模发展的主要基础，而且黄河上游峡谷甚多，可以发展水电。所以兰州市工业化的远景美丽远大。第四，兰州气候很好，

---

① 朱绍良：《兰州市区建设纲要，为兰州市区建设告民众书》，《西北日报》1940 年 7 月 11 日。

冬季不冷，夏季不热，空气凉爽，气候干燥，病菌甚少，适于健康。所以由气候方面来看，兰州市是一个健康的居住地带。

就地缘方面来看，兰州未来发展的空间更大。第一，兰州是西北交通的中心。无论由华北去新疆，或由湖北、四川去新疆，都必须经过兰州，因此兰州形成西北交通的枢纽。由于交通的便利，商业范围扩大，兰州市的前途愈伟大。第二，兰州为我国西北地区的民族凝聚核心。甘肃北面接近蒙胞，西南接近藏胞，西面又接近维胞，无疑兰州为汉、蒙、维、藏等族的聚集中心，因此建设兰州非常适宜。

兰州市必定要发展，但发展的限度如何？邹豹君根据兰州市区的自然环境及其他地缘关系，对二十年后兰州发展的可能情况作了初步判断。第一，由于工业的发展和市区面积的扩大，兰州市区人口增加可达百万左右；第二，市区内的住民，将非单纯的汉族，而为各族的集合点；第三，二十年后的兰州市景，山麓将被开辟为居住地带，阶地将成为工业区域及商业区域，河岸低地及河道中间的滩地仍为果园区及蔬菜区兼为市民的公园。最后他对兰州市各区域的职能也作了预测，黄河北岸由金城关至凤林关一带，将建为堤岸公路，庙滩子一带将成为重要的工业区域，向东发展至盐场堡，徐家湾将成为重要的居住区，十里店是一个文化中心及工业地带，向西北发展可以至安宁堡，黄河南岸仍不失为兰州市最重要的地区，雷坛河以东仍为机关学校区，以西为工业区、火车站、货栈、仓库区，以东为学校区。① 揆诸历史事实，邹豹君对兰州市发展的远大规划和远景目标很多已经得到充分实现，其深邃的洞察力令人敬佩。

邹豹君在他的另一篇文章《兰州的出海路线》中指出兰州离海岸线远，无法建设大型港口，添建船舶，发展先进的海运，因此兰州缩短出海距离的最佳方法为发展空运和建筑铁路。他规划了五条铁路干线，第一条陇海路；第二条兰州到北京再到塘沽港；第三条兰州到重庆再到上海黄浦港，这一条"不仅可以沟通川甘的文化，而且兰州可在重庆登船，经上海出口"；第四条为沟通西北和西南的一条大通道，即兰州湛江线；第五条为兰州至印度线，从兰州向西到达西宁，南行经青藏高原而至印度，由加尔各

---

① 邹豹君：《由地理和地缘方面论兰州市将来的发展》，《西北论坛》1947年第1卷第3期，第17—18页。

答出海，此线可沟通中印文化。① 邹豹君的铁路规划宏远辽阔，他预言兰州会成为西北的交通中心，以今日现实观之，此言不虚。

（尚季芳　张传卿）

◎考古学家黄文弼和阎文儒

中国西北考古第一人——黄文弼

黄文弼（1893—1966），字仲良，湖北汉川人。我国著名的考古学家、西北史地学家，被誉为"中国西北考古第一人"。黄文弼毕生致力于西北史地及考古学研究，对楼兰、龟兹、于阗、焉耆等古国、古城的历史渊源和位置，罗布泊、塔里木河的变迁，高昌国的世系及文化、汉简的发现及考释等都作出过卓越贡献，其代表作有"三记两集"，即《罗布淖尔考古记》《吐鲁番考古记》《塔里木盆地考古记》和《高昌陶集》《高昌砖集》。

图 11-5　黄文弼

1918 年，黄文弼毕业于北京大学哲学系，翌年入该校研究所国学门工作，专研历史及考古学。此后担任北京大学助教、讲师、副教授、北平女子师范大学教授，西北联合大学教授，国立西北师范学院教授，西北大学历史系主任、教授，四川大学教授，北平研究院研究员及中国科学院考古研究所研究员等职。1927 年，黄文弼作为首批中方考察团员，随中国西北科学考察团由北京出发，赴内蒙古、新疆考察。他曾于 1927 年、

---

① 邹豹君：《兰州的出海路线》，《西部论坛》1948 年第 6 期，第 42—44 页。

1933 年两次来到甘肃、新疆进行历史考察，前后共达四年时间。足迹遍及焉耆、库尔勒、轮台、库车、沙雅、拜城、和田、于阗、叶城、巴楚、喀什、阿克苏等地。他发现的汉简、壁书、论语等文物，尤其是罗布泊东部发现的土垠遗址，成为罗布泊地区继楼兰城发现之后汉代经营西域的又一重大考古成果，对学术界贡献良多。1928 年和 1930 年期间，他两度往访吐鲁番、库车一带，在吐鲁番雅尔湖获高昌墓砖一百二十余方及其他器物。1931 年 2 月，中国西北科学考察团采集物品展览会在北平开会三天，发刊《高昌》第一分本，八月《高昌砖集》出书，后又发《高昌疆域郡城考》，合称"高昌三种"。黄文弼实地考古所获得的高昌资料，对研究高昌的宗教、疆域、工艺、农林、交通诸方面贡献巨大。同时，黄文弼发表的《新疆发现古物概要》一文，对他从 1927 年 4 月赴甘新一带，游历南疆一周，共计三年零六月的考古经过及当地民风民俗、考古所获成果作了简要概述。

全民族抗战时期，黄文弼克服重重困难，千方百计保全国家科学资料。1935 年 2 月黄文弼抵北平谈论今后中国考古事业计划，受中央古物保管委员会之托，与滕固赴河南、陕西视察古迹，事毕返京报告。因为陕甘一带为我国古代文化之重心，中央古物保管委员会决议在西安设立办事处，委黄文弼为主任，管理与保存陕甘宁新青五省之古迹古物。[①] 3 月，黄文弼搭平汉车赴西安，主持整理西安碑林工作。上任伊始，黄文弼便参考当地情形，拟定工作计划，确定将来工作之主要内容为集中地面上古迹古物之保全，如陵墓、碑瓦、颓圮之殿院等，至于地下发掘工作，非该处之力所能及。

1938 年，黄文弼来到西北联大任教。该年他与何乐夫、陆懋德等教授一起参与实施了张骞墓发掘工作。在教学期间，黄文弼结合自己野外实地考古的经历和收获，进一步深研考古学理论，发表了《考古学与金石学》《考古学与其他学科之关系》等论文。他认为凡欲研究一种学术，必藉其他有关之学术，以为协助。考古学为新兴之科学，包含人类以往全部活动之遗痕，其范围至为广大。则其关涉于其他人文科学、自然科学者必多。如历史学、地理学、古文字学、地质学及人类学都与考

---

① 《黄文弼抵平谈今后考古计划》，《益世报》（天津）1935 年 3 月 3 日。

古学有密切的关系，故考古学在学术上的地位十分重要。1939年，黄文弼教授在西北大学任教，并在城固师院历史系兼课。他教课的范围比较广泛，曾开过秦汉史、魏晋南北朝史、美术史、蒙元史、西北边疆史等课程，但他研究的重点在西北史地方面。黄文弼教授在全民族抗战这一时期除了编写讲义外，还结合教课，做了不少西北史地的研究。主要著作有《两汉通西域路线之变迁》《罗布淖尔考古记》《河西古地新证》《河西四郡建置年代考》《中国古代大夏位置考》等，其中不少内容属于今天敦煌学的范畴。新中国成立后，黄文弼又以高度热情率领中国科学考古队于1957年第四次到新疆考察，为西北史地和新疆考古研究作出极大贡献。

石窟寺考古开拓者——阎文儒

阎文儒（1912—1994），字述祖，号真斋主人，满族，我国著名的考古学家，石窟寺考古开拓者之一。作为考古学家，阎文儒一生刻苦钻研考古，尤其在我国西北地区考古及石窟寺研究方面功力深厚，代表作有《西京胜迹考》《中国石窟艺术总论》《麦积山石窟》《炳灵寺石窟》等。作为老师，他认真执教，为我国培养了许多优秀的考古学工作者。

1912年，阎文儒出生于辽宁省义县一个农民家庭，幼年随父亲在私塾读书，后进入

图11-6　阎文儒

东北大学附属高中就读。九一八事变后，阎文儒失学回乡，在义县小学任教两年后又继续求学，进入东北大学史地系学习。全面抗战爆发后，西安各界抗敌后援会为谋充实后援工作，以期对前方抗战将士有实力之援助，决定组织抗敌后援队。此时流亡在西安的东北大学也成立抗敌后援支会，推选刘榈楠、薛振家、韩鸣歧、阎文儒、郝庆珍、武锡芸等六人为执行委员，并分兼志务、文书、募捐、调查、交际、组织等部部长。1938年，阎文儒大学毕业后受聘于"边疆文化促进会"，任研究部助理研究员，1939年

又考入北京大学文科研究所攻读研究生，师从向达教授，专攻西域文明史。在研究生学习期间，他曾赴西安调查唐长安城及相关遗迹，并结合历史文献撰写了多篇文章。例如他对西安大学习巷清真寺和化觉巷内清真寺的名称渊源、寺内建设构造、作用及意义、寺庙碑文、沿革等作了详细解读。此外还写了《周陵考辨》。之后这些文章综合整理成《西京胜迹考》一书。

　　阎文儒研究生毕业后，到陕西三原复课的山西大学任教。1944 年春，中央研究院历史研究所、中央博物院筹备处、中国地理研究所和北京大学文科研究所联合组成西北科学考察团，在西北地区进行多学科的科学考察，阎文儒应召参加该团历史考古组工作。历史考古组成员共三人，向达为组长，夏鼐为副组长，阎文儒为组员，该次考察地点是河西走廊西端的敦煌，工作重点是发掘敦煌佛爷庙和老爷庙两个不同地点的魏晋墓葬和唐代墓葬。考古组于敦煌佛爷庙戈壁上，沙山下戈壁中发掘六朝唐墓 30 个。通过发掘，大家第一次弄清楚该地区不同时期墓葬形制、随葬品的组合和内涵，出土了不少精美文物。该组织还对敦煌境内的阳关、玉门关和汉长城遗迹进行了实地踏勘。在敦煌莫高窟期间，黄文弼参加了敦煌艺术研究所于土地庙中发现的敦煌写经、写本的清点工作，著有《敦煌史地杂考》《莫高窟的石窟构造及塑像》和《河西行纪》等论文。次年，向达因事先归，阎文儒与夏鼐复到河西，先后在酒泉、张掖、武威等地进行考古发掘与调查，至安西入山，考察榆林窟，时至隆冬，气温低至零下三十摄氏度，他们克服严寒，对榆林窟中的大小壁书塑像进行详细察看，并对榆林窟的位置、周围环境、道路情况进行了详细考察。尤其对二十九窟作了详细整理说明，内容包括每个洞窟的开凿朝代、洞窟大小规模、窟中壁书佛像、各种题名及洞窟方向等。

　　1945 年 1 月，河西考古工作结束后，阎文儒与夏鼐返兰。回到兰州后，阎文儒立即拜访友人师大附中方永蒸校长，方校长代师大聘请阎文儒为副教授，月薪 360 元，阎文儒十分心动。① 但阎文儒该次未留在西北师院任教，而是立即动身前往西安接洽考察事宜。10 月 19 日，阎文儒回兰，任国立西北师范学院副教授兼敦煌艺术研究所副研究员，教授上古史，授课重点为石窟及考古。在教学期间，阎文儒撰写了《羿居西方说——兼论上古

────────────

① 夏鼐：《夏鼐西北考察日记》（上册），社会科学文献出版社 2011 年版，第 172 页。（下同）

传说中之东方民族》。半年后，阎文儒离开兰州返回陕西，途经天水麦积山石窟，登临察看，写有《麦积山石窟》一文。他在该文"序言"中回忆，1945 年，由河西（武威、张掖、酒泉、敦煌）考古归来至兰州，为黎邵西先生所召唤，坚决命留西北师范学院任教上古史，因长者之命难违，乃只身留兰州，允教课半年，然后东下。[①] 1946 年，阎文儒回到沈阳，受命主管辽宁省博物馆。1947 年沈阳博物院筹建，阎文儒被委任为该院委员兼秘书长，主持沈阳博物院和清故宫两处的工作，同时还兼任长白师范学院教授、《东北民报》主笔。1948 年，阎文儒再次回到北京大学任教。1952 年，北京大学历史系建立考古学专业，阎文儒遂转入考古学教研室，从事考古教学与研究工作，先后主讲《中国美术史》《考古学通论》《考古方法》《历史考古学》《石窟寺艺术》《中国考古学史》等课程。此后，阎文儒除考古教学工作外，将自己的主要精力投入石窟资料的系统整理和研究当中。1960年，阎文儒应斯里兰卡的邀请，为其编写《佛教百科全书》之中国石窟部分，组成联合调查小组。从 1961 年开始至 1965 年，分三次先后对我国石窟进行全面系统调查，收集了大量文字和图片资料。

根据调查情况，阎文儒陆续撰写了《新疆最大的石窟寺遗址——拜城克孜尔石窟》《龟兹境内汉人开凿、汉僧住持最多的一处石窟——库木土拉》《新疆天山以南的石窟》等论文。在考察期间，阎文儒不辞艰辛，来往于诸石窟之间，指导队员拍照和画图，亲自记录每处石窟的各种情况，为我国后来的石窟研究提供翔实新颖的史料。此后直至晚年，他用力最多的依然是石窟寺研究。1994 年阎文儒在北京因病逝世。这位勤谨的学者和真挚的教师为我国考古尤其是石窟寺考古事业奉献了毕生精力，并培养了诸多优秀的考古学接班人。

（尚季芳　张传卿）

---

① 阎文儒：《麦积山石窟》，甘肃人民出版社 1984 年版，第 5 页。

第十二章　现代心理化西北

◎西北地区心理学的奠基人胡国钰

图 12-1　胡国钰

胡国钰（1894—1984），字仲澜，湖北江陵人。我国著名心理学家、教育学家。先后任河北女子师范学院教育系教授、系主任，西北联合大学师范学院教授、教育研究所主任，西北师范学院教授、教务长、教育系主任等职。主要著作有《教育心理学》《心理学》《高等教育统计》，译著《心力》。胡先生是我国心理学的早期开拓者之一，为中国教育心理学和心理统计学的发展起到极大推动作用，同时，也为西北地区的心理学发展作出了重要贡献。

胡国钰 1912 年考入北京高等师范学校英语部，1916 年毕业后，先后担任家庭教师、山西第六中学及川至中学英文教员。1919 年美国教育家约翰·杜威来北京高师讲学，受此影响，1920 年北京高师成立教育研究科，开始招收研究生，开启了我国师范教育研究生培养的先河。同年，胡国钰考入教育研究科，成为北京高师的首批研究生。研究生期间，胡国钰在心理学、教育学和应用统计学方面打下了坚实的基础，这为他后来在这些领域作出贡献提供了可能。在理论方面，胡国钰深受杜威实用主义哲学和机能主义心理学思想的影响，这种思想后来系统体现在他的著作之中。

研究生毕业后，胡国钰在天津第一女子师范任教育学和心理学教师。1931 年，河北省立女子师范学院教育系成立，胡国钰被聘为教育系教授兼任首任系主任。在教育系筹备期间，胡国钰主持制定了教育系课程设置及课程标准，制定了学生入学考试的应试科目，聘任了教员等，保障了创系初期的招生和教学等工作的顺利进行。他任系主任之初，就推行教学改革，主张研讨式教学与讲授式相结合，同时，倡导学生自主研究与教师指导相结合。1936 年，胡国钰任河北省乡村建设研究院研究部副主任。全面抗战爆发后，河北省立女子师范学院西迁，与当时同时迁来的国立北平师范大学、北平大学、北洋工学院和焦作工学院等院校在西安组建西安临时大学。胡国钰随校来到西安，被西安临大聘为教育学和心理学教授，主讲教育学概论、心理学及教育统计学。

1938 年 4 月，西安临大更名为国立西北联大。7 月，西北联大教育学院更名为西北联大师范学院。1939 年 8 月，师范学院独立设置，成立国立西北师范学院，胡先生担任西北师范学院教育系教授。1940 年，国立西北师院拟西迁兰州，先在兰州筹备分院，分批搬迁。1941 年，齐国樑与胡国钰赴兰，担任筹备分院领导工作。1944 年，他参加国立西北师院兰州校区建设委员会，对学院的新建筑进行规划建设，设法节约资金，为学校从城固迁往兰州做出了努力。1946 年，他积极参加学院复校委员会，与国民党教育当局作针锋相对的斗争，在 1 月 4 日举行的复校记者招待会上陈述"原有平津各校，俟平津收复后，仍当恢复"的缘由，揭露教育当局对复校运动的阻止。1946 年 8 月，北平师大、河北省立女子师范学院相继在平、津复校，胡国钰先生仍留在兰州，任西北师院教育系主任、教务长等，多次代理院长主持院务，把全部精力奉献给大西北的教育事业。1956 年 2 月 13日，胡国钰列席参加中国人民政治协商会议第二届全国委员会第二次全体会议，作《关于知识分子的问题》的发言，他充分阐述了师范教育对推进我国社会主义建设的重要意义。1958 年，胡国钰因病辞去教务长职务，于1965 年退休。

胡国钰先生作为本校第一代心理学家，他为西北现代心理学科的建立和发展作出了重要贡献。他一直奋斗在教学与研究的第一线，为西北心理学奉献长达三十年之久，为西北心理学科留下了火种。据当时听过胡国钰课的、现已九十岁高龄的西北师大退休教师丁松年老师的回忆，当时胡先生的课是最受同学们欢迎的，据说每次课前，最前面几排的位置都早早地被同学们占据。即使后来在一些政治运动中，学生不得不上台批斗胡先生的时候，也是以批斗的名义传达着对胡先生的爱戴与感激之情。现在的西北师大档案馆，还存有七十多年前胡国钰与其团队从事心理学研究的详细计划。比如当时从事的《智慧之因素及其活动条件研究》，就详细记载了研究的理论基础、所采用的方法、研究过程以及对教育改革的启示等等。在当时生活非常艰苦的条件下，正是因为有了像胡先生这样一批甘于奉献于西北心理学科的名师，才有了今天西北地区心理学的蓬勃发展。

具体而言，胡国钰对西北地区心理学的贡献有三：

第一，撰写《教育心理学》专著，对西方心理学思想的批判性继承。西方的教育心理学诞生于二十世纪初，此后，相关的教育心理学著作被译介到国内。但在当时，影响国内教育心理学的思想有基于实用主义哲学基础的机能主义心理学思想，这以杜威为代表；还有以实证主义为哲学基础的行为主义心理学思想，这以华生为代表。胡国钰发现了这两个观点在理论上的矛盾，认为教育心理学要真正发挥作用，得有一以贯之的理论基础。于是他在撰写《教育心理学》的时候，就以机能主义和完形心理学为基础，结合自己的理解，撰写了自成体系的教育心理学著作。该书于1936年2月由天津百城书局出版，首次印刷五百册。新中国成立后，西北师范学院开设教育心理学课程时，当时图书馆中唯一的一本胡国钰先生所著的《教育心理学》成为使用频率最高的书之一，每天同学们排队借阅。

第二，撰写《教育与心理统计》等著作，开创了西北师院教育与统计学研究的先河。胡国钰在读研期间，对教育统计有系统的学习，所以，早在20世纪30年代左右，他就撰写了《教育与心理统计》一书，但联系商务印书馆出版未果，于是，后来就油印作为西北师范学院上课的讲义。由于没有正式出版，因此学界关注不够。但无疑，此书属于心理统计方面较早的著作，对于教育与心理统计的推广和教学，具有重要意义。从1931年至 1956 年间，胡国钰有关教育统计的多篇论文发表在《北京师范大学学报》和《师大月刊》《女师学院季刊》上，从这些文章中，可以看出胡先生具有深厚的数学功底。

第三，编写《心理学》教材及其他译著。1930 年 8 月，天津百城书局出版胡国钰先生《心理学》教材一本。他还翻译了法国学者柏格森所著《心力》（1929 年由商务印书馆出版，后收入商务印书馆"万有文库：汉译世界名著"第二辑），此外，还公开发表心理学方面学术论文数十篇。他的这些努力，对西方心理学传入中国，对在华夏大地上开创新的心理学科，具有重要的意义。

（舒跃育）

◎陕西师范大学的创办者郝耀东

郝耀东（1891—1969），字照初，陕西长安县（今西安市）人。他早年先后就读于西安咸宁高等小学堂、西安府实业中学。在西安府实业中学读书时，是语文老师李元鼎的得意门生。1911 年辛亥革命爆发，实业中学停办，郝耀东跟随老师李元鼎到秦陇复汉军都督府，担任都督府译电员，负责各地革命电讯的翻译工作。1913 年，郝耀东考取陕西省西洋留学生，而后因留学生派出计划发生变更，他失去出国留学的机会。为了能够继续深造，郝耀东于 1914 年考入

图 12-2　郝耀东

上海中国公学大学预科。1916 年考入北洋大学法科，在北洋求学期间，他曾用英文写作《中国法律进化论》。

北洋大学毕业后，郝耀东考取教育部第二次公费留美生，于 1920 年冬赴美留学。在美国留学期间，他刻苦努力，勤奋好学，先后于 1921 和 1923 年获得美国加州大学学士学位和斯坦福大学硕士学位。在攻读硕士学位期间，跟随美国著名心理学家、天才研究专家刘易斯·推孟，全面学习了心理测验和天才研究方面的知识，并在天才研究上发展出自己的见解。1921 年，美、英、中等 9 国在华盛顿召开"巴黎和会"的继续会议——远东太平洋会议，中国外交再次失败。郝耀东基于爱国主义的义愤，先在美国西部联合中国留学生成立"华盛顿会议后援会"，后在美国报刊发表《二十年后之中国》，反对日本帝国主义侵略中国。留学后期，由于当时北洋政府的腐败，在学习中途停止了对公费留学生全部费用的支持。郝耀东为了完成学业，就利用暑假去葡萄园打工，经常一连十几个小时不休息，有时候甚至累倒睡在葡萄树下，为了自己的学业，他硬是咬牙坚持下来。1924 年，郝耀东完成学业，从斯坦福大学毕业。同年 8 月进入纽约哥伦比亚大学师范学院工作。在哥大师范学院期间，他在《教育杂志》上发表《学校视察与教育政策》一文，对当时我国学校视察仅凭个别视学人员的主观批判就简单地形成评价以及这种既无标准又缺乏科学方法的视学制度提出尖锐批评，此外他还详细阐述了学校视察的科学方法和具体操作。这篇文献在教育领域意义重大，不仅是我国教育研究领域运用调查研究方法进行学校视察的重要著作，也是研究我国视学督导制度发展的重要参考文献。1925 年初，郝耀东的《天才的研究》系列文章在《晨报副刊》上连载发表，该文系统地论述了当时所有关于天才研究的成果。1925 年 8 月，郝耀东辞去哥伦比亚大学师范学院的工作，携带三箱学习笔记和学术稿件归国。

回国后，他任教于国立西北大学，同时在西北军担任建设工作，主编《建设》杂志，后来担任国立西北大学教务长。1930 年，因国立西北大学学生不满学校校长余天休而长期罢课，郝耀东因无法开展正常的教学工作，被迫离开西安，到安徽大学教育系任教，负责讲授"心理及教育测验"和"发展心理学"两门课程。同年 6 月，郝耀东任安徽教育厅秘书，主办暑期学校。在暑期学校讲学时，他针对当时教育发展与人才培养的现状，特别指出应着力培养学生的五种品质，即健全体格、自治能力、公平竞争、科学的学习方法和创造精神、学以致用。1931 年，郝耀东被免去安徽教育厅秘书一职，负责主办安徽教育行政人员养成所，兼任安徽大学教授。1932年，郝耀东鉴于西北地区地处偏远，教育资源匮乏，又加之当时西北的特殊情况，需要能适应当地的人才，因此在《大公报》上提议建立国立西京大学，以促进西北地区的教育和社会的发展。1933年，郝耀东翻译的美国心理分析学家邦纳士所著的《自知之术》一书在黎明书局出版，该书后来成为王凡夫主编的"黎明小丛书"之一。同年，他出任安徽大学教育系主任，兼任南京中央政治学校计政学院教授主任。1936年4月，郝耀东与梅贻琦等人发起成立中国心理卫生协会。次年，担任中国测验学会编译委员会常委委员。①

因受全面抗战爆发的影响，安徽大学被迫于1938年1月迁校。因此，郝耀东重返西安，任教西安临时大学、西北联大师范学院，后随国立西北师范学院迁移兰州。1940年，他发表《洗心革面的道德教育》一文，指出"道德教育问题关系民族复兴前途至为重要"，强调道德教育的重要性。他说"当这山河破碎危急存亡之际，培养精神抗战力量，实较物质为重要。有了抗战的决心，自信的勇气，虽武器不如人，有时还可以以少胜多，以弱制强"。该文后来被节选录入《百年中国德育经典集萃》。

1944年8月，陕西省立师范专科学校（今陕西师范大学前身）在郝耀东等人的筹办下成立，郝耀东担任第一任校长。创办之初，学校占地面积仅约30亩，房舍简陋，教室10间，学生宿舍25间，教员宿舍25余间，图书仪器严重不足，师生学习、生活条件都非常艰苦。郝校长为解决学校办学困难，四处奔走，筹措资金。于1945年初，以"陕西省立师范专科学校同仁"的名义给于右任写信，请周旋教育部划拨美国捐助的专科以上学校教授研究款，但教育部部长朱家骅说教育部对此无支配权，因此师专未能获得研究款，学校办学困难也未能得以解决。直至1946年，在郝校长的各种努力下，成功购置北洋工学院（由北洋大学更名）西京分院校址约100亩，修建181间校舍，办学条件才得到一定程度的改善。同年8月，在郝校长的主持下，省立师专汉中分校成立，并开设国文、数学两科，招生100多人。郝耀东是一位学贯中西的教育家，在担任师专校长期间，他坚持办学民主，兼容并蓄，广泛聘请不同学术流派的专家学者来校任教，曾从西北大学、西北工学院等院校聘请兼职教师来任教。至1947年，在郝校长的带

---

① 主任委员萧孝嵘，常务委员共8人，其余7人见《中国测验学会职员名录》。

领下，陕西省立师范专科学校经三年努力，学校教学条件大为改善，存有图书7094册，物理仪器256种，化学仪器206种，化学药品198种，同时也有了体育场所及体育用品，教学质量得到了应有的保证。①

1949年，西安解放，西北地区对大专院校进行调整，陕西省立师范专科学校归并西北大学教育系，郝耀东也到西北大学教育系任教。1954年西北大学师范学院独立建制，更名西安师范学院，郝耀东至该校任教。1960年，西安师院与1956年成立的陕西师院合并，更名陕西师范大学，郝耀东在该校教育系任教授。1962年，郝耀东的《资产阶级心理学家和教育学家关于年龄特征问题的看法和部分资料》入选中国心理学全国年会资料。1963年，作为陕西省心理学会理事，在学会的学术论坛上作"研究儿童心理学的方法"的报告。同年10月，受邀给商务印书馆"知识丛书"编辑组寄去《现代资产阶级心理学》手稿。1969年3月，79岁高龄的郝耀东在西安逝世。

作为我国近代科学心理学的先驱，郝耀东为我国心理学的发展作出了突出贡献。他率先将国外军队智力测验引进我国，为后来我国编制军队智力测验奠定了坚实的基础；他第一个将天才研究系统介绍进中国，为完善我国心理学研究领域作出了重要贡献；他翻译国外教育心理学著作，大大丰富了我国教育心理的国外研究资料；同时，他亲自组织编制测验量表，积极推动心理测量研究成果在教育领域的实际应用。除此之外，在20世纪初，整个中国教育亟须改革的背景下，郝耀东积极推动教育改革，提出的许多教育改革措施和先进的教育理念，为当时的教育事业发展作出了卓越成绩。

（舒跃育　赵梓溢）

◎专注于技术人才培养的心理学家张官廉

1907年1月9日，张官廉出生于山西汾阳一个贫农家庭，五岁时母亲去世，跟着父亲生活。1913年9月，张官廉在汾阳演武镇上达村的一个教

---

① 郝耀东：《师专三周年》，《西京日报》1947年12月4日。

会学校开始读小学；1919 年 7 月到 1921 年 6 月，张官廉又到汾阳铭义教会读高小；小学毕业后，1921 年 8 月，张官廉升入汾阳铭义中学就读，1922 年入本校高中部。在校期间，他发愤图强，成绩优异，英语水平尤为突出。同时，他善于观察各种社会现象并试图提出相应的解决方案。

图 12-3　张官廉

1927 年 6 月，张官廉高中毕业，留在铭义中学当教员，教授英语课程。次年 9 月，张官廉在铭义中学和传教士甘美恩女士的资助下，考入北平燕京大学心理学系，跟随著名的美籍心理学家夏仁德教授学习心理学。

在大学四年里，张官廉专心学术研究，积极参加各种校园活动。九一八事变后，张官廉组织宣传队，积极参加抗日救亡运动。1932 年 6 月，张官廉以《中国中学生心理态度之研究》论文顺利毕业并获得理学学士学位。

燕京大学读书期间，夏仁德主张大学生应该为农民服务、改造农村、建设农村。因此，受恩师影响，张官廉毕业后始终心系农村。1935 年 7 月，张官廉到河北定县晏阳初创办的平民教育促进会做研究员，并在地下党员李凯的领导下组织读书会。为了更深入地研究农村小学教育，1936 年 7 月到 1937 年 6 月，张官廉又改任燕京大学教育系助教，在定县从事农村小学教育研究。后又在华北农村建设协进会担任助教和教员，指导大学生从事乡村教育工作。正当农村建设协进会在探索未来之路时，全民族抗战爆发，张官廉和其妻王贤琳只得跟随农村建设协进会撤退到贵州惠水县，在此张官廉担任教育科督学，并兼任实验小学校长。

自 1932 年到 1938 年，张官廉在短短六年内辗转多地，工作频繁更换，他自认没有尽到一个知识分子应尽的职责。1938 年 12 月，张官廉辞去农村建设协进会的工作，在夏仁德的推荐下，到重庆参加路易·艾黎和斯诺夫妇倡导的中国工业合作社运动（以下简称工合）。张官廉认为七七事变后，沿海工厂和技术工人内迁，而中国工合倡导建立小规模合作社工业，充分利用难民和失业者进行半手工生产，为后方和前方提供一定的物资，符合当时的社会现状。因此，张官廉毫不犹豫地投身到这场经济抗战救亡运动中。

1939年，张官廉奉派担任四川荣昌县（今重庆市荣昌区）工合事务所主任，他积极组织失业工人和难民，将一无所有的荣昌工合组建起来，先后成立了印刷、纺织、瓷器和夏布生产合作社。荣昌工合运动的蓬勃发展得到了中国工合领导者的关注，路易·艾黎、宋庆龄等都前去参观。

1940年，戴乐仁在成都金陵大学举办工合理论讲习班，邀请张官廉出任工合高级干部培训班副主任，并承担了合作教育等课程，张官廉先后为工合培训了许多中高级技术人员。1941年11月成都训练班事务结束后，戴乐仁与张官廉到兰州工合办培训班时，恰逢兰州工合事务所主任薛觉民离职，张官廉便留在兰州担任中国工业合作社协会西北区兰州事务所主任。

兰州工合事务所创立于1939年3月，张官廉接任主任后，先后主持成立了卫生医疗短期训练班、工合医疗所、工合托儿所等机构，甚至为了设计、生产、运输等物流环节顺畅，还成立了兰州工合研究所、合作实验厂、联合社以及供销处。为了使工合资金管理规范化，账目清晰，还举办了合作社会计培训班。张官廉的一系列举措让兰州的工合运动发展迅速，兰州变成了工合运动推行最好的地方，开始引领全国的工合运动。

为了培训更多的技术人才以支持工合运动，1942年9月，张官廉和路易·艾黎以及埃德加·斯诺在兰州黄河北岸的穆柯寨共同创办了中国工业合作协会兰州培黎工艺学校，以美国人约瑟夫·培黎命名，一方面是为了纪念他对中国培训教育事业的贡献，另一方面也是因为培黎老人注重实际的教育思想与创办培黎学校的初衷相符。兰州培黎学校建立后，校长之职由张官廉担任，王贤琳任校务主任和教导主任。招收的学生大多是孤儿或家庭贫困的孩子。张官廉出任培黎学校校长期间，遵循"创造分析，手脑并用"的校训以及"勤俭互助，自立立人"的精神，努力践行脑力与体力相结合的思想，实行半工半读，每天上午是理论知识学习，下午带领学生到各个车间实习，并且定期更换工种，使每一个学生都掌握不同技能。这种教学模式与当时的社会现状非常契合，不仅生产了大批军需民用物资，还为工合培养了大批懂理论、会操作的中级技术人才。

由于张官廉和艾黎等人在国内和国际上的大力宣传，兰州培黎工艺学校和工合组织曾在一段时期内蜚声海内外，受到国家领导和国际各方的广泛关注。据统计，1942 年到 1946 年五年时间里，先后有 25 位国际友人到兰州参观访问或加盟工合事业。

1943 年 8 月，英国学者李约瑟到兰州考察战时的科学技术现状并参观工合，还向兰州培黎学校捐赠了许多仪器设备。由于张官廉精通英语，当时便由其负责接待李约瑟，担任翻译和介绍工作。1943 年李约瑟参观访问国立西北师范学院并做讲演时，张官廉现场翻译；李约瑟参观兰州工合培黎学校时，张官廉便用英语做介绍。当年 12 月 9 日是李约瑟 43 岁生日，他在张官廉家中穿着中国长袍，吃着中国火锅，用中文朗诵了陶渊明的《归去来兮》，过了一个完全中国化的生日。1944 年 6 月，美国副总统华莱士访华，途经兰州，和他的高级随员欧文·拉铁摩尔、约翰·文森参观了兰州的工合和培黎学校。张官廉再次出任翻译，向华莱士详细介绍了兰州工合事业的发展和培黎学校的建设、运行等情况。后来拉铁摩尔还专门写文章报道了兰州培黎学校并筹集捐赠了一些新机器。

1944 年 7 月到 8 月，苏联记者路斯·瑞和彼得·欧斯参观了兰州培黎学校和生产合作社后，在《密勒氏评论报》上发表文章报道兰州的工合事业和培黎学校，对张官廉等人的工作予以充分肯定。1944 年 7 月，英国工党议员胡特和工程师弗拉格来兰州访问，向培黎学校捐赠 20 多套仪器，张官廉不仅充当翻译，还陪胡特等人到河西走廊参观。从河西回来后，张官廉在国立西北师范学院做了一场关于英国合作运动的演讲和一场以心理学为主题的演讲，以此向学生宣传国际上的工合发展状况和心理学的重要性。

1945 年 7 月，山丹培黎工艺学校[①]校长乔治·何克因破伤风去世，去世后校长之职便由张官廉兼任。为使山丹和兰州两个培校的地位更加合法化，1946 年 6 月，张官廉、艾黎、张心一等人经过一系列努力，成立了山丹、兰州培黎学校董事会，张官廉是董事会成员之一。后由于兰州培黎学校经费匮乏，无法运转下去，于 1947 年夏被合并到山丹培黎工艺学校。两校合并以后，张官廉辞去山丹培黎学校校长之职，由甘肃省建设厅厅长张心一

---

① 1942 年，由路易·艾黎和乔治·艾温·何克等人在陕西凤县双石铺创办。1944 年迁至甘肃山丹。1953 年迁往兰州市安宁区十里店邱家湾，改名为培黎石油技工学校。2003 年，培黎石油技工学校合并到兰州师专。2006 年，兰州师专升格为本科层次的兰州城市学院。

兼任。兰州解放后，张官廉被邀请列席甘肃省首届临时人民代表大会。1952年工合宣告停止活动后，张官廉被安排在甘肃省合作干部学校工作，担任教务主任，负责计划统计研究工作，讲授合作概论和计划统计学。"三反"运动开始后，张官廉被调到合作局计划统计科工作。

1944年9月到1945年5月，在工合身兼数职的张官廉就已经在国立西北师范学院教育系教授社会心理学课程，并被聘请为公民训育系教授。1952年8月，张官廉被西北师范学院教育系正式聘为教授，担任儿童心理学、普通心理学、社会心理学、心理卫生、小学教学法、合作教育等课程的主讲。1953年12月至1955年7月，西北师范学院保送张官廉到北京师范大学参加教育部主办的心理学进修班学习。在学习期间，张官廉担任进修班班主席，系统学习了苏联心理学家斯·阿·彼得鲁舍夫斯基教授讲授的心理学的哲学基础和自然科学基础课程，这次学习使张官廉更深入地了解了巴甫洛夫的交替反射学说，找到了心理学的生理基础。在北京师范大学进修期间，由于张官廉成绩优秀，表现突出，北京师范大学校长陈垣找张官廉谈话，希望他留在北师大教育系担任全国研究班心理学主讲教授。西北师范学院院长徐劲听到消息，马上与张官廉沟通，希望他回校工作。张官廉为了西北地区心理学科的发展，毅然决然回到兰州，回到西北师院教授心理学。

1955年张官廉开始担任心理学研究组主任。1957年6月，西北师范学院院报正式创刊后，张官廉曾在一段时期内担任学院院报编委会委员。1958年，张官廉与教育系的李建周教授及陶崇明教授一起设计制造了"条件反射实验器"，此发明曾先后在甘肃省科技展览会和北京的全国科技展览会上展出，获得多方称赞。1965年，甘肃师范大学教育系停办后，张官廉被调到外语系任副教授。当时懂英语的人才稀缺，为了英语教学事业的发展，张官廉亲自编写英语口语教材。1974年后，在身体严重不适的情况下，张官廉与同事合译联合国文件，为此还专门撰写了一本翻译该文件的参考手册。1978年，张官廉病情加重，已经不能行走，但他为了不耽误学生的课程学习，就请学生来家里继续讲课。1980年，张官廉病情严重，停止了教学活动。1986年11月18日，张官廉与世长辞，享年80岁。

（舒跃育　汪李玲）

第十三章　讲学论道乐融融

◎国学大师顾颉刚的师院情缘

顾颉刚，原名诵坤，字铭坚，号颉刚，江苏苏州人。中国现代著名历史学家、民俗学家，古史辨学派创始人，现代历史地理学和民俗学的开拓者、奠基人。

顾颉刚在 1949 年前有两次西北考察的经历，第一次是 1937 年 9 月 29 日至 1938 年 9 月 9 日，这次受中英庚款董事会之邀，集结各界人士赴西北考察教育。顾颉刚在此期间辗转于青海、甘肃二省，考察期间的见闻深深触动了

图 13-1　顾颉刚

他，他以日记的方式记录下了这次考察的经过，写成《西北考察日记》。此次考察他在兰州停留时间最长，兰州给他留下了深刻印象，这也为他后来受聘兰州大学创造了机缘。

顾颉刚第二次到访西北已是抗战胜利之后，他受兰州大学校长辛树帜之邀，于 1948 年 6 月 17 日至 12 月 7 日赴兰大讲学。听闻顾颉刚要来兰大讲学，西北师院也向他发出邀请，顾先生盛情难却，来到兰州的第三日即

与他的学生王树民乘车前往西北师院。之后，师院院长易价邀请他与王树民、李建勋、胡国钰等人在三友饭店吃饭。易院长对顾颉刚先生的到来表示隆重的欢迎，同时邀请顾先生能在师院演讲兼课，顾先生爽快答应。

西北师院为了请顾颉刚来讲课可谓做足了功课。6月19日刚宴请完顾先生，6月22日易价院长亲自到兰大拜望，恰逢他正在兰大讲"诸子时代"与"经学时代"的课程，待讲课结束，顾先生又在易院长等人的陪同下前往西北师院用餐。饭后，顾颉刚在孙培良的陪同下参观游览了学校附近的保安堡。6月25日，易院长又亲自登门拜访，短短几日，大有三顾茅庐之意。6月26日，一早顾颉刚即给妻子写信，信中直言"饭局终辞不掉"。上午在兰大上完课，下午便马不停蹄地赶往西北师范学院，为学生们做了一场"边疆教育与社会教育"的讲座，得到了在场师生的一致好评。讲座结束后在易价、何乐夫等人陪同下参观了西北师范学院的校园，事后又被邀请至三友饭店共进晚餐。

顾颉刚此次到兰不久，他远在苏州且怀有身孕的妻子张静秋，接二连三地函电催归，但顾颉刚为了兑现他的诺言和证明学问上的成功，他向妻子百般解释不能拒绝西北师院讲课的请求。然而，西北师院频繁邀请顾先生前去讲课，兰州大学的学生反倒不乐意了。顾颉刚在信中声言他对此地的课真无办法。校外校内，学生先生，天天挤满一大讲堂，下雨也不减少，使他虽欲偷懒而不能。兰大与西北师院向来交换教授，故师院要他前往讲二三星期。但兰大学生听到，就联名写信给辛校长，拒绝此事。不得已师院学生进城，去听他的讲座。不仅如此，西北行辕、省党部、国立图书馆、地质调查所以及其他一些机构或是旧友都不断地邀请他前去演讲，顾颉刚先生加班加点，努力为之。

演讲之外，当地机关、杂志社、个人都请他题字或撰写文章，仅7月30日一天，他就为人写字四十件；7月31日又为人写字约四十件，午休过后又给《西北师院学报》写《汉代的西北》千余字；8月6日又作《中国通史与边疆史料》约一千两百字，下午又帮兰大图书馆作《兰大图书馆概况》序八百言；8月9日与友人到兽医学院，并为该院同人写作约四十件，饭后又写十件；8月14日又为《西北月刊》写《甘肃教育之我见》两千余言；8月16日将《对于甘肃教育之我见》一文修改，凡五千言，又写

《西北文化》一文。此后三月间，前来请顾颉刚题字作文者数不胜数。这种一边讲课备课，一边又忙于交际的状态使得顾颉刚日渐消瘦，夜里常常失眠服药。友人郭瑛见到他也说："瘦些了！"他在日记中也直言："此次来兰，每一杂志要我写一文，每一机关要我讲演一次，每一人要我写一两张字，如何不忙！"

在这种情形之下，顾颉刚难免有些力不从心，加之夫人的病久而未愈，使得他心中焦急万分。他在给妻子信中自责道："你病了，是什么病？现在愈否？极念极念！为了我成就学问之心，害你这样苦痛，全是我的罪过，只有接受你的斥责。"然而为了不让师大师生失望，顾颉刚终于在11月22日来到师院上课。"师院功课已往上，天天乘公共汽车往来。十三里路，行十五分钟，尚不为劳。我对他们说明，看票期定于何日，我即早一二天辍讲，不是一定两星期。"从寄给妻子的信件中，不难看出他在百忙之中仍抽出时间来师院讲课，实属不易。此时顾先生不仅上午要在兰大上课，下午又要急匆匆地赶往师院，有时更是顾不上吃午饭和午休，连给妻子写信的时间都大幅压缩，过去每隔一两日便写一封信，来到师院之后五六日才写一封。

11月22日下午，他的讲课内容为"巫术时代与王官时代"；11月23日下午，他的讲课内容为"诸子时代"；11月24日与25日下午，讲到了"经学时代"；11月27日讲到了"理学时代"但是未讲完；11月29日接着讲理学时代的"二程"；11月30日讲"朱、陆"；12月1日讲完了"经学时代"开始讲"史学时代"。顾先生每次讲课2个小时，内容贯穿古今，博采众长，赢得了在场师生的阵阵掌声，同学们通过这一系列讲座受益匪浅，体会到了国学大师的风范。这种高强度的讲课从11月22日开始，到12月1日结课，顾颉刚在西北师院共讲了8次课，连续十天在兰大和师院同时开课，把他累得大病一场。从12月2日开始，他感到"身体大不适"，并且卧床不起，他自言"予此次之病，实由兰大与师院两处授课，奔波太劳所致，而所以两处同时授课者，则以京沪恐慌，家人函电交促之故。否则兰大课毕，再到师院两星期，生活并不累也"。

12月5日发烧基本痊愈，他赶紧加急为友人写字，"为史学系学生所印予照片签字"；"写吴母詹太夫人寿屏八幅，联二副"；"为张鸿汀莫高窟访古图题诗二首"等，共约三十件。当天晚上他在日记中记道："今日本不当工作，以将行，所欠字债不得不还，乃借汽油灯，夜以继日为之，亦可怜也。"12 月 6 日写字约一百五十件，直至夜十时。①

在兰州的五个多月中，顾颉刚与师院结下了相当深厚的情缘，师院人的热情好客、求知若渴深深打动了他，顾先生此次来兰，恰逢兰大初建，一些本省籍势力以所谓的兰大外省籍教授排斥当地师生的莫须有的借口，唆使本地部分学生殴打教授，一时外省籍师生纷纷走避或离境，全校陷入混乱停顿状态。② 此事对西北师院也造成不小影响，一时间人心惶惶。顾颉刚先生来后，才使得紧张的局面缓和下来，学生安心读书，教师安心授课。几十年过去了，师大人每每提到顾颉刚先生，总能回忆起他那忙碌教学的身影，总能回忆起他那严谨治学的态度。

（尚季芳　孙翌鑫）

◎向达、夏鼐与西北师院的交往

图 13-2　向达

向达，字觉明，1900 年生于湖南省溆浦县，著名历史学家、考古学家、翻译家，一生致力于中西交通史及敦煌学等研究工作。1919 年考入南京高等师范学校，1924 年后任商务印书馆编译员、北平图书馆编纂委员会委员兼北京大学讲师。1935 年秋到牛津大学鲍德利图书馆工作，在英国博物馆检索敦煌写卷和汉文典籍，1937 年赴德国考察劫自中国的壁画写卷，1938 年回国后任浙江大学、西南联合大学教授。抗战胜利后，任北京大学历史系教授兼掌北大图书馆。新中国成立

---

① 顾颉刚：《顾颉刚全集　顾颉刚日记》第 6 卷，中华书局 2011 年版，第 384—385 页。
② 李得贤：《顾颉刚先生与西北》，《青海社会科学》1982 年第 3 期。

后，任北京大学历史系教授、图书馆馆长，中国科学院哲学社会科学部委员。

夏鼐，字作铭，1910 年生于浙江温州，著名考古学家，新中国考古工作的主要指导者和组织者，中国现代考古学的奠基人之一，中国科学院院士。1934 年清华大学历史系毕业，1939 年获英国伦敦大学埃及考古学博士学位。先后任职于中央博物院筹备处、中央研究院历史语言研究所，1950—1982 年任中国科学院考古研究所副所长、所长。1982 年任中国社会科学院副院长兼考古研究所名誉所长。次年兼任国家文物委员会主任委员。

图 13-3 夏鼐

向达和夏鼐两位先生在敦煌学研究领域有共同点，因此二人经常相互切磋，建立了深厚的学谊。向达比夏鼐年长10 岁，两人最初相识于英国伦敦。向达于 1935 年由北平图书馆派至英国研究敦煌写卷和太平天国文书；夏鼐则在 1935 年赴英国伦敦大学学习考古学。1936 年两人在大不列颠博物馆一见如故，从此开启了一段数十年的友谊。

1944 年，向达、夏鼐等人在傅斯年、李济等人的安排下，组成了西北科学考察团。向达先行一步，于 3 月 21 日飞抵兰州，夏鼐则于 4 月 4 日随后赶到。向达先生和顾颉刚一样，都是在学术界颇有声望的专家，一到兰州便受到了多方邀请前去讲座。西北师院捷足先登，邀请向达于 3 月 28 日演讲，并为此向全院张贴了布告，"本院定于三月廿八日（星期二）下午一时至三时敦请西北联大教授向觉明先生在本院第七教室讲演'敦煌佛教艺术之渊源及其在中国艺术史之地位'，合行布告，仰全体学生一律出席听讲为要。此布。"为此李蒸亲给向达写信，"觉明先生台鉴，迳启者本院敬请先生于三月廿八日（下星期二）下午一至三时莅校对本院学生讲演，至祈惠允。再台驾来时可于是日上午十时左右在省府前搭乘开往十里店交通车，先在本院午餐，弟在本院总办公处恭候，专此函达，顺颂台祺。"此信于 3 月 24 日送往中山林科学教育馆袁翰青馆长转达向达。28 日他便在西北师院作了第一场讲座，讲座现场座无虚席，气氛热烈。向达告诉学生："学者要有贡献，全靠自己努力，须有真才实学，拿得出有价值的著作来。若投机取巧，欺世盗名，纵侥幸于一时，迟早必将为人所唾弃。"同仁与向达讨论学问，他总是尽自己所知相告，既不炫耀他在史料方面的收藏和密录，也不吝惜自己的珍籍，他将自己从国外抄来的史料分享给别人借阅摘抄也是常有的事。

4月4日，夏鼐抵达兰州，向达亲往机场迎接，晚住国立甘肃科学教育馆。接下来的几天气温骤降，天空飘起了皑皑大雪。4月13日，在春寒料峭之际，二人上午同赴十里店，前往西北师院拜访何乐夫先生。何乐夫时任西北师范学院国文系教授兼系主任，在业界颇负盛名。不巧何先生有课，未遇，于是二人前往茶馆，随即赴十里店土堡游览。行至黄河边，此时黄河水浅，河边的水车已停止工作，河中皮筏顺流而下，如漂泊在水中的落叶一般，一会儿便不见了踪影，遥遥远去了。

午饭后二人再访何乐夫先生，二人的到来使何先生喜出望外，何乐夫将寒假中与师院学生在附近调查所得的古物展示给两位专家。又带领二位至师院校舍东侧之遗址，发现一土台，夏鼐认为这可能是安特生所谓马兰期之土台。不见灰土坑，唯有陶片少许，因为师院学生已经进行过采集的缘故，地上所剩陶片甚少。他们三人捡得十余片，选取12片携回，其中有彩色者9片，细绳纹者1片，因其过于破碎，花纹多不大清楚。①

4月17日清晨，他们便踏上了前往敦煌的旅程。二人西行之旅程充满艰辛，路上车况、路况较差，"车子开行至河口镇即以轮胎发生毛病，停车修理"，"再开行到离徐家磨2公里处，又抛锚了，司机派助手赴永登请派救济车"，"由永登起身，开到离永登约30公里，汽车又抛锚了"，"由古浪西行至距武威约9公里处，车子又抛锚了，车轮坏了一个"。② 这种情况使本就艰辛的西行雪上加霜，好在5月12日向达的学生阎文儒加入考察团，他的到来使得情况大有改观。

阎文儒的到来使向达和夏鼐很是高兴，他人脉广，善处事，对当地事务较为了解。他打听到后日有炮车营车辆赴新，便积极与营长裴超接洽。裴超和阎文儒同为东北人，不仅爽快答应了三人的乘车请求，还让他们坐自己的车，晚间还请阎文儒共进晚餐，乘车问题便解决了。此后的考察途中，阎文儒不仅对夏鼐、向达多有帮助，还负责记账工作，成为考察团的重要成员。

---

① 《夏鼐西北考察日记》（上册），第30页。
② 《夏鼐西北考察日记》（上册），第32—33页。

1944 年 10 月，考古发掘工作基本完成。10 月 19 日，向达先行乘车东归，返回四川。夏鼐与阎文儒继续作后续的清理、装箱，并带着考古样品一同东归。1945 年 1 月 15 日，考察团结束了敦煌之行回到兰州。17 日，阎文儒受好友西北师范学院附中校长方永蒸之邀前去做客，方代表师院聘请阎文儒任副教授，月薪 360 元，阎颇为心动。19 日，阎文儒再次前往师院洽谈。21 日，夏鼐至甘肃科学教育馆，将所发掘的汉简、标本及唐写经出示给赵敦甫、袁翰青、何乐夫和方永蒸观看。

3 月 1 日，夏鼐步行至十里店拜访何乐夫，两人就城子崖之有字陶片进行了讨论，何乐夫"仍主张有为殷代前期之可能，盖囿于董彦老之说，以其中有二字近于甲骨文前期字体也"，夏鼐则认为"其所出之文化层为东周期，并非黑陶期，此物决不能在周以前，齐人之'齐'作地名解，恐为太公封国后之事；陶片上刻画文字，多属潦草幼稚，不能以此即视其为文字草创前期之物"。① 何乐夫又拿出师院筑礼堂时所出土之陶器数件、人骨一块，与夏鼐讨论交流，二人在讨论中分享卓见，使得满是陶土味的房间里充满了知识的芳香。

夏鼐在兰州期间，清华同系校友李嘉言屡次前来拜访。李嘉言，著名古典文学研究家，字泽民，又字慎予。1942 年由时任西南联大中文系主任罗常培先生的介绍，推荐给黎锦熙先生，聘为国立西北师范学院国文系副教授，初到师院授文学史课，自编文学史讲义，后开楚辞研究课。

1 月 26 日，西北师范学院国文系教授李嘉言来访，同至小饭馆用餐后分别。3 月 11 日中午，李嘉言前来约请夏鼐周二赴西北师院讲演。3 月 13 日，夏鼐应西北师院之邀，前往十里店演讲。这天早晨气温骤降，伴随着雪花飘落，公交车因雪滑停运，"步行而往，因穿毡窝子，颇为吃力。在史地系主任家中午餐，演讲 1 时开始 3 时止，乘洋车返城"。3 月 26 日，修改由史地系三年级学生李园林所记录的在师院的演讲稿，准备发表。

6 月 28 日，夏鼐再赴河西地区考察，乘坐西北公路局汽车，汽车在十里店发生故障，轮胎漏气，只得在十里店停留，他去何乐夫及李嘉言处谈话。李嘉言盛意邀请夏鼐住在自己家中，夏鼐称"押车之谭君谓或许明晨

---

① 《夏鼐西北考察日记》（上册），第 183 页。

天未亮即开行，故最好睡在车旁"①，谢绝了李嘉言的邀请。7月25日，阎文儒与夏鼐在永昌会合，继续进行考古工作。9月9日，阎文儒接到西北师院副教授聘书，于10月19日返兰。夏鼐则在11月11日返回兰州。12月9日，夏鼐与阎文儒共进早餐，晚间同赴天胜食涮羊肉火锅。10日中午，应阎文儒之邀，在陶乐春宴会，"阎君谈及未来计划，希望余在重庆能为之活动东北文化机关位置，又拟辞去西北师院讲席，返家著书而领北大之津贴"②。18日，夏鼐离兰，阎文儒前来送行，此次西北考察行程正式结束。

以向达、夏鼐先生为首的西北科学考察团，在抗战的艰苦岁月，在甘肃、青海等地进行了为期一年零九个月的考察，他们不仅发掘了大量古物，为外界重新认识甘青文化提供了有力佐证，而且与西北师院何乐夫、李嘉言和阎文儒诸先生以及学生们进行了学术交流，将现代考古学方法及新理论等播撒到西北大地，为西北现代考古作出了重要贡献。

(尚季芳　孙翌鑫)

◎中国科技史家李约瑟在师院

翻开中国近代史，各个时期都有大批国际友人支持中国人民的正义进步事业。他们有的不顾个人安危，直接投身于中国人民的革命洪流；有的渴求真理，公正地介绍中国实况，赢得了国际上对中国的同情和支援。李约瑟（Joseph Terence Montgomery Needham）正是这样的人。他是英国生物化学和科学史学家，中国科学院外籍院士。曾就读于英国剑桥大学并取得哲学博士学位。

1941年12月，珍珠港事件爆发后，美国、英国、中国正式对日宣战，并且组建了世界反法西斯联盟。中国对日作战显得尤为重要，然而中国当时的情报、科技问题难以解决，对日作战往往处于不利局面。在英国文化

---

① 《夏鼐西北考察日记》（上册），第209页。
② 《夏鼐西北考察日记》（上册），第231页。

委员会和生产部的资助和主持下，中英科学合作馆在重庆成立，这是同盟国试图打破日本对中国的情报和技术封锁努力的一部分，其宗旨是帮助中国科学家和技术专家。1943 年 2 月，李约瑟被派往中国主持此馆。

李约瑟来到中国后，他深知要获得中国科学技术现状的第一手资料，就必须实地考察中国的大学、工厂、实验室，等等。因此他亲自对中国西南和西北地区进行了实地考察。甘肃省会兰州在他的西北之行中占有重要地位。1943 年 8 月，李约瑟到达兰州，与人们对西北地区漫天黄沙的固有观念不同，李约瑟认为兰州是一座富有魅力的城市，是一座伟大的城市，它有许多城墙、城门和鼓楼。让他感兴趣的是这座城市还给人以一种中国文化和土耳其文化交汇的感觉。有些商

图 13-4　李约瑟

店的招牌同时用中文和阿拉伯文字书写，还有许多白色或近似于白色人种的人，以及大量的阿拉伯人。"一位摆水果摊的老头看上去像高尔基，虽然穿的是中国服装。四周还有许多有大胡子、鹰钩鼻的人，他们可能直接来自北非。水果，特别是苹果棒极了，还有一种醉瓜，芳香扑鼻。"他称这里是医学、工程和农业中心，也是小小的教育中心。

李约瑟之所以将兰州称为"小小的教育中心"，就是因为西北师范学院是全国师范教育的中心，是全国最大的师范学院。①

李约瑟博士在兰州期间，向省政府 200 多名官员发表了题为"东西方的科学与文明"的演讲。演讲非常成功，省长亲自临演讲会。考察访问中，李约瑟博士还非常仔细地收集中国科学家的个人情况。他记下他们的中文名字，英文写法，字号，担任的职务和在西方工作过的实验室。他还参观了兰州工合事务所领导下的兰州各个工业生产合作社。他非常欣赏路易·艾黎采用的工合和培校职业教育方式，热情地向兰州工合社员讲演，论证工合事业的时代进步意义，使在场的听众深受教育和鼓舞。临走时，他赠给兰州培校一架精密实验仪器分析天平。他还参观访问了兰州的甘肃科学

---

① 李约瑟、李大斐编著，余廷明等译：《李约瑟游记》，贵州人民出版社 1999 年版，第 145 页。

教育馆，会见了化学家袁翰青馆长，并应邀在甘肃科学教育馆做了一次国际生物化学进展的学术报告。随后，李约瑟博士又参观访问了西北师范学院，并向师生作了关于东方及西方的科学文化成就的讲演，由张官廉担任翻译。李约瑟博士在师院的演讲列举了丰富的事例，高度赞扬了中国人民在世界文明史上所起的重大作用，生动的演说博得阵阵掌声。之后，李约瑟博士一行还考察了资源委员会与甘肃省政府合办的一个大机器厂（现兰州通用机械厂前身）。这里制造车床、钻床、抽水机、织布机、行销大西北各省。他还参观了西北公路局和修理厂、干电池厂、毛纺厂、面粉厂以及兰州的医药工厂、西北卫生防疫处。

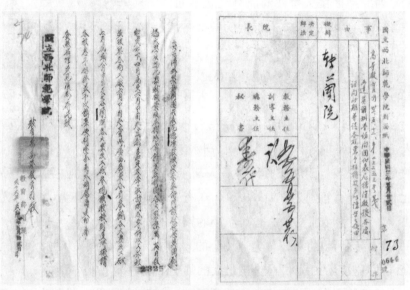

图 13-5　为英国科学访问团代表尼德汉教授访问讲学
提供便利条件一事给西北师院的函

张官廉在李约瑟访问兰州期间负责接待工作，在陪李约瑟到兰州工合各个生产合作社参观时，张官廉便用英语作介绍，参观结束后，李约瑟对张官廉产生由衷的敬佩。一天李约瑟忽然向张官廉夫妇询问能否搬到他们家里住，张官廉夫妇十分欢迎李约瑟。当时张官廉家在下东关一座四合院里，夫妇俩将一间南房腾出作为李约瑟的工作室兼卧室。从此，张官廉夫妇和李约瑟工作生活都在一起，双方有了更多的了解，培养了更深的感情。

李约瑟的西北之行硕果累累，这为他了解中国科技文化发展情况打下了坚实的基础，也为他后来编著《中国科学技术史》提供了第一手资料。特别是他在西北师院的演讲使得同学们认识到了中西方科技文化方面存在的巨大差距，激发了师院学子努力学习的热情与决心。

（尚季芳　孙翌鑫）

◎ 为何是最大的师范学院？

中国科技史学家李约瑟在 1943 年考察西北地区的科学与技术时，途经兰州，他在参观西北师范学院后，曾称"国立西北师范学院，是中国最大的师范学院"。为何西北师范学院是当时最大的师范学院呢？

首先，国立西北师范学院是中国高等师范教育的引领者。1902 年，京师大学堂师范馆成立，此为中国师范教育之开端。1908 年，京师优级师范学堂成立，此为中国师范教育独立设置之始。后经高师改大与反对废除师范运动，北京师大始终坚挺屹立，一枝独秀。民国初年我国有七大高等师范学校，分别是北京高师、南京高师、武昌高师、广东高师、成都高师、沈阳高师、北京女高师。师范教育独立设置本为中国学习日本的成果，然而随着"二十一条"的签订，中日关系恶化，一些留美学生主张采用美国的师范制度，因此关于师范教育是否应独立设置在政学两界展开了激烈的争论。蔡元培和陈独秀都主张师范教育并入大学。① 胡适等主办的《独立评论》常发表文章，主张取消师范大学制度。② 为此北京高等师范学校在李建勋等名师的领导下，据理力争，不仅学校得以保存，且于 1923 年升格为北京师范大学，成为硕果仅存的师范大学，为中国高等师范教育保留了火种。与此同时，其他六所高师相继并入了其他大学，声名淹没。

延至 1932 年，关于师范大学的存废之争再起波澜。国民政府教育部命令师大等校停止招生。时任校长李蒸挺身而出，他撰文指出："师范生实负

---

① 张俊宗：《近代西北师范大学与中国高等教育》，《团结报》2021 年 8 月 26 日。
② 李蒸：《北京师范大学历史上的存废之事》，《李蒸纪念文集》，第 59 页。

有继承与传递本国固有文化的责任，同时亦有吸收外来文化与创造新文化的责任。我们知道文化的绵延是要国民一代一代地继往开来，而这种能力是从教师身上学习而来的"。亦有进者，北平师大展开了大规模的"护校运动"，加之教育界的呼吁以及国民党内部的意见分歧，最终北平师大这颗"仅存的硕果"被保存了下来。

其次，国立西北师范学院是开发西北教育的急先锋。1937年后，北平师大相继变成西安临大教育学院，西北联大教育学院、师范学院，国立西北师范学院。1940年，国民政府命令西北师范学院从陕西城固迁往甘肃兰州，规定兰州为永久校址，并以甘肃学院的校址为学院院址。校长李蒸经过考察，否决了教育部的指令，提出"兰州西郊六公里、黄河北岸沿甘新公路之处"的十里店为最佳校址，教育部最终批准建校。李蒸的远见卓识为西北师范学院未来的发展提供了广阔的空间。

经过师生艰苦奋斗，至1944年底，终于建成了占地330亩的校园。校园西区为本部，占地300亩，建有房220间，有教室、实验室、图书馆、礼堂、办公室、学生宿舍、食堂、体育场、农业实习地、园艺实习地；校园东区为住宅，占地30亩，建有小结构住宅房370间，为教职员住宅。其中，1944年建成的大礼堂可容纳约1200人，1945年建成的图书馆可容500人阅览，可见校园建筑之规模。[①]

再次，国立西北师范学院有雄厚的师资力量与成熟的学科建设。在城固时期，西北师院拥有一批优秀的教授团队，主要有李建勋、鲁世英、郝耀东、方永蒸、马师儒、胡国钰、金澍荣、袁敦礼、董守义、徐英超、黎锦熙、罗根泽、谭戒甫、陆懋德、黄文弼、杨人梗、汪堃仁、邹豹君、杨向奎等名师。西迁兰州后，以上教师不畏路途艰险遥远，大都随来兰州。此外还增聘了焦菊隐、常道直、张振先、李庭芗、孔宪武、张世勋、李玉涵、刘耀黎、李嘉言、叶丁易、程金造、顾学颉等知名学者任教。他们执教有方，深受学生欢迎。1943年，西北师院的教员有171人，在所有独立师范学院中位居第二，仅次于国立师范学院。[②] 1945年4月，教育部统计师资情况，国立西北师范学院在所有独立师范学院中师资力量跃居第一。

---

① 《中华民国史档案资料汇编》第5辑第3编"教育1"，第298页。
② 《中华民国史档案资料汇编》第5辑第2编"教育1"，第764页。

表一：全国各师范学院的师资力量① （1945 年 4 月）

校名	教授数	副教授数	讲师数	助教数	总计
西北师范学院	54	26	43	36	159
师范学院	31	12	24	26	93
女子师范学院	23	27	20	10	80
贵阳师范学院	31	16	13	2	62
桂林师范学院	28	5	19	6	58
湖北师范学院	20	17	16	8	61

由表一可知，和其他几所独立师范学院相比，西北师范学院教授、副教授、讲师、助教数名列前茅。这与李蒸校长的礼贤邀请是分不开的。同时，此时莅兰的学术名家都被邀请来学校讲学，如李约瑟、向达、夏鼐和顾颉刚等，故当时学校的人才成一时之盛，堪称佳话。

西北师范学院在科系设置上，也更胜其他师范学院一筹。

表二：师范学院院系设置概况表② （1943 年 10 月）

校名	所设院科	附设校科
西北师范学院	师范学院：国文、史地、英语、理化、数学、教育、体育、家政、公民训育、博物学系。 师范研究所教育学部。 初级部于兰州设国文科，城固设史地、理化两科、劳作专修科。	附中
师范学院	师范学院：国文、英语、史地、公民训育、数学、理化、教育学系。 初级部设国文、数学两科、体育童子军、音乐专修科。	附中
女子师范学院	师范学院：国文、英语、教育、数学、理化、音乐、家政、史地学系。 初级部设国文科、体育专科。	附中 附师
贵阳师范学院	师范学院：教育、国文、英语、数学学系。 初级部设史地、理化两科，体育童子军专修科。	
桂林师范学院	师范学院：国文、英语、史地、理化、教育学系。 初级部分国文、理化两科。	附中

① 《中华民国史档案资料汇编》第 5 辑第 2 编 "教育 1"，第 807—808 页。
② 《中华民国史档案资料汇编》第 5 辑第 2 编 "教育 1"，第 757—758 页。

由表二可知，至 1943 年 10 月，当时的五所独立师范高校中西北师院科系设置最多，有国文、英语、史地、数学等十个系，还设有师范研究所教育学部，这是国立西北师院所独有的。师范研究所教育学部主要招录研究生，从事教育理论研究，这体现了西北师院对师范教育的更高追求。

再以表三为例看看此时的学生数。

表三：师范学院学生人数表① （1943 年 10 月）

校名	本校人数	附属学校人数
西北师范学院	1042	585
师范学院	775	391
女子师范学院	556	540
贵阳师范学院	268	78
桂林师范学院	354	363
湖北师范学院	316	

显然，截至 1943 年 10 月，全国独立师范学院中西北师院的本校人数和附属学校人数位居第一。

抗战胜利后，内迁高校纷纷迁回原址，在国立西北师院师生的努力下，北平师范学院得以复校。1946 年，西北师院部分教职员和学生转赴北平，进入北平师范学院工作和学习，大部分教职员仍留在兰州西北师院。即便一分为二的西北师范学院，其班级数仍位居全国独立师范学院第一，学生数位居第三，教员数位居第二。请看表四：

---

① 《中华民国史档案资料汇编》第 5 辑第 2 编 "教育 1"，第 764—765 页。

表四：全国师范学院师生数① （1946 年）

校名	班数	学生数	教员数
西北师范学院	61	819	165
师范学院	33	513	83
女子师范学院	38	810	104
贵阳师范学院	23	325	72
桂林师范学院	20	571	50
湖北师范学院	27	835	92
昆明师范学院	10	235	65
长白师范学院	32	633	121
河北女子师范学院	5	101	32
北平师范学院	53	1259	219

图 13-6　李约瑟拍摄的西北师范学院学生

西北师院历经坎坷，从多次撤并的危机中走过，在抗日战争的烽火中

① 《中华民国史档案资料汇编》第 5 辑第 3 编 "教育 1"，第 595—597 页。

壮大，其在中国师范教育史上拥有崇高的地位，它是中国近代社会发展的见证者，是中国高等师范教育的领军者，是西北开发的先行者，抗战时期的西北师范学院当之无愧为中国最大的师范学院。

（尚季芳　李海群　孙翌鑫）

第十四章 扎根北归并蒂开

◎易价掌院与西北师院永留兰州

易价，字静正，1896年生，湖南湘乡人，天资聪慧，倜傥不群。八岁入乡塾，能诵诗作文，十四岁入湖南私立中路中学。该校董事长谭延闿，校长贝元徵，国文教师傅雄湘，历史教师刘劲先生，皆湖湘英俊，名重一时，对易价影响很大。1915年考入北京高等师范学校高等师范科英语部，1919年6月毕业。毕业后，历任湖南省立第一中学、四川重庆女中、河南省立开封高中、江苏省立徐州中学等校英语教员。1926年起，历任国立北京法政大学讲师、河北省立工业学院讲师兼训育主任、江苏教育学院实习指导主任。1929

图14-1　易价

年，任国立北京师范大学秘书。自此以来，易价就一直参与学校事务，是院长李蒸的得力助手。1932年8月17日，师大校务整理委员会、教务组委员会在师大文学院开会，李建勋、李蒸、黎锦熙、钱玄同、刘拓、赵进义、易价等七人出席，主席李建勋、记录易价。① 讨论课程及教授目标。8月26

---

① 《师大教组昨开会，讨论课程及教授目标》，《益世报》1932年8月18日。

日，师大预算委员会召开第一次会议，该会有常道直、李建勋、黎锦熙、刘拓、汪如川、高鸿图、易价等。1934 年 2 月 16 日，师大召开教务会议，出席者常道直、李燕、易价、康绍言、刘拓、李建勋、黎锦熙等，主席常道直。通过了三年级学生参观办法、历史系学生在北平附近考察办法、教育学学生赴温泉实验区实习、各系四年级参观实习办法、休学复学问题。七时半又开火灾委员会。① 此后学校招聘教员、各地区的招生考试都能看到易价参与的信息。如 1936 年李燕聘请了教授十余人，其中适易价南下招生，在他的督促下，与中央政治学校教育系教授孟宪承及中央大学地理系黄国璋教授一同前往北京。②

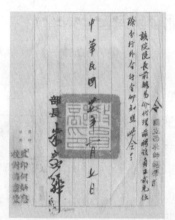

图 14-2　国民政府教育部正式聘任易价为院长令

全民族抗战爆发后，北平师大与平大、北洋工学院合组国立西北联合大学，易价仍任秘书。在勘察校址、分配住宿等工作上出力居多。国立西北师范学院迁校兰州后，易价任外语系教授兼训导主任。

抗战胜利后，易价以训导主任身份积极主导了西北师范学院的复校运动。1945 年 9 月，复校代表易价与李建勋在重庆奔走，得李石曾、吴稚晖、于右任等先生赞助，但是"虽允复校，然名称为国立北平师范学院，嗣后改大，校址需迁石家庄，但复院问题，与西北师院员生无关"。得此消息，西北师院全院学生于 10 月 17 日晚召开大会，宣布 18 日起罢课，并发表宣

---

① 《师大昨开教务会议》，《益世报》1934 年 2 月 17 日。
② 《师范大学，新聘教授，昨已抵平，易价同来》，《益世报》1936 年 9 月 17 日。

言通电全国。10 月 23 日，李建勋和易价返校，说明情况，劝导学生复课。12 月 17 日在学校中山堂举行建校 43 周年纪念会。易价以训导主任身份主持并发表讲演，他明确提出各地校友应当加紧团结，努力复校工作，复校工作坚持"原名称""原地址"和"原任校长复职及本院师生全体返平"三原则，不达目的，绝不终止。同时为发展西北教育起见，应当协助建设西北师范学院，"二者并行不悖，使师大还于旧都，发扬光大，在兰州成立永久的西北师院，共存共荣，奠定高级师范教育制度，促进国家文化建设"①。在全体师生的共同努力下，西北师院最终复校成功，在北京原址建北京师范学院，后续复大也依次有续推进。

1947 年 3 月 25 日，教育部发布训令照准黎锦熙先生辞去西北师院院长职务，聘易价代理院长职务。易价随即致电教育部部长朱家骅拒聘，表示"奉令代理本院院长，并蒙赐示慰勉，感愧交萦，自维体若才轻，不胜繁剧，教授经费均正困难，敬祈收回成命，另聘贤能接替"。教育部坚持聘易价接任，为维持学校正常秩序，易价先生于 7 月 1 日正式就职视事。接掌国立西北师范学院后，易价"朝夕擘画，增建教室，充实设备，使学校粗具规模。往时因胜利复员，良师难求，先生挖空心思，百计网罗，如常道直、黄海平、焦菊隐诸先生，均飞来讲学，先生官舍，作为宾馆，夫人亲身主厨，用心之苦，可以想见。当时全国各地学校，多受职业学生之煽惑，鼓动学潮，游行罢课，汹汹嚷嚷，不可终日，而国立西北师范学院，却因先生之教诲领导，平静如常"。② 抗战胜利后，因西北师院部分教师前往北平筹组北平师范学院，所以学校教师人数减少，有青黄不接之感，而易价掌院后，大力聘任教师，弥补了师资之不足，使西北师院渡过了难关，其贡献是有目共睹的。

在此期间，易价还积极聘请来兰学者临时到师院讲学，诚恳邀请顾颉刚先生即是一例。1948 年 6 月 19 日，顾颉刚携弟子王树民到师院拜访林冠一、何乐夫，"易院长邀至三友饭店吃饭"。6 月 22 日，易价前往兰大，并邀请顾颉刚"饭于三友饭庄"。6 月 25 日，又与兰大校长辛树帜一同拜会顾

---

① 《本院暨师大四十三周年纪念会记录》，《国立西北师范学院校务汇报》1945 年第 81 期，第 3 页。
② 《易价先生传略》，载胡健国主编《国史馆现藏民国人物传记史料汇编》第 27 辑，（台北）"国史馆"印行，2014 年，第 199—200 页。

颉刚，"树帜、静正来"。6月26日，"与树帜、易静正同到师院，讲'边疆教育与社会教育'一小时。参观全校，静正、何乐夫导引。到三友饭庄，赴宴"。此后，多次在日记中记载有易价的身影，或畅谈、或共餐，关系十分融洽。在易价的诚挚邀请下，顾颉刚终于答应在师院授课，使师生得以领略大师的风采。

易价掌院之时正处于国共内战之际，虽然他苦心撑持，但依然困难重重，1949年4月8日，易价呈请教育部部长杭立武辞去院长一职，从这份充满忧愤的辞职书中，我们可以看出学校办学的艰难与辛酸，兹将原文照录如下：

> 窃价以身体羸弱，精力疲惫，不堪胜任繁剧，曾于民国三十五年八月依照教育法令申请退休，旋奉大部指令内开："查易教授在校职务重要，所请退休一节，应暂从缓议，"迄今又将三年矣。本拟暑假期届，再请退休，乃因素患贫血，失眠加剧，衰弱亦甚，长此勉强支持，必致贻误学校。重以近来时局动荡，财政枯竭，政府迁移疏散，政务停滞，又因西北交通梗阻，汇兑迟延，本院应领经常费、员工薪津及学生公费等，往往稽延日久，员生工警生活无法维持，精神苦闷，情感刺激，少数学生行动，遂致逾越常轨，如催发各项公费，或部分本籍学生干涉地方行政，多有操之过急，不依正当手续，少数学生匿名揭帖、侮慢师长，经教授会议决罢教三日，以示惩戒在案。教职员方面，心情亦不安定，最近少数教授因薪津不能按时发足，不得已单独罢教，其余最大多数同仁，则茹苦含辛，勉强从公，痛苦亦甚。政府分配经临各费，对于西北常多偏枯，以为无足轻重。教职员待遇生活，固远不如京沪及东南各大都市，即啼饥号寒（去年煤炭费至今未发），亦充耳不闻，熟视无睹。
>
> 价日前分别晋谒李代总统、贾副院长及钧座，陈述西北人民怀疑"中央究竟要不要西北"。教育界人士，亦同此感想，因之本院教授时常求去，职员时常请辞，工警亦请愿罢工。凡以上所举各情形，胥由价诚信未孚、材力绵薄、奉职无状、领导无方所致，抚躬自问，无以对学校，无以对地方政府及社会人士，更无以对国家培养西北优良师

资建设西北文化教育之至意。应即引咎辞职，调养病躯，免致艰难缔
造之西北高级师范教育学府纯朴勤谨之校风，因生活压迫精神苦闷之
故毁于一旦。敬祈迅予核准，另聘贤能接替，以重校务，无任迫切待
命之至。

易价的辞职信是大后方高校教师的普遍代言，也是大后方社会的真实
反映，是国民党统治岌岌可危的表征。最终教育部批准易价辞职。

（尚季芳）

◎国立西北师范学院的复校运动

1944 年，国立西北师范学院历时四载，完全从陕西城固迁移到兰州，
并初具规模，从此"奠定西北高等教育基础"，自觉肩负起"培养西北各省
中等学校师资，促进文化建设之重大使命"。从北平到兰州，北平师大虽累
经变更，但是师院师生和校友一直视西北师院是北平师大的继承者，恢复
北平师大一直是他们的期望，"抗战已临最后胜利阶段，国家收复失地之
日，亦即本院收复失校之时"①。

1944 年，随着抗战局势的好转，国民政府就开始规划和统筹教育复员
问题。在重庆的校友则进行广泛的复校宣传活动和说服工作，1944 年 9 月
在国民参政会三届三次会议上通过了马毅等 43 人联署提交的《请教育部恢
复国立北平师范大学案》，该议案指出："请政府迅将北平师大后身之西北
师院改称为北平师大，抗战胜利后，北平收复，应即迁回院址。其在兰州
已有之基础可增设西北师大或西北师院，使专负改进西北各省中等教育之
责"②。并送请政府责成教育部实施。但是教育部对该议案并未置喙，12 月
李建勋、黎锦熙等 8 人致函教育部长朱家骅，希望教育部执行议案，恢复国

① 国立西北师范学院编：《国立西北师范学院近况》，国立西北师范学院，1944 年，第 2 页。
② 《西北师院罢课后告社会人士书》，《世界日报》1945 年 10 月 31 日。

立北平师范大学建制，但是朱家骅为了推进高等教育均衡化改造，希望西北师院继承北平师大的传统，继续在西北办学，以"惟值抗战期内不易多所更张"为由，予以拒绝，这也预示着北京师院复校的艰辛。

随着抗战的胜利，1945 年 8 月 16 日《大公报》刊发消息称"教育复员首为各大学之迁回"，中央大学、交通大学、武汉大学等"均将迁回原址"，西南联大仍将"分为清华大学、北京大学、南开大学，分别迁回"。① 此条复校名单中并未言及原西北联大三所高校，这说明教育部并没有将北平师大复校的打算，同时对西南联大和西北联大区别对待。西北师院师生和校友看到消息后，群情激昂，立即组织多种形式的复校运动。8 月 25 日师大校友总会召开大会，讨论复校问题，"咸以抗战胜利，失地光复，师大历史悠久，成绩卓著，应即恢复"，并议决"向有关方面函电呼吁""选派代表赴渝"等复校步骤。师生方面也成立复校委员会，发表"电报、宣言"，从旁策应。② 8 月 29 日西北师院全体学生发表了《为拥护恢复国立北平师范大学敬告社会人士书》，指出"为了北平师大过去 43 年来的光荣成绩与历史，为了高级师资训练制度的确立与维护，以及为国家的教育前途，我们不能不说话了"。③ 从 8 月下旬到 9 月中下旬，西北师院师生及校友的呼吁，但"逾月无音"，因此 9 月中旬校友总会推选李建勋、易价两位先生为代表，"持上蒋主席书，联袂飞渝"，进行复校活动，先后获得李石曾、吴稚晖、于右任等人士支持。面对师生的抗争，教育部态度有所松动，"降允复校，然名称为国立北平师范学院，嗣后改大，校址须迁至石家庄，但复员问题与西北师院员生无关"。虽然予以设立北平师院，但是校址选定他处，复员与西北师院无关，就是割裂师院师生与师大的关系。此项消息传回师院，"全院学生乃于十月十七日晚召开大会，十八日起宣布罢课，发表宣言，通电全国，呼吁本院员生一律返平上课"。

此时，教育部长朱家骅欲借教育复员之机，改变高等教育过度集中在少数几个大城市的局面，这一动机得到国民政府最高当局的支持，9 月 25日，国民政府主席蒋介石在全国教育善后复员会议上强调，"除确有历史关

---

① 《迁内大学均将迁回原址》，《大公报》1945 年 8 月 16 日。
② 《校闻：复校运动之一段》，《国立西北师范学院校务汇报》1946 年第 81 期，第 8 页。
③ 李蒸：《北京师范大学历史上的存废之事》，第 3 页。

系应迁回者外，我们必须注意西部的文化建设，战时已建设之文化基础，不能因战胜复员一概带走，而使此重要地区复归于荒凉寂寞"①。9 月底复校代表返兰，劝导复课，"学生接受劝告，自行复课，盖不愿扩大事态，充分与教育当局以考虑之机会"。同时召开大会，决议"复校工作，仍继续进行"，并提出三项请求："1. 恢复师大名义；2. 原任校长复职；3. 本院学生志愿赴北平求学者，到北平复学。"②

　　但是延至 12 月，将近两个月的等待，政府依然没有明文答复。于是，12 月 17 日校友总会召开第七届年会，"决议撰文重呈教部，言词至为激切"。27 日校友总会、学生班代表会及复校委员会联合召开全体员生大会，"一致主张赴渝请愿，决议自本年元月六日起出发"。同时该会选出李建勋、易价、郭俊卿、张德馨、郭毓彬、康绍言、胡国钰等七人为教授代表，王学奇、王益民、于用波、梁靖堂、于衡退、时广海、齐毅民、柴如璧等八人为学生代表，合组为"国立北平师范大学复校运动联合会"，简称"复联"。该会除主席外，"分编组、总务、交际、宣传四股"，分工合作，领导复校运动。为了做好赴渝请愿准备活动，"复联"相继成立了执法团、大队部，并"旬日之内，筹备旅费，交涉汽车，散发宣言，缮写标语，编排队伍，练习行军，招待记者，发表消息"。最后商定于 1946 年 1 月 6 日，"二百先遣队先行"，全体员生则"整队送至城内"。师生的请愿活动惊动了甘肃地方当局，甘肃省政府鉴于情势严重，1 月 5 日晨派教育厅厅长郑通和来校劝慰，"代致赞助复校之意，并劝先遣队暂缓出发"，并答应"地方当局即派人于八日飞渝代为交涉，元月十五日以前如无圆满答复时，必协助赴渝请愿"，郑厅长语意诚恳，但全体员生仍坚持出发。于是，当晚郑厅长再次到校，随同"复联"代表一起"谒朱、谷二长官时，适张部长治中在座，亦诚恳表示协助之意"。鉴于甘肃当局的诚意，"复联"代表表示接受，因此"六日晨在大操场将此意转告全体员生，全体员生唯诺而散，将已集合之行李，各自认领，专待佳音之到来"。后来因为天气原因，致使郑厅长于十五日下午始得飞渝，"复联"也表示"将行期顺延一周"。③ 同时，教育

---

① 《主席训词》，载全国教育善后复员会议筹备委员会编《全国教育善后复员会议报告》，1945 年，第 22 页。

② 《校闻：本院开课》，《国立西北师范学院校务汇报》1945 年第 78—80 期，第 18 页。

③ 《校闻：复校运动之一段》，《国立西北师范学院校务汇报》1946 年第 81 期，第 8 页。

部也电派督学沈亦珍自西安到西北师院协商复校事宜。

图 14-3 沈亦珍

沈亦珍来到西北师院后，即连日与西北师院及师大复校运动联合会进行商谈，复联会方面虽仍坚持原来条件，但经地方当局朱绍良、谷正伦等再三调解，达成复校解决办法四条："维持北平师范学院之校名，俟经相当时间之筹备，分为三院后，再改师大原名"；"校址为北平厂甸"；"李校长于去年底来函表示不欲重长师大，经复联会之同意，由西北师院训导长袁敦礼继任"；"凡西北师院员生自愿返平者，得按西南联大之办法，无条件复员"。① 最后，教育部基本接受以上协议。

1946 年 3 月，教育部命令"设立国立北平师范学院，复聘袁敦礼为院长，国立西北师范学院仍独立设置兰州"，3 月 15 日，西北师范学院师生开始复课，7 月，因在美国讲学的袁敦礼还未回国，教育部派该部社会教育司司长黄如今代理北平师范学院院长。8 月，院长袁敦礼"回国来平就职，接收校舍，举办复员以后第一届招生"②。8 月下旬开始，西北师范学院师生数百人分批从兰州出发，辗转千里复员北平。③ 10 月，西北师范学院末批转学北平师范学院学生及复员教授共 40 余人，"因晋南战事，无法通过，尚滞兰州"，经袁敦礼协调，"全体可由郑北至彰德搭乘火车"，辗转抵达北平。④

国立西北师范学院复校运动最终取得胜利，北平师范学院在北京开学，西北师院则继续留在兰州办学。西北师院有 40 余名教职工和 300 多名学生转入北平师院，西北师院利用停课时间进行了改组，在热心西北教育的人士帮助下，重新聘任教职员，保证了西北师院的正常运转。⑤

（尚季芳　华信辉）

① 《西北师范学院学生争执恢复北平师大》，《市民日报》1946 年 2 月 12 日。
② 教育部教育年鉴编纂委员会编：《中国教育年鉴》，商务印书馆 1948 年版，第 674 页。
③ 孙邦华：《抗战胜利后北平师范大学复员运动述论》，《北京社会科学》2014 年第 6 期。
④ 《西北师院学生已获北返通路》，《新闻报》1946 年 10 月 6 日。
⑤ 张强：《重塑格局：抗战时期的北平师范大学与西北高等教育》，《山东高等教育》2016 年第 8 期。

◎与兰州大学合并始末

从 20 世纪初的"高师改大"到 30 年代废除师范的呼声，师范教育在民国时期的进路可谓一波三折，路途坎坷。这其中北京师范大学首当其冲，多次受到冲击，但其多次护校、保校，最终保留了中国师范教育的命脉。

1940 年，教育部部长陈立夫签署的"渝字 1528 号训令"，要求当时在城固的国立西北师范学院迁往兰州，将甘肃省立甘肃学院之文史、教育两系并入，并以甘肃学院院址作为西北师范学院院址。训令全文如下：

> 查本部前为奠定西北高等教育之基础，于二十七年、二十八年度先后将国立西北联合大学、西北农林专科学校及私立焦作工学院等校，分别改组为国立西北大学、西北工学院、西北农学院、西北师范学院及西北医学院在案，惟各该校改组以后，仍多集中于南郑、城固一带，不足以应西北广大社会之需要，而谋学校本身之发展。兹经本部通盘筹计，决定：西北大学迁设西安，西北工学院迁设宝鸡，西北农学院仍设武功，西北师范学院迁设兰州，西北医学院迁设平凉。西北大学与西北工学院本年暑假暂缓迁移。西北师范学院迁移兰州后，原有甘肃省立甘肃学院之文史、教育两系即并入办理，并以其院址作为该院之院址。西北医学院移设平凉，应另觅适当校址，并将甘肃学院之医学专修科并入办理。该两院迁移事项应于本年暑假内办理完竣。除令甘肃教育厅予以协助外，仰迳与协商，遵照办理。此令。

教育部这一训令表面上是将甘肃学院的一部分并入西北师范学院，实则是让西北师院以原甘肃学院的校址为基础进行建设。而当时的甘肃学院发展滞后，资金短缺，校舍陈旧不堪。学校占地面积不足 65 亩，有旧平房380 余间、图书 49500 多册，年度经费分别由省财政拨款 207480 元、教育部补助 30000 元；设教育系、法律系、政经系本科和银行会计专修科，各年级学生仅 97 人，即使加上当年招收的新生，在校学生数不过 267 人，教师32 人。在 1928—1941 年的 13 年间，历届毕业生仅为 225 人，多服务于甘肃省法政、教育、医、农、党政、工商各界。[①]

有教育经验的李蒸看到如此状况，深感利用甘肃学院旧址办学不宜。他认为既然要在兰州寻觅永久校址，为了学校日后长远发展考虑，就不能把甘肃学院的旧校舍拿来将就一下。于是李蒸向陈立夫提出不与甘肃学院合并的意见，表示西北师范学院此次迁移是要奠定西北最高的师资训练处所，有重新建筑校舍的必要。如果还像城固时期因陋就简，仍然借用他人校舍，不甚适宜。最终陈立夫采纳了李蒸的建议，同意另择校址，建设校舍。此次与甘肃学院合并的风波才平息下去。

西北师院迁兰后，为兰州带来了新气象。在西北师院的带动下，兰州的教育事业和学术氛围日渐蓬勃繁荣。甘肃学院受此影响，加之在省主席谷正伦和教育厅长郑通和的推动下，1942 年招生人数激增，全校颇有新气象，甘院学生自治会颇活跃，常发动各种专题研究及演剧等活动。这些都为向国立转化奠定了基础。1943 年 6 月，甘院师生要求改为国立，在全校师生的努力下，自 1944 年 7 月改为国立甘肃学院。

图 14-4　辛树帜

1945 年 12 月国民政府行政院第 723 次会议决定，将设在兰州的国立甘肃学院、国立西北师范学院、国立西北医学院兰州分院三所国立院校合并改组为国立兰州大学。1946年 3 月行政院任命辛树帜为国立兰州大学校长。辛树帜受命不久即进行筹备工作，并向教育部提出办理国立兰州大学的计划大纲。为了扩大兰州大学的办学规模，他一面网罗人才、聘请全国知名学者教授前往兰大讲学，一面呈请教育部将兰大和西北师院合并。为此他亲自前往北平面见蒋介石和朱家骅，极力陈说。

---

① 张克非：《从兰州大学的历史看西部高校与地方社会的关系》，《科学·经济·社会》2009 年第 3 期。

西北师院也因合并之事困扰不已,因为复校后部分师生回到北平,学校的综合实力被削弱,但是在师生艰苦卓绝的努力争取下,最终在 7 月 15 日接到教育部电报,要求西北师范学院,"仍应继续独立设置,不并兰大办理"。至此,第二次与兰大合并的风波再次平息。

虽说独立设置,但实力不济是事实,因此,1946 年 8 月,西北师院和兰州大学决定联合招生,"国立西北师院,自奉部命令继续独立设置,即积极筹划下年度一切兴革事宜,除一部份教职员复员返平外,大多数仍留兰州服务。现正接洽延聘教授,与国立兰州大学商定于八月下旬联合招考各系科一年级新生,并托西安国立西北大学,及开封国立河南大学代招,以便西安、开封附近各地学生就近报考云"。① 1946 年 11 月,教育部再次强调"为提高西北各省师资素质,并辅导地方教育,已准西北师范学院继续独立设置,行政院并已令准备案"。② 虽然两校已不再合并,但仍会互相合作,两校的教授也经常身兼两职,在两个校园间来回奔波任教。

图 14-5 《西北师院独立设置,不并于兰大》
(《甘肃民国日报》1946 年 7 月 19 日,第 3 版)

新中国成立后,为了改变教育事业与国民经济水平不相适应的局面,国家决定大幅度裁并高等学校。1957 年 6 月,甘肃师专裁撤,该校中文和数学专修科二年级学生并入西北师范学院,并经省教育厅核定,学校增招中文和数学专修科学生各 100 名。1958 年前,西北师院为教育部直属的全

---

① 《西北师院将与兰大联合招生》,《甘肃民国日报》1946 年 8 月 6 日。
② 《西北师院 行政院准予独立设置》,《甘肃民国日报》1946 年 11 月 6 日。

国 6 所重点高师院校之一。1958 年，西北师范学院划归甘肃省领导，改称甘肃师范大学。1959 年兰州大学历史系、中文系合并到师大。1961 年 8 月，兰州大学的中语、历史二系的教职工和有关图书仍调回兰州大学。

自 1941 年西北师院由城固迁往兰州以来，一直到 1961 年，西北师院和兰州大学先后经历了三次大大小小的合并事件，最终两校依旧保持独立，形成了独特的办学特质，为西北高等教育贡献了重要的力量。

（尚季芳　孙翌鑫）

第十五章　书生报国成何计

◎城固、十里店社教工作成绩斐然

因着抗战形势的发展和西北地区抗战大后方地位的确立，抗战建国和开发西北成为时代呼声，民众教育和民众动员成为紧迫的时代任务。在这一形势下，西北地区民众智识的提升则成为制约上述工作发展的瓶颈。顾颉刚在《西北考察日记》中记载其参观临洮城民众教育馆时，感慨道："甘肃以交通不便，外省人士至者绝少，教科书外几无任何知识食粮，当此抗战时期，国家有非常之变，民众不可无适当之训练与之因应。"[1] 尤其与抗战大局息息相关的粮食供给、道路修筑、兵役补给等事项，更需后方民众的鼎力支持和得力践行，因之，发展社会教育以服务抗战建国和西北开发，则成为解决上述问题的有力推手，"改进乡村之根本办法须从教育入手，必使居乡人民自身，在精神能力身体各方面，均能日有进步。然后乡村社会之改进方能顺利进行。所以乡村社教之实施，远处应着眼国家民族之最大需要，近处应着手各个农民之生活改进，务使乡村生活环境现代化，农业生产与农村经济均对国家有最大之贡献"[2]。

1938 年 5 月 24 日，教育部发布《各级学校兼办社会教育办法》，要求"专科以上学校，应尽其才力，至少为数省或一省服务。中等学校尽其才为

---

① 顾颉刚：《西北考察日记》，甘肃人民出版社 2002 年版，第 194 页。
② 《国立西北师范学院》，《建进》1941 年第 7 期，第 2 页。

数县或一县服务。小学应尽其才为数乡或一乡服务。"① 明确鼓励和提倡各级学校兼办社会教育，并且列出了 17 项结合现实、切实可行的具体社教形式。《各级学校兼办社会教育办法》无疑对抗战时期学校的社会服务和社会教育推广起到了政策助力。

抗战军兴后在战火中辗转迁移到甘肃的西北师院，院长李蒸就是民众教育专家，他长期关注研究社会教育，其《大学兼办社会教育的方法》《适应吾国目前迫切需要的社会教育》《社会教育与唤起民众》《乡村社会教育之目的范围与方法》《时代精神和社会教育》等多篇文章公开发表于当时各类报刊。他对社会教育的定义为"社会教育是以社会上全国民众为对象，在现行学制中，大学、中学、小学、师范学校、职业学校等学则规定以外的教育事业。笼统地说，就是学校教育以外的教育事业"。② 他认为"社会教育是培养民众有力的工具。可使民众具有民族意识，振奋同仇敌忾的情

图 15-1
李蒸给师院社教
工作的题词
（《甘肃民国日报》
1944 年 8 月 25 日，
第 4 版）

绪，可使后代国民继承光大国家的文化和生命。可转弱为强，发扬国力"。尤其在抗战这一大时代下，社会教育对抗战更是意义重大："第一，我们的学校容纳不了许许多多尚未受到基础教育的公民，非用社会教育的方法去补救不可；第二，我们因为国家的需要，时势迫促，非用社会教育的方式不能很快地收到教育普及的效果；第三，自抗战以来，政府须用教育的力量去传达政令，唤醒民众的抗战知识，健全民众组织，非用社会教育的方式不能于短时期内收到普遍的效果。所以政府及全国人民都在推动社会教育。"③

在时代环境的驱使中、在教育部政策的支持下、在李蒸个人因素的助推下，西北师范学院在城固和兰州十里店的社教工作逐渐得到落

---

① 《国立西北师范大学史料摘编》（上），第 497 页。
② 李蒸：《大学兼办社会教育的方法》，《教育通讯》（汉口）1938 年第 23 期，第 1 页。
③ 李蒸：《时代精神与社会教育》，《西北日报》1944 年 11 月 17 日。

实开展，活动结合本地实际情况，内容丰富，形式多样，"有抗日宣传、政治动员、补习教育、合作训练、甲长训练、扫除文盲、卫生宣传、开设诊疗所、破除迷信、提倡新生活、开办游艺室、开设民众代笔处和设立妇女识字班等"。① 尤其是先后在两地分别设立的"乡教实验区"和"国教实验区"更是一种难得的试验尝试。

1941 年 1 月 19 日，西北师院举办的乡村教育实验区在城固邸留乡创设，成为国立院校在抗战时期创办的第一个社教实验区。为了争取社会支持，调动民众参与社教活动的兴趣，扩大宣传影响，师院精心策划，举办了隆重的开幕典礼。为此，不但于会场及周边村落张贴悬挂各种以民众关切问题为核心的标语，如"想快乐身心要到施教区游艺室去！""后方民众如何抗战？"而且也布置了许多调动学生积极参与社教活动的标语口号，如"振起精神为农民服务！""施教区是本院同学社会服务的中心！"当日参加开幕典礼的乡民达 700 余人，与本校师生及本地士绅合计逾千人。在会后的展览中，"男女老幼乡民纷纷前来参观，由男女同学分任招待讲解责任，成年农民对各种农产品观察，非常仔细，妇女对家政系出品，颇感兴趣。此外各校学生对各项挂图特为留心，各界民众对各项展览，均有满意的表示"。这一情景，生动地说明了乡民对于社教活动的兴趣，也为此工作的开展奠定了良好的社会基础。

对于其创设目的，负责人王镜铭认为："本区是遵照民国廿七年五月部颁各级学校兼办社教办法及廿八年五月部颁《各级学校兼办社教暂行工作标准》而创设，其前身为乡村社会教育施教区。其设立旨趣，不外教育部训令所谓'化除学校与社会之界限，而使学校成为社会教化之中心'"。乡村教育实验区的主要任务，是"在发动大学师生下乡研究乡村问题，及推动社教，藉教生深入民间的机会，从民间生活里去认识问题、研究问题、搜集材料、发现方法，以发扬社会教育学术，并培植高级兼办社教干部，推动中小学冀办社教发展，而实现国家全部学校社会化的政策"。② 因之，其社教服务主要以三种形式而展开：组织暑期服务团，组织大学生参加临

---

① 尚季芳：《抗战时期内迁高校与西北地区现代化——以国立西北师范学院为中心的考察》，《西北师大学报》2012 年第 5 期。

② 王镜铭：《国立西北师院城固社会教育实验区二年余工作介绍》，《甘肃民国日报》1943 年 11 月 6 日。

时性服务，实施夏季助收。

　　仅 1941 年试验区在城固开展社教活动的前半年而言，便取得了不俗的成绩：扫盲组共招收 208 名学生进行教育；保甲长训练共训练甲长 28 人；合作训练共培训合作社社员和职员 255 人；[①] 民众问事处先后接待答疑 200 余人，民众代表处先后为 200 余人代写书信、呈文、对联，诊疗所接诊达 250 余人，游艺室总计接待 500 人次，阅览室借书达 380 人次，体育场之秋千有上千人使用。[②] 1941 年 2 月的慰劳抗属活动，为各户抗属发放慰劳金一元，并进行了兵役法规的宣传；1941 年 3 月 31 日举行春季种痘及卫生宣传活动，为 300 余人种痘；11 月举办的乡村建设干部讲习会有 70 余人参加。截至 1943 年 6 月，在两年半中开展各类社教服务活动，期间得到教育部两次嘉奖。西北师院社教区虽在抗战的艰苦年代中诞生，然事业不断发展迈进。刚开始草创时，经费只有 200 元，仅设民众代笔处，问事处，简易诊疗所，主要的工作是派遣教师和学生拜访当地社会领袖和士绅，加强与民众联络，慢慢地得到了校内外的认可。后来教育部拨三千元经费，经费逐渐充实，社教区的工作也由联络民众发展到教育民众阶段，如举办乡村建设

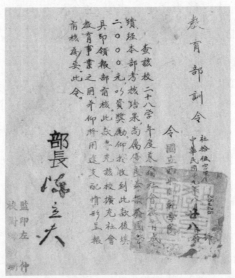

图 15-2　国民政府教育部嘉奖国立西北师范学院社教工作的训令

---

① 王会文：《我们的合作训练工作》，《建进》1941 年第 1 卷第 7 期，第 21 页。
② 《国立西北师范学院乡村社会教育施教区二十九年度下期报告书》，《建进》1941 年第 7 期，第 31 页。

干部讲习会、建立民众自身领导、组织乡村建设中心、普遍推进各村合作组织、救济农村穷困、举办民众生产及合作、训练家事、卫生讲习、增高民众生活知能、推行成人及儿童补习教育、扫除文盲等工作。

学校迁移兰州后，在兰州"划定东至徐家湾，西至孔家崖为实验区域，由双方合聘王镜铭为主任，于十一月十二日正式成立"。① 1944 年 7 月，西北师范学院组织 50 多人的两个学生服务队，至实验区内的孔家崖和十里店开展为期一月的社教服务工作。② 在兰州的社教工作，以孔家崖国民学校和十里店国民学校为社教中心，由孔家崖社教工作队和十里店社教工作队承担，各队依据社教服务性质，又分为教导和宣传两组，积极推行社会教育。

在教导方面，致力于扫除文盲和文化素质提升的补习班教育。1943 年共办理补习班三种，其中儿童班共 7 班，250 多人；妇女班 2 班，50 多人；成人班 100 多人。1944 年 8 月，举办儿童、中学、妇女和成人四种补习班，其中十里店共招收 160 名学员，孔家崖举办各年级补习班 5 班，共招收学员 250 余人，还举办成绩展览、表演、游艺会、恳亲会等结业活动。

在宣传方面，既有抗日宣传，又有失学调查和走访，创办了民众周报，通过图片展览和模型展示，激发民众家国情怀；开设了民众阅览处，通过重大新闻摘录和百余册相关图书，讲述时事，启发民智，提升其对家国命运的关注；十里店曾邀请省科学教育馆放映幻灯影片，进行科教常识普及和爱国主义教育；街头宣传也是西北师院结合乡村实际进行的富有成效的社教内容形式之一，通过原始的敲锣打鼓手段，迅速吸引民众注意力，"村中的男女把我们团团围住，利用这个机会，逐步实行我们的计划，精神讲话和秦腔大鼓配合起来，最后还演个喜剧（原文模糊），这些小玩意儿，不过是一种手段而已，主要目的乃在增强民众抗敌情绪，以激发其爱国心"。③

李蒸倡言："西北为中华民族发祥之地，亦为中国文化发源之地，该文化建设应从西北做起。"④ 正所谓书生报国成何计，西北师院的社教拓荒活动，无疑是一种文化建设力的昭示，城固、十里店的社教工作成绩，对学

① 国立西北师范学院编：《国立西北师范学院近况》，国立西北师范学院，1944 年，第 12 页。
② 王镜铭：《国立西北师院城固社会教育实验区二年余工作介绍》，《甘肃民国日报》1943 年 11 月 6 日，第 3 版。
③ 纪海泉：《社教漫谈》，《甘肃民国日报》1943 年 8 月 29 日。
④ 李蒸：《本院的使命与校风——代发刊词》，第 186 页。

校教育是一种延伸和补充，对民众则供给其继续教育之机会，对社会则提升整体文化水准。西北师院的社教活动，因着其形式多元和贴近现实的特点，使得学校教育和乡村社会融会贯通，既纠过去偏重学校忽视社会的弊病，又促理论和实践结合中农村发展的探究。其社教教导活动，减少了文盲，普及了知识，提升了民众智识，推动了社会进步；其社教宣传活动，涵养了合作民主意识，助推了抗战必胜和爱国信念的滋长，启发了民众的国家民族意识。

（尚季芳　顿喜龙）

◎到台湾去推行国语

全民族抗战爆发后，国立西北师范学院从国语报刊创办、国语学科设置、国语教师培训等方面，立足于西北，展开国语运动，呈现出宣传与推广、研究与实践并行的特点。国立西北师范学院成为西北国语运动的一个主要阵地，其重要地位与国立西北师范学院的师范性质、学科建设和发展，以及与黎锦熙为主的知识分子的倡导和实践不无关系，彰显出学校的使命与担当。

国立西北师范学院的国语运动，发端于北平师范大学国文系。全民族抗战爆发后，国立北平师范大学的后继者西北师范学院继承和发展了北京高师国语教学衣钵，在城固、兰州进行国语宣传和教育，为西北国语运动的推广培养了重要的国语人才。

文字发声——《国语周刊》兰州版

伴随着西北新闻报刊事业的发展，1941年至1945年间，国立西北师范学院以《甘肃民国日报》第四版为阵地，由教育部国语推行委员会主编，国立西北师范学院为通讯处，创办《国语周刊》兰州版。该刊在兰州创办的使命在于："（一）宣布关于国语教育之法令、文件及消息；（二）公开的讨论关于国语的一切，例如文字改革问题，文艺通俗化问题，语文教学改进及实验问题，诸如此类，高可以研讨专门学理，低可以谱录通俗谣志，大则统筹解决关于全国的问题，小则分别调查属于地方之特点。"①

《国语周刊》兰州版发表的文章内容，有以下几类：关于学术理论类的，如《中国语言中最寻常的怪词——四声》《编辑兰州市方音志之建议》等；关于国语训练与宣传类的文章，如《如何培养国语教育技术人才》《记兰州市的国语讲习班》等；关于边疆语文教育的文章，如《边疆各省教育工作者之先决问题》《开发边疆的第一件事》等；关于注音符号推广的文章，如《怎样在民众学校教学注音符号》《国语教育——注重注音符号》等。除此之外，还有关于国语运动语政、语研、语教诸多方面的文章，皆刊登于此。

《国语周刊》兰州版的作者群体大多为国立西北师范学院的教师，如黎锦熙、赵兰庭、张拱贵、李东岳等。他们既是语言学家，也是倡导国语运动的中坚分子，其中最著名的就是黎锦熙先生。黎锦熙先生自 1920 年担任北京高师国文系教授以来，致力于国语教育。1937—1939 年，黎锦熙先生随高校内迁，深入西北。1945 年开始，黎锦熙被任命为西北师范学院院长，与许德珩等倡导成立九三学社，兼任中国大辞典编纂处主任，先后编辑出版了《国语词典》等多部著作。1946 年在兰州参加西北师院师生复校运动，同年冬，回北平师范大学任国文系主任、教务主任。黎锦熙先生在国立西北师范学院任教期间，完成了洛川、同官、黄陵、宜川县志的编纂，并且出版了《国语运动史纲》等有关国语运动的 12 部著作，为后世研究国语运动提供了宝贵的资料。

教育先行——国立西北师范学院国文系与国语专修科

作为一所国立的师范院校，国立西北师范学院发挥自身优势，采取了多种方式来推行国语，其中最主要的是通过国语教育的方式来培养师资。这一时期，学院设立了国文系和国语专修科，为西北乃至全国的国语运动贡献了师资力量。

国文系是国立西北师院的基础学科，也是北平师范大学国文系的延续，

① 黎锦熙：《本刊兰州版一周年》，《甘肃民国日报》1942 年 11 月 23 日。

开设全院各年级共同必修、选修课程。为统一国语，学院将"国语及国音"这一课程，从教育部规定的选修课改为共同必修课，除国文系中的国语组和国语专修科免修外，全院一年级必修。"国语及国音"课程注重技能培训，课程结束时考核的最低标准有三点：一是要能对生活中常用的三千五百多字，用注音符号注出音调，并且能够读正确；二是要求在听力时能辨别方言和国语中不同的字音，用注音符号标音；三是在作口头报告时，勉强能说标准的国语。如果有不合格的学生，需要重修课程。国语组增加"国音字母""国音及练习""国语及练习"三项课程。这三项课程要求熟练第一式和第二式注音符号，熟练运用常用的三千五百字的注音符号，区别方言和国语字音，熟练运用国语进行会话和朗诵。一学年后学生必须勉强能说标准国语，否则转系，可见当时要求之严格。

国语专修科增设于 1944 年，用来训练培养研究国语、推行国语、宣传国语的专门人才。国语专修科学生每班定额为 40 名，录取办法为各学院招考和教育部规定名额指定各省市局保送两种，国立西北师范学院的保送生来源有河南、绥远各保送 2 名，新疆保送 4 名，甘肃、青海、宁夏、陕西各省保送 3 名，以上共 20 名，占招收人数总额的 50%。1946 年国语专修科科目如下：一年级必修科目有国音字母、国音及练习、国语运动史等；二年级必修科目有国音及练习、国音沿革、国际音标、国文文法及实习、方音及方言等；三年级科目均为选修。与国文系不同的是，国语专修科更倾向于培养实践型的国语人才，注重语言发音课程和国语教学能力的培养。

学高为师——国语师资培训

国立西北师范学院是西北地区第一所国立师范院校，肩负着培养西北师资的使命。早在西北联大时期，国立西北师院就继承了北平师范大学的国语推行事业，由国文系委托中国语文学会组织成立"国语注音符号讲习班"，首先从师资培养着手。1939 年 2 月 6 日，"国语研究班"开班，共计有研究人员 26 名，意在培养民族意识，认识抗战情形，了解个人与国家社会的关系，成为一个忠诚勤朴、负责任、守纪律的好公民。国立西北师院迁往兰州后，为调查西北方言方音和培养国语师资，黎锦熙先生以国语推行委员会常务委员名义，开设"方言调查干部培训班"，每星期下午讲习两个小时，预定讲习五六周，为第一期的基本训练。

1942 年，国立西北师范学院奉教育部令，成立国语注音符号讲习会。本院教职员同事及院外中小学教师想要研究练习注音符号者，都可以报名参加。此次讲习会通过讲习注音符号来推进国语运动，设置课程有注音符号及教学法、国音国语练习，限期每周四小时，注音符号及教学法讲习一个月，接着国音国语练习继续讲习一个月，并提供讲义。

1944 年，为训练国语师资，教育部下令国立西北师范学院增设国语专修科。1946 年，为消除因语言不统一影响各地文化交流的障碍，教育部进一步下令西北师范学院利用假期举办国语教学短期师资培训班，要求加重国语教学，以利于国语推行。

学成报国——到台湾去推行国语

1945 年 8 月 15 日，日本宣布无条件投降后，国民政府为清除日本在台湾的影响，大力在台湾推行国语。在台湾推行国语之初，需要大量的国语推行员才能开展推行工作。1946 年，教育部选派三个学校"国语专修科"的学生到台湾服务，其中就包括国立西北师范学院国语专修科学生 6 人。故此，国立西北师范学院培养的国语人才，其服务范围不仅限于西北地区，也为消除日本帝国主义在台湾殖民统治的文化影响，在台湾推广国语及增进台湾与大陆的联系，做了大量的工作。

接到上级命令后，黎锦熙主持并组织了"国语讲习研讨会"，动员中文、教育等系的学生，参加两周短期培训的研讨会，就可以志愿去台湾教学国语。据蔡春回忆，在台湾推行国语时，"主要工作是对现职教师进行国语培训。要求教师在课堂上用国语教学，不要用台湾话即闽南语方言教课"。[1] 还多次参加国语演讲比赛，国语朗诵会和国语课观摩教学。

据《经世日报》报道，1946 年初，国语专修科的学生与国文系、教育系学生前往台湾开展推行普及国语运动，组成兰州队学生两千名，黎锦熙为总领队，讲师艾弘毅为领队，从上海转台湾。此次赴台湾推行国语工作很有成效，那时的 600 多万台湾同胞都能说国语，当今台湾 2300 余万人都

---

[1] 蔡春：《我去台湾推行国语》，载刘锡庆主编《北师大百年校庆征文——我与北师大》，北京师范大学出版社 2002 年版，第 78—81 页。

能说北京音的汉语，有一部分就是国立西北师范学院人的贡献。

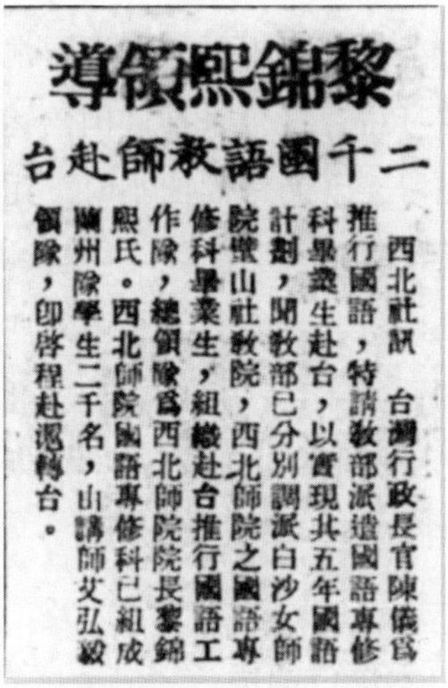
黎錦熙領導

二千國語教師赴台

西北社訊 台灣行政長官陳儀爲推行國語，特請教部派遣國語專修科畢業生赴台，以實現其五年國語計劃，聞教部已分別調派白沙女師院暨山社教院，西北師院之國語專修科畢業生，組織赴台推行國語工作隊，總領隊爲西北師院院長黎錦熙氏。西北師院國語專修科已組成蘭州隊學生二千名，由講師艾弘毅領隊，即啓程赴滬轉台。

图 15-3 《黎锦熙领导二千国语教师赴台》

（《经世日报》1946 年 8 月 4 日，第 4 版）

国立西北师范学院作为一个师范性质的高校，在推行国语方面承担着两种社会职责。一方面从国语教育的理论、方法等多层面进行学术研究。另一方面作为师范大学，具有师资培养功能，把国语研究的理论转化为实践，培养出一批优秀的国语人才，为祖国统一作出了重要贡献。

（尚季芳　张小芳）

◎知识青年从军运动

1944 年后半年，“国民政府军事溃败、政治恶化。面对空前的内外压力，蒋介石曾试图发起党团员从军运动，在既有体制之外另起炉灶，以挽救危局。经过党内高层的争论，党团员从军的计划调整为知识青年从军运动，将从军对象由适龄党团员扩展为大中学生群体，且从军知识青年将单独编组为独立的青年军。蒋介石迅速推动从军运动，其目的并非单纯的军事改良，而是要'再造党军'"。① 其对外则刻意弱化隐去其"再造党军"之目的，强调宣传知识青年从军对于部队素质和战局影响的积极因素。9 月 16 日，蒋介石发出"一寸山河一寸血，十万青年十万军"的号召，激发广大青年的民族大义和爱国热情。9 月 20 日，《大公报》发表相关社评勉励知识青年从军："把英勇的党员团员与一般智识青年组织起来，那应该就是一支强劲的国军"。② 10 月 24 日，蒋介石发表《告知识青年从军书》，鼓励广大知识青年，"现在我们经历了七年余的艰苦抗战，而且已到了决定胜败的最后关头，今后一年，将是我们争取最后胜利的一年，也是决定我们民族盛衰，国家存亡的一年，这正是我们知识青年报效国家千载一时最难得的时机！倘若我国的知识青年，皆能振臂而起，踊跃从军，发扬蹈厉，挺身为国，就可以彻底改造我们社会的颓风，洗雪我们民族的奇耻大辱，不仅可以完成抗战的胜利，并且足以奠立建国永久的基础"。③

在国家政策主导之下，各级工作组织机构迅速建立起来。1944 年 10 月 11 日，发动知识青年从军运动会议在重庆召开，全国知识青年志愿从军指导委员会正式成立；10 月 21 日，《全国知识青年志愿从军征集办法》发布，规定知识青年从军运动的宗旨为"提高国军素质，增强反攻力量，争取最后胜利"。11 月 3 日，甘肃省知识青年志愿从军征集委员会成立，谷正伦兼任主任委员，聘李蒸等 14 人为委员，并于当日下午在省政府会议室召开了第一次会议，之后迅速出台了甘肃省《专科以上学校知识青年志愿从军委员会组织办法》，明确规定了学校知识青年从军工作的组织架构和相关要求。

西北师范学院院长李蒸也积极引导知识青年从军，他于 11 月 3 日对中央社记者谈及知识青年从军的看法："主座号召知识青年志愿从军，处抗战接近胜利阶段最关重要之事，今后决定性之战争，须赖高度科学技术与最新式武器之运用。知识青年，已有科学基础，再施以短期的现代化军事训练，则杀敌效果，不成问题。切望中等以上学校身体强健的青年，均能奋发请缨。" 11 月 7 日，国立西北师院知识青年志愿从军征集委员会成立，李蒸兼任主任委员，袁敦礼和金澍荣任副主任委员，包括委员 8 人，总干事 1

---

① 姜涛：《再造党军：知识青年从军运动与青年军》，《近代史研究》2020 年第 6 期。
② 《勖智识青年从军》，《大公报》（重庆）1944 年 9 月 20 日。
③ 蒋介石：《告知识青年从军书》，《四川知识青年从军专刊》1944 年第 1 期，第 1 页。

人，总务股、宣传股、编组股股长各 1 人。① 之后又设立从军员生联络委员会，负责从军知识青年入营后和家属的联系。11 月 8 日，李蒸出面联合甘肃学院、西北技专、西北医专等学校领导，共同上书蒋介石："重庆军委会侍从室转呈主席蒋钧鉴：胜利在望，艰巨弥增，欲早获最后胜利，非提高国军素质加强反攻力量不为功，钧座此次昭示知识青年从军，诚属伟大英明之举，本院校全体同仁及学生，靡不感奋，热烈响应，以副钧座之殷望，谨电奉陈。伏乞垂察。"② 不久后，便得到全国知识青年志愿从军指导委员会来函嘉奖，"藉悉发动员生响应从军运动，不遗余力，殊堪佩慰，尚希扩大宣传，积极倡导，以观厥成为荷"③。

亦有进者，西北师范学院本身诞生于抗战大时代的硝烟之中，国破家亡的苦难，战火中书桌无处安放之磨砺和一路迁徙之艰辛，使得偏安西北的师院学子，时刻关心战局时事，满怀家国之情，积极入世、知行合一的校园读书氛围，有力地助推了他们从军的自觉和热情，促进了西北师范学院知识青年从军运动的生发。同时，国家层面颁布的《知识青年志愿从军优待办法》，甘肃省政府及西北师范学院出台的优待办法，明确了：从军期间的学籍追认；退伍时的复学、升级考试、免试升学；复学时公费生学费减免、奖学金待遇，留学考试、出国择优保送，自费生从军转公费，借读生退伍转正式生，服役殉职之荣誉恤典等。一系列极具吸引力的优惠政策措施，既优待从军学子，又涉及家属亲人，减少了其后顾之忧。

从军登记工作启动以后，各类宣传活动应运而生，"国家兴亡，匹夫有责。""国家不存，知识何用"等口号标语充满校园；举办了知识青年志愿从军运动周，进行升旗演讲，召开从军宣传大会，并将从军生员照片姓名在礼堂张挂或在报纸刊载宣传；举办从军同学座谈会；举行知识青年志愿从军演讲竞赛；各类社团推出丰富的活动鼓励慰劳从军学子，如国剧社表演的《钓金龟》《四五花洞》。形式多元而富于实效的宣传，将师院学子们从军光荣的思想、抗战救国的使命感和热爱祖国的激情彻底激发。师院知识青年积极参与，踊跃报名。"截止 1944 年年底，从军学生达到 133 人，从

① 《关于公布本院知识青年志愿从军征集委员会成立的布告及征集委员会名单二份》，西北师范大学档案馆藏。
② 《热烈响应从军，兰中从军征集委会成立，陇中学生纷纷申请入伍》，《西北日报》1944 年 11 月 8 日。
③ 《倡导知青从军的代电》，西北师范大学档案馆藏。

性别上看，男 120 人，女 13 人。从学历上看，大学学历共 103 人（包括先修班），师范共 12 人，中学生共 18 人，大学生人数最多，占总数的 77%。从大学所学专业上看，教育 24 人，史地 19 人，国文 10 人，公训 10 人，理化 9 人，体育 9 人，数学 7 人，英文 4 人，先修班 4 人，博物 3 人，劳作 2 人。"[1] 师院教师曹成贵和张恩福也位列其中。

登记报名过程中，书生报国之感人场面比比皆是。学生王丕仁撰文述其从军缘由和家国情怀，言辞恳切，质朴真诚，他说家乡被日寇侵占后，我过着颠沛流离的生活。考入师院后，希望学点关于生活、工作、做人以及促进人类进步的真实能力与学问。但是，国家的要求超过了个人的私欲，国家需要我放下书本，拿起枪杆，于是我投入了为祖国而战的十万青年军。[2] 教师曹成贵上李蒸《请缨书》，"窃成贵心存杀敌，志切报国，久有从军之志，兹为响应委座青年从军之号召，特此首先报名，期与敌人拼命于战场，为民族争光荣。幸而不死，凯旋归来，再效力于钧座。恳祈准予报名，以全此志是感！"[3]

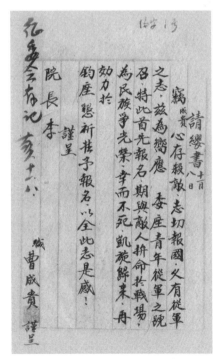

图 15-4　曹成贵请缨书

师院附中初一级的 5 名女中学生佟碧明、胡雯云、柏俊麟、吴剑侠、张秀芝，其年龄从 14 岁至 16 岁，由于年龄不满 18 岁被拒绝登记，她们"始则滔滔辩论，继则痛哭流涕，泣不成声，且谓：'吾等系陷区儿童，备受敌人之压迫，吾等之庄村及田园，迄今在敌人践踏之下，此时如不复仇，更待何时。'"长者如已超年龄限制的史地系教授张云波，恳望请缨上阵，报效抗战疆场，为此，李蒸特意请示上

①　尚季芳、颉斌斌：《请缨报国：战时国立西北联合大学的知识青年从军运动——以国立西北师范学院为中心》，《档案》2015 年第 7 期。
②　王丕仁：《我投入了为祖国而战的十万青年军》，《西北日报》1944 年 12 月 31 日。
③　《请缨书》，西北师范大学档案馆藏。

级主管部门："本院史地系教授张云波先生，志愿从军，虽已逾龄，惟因学有专长，可否特准从军并指派专门工作，理应附呈张云波教授简历及志愿研究科目，电请钧会鉴核。"最终张云波教授未能如愿。

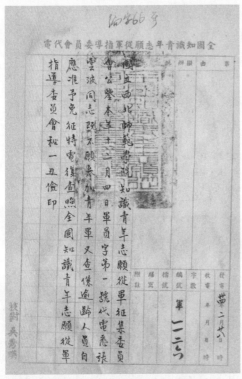

图 15-5　关于张云波免于应征的代电

为了避免家庭干涉，如愿从军，有 6 名同学甚至化名从军，据从军员生名册中相关备案记载："具本院从军学生刘希贤、黎新村、赵琦、何纪生、孙恕、李志岗等呈称：生等从军为免除家庭干涉，拟改用化名，恭请赐准。西北师院师生的从军热情于此可见。"①

12 月 18 日，西北师范学院于大礼堂举行欢送大会，为从军青年送上本校女生亲手制作的校旗和全校师生捐款 15 万元。12 月 25 日，社会各界于十里店再次举办送行大会，"大会于十一时完成，此后欢送，高呼口号，情绪异常热烈，汽车过商店门口时，各商店爆竹齐鸣，商民夹道欢呼，欢送高潮，达于云霄。师院李院长、金教授澍荣、方校长、王主任镜铭同乘汽车，送该院学生入营"。1945 年元旦，在兰州市东教场的欢送会后，第一批师院从军知识青年，随甘肃第一批从军知识青年共 1260 人，在总领队张文郁的带领下，乘 60 余辆汽车前往汉中，被编入青年军 206 师开始集中受训。之后第二、三、四批分别于 1 月 3 日、9 日、25 日陆续出发。甘肃省妇女团体在兰州市商会大礼堂为从军女青年举行欢送会后，从军女青年也于 2 月 27 日由甘肃省征委会编组科科长张开远护送前往重庆集结受训。

抱定马革裹尸立场的西北师院入伍知识青年，直到抗日战争胜利结束，

---

① 《国立西北师范学院从军员生名册》，西北师范大学档案馆藏。

既没有被派往抗日前线，也没有被补充到作战部队，"而是要'储为将来建国之用'。事实上，知识青年从军运动几乎由蒋介石一手策划与主导，其背后是蒋氏面临当时急剧恶化的政治、军事大环境所采取的应变手段。运动表面以知识青年为号召，以军事作战为导向，实则深埋着蒋介石的隐秘动机——另起炉灶，多一手准备，应对随时可能降临的最坏局面"。① 面对日本的无条件投降，迎接他们的政策却是青年军到期不得退伍，追加6个月预备干部教育，"继续安心服役，恪守军纪"。在这样要求下，除了因坚决要求退伍而被编遣复员后继续读书或回家者外，其余则被迫卷入了解放战争的洪流之中。

不论客观效果如何，从主观目的来看，西北师范学院知识青年的从军运动，继承了五四革命青年的光荣传统，发扬了请缨杀敌报效国家的精诚精神，其所表现出来的知识分子忧国忧民之情怀值得我们继承和发扬。

(尚季芳 顿喜龙)

◎三二九学生运动

解放战争胜利前夕，国民政府统治行将崩溃，其政治、军事、经济危机愈演愈烈。斯时，全国学生运动亦持续发展，在中共甘肃工委的领导下，甘肃广大学生革命热情高涨，随着兰州市东西区两个工委的建立，西北师范学院的学生党员迅速发展，积极开展革命工作，发动并领导了反对省政府试图推行300万银圆"建设公债"的三二九学生运动。

1949年初，随着军事战场形势的溃败，为配合落实国民党中央扩军备战之意图，缓解财政危机和财政枯竭的局面，甘肃省政府逆势而为，加紧对百姓的搜刮。因着甘肃近代经济的相对落后和国民政府统治下通货膨胀的无节制滋长，本地民众对于信用破产的当局纸币已经非常抵触了，"国民政府对甘肃省财政赤字的补助，既不是黄金、白银，也不运给粮食、布匹，

① 姜涛:《再造党军:知识青年从军运动与青年军》,《近代史研究》2020年第6期。

而是大批的纸币（法币，金圆券）。当时兰州有位新闻记者报道，每当运输钞票的飞机抵达兰州后，兰州的物价在一周之内就要涨上一倍。问题是到了 1949 年 2 月，即使飞机再运多少钞票来，也解救不了甘肃的财政危机了。因为国民党的纸币，甘肃人民已拒绝使用了"。① 然而此时的黄金、白银又被国民政府全力运往台湾，不可能作为财政补助下发；之前为缓解困境就已经被滥用的各类临时新增税种，因为周期长、数额少，又不能解其燃眉之急；于是甘肃省政府主席郭寄峤便妄图以发行银圆公债的形式进行搜刮。

1949 年 3 月 1 日，国民党甘肃省参议会召开第七次大会，向省政府提交了征兵 3 万名、发行建设公债 500 万银圆的议案，3 月 5 日《和平日报》刊发了本次议案之《甘肃财经方案》，主要内容有："发行建设公债 500 万元；切实整理田赋；铸造银币；公务员以银币支薪；税收试办征收银币。"② 这一议案最终竟然以发行 300 万银圆建设公债为目标而获得"修正通过"。消息一出，社会舆论哗然。3 月 22 日，省财政厅不顾民怨沸腾召开会议，决定 4 月间发行建设公债。3 月 23 日，《甘肃民国日报》发布标题为"本省建设公债，决定下月发行"的消息："本省将发行之建设公债，省府已拟定条例，昨（二十二）日省财厅召开会议，对此条例加以审查，决定四月间开始发行，二个月内发完，至于发行办法，发行公债之标准，基金保管委员会之组织，□□以讨论□定后，交省府会议决定即可公布。"③ 银圆公债以"建设"之名，行负隅顽抗或转移逃亡之实，留压榨剥削百姓之害，当即招来群情激愤和民怨沸腾，西北师范学院学生最先行动起来，在中共皋榆工委指示和学委书记陈仙洲的组织下，一批进步学生迅即与中共党组织"串联"，以"快邮""代电""通告"的形式发出自己的抗议之声。

从 3 月 26 日开始，师院校园里陆续出现抗议发行建设公债的倡议书、请愿书以及《告全院甘肃同学书》，共同揭露省政府中饱私囊、伺机逃跑的阴谋行径，呼吁同学们起来反抗。中共陇右工委西北师院支部也以甘肃同学会的名义发布抗议书进行声援，同时，甘肃籍的学生进行了集体签名活动。3 月 27 日下午，甘肃同学会在西北师范学院大礼堂召开全体大会，经

① 宋仲福：《试论三二九运动的起因和影响——纪念三二九运动四十周年》，《西北师大学报》1989 年第 4 期。

② 《甘肃财经方案》，《和平日报》1949 年 3 月 5 日。

③ 《本省建设公债，决定下月发行》，《甘肃民国日报》1949 年 3 月 23 日。

过宣讲和讨论，最终决议联络兰州各大专院校及中学，以"反剥削行动团"的名义开展斗争活动，定于 3 月 29 日前往兰州城区进行示威游行。大会还选举确定出行动领导人，组建"反剥削行动团"和下设机构纠察股、联络股、宣传股，以便进行游行示威工作的筹备。

28 日，得到消息的省政府遣教育厅长宋恪、财政厅长李子欣赶往师院会见学生代表，妄图通过说服，将学生们的革命行动扼杀于萌芽之中，结果，宋恪反遭学生质问驳斥，被无惧威胁、拒绝拉拢的同学们教训了一顿，并将其停放于十里店宪兵队门口的小轿车砸毁。当日晚自习时间，在师院 13 号教室举行了游行动员大会，纠察股郑国祥发表了言辞激烈的演讲，号召大家万众一心捍卫人民利益，勇敢参加反剥削示威大游行，不达目的誓不罢休。会后，联络股的同学连夜出发去联系各校统一行动，并由皋榆工委朱新蕊设法探听军警镇压传闻的虚实，宣传股陡剑岷连夜印制《告各界人士书》《我们的要求》等所需宣传材料。

3 月 29 日清晨，西北师范学院操场上集结 500 多人，他们高举"国立西北师范学院反剥削大游行"的横幅向兰州城关区进发，游行队伍在十里店加入了师院附中、师范部和乡村师范的学生，过黄河铁桥后又汇入兰州大学、兽医学院、西北农专、兰州女师、助产士学校等校学生，总人数逾两千，壮大的游行队伍成就了甘肃历史上最大规模的学生运动。他们沿途散发《告各界人士书》，高呼"反对发行建设公债""打倒郭楄楄的走狗""甘肃人民站起来，反对剥削政策"等口号，高唱高维天借《义勇军进行曲》填词改编后的"三二九进行曲"：

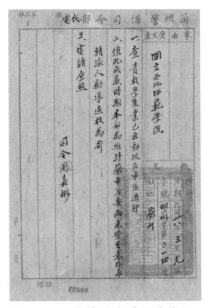

图 15-6　就请派人劝导在市区游行学生返校的代电

起来，不愿被剥削的甘肃人民，把我们的血肉筑成我们新的长城。

甘肃人民到了最危险的时候，每个人民被迫着发出最后的吼声，起来，起来，我们万众一心，冒着敌人的炮火，前进，前进，前进，进！①

在省参议会附近，兰州市民成群结队聚集，围观呐喊助威，一些群众和商店还为他们送上茶水、纸张、粉笔等物资以示支持和鼓励。在省参议会，议长和议员们已然不见踪影，愤怒的学生们捣毁了门上匾额，冲进院子后砸毁了一些宿舍窗户和门上的玻璃，将其屋内东西摔于院子，并留下传单和质询材料，继而转战省政府广场。在由几十名荷枪实弹警卫森严戒备的省政府门口，学生代表向省府递交了《抗议书》和《我们的要求》，并限24小时答复。同时，他们围绕广场散发传单、书写标语、发表演说，与群众互动，揭露建设公债本质，将游行抗议活动推向高潮。之后，游行队伍沿酒泉路至南关十字行进。在此，其中一路直奔贤后街张维公馆，因其早已逃匿而最终返校；一路抵达兰州大学开会商讨后续应对计划，决定如果不达预期将于4月1日再度发起游行抗议，并于当晚筹设兰州市甘肃同学联合会，确定向省政府继续交涉的代表人选。

师院学生发起的游行示威活动，极大地打击和警示了甘肃省当局。3月30日，兰州各报刊出三二九学生示威游行相关消息，省参议会驻会委员会于游行当晚紧急召开会议，决定"撤销发行建设公债一案""停止征兵征粮"，并作出说明："其实建设公债并未达到实行的阶段，因此项公债，系根据生活比较优裕者出钱的原则，希望有力量者出少数钱，来维护与扩大生产建设，来救济贫困，谋本省大多数人的福利。参议会通过之案，须人民财富达硬币五万元以上者，方能配销。本省能达此项标准之户，为数甚少，因此实施方面已有考虑。"② 同时，议长张维提出辞职。3月30日，学生代表14人再度前往省参议会和省政府请愿，提出停办建设公债、停止征兵征粮、废除土地增值税等六项要求。省政府秘书长丁宜中、省保安副司令周祥初、教育厅长宋恪、议长张维、副议长郭维屏等人接见洽谈，得到丁宜中当面答复，决定停办建设公债。

3月31日下午，省府派甘宁青考铨处处长水梓前往西北师院答复学生，指出省政府接受停止发行建设公债的要求，其他各项要求，均可函咨办理。

① 《"三二九"爱国学生运动》，《西北师大逸事》（下），第33页。
② 《反对建设公债，兰大师院甘籍生请愿，省府特说明此案原委》，《甘肃民国日报》1949年3月30日。

4月1日，兰州市市长孙汝楠来到西北师范学院明确表示省政府接受全部补充条件，只希望对专员、县长的"训话会"改为"专员县长招待会"。当日，甘肃省主席郭寄峤公开表示，"人民不同意发行当然不做，政治上的错失个人愿承当"，"个人才德不够，理应让贤"。① 4月3日，在省参议会礼堂举办了专员、县长招待会，到会专员和县长80多名，学生们"对地方兴革事提供意见，并晋谒郭主席聆听训示。"② 至此，游行请愿任务圆满完成，也意味着三二九学生运动取得了完全的胜利。

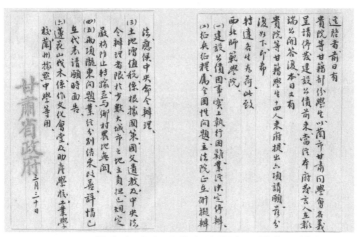

图 15-7　甘肃省政府对学生请愿事项的书面答复

三二九运动，以反对 300 万银圆公债的苛敛为直接目标，运动的胜利纾解了民困，减轻了甘肃人民的经济负担，使得当时的甘肃人民避免了一次掠夺性灾难。三二九运动间接地助力了全国学生的反饥饿、反内战斗争，在运动的影响下，甘肃张掖、武威、永昌、玉门、临洮、靖远、天水、甘谷多地相继爆发"抗丁、抗粮、抗捐"的反剥削、反压迫示威游行斗争。其更深层的影响在于解放战争胜利之际，孤立和打击了国民党反动派的甘肃势力，阻断了其维持运转、扩军备战、中饱私囊、撤退逃跑的财源支撑，在政治上沉重地打击了国民党在甘肃的反动统治，鼓舞了甘肃各地人民反抗国民党统治的斗志，促进了青年学生们的觉醒和向新中国及共产党的靠

---

① 《对建设公债事，郭主席发表谈话》，《甘肃民国日报》1949 年 4 月 1 日。
② 《各院校甘籍学生，昨招待专员县长》，《甘肃民国日报》1949 年 4 月 4 日。

拢，对中国人民解放军解放甘肃奠定了一定基础。

（尚季芳　顿喜龙）

◎李蒸为何参加北平和谈

1949 年初，中国人民解放军相继占领天津和北京，控制了华北的主要城市和大片地区，接着迅速向华南进军，饮马长江。面对强大的攻势，南京国民政府企图通过和谈划江而治。为了早日结束战争，免遭生灵涂炭，中国共产党显示出相当诚意，同意在八项条件的基础上进行谈判。4 月 1 日南京政府派出由张治中（首席代表）、邵力子、刘斐、章士钊、黄绍竑、李蒸组成的代表团抵平；中国共产党派出周恩来（首席代表）、林伯渠、叶剑英、林彪、李维汉和聂荣臻为代表参加谈判。经过 10 天的磋商，最终拟定《国内和平协定（最后修正案）》，并商定于 20 日签字。20 日，南京国民政府拒绝签字。21 日，毛泽东和朱德发布《向全国进军的命令》，中国人民解放军发起渡江战役，谈判自行结束。

关于这次谈判，学界对其过程有一定研究，对其中国民党方面的人物如张治中、邵力子、刘斐、黄绍竑和章士钊等都有考量，但唯独对李蒸至今未有一篇文章论述其为何参与谈判。众所周知，张治中和邵力子是国民党重要人物，前期与共产党有多次交往，被时人分别称为"和平将军"和"和平老人"；刘斐和黄绍竑为桂系要角；章士钊为立法委员、社会贤达，与共产党关系较好。李蒸 1895 年生，河北唐山人，毕业于北京高等师范学校，后留学美国哥伦比亚大学，获哲学博士学位，回国后任教于北京大学、北平大学、北平师范大学、南京中央大学和江苏教育学院等校。先后担任国民政府教育部社会教育司司长、北平师范大学校长、西北师范学院院长。1944 年任重庆三青团副书记长，1945 年任三青团中央常务干事，1948 年任国民党中央常务委员，1947 年至 1949 年，任国民政府立法委员。李蒸长期致力于民众教育和高等教育，对我国民众教育课程体系、教材建设和人才培养贡献卓著，对我国高等教育尤其是师范教育的存续与发展建树良多，是民国时期杰出的教育家，被誉为"师范教父"。

相较国民党其他代表，李蒸权势和背景都相对较弱。故当谈判代表的名单甫一出炉，就引起了报界的讨论，"政府所派和谈五代表中，邵张系'政协'旧人，最见适当。黄绍竑为桂系要角，章士钊乃在野名流，均属声望久著，众所深悉者。李蒸则厥名不彰，一般观感，都觉陌生；因何当选？莫悉其详"。甚至有报纸认为"李蒸充当和谈代表，大约系青年团关系，惟声望地位，为五代表中最差之一位"。显然，李蒸入选和谈代表，国内歧见纷出，那么，李蒸当选代表的原因到底是什么？

李蒸怎会当和谈代表 查之

图 15-8 李蒸怎会当和谈代表

据张治中在其回忆录中说，谈判之前他前往溪口请示已经下野但实权在握的蒋介石，蒋提出谈判代表"于北方籍的立监委员中遴选最好"①，据此，代表中张治中为安徽人，章士钊和刘斐为湖南人，黄绍竑为广西人，邵力子为浙江人，而李蒸为河北人，时任立法委员，这与蒋介石的要求相吻合。此其一。

其二，李蒸当选是张治中推荐的结果。前已提及李蒸曾任重庆三青团副书记长，后升任三青团中央常务干事，可见在任内是深受赏识的。而张治中从1940年直至三青团1947年合并到国民党都兼任三青团中央干事会书记长，掌握三青团大权。换言之，张治中是蒋介石支持下发展三青团的一个重要角色，其内部的人事任命均由蒋、张一手把持，因此重用李蒸是蒋介石和张治中一致同意的结果，时人也认为"张治中任三民主义青年团书记长时，李为副书记长，此次出任和谈代表，亦系张所推荐"。亦有进者，张治中提携李蒸还有更老谋深算的政治考量，据李蒸儿子李幼蒸的说法，"抗战胜利前夕，来兰州视察的中央要员张治中发现父亲在坚苦条件下努力办学的成绩和其留美背景，遂推荐他到国民党三青团中央任职，以利于宣传该组织具有教育界背景和美系人员背景的形象"。② 可见，张治中还想把三青团打造成国际化的政治组织，力图通过李蒸的名人效应扩大其社会影响，冲淡三青团的党治色彩。

其三，李蒸的人生经历和卓越品质。李蒸长年从事教育，任大学校长后，对中国的高等师范教育有独到的贡献。尤其在20世纪30年代初，针对国内废除师范教育的言论，李蒸予以严厉批驳，极力陈说师范教育与国家盛衰的关系，使北平师大渡过险境，成为国内硕果仅存的师范大学。全民族抗战爆发后，李蒸等人为保存中国高等教育的命脉，他带领北平师大一路西迁，与北洋工学院、北平大学、河北女子师范学院和北平研究院组建西北联合大学。1939年8月，西北联大师范学院（北平师大整体改制）独立设置，改名国立西北师范学院。1941年后，李蒸又带领学院迁往西北大后方的重镇兰州，这一壮举把中国优质高等师范教育向西推进了一千余公里，为西北地区高等教育发展和地域经济开发贡献了卓越力量，被时人誉

① 张治中：《张治中回忆录》，文史资料出版社1985年版，第787页。
② 李幼蒸：《忆往叙实》，重庆大学出版社2009年版，第60页。

为开发西北师范教育的急先锋和西北教师教育的摇篮。进一步，李蒸治校民主，倡导自由空气，善于化解各方矛盾，解决了北平师大和西北师院的诸多发展难题，又与地方当局关系融洽，深得地方大员支持。因是之故，李蒸的这些举动在教育界享有盛誉，时人认为"李蒸是教育界的名人，凡是在北方或抗战时在西北的人，大部分都知道他的"，这为他出任代表增添了重要因素。此外，李蒸生活简朴，为人厚道，主张正义和民主，虽身为国民党党员，"但与任何派系没有大的接触"，无党派门户之见，得到了各方的一致拥护和支持。

当然，李蒸参加和谈还有一些说法，李宗仁在任北平行营主任时，就在北方教育界经常听说李蒸的大名，当其代理总统时，一度推荐李蒸担任何应钦内阁的教育部长，但他不就，李宗仁对李蒸有好感当无疑；还有人认为李蒸与共产党关系较好，在解放区培养的学生较多，"他的学生现在中共方面任要职者很多，如李登之、杨尚坤、董仲山等皆是，所以，以他出任政府和平代表，在和谈进行时，一定可以得到若干便利，那是无疑的"，①而在中国共产党方面，也提出其当和谈代表者不乏其人。

在和谈过程中，李蒸和国民政府代表团秘书长卢郁文得到了毛泽东的接见。据卢的儿子卢存学整理其父"1949 年北平和谈资料"，我们可大概略知此次接见的过程。4 月 11 日，毛泽东与李、卢二人会谈了三个小时并共进午餐，毛泽东同他们主要谈了两个问题：一是关于军队的缩编安置和公教人员的裁减等；二是新政协参加人员及国内建设的人才问题。双方宾主尽欢，李、卢二人进一步加深了对中国共产党和谈方针和建国大计的了解。此外，李蒸和谈期间还接受了记者的采访，记者看到他住的房间"一席床铺之外别无长物，楼上客房，沙发的弹簧都坦露出来了，盥洗用具就置在墙角钉起的一块木板上"；对记者的问询，他回答极为谨慎，"他说自己一向是办教育的，以后还希望再办教育去，显然的，他是有意避开记者的追问，转向另一话题"，对于和平的意见，他告诉记者还要研究，自己没有意见，对于中共八项和平条件，"他拒绝置评，他说就是有意见，也不便发表，因为可能产生的影响实在太大了"。总体看来，在和谈当中的李蒸谨言慎行，亦步亦趋，静观时变，未置可否，极为圆通。

---

① 大风：《和谈代表李蒸，教育界中地位高，中共方面学生多》，《诚报》1949 年 3 月 30 日。

在国难当头之际，受李宗仁和何应钦的连番邀请，李蒸最终出任和谈代表，他知道"政府选出他参加和谈，是要冲淡代表团的政治色彩"，他明知这项工作"突如其来"，是临时之举，是儿子李幼蒸眼中的"充数"之举。但李蒸毅然决然参加，他认为"和平是人人都需要的，为了人人需要的和平而奔走，谁能不愿意干呢？"不管结局如何，李蒸为国家和平而不惜个人利益的初衷和精神值得肯定。揆诸史实，和谈因国民政府拒绝签字而告失败，中国共产党发起了渡江战役，迅速解放了全中国，建立了新生的人民政权，中国人民从此站立起来了。而作为大时代背后的"小人物"李蒸留在了新中国，完成了一次华丽转身，由所谓的"充数"变成了一名新中国的建设者，真正为新中国的和平和发展奉献余生，谁又能不佩服李蒸洞察时势的深邃眼光呢？

（尚季芳）

第十六章　红色之光映师院

这所大师云集、群星闪耀的高等学府，在极度艰苦简陋的环境中，不仅创造了中国近代高等教育史上的奇迹，也为中国革命孕育了珍贵的"火种"，在中国革命史上留下了弥足珍贵的足迹，谱写了一曲曲可歌可泣的壮丽诗篇。

◎王志宏眼中的师院早期红色足迹

"1939 年 10 月，我考入国立西北师院的理化系。那时，该院刚从'西北联大'独立出来，院长是原北平师范大学校长——李蒸。"王志宏回忆道。

王志宏，1917 年 12 月出生在河南叶县龙泉村。1939 年秋考入位于陕西省城固的国立西北师范学院理化系，1944 年秋毕业留校，1983 年离休，1985 年由省委批复享受副地级待遇，2019 年去世，享年 102 岁。

图 16-1　王志宏

在城固求学期间，王志宏参加了"自励读书会"，对自己的大学生活特别满意。"我们来自不同省份，不同学校，而且性别不同，却为了一个共同的信念，从'五湖四海'走到一起的。由于大家对个人以及国家的前途命运达成共识，所以互相间没有距离与隔阂，只有同志之情的亲切与温暖。通过读书会，引导大家深入而系统地学习马列主义理论和政治经济学等基础知识，使同学们更进一步认识到，'只有社会主义才能救中国'"。在他看来，"自励读书会"就像一支美好的歌，又好像是一首诗，是大学生活中最重要最难忘的一页。

在进步思想的影响下，王志宏加入了中国共产党的地下组织。

这所大学的红色足迹，可以追寻到陕西城固办学时期。在那个特殊的时期，尽管"乌云密布"，但进步力量"不容小觑"。

1938—1939年，城固校区学校党的地下组织是一个联合支部，核心在法商学院。当时，"联合支部有30多名党员，是一支不小的力量"。当时范山同志就是城固校区党支部的一员，他于1938年在延安抗大学习，并加入了中国共产党。

根据中共兰州市党史办公室主办的兰州党史网《西北师范学院地下党组织的革命活动》所载，1939年教育系招收的新生中有一名地下党员孙济，是西北师院的第一个党员，遍寻馆藏档案资料，只有孙济的学籍档案。①

1940年以后，孙济发展了王伦（即王志宏同志）等4人，便在联合支部领导下成立了师院的第一个地下党小组，孙济任小组长。

"我是在1940年的5月由法商学院，也是我们自励读书会的祁东海同志（以后改名祁鹿鸣）约到城固西城郊谈话的，他说'我们青年人应该不仅心中有进步思想，还应有远大的政治理想，并为之奋斗终生'。我们一拍即合，于是他就介绍我加入了党的地下组织"。按党的规定，预备期是三个月，祁东海同志把他的组织关系转给了孙济同志。

预备期期满的那一天，孙济同志为他主持了入党转正仪式。"我记得是在城固的田野里举行的，只有我们两个人，仪式很简单。虽然没有党旗，但气氛仍然庄严肃穆，当我表示今后永不叛党，永远忠于党的事业之后，孙济就说'我代表党向你祝贺！'并和我握手"。从那一刻起，王志宏意识到他已不是一个普通的人，而是一名光荣的无产阶级战士了，使命感油然而生。

---

① 袁志学：《西北师范学院地下党组织的革命活动》，兰州党史网（http://dsb.lanzhou.gov.cn/art/2013/9/10/art_6739_271506.html），2013年9月10日。

在王志宏转正后，祁东海同志陆续又把这个消息传达给其他六个同志，王志宏同他们单线联系，"除他们以外还有一位是师院师范部的学生岳自俊，那时我同他们约定一周或每两周会面一次，接头内容主要是传达上级的指示、支部意见，有时也讨论学习党章、党纲及身边发生的各种现实问题等"。同时，党组织还安排王志宏担任孙济同志和法商学院党支部的联络工作，并给王志宏另起名叫王伦①。

1942 年，地下党支部研究对公开活动较多，已暴露的同志可以在毕业前离开学校。六月间，王志宏乘船经汉江回到河南邓县，又从邓县启程，走了一天约 130 多里，到达镇平赵湾的北仓女中，一个多月后，才回到叶县家中，后又辗转到北仓女中代课掩护"身份"。

1943 年，王志宏与祁鹿鸣同志商谈，继续去城固复学。此次城固之行可谓是旧地重游，山川河流依旧，而那些志同道合的同志却已离去，城固反而显得冷清生疏了，大有"人去楼空"物是人非之伤痛。不过，王志宏还能继续收到仍留在重庆的靳爱鸾、张鸿顺、祁鹿鸣等同志的信件。

对于王志宏来说，那个时候的信件无比珍贵。在他的回忆录里，讲到他保留着孙济同志给他的一封书信。从这封信的内容，可以了解到王志宏等人在学校的情况，也可以从中追寻出时代的一点印迹。

志宏同志：

你寄的信都收到了，鹿鸣同志获准恢复党龄，这是喜事，我谨向他祝贺。

1942 年的事，有的情况虽然记忆不那么准确，但大体轮廓还是忘不了的，要是仔细的把当时的事反省一下，再重温一下《毛选》二卷的几篇文章，我想总会得到一个比较切实的看法。就我目前认识的水平，我以为我们当初决定"撤退"是正确的，隐蔽政策早在 1940 年党中央就提出来了，1942 年反动派在"西大"抓人，我们决定暴露的同志撤离城固，转移一个地方，隐蔽起来，这适合政策精神的。你离开城固前告诉我你处境险恶，我因你经常在"西大"活动，可能被反动派注意，同意你离开城固，还说过要走就快走的话，并建议请休学假，

---

① 王志宏：《勿忘逝去的岁月：王志宏自述》，2004 年 11 月 21 日。

在风平浪静之后再复学，我认为以大学文凭作掩护搞地下工作是适合的，宗和是你走后那个暑期被捕的，他被捕后，我的处境就比较艰难，虽然我感到在那个环境已不可能再有什么作为，除掩护自己的身份外，我并未停止学习和在可能的情况下做点宣传工作。1943年上学期间，除侯建华被捕外，还有体育系的吴祥麟也被捕了，拘留达一个月之久，后经他们系主任袁敦礼保出，足见那时候环境。

……

当时，日寇侵略气焰嚣张，进犯洛阳、潼关，西安战况吃紧。蒋介石的军队节节败退，国民政府从南京迁到重庆。蒋介石的嫡系部队胡宗南所统帅的十几个师，不迎击日寇，却驻扎在潼关内，把陕甘宁边区紧紧地包围起来，准备打共产党；并把部队深延到西安和四川，准备向南逃跑。此时全国进入极为紧张的状况，日寇很有可能打进潼关，侵占西安。

面对国民党胡宗南逃走的现状，中共党组织给陕西省委派了一批干部，准备在陕西关中地区动员组织民众打游击，抗击日寇，收复失地，打击国民党反动派卖国投降的政策，范山就是其中之一。

1941年8月，范山考上西北师院国文系。

后来日寇未进攻潼关，国民党反动派却加紧对边区的封锁，侵占边区的领土，陕西省委机关被逼撤走。与范山一同准备打游击的干部，有的随省委撤走，有的被派到各县做秘密工作。范山则被派在学校长期潜伏，做青年学生的工作。

1941年，西北师院兰州分院招收的第一批新生中，除了范山（刘生智），还有一名叫李齐夷，他俩都是中共地下党员。范山开始了在西北师院的地下工作。[1]

1942年，西北师院兰州分院招收的新生中又有5名地下党员，共7名党员。于是成立了中共西北师院兰州分院党支部，范山任支部书记，江明贞（女）和王积忠分别任组织委员和宣传委员。

1943年，因范山要离开学校，支部进行了改组，由江明贞任支部书记，王积忠和李齐夷分别任组织委员和宣传委员。这个党支部团结进步学生，

---

① 《西北师大逸事》，第25页。

在非常困难的环境中做了不少工作。例如，1941 年开学后，学校要成立学生代表会，校方没有经过学生推选，就宣布了指定的有特殊身份的各系临时代表名单，企图使学生代表会成为校方的一个御用工具，两名地下党员联络同学们提出了反对意见，迫使主持其事的训导处不得不宣布取消指定的代表资格。他们还用各种形式揭露和打击一些特务学生的反动行径，使之处于被动和孤立的境地。

1944 年，王志宏毕业留校工作。同年夏天，王志宏乘师院迁往兰州的汽车，来到黄河岸上的这所大学，将革命的火种从城固带到了兰州。

王志宏通过师院毕业班的同学周维振和陈鑫堂，认识了在思想上有共鸣、志趣相投的放映队队长张风锦同志，两人相谈甚欢。在抗战初期，张风锦到过武汉，并在郭沫若领导下工作过，也认识一些电影界的进步人士，如郑君里、史东山等。

1948 年，革命胜利在望，王志宏等人希望找到组织并在组织的领导下工作的心情更为迫切。一个午后，王志宏与张风锦及张风锦的好朋友贾普云坐在黄河边，推心置腹地谈论各自追求的进步思想，并以滚滚东去的黄河水为证，发下誓言："从今以后，要坚定不移地为寻求组织而努力。"这件事对于王志宏来说，是他生平又一件大事，也是三人永远不能忘记的一天。

同年深秋，他们三人在兰州城东区的一深宅大院中终于再次找到了盼望已久的党组织，借此机会认识了满鸿遇同志，并在他那里见到了罗扬实同志。那天，王志宏非常激动，心里热乎乎的。因为在他心目中，党就是母亲，就是家。

随后，罗扬实同志指示："以后由张风锦同志协助你搞两项工作，一是迅速建立组织；二是协助你做曹叔希的工作。"早在和地下组织见面之前，曹叔希通过师院体育系主任郭俊卿教授搭线，希望和王志宏取得联系，郭俊卿又通过外语系的任宗勋老师直接跟王志宏表达曹叔希有追求进步思想的意愿。

1949 年 8 月 25 日晚，曾在师院上学的郝麟同学把王志宏带到物理实验室，同住在实验台上。半夜，他们一起爬进室外的防空洞中，亲眼见证了解放军沿着城墙跑步占领了水北门的门楼，封锁了黄河铁桥的出路。

1949 年 8 月 26 日，兰州解放了，兰州人民从此站起来了。整整一天，兰州城沉浸在一片喜悦之中，到处是欢声笑语，人们兴奋不已。

为了一睹胜利的局面，王志宏和赵擎寰等几个同志，随着欢乐的人群，几乎跑遍了兰州的每一个角落。这一天，对兰州人民而言是大喜的日子；对王志宏个人而言，也是值得庆贺的日子。他感到终于可以"抛头露面"了，他们的工作从"地下"走到了"地上"，那种担惊受怕的日子终于一去不复返。

后来，听说张凤锦同志被捕，同时敌人还疯狂逮捕了一些其他同志。解放后给他们开追悼会时，王志宏和郭俊卿参加了，才知道还有满鸿遇、高斗垣、冯云等人，他们都在大沙沟被残害。

"我当时特别痛心，因为失去了我的挚友张凤锦同志，我的心都碎了。同时，我又为他们献身于党的事业而感到骄傲，他们是伟大的、光荣的。"王志宏曾为张凤锦同志写了一副楹联，以表哀思。

　　为革命，烈士洒热血。祭英灵，浩气贯千秋。

另外，1998 年王志宏学习写格律诗时，也曾写了两首悼张凤锦同志的诗，印证了二人的革命友谊使他终生难以忘怀。

（一）

五十年前往事新，从容曾叩谒家门。
邻人言说兄离去，遗下相机急转身。

（二）

解放初时追悼会，亲临祭奠意深沉。
还思昔日谆谆教，使我伤恸泪满襟。

新中国成立后，经时任市委组织部长罗扬实同志同意，王志宏回校工作，开启了他的育人生涯。

（本文根据王志宏生前回忆录《勿忘逝去的岁月：王志宏自述》整理，并经其家人确认所述内容）

（赵宝巾）

◎西北的小萝卜头"罗立力"

在漫长的革命历程中，离不开一批批前仆后继的英勇斗士，也离不开一份份传播光明与希望的进步刊物。

正是智与勇的结合，我们党才会从星星之火演变成燎原之势，我们西北师院的地下党员才会在艰苦岁月中坚守：为天地立心，为生民立命，为往圣继绝学，为万世开太平。

这既是革命初心，也是立德使命，更是树人典范。

自 1939 年地下党在西北师院的萌芽初期，中华民族解放先锋队队员就办过《展望》《行列》等进步壁报传播进步思想，但或被查禁，或被撕毁，都半路夭折。后来为了谨慎行事，西北师院的地下党成立了读书会，多次组织政治经济学、哲学、文学等学习小组，阅读进步书籍，听取李达、侯外庐、曹靖华等进步人士的演讲。

在此期间，进步人士通过党组织，阅读从延安送来的报纸、杂志，了解国内外局势发展的真实信息，如《新华日报》被查封、皖南事变真相等。党小组除在党内组织学习外，还积极纠正进步力量中的错误思想，揭露国民党的欺骗宣传。

当时学校的反动组织和反动分子，对学校进步力量及其活动经常进行破坏。双方吵闹、辩论、斗殴、撕壁报、贴标语的事时有发生。1943 年，国民党顽固派掀起第三次反共高潮，各校的潜伏特务也纷纷出动，配合反动军警，不断逮捕共产党员和进步分子。在这种情况下，共产党员转入地下斗争，停止一切半公开活动。

虽然国民党的统治十分严酷，但共产党及其领导下的进步学生，仍然进行了各种形式的斗争。1943 年暑假，在党支部领导下，西北师范学院的革命进步学生，以地下党员为中心，组成了"山阳读书会"，由地下党员李齐夷负责。这个组织以读书会的名义学习进步书刊，讨论国内外形势，团结进步学生，成了吸收党员的预备学校。经过山阳读书会的考察和教育，后来被吸收入党的有八九人。

1944 年春天，西北师范学院的进步学生和甘肃各学院等方面的进步革命青年一起开办了"北辰书店"，由地下党员郭松茂、韩其昶、李齐夷主持，宣传进步革命思想。经费由参加者按当时有限公司组织法入股集资，每股 500 元，共集资 400 股左右，入股者共 120 多人。

1944 年暑假，地下党员创办了进步杂志《新地》和《读书月刊》。《新地》是文艺刊物，主要由郭松茂负责；《读书月刊》是理论刊物，主要由李齐夷负责，这两份进步刊物的宗旨都在于团结爱好文艺和学术研究的进步同学，活跃兰州的文化生活，均由北辰书店经销。其中《新地》还得到郭沫若同志的支持，他曾写信鼓励学生们的进步活动并亲自题写了《新地》刊头。

此时由于抗日后方物价暴涨，货币贬值，民不聊生，学校当局对学生的生活又很不关心，新生长期睡在地铺上，教室和宿舍无法取暖，伙食营养匮乏，学生甚至经常连开水也喝不上，导致了校庆事件的爆发。1944 年12 月 18 日晚，学校在新建礼堂举行校庆晚会，演出京剧。教室里的汽灯被拿到礼堂去照明，同学们因看书没地方，看戏没有钱，礼堂外的人越聚越多。这时人群中有人喊了一声"打!"顿时乱石穿破纸窗，飞入礼堂，礼堂里面一阵混乱。训导处负责人出来制止，被学生质问得无言回答，警察奉命打了两枪，更加激怒了学生，学生便向警察冲击，警察见势不妙，溜之大吉。

事件发生后，中共地下党支部印发传单，提出成立学生自治会和改善生活两大要求。校方答应改善生活，但对成立学生自治会却完全拒绝。这件事使国民党当局很震惊。1945 年 1 月 16 日凌晨，国民党出动了军、警、宪、特，在学校特务学生带领下，逮捕了地下党员郭松茂、李齐夷、袁方、韩其昶和国民党党员薛天纲。薛是师院国民党区分部委员，因性情耿直，对学校里特务学生的行径经常表示不满，也遭到了被逮捕的厄运。被捕的五位同学被关押在兰州大沙沟中统特务的秘密监狱西北看守所，直至抗战胜利前后才先后被释放。此后"北辰书店""读书月刊社""新地社"的成员中很多人被捕，《新月》杂志只得在出刊两期后停刊。①

---

① 《西北师大校史（1902—2002）》，第 49 页。

逮捕事件发生后，郭松茂被关押在兰州大沙沟看守所中，那里关押着很多共产党员和进步人士。虽身在狱中，但郭松茂并不气馁，他在狱中结识了很多革命人士并向狱友传达积极乐观的生活态度。

图 16-2　罗立力

当时，罗云鹏烈士的女儿罗俐丽（罗立力）自小被关押在监狱，对外界充满了好奇，郭松茂主动当其老师，为其打开知识的大门和想象的世界。

"'给我讲讲墙外的事情吧！'俐丽对大墙外面的世界非常感兴趣。每当大人们讲外面的情况时，她总是兴致勃勃地听着，不断地提着问题。她对大墙外面的世界多么向往啊！郭松茂海阔天空地讲：外面是一个永远走不完的天地，田野里长着各种各样的庄稼，开满了各种美丽的鲜花，在那里，还有各种各样的动物，各种鸟儿唱着美丽的歌曲。他还说外面有许多热闹的城市，那里走着许多人，那里有商店、学校、医院，那里走着马车、自行车、汽车……"[1] 就这样，郭松茂在狱中坚守着自己的信仰，不向敌人妥协，始终保持乐观的姿态，最终于 1945 年 6 月被释放。

正是革命者乐观积极的革命态度以及坚定不移的革命毅力，进步刊物才得以创办，进步思想才得以传播，革命队伍才不断壮大。

（赵宝巾）

---

[1]　中共兰州市七里河区党史办公室编：《黄河在召唤——罗云鹏传》，甘肃人民出版社 2020 年版，第 156 页。

◎地下党支部书记何荩臣

在西北师院复校运动日渐取得胜利的时候，西北师院的党员队伍也不断壮大，但地下党员隐秘的政治活动却逐渐被国民党特务盯梢，学校党支部力量开始陷入危机。

1945 年初，国民党出动了军、警、宪、特，逮捕了地下党员郭松茂、李齐夷、袁方、韩其昶等同志，将他们关押在兰州大沙沟中统特务的秘密监狱西北看守所。

5 月，江明贞离校，支部工作交由李修成和李景曜负责。他们两人于1945 年 5 月恢复了山阳读书会活动，在发展会员、考察教育的基础上，吸收党员数名。同年 7 月，西北师院地下党员金滕、郝麟和进步学生王积印，因在《景泰通讯》上发表《送穷鬼文》等文章，揭露国民党的腐败，宣扬民主进步思想，特别是揭露景泰县县长和其他官吏的贪污腐化，引起了景泰县当局和兰州特务的仇视，遂被逮捕，关押在大沙沟秘密监狱，后又转到甘肃省保安司令部看守所。因保安司令部医官王焕文（王和三位被捕者是老乡）利用给副司令丁某及其子女看病之便，说情具保，才得以释放复学。反动分子的多次抓捕，使得学校中共地下党支部遭到严重破坏。1945年秋，抗日战争胜利后，全校师生掀起了复校运动。1946 年有师生三百余人，回北平参与北平师范学院的恢复与重建工作，多数师生员工仍留在兰州继续兴办国立西北师范学院，西北师院的党员力量也继续发展。

期间兰州市反动当局曾发动过一次"反苏游行"，学校停伙，强迫全体学生参加。地下党员动员同学们进行抵制，进步学生宁肯不吃饭，也不去游行。闻一多、李公朴被害的消息传来，学生中曾开过小型座谈会，出过一些壁报。

1946 年反动派背信弃义，撕毁《双十协定》，内战即将全面爆发，白色恐怖进一步笼罩学校，革命行动受到极大限制。5 月，李景曜等 4 名地下党员和进步学生又被中统特务逮捕入狱。自此西北师院地下党员所剩无几，学校进步力量的活动暂时沉寂下来。

　　在西北师院的进步力量受到严重打击的情况下，曾任西北行营主任的张治中将军，对西北师院师生深表关切。他先后为1946、1948届毕业生题词："菁莪造士，朴械作人，杏坛施教，克展经纶。"并于1948年春天来到西北师院礼堂，向师生作"中国能不能和平，世界有没有战争"的演讲，表达他关于和平解决国内问题的主张。在演讲中，他说"重庆政治协商会议的破坏，责任不在共产党一方，这一点别人不敢说，我张治中敢说"。他还问在场的师生中有没有和润之（毛泽东）有联系的，"如有，请代我问好，我和润之是好朋友"。他的演讲赢得了全场师生的热烈掌声。①

　　西北师院党支部元气大伤的情况维持至1948年终有好转，在甘肃工委所属陇右工委领导下，西北师院中共地下党支部得以重新建立。当时西北师院的党支部书记是教育系学生何荄臣，在他的努力下学校地下党的队伍建设焕发出新的生机。

　　何荄臣本属于陇右工委组织，负责陇右地区党员发展工作，与负责兰州相关工作的皋榆工委不发生横向的关系。但随着形势的发展，陇右一批高中学生考进了兰州大学和西北师范学院，这批学生中大多属于陇右地区的地下党员。他们进入兰大和西北师院以后，在兰大和西北师院的师生中，物色了一批发展党员的对象，亟须陇右组织派人前去审批。于是陇右组织便把这一危险且艰巨的任务交托于何荄臣，由他办理审批手续，发展党员力量。

图16-3　何荄臣

　　据何荄臣回忆，兰州大学的发展对象主要是临洮和渭源的教工和学生，由临洮地下党员、兰大任助教的魏郁任支部书记。西北师院当时发展的对象是对共产主义心生向往且充满革命热情的莘莘学子，他们来自四面八方，"有渭源的，有会川的，有岷县的，还有甘谷和河西走廊的，甚至还有一个学生是青海省西宁市的"。于是，为了更好地发展西北师院的地下党队伍，何荄臣代表党组织审批，西北师院重新建立了一个地下党支

---

① 《西北师大校史（1902—2002）》，第51页。

部。① 这个支部根据陇右工委关于"宣传大好形势，宣传党的各项政策，物色对象，发展党员"的任务，做了不少工作，发展党员 20 名左右。1949 年夏转由皋榆工委领导。

1948 年 12 月，在中共皋榆工委的努力下，兰州先后建立 21 个支部，其中学校支部 12 个。从此，在地下党的领导下，以共产党员、进步学生为主要撰稿队伍的一批新刊物，成为争取民主自由的摇篮和传达学生正义呼声的喉舌，主要有兰大附中的《春雷》，西北公路局的《春苗》，兰州一中的《朔风》和兰州大学的《天地旬刊》等。《天地旬刊》发刊词称："有歌喉而似囚犯被监视不得歌唱的人，实别含苦衷，这是对人类灵性的摧残。久感于低气压的一群小伙子，为了放出这久为郁积闷人的歌声，《天地旬刊》创刊了。我们更希望她能成为黑暗中的灯塔，引导我们盲目的一群向光明的坦途迈进。"这些刊物，对启发学生的民主意识，活跃同学们思想文化起到了促进作用。兰州的地下党员们为了争取民主和自由，为了进行与反动当局的革命斗争，献出了青春甚至生命的代价。

西北师院由于新的党支部的建设，革命力量不断壮大，民主思想的传播启迪了师生的革命意志，顺利地完成了保存实力和对敌斗争的任务，为迎接兰州解放作出了贡献。

（赵宝巾）

◎李嘉言支持进步学生二三事

李嘉言，字慎予，河南武陟人，是我国著名古典文学研究家，曾在 1942—1946 年任教于西北师院，他不仅古典知识深厚、教学严谨并且多次支持地下党员学生的进步活动，促进了进步思想在西北师院的传播。

李嘉言自中学时期始便受到共产主义和进步思想的熏陶。1923 年夏，

---

① 《陇右地下斗争》，甘肃人民出版社 1981 年版，第 145 页。

他以优异成绩毕业于武陟县高等小学，考入沁阳县省立十三中学，受同学及当时革命思想的影响，阅读了许多宣讲共产主义的进步书刊，参加了进步革命活动。1926年秋考入开封省立二中，受二中浓厚的革命思想的影响继续从事学生运动。1927年4月，受党员王大中的深刻影响和反复帮助教育，李嘉言加入了共青团并参加武陟学生总会的活动，传阅、印刷革命刊物。

图 16-4　李嘉言

1928年4月，李嘉言被河南省委任命为共青团开封市委书记，担任宣传和学运工作。在当时严酷的环境中，他积极从事革命工作，到各校开会、讲解革命道理、鼓动同学们的革命斗志、发展团员。不久被叛徒出卖被捕入狱。因无证据，李嘉言不久被释放，继续进行革命工作。1928年12月初，李嘉言第二次被捕，关在河南省第一监狱，后转入省府后街第四巷省"反省院"审问。在此期间，李嘉言多次受到鞭打、坐老虎凳、灌辣椒水等酷刑，几次昏死过去。李嘉言坚强不屈，从未吐出真情，并且在狱中党支部领导下，传阅各种进步刊物。后经过外界努力，李嘉言被释放。出狱后，李嘉言继续深造学习，1930年以优异的成绩进入清华大学学习，同时继续宣传进步思想。1934年毕业后，李嘉言曾在保定育德中学、清华大学、长沙临时大学、西南联大等校任教。

1942年春夏河南大灾，李嘉言在昆明已居五年，欲返乡省亲，苦于关山阻隔，盘缠有限，经西南联大中文系主任罗常培介绍，推荐给黎锦熙，聘为国立西北师范学院国文系副教授，由西北师院预支酬资。李嘉言于1942年7月14日辞别学习、服务11年的母校返回家中，又携妻将子开始西行，至兰州任教。

1942年秋李嘉言始来西北师院任教时，正值抗日艰困时期，国统区政治黑暗，官吏贪污，权贵们过着花天酒地的生活，而广大人民却受着贫寒之苦。李嘉言就是在这种严苛的环境下坚守学术讲台，他凭自己的自守、正直、认真和学识，在西北师院站稳了脚跟，与叶丁易成为当时国文系及进步师生中受同学爱戴的教师。李嘉言教授中国文学史，叶丁易讲授现代文学史课，二人不仅具备真才实学、讲课也深受学生喜爱，而且都是思想进步的青年才俊，都积极支持并参与学生进步活动。

1943 年叶丁易因公开宣讲鲁迅、宋阳（瞿秋白）革命文艺思想以及解放区革命文艺及理论，因而受到排挤离开西北师院。李嘉言则继续在师院教书，1944 年端午节，西北师院国文学会举办纪念晚会，李嘉言作纪念屈原演讲，"强调屈原追求真善美，不与恶势力妥协，不惜以身殉职的战斗精神……"实际上是在宣传革命思想。①

李嘉言在授课之余十分鼓励学生的革命活动，尤其《新地》和《读书月刊》杂志在初期筹备过程中，筹措经费、交涉印刷、征集稿件，特别是争取登记合法出版，遇到不少周折和麻烦。在这期间，李嘉言给予学生很大的支持，首先他慨然允诺承担刊物发行人的名义，其次为两杂志帮忙撰稿，同时也向重庆、成都、昆明的学者去信约稿。②

1944 年冬《新地》出刊两期后，西北师范学院就发生了特务大肆逮捕学生的事件。"北辰书店""读书月刊社""新地社"的成员中很多人被捕，逮捕学生不久后，特务就找到李嘉言先生并将其拘留，多次质问他同《新地》是什么关系，同被捕学生什么关系并追问出逃学生的下落。李嘉言只言自己和学生仅为师生关系，这些学生都是好学生，是否是共产党他不知道，更不知道出走人的去向。在黎锦熙出面保证下，特务最终将李嘉言释放。这期间，李嘉言镇定自若，不顾自身安危尽力保护学生。

1946 年李嘉言与同事李化方教授（新中国成立后任西北师院副院长）组织进步师生成立"时事讨论会"，定期学习讨论马列主义、毛泽东著作，公开宣传共产主义，学习先进思想。同年李嘉言介绍同乡、英文系助教任宗勋加入讨论会。1947 年春，李嘉言又被"绥靖公署"列入"黑名单"并拘捕。李嘉言在 1956 年 5 月入党时写的《自传》中，坦诚地汇报了这段历史及其中的原因："1946—1947 年，一位同事教授李化方先生常找我谈政治，我们两人分头找了几个朋友每月轮流请吃饭，吃罢饭就谈政治，公开宣传共产主义。他拉了一位在西师教'三民主义'的，名叫李瑞徵。我怕靠不住，他说不要紧，他是兰州市市党部委员。李化方说，他的思想并不

① 牛维鼎：《回忆李嘉言先生》，《西北师大学报》1989 年第 6 期。
② 李鼎文：《记西北师范学院黎锦熙、李嘉言、丁易先生二三事》，《西北师大学报》1989 年第 6 期。

是国民党的奴才。我拉了一位同乡任宗勋，是当时西师英文系助教。还有几位是李化方同志拉的。"

后来事态紧迫，进步学生刘文生得到确切消息，通知了李嘉言让其暂避。于是李嘉言1947年7月中旬领取了一个月的薪水，偷偷处理了家具、书籍。李嘉言离开兰州时，毁弃了很多诗作、文稿和信件，一是恐有些革命活动的信函落入特务之手，会连累进步师生；二是不便携带。李嘉言最终返回河南老家。

尽管李嘉言在西北师院任教仅仅四年，但这四年的时光中李嘉言以身作则与学生共度艰辛岁月，以师者风范促进了学生各方面的提升，支持学生的革命活动，传播进步思想，是西北师院不可遗忘的先生！

（赵宝巾）

◎ "西部歌王" 王洛宾的师大情缘

每当听到《掀起你的盖头来》《青春舞曲》《达坂城的姑娘》这些几乎每一个中国人都耳熟能详的歌曲，就会想到一位被称为"西北民歌之父"的民族音乐家，一位富有传奇色彩、参与抗日救亡运动的爱国主义音乐家——王洛宾。这位在中国大西北生活了近60年，将一生都献给西部民歌创作和传播的"西部歌王"，与同处祖国大西北、经历一百多年办学历程的西北师大，也有着千丝万缕的联系和难以割舍的情缘。

从1938年，王洛宾在兰州改编创作了第一首新疆民歌《达坂城的姑娘》之后，便与大西北结下了不解之缘。

西北师大音乐学院资料室保存着一本1983年甘肃人民出版社为王洛宾出版的《洛宾歌曲集》，里面收录了王洛宾先生所创作的诸多代表歌曲，见证了他在西北的传奇故事。

在西北期间，王洛宾先生有一段时光就在西北师大度过，并与学校师生开展了音乐交流和探讨，与部分老教授合作进行音乐创作和作品翻译，一些创作、翻译和本人演唱的作品至今为我校珍藏。学校曾联合主办纪念王洛宾先生百年诞辰专题音乐会，旨在将他的艺术精髓和人文情怀更加发扬光大。

王洛宾（1913—1996），名荣庭，字洛宾，曾用名艾依尼丁。1931年从北京通州潞河中学毕业后，9月被保送至国立北平师范大学艺术系学习，1934年从北平师范大学毕业。九一八事变后，王洛宾在中共北平市委（地下党）的领导下，参加了北师大、北大学生一二·九南下示威请愿团。在北平师范大学学习的这段时间，奠定了王洛宾扎实的音乐功底和理论素养，为后来的创作打下了良好的基础，这也成为王洛宾与师大的首次结缘。

七七事变后，王洛宾前往山西参加八路军"西北战地服务团"，投身抗日救亡运动。1938年3月，转移到西安，后又来到兰州，参加"西北抗战剧团"，随团到过甘肃陇西、天水、陇南、河西以及青海等地宣传抗日。约用一年多时间，王洛宾走遍了青海、甘肃等许多地方，在记录、学习民间歌曲中逐渐积累了音乐创作的素材，先后改编创作了《达坂城的姑娘》《青春舞曲》《虹彩妹妹》《曼丽》等民歌。

1938年，在八路军驻兰办事处和地下党的宣传影响下，各抗日群众团体、进步刊物所开展的抗日救亡运动引起了兰州国民党当局的恐慌，逐渐限制抗日救亡活动。作为西北抗战剧团成员的王洛宾夫妇也被迫离开兰州去了新疆，而后又辗转返回兰州，从事抗日救亡和歌曲创作。

在兰州期间，王洛宾住在当时的炭市街（现在的中山路）49号，在西关车马店，从一位运送苏联援助抗日物资的新疆维吾尔族司机那里学习、记录、改编了《达坂城的姑娘》（又名《马车夫之歌》），这是全国第一首经过专业工作者收集、整理的维吾尔族民歌，当时《达坂城的姑娘》传遍了兰州的大街小巷，很快又不胫而走，传遍了全国各地。[①] 王洛宾北平师范大学的同学赵启海和歌唱家赵沨，从兰州将这首《达坂城的姑娘》带到了重庆演唱。之后又有人将这支歌曲传唱到昆明，以至缅甸、马来西亚和南洋各国。1939年12月，王洛宾将一些自己油印的歌谱，简单装订成一本《西部民歌选》，并写了一篇《写在歌前》，交给了友人张西洛让其帮助出版。由于种种原因，直到1942年，张西洛在担任《江津日报》副社长兼经理时，开办起了一个大公书店，才有机会利用大公书店的名义公开出版了

---

① 丛丹：《那地方，并不遥远——缅怀献身民族音乐事业的王洛宾》，《丝绸之路》2012年第21期。

《西部民歌选》。《西部民歌选》在抗战"大后方"的正式出版，带动了王洛宾的歌曲在全国广泛流传。①《达坂城的姑娘》《掀起你的盖头来》《青春舞曲》等一首首脍炙人口的西部民歌由此传唱开来。

1948年冬，王洛宾被调到兰州西北长官公署工作，并在兰州女子中学的美龄堂办了一个音乐干部训练班，参加学习的有1200多人，主要是中小学教员和西北师范学院的学生。② 在培训班上，王洛宾为西北师院的学生授课，讲授音乐知识和理论，相互交流，为西北音乐教育的发展起到了积极的作用。这一时期，王洛宾与西北师院的再次结缘，也是西北师院师生认识王洛宾、面对面交流人数最多的一次。

1978年，兰州军区战斗文工团的剧作家陈宜告诉时任兰州军区司令员肖华将军，说王洛宾是一个有才能的作曲家，肖华将军便请王洛宾到兰州，为兰州军区文工团创作的歌剧《带血的项链》谱曲，并让王洛宾住进兰州军区总医院治病。也就是1978—1980年在兰州这段时间，王洛宾想要将部分代表歌曲进行翻译，因着这个原因，王洛宾又一次与西北师大结下了深厚的情谊和缘分。

王洛宾对歌曲的翻译者要求很高，不但要精通英文，还要懂歌词，有深厚的艺术功底，否则翻译出来的歌词虽然意思有了，但可能韵律不对，唱不出来。几经寻找，找到了当时在西北乃至全国久负盛名的甘肃师范大学。在学校领导的推荐引领下，王洛宾找到了外语系教授洪元基先生，也就是中国著名美学家、艺术理论家、画家、甘肃师范大学教授洪毅然先生的儿子，请他进行歌曲的翻译，这一合作就是几年，两人也因此建立了深厚的友谊。根据洪元基先生的儿子洪涛、洪波回忆，第一次在家里见到王洛宾应该是1978或1979年秋天，"中午放学回家，西北师大眷八楼家里来了几个客人，好像都是搞艺术的，他们和我父亲在讨论着什么，其中印象最深的就是王洛宾先生，因为他穿着米黄的风衣，戴着礼帽，金丝边眼镜，留着比一般人长且多的胡子，特有风度，操外地口音。因此，就把这个王爷爷牢牢地记住了"。③

---

① 梁茂春：《遥远的地方传奇多——〈王洛宾采访录〉整理后》，《歌唱艺术》2013年第11期。
② 杜亚雄：《三十九年前的口述史——王洛宾先生访谈录》，《音乐创作》2021年第1期。
③ 洪涛、洪波：《王洛宾先生二三事》，《丝绸之路》2012年第21期。

洪元基教授不仅精通外语，还潜心美学研究和诗词创作，创作的诗词有几百首，编辑成《洪元基诗词选集》，其中30多首已谱成曲。《阳关颂》就是其中一首。根据洪元基先生夫人邵秀英老师回忆，王洛宾看到洪元基所创作的诗词《阳关颂》，非常喜欢，随即现场谱了曲子，并在家里亲自完整地唱了这首歌，还用外语系发的教学用具"砖块录音机"录下了王洛宾先生的"绝唱"……至今这些珍贵的磁带还完整地保存着，依旧记录着当时那让人激动的声音。

洪元基教授和王洛宾先生合作翻译了《在那遥远的地方》等歌曲，在翻译歌的过程中，根据经验体会写成了论文《音、韵、拍、探》，详细记述了对于歌曲翻译的独到理论见解。洪元基教授翻译过"联合国文件"，但和翻译歌词不一样，歌曲要求合拍押韵，英语、汉语还不能字对字的翻译，只能意译，要对仗工整、韵律流畅……因此要求极高。后来，翻译好的《在那遥远的地方》都传至国外，成为法国的音乐素材。根据邵秀英回忆，那时候王洛宾先生因历史原因，身份还不敢公开，来她家时，也是悄悄来，

图 16-5 洪元基翻译王洛宾歌曲书影

偷偷走。后来因为肖华将军的邀请，为兰州军区谱写《带血的项链》，军区领导将他请出，因此王洛宾才得自由。在这段时间，王洛宾经常来西北师大，来洪元基教授家里，二人共同翻译创作歌曲，结下了深厚的友谊。①

后来，邵秀英老师将王洛宾当时的手稿和洪元基教授翻译的歌词、油印稿以及1980年12月由甘肃师范大学外语系印制、洪元基翻译的《Selected Songs of Wang lo-bin》一并捐赠给了学校。这本凝结着王洛宾和洪元基友谊的歌曲集，也成为王洛宾与师大情缘最好的见证。

2012年11月18日晚，由中国文化传媒集团、中国东方演艺集团、西北师范大

① 西北师范大学邵秀英：《清明缅怀洪元基、王洛宾——人和事、词和曲》，雅昌艺术网，2020年3月24日。

学等联合举办的"永远的王洛宾"——诞辰百年纪念音乐会在北京人民大会堂举行，成为西北师大纪念和缅怀王洛宾这位爱国主义民族音乐家，突出他对民族团结和民族音乐创作贡献的时代价值，回顾他与西北师大不解情缘的最好方式。

王洛宾的一生，与师大多次结缘，也与师大有着非常相似的命运轨迹和不屈的追求。因为教育，王洛宾成为师大的一分子，成为北京师范大学和西北师范大学永远的骄傲；因为抗战，王洛宾辗转西部，宣传抗战，开展创作，与西北师大"西迁历程"惊人相似；因为歌曲，王洛宾与西北师大师生结下了难以割舍的情缘，从"音乐干部训练班"，到《Selected Songs of Wang lo‐bin》，从《阳关颂》再到西北师大主办的"永远的王洛宾"——诞辰百年纪念音乐会……

王洛宾先生虽已离开我们，但他的精神永在，与师大的情缘永在。

（张国奎）

◎地下党组织领导的护校斗争

正是在西北师院师生共同的努力下，西北师院的党支部才得以保留和壮大，也才得以为后来者创造更好的条件。

陈宾来，字见三，1946年秋考入国立西北师范学院历史系。在入校前，他曾于民勤中学任教，其间因提出"国民党与三青团退出学校"的口号，1946年初被革除教员职务。在大学学习期间，他接受了中共地下党教育，组织民勤籍学生阅读进步书刊，参加革命活动。1947年4月，参与建立民勤旅兰同学会，担任理事；参与创办《塞上春秋》，积极撰写时政文稿，宣传进步思想。

1949年兰州三二九学生运动期间，他积极工作，立场坚定，运动后被西北师院地下党组织吸收入党。同年7月，中共民勤临时支部在兰州成立，他被任命为支部书记，随后赴民勤开展工作。途经武威，组织民勤籍学生成立反剥削行动团。到达民勤后，领导组建"贫农团""农民自救会""知识分子联合会""退伍军人联谊会"等组织，开展"三抗"斗争。8月下旬开学之际，因时局动荡不能去兰州上学，于是他和临时党支部其他成员一起，积极接触县政府官员，讲解党的方针政策，帮助他们认清形势，统一思想，促成县自卫总队起义，为民勤解放做了大量工作。

图 16-6　樊修睦

樊修睦同是武威人，但比陈宾来晚入学两年，于 1948 年入西北师范学院数学系学习，怀着对未来的憧憬和向往，开始了自己的大学生活。在提升自己专业知识的同时，樊修睦也不断学习进步思想，与进步学生密切接触，谈论国家时政。

1948 年下半年到 1949 年年初，人民解放战争势如破竹，取得了辽沈、淮海、平津三大战役的胜利，国民党在全国范围内彻底失败已成定局，这给西北师院的师生以极大的鼓舞，对樊修睦而言更是如此。但就在这种情况下，1949 年国民党省政府提请省参议会讨论通过了省政府关于发行 300 万银圆"建设公债"的决定。消息传来，师院校园内顿时群情激愤，经过酝酿串联，在广大同学的要求下，师院甘肃同学会决定于 3 月 29 日举行反剥削大游行，并决定联系在兰其他高校及广大中学同学一起行动，于 3 月 28 日晚饭后召开了游行前的动员大会。

当时的樊修睦虽然是一名大一学生，却勇敢地参加游行的全过程。他明知存在国民党军警封锁黄河铁桥、进行机枪扫射的危险，仍勇往直前，不怕牺牲，发扬了爱国爱民的革命传统，提高了自己的政治觉悟。正是经受了这次革命斗争的锻炼，让樊修睦初步感受到了党的地下组织和进步青年学生的力量，萌发了加入地下党的信念。

自此以后，樊修睦积极学习《观察》《建设》等进步书刊，参加学校的爱国运动，如驱逐天主教神父在学校传教，驱逐反动政府教育厅长宋恪来校说教等。在一次次的进步活动中，樊修睦进一步感受到地下党组织在深入教育和争取进步青年方面的努力，他作为被教育的对象，心中无比高兴。

在多次与地下工作者的接触后，樊修睦加入共产党的愿望也越来越强烈。后来，由于兰州时局混乱，樊修睦返回家乡武威，经同学赵敦生介绍，樊修睦成为武威地下党支部的一员。当得知获得组织批准时，樊修睦喜不自禁，"实现了入党的愿望，能为共产主义事业奋斗，能为中国人民的解放，为中国实现社会主义和共产主义献身，真不知有多么高兴和幸福"[①]。在家乡期间，樊修睦积极学习党的文件，冒着生命危险配合当地党组织的工作，发展壮大党支部力量，为此后支持人民解放军挺进河西，解放新疆，作出了自己的贡献。

1949 年 8 月 26 日，经过激烈的战斗，兰州解放了。中国人民解放军第一野战军司令员彭德怀、副司令员张宗逊、政治部主任甘泗淇和中共甘肃省委书记张德生等进驻兰州，随即宣布对兰州实行军事管制，正式成立兰州市军事管制委员会、兰州市人民政府、兰州警备区。兰州市军事管制委员会是接管政权的最高权力机关，主要任务是对兰州市的旧政权进行接管和改造。兰州市军事管制委员会下设财经、公安、公教人员处理、工资研究、公共房产管理、文教等 6 个委员会，分系统开展接管工作。兰州军事管制委员会下达接管西北师范学院的命令，特命辛安享为军事代表，前来负责接管；要求西北师范学院所有人员各守原职，负责保护校内部资材、图表、账册、档案，尽速恢复工作，并办理移交手续。8 月 30 日，代院长严顺章主持召开院务谈话会，研究奉令移交事宜，并决定自 9 月 1 日起恢复全天上班办公，9 月 8 日开学，15 日正式上课。新中国成立后，西北师范学院迎来了新的发展机遇，进入了崭新的发展阶段。

1949 年 9 月 16 日武威县解放，看到解放军浩浩荡荡向西挺进，渴望已久的解放终于来临，樊修睦心中乐开了花，他欢欣鼓舞，兴奋地彻夜难眠。对樊修睦而言，自己也将进入一个新的阶段。

在家乡的樊修睦一方面了解怎样接转党组织关系，另一方面打听西北师院的情况，关心学校存亡。在接到西北师院同学来信，说学校已正式开学，要其尽快到学校报到时，樊修睦放弃当地提供的优渥工作，毅然选择求学，并随后将党员组织关系转接到中共西北师院党支部。

回到学校后，樊修睦的党员关系也随即转到学校，此时学校已有二十名左右地下党员，大家相互亲密、和谐、互相关心、真正同志间的无产阶级感情，使樊修睦心中非常舒坦和快乐。兰州解放后，地下党员也终于不

---

① 樊修睦：《天赋、机遇、勤奋、挫折——我平凡的一生》，第 34 页。

用担心安全问题，可以光明正大地参与各种活动。1950 年 1 月中旬，兰州市委举办兰州大学、西北师院和中专学校全体党员学习班，樊修睦便参加此次学习，吃住都在市委大院，学习内容为党的基本知识，党员的权利和义务，初步审查了党员的历史和条件，讨论了预备党员的转正事宜。

1950 年 10 月 29 日，根据群众的要求，西北师院党支部召开党员和群众大会，正式宣布党支部和党员公开活动，军管代表辛安亭、市委书记强自修、代院长李化方出席会议并讲了话。由于支部书记阎中水毕业离校，同年 9 月 22 日党支部进行了改选，樊修睦被选为支部委员。

解放初期，樊修睦作为一名学生共产党员，坚决拥护党和人民政府关于抗美援朝的决定，积极参加抗美援朝、保家卫国的宣传，并响应党的号召，报名参加军干校，虽未获批准，但在此过程中，"增强了民族自尊心和自信心，受到了一次生动的爱国主义和国际主义的教育"①。

1953 年初，学校开展了"三反""五反"运动，查处了一批贪污分子，樊修睦和同学参与其中，对贪污犯法分子进行审问和教育，对促进干部队伍保持廉洁，起了积极作用。

大学的经历，对樊修睦来说是一段难以忘怀的记忆："回忆大学四年，使我增长了知识，开阔了眼界，锻炼了工作能力，开始慢慢克服自己性格上存在的胆小、懦弱、木讷、呆板等等弱点。由于所处的时期，正处在革命的急风暴雨之中，国民党蒋家王朝覆灭，劳动人民当家作主的新中国，在中国共产党的领导下，开展各种革命运动，进行各方面的改革，我作为一个党龄不长的党员，需要在革命斗争中锻炼自己，经受革命的洗礼。"②

从荒郊野地到明亮的教室，从危机重重到温暖安全，从隐蔽躲藏到光明正大，西北师院的一代代党员，历经革命的洗礼，经受住了考验，为共产主义事业做出了应有的贡献。

一路走来，他们从未放弃光明与希望，一直担负着救国利民的使命。他们与时代并肩行，他们与山河同沉浮，他们与祖国共命运！

（赵宝巾）

---

① 樊修睦：《天赋、机遇、勤奋、挫折——我平凡的一生》，第 43 页。
② 樊修睦：《天赋、机遇、勤奋、挫折——我平凡的一生》，第 46 页。

◎卫国戍边英雄陈红军

"你守边防我守你""红军就是那种重情重义的好孩子！""他干起工作来，就是个拼命三郎！""边关有我在，祖国请放心"……妻子眼中的好丈夫，老师眼中的好孩子，战友眼中的拼命郎，祖国母校的好男儿——"卫国戍边英雄"陈红军。

陈红军，男，汉族，1987年3月出生，甘肃省陇南市两当县人，毕业于西北师范大学，研究生学历，中共党员，卫国戍边英雄，"七一勋章"获得者。生前为中国人民解放军某机步营营长。2020年6月，身为营长的陈红军在中印边境冲突中，毫不畏惧、英勇战斗，直至壮烈牺牲，年仅33岁。

从小就有一个军旅梦

在连绵起伏的秦岭大山里长大的陈红军，从小就懂事孝顺，放学后帮父母放牛、种庄稼、干农活。虽家境贫寒，但他刻苦踏实，学习成绩也基本保持全班第一。

图 16-7　陈红军

2005年，陈红军"圆梦"西北师大，学习心理学专业。虽然年龄在同年级的学生中偏小，个头却是最高。刚入校时的他皮肤黝黑，有点内敛和腼腆，一眼看上去就很忠厚善良，平时就喜欢乐于助人，学习认真，有很强的集体荣誉感。每当班级有比赛时，他总是带领大家为同学助威加油。

在老师和同学们眼中，他是一个话不多、青涩内敛的大男孩。

这个青涩的大男孩，一直都有一个"大理想"，那就是进入火热的军营。

陈红军从小就崇拜军人保家卫国，经常"偷"戴他三叔的军帽。后来，他告诉母亲："妈，你相信儿子，我一定会把军装穿到身上！"

上了大学后，陈红军更加坚定了自己的理想，也曾和自己大一、大二的班主任吴昊表达过自己从军报效祖国的志向。

2009年，陈红军大学毕业，他本已通过了公安特警的招录考试，但一听说征兵的消息就临时"变卦"，选择了火热的军营。

大三、大四的班主任刘海健回想曾经那个稚嫩的大男孩，止不住赞叹："大学毕业时被特招入伍后，他总是隔一段时间就给我们打一个电话报平安。每次在返乡探亲或者送退伍的战友时，路过兰州都会来看看老师，请同学们聚一聚，吃个饭。我每次想付钱时，他总是不让，还说：'你们是我一天的老师，我一辈子都记你们的恩情。'"

据刘海健回忆："红军就是那种重情重义的好孩子！他每次提到部队的时候，总是会提到他的战友如何对他好。后来，他成为全团最年轻的营长，他也总说他如何像老首长带他那样，来关爱他的新兵蛋子。提到部队生活时，他总是很乐观，很少提到苦。"

理想信念在高原绽放

走上高原是因为理想，留在高原则考验信念。

无法摆脱的高寒缺氧，满目的荒漠冰川，漫长的冬季封山……胸怀"党叫干啥就干啥"的赤胆忠诚，肩负"边关有我在，祖国请放心"的勇敢担当，陈红军坚守着无数边防军人用生命筑起的精神高地，扎根奉献奋战在边防斗争一线。

在祖国边疆，他用热血和信念筑起了巍峨的界碑，"党把自己放在什么岗位上，就要在什么岗位上建功立业"。

团政委王利军说："这些年来，陈红军先后任排长、参谋、连长、协理员、股长、营长，岗位多次变换，每个岗位拼尽全力、表现出色。"

说起老搭档的钻劲儿，曾任二连指导员的王伟慨叹不已："红军本是学心理学的，军事方面可谓零基础，可担任二连连长后，他很快就掌握了装甲专业知识。"

"当作训股股长时，他的办公室在三楼，宿舍在一楼，遇到重大任务，干脆在办公室支了张行军床……"聊到老股长，连长陈鸿宇直言，"他干起工作来，就是个拼命三郎！"

在日常巡逻中，他与战士们同住地窝子、同爬执勤点、同吃大锅菜、同站深夜哨、平时铆在一线、战时带头冲锋。

一次巡逻时，陈红军带着官兵到达指定点位后只能以天为被，以地为床，他让义务兵和身体不舒服的官兵睡到运输车车厢里面，自己带着干部骨干，头顶着星星在外面和衣而眠……

陈红军牺牲后，机步营官兵发现，大家谁也说不出营长有什么业余爱好，"印象中，他最喜欢的似乎除了工作还是工作"。

在陈红军的带领下，机步营改制不到两年便形成作战能力，先后被表彰为军事训练一级单位、装备管理先进单位、后勤管理先进单位……

军魂筑起祖国的界碑

2020 年 4 月开始，有关外军违反两国协议协定，抵边越线搭建便桥、修建道路，频繁在边境越线争控，试图单方面改变边境管控现状，导致边境局势陡然升温。

2020 年 6 月的一天，在加勒万河谷，这条位于西部边境喀喇昆仑山脉褶皱深处的细长峡谷，激流滔滔，乱石嶙峋。

陈红军和战友们如往常一样守卫和平。突然外军公然违背与我方达成的共识，悍然越线挑衅。

按照处理边境事件的惯例和双方之前达成的约定，团长祁发宝本着谈判解决问题的诚意，仅带几名官兵前出交涉，却遭对方蓄谋暴力攻击。

当时情况危急，祁发宝组织官兵一边喊话交涉，一边占据有利地形，与数倍于己的外军展开殊死搏斗。

33 岁的营长陈红军，奉命驱车带队前往一线紧急支援。后来，道路不通，他就带头蹚河，不顾近 5000 米的海拔跑着往前冲。到达现场后只见陈红军带着两名盾牌手，迎着"石头雨""棍棒阵"冲上前去，用身体和盾牌隔开外军，掩护战友将团长救出。当陈红军指挥部队向有利地形有序转移时，看到几名战士被对方围攻，他毫不犹豫地转身，带领官兵再次冲锋，只留下一个高大的背影。

在很多官兵的记忆里，那个背影是营长留给他们的最后印象。排长曲元钧清楚记得，出发时陈红军打着手电，站在风雪中郑重承诺："我要把你们安全地带上去，也要把你们一个不少地带下来！"说好了要一个不少地回来，结果他自己却没兑现承诺……

那场战斗之后，"宁将鲜血流尽，不失国土一寸"被很多官兵自发地写在了头盔里、衣服上，刻印在青春的胸膛里。捍卫着英雄誓死捍卫的国土，肩负着英雄用生命践行的使命。

"卫国戍边英雄"陈红军和他的战友们展现出来的誓死捍卫祖国领土的赤胆忠诚和一不怕苦、二不怕死的战斗精神，彰显了新时代卫国戍边英雄官兵的昂扬风貌。

铁血男儿有泪不轻弹

面对家人，陈红军内心充满亏欠内疚，但也竭力关心呵护家人，陈红军的朋友圈曾发了三个字：真想家。

陈红军家人现在居住的房子是他 2015 年给父母买的，一进门先映入眼帘的是挂在墙上的"精忠报国"四个大字。这套房子离陈红军姐姐家很近，陈红军妈妈说："他可能很早之前就有这个想法，万一哪天他不在了，让他姐姐好照顾我们……"

结婚 4 年，夫妻俩聚少离多，一直没有孩子。陈红军最后一次休假是2020 年春节，只有短短 17 天。回忆起匆匆相聚的日子，肖嵌文说："每天早上我还在睡觉的时候，他会提前去超市买好菜，然后我再给他做一日三餐。那是最幸福的一段时光，是一个家庭该有的样子。"

对陈红军及其家人而言，这样的生活虽艰苦，但也平淡而幸福，然而2020 年这平静的生活被打破了。陈红军牺牲时，妻子正怀孕 5 个多月。他曾经答应过妻子，等到退役后"就一起带孩子、做饭、钓鱼……"

"红军牺牲 4 个月后，2020 年 10 月 25 日，我们的儿子出生了。这天正好是中国人民志愿军抗美援朝出国作战 70 周年纪念日，我相信这是冥冥之中的血脉传承。"

当祖国边防的硝烟声渐渐远去，当和平的天空映照华夏万疆。在这无数万家灯火中，有一盏灯始终明亮。

"你守边防我守你！"陈红军的妻子肖嵌文望着熟睡的儿子，思念愈渐浓烈，飘向了另一个世界。作为红军的爱人，肖嵌文从不觉得苦；相反，在红军的守护下，肖嵌文成为更好的自己。

肖嵌文曾对红军承诺："你守边防我守你！"红军用宝贵的生命守住了边防，但肖嵌文却没能守得住他……如今，红军已牺牲一年多，肖嵌文也慢慢振作了起来，照顾公婆，养育孩子。肖嵌文表示如果有来生，还要做红军的妻子，弥补今生的遗憾。

红色的血脉相承，铸就忠贞铁骨，陈红军用自己的生命捍卫了祖国，这盛世之下的勇士，是值得我们永远怀念的英雄。

陈红军的母校，西北师大作为一所崇尚英雄精神、培养英雄的大学，始终与祖国同呼吸、共命运。在抗日战争时期、抗美援朝时期和改革开放的新时代，都涌现出了一批批投笔从戎保家卫国、携笔从戎卫国戍边献身国防的英雄儿女。

（赵宝巾根据新华网、中国军网等媒体报道整理）

第十七章　改天换地谱新篇

◎徐劲的校政改革

　　1949 年前后，随着解放军进军全国，南京国民政府的时代宣告结束。与此相伴随的是，南京国民政府留下的大学也站在了历史的十字路口。解放军进入甘肃后，西北师范学院为兰州军事管制委员会所接管。在混乱的时局之下，为维持学校的正常秩序。军管会要求："建立学校的新秩序，正式开学上课"。为此，军事管制委员会下设文教处这一新的机构，由辛安亭任处长，直接负责领导兰州各地区的公立学校。军事管制委员会接管西北师范学院之后，代院长严顺章辞职，李化方教授代理院长，同时成立了院务委员会，对学校开展了初步的整顿和改造工作。

　　由于时局艰难，解放初的西北师范学院内部改造十分艰巨。在经历了三年内战之后，学校派系林立，人心不稳。办学经费困难，师生生活举步维艰。知识分子的思想更是复杂，如何改造知识分子，成了大难题。由于缺乏正确的改造方法，致使改造过程中问题频出，学院师生对学校极为不满。一时间，要求代院长严顺章辞职的呼声不断高涨，为缓和师生和校领导的对立情绪，兰州军事管制委员会只得派辛安亭到学校亲自调处。但余波未了，高潮继起。反动特务潜伏在学校蠢蠢欲动，煽动落后学生反对学校，学校陷入混乱。师资方面，继许多教授离开师院去其他学校任教后，部分教师也准备离开学校。师院可谓是多事之秋。值此时机，西北军政委员会教育部派徐劲同志前来协助工作。

徐劲（1894—1982），中共党员，云南景东人，著名教育家。早年辗转各地，最后落脚陕北，1938 年陕北公学毕业后参加革命工作。历任陕甘宁边区政府教育厅代理秘书长、青学主任、边区行知中学校长、西北大学秘书长，兼任文学院教授。教学工作经验丰富，领导能力出众。

图 17-1　徐劲院长（中）

1950 年 7 月在西北军政委员会教育部的指派下，徐劲到西北师院工作。因为多年从事教育工作和社会科学研究工作，徐劲有丰富的教育实践经验。他深入实际，善于做思想政治工作，团结知识分子，发挥教师的积极作用，因此在师院工作初期徐劲就已经得到上级领导部门的关注。鉴于徐劲在师院工作期间的优异表现，1951 年 4 月，政务院正式任命徐劲为西北师范学院院长，同时任命李化方、徐褐夫为副院长。徐劲临危受命，开始领导学校的校政改革工作。当时学校物质条件差，师生思想不稳定，许多外地教师不安心在西北工作。徐劲在极其艰苦的条件下，以老革命教育家的精神、艰苦朴素的生活和工作作风，深入群众，团结广大师生，努力将一个旧的高等师范院校改造为新中国的师范院校。通过各种渠道，特别是在中央教育部的领导下，从全国各地陆续请来李秉德、吕斯百、彭铎、金少英、金宝祥、萨师炯、刘熊祥、南国农等四十多名教授和副教授到西北师范学院任教。同时，徐劲院长大力抓青年教师与干部的培养，充实教师队伍，加强师资力量，为西北师院的发展奠定了良好的基础。与此同时，在国家财政极为困难的条件下，学院又通过各种渠道对学校的物资设备进行了扩充。学校新建文科楼、理科楼、图书馆，添购了图书资料和教学仪器。在全校范围内安装了电灯和自来水，在各重要办公区域安装了电话，购置了办学需要的大小汽车。为学院营造了一个良好的教学环境，院校面积扩展为今日的规模，这一举措为师院日后的发展奠定了基础。

在改革过程中，徐劲调整学科设置，完成院系调整，制定教育计划、调整系科设置，将史地系分设为历史系、地理系，理化系分设为物理系、化学系，改幼稚教育系为幼儿教育系。在教职员中开展系统的革命理论学习，徐劲亲自作辅导报告，并向全校师生讲授马列主义理论和党的方针政策。"他的报告，既联系实际，又深入浅出、通俗易懂，深受广大师生的欢迎，极大地提高了师生员工的马克思主义思想水平，对当时师院的思想改革和建设作出了重要贡献，也提高了徐老在广大师生员工中的威信。"① 他带领师生学习苏联经验，建立各科教研组，进行教育学习，并在教育制度、教学内容、教学方法、考试方面进行了一系列改革。到 1956 年学院设有中文、教育、历史、地理、数学、物理、化学、艺术、生物九个系和中文、历史、地理、数学、物理、化学、生物、体育、美术、音乐十个专修课。在校教职员 498 人，学生达到 2088 人。教师教课认真，学生学习勤奋，学业成绩达到优等的学生占学生总数的 34%。学校秩序井然、朝气蓬勃，呈现出欣欣向荣的景象，堪称西北师院的"黄金时代"。

在人事工作上，徐劲尊重师院师生的要求，以人为本，发动师生向学校领导、各机关部门提意见。他常说："对群众意见置之不理是一种不尊重群众的高傲态度，真正的共产党人不能用这种态度对待群众。"对学校中层领导班子进行调整，对改革过程中出现的蓄意破坏事件进行公开处理，满足师院师生的基本要求，对不能解决的则尽量解释说明。因措施得力，师院内部较为团结，党的领导和威信增强，学校秩序很快得到恢复。这为学校进一步的改造和发展创造了条件。在一系列大刀阔斧的改革之后，学校行政机构走向了良性循环道路。对人事工作的整顿，使得学校内部机构的设置更为合理，办公室、教务处、行政处各司其职，院长领导行政处，教务处由教务长领导。之后，循序渐进设置人事科、学生科、会计科、校医室等下辖科室。至此，学校行政机构的职能部门趋于稳定，在制度层面，学校的日常管理工作能够做到分工明确，责任到人。可以说，正是徐劲的校政改革，最终奠定了西北师范学院进入共和国之后的发展基础，它为西北师范学院的改造和建设作出了积极贡献，因措施得力，西北师范学院最终脱胎换骨，涅槃重生，其本人最终赢得了师院全体师生的爱戴和敬仰。

---

① 张翔：《满怀深情忆徐老》，《丝绸之路》2017 年第 1 期。

经过整顿改革之后，徐劲将西北师范学院办成了一所社会主义新学校。学校面貌为之一新，受到教育部的重视，将学院列为部属六所重点师范之一，开始面向全国招生。在办学中，徐劲坚持党的教育方针，注重学生班集体全面发展，为西北地区培养了大批教育人才。对于徐劲在西北师范学院工作期间的表现，许多教师特别是老教师有着共同的评价，他们认为"受了徐老的批评还真感高兴"。由此可见，徐劲赢得了师院老师的尊重，其在学校中威望极高。正是因为深得知识分子的爱戴，1958年中国民主同盟甘肃省委员会向中央、甘肃省委提出经省委批准徐劲兼任民盟甘肃省委员会副主任委员。在担任民盟甘肃省委员会副主任委员期间，徐劲为党做了大量的统战工作。1958年后历任中国科学院兰州分院副院长、中国科学院西北分院副院长。

（吴斌）

◎带头送子参加抗美援朝的李化方

李化方（1898—1978），河北涞水人，著名教育家和经济学家。李化方之父为前清举人，因病早逝，故李化方只好跟随祖父在自家开办的私塾中读书，死板的教学形式和封建的教学方法，对李化方来讲无异是一种折磨，致使他对这个私塾和这种教育产生了反感，以至于成为家中的"叛逆分子"，或许正是从小形成的这种反抗精神，才造就了之后追求自由与民主的李化方。

1917年李化方考入保定育德中学，在育德中学求学期间，哥哥和祖父去世，让他走上了独立生活的道路，这种独立的环境培养出李化方更为坚韧的品质。1919

图 17-2 李化方

年北京爆发了震惊中外的五四爱国运动，众多爱国学生走上街头，愤斥不公，胸怀一腔爱国热血的李化方也与众多学子一道走上街头，进行抗议。在思想上，李化方很快接受了反帝反封建的思想；在行动上，他积极参加罢课运动，随学生会到邻近的乡村进行抗日宣传，并成为保定学生会的代表，出席上海全国学生联合代表会议，对巴黎和会中国外交的失败提出了抗议。正是从这时起，李化方的思想开始升华，他痛恨北洋政府的卖国，对日本的侵略充满仇恨，一个救国图存的知识青年形象逐渐在他身上体现。

由于李化方多次参加反帝爱国运动，成为北洋政府仇恨的对象，之后被旧势力所把持的学校当局以"旷课过多"为由而开除他的学籍。这使得他求学之路被斩断，探索新的生活和学习道路成了当务之急。就这样，怀着求学的急切心情和对新生活的渴望，李化方来到了北京，最终经过努力，考入了北京民国大学经济系学习。

1925年正当中国民主革命出现高潮之时，上海爆发了日本帝国主义枪杀中国工人的"五卅惨案"。消息传出，一时间群情激愤，李化方也参加了这一运动，参加游行，募捐救济上海罢工的工人。在这一时期，李化方反对帝国主义的思想比五四运动时期更加深刻了。与此同时，李化方奔赴全国各地调查惨案真相，回到北京后，将调查资料整理汇总成《五卅运动调查报告》，并于同年发行，在报告中附有死者、伤者情况的详细调查表。通过调查"五卅惨案"，他开始接受中共思想，开始了马克思主义的研究。

在关心国家命运过程中，李化方一直想寻求一门实用的学科，来改变这个污糟的世界，试图将经济学与社会学研究结合起来，在这个过程中他逐渐认清了中国的国情。在考入民国大学经济系之后，他如饥似渴地阅读西方经济学、社会学书籍，倾心于"文化改革运动"，长期订阅《新青年》和《向导》周刊，从中学习马克思列宁主义思想，在思想上日益激进，正是思想上有力的武装，不断地激发着他的求知欲望，1926年李化方顺利从民国大学经济系毕业。

1931年李化方任河北省教育厅科员，望眼当时的中国，国内革命处于低潮时期，为了寻求救国之道，李化方认为应该研究一门专门知识，通过教育去影响更多的人，从而达到教育救国的目的，于是1932年东渡日本留学日本文理科大学，开始了自己的海外求学之旅。留学期间，专攻教育学和经济学。1935 年 7 月回国，在河北省农学院讲授经济学。同年冬天再赴日本。1939 年 1 月，李化方从日本回到山东济南，在省立民众教育馆担任总编辑，并在通俗刊物上发表爱国故事，激发群众的爱国热情。同年 11 月，李化方携带家人辗转内迁，最后来到兰州，先在民政厅做过短期的科员和秘书，后又改任西北经济委员会课长。在此期间，他在学校兼职任教授，用列宁关于帝国主义的学说分析日本帝国主义的侵略性和帝国主义的固有矛盾，最终得出日本必败、中国必胜的结论。

自 1939 年 11 月来到兰州后，李化方先生便在兰州度过了他的后半生。1942 年，李化方先生被聘为国立西北师范学院教授，讲授经济学和社会学。当时他讲授的社会学科目，主要宣传唯物史观；其经济学科目更是直接讲授《资本论》，学生们都觉得耳目一新。

为关心民生疾苦，了解民众的生存状况，1948 年李化方在甘肃山丹、秦安、会宁等地作农村调查工作，著有《甘肃农村调查》，在书中李化方强调用阶级分析方法分析社会，这表明他在思想上彻底接受了马克思主义的阶级分析理论，成了坚定的共产主义信仰者。正是因为揭露了南京国民政府的腐败，新中国成立前夕，由于李化方教授经常公开演讲，针砭时弊，通过对时局的客观分析，提出了中国共产党必胜的道理，所以他被国民党特务列入黑名单，成了特务政治迫害的对象。在经常被盯梢的日子里，西北师范学院地下党的同志给予了其帮助和保护，尤其是史进奎、尉松明对其格外照顾，使其免遭迫害。1949 年 8 月兰州解放后，李化方受兰州军管会委派，任西北师范学院代理院长，主持学校工作。作为人民政府接管后的第一任学院行政负责人，李化方勤勤恳恳，废寝忘食，对学院工作十分上心。

李化方一生都在追求真理、自由、民主，他青年时期参加五四运动，积极接受反帝反封建教育，树立了民主革命爱国主义思想。为争取自由民主，李化方矢志不渝。他对旧社会的黑暗腐败十分痛恶，尤其是当北洋军阀张作霖杀害李大钊之后，李化方在精神上受到极大刺激，对北洋政府的黑暗统治痛心疾首。从此之后，反帝爱国、争取民族独立的意识深深地扎根于他的内心。在国立西北师范学院期间，为争取言论自由，争取人民民主，他与师院教授黎锦熙等人组织学术团体——经世学社，在《民国日报》上发表了"经世"文章。李化方在第一期"经世"文章中撰写短文介绍了经世学社兰州分社小史。后来又相继撰写了《论舆论的权威》等文章。在抗战胜利后，李化方在兰州各个大学宣传马克思主义唯物史观，痛斥和揭露蒋介石发动内战的罪恶行径，号召青年大学生团结起来，为制止内战、实现和平而斗争。

1949 年 8 月兰州解放，李化方回到西北师范学院，随即被任命为代理院长，开始接管学校，主持一切事宜。虽然他大部分的时间都用在了西北师院的行政工作上，但是他依旧在校内讲授《政治经济学》课程。在新中国成立以后，百废待兴，人心思定，在兰州军管会和省教育厅领导的指导和帮助下，按照党的要求，李化方做了大量工作，使西北师范学院各项工作很快步入正轨，学校教学和行政工作有序进行。因领导能力出众，1951 年被中央人民政府政务院任命为西北师范学院副院长。在李化方主持西北师范学院工作后，他积极为学院的发展延揽人才，改善学校教学环境，修建学校公共设施，实施教学改革，改变教学方法和内容，致力于西北师范学院的高等师范教育，在他的努力之下，一批优秀的学者袁敦礼、董守义、吕斯百、洪毅然、萨师炯、李秉德等先后来师院任教，一时间师院人才济济，学术风气日浓。

新中国成立之后，除了担任西北师范学院副院长之外，李化方还身兼多职，担任西北军政委员会文教委员会委员、甘肃省第一届人大代表、第一届政协委员、民盟中央候补委员、甘肃省民盟副主任委员等职。

1950 年朝鲜战争爆发后，正当全国范围内的抗美援朝战争如火如荼地开展之时，为响应国家号召，李化方毫不犹豫地将自己的儿子李震亚送往军队，奔赴前线。1951 年春天，为推动抗美援朝，李化方以实际行动上街讲演，并以自己在部队服役半年的儿子写来的家信，勉励青年学生积极参军，在当时动员了一大批青年学生报名参军。

李化方先生在早期的求学生涯中，充满了对自由的热爱和渴望，他是自由的捍卫者和追随者；在定居兰州之后，尤其是他在国立西北师范学院期间所做的一切，处处体现出他对工作的兢兢业业；在国家号召之时，他毫不犹豫地将自己的孩子交给祖国，又站上街头，鼓励更多青年儿女为国参军。这就是他，一位心怀祖国的教育者，追求自由、无私奉献的李化方先生。

（吴斌　郑复甲）

◎ "中国人民的好儿子" 徐褐夫

徐褐夫（1903—1978），男，汉族，原名徐作圣，1903 年 4 月生，江西省修水县人，著名文学评论家、史学家兼翻译，是俄罗斯、苏联文学和中国现代文学的权威教授，在我国的俄苏文学研究领域取得了丰硕的成果。早年为中共做地下工作时，别名王立才、胡良方，上海工作期间笔名徐行，在苏联学习、工作时，取名徐褐夫（俄文音译）。

图 17-3　徐褐夫

徐褐夫先生出身于革命家庭，先生的长兄徐光华于 1926 年加入了中国共产党，他是大革命时期修水县进步工人的杰出代表，中共修水支部创始人之一。① 受兄长革命思想的熏陶，徐褐夫先生坚定不移地走上了革命道路，成为一名马列主义传播者，并以自己的行动践行马克思主义，支持中国革命运动。

徐先生比胞兄小 3 岁，他自幼聪慧，学习成绩优异，小学未毕业即考入修水师范，1918 年 8 月考入江西省立第一师范学院。在校深受马列主义影响，思想观念转变较大，积极从事革命活动并多次受到嘉奖。1924 年加入中国共产主义青年团，任南昌地方工作委员会团委书记。1925 年任共青团江西省委宣传部长。1926 年师范毕业后，由中共选派保送到苏联莫斯科东方大学研究班学习深造，毕业后由组织分配任苏联东方大学游击干部军政训练班政治课教员，研究和教授马克思列宁主义。学习期间因与王明产生分歧，于 1928 年在莫斯科加入苏联共产党。

在苏联学习期间，徐褐夫曾接受苏联的军事训练和秘密工作训练，军事素养极高。因反对机会主义，坚决支持苏共中央而闻名，曾受第三国际

---

① 梅中生：《修水县志》，海天出版社 1991 年版，第 638 页。

及苏共中央奖励，并受到斯大林接见，称赞他为"中国人民的好儿子"。1928年9月至1930年12月任苏联中山大学政治课翻译。利用方便条件，徐先生如饥似渴地研读马列主义著作，研究中国革命和国际共产主义运动问题，在政治上逐渐成熟起来，成长为青年革命家。① 1930年被苏共及共产国际委派回国转为中共党员，接受中国共产党指挥，在上海法南区做地下宣传工作达四年之久。1931年因与王明意见相左，受到王明排挤。1933年在上海工作时，多次组织"突破白色恐怖"运动，受到中共中央奖励。1935年1月起至1937年，先后在上海"外论编译社""上海新中国公社""汉口航空委员会"任翻译、上海新中公学任教授。1935年底，以笔名"徐行"在上海一些报刊上发表论文数十篇，曾参与"国防文学"口号的讨论。1936年2月22日，徐行在《礼拜六》上发表《评"国防文学"——张尚斌〈"国防文学"和民族性〉》。这是第一篇反对"国防文学"口号的文章。② 之后，他接续发表过《再评"国防文学"》和《我们现在需要什么样的文学》，这些文章最后被列入《关于国防文学问题论战》一书中。

在上海从事革命工作期间，徐褐夫与鲁迅交往甚密，在鲁迅的影响下，参加革命文学活动，重视文化学术工作，一方面从事苏联作品的翻译，另一方面在上海新中公学做教授，向青年学生宣传进步思想，批评国民党的专制腐败，被广大青年学生视为先进教授。直到1938年11月抗战形势不断加剧，遂离开上海前往西安。1938年12月，开始在西北联合大学任职，潜心研究考古学、古文物学、古文字学、甲骨文，勤奋阅读二十四史，考证古籍文献。徐先生在西北联大，除了给学生授课外，每天都坐在图书馆看书，有计划地一书架一书架地阅读，把经、史、子、集四部中重要的文献典籍，一部一部阅读，并且对于疑点问题、有争议的问题，进行不同版本的校读和考证，把考证的结果、校读的资料记录下来，再进行专门的研究。③ 周末和节假日徐先生喜欢带学生到西安城郊进行考古活动或拾取"砖头瓦片"，搜集散落在民间的铜器、陶器。在西北联大任职期间，他介绍过不少进步青年去延安。1946年徐褐夫先生离开西北联大，此后辗转到达吉

① 《西北师大逸事》，第240页。
② 黄海丹、刘卫国：《徐行与"两个口号"论争》，《鲁迅研究月刊》2021年第7期。
③ 《西北师大逸事》，第245页。

林，1947年7月，在长春大学做了短暂的停留，任该校教授，同年8月，徐褐夫再次开启了自己的西行之旅，落脚兰州，并在兰州大学外语系任教兼系主任。不仅致力于高等教育，培养新型人才，而且积极从事社会活动，参与政治工作。① 由于宣传进步思想，支持学生运动，有"红色教授"之称。1950年4月，毛泽东签发任命书，任命徐褐夫为西北军政委员会文教委员会委员、兰州大学接管委员会主任兼校务委员会副主任、副校长。1951年4月，徐先生因工作调动历任西北师范学院副院长兼中文系主任、外语系教员、二级教授、甘肃省政协委员、中苏友好协会甘肃省分会副会长。在西北师范学院中文系工作期间，徐褐夫先生鼓励青年学生好学上进，并认真钻研业务，与学生关系融洽。他曾讲授过马列主义、政治经济学、中国文学及外国文学等课程，为青年教师讲授俄语，教学工作成绩卓著，为我国教育事业作出了突出贡献。②

此外，徐褐夫先生对青年教师极力提携，常有中文系青年教师请教于他。前兰州大学教师高尔泰曾在《〈论美〉之失》③ 一文中回忆：

> 后来听说，西北师范学院院长徐褐夫是个大学问家，原先是苏联莫斯科大学哲学系教授，赫赫有名。我喜欢"褐夫"这个名字，很文化，很平民。心想没准儿这个人能支持我的文章，就带着文稿去找他。师院所在地十里店在黄河上游，很远。那天风沙弥漫，搭班车到那里时，已是下午。浑身上下扑满尘土。衣冠不整，灰头土脸，去敲院长办公室的门。开门的人堵在门口不让进，说徐老很忙，有事找系主任谈。我说我是校外的。他说校外的？"砰"的一声关上了门。

> 我再敲，他再开、再关。我又再敲。出来一个有点儿驼背、秃顶白发的矮小老人。说我就是徐褐夫，找我有什么事？我说请你看一下我的一篇文章可以吗？没等他回答就把稿子捧上前去。他迟疑了一下，接了稿子，看了一下题目，又看了一下我，说，好的，我看看，两个礼拜以后，礼拜五，你再来，好吗？

---

① 梅中生：《修水县志》，海天出版社1991年版，第655页。
② 王培青：《徐褐夫》，载强宗恕：《陇上社科人物》，甘肃文化出版社1996年版，第216页。
③ 高尔泰：《〈论美〉之失》，《读书》2003年第10期。

　　两周后再去，还是那人开门，满面笑容，说请进。老人心情极好，问我哪里人，爸爸妈妈是做什么的，还说我有才华，能写，但观点是错误的，是"十足的马赫主义"，早就被列宁批倒了。问我看过列宁的《唯物主义和经验批判主义》没有，叫我一定要好好看一看。然后从桌上推过来一叠字纸，说，具体意见我都写在这里面了，你回去看看。有什么问题，我们再讨论。

　　这个八千多字的意见写得棒极了。其对信念的执着，逻辑说服力，以及渊博的哲学史和艺术史知识，都使我十分敬佩，虽然它也和其他文章一样，有一个马克思列宁主义的前提，但我没有那种权力意志的感觉。我感激先生的关爱，但没有接受批评，也没有再争辩。我觉得在给定的前提下讨论，说什么都没了意义。后来洪毅然先生（西北师院教授，徐褐夫介绍的朋友）告诉我，我拒绝帮助，徐老很伤心。真想不到，他后来会被打成反党反社会主义的右派分子。一九六〇年我第二次去看望他时，他已是一介平民，缠绵病榻，不久就去世了。这是后话。

　　徐褐夫先生待人大方真诚，不会因为来访者是外校人员就将其拒之门外，对于青年教师提出的问题也会认真对待，治学态度十分严谨，他以渊博的学术知识和执着的学术追求博得了后辈的深切敬佩。文学翻译家魏荒弩评价徐褐夫先生："他不仅是俄罗斯语言文学的前辈，而其对于中国古典文学，造诣尤深。工诗词，擅书法，多才多艺……他为人正直，嫉恶如仇，待人谦和，一身的凛然正气"。①

　　1957年全国掀起的反右斗争波及西北师范学院，这位性情耿直、受党培养、接受高等教育多年的大学教授，竟被打成反党反社会主义的右派分子。尽管生活不易，心系国家的徐褐夫在1967年2月，还向甘肃省博物馆捐赠珍藏多年的贵重文物77件，如历代货币、汉砖、铜印、钱范、铜镜、玉器、陶罐、弩机等。② 党的十一届三中全会以后，徐褐夫先生于1979年被彻底平反，恢复名誉。

　　徐褐夫先生一生勤奋学习、孜孜不倦，以"蛀书虫"自诩。他博学多

① 魏荒弩：《枥斋余墨》，南京师范大学出版社2008年版。
② 《萃英大先生——翻译家徐褐夫》，《兰州大学报》2018年12月30日。

才，在哲学、史学、文学、考古、语言、训诂等领域，均有较深造诣。对古希腊、罗马史和印度史，尤有深入研究，对马列经典著作更为娴熟，往往能指出某句话出自哪位经典作家的哪篇文章，甚至可以指出在某书某页，被誉为"马列著作活字典"，另外，他还精通俄语、英语等五国语言，还懂梵语。在上海担任翻译期间，出版的译著有《东方的战祸》《日德意集团》《考古学》等。在大学教授过的课程有马克思主义原理、马克思主义哲学、马克思主义文艺学、中国哲学史、中国文学史、中国思想史、中国经济史、中国货币史、古希腊罗马史、印度古代史、西方思想史、佛教与中国文化、语言学概论、翻译学概论、俄汉翻译理论与实践、俄罗斯文学史、苏联文学史、国际共运史等约三十门。徐先生勤于治学，著作颇丰，专著有《实验主义是帝国主义的反动哲学》《苏联哲学》《中国文学史》《苏联五年经济计划》等书。

徐褐夫先生经历了不平凡的一生，他既是马列主义信仰者，也是出国留学的高才生，还是热心于教育事业的高等教育工作者。徐褐夫于1978年1月因病在兰州逝世，享年75岁，其骨灰安放在甘肃省革命陵园。徐褐夫先生为人正直，立场坚定，他的一生诠释了一个马克思主义践行者的信仰与追求。从莫斯科到上海，再辗转到西北，徐褐夫先生始终坚持共产主义道路，追求人生理想。徐先生一生对党忠诚，爱岗敬业，他不仅是一位大名鼎鼎的学问家，还是一位诲人不倦、帮助后辈的优秀教师。无论顺境还是逆境，他始终心系国家，情系人民，将自己的人生道路与国家命运紧密相连，他留给后辈的物质财富和精神财富值得我们永远铭记在心。

（吴斌　马义婷）

◎受到列宁接见的张永奎

张永奎（1893—1977），辽宁辽阳人，年幼时母亲病故，无依无靠，之后因生活拮据只得流落哈尔滨街头。1904年开始在哈尔滨一家纺织厂当学徒工。当时的哈尔滨，居住着许多俄国侨民，后来因缘际会为一位俄国医生彼得洛夫斯克·古车连阔所喜欢，遂收养了他，给他取了俄文名字"华西里·亚历山大罗维奇"，并将其带回俄国居住。1905 年至 1906 年，他在古车连阔家中学习。1906 年进入彼得洛夫斯克第一中学学习，接受了早期教育。1915 年考入彼得堡大学法律系。

20 世纪初，俄国的华侨并不多。不过，在第一次世界大战期间，大约十万中国劳工根据俄国企业和中国包工所订的合同，来到寒冷的北方邻国，成为那里的苦力。于是，华工猛然增多。一战时期前往欧洲的华工们多是一贫如洗的，他们为了生存不得已远走他乡，在欧洲战场上做着又苦又累又危险的苦力劳动，默默为协约国作贡献。这些经历使他们本能地站在俄国无产阶级的一边。1917 年 3 月（俄历二月），俄国爆发了"二月革命"，推翻了作威作福三百多年的罗曼诺夫王朝。然而这次革命，只是资产阶级民主革命。华工、华侨和留俄的中国学生们联合起来，在 1917 年 4 月 18 日成立了中华旅俄联合会。25 岁的大学毕业生刘绍周富有组织才干，当选为会长。同为大学毕业生的张永奎任旅俄联合会秘书。十月革命之后，在中华旅俄联合会的基础上，1918 年 12 月中旬在彼得格勒成立了旅俄华工联合会。在旅俄华工联合会第一次群众大会上，刘绍周又当选为会长，这个华工联合会拥有近六万会员，声势不小。刘绍周成了华工们的领袖。12 月 30 日，刘绍周在莫斯科召开了旅俄华工联合会第一次群众大会，号召华工坚决和苏联工人站在一起，并肩战斗。张永奎被选为该会莫斯科分会主席，成为仅次于刘绍周的中国旅俄华工领袖。

列宁很快就注意到这支华工队伍，并委托苏联外交部，让旅俄华工联合会创办了《旅俄华工大同报》，在华工中进行革命宣传。刘绍周被任命为彼得格勒市苏维埃委员。1919 年 3 月，张永奎和刘绍周一起应邀参加了共产国际第一次代表大会。

作为由列宁领导创建的世界各国共产党和共产主义团体的国际联合组织，共产国际在国际共运史上留下了光辉的历史篇章。根据相关历史资料记载，1919 年 3 月在莫斯科召开的共产国际一大，当时出席会议的共有来自 21 个国家的 35 个政党和团体的 52 名代表，刘绍周和张永奎是仅有的两个中国人。参会的当时，张永奎以"华西里·亚历山大罗维奇"的名字出现在参会名单中，看名字像是一个地地道道的俄国人，但其实他是一个中国人。作为参加共产国际一大的中国代表，他们代表中国在大会上发言。作为旅俄华工领袖，刘绍周和张永奎的经历，可谓颇富传奇色彩。会议期间，张永奎受到了共产国际领袖列宁的接见。由于刘绍周和张永奎不是共产党员，所以在共产国际第一次代表大会上只是列席代表，有发言权，无表决权。

实际上，直到1921年中国共产党成立后，1922年召开的中国共产党二大才决定参加共产国际，成为它的一个支部，因此刘绍周、张永奎更是中国共产党"胚胎期"的重要人物。他们先于中共参加共产国际，这段经历对于世界无产阶级革命来说极具传奇色彩。

1920年，随着协约国对苏俄武装干涉的失败，各国陆续从西伯利亚撤军，并开始与苏俄进行接触，同时，迫于国内舆论的压力，北京政府不得不对苏俄政府作出某种外交姿态，于是决定派出由张斯麐率领的代表团赴苏俄访问。赴俄专员张斯麐和朱绍阳行抵莫斯科后，张永奎、刘绍周等莫斯科华侨得此消息联名致电政府，谓"旅俄侨民尚有十万等众，希望脱险回国，迭经敝会通电请援，今张中将斯麐、朱领事绍阳相率来俄，侨民额手称庆。乃闻张中将复奉电调回国，侨民恐惧异常，迫恳电令朱领事暂留莫斯科，办理遣送回国交涉事宜，以安众心云云。"[1] 张永奎为了旅俄华侨的归国可谓是费尽心思。

1921—1924年，张永奎在莫斯科担任中国工人联合会理事会主席、法律顾问。在此期间虽然有些华侨对他不太满意，但瞿秋白认为张永奎还是"比较的熟悉俄事"。[2] 1924年9月，他由苏联回到哈尔滨，回国后曾在东北中东铁路局工作，同年11月至1935年3月，任中东铁路管理局储款处处长等职。后辗转到天津，处于待

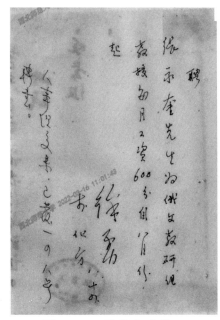

图 17-4　聘张永奎的函

----

[1] 《张斯麐回国后之旅俄华侨》，《新华日报》（北京）1920年10月6日。
[2] 瞿秋白：《莫斯科之中俄外交（续）》，《晨报》1921年7月20日。

业状态。全民族抗战爆发后，启程前往西北。1938 年 1 月起，在兰州西北公路乾源商行任副经理。中华人民共和国成立后，先后在兰州中苏友协、青年会、西北军区、西北防疫处、西北石油公司等单位任俄文教师。抗美援朝战争爆发后，曾在西北军区抗美援朝俄语译员培训班担任教员。1953年起在西北师范学院外语系（俄语教研组）任教授，他和刘维周、刘珊珊、丘廉、唐重光、孙静轩、赵炳燿、张谨、苏志民、廖柏荣、江尔燕等俄语界知名学者开创了西北师范学院俄语系，为全国各条战线培养了大量从事外交、外贸、国防、科研及高校外语教学的人才。1977 年 6 月病逝于兰州。

　　斯人已逝，追思怀远。回顾这位传奇人物的一生，澄清历史真相对于致敬先贤颇有帮助。从共产国际一大的中国代表再到学者，张永奎的人生见证了世界无产阶级革命浩浩荡荡的历史轨迹。作为早期的旅俄华人，他既是俄国十月革命的功臣，也是中国革命的先驱。作为旅俄华工，他拿起武器，组织了国际主义者队伍，支援了苏俄的社会主义事业。作为中国革命的先驱，他黄色皮肤之下流淌着红色的无产阶级鲜血，黄色胸膛里一颗勇敢的心在和世界无产阶级一起跳动；黄色的手高高地擎着国际歌的红旗，他先于中共接受了马列主义。作为陇上学人，他在西北师范大学俄语系的建设与发展进程中可谓厥功甚伟。

（吴斌　孙翌鑫）

第十八章 西北师院是"富农"

◎植物分类学家孔宪武

孔宪武（1897—1984），河北高邑人。我国著名植物分类学家、植物分类学的奠基人之一。1917年考入北京高等师范学校博物系，五四运动爆发后，孔宪武与高师学生一起参加了游行示威和火烧赵家楼、痛打章宗祥的爱国运动，后又参加学生讲演队，被捕入狱，旋被释放。1921年毕业于北京高师。毕业后先后在山东第七中学、山西第一师范、北京高等师范学校博物系、北京师范大学生物系、河北大学生物系任教。1929—1936年任北平研究院植物研究所研究员，1936—1939年任西北农

图18-1　孔宪武

学院教授。1939—1942年任西北技艺专科学校教授。1942年起任西北师范学院教授，先后任生物系主任、植物研究所所长、原甘肃师范大学副校长等职。曾兼任《中国植物志》编委会顾问、中国植物学会名誉理事长、甘肃省植物学会名誉理事长。曾当选为第二届全国政协委员、第一至四届甘肃省人大代表、第三届全国人大代表、党的十一大代表及主席团成员。

孔宪武先生一生致力于植物分类研究和教学工作。先后发表和出版了

20 余篇植物学论文和著作，对我国植物分类学的发展，作出了重要贡献，受到了国际学术界的赞誉。关于为何会选择从事植物分类研究，孔宪武先生曾这样讲："我们国家地大物博，植物资源十分丰富，素有园林之母的美名。但我在中学和大学念书的时候，植物学课本上讲的净是外国植物，我国的许多珍贵植物，书上却只字不提。不少外国人到中国来，雇的中国的苦力，采集植物标本，发表新种，搜集植物种子回国去种植。中国植物的模式标本却保存在外国博物馆里。外国人还出版了中国的植物志，像《威尔逊采集植物志》《大卫采集植物志》《德拉威采集植物志》等。毕业后，我登上大学讲台，讲外国植物学，学生们有意见，讲中国的，我知道的又很少，这个课怎么能教下去呢？中国人为什么不能发奋，由我们自己来研究祖国的植物，写自己的植物志呢？所以我决心献身于祖国的植物学事业。"[1] 1921—1936 年间孔宪武先生先后发表了《植物之群落与其适应》《我国北方之五大杂草》等植物学论文。他在小五台山上曾采集到忍冬科新种，后经专门研究忍冬科植物的郝景盛鉴定，并用拉丁文准确地描述了这株忍冬新种，用英文发表了忍冬新种论文。为了纪念它的采集者，这一新种被命名为《Lonicera Kun-geana K·S·Hao》(孔氏忍冬)。这是以中国植物分类学家孔宪武的名字命名的一种忍冬。它按照国际植物分类命名法规的双名法命名，已为世界植物学界所公认。

孔老是我国蓼科、藜科等科植物的分类学专家。他发现了河南蓼、太白蓼、细叶蓼、细穗藜、东亚市藜、硕枝盐蓬以及新属苞藜属。又用中文写出了《中国北部植物图志》(四、五卷)《小五台山植物志》《北平之禾本科植物》《吉林小白山之松柏科》《开花植物随记》和《陕西渭河流域之杂草》共十余种一百多万字的分类学著作，为我国发轫时期的植物分类学作出了重大的贡献。1962 年，他完成 50 余万字的《兰州植物通志》[2] 的编写工作。1966 年，他编写的《中国植物志》藜科部分定稿，此后《甘肃树木志》《甘肃草原植物志》等著作也相继完成。1973 年孔宪武又主编了《甘肃猪饲料植物介绍》，1974 年主编了《甘肃野生油料植物》。

新中国成立后，孔宪武先生担任中国科学院西北分院筹备委员会委员、

---

[1] 覃慧明、吉聿其：《栽得桃李满园春——缅怀孔宪武教授》，《植物杂志》1985 年第 3 期，第 43 页。
[2] 孔宪武：《兰州植物通志》，甘肃人民出版社 1962 年版。

中国植物学会理事。1958 年，经中国科学院建议，教育部批准，为孔宪武成立了植物分类研究室，并配备了助手以及有关工作人员，购置了图书资料，后来发展为植物研究所。他所创建并领导的植物研究所在植物分类学，尤其在西北地区植物分类学的研究方面一直居于领先地位。该所植化室主任韦璧瑜利用野生植物高乌头提取分离出了高乌甲素、乙素、丙素三个结晶，研制出氢溴酸高乌甲素止痛药，1981 年通过了国家级鉴定，确定为国内外首创的国家一级新药，先后六次获得省级和国家级奖励，被誉为"恶性肿瘤疼痛患者的福音"。该研究项目已与日本签订了 15 年长期合作合同。①

1959 年 11 月孔宪武参加了在北京香山召开的全国沙漠会议。同年又参加了《中国植物志》首次编委会议。他作为《中国植物志》发起人和组织者之一，当选为编委会委员。在这次会议上，他和北京植物研究所的钱崇澍、胡先骕，中国农林科学院的郑万钧，广州植物研究所的陈焕镛，东北林业土壤植物研究所的刘慎谔，云南植物研究所的吴征镒欢聚一堂，谱写了新生的中华民族植物科学研究极其灿烂的新篇章。

孔宪武先生在研究过程中非常重视野外调查，并多次组织师生去各地采集植物标本。他为了调查西北植物区系和荒漠植被，建立一个足以反映西北植物区系概况的标本室，为全国研究西北植物区系、编写全国植物志提供丰富资料，就和同事们一起背上标本，走民勤，上敦煌，二进祁连山，西出阳关，至新疆边陲一带调查采集标本。甘肃的河西走廊、青海高原、新疆的戈壁、内蒙古大草原、东北的原始森林都留下了他的足迹。经过孔宪武辛勤劳动，一个藏有 13 万多号标本的标本室建立起来了。同时，在教学上他也倾注了大量的心血和精力，培养了一大批植物学工作者。据张开义追忆："他讲课认真，概念清晰，论点明确，逻辑推理严密，循循善诱。在培养学生时理论紧密联系实际，强调实际观察，对比区别，抓住重点，牢牢记住。"② 据金芝兰追忆："他讲授多年的实验课，但每次上实验前都要亲手再做一遍，他强调：生物是不停地进行着生命活动，随时都在变化着，

---

① 季啸风主编：《中国高等学校变迁》，华东师范大学出版社 1992 年版，第 1100 页。
② 张开义：《怀念孔老、学习孔老》，载纪念孔宪武教授逝世三周年筹备小组编《孔宪武教授纪念文集》，第 25 页。

不要在课堂里出问题，影响学生做实验的效果。有时为了作好一张示范片子，他不惜用去大半天时间，找出最典型的代表植物并切出最薄最正的切片，以提高实验质量"①。

孔宪武先生克己奉公，生活俭朴，对青年教师和学生的关心无微不至。西北植物研究所王维准老师回忆："在他年老多病的情况下，同志们劝他要车多去医院看看，但他总是说，学校车紧张，同志们也工作忙，不要麻烦大家了，非到不得已时才要一次车。他关心他人胜过自己。当有的同志晋升副研究员，因找不到对口评审部门而拖了下来时，他再三过问此事，并再三叫人催促。我爱人有病，他虽爬不上四楼来看，但总是派孙女孔杰同志前来看望。孔师母健在的时候，也是八十有余了，他叫她也来看望。"他的学生赵国珍回忆孔老师"真的是好人"。他记得每次寒假前，孔老师总是对年轻教师和学生说："你们回家，如果没钱了，就从孔师母那儿拿点钱，等你们有钱了再还。"赵国珍当时工资12元，他经常找孔师母借钱回家过年。

孔宪武先生一生致力于我国植物分类学的研究与教学工作，为我国的植物分类学尤其是西北的植物分类作出了杰出贡献，同时也为西北师范大学植物学学科的发展作出了重要贡献，用毕生精力诠释了"理论与实践相结合"的学术精神。"青松百尺后凋身，乐育英才忘苦辛；踏遍青山人未老，栽成桃李满园春。"该诗应是对其一生最中肯的评价。

（侯培和　尚季芳）

◎法制史专家萨师炯

萨师炯，1913年生，蒙古族，福建福州人，曾用名节梗、孟明、斯耿，曾任西北师范学院教务长，历史系主任、教授。萨家为福建望族，各行业人才辈出，其表兄萨孟武即为有名的法学家。1932年9月在浙江大学学习，

---

① 金芝兰：《身教胜于言教——纪念孔老逝世三周年》，载纪念孔宪武教授逝世三周年筹备小组编《孔宪武教授纪念文集》，第24页。

1933 年 9 月转学至北京大学政治学系学习，
这为其后的宪制学术观点打下了基础。大学期
间，萨师炯参加过一二·九运动，对于当时的
民族危亡颇为关切。1936 年至 1942 年在南京
和重庆任中央大学研究助理、讲师，中央政治
学校副教授，重庆文艺研究会特约研究员，教
育部教科用书编辑委员会编辑员，重庆中央训
练委员会编辑科长，交通事业设计考核委员会
秘书兼考核组副组长。1947—1949 年赴英国
伦敦大学政治经济学院和赫尔大学研究生院留
学。在留学期间，萨师炯接受了西方现代法治

图 18-2　萨师炯

理念的熏陶，并在英国地方政府从事实地研究。这些都为他后续从事行政
学、地方政制、政制史、西方近代史和中国制度史等打下了坚实的基础。
1949 年留学回国后，在华北大学政治研究所和华北人民革命大学政治研究
所学习。1951 年 2 月来到兰州，任教于西北师范学院，一直到 1973 年去世。

　　1950—1958 年间，徐劲任西北师范学院院长，他为谋求学校发展，先
后从北京和全国各地陆续调入了 40 多名知名教授、副教授来校任教，充实
了教师队伍，加强了教学力量，提高了教学、科研水平，为学校发展奠定
了基础。这其中就包括著名法学家、政治学家和历史学家的萨师炯先生。

　　萨师炯来校伊始，就担任西北师院附属中学校长，期间对附中进行了
整顿，加强了师生思想教育和纪律教育；裁汰冗员，精简了机构；初步改
善了办学条件，安装了 1 部电话和 230 盏电灯，结束了学校点煤油灯的历
史，又添置了拉水马车，改变了长期用毛驴在黄河驮水的状况；调整课程
设置，提高教学质量。经过一系列整顿，1951 年高中应届毕业 50 人，考入
大学 49 人，其中李永寿、王仲鸿、郝建玺、黄康和窦宜等五人考入清华大
学。1951 年 8 月萨师炯校长调回师院，改派教育系教授朱肇轩、外语系副
教授冯镜为附中正副校长。①

　　在西北师大工作的 23 年中，萨师炯大部分时间都在主持并负责学校的

---

① 《谁是萨师炯？》，载陈夏红《政法往事：你可能不知道的人与事》，北京大学出版社 2011 年版，第
146—147 页。

教学事务，同时还是历史系教授，并于 1963 年进入校务委员会。他编写了西北师范学院校本教材《世界现代史》，对学校法学课程的开设也给予了有力支持，成为学校法学理论及中外宪制史问题研究最早的领军者和拓荒者。

1959 年，他在《甘肃师范大学学报》副刊《历史教学与研究》第五期上发表《英国内阁制度的形成与发展》一文，这是 1949 年后中国大陆地区关于英国议会和内阁制度的首篇论文。1964 年在《甘肃师范大学学报》上发表《从一七八七年美国宪法及其发展论资产阶级民主制的实质》一文，从阶级和阶级斗争的观点出发，通过对美国宪法及其发展的分析，论证资产阶级民主制的阶级实质是为资本家服务，其包含程序和司法上的虚伪性，只有通过暴力革命消灭资本主义，进入社会主义才能出现真正的民主政治。

萨师炯一生著述丰富，成就突出。在浙江大学学习期间，就与萨孟武合译《宪政的原理及其应用》，由新生命书局出版；1934 年在《外交月报》发表《希特勒政权与德国宪法》；在《中央时事周报》发表《德俄宪法的比较》；1935 年编写完成《张生观光记列国改制》一书由正中书局出版，同年在《东方杂志》发表《白银问题与中国经济前途》《中国的入超问题》《世界殖民地分割的回顾与前瞻》等文章。1936 年在《民意周刊》发表《国民参政会与战时政治机构》《中国民主制度的特质》，在《政衡》发表《宪法草案中之地方制度问题》，在《智慧》发表《中国应否采用职业代表制?》等文章。上述文章都有着强烈的现实关怀，是针对当时世界局势和中国现状发表的有针对性的重要文章，体现了萨师炯忧国忧民的学者情怀。

1938 年武汉失守后，国内盛传国民政府降日的论调，民众抗日情绪低落，作为学者的萨师炯深感国势危急，于同年发表了《武汉失守以后》一文，他在文中强调 "只有抗战到底，才是中华民族的出路"。他从 "必要" 和 "可能" 两个方面探讨了中国的抗战：第一，抗战有必要，"我们不是好战，而是不能不战"；第二，坚持抗战为什么可能呢? 因为日本人虽然占领了一些都市，但是中国的经济，并没有发展到工业国家的程度，"中国依然停滞在农业经济的途径上，从而它的社会经济之结构，非常松懈，因此，都市的沦陷，并不足以影响全部国民生计"；第三，从国际上看，我们继续抗战，一定会得到苏联、英国和美国的支持，因为他们不会让日本独占中国。总之，"我们是需要而且可能继续抗战的! 任何事业的完成，决没有一蹴而就，一个战争的胜利，也没有那样容易，如果懔于艰难而中止，即使是个人，也都无法生存于现社会之中"。他提出只要"修明政治、教育人民、开发经济、以求真□运用全国之人力物力，抗战的本身，是有期光明的前途的。"[1]

1939 年，萨师炯在《国是公论》发表《民族主义与近世民主政治》，在《民意周刊》发表《论战时监察制度》。

1942 年在《益世报》发表《现代青年应有的认识》，给抗战中的青年提出了三点意见：第一，应该把自己认为是国家的一分子，个人问题和国家问题是紧密联系在一起的，青年人都要争取抗战的胜利，一旦抗战胜利，个人一切问题随之解决；第二，应该认识人生的意义，是创造将来继续之生命，如果个人不能对社会有所贡献，即没有存在的价值，如果确立了这个认识，那么个人的一切问题，都是小事；第三，不论任何成就，决不是一蹴而就的。因此，"我们认为今日的青年们，不能过度发展个人主义，而应了解个人与国家实两位一体。进一步的认识人生的意义，不在于单纯的生存。最后还应该了解事业成功的困难，与其说是偶然的，毋宁说是必然的"[2]。

1943 年，萨师炯写作完成《三民主义概要》，并由独立出版社出版。1944 年，在《东方杂志》发表《中国立法程序之平时与战时》《战时省制之演变及其今后之改进》。1945 年，与钱端升等合作完成的《民国政制史》一书由商务印书馆再版；专著《清代内阁制度》1946 年由上海书店出版社出版；《地方自治法规》由大东书局出版。1947 年在《智慧》发表《最好的民主制度》。未出版的有《中国的省治》《中国地方制度沿革》等。

钱端升与萨师炯等人合著的《民国政制史》翔实描述了民国自诞生以来各个历史时期从中央到地方的政治组织及其职权、政治制度及其运作，至今依然是中外政治制度史研究的必读之作。钱端升等人密切关注中国政治学发展动向，开拓了中国政治学研究的领域。萨师炯认为，政治的良性运转对于一个国家而言固然非常重要，但这其中起核心作用的依然是人，所以在他看来最重要的还是提升重要位置之人的素质，同时配以完善的监督机制，他举例说就像古代的吏治制度，以避免政府机构中存在人员混沌

---

① 萨师炯：《武汉失守以后》，《中央日报·星期增刊》1938 年 10 月 30 日。
② 萨师炯：《现代青年应有的认识》，《益世报》1942 年 8 月 31 日。

的现象。萨师炯先生的研究成果和法学思想，特别是民国政制研究，具有较大的影响力，引起了学界的广泛关注。如赵红在《抗战时期国民政府政治体制研究》（吉林大学 2011 年博士学位论文）中评述指出："钱端升、萨师炯等合著的《民国政制史》（商务印书馆 1938 年初版）和陈之迈著的《中国政府》（商务印书馆 1946 年版），这两本书是研究国民党党治理论与制度的最高成就，其中包括对党治理论的创立、国民党与国民政府的关系、国民党的组织及其机构、国民会议以及训政和训政时期的约法等进行了粗线条的研究，其结论至今仍具有重要影响。"田湘波在其博士论文《中国国民党党政体制剖析：1927—1937》中评论："1938 年春，由商务印书馆初版、后一版再版的钱端升、萨师炯等合著的《民国政制史》和 1946 年由商务印书馆出版的陈之迈著的《中国政府》，是研究国民党党治理论与制度的最高成就，其结论至今仍为台湾和大陆的学者肯定，对这一问题的研究至今也没有取得突破性的进展。"

对于当时的国际经济问题，萨师炯也发表过一些独到的见解。"萨师炯认为'中国工商业之不振'和'半封建和半殖民地经济结构'是中国入超的原因，中国解决入超问题的途径为管理汇兑、统制贸易、制止汇兑倾销税、关税政策、统制经济，而'克服封建残余与帝国主义的压力为第一前提'"。"罗斯福新政对中国之影响最大者，'殆莫过于白银政策'"。另外，萨师炯还发表过以下文章：《驳斥南斯拉夫修正主义关于国际局势的反动论点》《试论 1918—1941 年帝国主义国家间的矛盾及其发展》《论省地位问题》《中国传统政制与五权宪法》《中国立法程序之平时与战时》《中国的入超问题》《国际与世界和平》《省制问题之再检讨》等。

（杨纳名　尚季芳）

◎追忆"大先生"李秉德

李秉德（1912—2005），字至纯，河南洛阳人。当代著名教育家，新中国教学论、教育科学研究方法、语文教育等学科领域的开拓者和奠基者。

《礼记·曲礼上》说："从于先生，不越路而与人言。遭遇先生于道，趋而进，正立拱手。先生与之言对，不与之言则趋而退。"所谓"先生"者，年长而有德行有学问之人，所谓"大先生"者有大德行大学问之人。于我而言，导师李秉德先生就是我心目中的大先生！

图 18-3 李秉德

20世纪80年代，我上大学时，就聆听过李秉德先生的报告，当时他是西北师范大学唯一的博士生导师，听报告的教师和学生挤满了整个教室，走廊上和过道里都是站着听报告的人。1991年我留校在民族教育研究所工作，就能经常见到李秉德先生，还会去蹭李先生给博士生上的课。1996年，我考取了西北师范大学教育科学研究所的博士研究生，师从李秉德、李定仁两位先生。当时，博士生为了方便区别两位先生，更是为了表示尊重之意，称李秉德先生为"老李先生"，称李定仁先生为"小李先生"。两位李先生时代是西北师范大学教育学科最为辉煌的年代，不仅学科建设与学术影响力在国内名列前茅，而且培养学生的水平在国内也是有口皆碑。跟随李先生学习的几年，是我学术入门的阶段，从李先生的言传身教中学到了我人生中最宝贵的东西。2003年，李秉德先生因病去北京阜外医院住院治疗，学校派我陪同李先生去北京，协助家属负责李先生的治疗事宜。住院期间，我与李先生长达三个月的朝夕相处，结下了深厚的感情。那时候，我白天陪着先生做各种检查，检查结束之后，或者在病房给先生读报纸，或者在院子里陪先生晒太阳，或者聆听先生针对我的学业进行详细的指导。我从来没有离先生如此之近，近得让我觉得他就是我的亲人。他是那么的慈祥，又是那么的严格。他是我的导师，又像是我的父亲。他是一位德高望重的长者，又是一位兼具童心的智者。在和李先生的近距离接触中，我才真正了解了这位"大先生"的丰富人生和辉煌成就。

师出名门，学成报国

1912年，李秉德先生出生在一个中医世家，祖父是当地有名的中医，父亲在科举考试中虽然没有考取功名，但确是有真才实学之人，十分重视子女的教育。据李先生回忆，他的祖父曾经救过一名乞丐，也就是在乞丐生了重病，饥寒交迫的时候，他的祖父不仅免费医治好了乞丐的病，还管吃管住，直到他康复而去。从此，他家的中医堂名声大振，他的祖父成了当地的神医，家境也越来越好，为他的父辈和他们兄弟四人接受良好的教育打下了基础。1928 年李秉德入河南大学预科，1930 年升入本科，主学英文，辅修教育学，次年改主修教育学。上大学期间，李秉德受著名教育家邰爽秋先生的影响最大，并形成了教育救国的思想。邰先生曾在上海经历"一·二八"沪战，对国家危机有切身感受。邰先生在讲授"中国教育的出路"时，把全部人格与情感注入他的课堂，常在课堂上痛哭流涕。邰先生为中国命运而哭，哭到李秉德心里，于是李秉德"产生了一个青年对于国家民族应有的一种沉重的责任感"。从邰爽秋的言传身教中，他看到一条植根于教育的国家出路，从此在这条路上走了一辈子。

1934 年，李秉德大学毕业后受他的老师李廉方先生的邀请，赴河南开封教育实验区，从事"廉方教学法"的实验。李廉方先生早年留学日本，是辛亥革命元老，曾任河南省教育厅长，后任河南大学文学院长和教育系主任。当时李廉方在开封建立了一个教育实验区，李廉方任该实验区委员会委员长，李秉德受聘为开封教育实验区"大花园教育村主办干事"，具体参与"廉方教学法"的实施。这是他教育生涯的正式开端。"廉方教学法"的基本实验意图，是在一般学校的通行教学模式之外另创一套教法，使小学生在更自由、自如的状态中获得更好学习效果，用两年半时间，完成部定四年初小正规教育达到的读写计算等水平。因为李廉方先生的亲历指导，更因为李秉德先生的全力以赴，"廉方教学法"取得了巨大的成功，引起了各界的普遍关注。中华职教社的黄炎培、江问渔等以及教育部督学顾树森等都来考察。据李先生回忆，当时他们还接到通知说，蒋委员长要视察大花园教育实验区，他们做好了准备，但不知什么原因，蒋委员长没有来，而是来了当时教育部的一位副部长。由此也足以看出李先生他们的教育实验的影响之大，已经引起了政府的高度重视。大花园的教育实验，为李秉德先生从事教育事业打下了坚实的实践基础。

1947 年李秉德先生考取了抗战胜利后的首批公费留学生，他决定去教育比较发达的法国、瑞士留学，并师从国际著名认知心理学家让·皮亚杰。皮亚杰是国际知名学者，李秉德是他带的第一位中国留学生，后来又招收了来自中国云南的卢濬。皮亚杰在法国、瑞士等欧陆的一些著名大学讲学，李秉德也跟着皮亚杰参观访问了欧洲的许多大学，同时还参访了欧洲有创新的一些基础教育学校，尤其是深入考察和研究了蒙台梭利教学法。新中国成立后，许多留欧学生还在观望，李秉德先生决定毅然回国报效国家。1949 年在香港大学曹日昌教授的联系下，李秉德几经周折，从法国巴黎乘船出发，经香港、韩国等地辗转回国。1950 年响应党的号召，到西北师范学院任教，历任西北师范学院教育科学研究所所长、副教务长、教务长、院长等职。

扎根西北，立德树人

1949 年李秉德先生从法国巴黎回到中国，在华北大学和华北革命大学接受了近一年的"再教育"，主要是学习马克思主义理论。1950 年，李秉德和几位欧洲回国的青年知识分子被派到西北去工作，其他几位留在了条件较好的西安，而李秉德携带家眷去了兰州。经过六天的卡车和马车的颠簸，他们一家终于到了兰州。李先生回忆说，当时马车夫带着他们走了一天，在傍晚时分到了兰州，他问马车夫西北师范学院在哪里，马车夫说就在这里，只见眼前几排低矮的平房，这与他心目中的大学差距也太大了，不要说法国的巴黎大学，就是老家的河南大学也都是像模像样的大学，而西北师范学院的小平房、泥土屋、煤油灯，条件艰苦至极，根本不像一所大学。可谁能想到，面对这样的环境和心理的反差，李秉德先生居然扎根西北，在这片热土上一干就是五十五年，奉献了自己的一生。

李秉德先生到西北师院后，立即投入到了教学和研究工作之中，由于工作出色，他先后被聘为学校的副教务长、教务长，负责学校的教务管理工作。李秉德把国外学到的先进管理方法运用到西北师范学院的教学管理之中，同时开展了全校性的教学方法改革。他任教务长时，创造性地提出了两项工作，一个是师范生毕业前都要进行为期一个月的教育实习，另外一个是各系成立教学研究室，在大学开展教学研究工作。他与各系主任通力合作，使学校教学质量大幅度提升。1957 年，反右运动开始，李秉德被错误地划为右派分子，被关进了牛棚改造。1969 后到 1972 年，他从牛棚中被解放出来，到西北师范学院附小去教数学。三年的小学教师让他对基础教育有了更多的了解和更深的感情。1973 年，在辛安亭的努力下，李秉德被调到甘肃省教育厅编写小学语文教材，直到 1978 年平反后回到西北师范学院。1980 年李秉德被任命为西北师范学院院长。在他当院长以后，十分重视各学科的建设和人才队伍建设。以教育学科为例，他作为学科带头人，既团结了许多"洋教授"，如留美的吕方教授、陈振东教授、萧树滋教授、南国农教授等，同时，他培养了一些没有留过学的所谓的"土教授"，如景时春教授、王明昭教授、胡德海教授、赵鸣九教授、黄学浦教授、李定仁教授等。1982 年国家首次设立博士点的时候，李秉德先生为首席的教学论专业成为国内首批四个博士点之一，足以见证当时西北师院教育学科的实力。

从领导岗位上退下来以后，李秉德先生主要从事博士研究生的培养与教学论的研究工作。李先生从 1982 年开始招收教学论的博士研究生和教学法的硕士研究生，先后培养博士研究生和硕士研究生近 40 人。由于当时教育学博士点较少，西北师院是唯一教学论博士点所在单位，全国有志于教学理论研究的英才便想投奔到李先生门下，李先生对考生的要求比较高，再加上他的悉心指导，他培养的博士生和硕士生水平都比较高，这些弟子在国内教育学术界都有一定的影响力。如：杨爱程博士在 20 世纪 80 年代就开始研究课程综合化，20 多年后我国基础教育课程改革才提出课程综合化的实践方略。田慧生博士在国内率先研究教学环境，扩大了教学论中关于教学环境研究的范围，提出了新的教学环境论。郭戈博士系统地研究了李廉方的教学思想，厘清了李先生教学思想的实践源头。王嘉毅博士系统地研究了教学论中的教学方法问题，继承了李先生的教学法思想。还有许多博士生按照李先生提出的教学要素作了研究，形成了许多标志性的成果。黎加厚、曾天山、巴登尼玛、刘要悟、张铁道、徐继存、李瑾瑜、许洁英、蔡宝来、徐文彬、张广君、王鉴、刘旭东、王兆璟、林宪生、李长吉、潘洪建、高天明、郝志军等一批批青年成长为我国教学论领域的优秀人才，以至于全国教学论专业委员会召开会议时，主席台上就座的一半以上都毕业于西北师范大学，大会发言者中有见地的学者，许多都毕业于西北师范大学，形成了西北师范大学教学论现象。人们不禁要问，为什么西北师范大学培养了这么多优秀的学生。我们这些西北师范大学的学子们心中最清楚，就是因为有李秉德、李定仁、胡德海等一批"大先生"的坚守与奉献。"大先生"是青年人成长的榜样，是青年人奋斗的动力，是青年人登天的梯子。李秉德先生就像一粒火种，他将教学论的星星之火燎原到全国各地，如今教学论的事业已经红红火火，不仅成为教育学科中有重要地位的二级学科，而且在基础教育课程与教学改革事业中发挥着重要的作用。李秉德先生为我国教学论学科的发展和人才的培养作出了重要贡献。

潜心学术，自成学派

"大先生"者要有大学问。李秉德先生一生致力于教学论、教育科学研究方法、语文教学法等研究，尤其以教学论建树最丰。李先生的教学论思想主要表现在教学实践思想、教学要素论思想、现代教学论思想三个方面。

首先是教学实践思想。李秉德先生关于教学实践的思想形成于20世纪30—40年代，当时李秉德正值青年时期，善于学习新生事物。他实地访问了梁漱溟的山东邹县乡村建设基地，晏阳初的河北定县教育实验基地，陶行知的江苏、上海平民教育实验基地，他还到广西、广东、香港等地考察教育。留学期间，他访问了欧洲五个国家的基础教育改革学校，尤其系统深入考察了流行于欧洲的蒙台梭利教学法，这些为他形成教育实践思想奠定了基础。而当他在河南大花园负责"廉方教学法"实验的过程中，他的实践教育思想逐渐形成。他的介绍二年半制经验、重视教育实验、解决教学理论与实践两张皮现象等都是这一思想的体现。他嘱咐郭戈博士完成李廉方教育思想的研究，就是为了完成他的心愿，就是为了让他的教学实践思想再现光芒。

其次是教学要素论思想。20世纪80年代，全国兴起大学文科教材的编写工作，人民教育出版社委托李秉德先生主编一本全国教育专业本科生教材。接到任务后，李秉德先生组织西北师范大学教育学科的中坚力量，开始编写《教学论》教材。在教材编写中，李先生根据系统论的思想，提出了教学要素论，即教学由教学目的、教师、学生、教学内容、教学方法与手段、教学环境、教学评价与管理等七个要素组成，并论述了七个要素间的相互关系。这本教材就是按照这一思想来组织材料的，这样就解决了不同教学要素观点的争论问题，也厘清了教学要素之间的关系问题。这一理论被学术界公认为西北师范大学教学要素论流派。李秉德先生一生无意创建什么学术流派，却在潜心学术研究的过程中水到渠成地形成了真正的学术流派，这是对中国特色教学论学术体系和学科体系的巨大贡献。

再次是现代教学论思想。李秉德先生85岁高龄时还承担了全国教育科学规划的重点课题"现代教学论范畴与体系研究"。他一如既往地对学术研究充满激情，组织西北师范大学的团队成员开展对这一问题的讨论。李先生提出，现代教学论是现代社会相适应的教学论，一定要体现现代社会的特点，因此，现代教学论要研究现代社会的时代背景、现代教学论的概念界定、现代教学论的范畴体系、现代教学论的理论基础、现代教学论的理论体系、现代教学论的发展特点等问题。团队成员正是在李先生的现代教学论思想指导下开始了课题研究，王嘉毅、李瑾瑜、徐继存、蔡宝来、王鉴等先后都在李先生的指导下发表了现代教学论的学术论文，形成了系统研究。当研究团队内部观点有分歧时，李先生及时召开学术讨论会，解决大家的分歧与困惑，形成统一的认识与理论。李先生最后的十年一直在思考着现代教学论的理论体系问题，他明显地意识到现代这一概念对教学实践与教学理论的挑战，他明显地意识到中国特色的教学论学科体系与学术体系的建设一定要把握现代中国教学实践的脉搏。

2005年5月2日，李秉德先生在北京逝世，去世前他嘱托亲属和单位领导，一定要把他的骨灰葬于兰州。我们理解先生的遗愿，他的一生扎根兰州，他的事业在兰州，他的亲友在兰州，他的学脉在兰州，他已经把自己定位成一个兰州人。先生的遗愿就是魂归故里。

云山苍苍，江水泱泱，先生之风，山高水长。

（王鉴）

◎中国电化教育的奠基人南国农

南国农（1920—2014），新中国电化教育事业的开拓者与奠基人之一，我国著名教育家、电化教育专家。1920 年 9 月生于江西省清江县，1943 年毕业于广州国立中山大学教育系，同年到国民政府教育部工作。1945 年至 1947 年，在国立社会教育学院附属中学（青木关中学）工作，任校长。1948 年赴美国留学，在哥伦比亚大学教育研究院攻读比较教育与视听教育专业硕士学位。1950 年回国，在北京华北人民革命大学政治研究院学习，1953 年受聘为国立西北师范学院教授。历任西北师范学院教育科学

图 18-4　南国农

研究所副所长、所长，电化教育系主任、名誉系主任，教育科学研究院名誉院长，教育技术与传播学院名誉院长，网络教育学院名誉院长。曾担任中国电化教育协会副会长、顾问，教育部电化教育课程教材编审组组长，教育部高等学校教育技术学专业教学指导委员会顾问等社会职务，兼任华南师范大学等多所高校兼职教授、客座教授。1992 年，经国务院批准享受政府特殊津贴；1998 年，被教育部表彰为全国电化教育工作先进个人；2011 年 11 月，获首届全国教育科学研究终身成就奖，12 月，获中国教育技术协会颁发的"中国教育技术事业杰出贡献奖"。

南国农先生回到祖国后，主动要求奔赴大西北，执教于西北师范学院，开始了为大西北的教育事业和中国教育信息化发展奉献的六十余年。后来有多所大学邀请，都被他婉言拒绝。他深情地说："我的事业在西北师大，我永远和西北师大同呼吸、共命运——西北师大有我的过去、现在和未来！"

南国农先生把毕生的智慧和精力都奉献给了中国的电化教育事业，为探索中国特色电化教育（信息化教育）理论体系与实践道路、发展我国教育信息化（电化教育）事业、建立中国教育技术学（电化教育）专业和学科作出了突出贡献。

早在 1943 年他以电化教育委员会下设的电影教育委员会科员身份进入教育部工作，初识电化教育。1948 年，他赴美留学，在哥伦比亚大学学习时再次接触到视听教育。1953 年，南国农先生到西北师范学院工作后兼任

学校教育实习指导委员会秘书,在学校举办的教育实习展上,采用了电化教育手段进行演示,吸引了校内外许多师生前来观摩,效果很好,影响很大。1954—1956 年,他与萧树滋教授编写了电化教育课程大纲,首开电化教育课程,开展了电化教育的教学活动,促进了西北师范学院的教育改革。1960—1973 年,他们为外语系和音乐系开设了"电教教法"及"电教实验"课。1978 年 10 月,在河南开封召开全国教育学教材讨论会,主要讨论五院校协作编写公共课教育学教材事宜,南国农先生率先提出在《教育学》教材中增加"电化教育"专章,并亲自撰稿。这是我国设有电化教育专章的第一本教育学教材,也是我国首次将"电化教育"纳入教育学的教材体系,也是南国农对我国电化教育理论研究所作的第一个历史性贡献。

南国农先生意识到发展电化教育,重在人才,故不遗余力倡导主持举办各类培训班,亲自讲授。1979 年 6—8 月,南国农先生受教育部委托与萧树滋教授在甘肃师范大学举办了全国 37 所高等院校 50 余名教师参加的电化教育研讨班,培养了首批新中国电化教育骨干和电化教育课程教师,为全国电化教育的重新起步奠定了人才基础,人们称这个培训班为新中国电化教育的"黄埔军校"第一期。1982 年 9 月至 1983 年 1 月,受教育部委托举办了全国高等师范院校"电化教育"课教师进修班,这期培训班第一次在全国范围内有规模地培养了讲授"电化教育"课的专业教师,从此奠定了电化教育专业建设的基础,对后来的电化教育(教育技术学)专业的建设产生了深远的影响,被人们后来称为电化教育的"黄埔二期"。除了举办以上讨论班和教师进修班外,1981 年 7—8 月,在南国农、萧树滋教授的带领下举办甘肃省第一期电教人员培训班。1983 年 5—7 月,举办甘肃省中等师范学校电化教育基础课程教师培训班,新疆、青海、宁夏、陕西各省区派教师参加。

20 世纪 80 年代以来,南国农先生积极探索建立电化教育专业,构建学科理论体系。1983 年,在南国农的帮助下,华南师大率先在全国创办了电化教育专业。在南国农先生的亲自筹划下,西北师大继华南师大之后创办了电化教育系和电化教育(教育技术学)专业。建系伊始,南国农先生提出该专业要"关注西部、研究西部、服务西部",要把"西部、民族、农村、远程"八字方针作为办学宗旨。在南先生的指导下,经过几代人的努力，西北师大教育技术学已经形成了本科、硕士和博士研究生三个学历层次的专业人才培养体系，已跻身全国高校教育技术学专业和学科之前列。

好的专业要有好的教材支撑，面对电化教育专业教材的匮乏，南国农先生在 1985 年主编了我国第一本系统介绍电教理论与方法的教材《电化教育学》，构建了以现代教育媒体的研究和应用为核心、由"七论"（本质论、功能论、发展论、媒体论、过程论、方法论、管理论）构成的具有中国特色的电化教育理论体系。"七论"体系的创立，得到了电化教育领域研究者的公认，标志着中国电化教育学从此有了自己的理论体系。20 世纪 90 年代以来，南国农先生思考重构中国电化教育理论体系，并提出了由"六论"（总论、基础论、技术论、模式论、方法论、管理论）构成的新理论体系。南国农先生提出的"大电教"的概念，扩大了电化教育的视野，从根本上说明了电化教育系统在我国教育发展中的重要地位与意义。

南国农先生十分注重电化教育的实际推广和社会效益。1983 年，经南先生等人精心策划，成功举办了甘肃省电化教育展览。时任甘肃省委书记李子奇、省长陈光毅亲临现场，为展览剪彩、讲话。此次展览是当时全国范围内规模最大的一次，先后有四万余人参观，引起了强烈反响。1991 年，南国农先生组织举办了"全国首届电教知识大奖赛"，吸引了数万人参加，对普及电教知识产生了重要影响。1992 年，受国家教委电教司委托，南先生主持开展了"全国电化教育考察万里行"大型活动，途经 17 个省、市、自治区，被誉为"中国电教史上的一次成功的壮举"。1999 年，以南国农先生为首，由杨改学、郭绍青组成的"教育部现代教育技术巡回讲学团"先后在延安大学、榆林高等专科学校等院校巡回讲学，有力地推动了现代教育技术在陕北地区的普及、推广和应用。2007 年，南国农先生指导组织了田家炳"两岸三地"教育技术西部行活动，这是一次以"关注西部教育、走进西部教育、服务西部教育"为宗旨的教育信息化考察和志愿服务活动，活动遍及西部九省区，取得良好的示范效应、社会效应和宣传效应。

南国农先生的另一重大贡献就是正式创办《电化教育研究》杂志，旨在为学者提供一个理论与实践成果交流的平台。该刊正式发行后，南国农先生担任主编。经过 40 余年的发展，该刊现已成为教育类核心期刊、CSSCI来源期刊，影响大、声誉高，素有"中国电化教育理论研究基地"之美誉。

南国农先生不仅是好学者，也是好老师。他用自己的一生在诠释一位学者、一位教师的职业道德和教育情怀。他一直说人生三件事，做人、做事和做学，"三者都重要，而做人最重要"：做人要做到对他人和同事多一点尊重，少一点苛求；对社会和集体多一点奉献，少一点索取。应该为社会提供大于社会为自己提供的东西，这就是一个人生存的价值。南国农先生是这样说的，也是这样身体力行的。

为了奖掖后学，南国农先生以他夫人范春晖女士名义捐资 20 万元，在西北师大和华南师大设立"春晖奖励基金"，帮助那些成绩优秀的研究生和家庭困难的学生们更好地完成学业，报效祖国。当问及他的感受，他只是认真地重复一句话："能为社会做点事情就很高兴。"

2013 年左右，南国农先生明确提出要设立"信息化教育发展基金"，2014 年，他在遗嘱中说"设立信息化教育发展基金的 60 万元，我已经准备好"。2015 年 3 月，南国农信息化教育发展基金正式设立，其中南国农先生出资 60 万元，西北师大教育技术学院出资 50 万元。以后又接纳政府部门、社会团体、企事业单位和个人等捐赠，截至目前累计募集资金近 500 万元。基金旨在继承与弘扬南国农先生献身教育信息化事业的精神，奖励在信息化教育领域有杰出贡献的个人或团体，促进中国信息化教育学科建设与事业发展，设立南国农信息化教育个人成就奖和南国农信息化教育杰出贡献奖，每两年各授予 1 项，目前已经颁出两届。

斯人已逝，精神长存。南国农先生的思想和智慧光芒熠熠生辉，他为人、为学、为师的丰碑，将一直指引我们奋进。

（杨纳名）

◎萧树滋与西北师院的电化教育

萧树滋（1914—2002），笔名萧振邦，民革党员、民盟盟员，是新中国电化教育的开拓者和奠基人之一，是我国著名电化教育（教育技术）专家。

萧树滋 1914 年 7 月 21 日生于河北省磁
县。1930 年考入河北省邢台师范学校学
习，毕业后在家乡从教。1937 年赴大后
方投入抗日救亡运动。1939 年考入西北
联合大学师范学院，1943 年毕业。1943
年至 1946 年任教于重庆第二中学进修班、
天津中学进修班、北平中学进修班，任主
任。1947 年赴美国留学，在哥伦比亚大
学教育研究院攻读视听教育硕士，1949
年 2 月毕业。在美留学期间，萧树滋曾参
加"美洲中国和平民主联盟"，任冯玉祥
将军的私人秘书。1949 年 3 月在民革中
央的安排下，取道中国香港回到祖国，7
月抵达北京。1949 年 8 月在民革第一届
委员会上，被选为民革委员兼组织部副部

图 18-5　萧树滋（右一）

长。1949 年 9 月，代表北京市民革主任余心清参加开国大典筹备工作。
1949 年 11 月至 1951 年 10 月，在中央文化部科学普及局电化教育处工作，
任管理科科长、代处长，兼任电化教育工具制造所总务科长。1951 年 10 月
至 1953 年 10 月，任中央文化部社会文化事业管理局秘书，1951 年 9 月至
1953 年 7 月，被北京辅仁大学教育系聘为兼职副教授。1953 年 9 月至 1982
年 10 月，在西北师范学院任教，任副教授、教授，兼任学校电化教育研究
室主任。1979 年任中国电化教育研究会理事，1980 年参与创建《电化教育
研究》杂志并担任主编之一。1982 年调入河北大学教育系。曾担任河北电
化教育技术学会副理事长，创建《河北电教》杂志并担任主编。1986 年，
担任教育技术学专业硕士研究生导师。2002 年 1 月 9 日在保定逝世。

　　中华人民共和国成立以来，在文化部工作的萧树滋就积极投身于电化
教育宣传与实践当中。1950 年，文化部电影局在南京举办电影放映训练班，
共有 2200 人参加培训，萧树滋在班上讲授"幻灯教学"课程，此次培训为
新中国培养了第一批电影事业和电化教育的技术骨干。1950 年冬，文化部
召开有河北、山西、平原、察哈尔、绥远，以及北京、天津等五省二市参

加的"幻灯工作座谈会"。会议主要研究学习幻灯机和幻灯片的制作技术、制定开展幻灯教育的规章制度。萧树滋在会议上主讲"幻灯教学"课，主编印发《幻灯工作参考资料》两期。1951 年，萧树滋在中央卫生部《卫生宣传工作》创刊号上发表《幻灯片——宣传儿童卫生的有效武器》一文，对幻灯教育的理论依据和具体作用进行了分析，这是新中国最早的关于幻灯教学的理论文章。萧树滋先生参与编写《幻灯手册》一书，参加幻灯机和幻灯片的研制实践，形成了"人员培训—实际应用—器材开发"的电化教育工作模式。1951 年，在北京辅仁大学开设电化教育课程，成为新中国第一个在高等院校开设电化教育课的学者。在此期间，他还极力推广并应用电化教育手段开展法律法规、方针政策、文化政治等各种宣传教育工作，并收到了显著的社会效果，使人们感受到了电化教育的巨大作用。

1953 年，萧树滋先生辞去文化部的工作，应西北师范学院院长之邀，赴西北师范学院支援祖国大西北的建设。萧树滋在西北师大工作近三十年，开展了大量的电化教育活动和电化教育培训，探索电化教育理论，为西北师范大学教育学、电化教育学科建设与事业发展倾注了大量心血，作出了重要贡献。

在西北师大期间，他长期担任电化教育研究室主任，购置了录音机、幻灯机、电影机等教学实验设备，开展电化教育工作。1954—1956 年间，与南国农先生一起编写了电化教育课程教学大纲，大面积开设电化教育课程，并取得了显著的效果，使西北师范学院成为全国电化教育的典范。1960—1973 年，为外语系和音乐系开设"电教教法"和"电教实验"课程。1979—1981 年又在西北师院全校开设电化教育选修课。

1979 年，受教育部的委托，萧树滋与南国农先生在甘肃师范大学举办了全国电化教育研讨班。人们称这个培训班为新中国电化教育的"黄埔军校"第一期。在举办培训班期间，两人还组织了电化教育概念、师范院校开设电化教育课程和设置电化教育专业等问题的讨论，明确了我国电化教育的发展思路。

1980 年 12 月 26 日，正当萧树滋先生和南国农先生为中国电化教育兴起殚精竭虑、奔走呼吁之时，《人民日报》刊登了一篇题为"电化教学并非急务，无尘粉笔赶快生产"的读者来信，该信的主要观点认为"在我国发展电化教育并非当务之急"。萧树滋先生读过此信后，当即据理反驳其片面观点，陈述了在我国开展电化教育的必要性和紧迫性。1981 年 3 月 22 日，《人民日报》全文刊登了萧树滋先生的《我对电化教育的认识》一文，澄清了人们对电化教育的模糊认识，确定了电化教育在我国教育改革与发展过程中的重要地位，坚定了人们开展电化教育的信念，明确了电化教育发展的方向。

萧树滋先生长期从事幻灯、录音、电影等媒体的教学应用，积累了丰富的经验，发表了多篇论著介绍和总结电教媒体的作用和应用方法以及电化教育理论的文章。如《电气化的教育工具》《幻灯在教学中的运用》《谈谈外语电影教育》《电化教育的理论基础》《我对电教工具在高等学校教学中应用的看法》《谈谈怎样利用录音协助教学》《电化教育发展与我国教育发展》等。1983 年，萧树滋先生出版了新中国电化教育界第一本专著《电化教育》（河北人民出版社）。在该书中，萧树滋先生第一次对电化教育下了定义，"所谓电化教育，简单说，就是指利用现代化的声、光、电设备进行教学、教育活动"，电化教育包含电教工具和电教工具的教育应用两个要素，电教工具包括硬件与软件两个方面，电教应用包括学校教育和社会教育两个方面，要注意知识传授与思想教育结合。该书第一次系统论述了电化教育的理论和实践体系，包括电化教育理论知识、电教工具的应用、电化教育管理三个部分，具体分为电化教育概念和历史、电化教育的作用和原则、电化教育的理论基础、电教工具的原理和教学应用、电化教育管理等。这一体系的影响在此后国内多个版本的同类教材中都能看到，成为电化教育学理论体系的雏形。

1988 年，萧树滋主编出版了《电化教育概论》（北京师范大学出版社），列入"七五"规划高校文科教材，连续印刷了十多次。在此书中，萧树滋先生修订了电化教育的定义，即"电化教育是根据教育理论，运用现代教育媒体，有目的地传递教育信息，充分发挥多种感官的功能，以实现最优化的教育活动"，定义的内涵和外延包含了理论、技术、应用、方法和目的等五个要素，明确了电化教育是现代化的教育形态。

萧树滋先生还为中国电化教育专业硕士点的设立奔走呼吁，取得了显著成绩。1984 年，教育部决定在我国试行培养电化教育专业硕士研究生，将电化教育（教育技术）列入新增申报硕士学位点目录。时在河北大学工作的萧树滋便积极组织协调各方力量筹备申请硕士学位点。1986 年 6 月，国务院学位委员会公布了河北大学、北京师范大学、华南师范大学一起成为全国首批教育技术学（电化教育）硕士学位授权单位。1987 年，萧先生在河北大学招收了第一届教育技术学专业硕士研究生。为了保证培养的方向和质量，1988 年春季，国家教委委托萧树滋在河北大学主持召开全国首届教育技术硕士研究生培养研讨会，参会人员有西北师大的南国农教授以及来自北京师大、华南师大和河北大学的导师代表。会上就培养方向、目标、教学方法、课程设置及要求等内容，进行了广泛的交流和研讨。1988年 3 月，萧树滋先生离休，但仍进行电化教育理论研究，办电化教育培训班，进行研究生培养，关注电化教育发展，直至 1991 年，萧先生还担任一部分研究生课程。

萧树滋先生从事电化教育事业五十余年，在新中国电化教育的发展和普及工作以及培养高层次人才等方面都作出了不可磨灭的贡献。西北师大人受益于萧先生见识、精神和人格，受益于萧先生的教育传承，一代又一代师大人会将萧先生的学术和风范传承下去，为中国教育事业和教育信息化发展增添辉煌。

（杨纳名）

第十九章　妙手丹青着新颜

◎西北师范学院的劳作专修科

作为西北美术教育的重镇，西北师范大学美术学科是西北最早建立的艺术学系之一。学科的源头，可以上溯到 1915 年北京高等师范学校设立的"手工图画科"，当时的任课教师主要有李毅士、陈师曾、郑锦、徐作哲、丁葆等。1918 年秋，北京女子师范学校曾办过三年制的图画专修科一个班，主要的教师有陈师曾、吕凤子和萧俊贤等。[①] 1932 年李蒸任北平师大校长时，学校设文学院、理学院和教育学院，教育学院下设教育系、体育系、实用艺术系。其中，实用艺术系延续了北京高师的手工图画科的课业，并增设了一些造型基础课。

1936 年，教育部指定北平师大办理中学师范劳作师资训练科，为上述各机构培养教师。1937 年，中学师范劳作师资训练科改名劳作专修科，教育部指定北平师大、上海美专和私立新华艺术专科学校开办该科。规定北平师大招收学生 30 名，学习期限三年，从山东、山西、河南、河北、陕西、甘肃、新疆、察哈尔、绥远、宁夏、青海、北平、天津、青岛、威海卫等省市区录取新生。学生学膳宿杂费等一概免收，由上述省市教育行政机关每年津贴 100 元，制服费由学生自备。[②] 劳作专修科创办伊始，系主任由理

---

① 朱伯雄、陈瑞林编著：《中国西画五十年：1898—1949》，人民美术出版社 1989 年版，第 64、70 页。
② 《教部指定三校开办劳作专修科》，《教育与职业》1937 年第 187—188 期，第 618—619 页。

学院院长兼化学系主任刘拓兼任，在丁字楼建筑实习工厂一处，内分金工、木工、化学工等室，"一切设备和工具，亦俱齐备"。全民族抗战爆发后，劳作专修科停办，教育部督学钟道赞经与李蒸商量，将该科单独办理，先后在长沙、万县、重庆的学校和工厂上课实习。①

1939 年 8 月，西北联大师范学院独立设置为国立西北师范学院，学院由国文、英语、史地、公民教育、数学、理化、博物、教育、体育、家政、劳作专修科等十系一专修科和研究所组成。单独设置的劳作专修科回归学校，果沈初教授担任劳作专修科主任。当时，该科的知名学者还有孙一青、冒兴汉、贾慎修、龙文等先生。孙一青、龙文等老师也担任学生社团书画会的指导老师，在他们的指导下，社团活动开展得有声有色。

劳作专修科开设的课程有《木工》《农业概论》《自在画》（相当于素描基础）《图案画》《用器画及木工制图》《金工》《金工制图》《机构学》《木样制造法》《工艺图案》《园艺学》《造园学》等，"所授课程除注重教育学科、工艺学科、农业学科外，并兼习自在画、用器画、图案画，以培养设计制图之技术"②。

第一年主要学习木工，了解木工理论，学习制图学，学习计算下料，学习材料力学，学习设计和创造，主要工具是斧子、锯子、刨子、凿子等。这些传统工具看似简单，但并不易学，要经过刻苦练习，才能锯得直、刨得平、凿得正。木工课的主讲教师是孙培，协助教学的是木工技师王文德。他们理论知识丰富，专业技能精湛，教学认真扎实。经过较长时间的训练，学生基本都能熟练使用木工工具，掌握木工常规，很快转入学习木材的处理、力学、制图设计课程。③

木工课考试灵活多样，注重创新。1946 年，以第一名的成绩被师院劳作专修科录取的学生陡剑岷清楚地记着当时的试题，其中之一是设计一个沙发的椭圆形扶手的接榫，考题要求打破常规，有创造性，坚固耐用。他结合学习实际认真钻研，反复琢磨出了一个新办法：把两段四方木头的头略加内圆，制成对应的两个三角，互相咬合，中间用一个楔子打紧，使越

① 《国立北平师范大学劳作专修科近讯》，《教育通讯》（汉口）1939 年第 2 卷第 2 期，第 5—6 页。
② 《国立西北师范学院劳作专修科三十年度招生办法》，《国立西北师范学院校务汇报》1941 年第 28 期，第 8 页。
③ 陡剑岷：《手脑并用的劳作科》，《丝绸之路》2013 年第 1 期。

紧越咬合，坚固而不可分离。这个设计，使他的木工课得到一个满分。陆剑岷先生说："在木工车间里，我制作了一些教具和画具，这些知识使我终生受益。"还有部分同学试着制作了可供演奏用的小提琴、扬琴，甚至发明了音色独具特点的"锯琴"，在学校的演出会上大出风头。①

劳作科第二年主修金工。金工课主要以锻工为核心，学习锻造、加钢、淬火、锉磨、钻孔等技术；同时，学习制模、翻砂和铸造，也学习线金工和钣金工，掌握编织、焊接、铆接等技术，内容庞杂，学习起来非常吃力。

由于劳作科科主任果沈初先生与路易·艾黎是好朋友②，所以劳作科的教学、实习活动和路易·艾黎创立的山丹培黎技校的合作很好。通过艾黎先生买到了很多稀缺的教学材料，如机床和各车间拉的动力线紫铜线。而且担任金工课的技师傅三台就是艾黎的学生，他技术娴熟，为人热情，教给了同学们许多实际操作的本领，并给大家讲述艾黎在山丹的教学活动和工合思想，鼓励同学们手脑并用，艰苦奋斗。在果沈初和傅三台的精心教导下，劳作科的学生很快就掌握了锻造等金工常规。陆剑岷当时就用钢筋材料亲手制作过一柄防身用的"手杖剑"，后来还和同学们一起利用一个废弃飞机的部件制作过一个能运转的"蒸汽火车"模型。③

劳作科第三年学习机械学，主要掌握车床、刨床、钻床、铣床、磨床、冲床等工作母机的工作原理和操作方法。主授机械学的是果沈初教授，果是留美"海归"，英语非常好，有时候会直接用英语授课，这对同学们的英语提升也很有裨益。主讲理论课程《劳作教育》的老师，是著名进步教授李化方先生。他用鲜活的现代劳动教育思想引导广大青年学子，时常带学生演唱《大路歌》《团结就是力量》等进步歌曲，为他们以后的道路打下了坚实的基础。

劳作科的师生还参与学校建设，贡献颇多。搬迁到兰州后，学校以"树人树木贵在同时，文化绿化乃能并进"为主旨，大举植树，绿化美化校园。劳作专修科学生在冒兴汉、贾慎修两位教授的指导下，制订了周密的植树计划，开始了校园里的首次美化、绿化工作。④ 今天，伴随着悠扬的校

① 王文元：《陆剑岷：手脑并用的教育，记忆中的西北师院劳作科》，《兰州晨报》2013年5月4日。
② 果芝兰：《父之益友　女之良师》，载张德禄等主编《纪念路易·艾黎文集》，甘肃人民出版社1997年版，第164页。
③ 王文元：《陆剑岷：手脑并用的教育，记忆中的西北师院劳作科》，《兰州晨报》2013年5月4日。
④ 《西北师范大学校史（1902—2012）》，第165页。

歌旋律"这儿鲜花朵朵、绿树行行……",行走在绿树成荫的校园主干道,我们尚能感受到来自历史的那一片绿意和清爽。1944年7月,西北师院修建大礼堂,劳作科讲师赵擎寰作为学校建筑委员会的常委,亲笔绘制建设方案,建造了"中间接梁无柱,其大可容1200人,有戏台,合于演剧电影之用,附设青年馆及化妆室"的大礼堂。整个工程美观大方,并且大大节省了成本。这个建筑是当时的地标性建筑之一,一直用到了21世纪初。

劳作专修科的学习,不但让同学们在学习和实践中掌握了扎实的劳动技能和技巧,更是让青年学子体会到了劳动的重要和劳动人民的伟大,让他们知道了劳动者是最有思想和最聪明、最高尚的人,领悟了"劳动创造人类文明、创造文学艺术"的真谛,使得他们在以后的艺术生涯和美术教学的道路上,始终有明确的方向,不做空头艺术家,创作的作品也是有血有肉,不空泛,不怪奇,以普通劳动者自居,终生都在理论和实践的结合中追求着艺术的完美。

中华人民共和国成立之初,面临着国民经济恢复和发展的巨大人才需求。西北师范学院积极响应国家要求,适时调整了系科专业,1949年11月,将三年制的劳作专修科改为四年制的工艺系,成为当时我国师范院校中最早设立美术专业的五所院校之一,成为新中国在大西北美术教育的摇篮,培养出了一大批优秀的艺术人才。

(来鑫华　尚季芳)

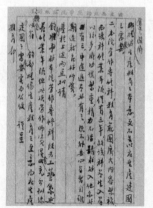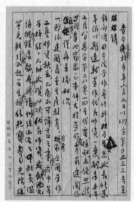

图 19-1　关于将劳作科改为工艺系事宜给教育部的呈文

◎西北艺术教育的开拓者吕斯百

图 19-2　吕斯百

1905 年，吕斯百生于江苏省江阴一个贫寒的家庭。1927 年进入中央大学艺术系，受教于徐悲鸿先生，1928 年由徐悲鸿推荐赴法留学。初进法国里昂美专，1931 年考入巴黎高等美专，师从著名画家劳伦斯，并在朱里安油画研究所学习。1932 年油画作品《水果》《野味》入选巴黎春季沙龙，获沙龙"荣誉奖"。1933 年吕先生与常书鸿、刘开渠、王临乙等发起成立"中国留法艺术学会"。1934 年学习期满，先后赴意大利、英国、比利时和德国等国游历参观，回国后受聘于中央大学艺术系和苏州美专。1949 年后进入华北革命大学政治研究所学习，1950 年调西北师范学院艺术系任教授、系主任，1957 年调南京师范大学美术系任教授、系主任。直至 1973 年去世，吕先生始终奔波在艺术教育的第一线，为我国早期艺术教育事业付出了毕生的心血。

西北师范学院艺术系的缔造者

1949 年底，西北师院在原劳作科的基础上建立工艺系，下设音乐、美术两个专业；1950 年秋，吕斯百率洪毅然、刘文清、韩天眷、方均等著名学者来到兰州，就任西北师院艺术系系主任，领导艺术系开始走向辉煌。当时西北师院的工作、生活条件相当艰苦，照明用的是煤油灯，饮用的是毛驴驮来的黄河水，风沙一起，满天昏暗。艺术系仅有几排矮小而又破旧的土坯房，吕先生在没有任何教学设备的情况下，开始了艰苦的创业，可谓是白手起家，"吕斯百到任之前在北京琉璃厂旧书店特意购买的一部日文版的《世界美术全集》，便是系内最早的唯一图书资料（令人欣慰的是，这本有着特殊意义的《世界美术全集》至今仍保存在西北师范大学美术系资料室)。艰苦创业，操心操劳，足见其一斑"。①

在师资方面，吕斯百除悉心培养青年教师，还多方聘请名师如祁伟、陈籁云、范正绪、常书鸿、黄胄等著名画家来系授课、讲学。针对西北艺术教育人才极度匮乏的状况，艺术系陆续建立了本科、专科、五年预科等不同学制，实行多层次教学。当时艺术系教师仅有 9 人，而学生竟然多达200 名。

吕斯百先生既担负繁忙的行政领导工作，又承担紧张的教学任务，他常年奔波于南京、兰州之间，却毫无怨言，"我坐火车来回南京、兰州之间，好像坐公共汽车上下班，不觉得路远"。② 他带领师生自己动手改建画室、新修琴房，先后从上海、杭州订购石膏像、乐器，其中有的石膏像是吕先生坐车亲自抱回来的。同时购买了大量的图书资料、静物、名人书画等，还自己动手设计、制作画凳、画架。时至今日，在西北师范大学美术系的画室里还可以看到当时制作的画具。

知行合一的美术教育家

吕斯百贯彻徐悲鸿先生的现实主义美术教学思想，在教学中注重循序渐进、因材施教，重视培养学生正确地观察、感受、理解以及表现所描绘的对象。他非常重视绘画的基础训练，"高大的房子如果没有坚实的基础，它是不会稳固的"，同时他重视绘画的技术，"线条的纯熟应用，把握明暗规律和质感空间感，色调变化，经营位置，以及深入精研人体构造等等。离开了技术训练，基本练习就失去了重要的内容"。技术和基本训练是辩证统一的。③

在教学中，吕斯百多年来坚持在上课时间与同学一同作画，悉心向学生传授自己多年积累的绘画经验，从如何动手制作画布、在调色板上排列颜色、调色、用笔到清洗画笔的整套程序，他都认真指导。吕先生极为讲究调色板，他作画使用的颜色种类并不多，常以"风流不在衣裳多"打比

---

① 洪毅然：《一位有功于西北艺术教育事业的画家——忆吕斯百同志》，《西北师院报》1988 年 6 月 10 日。
② 艾中信：《回忆吕斯百先生》，《美术》1989 年第 6 期。
③ 吕斯百：《关于素描教学上如何对待模特儿的问题》，《美术》1955 年第 2 期。

方，主张在画面色彩的协调之中寻找微妙的变化，并力求做到简练、概括。他非常重视细微的绘画技巧，如处理暗部时，不能直接用黑色调色，否则缺乏空气感，没有色彩关系。

注重教学与生产劳动结合也是吕先生的一个教学特点，他提倡"生活是创作的源泉"，带领学生利用假期深入农村矿山、建设工地，组织学生参加当地的土改运动，创作连环画、年画，突破旧式美术教学只重"习作"而忽视对学生"创作"能力培养的陋习，其中有些年画作品经甘肃人民出版社一再出版，广泛发行，在社会上获得良好的评价，此活动在西北美术教育史上无疑是有着开创意义的。

吕斯百非常重视艺术教育与民众相结合，重视艺术教育的普及。他指出"艺术教育是综合的教育。综合社会、学校、家庭三部的教育。艺术教育亦是最自然、最合乎人性的教育"。[1] 他呼吁大力普及艺术教育，"艺术教育的发达，并不是养成三五艺术家而已，也要家庭艺术化、社会艺术化，有千千万万人接受艺术的洗礼，上至知识阶层，下至简单公民，均有审美观念。我们主张开放艺术的门户，成为普及艺术教育的园地"[2]。

艺术普及教育的引路人

作为一名优秀的艺术教育家，吕先生对于年轻教师的关心与帮助是无微不至的，时常带领、安排年轻教师外出写生、进修，为他们的专业学习不遗余力地创造条件。陡剑岷毕业留校后，吕先生经常指导帮助，努力提携。陡剑岷刚走上讲台，给一年级上素描课，课堂内容是石膏像《拉奥孔》写生，因缺乏《拉奥孔及其儿子像》完整图片和对相关背景的了解，陡只好去向吕先生请教。吕先生详细地讲解后，开始寻找从法国带回的图片，一直到深夜11点多也没有找到。第二天当陡剑岷刚开始上课时，突然从敞开的窗户看到吕先生疾步向教室走来，原来吕先生送来的正是《拉奥孔》的图片！并有手写的有关作者、年代、故事概况、艺术特色、授课要点的卡片。[3]

---

[1]　吕斯百：《艺术教育》，《中国美术教育》2003年第1期。

[2]　吕斯百：《艺术学系之过去与未来》，载朱伯雄、陈瑞林：《中国西画五十年：1898—1949》，人民美术出版社1989年版，第615页。（下同）

[3]　王玉芳：《桃李不言　下自成蹊——西北艺术教育的开拓者吕斯百》，《近现代美术》2004年第3期。

为让另一名家庭困难的教师去北京观摩苏联画展，吕先生慷然让出自己的卧铺，后来当这位老师面临辍学的困境时，吕先生拿出自己的薪水资助他的家庭，直至这位老师能够养家糊口。这些受业于吕先生的学生如今已是年过七旬，他们遵从先生的教诲，为西北美术教育的发展贡献了一生，"30多年来，每当我面对工作，面对教学，面对学生时，吕先生的形象就显现在我的面前，激励我尽职尽责，不敢丝毫懈怠"①。

"尊师爱生"是吕斯百一贯的教学方式。他经常教导学生要学好画，首先要学好做人，并通过自己的表率作用，感化学生。作为徐悲鸿的得意弟子之一，吕先生对老师毕恭毕敬。他对学生的学习、生活，关怀备至、事必躬亲，常常亲自去学生寝室督促他们抓紧一切时间学习，向他们讲述徐悲鸿在国外艰难的生活环境中刻苦求学的精神，这种启人深思的言传身教给学生留下深刻的印象。他认为"教授当以身作则，以导为本。我们所希望于学生的是充实修养，融会贯通，自树面目。好的先生决没有不爱学生如子弟的，好的学生也决没有不爱先生如父兄的。美的最高级是至善，我们把修养安置在最高级"②。

西北油画艺术的先行者

吕斯百在掌握西方严谨的古典绘画技法的基础上，吸收了印象派明快的色彩，并融合中国传统艺术的精髓，形成了个人严谨而概括的艺术风格。他的作品给人以轻松自如的艺术享受，如同他的为人一样纯朴真诚，没有丝毫做作，没有丝毫张扬。留学回国后，吕斯百积极探索油画的民族化问题，一直用油画手法体现国画的传统特点。他相信将来必有一天，东方艺术一定会焕发出崭新的魅力。

在大西北，吕先生进入了艺术创作、人生历程的另一个高峰。画家以朴素、雄健而饱含深情的笔触创作了一幅幅描写西北风情的艺术杰作，用自己的画笔记录下大西北的历史变迁，如《兰州卧桥》《又一座桥通过黄河》《矿山中》《大金瓦寺》《兰州水车》《春到兰州》《大理花》《敦煌千佛洞》等，洋溢着画家对祖国、对艺术的赤诚之心。"新中国的每一角落，都充

---

① 陡剑岷：《闪光尽在细微中》，《西北师院报》1988年6月10日。
② 吕斯百：《艺术学系之过去与未来》，《中国西画五十年：1898—1949》，第613页。

满了新生气息，新中国主人翁的思想推动了我在创作上体现新中国的面貌"①。

　　与前期作品相比，这些"充满着新生气息"的作品色调更为热烈明快，笔触更为雄健有力，倾注着画家投身祖国建设的一腔热血。如《又一座桥通过黄河》，反映兰州七里河大桥修建时的繁忙情景，整个画面沐浴在阳光之中，画面以暖色为主调，巧妙利用紫色与黄色的对比，黄河北岸的土山，被画家描绘得金光灿灿，独具油画的魅力，独特地再现了西北浑朴敦厚的地域特色，近处紧张有序的工地为画面增添了现代气息。1956 年冬季为庆祝建军 30 周年创作《瓦子街战役》，吕先生与张阶平、王天一等画家赴陕北地区写生，创作了一大批优秀的作品，如著名的《陕北山道中》《陕北山村瓦子街》《瓦子街战役》《延安冬日》。其中，《陕北山道中》前所未有地刻画了冬日的黄土高坡，作品充分展示了画家所特有的土色系列的艺术魅力，既有亲切的泥土气息又有雅致的油画色泽，细腻而又丰富的色彩语言使贫瘠荒凉的黄土高原显现了它特有的广博雄壮之美，作品在浑然协调、透明清澈中带着几分高亢雄健，足可显示画家博大精深、超乎常人的艺术造诣。这些作品以其朴实无华、深沉浑厚的意蕴成为西北油画的开山之作，对于后期西北油画的创作产生着深远、不可忽视的影响。

　　"桃李不言，下自成蹊"。经过吕斯百先生的辛勤耕耘，西北师院艺术系终于初具规模，在一代代后继者的努力下，成为培养西北艺术教育人才的摇篮。确如西北师范大学美术系原系主任王启民先生所说："他（吕先生）在美术教育方面付出的心血，远远超过他艺术创作的辛劳，为我国高等师范艺术教育的发展，无私地贡献了毕生的精力，几十年如一日，孜孜不倦，为我国培养了大批绘画创作人才和美术教育家，真可谓'桃李满天下'。"西北师范大学美术系、音乐系的学生遍及西北高等师范院校、研究单位，有的在全国乃至国际画坛也颇有影响。而先生对艺术的执着追求、为艺术教育事业的献身精神和高贵纯洁的人格魅力，永远是西北师范大学师生心中的一座丰碑。②

（王玉芳　来鑫华）

---

① 谭勇：《谈吕斯百的画》，《江苏画刊》1988 年第 3 期。
② 王玉芳：《桃李不言　下自成蹊——西北艺术教育的开拓者吕斯百》，《近现代美术》2004 年第 3 期。

◎洪毅然和他的大众美学

洪毅然，1913 年生，原名洪徽厚，字季远，号达人，四川达县人。1919 年，洪毅然进入私塾接受启蒙教育。1927 年，考入四川美术专门学校普通师范科，正式开始习画，并对艺术理论产生了浓厚的兴趣。1931 年，洪毅然考上了国立杭州艺术专科学校绘画系。1936 年，加入中国美术会。1937 年毕业于国立杭州艺术专科学校绘画系，先后任教于四川省

图 19-3　洪毅然

立艺术专科学院、西北师范学院、兰州艺术学院。20 世纪中国著名美学家、艺术理论家和画家，兼任中华全国美学学会理事、中央美术学院艺术研究所校外研究员等。代表作品有《水灾》《战后》《铁匠》等，已出版著作有《艺术家修养论》《新美学评论》《美学论辩》等。

美学家洪毅然在西北师院

1950 年 8 月，洪毅然在华北革命大学政治研究学院毕业后，来到西北师范学院，担任美术系副教授，主讲艺术概论，兼院学委会办公室主任、院教育工会主席、职工业余学校校长等职。1953 年，洪毅然加入了中国民主同盟，为民盟甘肃省委常委。1954 年，洪毅然被中央美术学院民族美术研究所特聘为校外研究员，赴敦煌莫高窟进行首次考察。洪毅然回忆道："自七月十九日至八月二十二日，在一月零三日的短时期内，先经逐窟全面巡视，然后择定重点石窟，分类反复观览。"① 回校后，发表了《敦煌壁画

① 《西北师院首次科学讨论会论文》，1956 年 7 月，第 118 页。

的人民性与现实性初探》等文章，被西北师院首届科学讨论会列为重点论文，此文指出了对待敦煌壁画的态度应当是继承优良传统而推陈出新，把它作为发展社会主义现实主义民族新艺术的借鉴，[①] 这对敦煌壁画的继承与创新研究有重要启发意义。

1957 年，洪毅然发表长篇美学论文《论美》，掀起了国内美学方面的争鸣。1958 年，兰州艺术学院成立，洪毅然随西北师范学院美术系转到该学院，除了授课外，还代理系主任。1962 年，兰州艺术学院撤销，洪毅然随美术系又转回原校（这时西北师范学院已改名为甘肃师范大学）。同年，他出席了甘肃省先进工作者代表大会；暑假期间，借调到中央高校美学教材编写组工作。1966 年后去甘肃农村（镇原）接受再教育，1969 年从镇原回校后，一直在系资料室做教具保管等工作。在这期间他重新阅读了马列著作及《毛泽东选集》。

1975 年，甘肃省批准洪先生退休，1978 年，恢复工作并晋升教授，任甘肃省美协副主席。1981 年后，《大众美学》一书由陕西人民出版社出版。1985 年，全国美学学会与甘肃省社科院、省高校思想政治教育研究会联合举办了敦煌座谈会及讲习班，先生分别在敦煌和兰州作了美学报告并参加了座谈。1986 年被厦门大学艺术教育学院聘为兼职教授及重点课题顾问，担任同年成立的甘肃省教育学会名誉会长与美术教育研究会会长。1989 年，发表《美与"人的本质力量对象化"》，这是生前发表的最后一篇文章，12 月 12 日在兰州空军医院病逝。[②]

大众美学的辛勤开拓者

1927 年，洪毅然在四川美术专门学校普通师范科读书期间，就受到以《北斗》为代表的马克思主义文艺思潮的影响，在《西南日报》副刊上发表了《普罗艺术概论》一文，阐发艺术应该为民众服务，美学不是资产阶级的专利，人人都可以追求美，美与人民的生产与生活相联系，美是实践的产物等观点。1981 年《大众美学》出版，他说"想给青年一些通俗性、普及性的东西，于是就仿效艾思奇的《大众哲学》，写了本《大众美学》"。

---

① 林家平、宁强、罗华庆：《中国敦煌学史》，北京语言学院出版社 1992 年版，第 242 页。
② 吴芸：《洪毅然年表》，《达县文史资料》第 4 辑，1994 年，第 122 页。

此书共 35 则，分上、中、下三篇。上篇谈美感，中篇谈美，下篇谈美学在吃、穿、住、行等日常生活与工农业生产诸领域的应用。每则多用久已流传的俗语或成语作标题，或述原意，或借题发挥，都为了阐明某一美学问题。每则篇幅不长，短者千余字，长者四千字，道理深入浅出，语言通俗易懂，颇适合广大群众阅读。此书出版后，由于社会需求，次年又出增订版。① 因为书的内容是人民群众在生产和生活中爱美求美的事情，把深奥的美学理论通俗化，深受读者喜爱。

要使民众认识美、追求美，洪毅然先生主张必须普及美学教育。怎么实施美育教育呢？他认为应该在"人民整个生活及全部生产活动一切领域"实施，具体应该从学校美育、社会美育和家庭美育三个方面入手，美育要达到的目的是"要为一切美好的事物而斗争（保护美好事物，清除丑恶事物）——使'美'不断地克服'丑'，战胜'丑'，消灭'丑'，从而使美者更美，使不美者亦逐渐美起来"，最终让人们"按照美的法则"改造客观世界和主观世界，不仅使人们的生产和生活环境愈来愈美，而且使人们能够成为"了解艺术而且能够欣赏美的公众"，成为真正全面发展的新人，从而逐步达到人的复归，向着人类最宏伟的理想、最美妙的世界——共产主义世界奋勇前进。②

为了促使国家对美育普及的重视，1980 年，洪毅然与朱光潜等美学家联名致函党中央，建议将美育列入国家教育方针，得到了相关部门的重视，并很快付诸实施。

纵观洪毅然贯穿一生的大众美学思想，其实质是马克思主义美学思想与中国社会现实结合的产物，他是学界公认的马克思主义美学家，被誉为"马克思主义美学的忠实代表"，"他自由理智的学术精神，实事求是的治学态度，严谨宽容的论辩原则和心系苍生的人文关怀精神，尤其值得今天的知识分子学习！"③纵观 20 世纪中外艺术的发展，以通俗性、平民性、日常性与流行性为特征的大众艺术逐渐成为主流，倡导大众美学思想的洪毅然

---

① 王尚寿：《洪毅然：生命有限　精神永存》，载王福成等主编《师范群英　光耀中华》第 16 卷，陕西人民教育出版社 1994 年版，第 87 页。
② 李骅：《陇上学人文丛·洪毅然卷》，甘肃人民出版社 2010 年版，第 220—222 页。
③ 李骅：《心系苍生建大厦　卓然成家耀学界——洪毅然先生美学思想历程》，《甘肃社会科学》2013 年第 4 期。

在中国艺术发展史上谱写了新篇章。

美在寻常师友间

洪毅然先生在西北师大度过了 40 多个春秋，把自己的辛劳和汗水洒在了这片热土上，至今光芒四射。有一位学生在信中说，洪毅然老师不仅教自己做人，也教自己作画，他感叹每逢自己对艺术有一点认识，从生活得到一点教育，都要想起洪老师的教导，因为"他将我引向了真正的艺术之路，他教我始终不渝地做一个真正的人"。这位学生又说："生活中确有很多好的东西需要表现，但实在太难了，虽然感受到了，但因阅历、知识、技法的限制，我是无法表现的。"但洪老师在信上批道："要知难而进！"当写信者表示要加强文学和音乐修养时，洪老师旁批"应想方设法"。

有位学生在信中说："洪先生，您的来信使我很受感动。您很忙，但一得知学生有点进步，就马上来信予以鼓励，这使我想到在母校时您对我的关怀和帮助。""我永远忘不了您对我关于'生命短，艺术长'的那段谈话。那次谈话在我的心灵深处产生了很大的催化作用，使得我对人生乐观起来，对未来和所干的事业充满了信心。您教我要坦荡，要勇敢，不论是对委屈或缺点，还是对生活或艺术"。1980 年有位阔别 25 年的学生写信给他，说他的教学，特别是《艺术概论》的讲授，在漫长的岁月里，一直印在自己的脑海中，赞誉洪老师"无私帮助学生的精神"长存脑际。①

爱生如子，爱友如己，洪毅然对学生如此，对朋友依然如此。他与蔡仪、朱光潜和高尔泰等关于美学思想和理论都有过激烈的争论，但这并不影响他们的友谊。20 世纪五六十年代，全国美学问题大讨论时，他发表几篇文章与朱光潜论辩，然而每到北京，洪毅然必拜访朱，二人或促膝倾谈，或漫步未名湖，或同游颐和园，未有丝毫芥蒂。他与高尔泰在学术上多有争论，但当看到高尔泰发表的文章《论美》时，依然风尘仆仆从十里店到庙滩子兰州十中"交换交换看法"，二人在拥挤嘈杂、带着驴马气息的饭馆里吃了便饭。尤为可贵的是当高尔泰被打成"右派"后，"同事避之如同瘟疫，平时关系好的，遇见了装没看见。走廊里的学生群，见我过来就让开，

① 王尚寿：《洪毅然：生命有限　精神永存》，载王福成等主编《师范群英　光耀中华》第 16 卷，陕西人民教育出版社 1994 年版，第 89 页。

努力往两边墙上贴，就像来了一头阴沟里爬出来的狗，怕它忽然一抖，射出一身毒秽。先生来信，说住址没变，盼我去玩"。[1] 患难之际见真情，洪先生的高尚品格于此可见。

在子女的眼中，洪老是最美的人，他简朴无华，怡然自得。他的儿媳邵秀英（洪元基夫人）在一篇文章中深情回忆："当年他住在甘肃师范大学（现西北师范大学）北二楼，十几平米的职工宿舍，房间一排书架、书架前靠窗子是一张写字台、靠门摆放着一张单人床，对面墙上一组书架，接近出门处放着他做饭的煤油炉子和锅碗瓢盆，他的常用餐是一碗挂面加一勺猪肉罐头，偶尔吃菜就是白水煮大块萝卜，煮烂后捞到盘子里蘸酱油吃。"后来，白水煮萝卜成为洪家的家常菜。

先生已逝，但英明长存，他不仅为西北师大美术专业奠定了坚实基础，也对甘肃美学乃至全国美学发展有开拓之功，成为中国美学研究的领军人物。他的事迹至今为人所称颂。

（来鑫华　黄茜文　尚季芳）

◎黄胄与西北师院的艺术情怀

图 19-4　黄胄

黄胄（1925—1997），原名梁淦堂，字映斋，河北蠡县人。少年多难，全面抗战爆发后，向西逃难到宝鸡，在纺织厂办的惠工中学读书，由于黄胄颇具绘画才能，一位教师介绍他到千阳中学教图画课兼音乐课，借以度日。在千阳期间，他经常深入基层写生，画作中带有很强的忧国忧民成分。1942年后，师从韩乐然、赵望云学画。1946年赵创办《雍华》杂志，黄胄任编辑。同年两次

---

[1] 高尔泰：《纪念洪毅然先生》，《南方周末》2012 年 12 月 6 日。

去黄泛区写生，看到民生疾苦，他受到巨大震撼。1949 年 5 月，西安解放，黄胄参加解放军，从事战士读物美术工作，经常赴甘肃、陕西、青海和新疆部队采访作画。1950 年创作《爹去打老蒋》，深受徐悲鸿赞赏，并撰文指出西北画家黄胄和石鲁前途未可限量。

1950 年吕斯百任西北师范学院艺术系系主任后，鉴于师资匮乏，多方求贤。有一次他在北京让他的老师徐悲鸿推荐教员。徐先生说："为什么向我要教员呢？在你们西北就有一个非常好的青年画家，叫做黄画胄。"回到兰州后，他就到处寻找"黄画胄"，找了许久也没有找到。于是又问徐悲鸿先生，徐先生说好像是在军队。吕斯百先生又到军队中寻找，终于找到了，原来不叫"黄画胄"，而是叫梁黄胄。

于是吕斯百先生就到兰州军区去协商聘请任教事宜。兰州军区不答应，说他们人才十分缺乏。当时兰州军区正要参加一个重要的运动会，没有训练运动员的专业人才。后来吕先生和军区反复沟通，就以委托西北师院体育系培养运动员为"交换条件"，让黄胄到学校兼任美术教员。1950 年，年轻的黄胄穿着军装，来到西北师院教授创作课，他还在这里收获了一段甜美浪漫的爱情。

黄胄在西北师院收获的世纪爱情

1949 年，郑闻慧离开家乡，到西北师范学院学习。在这里，遇到了黄胄先生。

据她回忆，1950 年开学大约有一个月的样子，系主任吕斯百先生领着一个中等个子、脸膛黑红的青年来到了教室。这个人的腿有些瘸，我们正在奇怪的时候，吕先生说道："大家注意了，这位就是梁黄胄先生，他将给你们教创作课。由于他在军区去青海剿匪，右腿受了伤，又得了严重关节炎，所以在上课时你们一定要搬一把椅子给他坐。"

在一次元旦晚会上，黄胄受邀演唱了河南梆子、河南坠子和山西梆子，成为晚会的中心人物，"同学们说这个人真不简单，不仅有绘画的天才，而且还有演唱的天才。经过这次晚会，我心里更加佩服他了，并且开始暗暗注意他的言语和行动，星期天也暗自盼望他早一点来学校"。

郑闻慧这样描述爱情的最初萌芽："到了三年级第二学期，我对黄胄的印象越来越好，自觉不自觉总爱在他面前表现自己的才干。我自己很喜爱唱歌，音乐系的声乐教员很想把我培养成一个出色的歌唱家，黄胄在给我们上课之前，刚好能听到我练声时洪亮的声音。我内心盼望着自己洪亮的嗓音能够打动他，不过最终也不清楚自己的目的达到了没有。现在回想起来，那时我对黄胄已经有了强烈的好感，并且产生了爱慕。"

毕业后，郑闻慧被分到了西安女子中学任教。就在这时候，她接到了黄胄的一封信："这封信写得很明确和自信，在信里说他很爱我，早就想向我表示他的爱情，可是没有机会。他说他3年来一直在注意我，觉得我朴素、大方、勤俭，正是他所需要的终身伴侣，非常想用他的双臂来拥抱我，给我一个可以依赖休息的臂膀，给我一切我想得到的幸福。他信中所说的一切，正是我许久以来盼望得到的，我在看信的这一瞬间兴奋极了。我这才发觉，爱情原来是这样地让人神魂颠倒。"①

她很快给他写了回信。暑假的一天，传达室的同志跑来告诉她，外面有个人自称是她男朋友想要进来看她。跑出去一看，见是黄胄，便手忙脚乱地将他领到宿舍。

"1954年8月4日晚上7时，我们的结婚典礼在陕西省历史博物馆的一座藤萝架下举行。黄胄的老师赵望云老师和师母早早地就来了，把送给我们的绣有红旗的毛主席像的粉红色软缎签名簿铺在那儿，夕阳的光辉使那块软缎闪闪发光，是那么漂亮，这是主婚人精心为我们购置的结婚礼物，以此祝福我们天长地久的爱情。"郑闻慧说："我们的婚礼只花了37块5毛钱，用来招待陕西博物馆、美协的同志，还有我的女学生们。新房就设在石鲁给黄胄准备的那一大间临时画室里。我们的全部家当就是各自的一个木箱，以及两床被子。"②

"这就像才子佳人。看他是才子，才华横溢。看我还马马虎虎。"在接受纪录片《百年巨匠·美术篇之黄胄》视频采访时，当时已经87岁的郑闻慧女士，回忆起这段浪漫的爱情时，仍旧拊掌大笑，脸上洋溢着少女般的美好和幸福："我不知道谁爱上谁。我觉得也许是我先爱上他的吧！别人问我，黄胄怎么追你的。我说，什么人家追我的，我追人家的!"

① 《西北师大逸事》，第362—363页。
② 郑闻慧：《我和黄胄的恋情》，《丝绸之路》2002年第10期。

退休以后，她一直在写回忆录，纪念她的丈夫。

"到生活中去"的教学方法

1950 年至 1954 年间，作为军旅画家的黄胄跑遍了西北各省，创作了大量作品。速写在他的艺术创作中占有重要位置，通过速写，他把生活中鲜活的人物事迹记录下来，丰富他的创作主题、人物形象和与此相关的社会环境，创作时呼之即出、得心应手。他曾七次到新疆，创作了大量的速写和水墨作品。在他看来，一个画家，如果离开了生活，不在生活中收集素材，他的作品就会失去光彩。

而他在教学中恪守和坚持的也是"到生活中去"的理念，这种鲜活的教学方法，打破了学院派固有的教学方法，让同学们受益匪浅的同时，也给西北师院的美术教育注入了一股"新鲜血液"。

据当时给他担任助教的著名画家陡剑岷先生回忆，当时吕斯百先生在系里介绍时说，黄胄是军队里边很有名的青年画家，他接触实际，接触群众，对于创作的规律很了解，让艺术系的师生认真向他学习。

当时的助教可以和学生们一起上课，和师生们一起下乡。作为黄胄先生的助教，陡剑岷就跟着他学到了一种全新的速写方式："黄胄先生画速写和别的老师的方法不一样。其他老师教学生画速写基本就是素描的办法，而他是直截了当地下笔，在起笔的时候先用铅笔轻画一下，然后确定下来的时候画重，不用橡皮擦，用的线条和不用的线条都存在，抓住了人物在劳动、活动、交谈中的生动形象，所以他画出来的作品动感特别强。"[1]

王启民先生回忆，有次黄胄带大家去一个群众诉苦大会现场创作。现场的群众用方言诉苦，痛哭流涕，引起个别同学的哄笑。他非常严肃地教育大家："笑什么？这有什么可笑的！你是群众的代言人，你要把群众的思想表现出来，而不是看热闹！"[2]

这种在生活中写生画速写的方式让同学们十分受用，更是让大家明白了这是一个画家进入创作的必经之路。"不会画速写就抓不住生动形象，没有办法创作。把人物的身份特征、喜怒哀乐和所从事的各种活动用艺术的

① 陡剑岷：纪录片《百年巨匠·美术篇之黄胄》视频采访资料（总导演梁碧波），2015 年 10 月。
② 王启民：纪录片《百年巨匠·美术篇之黄胄》视频采访资料（总导演梁碧波），2015 年 10 月。

办法表达出来，这才是美术创作的最主要的修养。没有这样的修养，仅仅靠画图片来当画家，永远是不可以的！现在回想起来，黄胄先生到美术系起的最大的作用就在这个地方，这是别人不能替代的。"陡剑岷说。①

人民艺术家黄胄

当时，年轻的黄胄在西北师范学院很受同学们欢迎。他非常紧密地和同学们联系，也邀请学生们到他供职的军区去学习参观。

虽然他没有很高的学历，甚至没上过规范的美术教育学校。但他用自己高超的专业技法和"到生活中去"的创作、教学理念，把学生的思想感情和广大人民群众的思想感情紧密结合在一起，使得他们的创作非常有活力，极具生活性，很有时代感。

"他对生活的观察是非常仔细的，当时坐马车到学校来，每次他都是坐在车沿的前面，一路上不停地画，到学校的时候一个本子就画满了。他坐在车沿上就观察马的四个蹄子怎么跑，一个本子上都是马蹄的速写。"王启民回忆："每次下部队下乡，都会画几十张、上百张画，回来以后拿给同学们看。下次来的话，又会把这一批换走。没有别的老师能做到这样。学生们对他很尊敬和敬佩。后来他离开兰州到北京，同学们凡是到北京去都要去他那里看看。"②

执迷于艺术的黄胄，对生活也充满着热情。善于观察、善于思索、善于动手、善于交流的他，跟美术系的师生都很融洽。上完课后，他就跟老师们积极交流艺术上的感悟和获得。他身边最多的就是速写本，大大小小有转轴没转轴的各种样子都有。甚至，他在跟你谈话的时候也不会闲着，不是画你，就是画他，好像天生就是画画的人。

"速写不光是画一个人，更重要的是画一个什么样的人。"他把自己感情和生命注入艺术创作里面，让自己的速写里面都充满了喜怒哀乐的灵动和活泼。后来，他调到北京，他的速写在中央美术学院展出的时候，美术学院都震动了。

"我们的艺术要振兴，我们的民族和国家要振兴，就要走和人民群众相

---

① 陡剑岷：纪录片《百年巨匠·美术篇之黄胄》视频采访资料（总导演梁碧波），2015 年 10 月。
② 王启民：纪录片《百年巨匠·美术篇之黄胄》视频采访资料（总导演梁碧波），2015 年 10 月。

结合的艺术道路。这不能放弃，放弃了就没前途。黄先生当时给我们教的，就是这种精神。"陡剑岷说。①

　　黄胄是新中国成立后最杰出的画家之一，他是那样的著名，以至于毛主席对他有过这样的评价："黄胄是新中国自己培养出来的有为的画家，他能画我们的人民。"②

（来鑫华）

◎常书鸿与兰州艺术学院

　　常书鸿（1904—1994），满族，浙江省杭州市人。幼随三叔学画、填色，后入梅青书院、时敏小学及惠兰高等小学读书。1918年考入浙江省立甲种工业学校预科，1923年毕业，以优异成绩留校任教。1927年11月考入法国国立里昂美术专科学校学习油画，1932年8月进入巴黎高等美术学校学习。1936年回国担任国立北平艺术专科学校教授。1944年1月，国立敦煌艺术研究所成立，任研究所所长。1951年，敦煌艺术研究所改名为敦煌文物研究所，常书鸿任

图 19-5　常书鸿

所长。1956年7月加入中国共产党。1959年9月任兰州艺术学院院长。1979年主持甘肃师范大学美术系学生在莫高窟实习两个月。1981年8月，在敦煌陪同邓小平、王震、王任重同志参观。1982年3月，调任国家文物局顾问，兼任敦煌文物研究所名誉所长，举家迁往北京。1994年病逝于北京协和医院。

---

① 陡剑岷：纪录片《百年巨匠·美术篇之黄胄》视频采访资料（总导演梁碧波），2015年10月。
② 纪录片《百年巨匠·美术篇之黄胄》视频采访资料（总导演梁碧波），2020年3月。

存续四年的兰州艺术学院

根据国务院 1958 年 8 月《关于教育事业管理权力下放问题的规定》，对高等学校实行"分散管理"。当年，甘肃省政府决定将西北师范学院艺术系美术科、音乐科和兰州大学文学系及省市歌舞剧团部分人员合并设立兰州艺术学院。

兰州艺术学院由甘肃省领导，行政上由甘肃省人民委员会领导，日常工作管理以省文化局为主，教育行政工作由省教育厅负责管理。[①] 学院成立党委会，下设办公室、组织部和宣传部；此外还成立院务会，下设院长办公室、教务处、行政处和音乐、美术、文学、戏剧四个系及电影、图书等训练班。

学院的党务由省委领导，行政由文化局领导，教育厅协助。人员配备方面，由宣传部部长吴坚担任党委书记和院长，并兼任副书记，办公室主任由刘政良担任，美术系主任由刘文清担任。

1962 年，兰州艺术学院撤销。原兰州大学中文系部分继续并入兰州大学，原西北师范学院美术系、音乐系部分回到当时已经改名的甘肃师范大学。从兰州艺术学院完整毕业一届学生的只有戏剧系。[②]

兰州艺术学院院长常书鸿

1959 年 9 月 30 日，常书鸿被任命为兰州艺术学院院长兼敦煌文物研究所所长。[③] 据当时的学生舒春光回忆："九月底的一天，全院教职员工、学生在礼堂开庆国庆大会，听说新来的院长要做报告。……新到任的院长常书鸿出现在我们的眼前……常院长面目慈善，戴着黑边眼镜，有些杭州口音，一字一句地念着发言稿，不到十分钟，报告就做完了。……从此以后，我们在不大的校园里，经常遇到常院长"。[④]

常先生担任兰州艺术学院院长后，多居兰州，全面主持兰州艺术学院

---

① 甘肃省地方史志编纂委员会编纂：《甘肃省志·教育志》第 59 卷，甘肃人民出版社 1991 年版，第 297 页。
② 《关于兰州艺术学院机构设置人员配备的报告》，甘肃省档案馆藏。
③ 《为呈批常书鸿通知任兰州艺术学院院长》，甘肃省档案馆藏。
④ 舒春光：《回忆常书鸿先生》，《新疆艺术学院学报》2010 年第 1 期。

的工作，致力于兰州艺术学院的教学管理、师资的引进。常嘉皋先生曾追忆那段时间的父亲：

> 学院刚起步，事务繁杂，万事待兴，无法分身，他只好把所里的工作交给母亲李承仙暂为代管。尽量抽出时间带领学院全校师生同心同德，事事躬亲，逐步完善了教学设施和教学大纲，让教学步入正轨。父亲的全部心血都投入在建校起步的工作中，没有时间照料我和嘉煌，我们当时在邓家花园旁边的胜利小学寄宿上学，一个星期回家一趟。因那时是生活困难时期，每到星期天回到家里，父亲尽量为我们改善生活，弥补平日的亏欠。父亲经常是忙完我们，忙自己。我还记得父亲房间里的灯光总是亮到很晚很晚，他在为学院操劳。几年时间，全是如此，从不懈怠。

为了提高学院青年教师的专业水平，常先生还成立了"常书鸿画室"并任导师，由陡剑岷老师负责管理，常先生经常亲自为青年教师讲授专业技法和理论知识，亲自指导姜豪、陈克俭等年轻老师作画。这大大激发了美术系教师的积极性和热情，壮大了美术系的师资力量。常书鸿先生又先后从中央美院、浙江美院调进四名青年教师，为美术系的发展增添了新生力量。在四方求贤的同时，常先生亲自给中央美院写信，安排中青年教师六人先后到北京进修学习，可见先生育才之殷切心情。[①]

兰州艺术学院的学术氛围

常书鸿先生除担任兰州艺术学院院长，还身兼甘肃省文化局副局长，加之他在学术界的知名度，能从上海等地请来知名艺术家，做一些戏剧、舞蹈方面的表演、交流，因此美术系的师生们能接受到不同艺术的熏陶。有时戏剧系、舞蹈系、实验剧团演出，美术系学生还会负责舞台美术方面的工作，提高了美术系学生的实践应用能力。同时，来往经过兰州的艺术家们，也大多会前来探望常书鸿先生，便会"顺便"给师生们办个讲座、展览等学术交流活动，这大大丰富了美术系师生的学习生活，拓宽了他们

---

① 《西北师大逸事》，第271—272页。

的视野，活跃了学院的学术氛围。

学院每周播放国外电影，有些是不公开的，资源很是难得。有时可以看通宵，一晚播放三四部，同学们能在放松的同时，接触到国外的文化和思想。这些活动激发了学生们的学习热情和积极性，为学院营造了良好的学术氛围。

学院有丰富的文化生活交流活动，不定期举办研讨会、学术报告会，例如1961年6月17日兰州艺术学院学术委员会就"山水诗画如何反映时代精神问题"在院内进行讨论，参加讨论会的有文学系、美术系的部分师生。讨论会上美术系老师积极发表自己的意见。常书鸿院长认为，"历代的诗画都是以人物为主，山水诗画在整个作品中只占少数。山水诗在屈原、李白、杜甫等诗人的作品中占比不大，当时的绘画也是如此，这说明当时的诗画是为政治服务的。山水花鸟画从画坛上独立出来，是唐代李思训以后。画的分类，实际上还是题材的问题。我们提倡山水花鸟画，在比重上要有个适当的处理，才能体现艺术为无产阶级政治服务的呼声。山水花鸟画可以画，但不是主要的，只是艺术中的小品，山水花鸟不能强调到不适当的程度，我们更主要的应该是刻画时代，反映时代精神的人物画，做一个无愧于毛泽东时代的画家"。

兰州艺术学院和敦煌艺术推广

担任兰州艺术学院院长时，常书鸿先生始终为推广敦煌艺术多方努力。常书鸿先生认为，"敦煌艺术是一部活的艺术史，一座丰富的美术馆，蕴藏着中国艺术全盛时期的无数杰作，也就是目前我们正在探寻着的汉唐精神的具体表现。要让中国的画家们都来了解敦煌艺术，通过学习敦煌艺术，在深层次上把握敦煌这一中国传统艺术的精华，从而在新的时代开创出一条具有中国文化建设的艺术道路。"[1] 为此常先生还筹划建立敦煌美术学校，以便美术爱好者和美术工作者学习纯正的中国古代美术，但条件有限，未能实现，兰州艺术学院也便成为常书鸿先生实现其艺术教育理想的平台。他积极组织学院师生去敦煌学习临摹，扩展了美术系师生的专业知识，加深了他们对中国美术史的认识，利用敦煌这个大课堂，培养了优秀的美术

---

[1] 敦煌研究院编：《敦煌研究院美术创作集》，上海古籍出版社2006年版，第3页。

人才。在国庆 10 周年之际，美术系师生前往敦煌莫高窟临摹学习，并完成新中国成立 10 周年在历史博物馆展示敦煌壁画临摹的任务。正是在常先生的不懈努力和支持下，美术系在这一时期得到了较好的发展。

常书鸿任兰州艺术学院院长期间，即使事务繁忙，也创作了很多优秀的作品。主要有《食堂》《青海湖》《塔尔寺》《段家滩之鱼》《切开的鱼》《兰州瓜果》《令箭》等。并组织兰州艺术学院和友谊馆联办了几次画展，其中在兰州友谊馆举办的画展公开展出 83 件作品，裸体作品内部展出。学生反复参观学习，对他们绘画道路有很深影响。1961 年举办了"常书鸿油画作品展"，展出了他数十年来、包括在法国所绘的油画人体艺术作品近百幅。这是甘肃第一次艺术家个人的专题性高质量的油画作品展览，受到广大群众的欢迎。[①]

在中国近代美术史上，常书鸿走的艺术道路同国家和民族的命运紧紧地连接在一起，他不但是成就卓著的画家、美术史家，也是一位优秀的教育家。兰州艺术学院作为甘肃省成立的第一所专业艺术院校，虽然只有短短的四年时间，但在常书鸿先生的领导下，成就卓著，赓续了西北师院美术系和音乐系的命脉，使之发展壮大。

（薛洁　来鑫华）

◎西北音乐教育的开拓者

西北师范大学的音乐教育专业，从设立时起就与学校同呼吸共命运，扎根西部，潜心育人，播撒文明与希望的种子。

1937 年七七事变后，北平大学、北平师大、北洋工学院和北平研究院等被迫西迁，组成西安临时大学。太原沦陷，学校再次搬迁，于 1938 年 3 月底到达褒城，在城固、南郑、沔县安置下来。1938 年 4 月，国民政府将西安临时大学改称西北联合大学，后几经改组，西北联合大学的师范学院

---

① 李文衡：《甘肃当代文艺五十年》，甘肃文化出版社 1999 年版，第 273 页。

独立设置，称"国立西北师范学院"，李蒸任院长。1940 年 4 月，随着战局的进一步恶化，国立西北师范学院再迁甘肃兰州，将校址选在黄河北岸的十里店。从此，在母亲河畔开启了西部师范教育之路。

一、音乐专业萌芽及曲折发展

在维新变法影响下，逐渐成为被国人了解和认同的唱歌形式——"学堂乐歌"方式，可能早在京师大学堂时期已经萌芽。而作为大学课程，应是始于 1912 年成立的"国立北京高等师范学校"时期，当时所设学科除了英语、理化、博物、国文、史地、数理六部本科外，还设有教育、体育、手工图画、国文四个专修科，及一个"附设音乐训练班"。以后的国立北平师范大学时期，也设有音乐科。从西北师范大学现存档案资料来看，早在民国二十五年（1936）编印的《国立北平师范大学职教员录》中就详细记载了毕业于日本东京音乐学校的柯政和教授，以及讲师吴中正、高逵、张德刚、张鸿钧、张秀山、王绍光、潘奇等，他们都任职于当时的国立北平师范大学音乐科。可以说，国立北京高等师范学校附设音乐训练班，国立北平师范大学音乐科，便是以后国立西北师范学院音乐专业的源头。

自 1939 年国立西北师范学院独立设置后，逐步形成了"十系一科"的教学建制，"一科"即指劳作专修科，它是音乐、美术等多个专业的前身，它所包含的专业范围十分广泛，如精工、木工、蜡工、石膏工、园艺、刺绣、酿造、车床、锻造、制图、雕刻、设计等。从西北师范大学档案馆保存的民国二十九年（1940）、民国三十年（1941）、民国三十六年（1947）《国立西北师范学院职教员录》看，何元、果沨初、孙一青先后担任过该科主任，教师有龙文、赵擎寰、冒兴汉、张愚、叶树桐、萧汉杰、魏同仁、魏悦卿、孙友周、孔庆春、高建亚、孙培等。

1949 年兰州解放后，学校将原三年制的劳作专修科改为四年制的艺术系，果沨初教授兼艺术系主任。艺术系首届招收新生 19 人，于 1949 年 11 月入学，原劳作专修科两名二年级学生和从乡村师范转来的一位学生为三年级，成都美专转来的一位学生为二年级。这样，就有了一、二、三年级。学生既学习音乐又学习美术。当时开设的专业课有乐理、声乐、素描、速写、水彩画、漫画创作、艺术概论等。据 1949 年入学的王启明教授回忆：

"解放前音乐美术是一片荒芜的土地，解放后才开始开垦，当时的西北既缺音乐又缺美术，学生在校音乐美术都要学，这样，到中学工作后两课教学都可胜任。在当时艰苦的条件下，一代又一代的建设者们，对于西北艺术的发展具有开创性意义。"

1951 年，艺术系分为音乐组和美术组分别招生，包括本科及专科，从 1956 年开始，除继续招收两年制专修科外，还设置了音乐、美术六年制预科，专门招收初中毕业生，音乐组当年招收学生 33 名。

1958 年，甘肃省委决定成立兰州艺术学院，将西北师范学院艺术系改为音乐系和美术系，与兰州大学中文系部分合并，成立了兰州艺术学院，设音乐、美术、文学、戏剧四系，一个舞蹈专修科，以及实验剧团、电影训练班等。院址设在段家滩，我国著名画家常书鸿先生担任院长。任命杨树声先生担任音乐系主任。1962 年春，由于经济困难，撤销了兰州艺术学院。音乐系和美术系仍回原校（时称甘肃师范大学）。

兰州艺术学院时期，音乐系的专业设置、教学内容、师资队伍均有较大改变，学院也更注重音乐创作和艺术实践。一批从省内外引入的具有较高专业素养的专业教师的加入，使师资队伍优化，教学效果显著。招生方面沿袭了西北师范学院时期的模式，1960 年还招收了附中层次的学生，即小学毕业后入学，附中三年、预科三年、本科四年的十年制模式。

二、教学建制与教学条件

1949 年艺术系初建时，音乐专业还相当薄弱，只开设乐理、声乐课程。1951 年起艺术系分音乐组和美术组单独招生，并增设一年制美音专修科（1952 年起改为两年制），形成了本科和专科两级制模式。这一年随着留法音乐家唐学咏先生的到来，又增设了钢琴、视唱练耳、合唱、指挥等课程。从西北师范大学档案馆所存的 1952 年中央人民政府教育部师范教育司颁布的《师范学院教学计划草案》看，音乐系的培养目的是"培养中等学校音乐（兼指导文娱活动）教员"，音乐系课程设置包括必修科目和选修科目两大类。必修科目分公共课和专业课两大类。选修科目包括音乐史、乐队乐器、戏剧。各科目的开设时间、教学时数、考试方式等都有详细的规定。

1958 年兰州艺术学院成立后，专业划分逐渐明晰，声乐、器乐和作曲理论三个专业都有了一定的师资储备，音乐专业形成了本科、专科、预科、附中多级制的教学建制。

1949年艺术系初建时，师资力量十分薄弱，音乐专业只有任光地、吴越荫两位兼职教师，1950年初，学校从北京、上海等地请来了吕斯百、刘文清、洪毅然等，并任命吕斯百教授担任艺术系主任。1951年，毕业于法国里昂国立音乐院、获得法国文坛最高"桂冠乐士"荣誉的唐学咏先生从上海来到西北师范学院，开设了多门课程，并担任音乐组主任，唐先生以全面的专业修养、扎实的业务能力受到学生喜爱。曾于1949年考入艺术系的王启民教授这样说："唐学咏先生这位音乐界贤达的到来，使西北师范学院艺术系的音乐教学真正进入专业的队列，在这之前和之后是两个阶段。"1951年入学的韩师竹女士说："唐先生相当有水平，上课相当认真，非常幸运遇上了唐先生这么高明的老师。"1952年，罗惠恬、胡效蕴、汪漱芬也到艺术系工作。同时，艺术系还聘请兰州"粤乐乐社"的张梓长先生从事二胡、扬琴、三弦等教学工作，"粤乐乐社"的演奏家们也经常辅导学生或协助排练。

1953年至1955年间，艺术系音乐组先后迎来了傅昱、尤端、方凤初、刘金昊、刘安煌、杲景业、高天康、韩林申、周树英、黄腾鹏、谌巍巍等十余位专业教师，师资得到补充、教学手段得到改善，教学质量也随之得到了提高。

这里要特别说一下上海尤其是华东师范大学对西北师范学院的大力支持。以上提到的十几位教师中，韩林申、周树英夫妇和高天康先生都是当时华东师范大学的青年教师，他们响应祖国支援大西北的号召，于1955年来到西北师范学院工作。1956年暑假，杨树声副教授和妻子章雅，以及钱培基、陈佛华四位老师，也响应祖国号召，从华东师范大学来到西北师范学院工作，杨树声先生被任命为艺术系副主任，分管音乐组工作。1956年，曾毕业于华东师范大学钢琴专业的林佩菁老师也从陕西调入西北师范学院工作。1957年至1959年，上海音乐学院毕业的戴如修、刘秀灼、海鹏三位老师也先后来西北师范学院工作，从事声乐、视唱练耳、理论作曲教学。

除以上来自上海的教师外，来自北京的教师也比较多，如来自北京大学艺术学院音乐系的张如先，来自北京师范大学的黄腾鹏，来自北京艺术师范学院同班的三位高才生汪子良、程振福、高永宁，他们在钢琴、二胡、理论作曲方面均显示了自己卓越的才华。此外，还有来自全国其他地方以及学院自己培养的师资力量的加入，如张世林、高一乔、祁文源、张明远、毛纯儒、吴廷辉、尹漾飞、杨奉国、张新强、张锡生、刘进恩、赖亚群、卜锡文、李育禧、李梦熊、刘复华、闫进铭等。据不完全统计，1949 年至 1959 年，音乐系的专业教师共有 47 位，包含声乐、器乐、理论作曲各专业。

1949 年艺术系初建时，音乐专业几乎是一穷二白，既缺乏师资也缺乏必要的教学设备。只有十几间琴房、十几架风琴及大小两间教室。1951 年唐学咏先生到任后，得知兰州一中附近的教堂有两架旧钢琴，经多方协调，将两架钢琴运到艺术系，唐学咏先生亲自整修调律，一架用于教师上课，一架用于学生练习。据当时在校求学的祁文源先生回忆："两架钢琴落满了灰尘，面目全非，大家没见过钢琴，不知该如何帮忙，唐先生脱掉西装，开始清理，用手扒拉用嘴吹，手上、鞋上、衬衣上、脸上都是灰，他先清理了表面，又开始整修机件……唐先生平时西装革履，当他面对钢琴时却忘我工作不顾其它……"这是西北师范学院历史上最早的两架钢琴，师生们高兴地称呼它们为 1 号、2 号。1953 年至 1955 年间，学校又购置了 10 多架钢琴、20 多架风琴、部分管弦乐器、民族乐器以及图书、唱机、唱片等，还新建了一些教室和 30 余间琴房，教学条件得到了很大改善，教学质量也随之提高。

1956 年杨树声、章雅、钱培基、陈佛华从上海支援大西北而来时，带来了华东师范大学支援的 10 架立式钢琴和 1 架三角钢琴，以及许多管弦乐器。此外，还有一大批图书资料、唱机、唱片等，这批资料也就成为艺术系音乐类图书和音响资料的基础。

三、艺术实践与服务社会

1957 年前后，艺术系音乐组的艺术实践活动空前活跃，各种形式的音乐会十分频繁，同年 6 月，在人民银行大礼堂的两场演出十分成功，在社会上产生了很大反响。

1958 年，兰州艺术学院成立后，更加注重艺术实践，要求学生每学期开一次音乐会，青年教师每学年开一次进修汇报音乐会，或其他形式的学业汇报，并鼓励师生参加校内外的各种演出活动。这一时期艺术学院也十分重视对民间音乐的收集和课堂普及，为此音乐系专门聘请了著名的民间歌手马海青开设民间音乐课，还邀请洮岷花儿歌手穷尕妹等到课堂进行示范演唱。大型音乐作品《洮河大合唱》的创作和演出，正是师生田野调查和艺术实践的突出成就，1960年国庆节中央电台播放了其中的《红牡丹》等乐章。正是基于对民间音乐的重视和收集整理，20世纪60年代诞生了一批师生收集整理的民歌集，如《河西民歌》《陇南民歌》《洮岷花儿》，以及歌词集《手搭凉棚望北京》。

从1949年至1960年，音乐专业共招收本科、专科、预科、附中等不同层次的学生500多人。这批具有较高专业水平的音乐人才，分布于西北五省区及全国各地，成为大中专院校及广播电台、电视台、出版社、文艺单位、演出团体的中坚力量。他们的辛勤劳动和付出，对于西北地区音乐教育的普及、专业团体艺术展演、群众性文艺活动的繁荣具有十分深远的影响。

图 19-6　1957 届毕业生合影

（前排左起韩林申、徐劲院长、杨树声、祁文源，其余均为 1957 届学生）

作为坚守在黄河岸边的百年学府，黄河母亲的哺育和滋养便是我们乐思飞扬、厚积薄发的力量；作为西北音乐教育的开拓者，传播美、让歌声在陇原大地飘扬便是我们的追求和理想。

先辈们怀揣梦想一路高歌而来，用青春和汗水写成的乐章，正在我们手中延续和壮大，他们曾经播下的音乐教育之火种，在几代人的坚守和努力中，已在陇原大地开花结果。

（祁明芳）

第二十章　陇上毓苑聚英才

◎马克思主义文学评论家陈涌

图 20-1　陈涌

陈涌（1919—2015），原名杨思仲，我国当代著名的马克思主义文艺理论家、文学评论家和鲁迅研究专家。在新中国成立后的不同时期，陈涌始终坚持以马列主义和毛泽东思想从事文艺理论、文学评论和鲁迅及中国现当代文学研究，为中国化的马克思主义文艺理论建设和中国特色社会主义文艺发展作出了杰出贡献。

1919 年 8 月，陈涌出生于广东省南海县（今广东佛山市南海区）一个破落的小资产阶级家庭，童年就经历了生活的艰辛。中学期间，受到了具有革命思想的国文教师的熏陶和启蒙，开始接触和阅读以鲁迅为代表的中国现代作家作品，从中感受了人与人之间缺乏关爱的"冷漠"，体会了"贫苦人的苦难"。全民族抗战爆发后，在"国家兴亡，匹夫有责"的民族救亡潮流下，陈涌怀揣革命理想，在 19 岁那年，不远万里前往革命圣地延安，先后进入中国抗日军政大学、鲁迅艺术学院文学系学习。学习期间，陈涌接触到了中国共产党的理论政策和党中央提出的抗日民族统一战线的方针政策和文艺方针，为其日后从事马克思主义文学研究奠定了基础。

毕业后，陈涌任《解放日报》记者和文艺副刊编辑，从此与文学结下了不解情缘。新中国成立后，陈涌在《人民文学》《文艺报》等报刊任编辑，后调入中国社会科学院文学研究所任研究员，从事文艺理论、文学评论和中国现当代文学研究，成为新中国成立后第一代运用马克思主义文艺理论研究鲁迅的著名学者。1957 年，陈涌被错划为"右派"下放甘肃，任教于兰州艺术学院。兰州艺术学院撤销后，陈涌于 1962 年 3 月调入甘肃师范大学中文系任教授，从此在西北师范大学从事中国现当代文学教学和文艺理论、鲁迅研究工作达 20 年之久。改革开放以后，陈涌于 1978 年 7 月调回北京，先后任中共中央政策研究室文艺组组长、《文艺理论与批评》主编。曾当选中国文联第四届委员会委员、中国作家协会第三届和第四届理事会理事，担任中国社会主义文艺学会会长等职务。

作为第一代马克思主义文艺理论家，陈涌先生的文艺批评与文艺理论研究起步于 20 世纪 40 年代，改革开放后，他提出"建设中国化的马克思主义文艺理论"的主张，为坚持马克思主义文艺学的指导地位、恢复其本来面目、丰富其理论内涵不懈努力，作出了杰出贡献。在 70 多年的学术生涯中，陈涌先生在文艺理论与批评领域卓有建树。他的学术成果众多：在鲁迅研究领域，陈涌先生在 20 世纪 50 年代发表的关于鲁迅小说的现实主义的文章，立足于马克思主义立场、观点和方法，将鲁迅及其小说置于中国社会变迁的背景中加以考察，系统论述了鲁迅小说的独创性、现实主义的深刻性以及鲁迅独特的人格与思想魅力，至今仍对鲁迅研究有重大意义；在文艺批评领域，陈涌先生撰写了大量评论文章，现实主义是他文艺评论的核心概念，他既能够在文艺与时代的现实关系中对作品做出整体性把握，又能够对作品进行深刻艺术分析；在理论研究领域，陈涌既研究文艺发展的一般规律，又重视社会主义文艺的特殊规律。在其一生的学术生涯中，一直在深入探索中国化马克思主义文艺理论，其成果是中国化马克思主义文艺理论的宝贵财富。

北京大学董学文认为："陈涌同志是新时期以来社会主义和马克思主义的一面旗帜，具有引领性的作用……作为马克思主义文艺理论家，是一位将文艺的自律和他律结合得最好的理论家，他将美学的和历史的批评结合，创造了一个 20 世纪五六十年代主流的批评范式"。鲁迅博物馆馆长陈漱渝认为："陈涌对鲁迅的研究是鲁迅研究史上的里程碑。他从现实主义的角度看待鲁迅小说，用历史唯物主义和辩证唯物主义的方法对鲁迅小说进行研究。陈涌同志认为，从古典小说写才子佳人，到晚清出现谴责小说，直到鲁迅的作品，文学才把目光转移到中国最大多数的人民群众，特别是农民，揭示了农民生活的痛苦，同时也表现了农民变革现实的愿望"。① 中国作家协会荣誉委员陈早春谈道："跟陈涌交往，就那么朴素、真诚。他真的一点也不'左'，对马列主义文艺理论研究得很深，很有造诣"②。

陈涌先生调入甘肃师范大学后，培养了很多人才，其中不乏名师巨擘。据著名楚辞学家、文献学家、先秦文学研究专家赵逵夫先生回忆："1963 年我考入甘肃师范大学（即今西北师范大学）。刚入学，晚上中文系四年级的老乡张锦绣领我到操场散步，讲了系上老师的一些情况，谈到杨思仲（陈涌）先生的学术地位。因而我在文科楼 101 教室先后听了杨先生给高年级开的'鲁迅研究'选修课。101 教室是个阶梯教室，有 180 个固定座位，杨先生讲课时外班、外系的学生来听得很多，甚至也有外校的学生，所以没有人说什么。我和我班的梁崇基一起去，他是兰州人，又是调干生，年龄大一些，对中文系老师的情况也是了如指掌。杨先生是广东人，开始听语言上多少有些障碍，以后就好了。杨先生分析鲁迅作品的深刻和语言的风趣，给人留下深刻印象"③。

"陈涌先生是我们尊敬的前辈，在他一生的经历中，有一个阶段是十分重要的，即他从 1960 年到甘肃，第一年是在兰州艺术学院，第二年转到了我的母校西北师范大学（当时叫甘肃师范大学），在那里坚持了 18 年的学术研究和教学，培养了许多学生。我和陈涌先生没有多少交往，如果有，那在 1978 年我刚入学时算是接触过。当时受系里的指示，学校里有位老先生要调回北京，帮他搬东西，收拾行李家具，后来才知道他竟是鼎鼎大名的陈涌先生。陈涌先生通过教学培养了很多人才。我的启蒙老师、西北师范大学中文系教授支克坚老师，后来他们共同分到西北师范大学教研室。

---

① 刘玉红：《"马克思主义理论家的风范——陈涌先生追思会"综述》，《文艺理论与批评》2015 年第 6 期。
② 陈静：《"其实他一点也不'左'"——陈早春深情忆陈涌》，《新文学史料》2016 年第 4 期。
③ 赵逵夫：《难以忘却的纪念——陈涌先生琐忆》，载陈越编《陈涌纪念文集》，文化艺术出版社 2018 年版，第 407 页。

他说，我和陈涌先生没有师生关系，但我学术上真正的老师就是陈涌先生，因为我是认认真真跟完陈涌老师两门专题课，一门叫'列宁论托尔斯泰'，一门叫'曹禺研究'。"① 清华大学中文系教授解志熙回忆道。

陈涌先生除了在西北师大中文系授课之外，还有一项重要工作，就是指导青年教师。陈涌认为，文艺理论教师必须有正确的指导思想和一定的艺术修养。所以他要求青年教师必须学习马克思唯物主义，而且要深入地研读原著。陈涌就是一位有着深厚艺术修养的文学家。他不仅对中国的古典文学、古代绘画多有研究，而且对俄国文学及欧洲其他国家的文学都进行过研究。他的学生李百川在回忆文章中提到，"有一次，他路过龙门石窟，适逢宾阳洞修葺藻井，便守在那里，'活动'一番搭脚手架的工人，把平常难以攀及的浮雕拓印了一麻袋，自己找来麻纸，一一装裱。他一直在为美学和艺术史研究做准备"②。

陈先生工作作风扎实，治学态度严谨，知识功底深厚，学术视野开阔。在一次为全系青年教师做的治学经验和方法的专题报告会上，提出了做学问就要像农民种田一样，经常做到"水土保持"。他说，所谓水土保持，就是对已有的知识而言，一要经常复习思考，"温故而知新"；二是要有的放矢，运用到实践中去，在此过程中要做到几个统一。这"几个统一"就是他自己身体力行的，也是后来被许多文艺家理论概括的"陈涌风范"——即在陈涌同志身上体现的马克思主义者与文艺理论家的统一，战士与学者的统一，做人与作文的统一，党性与人民性的统一，战斗性与科学性的统一，现实与历史的统一，理论与实践的统一，批评与鉴赏的统一。③

陈涌先生在西北师范大学的岁月里，诲人不倦，其性情豁达、谈吐幽默、淡泊名利、潜心学术、探求真理、弘扬马列、皓首穷经、贡献卓著、扶持后学、催笋成竹，彰显了他作为马克思主义文艺理论大家的优良风范；陈涌先生一身正气、两袖清风、立场坚定、旗帜鲜明，虽历尽磨难，却不忘初心，体现出他作为一名共产主义老战士的高尚情怀。④

---

① 刘玉红：《"马克思主义理论家的风范——陈涌先生追思会"综述》，《文艺理论与批评》2015年第6期。
② 李百川：《飞鸿往事忆陈涌》，载陈越：《陈涌纪念文集》，文化艺术出版社2018年版，第290页。
③ 《西北师大逸事》，第368—369页。
④ 刘文斌：《大家风范　战士情怀——我所接触的文艺理论家陈涌先生》，《中国文艺评论》2019年第10期。

2015年10月4日，陈涌先生走完他96年的人生之路。这位19岁奔赴延安、为共产主义奋斗了一生的老革命战士，这位历尽磨难远赴祖国大西北，却初心不改的老共产党员，这位贡献卓著、声名远播的马克思主义文艺理论家、批评家在西北师范大学为建设中国化马克思主义文艺理论，繁荣社会主义文艺事业鞠躬尽瘁长达20余年，为我们留下了无比丰厚而又弥足珍贵的精神遗产。

（尚季芳　马义婷　丁晓东）

◎古代文学、文论与音韵学家郭晋稀

潇湘秀色钟杰灵，仗义执言浩气充。

说字曾使杨子悦，论声每与曾公同。

千茎白发书林里，四纪耕耘陇坂中。

桃李从容自蹊径，孤踪飘泊岂达穷。①

图20-2　郭晋稀

郭晋稀（1916—1998），字君重，湖南省湘潭县株洲镇（今株洲市）人，1936年毕业于湖南省立第一师范，赴湘潭新群学校任教。两年后考入国立师范学院中文系，后转学到湖南大学，受教于著名语言文字学家杨树达、曾运乾先生，受两位先生影响，将语言文字学作为终身事业的一部分。1942年7月毕业，任教于湖南第七师范。1944年3月任教于国立师范学院，1945年任教于国立桂林师范学院。新中国成立后，经徐特立介绍，到北京入华北人民革

---

① 伏俊琏：《忧时心耿耿　学道鬓苍苍——郭晋稀先生及其学术成就》，《古籍整理研究学刊》1990年第6期。

命大学政治部研究班学习，1951 年春到西北师范学院任教，先后担任副教授、教授，并担任中国古代文学教研室主任、古籍整理研究所所长之职。

郭晋稀先生在甘肃工作了近四十年，投身于甘肃的高等教育事业，他学识渊博、诲人不倦，在教育界深孚众望。曾任中国《文心雕龙》学会理事、中国《诗经》学会顾问等社会兼职。郭先生治学严谨，根底深厚，治学范围宽，多所创见，其学说蜚声海内外。几十年中培养了大量人才，为西北师大中国古代文学的学科建设作出了杰出贡献。郭晋稀先生平易近人，为人方正耿直，待人热情，有正义感，一生不失忠厚赤子之心。早在读大学期间，就由于打抱不平而被迫转学。著名文学家钱钟书的父亲钱基博曾称赞郭晋稀先生"贤天性肫挚而不文其过，最为入道之器"。① 著名语言学家马宗霍曾致信杨树达，称道郭晋稀先生"真豪杰之士，昌黎所谓信道笃而自知明者，吾辈望尘莫及，但有惭怍"②。

郭晋稀先生的学术成就，首先在《文心雕龙》研究方面。他在 1963 年，出版了《文心雕龙译注十八篇》，是我国最早的《文心》译注本之一。一年以后，该书被香港建文书局翻印，风靡港台及国际汉学界，特别是在中国台湾、日本、东南亚等地，影响巨大，颇受赞誉。为此，香港中流出版有限公司于 1980 年又翻印了此书，主要销往海外，并在国内展销。上海广播电视大学、台湾师大也特将此书列为"文艺理论"课的参考书。日本著名汉学家户田浩晓在《文心雕龙小史》中认为，"现代中国语的译本有特色者当推郭晋稀氏的《文心雕龙译注十八篇》和李景溁氏的《文心雕龙新解》"。③ 郭晋稀先生在《诗经》、先秦诸子与诗、音韵文字之学等方面均有很深造诣。1991 年出版《诗辨新探》，1993 年出版《剪韭轩述学》《声类疏证》《诗经蠡测》，1997 年出版《白话二十四诗品》和他同郭令原合作的《白话诗品》。他还整理出版他的老师曾运乾先生的《音韵学讲义》、杨树达先生的《淮南子证闻·盐铁论要释》，发表中国古代文学、古代汉语和古代文论方面的论文数十篇。

新中国成立后，郭晋稀先生放弃了在北京、华中工作的机会，于 1951

---

① 郭晋稀：《剪韭轩诗文存》，甘肃人民出版社 2014 年版，第 70 页。
② 杨树达：《积微居朋友信札》，湖南教育出版社 1986 年版，第 189 页。
③ 伏俊琏：《忧时心耿耿 学道鬓苍苍——郭晋稀先生及其学术成就》，《古籍整理研究学刊》1990 年第 6 期。

年春来到西北师院中文系任教。由于当时中文系教师人数较少，他一人讲授多门课程，主要有音韵学、文字学、中国古代文学和古代文论等。郭晋稀先生在我校任教近五十年，兢兢业业，教学深得学生欢迎。郭先生是湖南人，讲课时湖南口音浓厚，但是这并不妨碍学生们的好学之心。他的讲解浅显易懂，语言表达言简意赅，讲话方式富有节奏，擅于启发学生的思维，所以他的课程深受学生的喜欢，他的品格深受学生的敬重。五十年代末，为了讲授文艺理论，他系统阅读了从苏联翻译的"马克思主义文艺理论丛书"几十种；为了讲授"古代汉语"中的文字通假，他对清人朱骏声的《说文通训定声》进行了重新编排，并补正了许多朱氏的疏误，讲义手稿在百万字以上。此外，他还常常指导青年教师读书、教学、科研。

当时西北师范学院在全国招生，很多学生来自外省，南至广东、广西、福建，有些同学生活上不习惯，他都给予关心、帮助，所以不少同学毕业数十年后，仍然同他有联系，对他抱有感激之情。据甘肃省文联原副主席、1952级中文系汪玉良回忆，在1954年自己患上了急性阑尾炎，手术后在家疗养，极为苦闷。但令他意外的是，郭晋稀先生竟然走了二十华里，多方打听到了他的住址前来看望他，令他大喜过望。郭先生为他带了一包红枣，并说道"这是校园里捡的，你喜欢吃，这我知道"。"先生的情意如阳光如空气，赋予我生命的再生力……一个教授，风尘仆仆，走了几十里路，来看望一个身患重病住在偏僻小巷的穷学生，他给我的不仅仅是一般的师生情谊，而且是亲人的温馨和无私的关怀，他用自己的热血在化解郁结在我心头沉甸甸的忧愁，点燃我心头希望的光束"①。张士昉先生在纪念文章中提到，"建国初期，一学生家境困难，在求学中，时辍时复。晋稀当时生活并不宽裕，他与徐褐夫先生共同担负该生之生活、学习费用，使之如期毕业"②。郭晋稀先生以细致入微的方式关心学生，有些虽然是小事，然而正是这些看似平常的细节，却影响着学生的心灵及成长。

郭先生生性豁达，有幽默感，所以总能和学生打成一片。据1955级中文系侯孝琼回忆，"郭先生讲《诗经·王风·黍离》，他在台上走来走去，

---

① 汪玉良：《先生之风，山高水长——忆郭晋稀先生二三事》，载张士昉、郭令原等编《郭晋稀纪念文集》，甘肃教育出版社2000年版，第33—34页。
② 张士昉：《郭晋稀先生传略》，《郭晋稀纪念文集》，第6页。

时而低头悲吟，时而昂首呼问，仿佛已和那个充满今昔之悲的古人合而为一。下课后，我忍不住到台上去模仿他的腔调和姿态——喧闹的教室忽然鸦雀无声。我抬眼一看，原来郭先生已站在教室后面，背着双手，含笑注视着我。我一溜烟跑下讲台，心想，这下子古典文学没有希望得'优'等了。没想到郭先生却走过来，说：'学得像，学得像，难怪你姓猴（侯）'"。

虽然郭先生在生活上很幽默，但对研究生写论文要求很严格。据赵逵夫先生回忆，先生常说"先读书、思考，问题基本搞清、心有定见再写。不要现想现写。搞研究不像做文章"。"我们作研究生时写论文，他总叫我们先讲讲有什么心得，主要解决什么问题，前人怎么说的，自己的主要论据是什么。所以在同先生交换写论文的意见时，得做好充分准备。"先生还会对研究生在学术方面的特长爱好进行指导，学生王志东回忆："讲到我的情况时，先生说'你还是进行体会型的研究比较合适。进行这种研究，首先要找到突破口。抓住了某个问题，然后再有针对性地读书。'"除此之外，郭先生还致力于西北师大中文系的学科建设。赵逵夫先生在书中写道："至1996年，他还在为系上办的以同等学力申请硕士学位的教师进修班讲古代文论，深受学生的欢迎。尤其在我们申报博士点时，先生给予很大支持和鼓励。中文系古代文学学科能发展到今天的程度，是同他的辛勤劳动分不开的。"[1]

郭晋稀先生一生治学严谨，注重学术创新，实事求是，不猎奇求异，不跟风，不会根据社会风气的变化而改变观点、投人之所好。他为人正直，待人真诚，爱憎分明，事事从大局着眼，不计较个人得失。郭晋稀先生在纪念恩师钱子泉先生的文章中写道："我将以我的余生，遵循老师们爱国家、爱民族的丹心，以不衰的意志，走完人生的历程。"[2] 郭先生对国家和民族有着深厚的感情，在祖国广袤的土地上，以自己的实际行动践行了自己的诺言。郭晋稀先生的学术成就在中国文学研究领域有着重要的地位，他严谨的治学态度和实事求是的治学精神激励着后辈不断攀登新的学术高峰，这是他留给我们最宝贵的精神遗产。

（尚季芳　马义婷　丁晓东）

---

① 赵逵夫：《从课桌到讲台》，华东师范大学出版社2015年版，第34页。
② 郭晋稀：《心丹而颅则雪，容老而意未衰——纪念钱子泉师诞生百周年》，《剪韭轩诗文存》，第76页。

◎提倡"四个一"的校勘学家彭铎

图 20-3　彭铎

彭铎（1913—1985），字炅乾，湖南省湘潭市人。语言文字学家，诗人，西北师范大学中文系汉语言文字学学科及硕士学位点的奠基人之一。

彭铎先生出生在书香世家，受家庭环境影响，彭铎在少年时即对古典诗词产生了浓厚的兴趣。1927 年考入南京中央大学实验学校，1934年考入南京中央大学文学院中国文学系，求学期间受到黄侃、王瀣、吴梅、汪东、汪辟疆诸位名师的指点，学业成绩优异。1938 年大学毕业时，适逢抗战，不得已颠沛流离于蜀中各地，先后任自流井蜀光中学、北碚升学补习班等学校教员。后任教于重庆中央大学、湖南蓝田国立师范学院，任中文系讲师，副教授。1952 年起任教于西北师范学院中文系，历任助教、讲师、副教授、教授。曾先后任西北师范学院中文系系主任、古籍整理研究所所长，并兼任中国语言学会理事、甘肃省语言学会第一届会长、中国历史文献学会第二届副会长、中国训诂学研究会第一届常务理事兼学术委员会委员等。

彭铎是我国著名的语言文字学家和古文献研究专家，他更多的是从校勘、训诂方面研究古代文学典籍。其主要著作有《潜夫论笺校正》《群书序跋举要》《唐诗三百首词典》《文言文校读》等。此外，在《中国语文》等学术刊物上发表古汉语语法、音韵学及语言教学等方面的学术论文 50 多篇。他精于古典诗词创作，所作旧体诗、词、赋多被收入国内多种诗词集中。彭先生治学以文献为基础，谨守由文字、音韵、训诂入手而通义理、辞章的传统，认为"小学为诸学根本"。

彭铎还写过一些单篇论文，《高中语文古典教材注解方法商榷》《陶渊明诗注补遗》《读唐人边塞诗所想到的》《诗品注补》《商君书札记》《吕氏春秋拾补》等，都曾产生过一定影响，其中《高中语文古典教材注解方法商榷》中的一些见解被人民教育出版社所编的语文课本采用。①

彭铎教授做学术研究不但积极继承前辈学者的成果，而且还会有自己的创新之处，脚踏实地，实事求是，不迷信权威。在《清代古音学研究的殿后人黄侃》一文中，先生阐述了他的老师、国学大师黄侃在古音学上的重大贡献，同时也客观地指出黄侃"讲经学则笃守汉唐传注正义，说文字则摈弃殷商甲骨卜辞"等方法上的局限性。② 对待自己的恩师，彭先生也能端正态度，客观地评价其学术成就，这是先生追求学术真理精神的体现。

彭铎先生不仅在治学方面严谨求实，成果卓著，而且在古代汉语教学及人才培养方面也积极探索，成效显著。彭铎先生长期讲授中国古代汉语课，他在教学中认真负责、勤勉务实、学识渊博，讲课条理分明、精彩生动，深受学生的尊敬和爱戴。曾率先在西北师大中文系开设文献学、训诂学、汉语言文学等专业基础选修课。

在他任中文系系主任期间，常常组织汉语教研室及全系教师进行教材内容、教学方法等方面的研讨会，适时针对学生学习实际调整课程体系和教材教法。在此基础上，他撰写的《语言学课程整改笔谈》等教学研究论文，对学界产生了广泛的影响，也促进了西北师范大学中文系的人才培养工作。彭先生根据师范院校人才培养的总体目标，强调中文系教学应当加强文献学、语言学的学习，合理安排文学课、文学理论课与语言、文献课的比例，使学生既具扎实的语言文字与文献功底，又具有较高的中外文学、文艺理论方面的理论素养。为了贯彻这一想法，他自己带头开设了文献学、训诂学等选修课。先生的著作《群书序跋举要》就是一部文献学参考书籍。在教学上，彭铎主张"读基本书"，并介绍"校读法"，认为校读之效，往往不需训释。这种古籍校读法，在古代汉语、古典文学专业推广应用。在20世纪70年代末，彭先生又编成《文言文校读》一书，摘录了28篇有关先秦至西汉的文章。这本书于1978年由甘肃师大印刷厂印刷，作为学生学习古代汉语的辅助教材，成效良好，成为中文系学生学习和研究古代汉语的必读书籍。此外，彭铎先生还关心中青年教师的成长，在十年动乱中还

---

① 李文衡：《甘肃当代文艺五十年》，甘肃文化出版社1999年版，第527页。
② 韩惠言：《"立言"之事非等闲——读〈彭铎文选〉》，《社科纵横》1997年第4期。

为他们开设杜诗研究课程。

据上海大学邵炳军与浙江大学张兴武（本科均毕业于西北师范大学中文系）回忆，1978年3月，系主任彭铎在开学典礼上要求一个合格的中文系学生应具有"四个一"的素养，即一表人才，一口官话，一笔好字，一肚子学问。这"四个一"，涵盖了中文系学生的基本知识、从师技能和综合素养：一表人才就是要有身正为范的表率；一口官话即标准的普通话；一笔好字，即从板书到毛笔字都要拿得起来；一肚子学问就是要扩大阅读量，提高自己的理论素养。彭先生的"四个一"要求，成为西北师范大学师范类学子学习奋斗的共同追求，影响着一代代师大人。

时至今日，许多师大的老校友谈起先生当年教书育人的风采轶事，仍津津乐道，敬佩之情，溢于言表。1981级中文专业韩惠言写道："在校时读（彭铎）先生的《文言文校读法》《都都平丈我》（一篇讲错别字的很诙谐的短文），觉得先生的学问真大、文采真漂亮，却并没有多少深的理解。现在先生已作古十又二载，自己也走出校门工作了近十年，新读出版的先生的论文选集，则多了一层实质性的感受。"[1] 黄英在回忆文章中提到了彭先生教书时的独特风采："一笔工稳劲秀的板书，于严谨中隐含机敏，一口略带乡音的徐疾有律的普通话，在不经意之间流露出楚国诗人的神韵；加上洗炼而凝重的手势，听先生讲课真有如坐春风之感。"[2] 彭铎教授在教学和学术研究方面不因循守旧，注重培养学生独立思考的能力，鼓励学生表达自己的想法。据赵逵夫先生回忆："彭先生学问好，课也讲得很好，深受同学们的欢迎……课间休息中向同学们问学习的情况，也谈谈学习的方法，对青年教师板书中不规范的字及不正确的笔顺，也加以纠正……笔者的作业交去后，有一个同学说，彭先生是黄季刚先生的学生，你的这同黄季刚先生的说法相反，恐怕不妙。但结果彭先生并未批评，并且给了比较高的成绩"[3] 在彭先生因病卧床后，也会经常接待慕名而来拜访的人。即使是农村中小学教师来信向他请教，他都会认真答复，而且写好之后都是自己亲自送到邮局，从不托他人。对毕业离校后的学生，凡来信请教，必定亲

---

① 韩惠言：《"立言"之事非等闲——读〈彭铎文选〉》，《社科纵横》1997年第4期。
② 黄英：《心祭：忆彭铎先生》，《飞天》1995年第11期。
③ 赵逵夫：《读〈文言文校读〉怀念彭铎先生》，《社科纵横》2007年第5期。

笔作复,以致每月个人花费的邮资,有时竟达四十多元。① 这些事例足见彭先生对学生们的关爱之心。彭先生用言传身教的高尚品德和温文儒雅的大师风范感染着学生,他用渊博的学识、真挚的爱心向学生传授知识,教会学生做人的道理,帮助学生塑造健全的人格,为西北师大培养了一代又一代的人才,如西北师范大学原校长王福成教授、西北师大古籍研究所原所长胡大浚教授、香港教育学院朱庆之教授等。春播桃李三千圃,秋来硕果满神州。他的学子们也会将彭先生的所学与治学精神继续传递下去。

1983 年,彭铎教授和郭晋稀、李鼎文、李庆善、路志霄、李延祥等先生积极响应国家关于恢复古籍整理出版规划的通知精神,创建西北师范大学古籍整理研究所,他任所长,确定古籍整理研究所的长远规划和目标方向,开创了研究所的新局面。

彭先生辛勤一生,笃信诸葛亮的"淡泊明志,宁静致远,学以广才,志以成学,俭以养德"的格言,常着布衣便鞋,吃粗米淡饭,连给校报送稿件的信封,都是旧的翻过来用的,其节俭之风,可见一斑。他品性高洁,一生无怨无悔,赍志而没,他是老一代中华学人中的优秀代表,是我们学习的楷模,赢得了后学的尊重和人们的赞誉。

(尚季芳 马义婷 丁晓东)

◎国学耆宿汉诗专家郑文

郑文(1910—2006),原名泽奎,字天叔,曾号昌文,四川资中人。1938 年考入国立中央大学师范学院国文系,后来随校由南京迁至重庆,虽时局动荡,却幸得良师,深受顾颉刚、罗根泽、孙鹰若和伍叔傥等先生的影响。1942 年 7 月毕业后,先后任重庆市立高级中学国文教员、中央大学师范学院国文系助教、江苏学院讲师、徐州市第二中学教师等,几经转折。

---

① 韶山市地方志编纂委员会:《韶山志》,中国大百科全书出版社 1993 年版,第 428 页。

图 20-4　郑文

1950 年由吴玉章先生介绍进入北京华北大学学习。1951 年初，被派往西北师范学院任教，1980 年升为教授。他毕生都致力于教学和文史研究，自 1945 年开始发表文章，直至晚年眼疾加重不能写作而止，因此著作颇丰，主要有《〈六一诗话〉〈白石诗说〉校点》《汉诗选笺》《杜诗檠诂》《楚辞我见》《汉诗研究》《建安诗论》《李杜论集》《论衡析诂》《扬雄文集笺注》《金城丛稿》《魏晋南北朝文选注译》《〈温飞卿诗集笺注〉补》《历代爱国文选注译》和《金城续稿》等数十余部。

《中国社会科学家辞典》《当代中国社会科学学者大辞典》《中国文学大辞典》《中国当代名人录》和《甘肃人物辞典》等都对他的学术成果进行了收录。

郑文先生自述其学术渊源："一为章（章太炎）、黄（黄侃）学派之孙（孙鹰若）、伍（伍叔傥）二师，一为《古史辨》学派之顾（顾颉刚）、罗（罗根泽）二师"①。郑文先生的学术功底主要见于汉诗研究，在这一领域研究成果丰硕，受到了国内外学术界的极大关注。《汉诗选笺》于 1986 年由上海古籍出版社出版，这本书是将汉诗中的优秀作品选出加以注解，一出版便引起了学术界的广泛讨论。《汉诗研究》于 1994 年由甘肃民族出版社出版。这本书以对汉代诗歌作品的具体资料考证见长。书中对汉代朝廷乐章、杂言诗、四言诗等的研究，补充了以往学者只重视民间乐府和五言诗的遗漏。②《甘肃当代文艺五十年》中评价郑文先生的汉诗研究："郑文的《汉诗选笺》及《汉诗研究》的出版，对我们更全面更准确地了解汉诗无疑是非常有意义的，对促进汉诗研究也作出了贡献。"③ 除此之外，郑先生潜心研究建安诗歌，并著有《建安诗论》一书，以全新角度诠释了建安诗歌的特色。尹占华先生评价："先生（郑文）论建安诗歌，不特着眼于'风

---

① 郑文：《金城续稿》，甘肃教育出版社 2005 年版，第 34 页。
② 赵敏俐：《二十世纪汉代诗歌研究综述》，《绵阳师范高等专科学校学报》2001 年第 6 期。
③ 李文衡：《甘肃当代文艺五十年》，甘肃文化出版社 1999 年版，第 525 页。

骨'，而是着眼于建安诗歌的整体风格。"①

　　郑文先生自1951年来到兰州，就一直在西北师范大学任教，在这里度过了近四十年的教学与学术研究生涯。这四十年对郑先生来说是著述颇丰的四十年，也是艰难坎坷的四十年。即使遭受了命运的不公，郑先生依然保持着乐观的信念，手不释卷、坚持写作。郑文教授做研究认真严谨，对涉及的材料定要考证真伪，对材料中的文字、时间、地名等定要仔细推敲。注解古代诗歌、文献，会做好充分的准备工作，无论是文学作品还是历史专著，都要仔细地阅读。先生对待前辈名家的作品，会继承其中精华，但也会客观地评价及取舍。他在著作《金城续稿》中就说明了他的治学原则："首在创新，欲事创新，则须当仁不让，而有根有据，又为不让之本。至于措施，则在从实出发，理解本旨，故文字、声韵之学尚焉。"② 郑文先生指出做学问一定要躬行实践，从实际出发，不能只凭主观臆想，也不能故步自守、墨守成规。此外，郑先生还批判贪慕虚荣、唯利是图的行为，认为努力钻研学术问题才是正途。郑先生弟子赵维江将先生治学特色概括为："注重小学基础，夯实学术根柢；注重创作能力，提高鉴赏水平；注重文献考证，务必求实求真；注重文史哲兼通，拓展学术视野；注重吸纳新知，增强创新活力。"③

　　郑文先生初到兰州时，与郭晋稀先生同在西北师范学院中文系主讲中国古代文学，郭先生讲授先秦及元明清部分，郑先生教授八代及唐宋部分，此外还辅导学生进行政治学习。由于当时的教学条件比较简陋，没有现成的教材，郑文先生只能自己编写教材。杨凤清回忆："先生在教学育人上，主张教学科研并重，而以教学为主。如只搞科研不致力于教学，则为失职。"④ 郑文先生认为讲课首先要让学生读懂课文，根据原文内容进行综合分析，其次要提高课堂的趣味性，这样才能激发学生的兴趣，进而提高学生的学习能力。郑先生爱生如子，对待每一位学生都是真诚相待。他经常借书给学生阅读，且与学生保持书信往来。每个周末都要给学生们讲述为人做学问的道理，他常常对学生说："文学是外衣，给人以审美享受，史学

① 尹占华：《于国学园地中辛勤耕耘的学者——西北师范大学郑文教授学术事迹》，《甘肃社会科学》2014年第4期。
② 《金城续稿》，第34页。
③ 赵维江：《国学耆宿一代良师——谈郑文先生治学育人之道》，《金城续稿》，第422—429页。
④ 杨凤清：《中国古代文学矿藏中的淘金人——介绍西北师大教授郑文先生》，《金城续稿》，第418页。

是骨骼，给人以启迪；哲学是思想，让人聪慧，三者都不可偏废。"此外，郑先生经常资助家境贫困的学生，据杨新华回忆，郑先生曾得知自己的家境后，以帮他抄稿件为由，给了自己100元，这在当时可不是一笔小数目，足以看出郑先生对后学的爱护。郑文先生的学生卢燕平非常感激郑老师对自己的帮助与教诲："面对先生，学问之外，上至社会人生，下至个人琐事，可以无话不谈。在这位博学笃厚的长者面前，就像面对一片祥和的大海，无论有什么心里解不开的疙瘩，经先生一点拨，总会觉得豁然开朗……年近九十高龄的他，惦念我们这些学生，兴之所至，常常莅临家中……主旨照例是学问上要注意的事，还有鼓励"。①

郑文先生从1980年开始招收研究生，这时他已到古稀之年，却依然尽心尽力培养青年学子，引领学生走向成才之路。郑先生曾赋诗一首以表达自己的感慨："八八年华顷已临，自思培土宛培林。三千弟子惭无逮，十六英才喜不禁。各自飞花成硕果，齐能创制胜南金。人生之乐乐如此，蓝出尤须迈当今。"②

郑文先生将自己的一生献给了教书育人和中国古代文学的研究事业，淡泊名利，操持自守。微薄薪金，除购书与自费出版外，所余无几。陋室粗茶，恬然自安。客人或弟子入门，唯谈学问，滔滔不绝。其性情真率如此。郑文先生虽然在研究领域已有一定地位，但是依然保持着简朴的生活方式，不仅不住新房子，而且还要坚持出书。郑先生说："有人说我老糊涂了，其实我很清楚。有些教授一退休就不写东西了，这是很浪费的。但我要写，我是人民养大的，我愿意将我的毕生献给我的国家。"先生遗言：死后将家中全部藏书无偿捐赠学校图书馆。先生逝世之后，家人即与西北师大图书馆办理了捐赠手续。先生及家人胸怀开阔、磊落无私，于此亦足见矣。③ 郑先生一生淡泊名利，坚守原则，于文学领域创造自己的人生价值，这彰显了郑文先生爱岗敬业、攻坚克难的一腔热忱。郑文先生在国学园地中辛勤耕耘，孜孜不倦，给后人留下不可估量的精神、文化财富。

（尚季芳　马义婷　丁晓东）

---

① 卢燕平：《从师随笔——记我的导师郑文先生》，《金城续稿》，第432—433页。
② 郑文：《金城丛稿》，齐鲁书社2000年版，第649—650页。
③ 尹占华：《于国学园地中辛勤耕耘的学者——西北师范大学郑文教授学术事迹》，《甘肃社会科学》2014年第4期。

◎与郭沫若论辩的李鼎文

李鼎文（1919—2014），字献甫，1919 年 5 月 17 日生于甘肃省武威县。李鼎文于 1933 年考入武威师范，1942 年考入西北师范学院国文系，受教于黎锦熙、李嘉言、叶丁易、何士骥、王汝弼、刘文炳等诸位名家，学业大进。1950 年，在西北师范学院毕业，任教于武威师范。1956 年调甘肃师专任教。1957 年，甘肃师专合并到西北师院，李鼎文随即到西北师院任教，任中文系副教授、教授，1987 年退休。李鼎文专注于甘肃文史研究及中国古典文学研究，著有《甘肃文史丛稿》，整理校点了《续敦煌实录》《李于

图 20-5　李鼎文

锴遗稿辑存》《陇右方言》等书，复校了王权的《笠云山房诗文集》，主编《甘肃古代作家》。

李鼎文先生少年时受家学熏陶，读书时又幸得名师指点，因此具有深厚的文学与史学功底。1959 年，《光明日报》文学遗产版连续发表了郭沫若先生的《谈蔡文姬的〈胡笳十八拍〉》和《再谈蔡文姬的〈胡笳十八拍〉》，肯定了《胡笳十八拍》是蔡文姬作的几篇文章后，引起了学术界的高度重视。当时的李鼎文先生只是个普通教师，人微言轻。面对学术界的大人物，他依然坚持实事求是的治学原则，经过详细考证，在《光明日报》发表了文章《〈胡笳十八拍〉是蔡文姬作的吗?》（《光明日报·文学遗产》1959 年 6 月 14 日），李鼎文先生的文章，集中从《胡笳十八拍》的内容出发，与诗作背景相比较。他的文章论据充分、逻辑严谨、论述合理，博得了学术界的一片赞誉，后来这篇文章被收入《胡笳十八拍讨论集》中。

李鼎文教授是甘肃籍著名学者，对于脚下这片养育过自己的土地有着深厚的情感，注重对甘肃地方文史的研究。1985 年整理的《续敦煌实录》

由甘肃人民出版社出版。李先生翻阅大量书籍，为此书所征引的屠本《十六国春秋》逐条找出所根据的原书，并录出原文，订正了错误，使其趋于完善。① 1986 年甘肃人民出版社出版了他的《甘肃文史丛稿》，收集了先生撰写的有关甘肃文史的文章 42 篇。先生还主编了《甘肃古代作家》一书，撰写了其中《胡缵宗》《金銮》《邢澍》《张澍》四篇，系统整理了甘肃古代主要作家的生平经历及代表作品。《甘肃当代文艺五十年》高度评价李鼎文先生的治学态度："治学严谨，重视材料的积累，有一份材料说一份话，绝不说空话大话，或者标新立异，哗众取宠。"② 除此之外，李鼎文先生还整理了其父李于锴的著作《李于锴遗稿辑存》、其兄李鼎超的著作《陇右方言》、恩师李恭的著作《陇右方言发微》。整理文献是一项费时费力的工程，面对浩如烟海的文集，李鼎文教授从一字一句出发，认真核对原文，仔细复查，付出了艰辛的劳动。《笠云山房诗文集》是晚清著名甘肃学者王权的诗文集。李鼎文曾在《西北师大学报》发表过《读王权〈笠云山房诗文集〉》一文，介绍了王权的生平，从《笠云山房诗文集》的内容出发探讨了其学术价值及文学价值，并对该诗文集进行认真校正。

李鼎文教授在西北师范大学度过了三十年的教学与学术研究生涯，他以教书育人为要务，主要精力都放在讲课、备课和编写教学讲义方面。李先生长期教中国古典文学，时间段包括从先秦教到南宋。另外还开了"杜诗选读""敦煌文学"等选修课，勤勤恳恳，受到了师生的一致好评。1983 年他讲授"敦煌文学"时，不但本系的学生听，外系外校的教师学生也来听课，西北师院的阶梯教室里座无虚席，鸦雀无声。③ 敦煌文学是西北师范大学的特色学科，郭晋稀、郑文、彭铎、李鼎文等教授都十分重视敦煌文学的学科建设，李鼎文先生便是其中的典型代表。他对敦煌学教学与研究之关注乃故乡情分与家学渊源结合而致，于河西历史地理、敦煌文史、河西人物及古籍整理各方面均有涉猎，且成就斐然，教学方面集中在以词曲为中心的文学作品。④ 在教学方面，先生亲自编写了《中国文学史》（先秦到宋）、《中国古代文学作品选注》（先秦到宋）、《敦煌文学作品选注》等

① 强宗恕：《陇上社科人物》，甘肃文化出版社 1996 年版，第 92 页。
② 李文衡：《甘肃当代文艺五十年》，甘肃文化出版社 1999 年版，第 528 页。
③ 杨来生：《一个辛勤耕耘者的足迹——记李鼎文教授》，《兰州学刊》1989 年第 1 期。
④ 刘再聪：《西北师范大学敦煌学教学史（一）》，《丝绸之路》2012 年第 18 期。

教学讲义。先生还参加编写了中学语文教学参考书，撰有初中、高中语文课本中文言文讲析31篇，收入《中学语文讲析》一书，1979年甘肃人民出版社出版。李鼎文教授的教学讲义都是自己数十年勤奋研究的结晶，具有极高的学术价值。

李先生平易近人，对待学生亲切和蔼，总是积极帮助学生解答各种问题。伏俊琏先生回忆："李先生诲人不倦，对我提的问题，非常认真，即使一时不能回答圆满，也要查寻相关资料，给予满意的答复。1992年，我校（西北师范大学）注敦煌赋时，其中一些典故查不到，就请教先生，先生总是不厌其烦地为我查寻。"① 郭令原先生回忆："大学时，有一次系上要收集学生论文，我刚好写了一篇关于《离骚》写作年代的论文，希望先生推荐。到先生家时是晚饭后……我说明情况，先生话很少，却同意看我的论文。几天后，我取回论文，先生用工整的朱笔小楷对文中一些地方做了修改，文后写了自己的意见，大致是可以采用的意思。现在回想起来，那是非常幼稚的文字，没有见解，最多只能是一点读书心得，根本算不上论文。如果现在让我再读，恐怕连我自己都读不下去，可先生却能够细心地阅读，想起来让人动容。"②

除此之外，李先生还热心帮助后学整理研究甘肃文献，如张帆、宋书麟校注的《阴铿诗校注》，梁新民编著的《武威历史人物》，漆子扬、王锷校点的《守雅堂稿辑存》等书，都是经他细心审阅修改后出版的。一位优秀的学者，不会将自己的所学占为己有，而是会积极地帮助学生、提携后辈。

1983年西北师范学院成立了古籍整理研究所。李鼎文先生在整理陇右古籍文献方面付出了极大的精力。1984年冬，古籍整理研究所所长彭铎在病榻上仍然惦念着李鼎文整理校点的书。李鼎文教授没有辜负彭先生的期望，在彭铎教授卧病期间将《李于锴遗稿辑存》送他审阅，彭铎教授躺在病床上将书一页一页地读完。

李鼎文先生出身于书香世家，其祖父李铭汉是清朝史学家，其父李于锴是近代文学家，其兄李鼎超是清末民初文字学学者。李鼎文先生受到来

---

① 伏俊琏：《恩师李鼎文先生的道德文章及家世》，《档案》2018年第6期。
② 郭令原：《追忆李鼎文先生》，《丝绸之路》2015年第9期。

自家庭氛围的熏陶，为其以后从事文史研究、甘肃史地研究打下了良好的基础。伏俊琏先生曾对李鼎文教授的家世和学术进行过简明概括："鼎文先生，凉州世家，族望通明。茂苑仪型，门风清邵。少承家学，谨慎劬敏。名儒敦诲，常闻长者徽音；故老披宣，颇记先贤逸事。弱冠负笈金城，始承名师。洒笔成文，耽思述古。"①

经过几代人的累积，到李鼎文先生时，家中已有几万卷书、数千件珍贵文物。李鼎文教授情系故乡，为了发展家乡和祖国的文化事业，将这些珍贵书籍、文物都捐赠了出去。从1956—2003年，李先生分数次将家藏19704册书籍和186件文物全部捐献给甘肃省图书馆、甘肃省博物馆、河西学院等单位。1986年9月，张掖地委、行署，张掖师专和武威市委、市政府为表扬李鼎文的爱国精神，为感谢他对发展家乡文教卫生事业所作的贡献，特派专人到西北师范学院赠送了"馈书育才""惠及桑梓"的匾额和奖金，并颁发了荣誉证书。

李鼎文教授深爱自己的家乡，他立足脚下这片土地，勤勤恳恳教书育人，兢兢业业治学钻研。他为西北师范大学中文专业培养了数位优秀人才，也为家乡历史文化研究作出了突出贡献。日月如梭、物换星移，他时常在时间的缝隙中打磨自己的作品、考察家乡史料。历史不会忘记他对国家、对故乡在精神财富方面的贡献，他的治学之风也会激励后辈不断努力，为中华文化研究贡献自己的力量。热爱祖国、热爱家乡、热爱人民、热爱教育事业，是李鼎文先生一生的真实写照。

（尚季芳　马义婷　丁晓东）

---

① 伏俊琏、朱利华：《凉州文史一千卷　陇坂耕耘七十年——李鼎文教授的学术成就和故乡情怀》，《甘肃社会科学》2015年第4期。

第二十一章　乐道笃行傲西风

◎一身正气的李之钦

李之钦（1907—1996），字志清，别名李思明，陕西延长县人。教育家。1927年7月加入中国共产党。他在原绥德省立第四师范、北京弘达学院、辅仁大学学习期间，就积极投身我党领导的学生运动，从事地下革命工作。1930年入北京辅仁大学文学院中文系学习，1951年毕业于中央马列学院。新中国成立前，曾任陕甘工委教育部长、延安大学副校长等职。新中国成立后，历任中共中央西北局宣传部教育处处长兼西北教育局局长、中共中央西北地区工作部文教处处长、中共中央宣传部教育处处长等职。1958年西北师范学院更名甘肃师范大学后，任党委书记兼校长，1973年，任甘肃工业大学党委书记兼校长，1982年当选为第四届甘肃省政协副主席。1984年任西北师范学院名誉院长，后任西北师范大学名誉校长。著有《李之钦论教育》《徐特立教育思想研究》《简明通俗认识论》等著作。

图 21-1　李之钦

"入党是个严肃、庄重的事"

1907 年 10 月，李之钦出生于陕西省延长县一个普通农民家庭。他生活的地区，是西北革命的发祥地，在他上的延长高小和省立第四师范里，许多教师都思想进步，向往革命。1927 年，蒋介石叛变革命，大肆搜捕共产党员，但这些只能锻炼革命者的意志。李之钦与他的校友揭露蒋介石的反革命面目。是年 7 月便毅然加入了中国共产党。师范毕业后，李之钦被聘为初小教员，在他从事教育工作的同时，积极地进行地下革命活动。中国革命的中心转到延安后，他被组织调往延安，担任延安大学副校长，为党培养了大批急需人才。

李之钦为什么能在 1927 年革命处于低潮的情况下毅然加入中国共产党？他严肃地说："入党是个严肃、庄重的事，不是赶时髦，更不像是做买卖，红火时大家你争我抢，冷清时无人光顾。我在青年时期，在入党前较系统地读过《共产党宣言》《独秀文丛》《共产主义 ABC》等书籍，联系当时国民党的黑暗统治，从心底深处倾向革命，倾向真理。虽然当时蒋介石搜捕革命者很猖狂，说实在的，入党有相当大的危险性。但那时，我们热情很高，很少考虑过个人得失，一心只追求真理，相信革命不会永远处于低潮。"李老一口气说完了，说得很激动，脸上洋溢着光彩。接着李老又联系当今世界社会主义事业处于低潮的现状说："我快 90 岁的人了，经历过的事可谓不少。事物发展运动有一定的规律。按辩证法的观点，螺旋式上升是事物发展的一般规律，从历史长河看，东欧、苏联的剧变只是这长河中的一个旋涡。一个事物的发展不可能永远很顺利，但历史潮流是不会改变的，社会主义替代资本主义是不会改变的。"

李老接着说："当然，东欧、苏联的教训我们应当吸取。要使我们党永远立于不败之地，关键是领导权要牢牢掌握在马克思主义者手中。"①

日夜操劳渡粮荒

在三年困难时期，甘肃师范大学师生员工的口粮一减再减，最后，教工口粮降到每月 24 斤，学生口粮降到 30 斤。为渡过粮荒，学校曾发动师生

---

① 谷兰：《始终不渝跟党走　忠诚奉献六十秋——访原省政协副主席、西北师范大学名誉校长李之钦同志》，《党的建设》1992 年第 4 期。

采树叶、挖野菜煮在汤里充饥。不少学生和教师因缺乏营养，脸足浮肿。作为一校之长的李之钦，看到这种情况，他忧心忡忡，夜不能寐。在紧急关头他断然决定总务工作的重心是办好师生员工的伙食，并日夜操劳，想方设法保证必需粮油的供应问题。为抓好食堂伙食，学校于1960年10月做出决定，抽调10多名党团干部，到学生食堂任管理员，加强伙食管理工作。这批干部在学生食堂工作的时间长达20个月。

20世纪60年代生活困难时，为减少城市粮食供应，上级指示各行业都要动员家在农村的干部为国家分忧解愁，带头把家属送到农村去。李之钦校长为顺利开展这一工作，就首先动员自己身边的秘书李国生把自己的母亲、妻子、孩子率先送到农村落户。接着党委其他部门的干部王明汉、黄兴汉，团委干部刘生禄、汪洋，人事处干部王兴中等也把家属送去了农村。这件事对全校影响很大。其他单位的干部看到党委部门和行政机关的干部带头，也就心甘情愿把家属送到农村去了。①

严格要求党委一班人

李之钦同志作为西北师大党委一班人的班长，他言传身教，带出了一个好班风，带出了一支好队伍。1958年前后，党和国家为了加强对高等学校的领导，派出了一批曾经在部队上南征北战过的老同志到高等学校从事党政工作。当时师大党委一班人，除个别人是多年从事教育工作的党内专家以外，绝大多数都是初次走上教育战线的。党的这一举措，得到了广大师生员工的支持与合作，但校内和社会上也有一种不谐之音。有的人说"外行不能领导内行"，认为高等学校就是知识分子的世袭领地，老干部不懂教学，不懂业务，会变成瞎指挥。面对这种情况，李之钦同志明确指出：既然我们党过去能够从战争中学习战争，今天同样可以从经济建设事业中学会经济建设，从教育工作的实践中学会领导教育工作。他在党委会上组织大家学习毛主席的有关论述，要求党委一班人用锲而不舍的精神学习业务，深入教学第一线。在他的带动下，一些老同志开始认真学习教育学、教学法，学习有关专业知识，深入课堂、班级，深入教师和学生之中，在不同的岗位上做出了成绩。

① 杨文杰：《追忆李之钦校长在西北师大工作的日子》，载李道刚主编《李之钦纪念文集》，甘肃人民出版社1998年版，第142—145页。

李之钦同志作为师大党委一班人的班长，特别重视党的自身建设，重视党纪党风。他要求党委一班人要保持和发扬党的三大作风，保持和发扬党的艰苦奋斗的优良传统。在这方面，他为一班人做出了榜样。李之钦同志就任师大党委书记期间，正是三年困难时期。当时，他一方面关心群众生活，对群众特别是老教师问寒问暖，组织一批精干的党政干部去办食堂，要求他们既要办好伙食，又不能多吃多占。另一方面，又多次告诫党委一班人，要以身作则，和群众同甘共苦，共渡难关。在困难的日子里，尽管李之钦同志身体虚弱，但他从没有多吃多占一点。记得有一次，校医室负责人看到他身体有病还坚持上班，便送来一点维生素和葡萄糖之类的营养药，但被他婉言谢绝了。还有一次，学校从甘南弄来一点肉，他千叮咛万嘱咐有关人员一定要将它用于老教师和病号。在他的带动下，党委一班人较好地保持了党的优良传统，受到广大师生的好评。

李之钦同志还十分注重加强团结和发扬民主作风。开会时他让大家畅所欲言，而不是一个人说了算。在李之钦同志身边工作过的人，最敬佩的就是他的这种领导作风。在他身上，看不到官场上的种种陋习，看到的是一位革命老干部两袖清风、一尘不染的人民公仆的浩然正气，是德高望重、和蔼可亲的长者风范，是勤于吐丝酿蜜、动手动脑的学者气质，是克勤克俭、艰苦奋斗的革命老前辈的风姿。

严谨治学　著书立说　泽被桃李

接触过李之钦的人，都很仰慕他的学者风范。他家里有政治、经济、历史、教育、文学、书画等方面的书籍三千余册。即使在三年困难时期，只要有一点节余的钱，他也往往用来买书。李之钦同志一贯反对死读书、读死书，他认为读书的目的是为了工作，为了党的教育事业，为了用马克思主义的立场、观点和方法解决自己教育工作中的问题。早在陕北革命根据地从事教育工作时，他就边实践、边总结，积累并整理了苏区教育的点滴经验，留下了《社会教育指导团工作纲要》《张家畔妇轮冬学》《老百姓喜欢什么样的学校》《试谈普及农村教育问题》等著作。可惜的是有相当一部分作品在战争中散失了。新中国成立后，李之钦在任西北局和中宣部教育处处长期间，又撰写了《加强高等师范教育的领导》《关于西北地区高等学校的政治思想工作情况、问题和今后意见的报告》《论目前加强县教育领导部门工作的重要性》《大量发展民办农业中学》等文章。到了晚年，李之钦同志仍然致力于教育教学工作经验的总结。这期间，也正是他研究成果丰硕的时期，先后出版了《李之钦论教育》《徐特立教育思想研究》《简明通俗认识论》等三本专著，共 57 万字，为后人留下了宝贵的精神财富。

李之钦同志虽已离开我们了，但他的道德情操、党性修养和革命精神将永留人间。①

（谷兰　杨文杰　李国生　王德祥）

◎日本文学专家尤炳圻

图 21-2　尤炳圻

尤炳圻（1912—1984），别名尤平白、尤焕曾。江苏无锡人。著名日本文学专家、翻译家。1930 年至 1934 年，就读于北平师范大学国文系和清华大学外国语文系，1934 年留学日本东京帝国大学研究院。1937 年 7 月回国后，历任北京师范大学、北京大学、河南大学副教授、教授。1950 年后任西北师范学院中文系教授。著有《黄公度年谱》《人境庐诗草校注》《日本文学史》，译著有《杨柳风》《我是猫》《火柱》《一个日本人的中国观》等。

尤炳圻先生博古通今，学贯中西，通晓日语和英语等语言，谙熟日本语言和文学。他一生在翻译、研究与教学上兢兢业业，成就显著，为我国日本文学的翻译、研究及教学工作作出了突出的贡献。

1930 年，尤炳圻就读于北平师范大学国文系一年级时，北平文化学社为他出版了两部专著：《黄公度年谱》《人境庐诗草校注》，这两部专著在当

---

① 李国生：《毕生育桃李　功德惠后人——缅怀献身教育事业的李之钦同志》，《党的建设》1998 年第 2 期。

时学术界产生了一定影响。是年作者仅十八岁。

1934 年去日本留学，在日本东京帝国大学研究院研究英国文学及日本文学。在留学期间，他的主要译作有：童话《杨柳风》，长篇小说《梦十夜》。尤先生翻译的《一个日本人的中国观》是由当时上海内山书店主人内山完造写的。这本书的序言由鲁迅起草，译文也由鲁迅修正，鲁迅对其也特别重视。在《致尤炳圻》的信中，鲁迅谈及中日两国国民性："我们生于大陆，早营产业……历史上满是血痕……其实是伟大的。但我们还要揭发自己的缺点，这是意在复兴在改善……"尤炳圻在中日关系紧张期间及时翻译出这部重要著作，表现了他强烈的爱国心。他在《附记》中说："深望此译本能于中日真正亲善相互了解上，有所裨益。"赤诚的爱国心铸就了他跟鲁迅的友谊。

尤炳圻先生于 1937 年 7 月回国，先后在北京师范大学日本文学系、北京大学日本文学系任副教授、教授。1942 年，他曾任《艺文杂志》及天津《庸报》副刊《艺文旬刊》的编辑。这一时期的主要译著有长篇小说《我是猫》及《日本语文法》《日本文学史》《日本诗歌选》等。尤炳圻在小说、诗歌作品的翻译，日本文言语法的研究，文学史编著等方面的成就，体现了他对日本语言文学研究的较高水平。

1950 年 9 月，尤炳圻来西北师范学院中文系任教。期间的主要译作有：1.《日本新民主主义文化运动》，这本书总结了日本新民主主义文化运动的历史经验，指出了文化运动的发展方向，特别对文学运动提出了新的要求。2. 长篇小说《破戒》，《破戒》是岛崎藤村的代表作品。小说塑造了一个热心教育事业的青年教师濑川丑松的形象。丑松接受了平等思想的影响，公开了自己"秽多"的下等人的身份，以致不能继续任教。作品揭露了野蛮的封建身份制度和各种恶势力的罪行。译者向中国读者第一次介绍了这部日本文学名著，博得了中国读者的广泛的赞扬。3. 长篇小说《火柱》，作者是日本现代进步作家木下尚江，他坚决反对日本帝国主义者侵略中国，1937年卢沟桥事变后，对日本侵华暴行异常愤慨，破口大骂，因而受到当局残酷迫害。小说创作于 1904 年日俄战争前夕，塑造了一个反动势力重压下进行顽强斗争的基督社会主义者的形象，表达了作者的反战思想和渴望社会改革的愿望。译者向中国读者第一次介绍了这部日本文学名著。①

---

① 王培青：《尤炳圻生平及其著译》，《鲁迅研究月刊》1996 年第 7 期。

尤炳圻先生不仅从事日本语言文学的译著，他的研究也涉及中国古代文学和现当代文学及民俗学等领域，体现了开阔的学术视野。如 1957 年 4 月由甘肃省文联主编的《陇花》杂志刊登尤炳圻先生名为《冯梦龙和"三言"》的文章，文中指出"三言"中冯梦龙作品的考定迄无进展乃至今后也难以进展的原因所在，并探讨了话本小说研究中出现混乱现象的主要原因。他认为"三言"既为冯梦龙的代表作，应肯定冯梦龙是拟话本小说的代表作家，是保存宋元话本的功臣，理应在文学史、小说史上占有重要地位。

尤炳圻先生还有不少译文、论文、散文刊载在各种报刊上。2019 年，西北师范大学文学院李晓卫教授编选了《尤炳圻学术文选》。

听过尤炳圻先生讲课和了解他的学生和老师，都知道尤先生爱抽烟。他不讲究吃穿，不喝酒，生活很随意。除了烟，唯一能使他痴迷的就是书了。尤先生一生好学，读书认真，不过问政治，所以读书对他来说是极为重要的。他的词典上全是自己密密麻麻的批语和注解。每查一个字或词，他都会在所查的字或词上画一个红圈，直到把那个字或词弄得滚瓜烂熟，最后，他竟然对那本词典能倒背如流。他总爱在读书时给书上写点读书笔记或者意见。他读过的书上几乎全有他的笔迹。他的读书是出了名的，"谁要想知道尤先生住在哪里，只要去看看唯一亮着灯的就是他家"。他经常去图书馆，每次借的书都留有他的批注和名字，现在西北师大学生在图书馆借的书上，还能发现尤先生的笔迹。

尤先生常年著书立说，难得休息。1962 年的北京之行，让其儿子尤锡骐终生难忘。

1962 年暑假的一天，我得知阔别了 5 年的父亲来北京和我们团聚，高兴地连夜从相距几十里的北京钢铁学院住地赶往火车站。当兰州至北京的 36 次"直快"在曙光中停稳后，父亲一手提着一大网袋白兰瓜，一手提着一大网袋教科书缓缓从车厢走下，我喊着跑过去要接网袋，父亲只把白兰瓜网袋给了我，那大网袋教科书却不肯放手。我们说着笑着换了几次公共汽车才大汗淋漓地回到钢铁学院爷爷奶奶家。

老人深知父亲假期备课的习惯，专门在家里安顿了一间书房供父亲使用，但白天我推门进去却不见父亲，原来，父亲白天到中国文学研究所和北京图书馆去收集资料，只有在晚上的灯影中才能见到伏案备课的父亲。

八月中旬的一天，曾两次到西北师大讲课的文研所研究员李健吾一家约我们去颐和园，这天父亲也很有兴致，路过一建筑工地看到一伙打夯工人时，还即兴领喊了一阵夯号。两家在颐和园知春亭会合后，以昆明湖、万寿山、佛香阁为背景合影留念，这是那年暑假父亲在京唯一休闲的一天。

八月下旬父亲说："西北师院快开学了，得早点回兰州。"但那天父亲却有和爷爷奶奶说不完的话，直到离火车始发只有半个多钟头时，我才硬拉着父亲出了家门。坐公共汽车去火车站是绝对来不及了，所幸的是巧遇了一辆当时不多见的出租车，和司机说明情况后，小汽车抄近路直奔北京火车站，当小车在火车站钟楼下停住后，离开车只有几分钟，我一手拎着装满教科书和教案的网袋，一手拉着父亲像百米冲刺似的奔向即将启动的列车，列车员把已关上的车门打开才把父亲拉上车去。我喘着气望着迅速远去的列车，心里一遍遍地默念着："父亲您一路平安！"

尤炳圻先生早年留学日本，通晓日语及英语，学贯中西，译著甚丰，在学术界影响较大。

在"文革"时期，尤先生的耿直性格无疑会给自己带来诸多不便。由于他经常翻译并介绍日本文学，后来被扣上了一个"偷读敌书"的帽子，尤先生的一腔热情无处挥洒，只好委屈地过着不是滋味的生活。

尤先生的日语口语很好，但他只能困在一个小圈子里，最后他决定教孩子学日语，让孩子多学知识。尤先生的父亲曾是国民政府的交通部长，而其姐夫是著名作家、翻译家、中国社会科学院研究员李健吾先生。他有6个儿子，长子毕业于清华大学电机系，次子毕业于北京林业学院，老三毕业于北京石油学院，老六读过西北师大夜大，随后又读了中央党校函大，老四、老五因为多种原因基本没上学。他对六个儿子非常严格，成绩差的挨板子，成绩好的有奖励，但先生比较遗憾的是六个儿子不全是大学生。

尤先生在20世纪60年代因为受到迫害而瘫痪，中日邦交正常化后，北京外院曾邀请他去执教，但他因病未能如愿。就这样，他在椅子上坐了十几年，又在椅子上度过了他的晚年。

（尤锡骐口述　王德祥整理）

◎主张"一本书主义"的焦北辰

焦北辰（1915—1987），江苏睢宁人。地图、地名学专家。1939年毕业于北平师范大学地理系，1953年到西北师范学院地理系任教授、副系主任。主编有《中国地名辞典·甘肃卷》《中国自然地理图集》等，译著有《地图学》《西非经济地理》。

图21-3　焦北辰

做学问要经得起历史的考验

曾经有人说：假如你要去惩罚一个人，最好的方式就是让他去编词典。焦北辰先生一生与地名词典的缘分似乎成了一个奇迹，可谁又能从奇迹中发现他治学原则是："踏踏实实做学问。"

那时候，焦北辰被教育部和中国地名委员会聘为《中国地名词典》总编委会委员兼甘肃分卷主编，于是不遗余力地开展地名普查工作。他不放过任何一个含糊的地方，总是告诫其他工作人员："做学问写文章，要经得起历史考验，谨慎再谨慎，马虎不得。"据说渭源县有个风景区"鸟鼠山"，因"鸟鼠同穴止宿"而得名。他觉得不大可能，便不顾70岁高龄，亲自跑去当地考察，不厌其烦地请教老百姓，又充分调动中文、历史、生物各系的教师，再寻找理论上的根据，后来写成了发微探幽的美文《鸟鼠山》。在编定西地名时，有个字方言词典中没有，请教别人也无结果，当时他带着多病身躯，非要到定西跑一趟才行。当得知这个字读"wà"，是"山坡"之意时，他如获至宝，喜不自禁。

为了《中华人民共和国地名词典·甘肃卷》的编著，焦先生每天凌晨四五点起床，一干就是十六七个小时，多次累倒在书桌旁，在得了脑血栓卧床后仍旧坚持工作。为编《中国自然地理图集》，焦北辰联合了中国地图出版社和南京师大等六所高校地理系的精英，多次开会精心设计方案。对编委的要求也相当严格。有位兰州大学教师说话风趣，每次开会话题扯得老远，焦先生每每提醒他"这样不行，要好好谈工作"。还半夜打电话催人家要好好干，不可马虎，因为要求严格，大家又有凝聚力，编著工作卓有成效。

"一本书主义"

焦北辰先生常给学生介绍"读好一本书"的方法，他认为在大学学好专业课相当重要，先要谨慎地选好一本经典著作，然后仔细阅读，要精要通，再扩展其他方面的知识。进行创新要有自己的见解，只有读通一本书，才能一通百通，并常常帮学生推荐好书。可是，他的这种使学生受益匪浅的读书法，在"文革"时被命名为"一本书主义"而受到批判。

其实，焦北辰先生虽然强调要读好一本书，但他并不主张学生的知识面过窄。他自己就有宽厚的知识面，在西北师院地理系，他除了教自然地理、外国地理、测量与地图学等课程外，又自学高等数学、英语和俄语，还翻译了《西非经济地理》、苏联《地图学》等书。

焦先生视教学为艺术，注重理论结合实际的方法，把培养学生的能力摆在首位。早在20世纪50年代，就带领学生两度参加兰州市城市规划工作，去祁连山考察，进行边界勘探。在教"测量与地图学"课时，经常带学生在狼沟等地进行测量实习，带"自然地理"课时，在西北师院旧文科楼前面建立了气象观测场，并经常带领学生到气象部门参观天气预报的发布情况。

"不能把我打死，我还要为党工作呢"

焦先生尽管遭受了历史上不公正的待遇，但他从来不在课堂上或家人面前发牢骚。在"文革"中，焦先生被红卫兵多次揪斗，有一次批斗会上，当有人动手打他的时候，他乞求道："不要把我打死了，我还要为党工作呢。"

"工作？反革命还想为党工作？"红卫兵反驳道。

"既然我是反革命，为什么我把七个孩子都教成了共产党员？"焦北辰先生理直气壮地反问。

的确如此，焦北辰先生在旧社会受了很多苦，加上自己子女多，生活举步维艰。新中国成立后学校、系上给了相应的补助，待遇好多了，因此他坚信社会主义，也坚信受苦受难都是暂时的，历史的不公正迟早会得到纠正。他对子女的要求严格，七个孩子都考上了大学，都加入了中国共产党。

掌一盏油灯辅导学生自习

20世纪50年代初，焦北辰先生刚到西北师院时，生活相当艰苦，一家九口人挤在十里店的小平房里。每天晚上，他都掌一盏煤油灯，步行十几分钟去学校，辅导学生自习。有一次，眼看快要下大雨了，可他仍一如既往地手擎煤油灯前往学校辅导学生。辅导完后，由于暴雨，当晚狼沟发洪水，桥也被冲垮，无法回家。妻子儿女们在狼沟对面等待多时，不见人影，因此全家彻夜未眠。而焦先生则与学生一起在空荡荡的教室里度过了一夜。一次，有学生来借植物油，可先生家里的油瓶也快见底了，师母的饭还未做好，但他还是把油全倒给学生了。对焦先生的为人与为学，有联云：育才、识才、爱才，唯才是举，虚怀若谷，平易近人人益近；读书、教书、著书，以书为乐，朴实无华，淡泊明志志更明。（杨新华　徐兆寿）

父亲和兰州的"水"

新中国成立后，为了建设新中国，父亲携家带小，从东北师范大学来到当时的西北师范学院工作。20世纪50年代，西北师范学院的教师大部分都居住在十里店。每天步行去学校上课。在十里店和学校之间有一条被当地人称为"狼沟"的排洪沟。就是现在学校东门到附中之间的那条排洪沟。据说，冬天北山的狼沿着那条沟去黄河边饮水，所以起名为"狼沟"。那个时期春天、夏天的雷阵雨特别多。大雨过后，洪水要淌很长时间。每次发洪水，母亲都很不放心，常领着我，带着雨伞、雨鞋、衣服去"狼沟"边接父亲。当我隔着滔滔洪水的"狼沟"见到父亲那熟悉的身影时，我总是忍不住放声大喊"爸爸"。父亲隔着"狼沟"给我们挥挥手，让我们回去。但是，我们还是坚持等父亲过来。洪水渐渐地小了，"狼沟"里留下大大小小的石头，父亲踩着石头小心翼翼过来。母亲让父亲换下潮湿的衣服，穿好雨鞋，打着雨伞一起回家。以后，每次发洪水，只要我在家，都要去"狼沟"

边接父亲。直到 1957 年，我们家搬到学校里面，才结束接父亲的历史。

那个时代，学校没有自来水，喝的是黄河水。每天学校用马车给教职工送水。由于水是从黄河里直接打上来的，水是黄的，非常混浊，所以要用明矾沉淀。我家人口多，用水量大，水缸也多。我每次先把明矾放在铁臼砸碎，然后撒在水缸里，用擀面杖使劲地在水缸里搅动。最后，经过一天的沉淀水变清了，就可以饮用了。经过几次的沉淀，水缸底部就会形成厚厚的一层黄泥。因为水缸很高，弯腰还是够不着底部，于是发明了"倒挂金钟"式的挖泥法。"倒挂金钟"式的挖泥法就是把我的双脚提起来，头朝下，放进水缸里，我用小铲子挖泥，然后把泥放在篮子里，我哥哥再把篮子提上来。当时，用水就是这样困难。

当时，教师在十里店的房了都是土房。房子到处透风，晚上通过墙缝可以看到屋里的灯光。房顶是用麦草和泥，铺在小木棍上，草泥上再放上灰瓦。为了便于流雨水，土房的屋脊中间高，两边低。尽管这样，土房的房顶还是经常漏雨。每年春天学校都派工人给每家翻瓦、压顶。可是，每年雨季，房子总是漏雨。每当外面下大雨，屋里就下小雨，"盆盆罐罐"成了接雨的工具。有一天淅淅沥沥的小雨下了一夜，凌晨才发现被子已经湿透了。早晨，太阳出来了，我们把下湿的被子抱到院子里晾晒时，父亲指着被雨水湿透的一块块雨迹，风趣地说："大的一块像世界地图，小的一块像甘肃地图，不大不小的像中国地图。"大家都高兴地大笑起来。虽然生活是那样的艰苦，但是苦中有乐啊！

（王德祥　焦瑶光　杨新华　徐兆寿）

◎农场中的孤独者方孝博

方孝博（1906—1984），安徽桐城人。我国著名物理学家、古汉语学家。1930 年考入国立中央大学攻读物理，同时在中文系选修理学、文字学。1934 年毕业后，留校任物理系助教。全民族抗战爆发后，随校迁往重庆，改任中文系讲师、副教授。1945年又随校迁回南京，先后教授光学、先秦哲学及文字学等课程。1951年，响应国家号召，支援大西北建设，举家移住兰州，先后在兰州大学、甘肃工业大学、甘肃教育学院、西北师范大学任副教授、教授。著有《荀子选》《墨经中的数学和物理学》《文字学纲要》等。

方孝博先生出生在文气甚盛、才子辈出的安徽桐城，自小聪慧好学，文理兼修。凭着对自然科学的深深热爱和扎实的古汉语功底，他以物理、汉语均为全国第一的成绩考入了中央大学（南京大学前身），是当时名噪一时的

图 21-4 方孝博著
《墨经中的数学和物理学》

"文理双状元"。在中央大学，他主修物理专业，同时也修古汉语专业，而且成绩一直保持领先。大学毕业，又以物理专业成绩和汉语专业成绩均为年级第一的优势，留在中央大学任教。起初，他在物理系任助教，后又被中文系聘为助教。这种文理兼修的道路，一开始就奠定了先生以后的研究和发展方向，使方先生在一般人无法理解的领域里，开辟了一条前所未有的坦途。

为了发掘和光大中国古籍中的理学精华，让更多的人了解中国璀璨的文化，凭着深厚的古汉语和物理学功底，方孝博先生把研究的眼光放到了《墨经》上。这部包含深刻数学和物理知识的中华古籍巨著，在两千年前就为中华民族创造了无尽财富。由于历代学者对《墨经》的不同见解，使《墨经》的原貌难以辨识，方先生在考究众家之说后先进行了校订，再结合现代理学知识进行了阐释。他在自序中说："但自梁启超作《墨经校释》，开始大胆怀疑大胆篡改墨经原文字句以圆成己说的风气，至近世而益盛，这对墨经的研究实为甚大障碍。鲁胜的'疑者阙之'，最符合科学的实事求是精神，应该提倡。窃标斯义，愿以质诸当世治墨经之专家学者。"就是本着这个志愿，方先生的《墨经中的数学和物理学》初草于20世纪30年代，1963年成书，之后不断修订。但由于种种原因，长期以来不能面世，到1983年才在有志之士的关心下，由中国社科出版社出版。

20世纪60年代初，三年自然灾害期间，甘肃灾情严重，人们生活艰难。方先生任教的甘肃工大，也是生活窘迫之极，师生往往以槐花饭、榆钱等充饥。当时，方先生的妹妹由于中德文化交流，在德国教授汉语。她来信询问情况，方先生一直只是言好，而只字不提困难。一是怕亲人担心，更重要的是怕传到国外影响祖国的尊严。后来，其妹来兰州探亲，才知道了真相。想让先生一家去国外，也被先生拒绝了。

方孝博先生一生喜静，不好交往，多年来潜心于学术研究，对世故人情十分淡漠，只与学术上有关联的人进行礼节性的来往和学术上的交流。"文革"后期在师大农场劳动，别人在工闲或晚上聚到一起嬉笑打闹，或者打牌饮酒。但他始终不参加，一个人躺在一边思考或者读书。而且当时他腿有病，本来可以请假在家休息，先生却坚决不请假，也不让家人请假，固执地坚持劳动。由于先生身体原因，加上与世无争的性格，没有给他安排重体力活，被安排到豆腐坊干事。由于长期潮湿，他的腿疾严重了。后来，在空军兰州医院就诊，但始终没有医好。到晚年，先生瘫痪了，在病床上度过了他的余生。方孝博先生虽然人有些孤僻，不大与人交往，但由于一生耿直，淡泊名利，与世无争，同样赢得了大家的赞扬。

说起方先生的敬业，大家都赞不绝口。他不管在中央大学也好，还是在西北师大也好；不管是教授物理也好，还是教授汉语也好；不管是正常时期也好，还是被错误对待时期也好，先生在教学和科研上，都没有过一点因为情绪而耽误的情况，始终兢兢业业，教授出了一批批优秀的人才。即使是在被错划为右派平反前的二三十年中，他也没有一句怨言，尽职尽责，培养着学生。接触过的人只有一个感觉："先生是个好人！先生是个直人！先生是个真正搞学问的人！"

（来鑫华）

◎九江"神童"黄席群

黄席群（1909—2009），字济生，笔名雪禽、西琼、君羊，江西九江人。翻译家。1931 年毕业于金陵大学历史系。先后在江西九江儒励女子中学、金陵大学、国民党中央通讯社编辑部等处任职。1951 年来兰州后，先后在西北兽医学院、甘肃农大任教。1963 年后，任西北师范学院外语系副教授、教授。主要译著有《中国土地利用》《美国的历程》《英国现代史》《全球分裂——第三世界的历史进程》《夹缝中的六国》等。

图 21-5　黄席群

黄席群先生幼年的求学之路漫长而艰辛。他出身名门，父亲是民国初年和梁启超、章太炎齐名的舆论界领袖黄远生，他所写的专栏"远生通讯"在当时政界具有极大的影响，被称为"中国第一个真正现代意义上的记者"。他六岁丧父，加上又是独生子，其母指望他将来能光耀门庭，于是送他到亲戚家聘请的一位叫刘奉书先生的私塾门下读书。黄席群聪明好学，老师惊讶地说："我教了不少大大小小的学生，却没有见过如此聪明的孩子。真是一个'神童'呀！"于是，黄家的孩子是"神童"的话便在家乡四周传开了。到 9 岁时，被送到罗享庭先生家中学习作文。10 岁跟随黄子甲先生学习英语。童年的启蒙，使先生对英语产生了浓厚的兴趣，给以后的路打下了良好的基础。此后，又师从本家叔祖黄儒冕学习文言，师从黄西先生学习数学。1922 年，黄席群进入九江同文中学学习，开始接受学校科班教育。

1923 年秋季升入同文中学高中部，他学习更刻苦了。当时开了生物课，教材是东吴大学美国教授用英文编写的，他学得非常卖力。在一次期中考试中，他在短短两个小时之内，奋笔疾书，洋洋洒洒一口气答了满满 12 页之多。足见他对该课热爱程度和理解精深程度。

高中毕业前，他患上了天花，不得不在家休息了一个月。即使这样，他绝不放弃学习，自修课程，最后还是拿了全班第一的好成绩。

1926 年高中毕业后，由于四年连续第一的成绩，他被保送到金陵大学深造。起初他选择了化学专业，但由于身体虚弱，受不了实验室中的氨气，所以改修历史，同时兼修国文。

在金陵大学，当时的老师多为外国人，师资力量雄厚。学校实行的是美国式的通才教育，学习范围包括自然科学和社会科学。在主修历史兼修国文的同时，他还选修了生物学、遗传优生学、物质学、气象学、园艺学、经济学、社会学、心理学、人类学、政治学、逻辑、西洋哲学史、社会思想史、政治思想史等多门课程。他凭着惊人的毅力和孜孜不倦的求知态度，把自己变成了一个博学的大师。

黄席群先生一生治学严谨，来不得半点马虎。在他从事教学的多少年里，不管是哪个学科、哪个层次、哪种方式的课都是慎重对待，力求备好每一节课，力求讲好每一节课。为此，一本英文词典、一本中文字典，是他手头时刻不离的两本工具书。多少年来，他不知道翻破了多少字典。在刚开始教授高中国文时，遇到疑难词语和典故，他一定要查《辞源》弄个明白。先生夫人当时嬉称《辞源》是他的"老师"。

黄先生上第一堂课时都要提前声明："我们要本着'教学相长'的精神进行工作。弟子不必不如师，师不必贤于弟子。教师不是万能的。我如果讲错了，大家可以指出来，我一定更改。我今天如果讲错了，我自己发现以后，明天一定纠正。否则会谬种流传，后患无穷。做教师的不能强不知以为知。"他还在教学中总结出了"学、问、思、知、行"的五字教育思想。学然后知不足，所以有惑，这就要"问"。包括老师问学生、学生问老师、师生互问。但是，有很多老师不会提问学生，也有很多学生不会向老师提问，这都是困扰教学的症结所在。学生在"学""问"的基础上，掌握了一定的知识，接下来就要会思考。"学而不思则罔，思而不学则殆。"只有会思考的人，才会把所学知识从感性认识上升到理性认识，活学活用。只有在"学""问""思"之后，才算掌握了一点知识，才算达到了"知"的程度。再就是如何身体力行、用于实践的问题了，这就是"行"。作为老师，授业过程此五个环节缺一不可；作为学生，学习过程这五个环节同样缺一不可。

1957年，黄席群先生被错划为右派，次年8月被遣送至酒泉夹边沟农场劳动。1959年7月底，上级指示将农场的三个高级知识分子——兰州大学副校长陈时伟、西北民族学院蒙古史专家谢再善和黄席群一起调至酒泉新生机械厂劳动。1963 年，西北师范学院外语系需要扩充师资。经黄席群先生一位同事推荐，学校派俞杰同志了解他的业务能力。具体办法是读一段英文课文，用英文写一篇自我简介。黄先生在完成要求后，同时让俞杰先生把自己和农大一位老师共同翻译的《茶花女》带上以证明自己的翻译能力。6 月初，西北师院通知他到校教授英语。外语系领导给了黄先生一周时间准备试讲。当时听课的有系领导、全体外语老师和英语专业毕业班学生，先生讲的是徐燕谋编的大学英语课本《On Big Words》（《论大字眼》）。他联系古汉语知识旁征博引滔滔不绝地用流利的英语讲了两个小时，旁听者无不称赞。系里当即决定让他下学期带四年级一个班的英语课。从此，先生在西北师院兢兢业业教授英语直到退休。

黄席群先生来西北师院时，还没有摘掉"右派分子"的帽子，在师院不好定职称，只好定为"雇佣教员"。即便如此，黄先生仍毫无怨言，加倍努力钻研专业。有一天，阮迪民书记问他累不累，他回答说："不累！我像个很久没有喝过水的人，现在逮着了水，很想满满的喝个够。"就这样，先生硬是把专业搞到了十分精深的程度。在他以后的教学生涯中，培养出了一批又一批优秀的人才。

黄席群先生有一个"剑桥"和"十里店桥"的故事脍炙人口。有一年，北京大学著名教授杨周翰先生来西北师院讲学。一天，黄席群等几人陪同杨先生在校外十里店桥散步。杨先生曾经留学英国剑桥大学，他见黄席群先生口语流利，突然问道："黄先生，你是不是剑桥回来的？"黄席群先生当时一愣，随即幽默地答道："不，我是从十里店桥回来的！"当时大家一阵欢笑，都说黄先生幽默。

一位外籍教师建议某大学外语系师生翻译美国通史《The National Experience A History of The United States》（译为《美国的历程》），但有位同志的译稿在商务印书馆没有通过审阅。当时，一位在这所大学上研究生的西北师院毕业生找到了黄先生，谈到了译书的问题。黄先生让西北师大外语系老师翻译了这部分文稿，他自己细心润色加工后交付商务印书馆。责任编辑周颖如女士见稿后颇感惊讶："未料西北还有这样的人才！"黄先生得知后却说："我其实不是西北人，西北的名教授如水天同等人胜我多矣！"

黄先生十分关心祖国的语言文字工作。他多次向国内新闻媒体撰写有关语言文字规范化、标准化方面的见解。

　　黄先生平时喜欢看电视、杂志等，但更钟爱写诗，他所作诗词曾收入《当代中国诗词精选文集》。他认为在保持原诗意境的前提下，既要兼顾诗的形式格律和谐韵，又不能太拘泥于形式，甚至中国的古文只要运用得当，也可以译英国诗歌。他的这一观点曾引起业内人士的关注。他做人求真，待人诚直，为人和善。百岁高龄时仍天天看报、读书，耳目聪慧、思维敏捷、口齿清晰。先生自撰春联一副："顾盼犹存千里志，拘牵莫负百年身"，他常说"活到老，学到老，还有许多没学好"，体现了黄老热爱生活、自强不息、无止追求的精神，不愧为后辈学习的楷模。

（黄嘉　来鑫华）

第二十二章　独树一帜写经史

◎ "读书贵能得间" 的金宝祥

　　金宝祥先生 1914 年生于浙江萧山，1934 年考入北京大学历史学系，曾受到史学大师陈寅恪、钱穆等先生的精心栽培。1938 年毕业后，曾任教于四川大学、浙江英士大学，1950 年在范文澜先生的推荐下，任西北师范学院副教授，次年晋升为教授。曾任西北师范大学历史系主任、兼任中国历史学会理事、中国唐史学会理事、甘肃省历史学会会长、中国吐鲁番学会顾问等职。因贡献突出，享受国务院政府特殊津贴，先后被授予全国教育系统劳动模范，并被甘肃省政府聘为终身教授。

图 22-1　金宝祥

　　金宝祥先生长期致力于隋唐史研究和教学，取得了丰硕的学术成果。主要学术著作有《唐史论文集》《隋史新探》等，同时主编了《甘肃史稿》《中国古代史》。此外，发表论文 20 余篇，多篇被《中国历史学年鉴》《史学情报》《中国史研究动态》《中国史研究文摘》等全国性报纸杂志转载、介绍。先生在隋唐政治史、经济史、民族关系史等领域的独特见解受到国内外史学界的高度评价，被誉为"突破前人窠臼""博大精深"。香港大学亚洲学术中心黄约瑟先生认为"金先生治学自有蹊径，其学术已形成独树一帜的体系，可在唐史学界成分庭抗礼之势"。关于金宝祥先生的学术成就，中国经济史学会会长魏明孔先生认为以下几个方面均有较高建树：（1）关于唐史分期；（2）唐代藩镇割据形成的历史条件；（3）均田制的实质；（4）两税法的内容；（5）隋文帝、炀帝父子和唐太宗、唐高宗父子三番五次攻打高丽的奥秘；（6）关于直接生产者的人身依附关系；（7）关于印度佛教寓言与唐代风俗。①

金宝祥先生早年受传统史学影响较深，以考据治学为主。1949年新中国成立后，逐渐以马克思主义史学观点和方法研究中国古代史。关于自己的治学方法，他谈道："构成我学术基础有三部分：一是文献资料；二是东方哲学名著；三是马列经典著作、黑格尔的哲学名著。""这三部分间的关系不是孤立的，而是相互依赖，相辅相成的。只有三部分合而为一，浑然一体，才能谈得上研究历史。历史的最终归宿是集中到一点，所谓'一点'，就是形成一种体系，但要达到这一点却非常难。历史研究的人要不断提高自己的主观思维能力，不要被一些假象所迷惑，要透过事物的表面看到其本质。"② 关于学术研究，金先生一再强调："研究就是探索真理，要求做到古今相通、主客相通"，"科学的目的在于探索真理，因此必须有艰苦卓绝、力求真实的精神，对自己的缺点，必须和盘托出，否则就谈不上科学"。因此，金先生始终秉持在马克思主义理论指导下进行学术研究。

据金宝祥先生回忆，在西北师大任教三十年，"是我在治史上真正摸得门径，使我有所启发、有所成就的三十年。这个门径，就是以马克思主义为指导潜心研究历史。摸得这个门径，不光是看几本马克思主义基本原理或者说用新史学观点来写的历史著作就能成功"。③ "我以马克思主义为指

---

① 魏明孔：《追随金宝祥先生学习历史》，载田澍主编《庆贺历史学家金宝祥先生九十华诞论文集》，甘肃人民出版社2004年版，第518—520页。（下同）

② 沈颂金：《历史研究与理性思维——金宝祥教授访谈录》，《庆贺历史学家金宝祥先生九十华诞论文集》，第527、528页。

③ 《世纪学人自述》第5卷，第100、102—103页。

导，在读历史文献中，能逐步抓住唐代历史的要害，以唐代的封建土地所有制为历史的基础，进行研究……在阶级斗争的推动下，私家佃农人身依附关系的由强化而减轻，是隋唐历史的一个基本内容，以此为依据，于是有私家权利的削弱，国家权力的强化。要说学术上的成就，这便是迄今为止，我的一点成就吧。这点成就，绝不是一蹴而就，而是一个长期艰苦劳动的过程。"在学术之路上无平坦大道可走，金先生的治学之路印证了这一点。

金宝祥先生的学术研究方法，他这样总结："我在学术上的那点成就，实是结合历史实际刻苦阅读马克思主义经典著作和以马克思主义为指导刻苦阅读历史文献的一个过程。我写的每一篇文章，总先考虑，是否有自己独到的见解，是否有自己所掌握的比较精确的史料，如果有，就写，否则，绝不写。所谓有独到的见解，我的体会，无非是对某个历史问题的本质，多少有接近一致的认识。只要有这样的认识，去写文章，文章必然有具体之感，而不至蹈空。读书贵能得间；读历史文献，要得间，要有新意；读经典著作，同样要得间，要有新意。马克思主义不是教条，而是一门永远发展的科学，学习它，主要就是要学习它永远创新的精神，只有这样，才能把历史说成科学，说成活的东西。"[1] 据李宝通先生追忆："他运用马克思主义理论与方法撰写的《论历史主义和阶级观点的相互关系》《关于中国封建社会土地私有制的形成问题》《中国封建社会土地所有制是地主土地所有制》《中国封建专制主义之所以长期存在的历史根源》《中国封建社会的分期问题》等一系列科学论文，拓展了我国史学界对马克思主义历史科学的研究与探讨领域"。[2]

1981 年，由金宝祥先生牵头申报的西北师院中国古代史硕士点获得通过，成为全国首批中国古代史专业硕士学位授权点之一。在金先生的带领下，中国古代史专业获得了长足发展。该专业先后招收秦汉史、魏晋南北朝史、隋唐史、宋元史、明清史、西北史、文化史等方向的硕士研究生。[3]金先生在教书育人方面对后辈学人的影响至为深远。据魏明孔先生回忆："金先生对我们的要求很严格，每周在府上聆听一次课，一般是晚饭后进

---

① 《世纪学人自述》第 5 卷，第 105 页。
② 《我与西北师大》，第 180 页。
③ 田澍主编：《庆贺历史学家金宝祥先生九十华诞论文集》，"前言"，第 2 页。

行，往往是晚上七点到十点钟，有好几次先生上到凌晨一两点钟，而先生一点倦意也没有。""先生每个星期六晚上都要到我和师兄李宝通的宿舍来一次，对学术、个人经历、社会问题等无所不谈。"① 据北京大学漆永祥教授回忆："金宝祥先生威严无比，我们轻易不敢吭气儿，先生拄根拐杖，双手按扶，闭目开讲，他根本不管你听众有无反应，进入自己的世界，徐徐道来，时而摇头，时而赞叹，时而思考，时而停顿，浙江话三句能听懂半句，已然不错。我曾有幸在先生家捧赏他读过的《资本论》《小逻辑》，上面密密麻麻有先生的圈点和批语，或蓝笔，或红笔，诸如'妙''甚妙''不通''不懂''还是不懂'等，前辈读书之用力，岂是我等可及于万一。先生讲隋唐史，其理论水平与见解之深刻，堪称大家，举国之内，匹敌者寥寥无几。"②

据宋史专家李华瑞追忆："金宝祥先生是一位笃信马克思主义的历史学家，也是著名的隋唐史专家。他说他曾5次通读过《资本论》，还读过两遍黑格尔的《小逻辑》，因此倡导学习马克思主义经典著作，受金先生的影响，我也很认真地读过一遍《资本论》第一卷"。③ 据宋史专家张邦炜先生追忆："他认为，历史是一部一切皆生、皆灭、皆动、皆变的动画片，历史工作者应当具有强烈的历史感、时代感，善于将历史现象放在历史发展演变的总进程中去作动态考察。同时，他又强调历史工作者应当具有总体意识、全局观念，不仅要瞻前顾后，上挂下联，而且要左顾右盼，东张西望"。"金师强调，'读书贵在得间'，要我除读《长编》外，还应当细读新近影印出版的《宋会要辑稿》，特别是食货志部分，并与《宋史》诸志及《文献通考》相关部分结合起来读。"④ 据民族学专家胡小鹏先生追忆："金先生，南方口音，温文尔雅，讲课时面带微笑，语气柔和，让人心生亲近之感，其江南望族气质与教授身份符合我对学者的想象"⑤。可见，金宝祥先生在教学活动中潜移默化，对后辈学人走上学术道路产生了巨大影响。

（侯培和）

① 魏明孔：《追随金宝祥先生学习历史》，《庆贺历史学家金宝祥先生九十华诞论文集》，第523页。
② 漆永祥：《五更盘道》，生活·读书·新知三联书店2019年版，第108页。
③ 李华瑞：《记忆中的胡如雷先生》，载李华瑞《宋夏史探知集》，中国社会科学出版社2020年版。
④ 张邦炜：《从心底里敬佩的老师——纪念陈守忠教授百岁诞辰》，载李华瑞、何玉红编《陈守忠教授诞辰百年纪念论文集》，社会科学文献出版社2021年版，第20页。
⑤ 胡小鹏：《纪念恩师陈守忠先生》，《陈守忠教授诞辰百年纪念论文集》，第57页。

◎历史文献学家金少英

金少英，1899 年生，浙江绍兴人。我国著名历史文献学家、教育家。1924 年毕业于北京大学哲学系。新中国成立前历任四川女子师范学校、四川大学、湖北师范学院、重庆大学、南京临时大学等院校教授。新中国成立后任西北师范学院历史系教授、系主任。兼九三学社中央委员，九三学社兰州分社主任委员，甘肃省第三届人大代表，甘肃省人民委员会委员，甘肃省政协第三届常委。

图 22-2　金少英

金少英先生平生主要致力于古文献整理与研究工作，著有《汉简臆谈及其它》。① 该书所收论文主要为有关汉简的研究与秦汉典章制度的考订。其中《秦官考》一文，补正徐复《秦会要订补》阙失，徐著详于因革，大多以六国证秦制，而勘证殊鲜……先生旁征博引，订正二十余事，增补御史中丞、符节令史、太宰、宗祝、博士仆射、太医令、都水长、车有丞、行人、武库令、静室令等五十五官，使秦代官职见于文献者趋于完善。中华书局出版《秦会要订补》时将此文收入该书附录。《汉简臆谈》（一、二、三）利用居延旧简，考证了汉朝的赋税制度及西域都护的设置时间，对汉简中"两""解何""文毋害"等词做了精辟的考释，纠正了史学家陈直《两汉经济史料论丛》一书的失误。先生就《史记》《汉书》之记载，证之以简牍，认为"訾算"是财产税，西汉社会经济，以家有十金或钱十万为中等人家；"算缗"为营业税或工商税；"舟车税"其初只税商人之车，后来虽扩大范围，而重点仍在于商；"六畜租"即牲口税。汉简中的"得算""负算"，但记考绩，并不指钱；"解何"

---

① 　金少英：《汉简臆谈及其它》，甘肃师范大学，1978 年。

是有何话讲,是何缘故;"两"是古代车、履、币、练的计量单位,居延旧简中的"两"也指权衡、车辆、绔,但不指黄金,汉代黄金以斤计,黄金每斤值钱一万;"文毋害"谓能为文书无疵病,非官名也。《汉书·宣帝纪》《百官表》《匈奴传》对西域都护的设置时间,记载不一,最早为地节二年(前 68 年),最迟为神爵三年(前 59 年),先生考之史实,证之汉简,认为西域都护设置于神爵二年(前 60 年),单言"都护"实与"西域都护"不同,至神爵以后,"都护"一名始成为"西域都护"的简称。

《查伊璜著述考》一文,发潜钩沉,著录查伊璜的著作达 74 种之多,远远超过谢国桢先生《晚明史籍考》只录 4 种的记载。另如《〈尚书·盘庚〉上篇译释》《读史志疑》等文,注释精当,考证缜密。

金少英先生的另一著作《汉书食货志集释》,"以王先谦《汉书补注》为底本,荟萃各家,断以己意,考订精审,多有创新之见,洵为清代王先谦《汉书补注》以来对《汉书·食货志》又一次总结性的整理,对研究古代经济史者大有裨益"。《大金吊伐录校补》一书辑录北宋末年宋、金往来国书与金灭辽、破宋,建立楚、齐傀儡政权文件。全书 163 篇,三分之二以上不见于他书记载,史料价值极高。金少英先生从 1941 年起,就开始校补此书。"先生花费多年心力,对该书进行全面整理,成此《大金吊伐录校补》一书。此书据《三朝北盟会编》等书辑补正文数十篇,使首尾完备;篇次则依时间顺序改定,使次序井然。其校勘文字,以多种不同版本对校,远胜守山阁本钱祚氏之唯据超然堂吴氏一本者;复以他书参校,或以本书各篇互校,更见精细。其考释部分,或考证发文月日,或补充有关史实,或考辨记载失误,或辨别内容真伪,援据精切,论证详尽,是研究宋、金、辽史不可多得的重要著述"[1]。经过金先生的校对,全书"基本上已做到有问有答,首尾完整",同时金先生还增加了"考释"一项,更见功力。[2]

在教学上,金少英先生也是兢兢业业。据水天长先生回忆:"其中如长于校勘、考据及古文解读的金少英先生是一个戴着金丝边近视眼镜、衣冠楚楚、满口绍兴官话的瘦小老人。同学们在背后偷偷叫他为'绍兴师爷'。他给我们班上历史要籍及选读课,上课一丝不苟,对学生的学习要求甚为

---

① 李庆善:《金少英》,载强宗恕主编《陇上社科人物》,甘肃文化出版社 1996 年版,第 163 页。
② 曾贻芬、崔文印:《古籍校勘说略》,巴蜀书社 2011 年版,第 312 页。

严格，下课后多次要去我的课堂笔记查看有无记录错误之处。他为我们选讲的《汉书·食货志》《史记·平准书》解读之精细，让我至今记忆犹新。"①

（侯培和）

◎校勘考据学家李庆善

李庆善，1919 年生，河北辛集市人，1950 年毕业于西北师范学院国文系。本科毕业后分配至甘肃省武威一中任教。曾任西北师范学院历史系教授，兼西北师大古籍整理研究所副所长、中国历史文献研究会理事。1986 年获得甘肃省委、省政府从教三十年"园丁奖"。

李庆善先生一生致力于历史文献的整理与研究工作。他在承担繁重教学任务的同时，遵从师命整理了金少英先生遗稿《汉书食货志集释》《大金吊伐录校补》。在整理《大金吊伐录校补》时，他"表现了高度的责任性和高尚的品德"。李先生说："我整理先生书稿，除

图 22-3　李庆善

核对原文、校文、引文，补标引文卷数外，主要是作了一些统一体例工作。此外，在《大金吊伐录》版本与《三朝北盟会编》版本中，各增加《四库全书》文渊阁本一种，此为先生生前未及见者"②。正史中最难读的是"书"或"志"，而《汉书·食货志》问题最多，最称难读。经过金少英先生的荟萃众家、精心考订和李庆善先生的逐条梳理、补葺遗漏，学术价值大

① 水天长：《史林探幽》，甘肃人民出版社 2011 年版，第 141 页。
② 曾贻芬、崔文印：《古籍校勘说略》，巴蜀书社 2011 年版，第 314 页。

增,《汉书食货志集释》可视为自清代王先谦《汉书补注》以来对《汉书·食货志》又一次总结性的整理。据李先生在"整理说明"中说:"原稿取材丰富,整理时有所删削,亦略有增补。限于水平,取舍容有未当。论断之中,亦难免有参以己意之处,错误在所难免。此则我无可辞其咎,与先生无涉矣。亦间有纯出一己之见者,深恐多有谬误,负累先生,故特标明'庆善按'字样,以资识别。"可见,此书的整理出版,不仅工作量大,而且也包括李先生的许多学术创见。

李庆善先生在整理《汉书食货志集释》的同时,围绕《史记·平准书》与《汉书·食货志》做比勘研究,先后发表《〈史记·平准书〉校勘数则述辨》《〈汉书·食货志〉辨疑》《读〈平准书〉注译发现的几个问题》《试对史记游侠列传中几个主要人物进行阶级分析》《〈汉书补注〉补正(食货志上)》《〈史记·太史公自序〉注释》《〈史记·平准书〉注释》等论文十余篇,深受学界好评。

20世纪60年代初,历史系创立了历史文物陈列室,主要由李庆善先生负责搜集文物,编写文物说明及展示标签等。历史系先后从全省各地收集到不少文物,从旧石器、新石器时代的骨器、铁器、彩陶到历代文物如敦煌经卷等,种类丰富,极具地域特色与代表性。先生又从甘肃国学大师张维的公子、甘肃省文史馆张令瑄先生处,获得了不少文物和可贵的历史资料。历史文物陈列室的设立与布展,使学生可接触到真正的实物,对学习中国古代史起到了良好的辅助作用。① 此外,李庆善先生还曾负责西北师范大学历史系创办的《历史教学与研究》刊物,从组稿、审稿到发行投入了大量的时间与精力,为历史系师生打造了一个氛围良好的学术成果展示平台,同时也成为甘肃省师范专科学校与各级中学师生所喜爱的刊物,取得了很好的引领示范作用。

李庆善先生非常注重育人。他在历史系主要担任"中国历史要籍介绍与选读""专书选读""古籍校读""中国历史文献学"等课程。在"授业解惑"的同时,他注重对学生的"传道"。漆永祥回忆:"业师李庆善先生,为我们授'文献学概要',先生穿天蓝色中山装,整齐干练,头发灰白,梳理整齐,有道家风骨。当时先生已有轻度气喘,河北普通话,笑语温温,

---

① 漆永祥:《业师李教授庆善先生学行述略》,载漆永祥、王锷主编《斯文不坠在人间——李庆善教授诞辰百周年纪念文集》,北京联合出版社2017年版,第8页。

嗓音浑厚，极富磁力。讲义清整干脆，绝无半句衍羡。课间休息时，先生坐在讲台前吸烟，也不打话，乐呵呵地看着同学。"[1] "我跟着李先生学到的不仅是学问，更多的是先生高尚的人品与气度，如果先生当时放弃我，我可能就是另一个样子了。"[2] 王锷回忆，"先生常给我说，读书一要勤奋，二要细心，勤能补拙，细可决疑"。刘建臻追忆，"李庆善老师给我们讲《历史文献学》，娓娓道来，把整个文献学的方法、理论，一下子给我们教得清清楚楚。再加上李老师的品行和为人，就让我们顺理成章地偏爱文献学了。"甘肃省委党校赵颂尧教授追忆，"先生讲课条理清晰，语言简洁，旁征博引，深入浅出。对所选读的每一本著作的作者、写作时代背景等的介绍如数家珍，对每一个难懂的字、词的训诂、辨析准确明晰，对著作的史学价值、学术意义等评析鞭辟入里，恰如其分，引人入胜。大家感觉听先生讲课，不仅增长知识，扩展眼界，开阔思路，还是一种精神享受"；"先生在课堂上或课间休息时，对学生们不懂的地方或感兴趣的问题总是耐心地讲解和不厌其烦地解答，并说如果还有什么不懂或不清楚的地方，欢迎大家到他家里一块探讨。于是我们班的一些好学的或喜欢听先生讲课的学生常常三三两两地到先生家里去拜访、求教，先生和他的夫人张淡云先生总是热情接待和招待"。据魏明孔先生回忆，李先生指导他读《食货志》，指出"要对当时的历史背景比较熟悉，对当时人们的观念有一个比较清晰的认识；同时要注重地下考古资料的利用，即注重'二重证据法'"；"李先生对我提出的非常幼稚的问题也认真地进行了解答，并且引经据典，使我明白了一位优秀的人民教师所具备的优良品格"；"先生的教诲对于我来说是非常重要的，使我少走了不少弯路，对我以后的读书研究产生了深远影响"。李庆善先生淡泊名利、潜心学术的精神值得后辈学人传承赓续薪火。他始终不忘立德树人初心，终身践行着"人类灵魂工程师"的神圣职责。传道授业照亮了他人道路，燃尽烛泪奉献了无悔人生。

（侯培和）

---

① 漆永祥：《五更盘道》，生活·读书·新知三联书店 2019 年版，第 108 页。
② 郭九苓：《古文献中的趣味人生——漆永祥老师访谈》，载郭九苓、漆永祥、赵国栋主编《北大中文名师教育谈》，广西师范大学出版社 2015 年版，第 297 页。

◎编写《中国儒学词典》的郭厚安

图 22-4 郭厚安

郭厚安，1926 年生，四川省彭山人，1949 年考入四川大学教育系，因病休学。1953 年复学时转入西南师大历史系，毕业后考取四川大学历史系研究生班。成为著名文学家徐中舒先生之及门弟子，攻读明清史。1958 年研究生毕业后，来兰工作，先后在甘肃师专、甘肃教育学院、甘肃省中小学教材编写组工作。1978 年调入西北师范学院历史系工作。曾任西北师院历史系教授，中国明史学会理事，中国历史文献研究会会员，国际中国哲学会中国大陆西北资讯中心学术顾问。曾荣获 1987 年西北师范学院"教书育人"先进个人及甘肃教委"教书育人"奖。

郭先生主要致力于明史、中国儒学史及甘肃地方史等三个方面的研究。著有《中国儒学史》《中国历史上的改革家》《弘治皇帝大传》，主编有《中国儒学辞典》《西北通史》《甘肃省志·大事记》《悠久的甘肃历史》《河西开发史研究》，编辑并校正了《明实录经济资料选编》。在其学术研究中明代政治史研究成绩比较突出。从 1977 年至 1990 年，郭先生先后发表有关明代政治制度方面的论文十余篇，其中不少论文获得史学界同行的一致好评。他的《"靖难之役"及其对明代专制主义中央集权的影响》和《关于明代专制主义中央集权高度强化的问题》两篇论文，全面考察了明代强化中央集权的措施、目的、原因、过程和影响，贡献颇大。

郭先生的治学态度严谨，治学方法全面。他孜孜不倦，乐史不疲，常言若有一得，皆自勤奋中来。他治学谨严，不务高论，其言朴实无华，其论信而有证。他力求博览，而又归之于约，故能触类旁通，说理透辟。① 关于郭厚安先生的明史学术贡献，著名明史专家田澍先生作了总结评价。他编纂并校正的《明实录经济资料选编》②，选材精当，分类并学，为明史及中国经济史研究者提供了很大的方便，受到了一些专家学者的较高评价。在专题研究方面，涉及明代政治、经济、军事及思想诸领域，且颇多独到之处。例如：他十分重视重要历史人物对历史发展进程所起的作用，认为元农民起义的胜利以及明初社会经济的迅速恢复、吏治的焕然不变和专制主义中央集权的空前强化，无不与朱元璋个人的才干有着密切关系；"靖难之役"的结局，则与朱棣和朱允炆两人的才智紧密相连；而明王朝的灭亡，除历史的必然性之外，朱由检个人决不能辞其咎责。他认为高度强化了的明代专制主义中央集权，其影响及于各个方面。因此，要研究明代的历史，就不能离开这一特定的历史条件，否则就不能得出圆满的答案。关于江南赋重问题，郭先生否定了《明史》的说法，认为这是历史形成的；同时也与朱元璋"使富者得以保其富，贫者得以全其生"的总政策密切相关。他实事求是地评价了王守仁心学的历史地位，充分肯定了王守仁对明朝中叶以后"异端"思想的崛起所产生的影响。郭先生认为，明末的思想界的确存在着"异端"，但决不能离开当时的具体历史条件而任意拔高、夸大。比如李贽，从本质上来说，他并不反对孔子，不反对儒学。

郭先生虽不专攻中国哲学思想史，但由于根底深厚，对中国儒学仍有一定的造诣。他和赵吉惠等先生共同主编的《中国儒学辞典》以及《中国儒学史》填补了学术界在这方面的空白。两书既为方兴未艾的儒学研究提供了丰富的、必备的资料，又系统地阐述了儒学的发生、发展和演变以及儒学在漫长的中国历史中所起的巨大作用和深远影响。尤其是《中国儒学辞典》出版发行以后，受到了许多老专家和青年学者的称赞，在海外亦有较大的影响。该书曾荣获第三届"中国图书奖"和辽宁省"图书一等奖"。

为了使古代甘肃历史重放异彩，使更多的人了解甘肃、热爱甘肃，郭先生作为一名史学工作者，义不容辞地投入了大量的精力来研究甘肃史。先是与吴廷桢先生共同主编了《悠久的甘肃历史》，后又与陈守忠先生共同

---

① 田澍：《郭厚安教授与明史、儒学研究》，《社科纵横》1991 年第 4 期。
② 郭厚安：《明实录经济资料选编》，中国社会科学出版社 1989 年版。

主编了《甘肃古代史》《河西开发研究》，成为后人研究甘肃历史的必读之作。①

郭厚安先生对工作勤勤恳恳，认真负责。虽然他已是具有三十多年教龄的老教师，但仍一丝不苟地从事教学工作。他不仅教书，而且育人，关心青年一代的健康成长。同时，为了不断地提高教学质量，更致力于科学研究，所获甚多。特别是在党的十一届三中全会以来的短短十数年间，他个人以及与他人合作完成的论著、地方志及教材等共有八部，连同论文三十余篇，字教多达430万左右。漆永祥回忆："郭先生极有派头，授课有条不紊，多出新意，板书略有草意，偶尔不大认识，期末考试他出了个名词解释'三不足'，许多同学都认成了'三不畏''三不是'等，就胡编乱造，不知所云，实际是王安石的'天变不足畏，祖宗不足法，人言不足恤'。"②漆永祥谈到他做《汉学诗承记笺释》的动机之时，其中一个重要的原因即"上本科班时，郭厚安先生讲明清史时提到过《汉学师承记》，我借来看，看不下去，也看不懂。后来到北大，因为要做清代考据学，无法回避此书……所以当时我就想给他做个注"③。知名校友李汀也对郭先生有回忆："为我们讲授宋元明清史的是郭厚安先生，他板书漂亮，讲课纲目简约清晰，史论结合，要点突出，逻辑严谨，这与郭先生长期从事中学中国史教材的编撰有关，对历史要义常在思考斟酌之中。先生还兼任过我们秋班的班主任，对同学们稔熟，寄予厚望。结课时先生相赠王国维《人间词话》中三境界说，期愿学生登高望远成大器，做学问'为伊消得人憔悴''众里寻他千百度'，肺腑之言感动了全班同学"。④

（侯培和）

---

① 田澍：《郭厚安教授与明史、儒学研究》，《社科纵横》1991年第4期。
② 《五更盘道》，第106页。
③ 王锷主编：《允也君子　学礼堂访谈录》，凤凰出版社2017年版，第187页。
④ 李汀：《1978，我们的大学，一代人的记忆》，转引自西北师大微信公众号，2018年8月25日。

◎《史学杂志》主编刘熊祥

刘熊祥，1911年生，湖南衡山人，1925年入衡阳第三中学，两年后任小学教师。1928年入湖南第一师范，1933年毕业后，再次任小学教师。1936年入国立北平大学历史系。师从著名历史学家张荫麟先生，1940年毕业于国立西南联大，后入

图22-5　刘熊祥（左）

国立浙江大学史地研究所，攻读近代史。1943年毕业，获硕士学位。先后任国立浙江大学史地研究室编辑、重庆史学书局总编辑、《史学杂志》主编、青年抗战丛书历史编审、中央干部学校历史学副教授等职。1946年，任湖南国立师范学院历史系教授。中华人民共和国成立后，赴北京入华北人民革命大学政治研究院，1950年冬结业。1951年正式调任西北师范学院教授。历任中国民主同盟甘肃省委员会副主任委员，甘肃省政协委员，甘肃省志编纂委员会委员，甘肃省史学会理事。曾荣获全省振兴中华统一祖国先进个人称号。

刘熊祥先生主要致力于中国近代政治史研究，全面抗战期间他连续在《史学杂志》上发表《甲午战争前清朝的海防建设》《甲午战后李鸿章的联俄政策》《论中国近代史的主流》等文章，并著有《清季四十年外交与海防》《现代中国建设史》《清季十年之联俄政策》《中国近代史》《中国近代史研究》等。新中国成立后，陆续发表《"中苏会谈公报"的伟大国际主义精神——兼批判南共在国际关系中的修正主义观点》《毛主席的"矛盾论"对研究中国近代现代历史发展规律的指导意义》《关于中国近代历史人物评价的问题》《李秀成的投降变节并不是偶然的》《十九世纪五十年代前后的

社会主要矛盾与太平天国政权的性质》《论甲午战争前官督商办企业的发展前途与经济效益》《〈实践论〉对研究中国近现代史的指导意义》《学习〈邓小平文选〉和十三届四中全会公报的体会》《社会主义精神文明建设与中国近代思想遗产——关于中国近代思想遗产批判继承的问题》等文章。

关于刘熊祥先生的治学特点，其弟子李建国教授总结为以下几点：第一，非常注重从当时世界局势演变以及帝国主义对华的侵略，来考察中国社会主要矛盾的发展变化。他认为 1840 年后，由于帝国主义列强的入侵，使得中国社会性质发生了变化，中国社会的主要矛盾除了原有的人民大众与封建主义的矛盾外，又加上了帝国主义与中华民族的矛盾，这两个矛盾又处在不断演化之中。帝国主义对华的侵略则成为中国社会矛盾的主要方面，它是造成中国半殖民地、半封建社会的主要原因。第二，刘先生还注重从半殖民地半封建的阶级关系出发，抓住社会主要矛盾的发展变化及其特点，阐明近代中国革命发展的必然性。他认为，由于帝国主义入侵和封建压迫严重地阻碍了中国近代社会生产力的发展，中国只有通过反帝反封建的革命才能解放生产力。尽管中国正规的民主革命应从辛亥革命算起，但太平天国、义和团运动其历史功勋不容忽视，它是中国人民反帝反封建斗争的重要组成部分，在中华民族争取自身解放的斗争中应占有重要的地位。因此，在研究中国革命发展规律时，必须抓住反帝反封建这个基本线索。第三，刘先生还认为，中国近代社会的两大矛盾在经济方面呈现为民族资本主义争取自身的发展，与帝国主义和封建主义压迫之间的斗争。但由于帝国主义势力的强大和自然经济的根深蒂固，中国的民族资本主义一直未能成长起来，只能在帝国主义和封建主义压迫的空隙中成长，呈畸形发展趋势。第四，在思想文化方面，刘先生认为，近代思想文化史是中国人民反帝反封建、争取民族独立斗争的反映，曾在中国社会历史进程中起过不可磨灭的巨大作用。对此，应从历史唯物主义的观点出发，予以批判和继承。① 关于中国近代史的主要线索，刘先生认为"中国近代历史之趋向不是近代化，近代化只能说明中国近百年历史的一个形态，不能说明它的内在意义。近代化即全盘西化，在中国行不通。中国近百年历史的动力'发自民族求生存'，中国近百年历史的主线是国防而非近代化，中国近百

① 李建国：《刘熊祥教授与中国近代史研究》，《社科纵横》1999 年第 2 期。

年史'可以说就是一部国防运动的发展史'"。①

1943 年 3 月 24 日，中国史学会成立大会在重庆中央图书馆举办。与会者有缪凤林等 124 人，大会公推顾颉刚、黎东方、徐炳良、傅斯年、雷海宗、蒋复璁、黎锦熙、金毓黻、陈衡哲为主席团成员，由顾颉刚任总主席。中国史学会成立后，1945 年 12 月，《史学杂志》应运而生，由顾颉刚、刘熊祥任主编。值得注意的是，当时的顾颉刚不论是在史学界还是社会层面，都是知名人士，而刘熊祥其时才 32 岁，从浙江大学史地研究所毕业一年多，能够和顾氏这样的大家一起参与《史学杂志》的编辑出版工作，一定程度上反映了刘熊祥在史学、史才方面的扎实功底。这也是了解刘熊祥、认识其史学水平的一个例证。

《史学杂志》的栏目主要有"论著""史学人物介绍""史学消息""史学书评""附录"诸类。郑逢原在"发刊词"中指出："中国史学会成立之期年，感召而起，继之为史学界服务者，史学书局也。……今之言史学者，辄复以史料为重，是则学有专擅，然后业有专□，中国文献整理刊辑有归，而言史者得所资矣。史学书局更谋所以为史学界进一步服务者，斯史学杂志之创刊也……今故以史学杂志为一公园，读者研者为之灌溉，使各说咸立而旨则衷一，诸家并蓄而的则共矢，必无羼党派门户之见，独纯真理之是讨，庶几民主之精神，贯彻于学术之研究。"② 创刊号登载论著十三篇，有刘熊祥的《甲午战后李鸿章的同盟外交》，黄文弼的《嬴秦为东方民族考》，谷霁光的《隋唐时代国民之体魄与智力（附表）》，傅振伦的《整理地方文献问题》等；"史学消息"五篇，"史学书评"六篇，"人物介绍"一篇，"附录"两篇。该刊对研究 20 世纪 40 年代我国史学取得的成就、发展程度、现状等问题提供了资料，反映了当时的历史学的学术研究动态和研究水平。

新中国成立后，刘熊祥先生积极投身中国近现代史的研究与教学之中。在教书育人方面作出了积极贡献。据李汀回忆："刘熊祥教授讲授《中国近代史》，他当时就有一本几十万字的铅印成册的教材。用《矛盾论》中关于主要矛盾非主要矛盾的关系以及相互转化的哲学观点，详尽分析 1840 年以

---

① 刘熊祥：《论中国近代历史的主流》，《文化先锋》1943 年第 2 卷第 2 期。
② 郑逢原：《发刊辞》，顾颉刚、刘熊祥：《史学杂志》，史学杂志社 1945 年版。

后中国半殖民地半封建社会的历史进程，讲述帝国主义入侵引起的民族矛盾和国内阶级矛盾的关系，这是先生长期研究的史学成果。尽管这些主要观点和历史脉络，在相当长的时间内已被反复宣传形成概念，学生们并不觉得新颖，甚至产生几分乏味感，但刘先生讲课中自成系统地思考，涉及史料的广泛性（其中涉及太平天国运动、甲午战争和晚清的海防等），仍然让大家颇有受益。刘先生'湘音'浓重，不易听懂，但先生讲课充满激情，气宇轩昂。盛夏季节，往往一堂课中，先生汗流满面，拿手绢不停擦拭，却激情丝毫不减"[1]。李华瑞先生也回忆道："说实话，刘先生的学问造诣很深，从民国三十年代以来就写过很有影响的近代史著作。"[2] 刘先生主编的《中国近代史》至今仍是学生的必读之作。

（侯培和）

◎敦煌学研究所的创建者陈守忠

图 22-6　陈守忠

陈守忠，1921 年生，甘肃通渭人。1945 年考入西北师范学院历史系，因中途卧病，于 1946 年入学，1949 年加入中国共产党，成为一名地下党员。1950 年大学毕业后留校任教。先后担任西北师范大学历史系主任、总支书记、西北师范大学敦煌学研究所第一任所长、中国吐鲁番学会理事和甘肃省丝绸之路学会副理事长等职。

---

[1]　李汀：《1978，我们的大学，一代人的记忆》，转引自西北师大微信公众号，2018 年 8 月 25 日。
[2]　李华瑞：《悼徐斌——人生得一知己足矣，斯世当以同怀视之》，"澎湃·私家历史网"（https://www.thepaper.cn/newsDetail_forward_2305891），2018 年 8 月 13 日。

　　陈守忠先生主要致力于宋史、敦煌学和河陇史地的教学和研究工作，并取得了较为丰硕的学术成果。主要学术著作有：《河陇史地考述》和《宋史论略》。同时与历史系郭厚安先生合编了《中国古代史》。20 世纪 60 年代初他积极参加和领导由甘肃师大历史系教师集体编写、内部出版发行的《甘肃古代史》，"成为当时和其后数十年甘肃省内外学习和研究甘肃古代史的主要参考书"。此外，发表学术论文数十篇。其中突出学术贡献主要包括：（1）研究了甘肃远古文化，在伏羲出生地问题上有独到的见解。（2）实地调查，澄清了战国秦长城起点问题。（3）阐明了北宋中原通西域的几条道路。（4）踏勘了北宋秦陇地区吐蕃许多部族居地。（5）查清了陇山左右宋朝新建的城寨遗址。[①] 陈守忠先生在自己的教学科研实践中，形成了自己的治学态度和风格。胡小鹏教授总结和概括为："（1）重事实，讲证据，主张写历史必须是《左传》《史记》式的写法，不能像《公羊春秋》那样空言理论，没有根据地乱摆观点。（2）重史德，讲真话，坚持正确观点。（3）重调查研究，主张行万里路，读万卷书，反对闭门造车。先生晚年致力于西北史地研究，以花甲之年跑遍了甘肃。他的关于甘肃境内秦汉长城研究的几篇论文，都是在实地踏勘掌握第一手资料的基础上完成的，古今相符，文献记载与实地踏勘一致，十分可靠。"[②] "在宋史研究成绩不俗的同时，能如此专注地写出高质量的地方志文章，除了其本身具备的史学素养外，无疑还归因于他那'亡史之罪，甚于亡国'的强烈的历史责任感。"[③] 李华瑞先生进一步总结："他的治学方法擅长把文献征引与野外实际调查相结合，得出的结论往往经得起时间的检验。"[④]

　　陈守忠先生还是一位学术组织者和领导者。1980 年学校任命陈守忠先生筹建敦煌研究所。关于敦煌研究所的筹建过程，据李并成先生回忆："陈先生积极联系历史、中文、地理、美术、音乐、图书馆等相关单位的领导和老师，为我系敦煌学研究机构的建立及敦煌学的复兴，奔波不已。不久学校即确立了由陈先生领衔，地理系王宗元、中文系胡大浚、美术系马化

① 李清凌：《深切怀念陈守忠先生》，《陈守忠教授诞辰百年纪念论文集》，第 15、32—46 页。
② 胡小鹏：《陈守忠教授与西北史地研究》，《社科纵横》1991 年第 3 期。
③ 胡小鹏：《西北史地研究的新成果——〈河陇史地考述〉评介》，《社科纵横》1994 年第 6 期。
④ 李华瑞：《难忘恩师——怀念陈守忠先生》，《陈守忠教授诞辰百年纪念论文集》，第 62 页。

龙、音乐系齐发源、图书馆朱太岩等几位老师组成的筹备小组从事筹建工作。"① 1983 年 3 月，甘肃省教育厅正式批准，西北师范学院敦煌研究所成立。这也成为甘肃省高校中最早设立的敦煌学研究所。研究所成立后先后有李并成、王永曾、刘进宝、邵文实等学者入所工作。

敦煌研究所成立后当务之急即图书资料的置办和购买。在此过程中陈守忠先生亲自出马，除了在兰州及省内选购外，还远赴上海、北京等地购置。李并成先生回忆："1982 年夏天，陈先生和我利用赴上海出席在复旦大学召开的'全国首届历史地理学术研讨会'之际，在上海古籍书店、上海书店及有关出版社等单位，多方采购到敦煌学研究急需的有关图书 2000 余册。同年 12 月陈先生又利用去北京访学的机会，和我到北京的各地书店采购，又购得 2000 余册。此后又多次利用外出开会、访学等机会，赴西安、成都、杭州等地购置图书，由此建立了所里较为丰富、实用的图书资料库，为研究工作提供了便利。80 年代初听说由北京图书馆等复制的敦煌文献微缩胶卷（含英藏、法藏及部分北图藏文献胶片）出版，陈先生闻讯后即刻申请学校购买，这批珍贵资料购得后收藏在我校图书馆，可供本所及全校教师使用。"特别应提及的是"1984 年 6 月，听甘肃省博物馆的同志说，有一位临洮人家藏有两卷敦煌佛经，拟出售，经省博有关专家鉴定，这两卷佛经均系五代至宋初的敦煌真品，但省博因故不拟收藏。闻知此讯后，陈先生和我立即赶到省博物馆联系，结果如愿购得这两件敦煌文物，由此使我所成为国内外拥有敦煌真迹的研究机构之一"②。除此之外，敦煌学研究所成立后，陈守忠先生还积极组织翻译《中国古代籍账研究》《俄藏敦煌汉文写卷叙录》《法藏敦煌文献目录》等著作；陈先生还代表学校参加中国吐鲁番学会的筹备工作，并以会议发起、主办和承办单位的身份参与了筹备到成立的全过程；积极组织主办了《西北师范学院学报》的敦煌学专栏和两期增刊。③ 不难看出，陈守忠先生在西北师范大学敦煌研究所的筹建与发展方面作出了突出贡献，为后来西北师范大学敦煌学的发展奠定了坚实基础。

---

① 李并成：《追忆陈守忠先生》，《陈守忠教授诞辰百年纪念论文集》，第 48 页。
② 李并成：《追忆陈守忠先生》，《陈守忠教授诞辰百年纪念论文集》，第 48 页。
③ 刘进宝：《一位执着而耿直的学者——我所了解的陈守忠先生》，《陈守忠教授诞辰百年纪念论文集》，第 83 页。

陈守忠先生在教书育人方面也很有特色。在教学活动中，陈先生富有激情的讲课时常感染着学子。据张邦炜先生回忆："陈老师的通渭普通话我们不仅能听懂，而且陈老师讲课抑扬顿挫，有气势，感染力强。"① 漆永祥回忆："陈守忠先生是老革命了，一口通渭普通话，上宋史专题课，我负责给先生挂地图，经常挂错，惹他责训……先生一生练武，打拳不辍，清瘦健朗，走路极快，说话坚实铿锵，动作孔武有力，讲到长城内外，河套上下，如数家珍，汩汩而出。他老人家考试出了一道'五鬼六贼'，将我们全班吓晕。"② 胡小鹏回忆："陈先生比较严肃，乡音较重，讲课时声调起伏大，发语词重音，用手势强调，气势足，望之凛然。""陈先生主讲宋史，主战厌和，慷慨激昂，代入感很深，忧国忧民之情溢于言表，慷慨之士的气质一览无余。"③ 学生朱红亮回忆："先生上课从来不带讲稿，顶多预备几张提示性卡片。那时候没有计算机，卡片是那时候做社科研究最重要的工具，我曾看过先生自己做过的资料卡片至今仍受用得益……先生讲课从来不乏激情，每每讲到兴奋处，目光深邃却忘我无物，旁征博引，娓娓道来，总能汇聚自己的真知灼见。"④

除了在课堂上激情教学外，陈守忠先生在教学中还非常注重给学生授业解惑，培养学生的治学路径。据侯丕勋先生回忆："陈先生每一次来讲课时，总是提着装有自己所编写的讲稿的书包来到教室。……在讲课过程中，他从来不拿起讲稿一字一板地宣读，也不会专注地看讲稿，有时只是用目光把讲稿扫一下，每一个问题基本上是凭他自己的记忆滔滔不绝地讲述。陈先生讲课比较慢，学生们听得懂，笔记也都记得上，课后复习较容易，所以学生们都喜欢他的讲课。"⑤ 李华瑞先生回忆："记得陈先生讲'唐宋文学概论'，胡小鹏师兄跟我一道听课，陈先生侧重讲文史哲之间的关系，学历史应当文史不分家，现在学科分得太细，历史专业的学生多不能读古诗词，有感于我俩古代文学知识的匮乏，特意给我们从古诗词的基本仄韵讲起，并手书一纸勉励我们学习：'平声平到莫低昂，上声高呼猛强烈；去声

① 张邦炜：《从心底里敬佩的老师——纪念陈守忠教授百岁诞辰》，《陈守忠教授诞辰百年纪念论文集》，第 31 页。
② 《五更盘道》，第 108 页。
③ 胡小鹏：《纪念恩师陈守忠先生》，《陈守忠教授诞辰百年纪念论文集》，第 57 页。
④ 朱红亮：《为了传承的纪念》，《陈守忠教授诞辰百年纪念论文集》，第 86 页。
⑤ 侯丕勋：《深切怀念陈守忠先生》，《陈守忠教授诞辰百年纪念论文集》，第 4 页。

分明隔远道，入声短促急收藏'。"① 据赵忠祥先生追忆："先生授课乡音很重，起初听起来确实有些困难，一知半解，但我们也能明显感觉到先生也在尽最大努力以能让我们听懂的方式进行讲解，或缓慢或重复，或展开，十分暖心。为把我们真正引入治学门径，先生上课时总会与我们谈论一些研究基础、理论与方法的问题，尤其注重历史的微观领域的考究和资料真伪的辨别。在先生看来，历史的宏大叙事固然重要，但往往会掩盖住细碎且又十分关键的历史真相，因而抽丝剥茧的研究工作更有必要、更有意义，而这一切又都建立在繁杂史料的辨析上，解释和运用史料固然重要，但整理和考证更为根本。"②

"正是从读研究生开始，我才了解了先生的为人。先生严正端方，从无诙谐，看似难以亲近，实则热血慷慨，勇于任事发声，更有一颗仁者之心。"③ 胡小鹏说道。老一辈学人的风骨给后辈留下了丰厚的遗产，值得永远学习和效法。

（侯培和）

① 李华瑞：《难忘恩师——怀念陈守忠先生》，《陈守忠教授诞辰百年纪念论文集》，第63页。
② 赵忠祥：《探究宋夏，考述河陇——深切缅怀恩师陈守忠先生》，《陈守忠教授诞辰百年纪念论文集》，第89—90页。
③ 胡小鹏：《纪念恩师陈守忠先生》，《陈守忠教授诞辰百年纪念论文集》，第58页。

第二十三章　改革春潮绽新蕾

◎经济系的创建者宋福僧

宋福僧教授，是一位知识渊博的经济学专家，一生之中，他将传道授业解惑与立德立言立行贯彻于实践中。宋福僧创见性的社会主义经济理论不仅在学术界影响深远，而且为西北师范大学经济系的创建作出了极为重要的贡献。

宋福僧生于 1913 年，河北深县（今深州市）人。在民国期间军阀混战与社会动荡的环境下，他对知识的渴望和追求并未因此而有任何消减，反而愈加深厚，无论遇到何种困境，他都一直坚持学习。1936 年，宋福僧从天津师范毕业。1942 年，宋福僧从河南大学教育系毕业。在 1936 年后的数十年间，宋福僧除求学之外，曾先后在河南嵩英中学、陕西宁强中学等学校教书，积累了丰富的教学经验。1946 年宋福僧在国立西北师范学院教育研究所毕业，由于优异的日常表现和良好的学习成绩，得以留校，开始了大学任教的生涯。中华人民共和国成立以后，因为工作上的缘故，1951 年至

图 23-1　宋福僧

1952 年他在中央教育部政治经济学研究班学习并顺利毕业。长时间不断地学习，使宋福僧拥有广博扎实的学识。

教育是言传身教、以身作则的伟大事业。宋福僧对于教育、教学的投入是不遗余力的，他也有着属于自己的教育理念。20 世纪 80 年代初，西北师范学院决定成立经济系，进一步完善学校的学科建设体系。当时宋福僧已是 70 岁高龄，面对筹建经济系的复杂工作，他全身心的积极计划，在 1984 年创建起了经济系。作为经济系的开拓者，他深知创建初期的各项工作还需要自己尽一份应有的力量，所以继续进行经济学课程的讲授。1987 年，退休后的他仍然坚持为学生开设教育概说、教育心理学、教育哲学、教育行政和政治经济学、资本论、马列主义毛泽东经典著作选读和社会科学研究法等众多课程，指导培养社会主义经济硕士研究生 13 名，为经济系的师资培养和学术发展作出了突出贡献。宋福僧在指导学生方面，首先要求他们掌握研究的路径与方法，不要急于求成，做学问应该循序渐进。"每届研究生入学，宋先生并不给他们马上布置具体的研究课题，而是给每一位同学一本他自己总结的有关经济学科研方法的材料，让他们首先掌握研究方法。"他时常告诫学生，对于一个问题要持续性地思考，要从早到晚地想着这一个问题，不能放弃。做学问务必勤快，即使已经躺在床上，如果脑子里突然出现一个想法，应该马上用笔记本记录下来。宋福僧对学生严厉的同时又极有耐心。当学生的毕业论文某一概念不够准确，或者表达观点模糊时，坚持让学生修改到满意为止。[①] 正是因为有这样肩负责任、甘于奉献的老师树立榜样，学生们更加刻苦努力地学习。学生毕业之后，有不少进入到中国人民大学、天津财经大学、宁夏大学及西北师范大学等高校工作。学生们每每回忆求学生涯，都难以忘记宋福僧老师对自己的悉心指导。

宋福僧对学问极为严谨，对于学生的毕业论文，他可能会因为学生在概念的使用方面不够准确，或者某一个论点有些含糊，而坚持让学生修改，直到满意为止。甚至在文笔、行文的风格上要求甚严。宋福僧的这种严谨时常给人以刻板的感觉，当然这与宋福僧多年的为人处世风格息息相关。宋先生一生对自己、对子女、对学生要求严格，他曾因儿子骂人、顶撞自

---

① 《西北师大逸事》（下），第 407—408 页。

己而扇过儿子耳光，打过儿子竹板。对于生活琐事，宋福僧事无巨细，总是打理得井井有条，甚至对于订完的报纸，有时需要处理掉了，但他仍要按照日期整齐地存放。宋福僧一生淡泊名利，因此他要求子女也要耐得住清贫，由此可见宋福僧的严谨。对于学生当然也不例外，决不徇私情，而是坚守底线。曾经有学生向他提出办假学历的非分要求，被宋福僧断然回绝。

尽管严谨，但宋福僧并不保守，对于学生的论文选题和理论观点，他总是给予充分的自由。正如他的学生后来回忆："我深感导师思路开阔，思想解放，因而能始终站在学术研究的前沿。"就是这样一位看似严谨甚至刻板的人，却有着一颗滚烫的心灵，充满爱心。对于自己的妻子刘彦纯，宋福僧更是关心备至。刘女士83岁时，当她与人谈论自己的先生时，双眸噙满泪花，爱恋之情溢于言表。对于自己的丈夫，刘女士感到自己时刻生活在先生那种无微不至的关爱之中，非常幸福知足，刘女士甚至说"他对我的关心胜过自己"。

在学术研究上，宋福僧长期从事教育理论、社会主义经济理论和统一战线理论的研究工作，尤其是对社会主义经济理论有着系统深入的研究。20世纪50年代后期，我国经济发展由政府集中统一管控，而宋福僧则从中国具体实际情况出发，认为商品经济、价值规律在社会主义经济发展中具有不可替代的作用。1957年至1962年，他先后在《甘肃师大学报》上发表《论价值规律在社会主义经济中的作用》《试论社会主义制度下商品生产和价值规律的研究方法》《严格遵守客观经济规律 充分发挥主观能动作用》《自觉地运用价值规律为社会主义经济建设服务》等论文，阐明社会主义制度下既然有商品和商品生产存在就有价值规律存在和发生作用的观点，倡导大家要重视价值规律，研究它、掌握它和运用它作为组织社会主义经济的工具。并且在实际经济工作中，需要自觉地运用价值规律为社会主义经济建设服务。这些理论在当时的社会背景下虽然被忽略，但是宋福僧从未迷茫怀疑，仍一如既往地进行研究，坚持自己的观点。1978年十一届三中全会之后，宋福僧正确的经济学理论逐渐受到关注。他继续运用马克思主义的理论分析问题，实事求是，在《西北师大学报》《兰州学刊》《社会科学》《甘肃社会科学》《经济管理研究》等期刊上相继发表《社会主义制度下存在商品的原因及其发展的前途》《价值规律在社会主义经济规律体系中的地位》《改革要求建立生产资料的国内统一市场》《计划经济与市场调节相结合的理论探讨》等数篇文章，牢牢把握住时代发展趋势，对经济学领域的热点问题进行探讨与回应。除此之外，宋福僧在思想战线研究有深刻的见解，尤其《中国共产党领导的多党合作制度与西方多党制的本质区别》一文，分别对两种政党制度形成的历史条件及其社会性质和阶级性质不同、指导思想的理论基础和最高纲领不同、各党之间的相互关系不同、社会经济基础不同等展开研讨，从而明晰两种政党制度的本质区别，这对于维护中国共产党领导的多党合作制度具有重要意义。①

宋福僧的研究成果受到学术界的普遍认可，因此时常对相关经济学理论著作给予指导意见或担任审稿人。如甘肃省地方史志编纂委员会、甘肃省物资局物资志编纂领导小组在编纂《甘肃省志·物资志》的过程中，宋福僧经常提出宝贵建议，对此书内容的完善起到重要作用。再例如，北方十三所高等院校编写组编写 1980 年出版的《政治经济学（社会主义部分）》，经过试用，教育部决定将原书进行修订，确定为高等院校经济学专业教材，修订后教育部于 1982 年 9 月召开审稿会，宋福僧则是为数不多的五位审稿专家之一。

宋福僧还在各种协会、机构和部门中担任重要职务。1958 年宋福僧加入九三学社，后来担任九三学社甘肃省委员会副主任委员。此外，他还在中国物资经济协会、中国政治经济学研究会甘肃分会、政协甘肃省委员会、甘肃省经济学会、甘肃省计划学会、甘肃省物资经济学会、甘肃省社会科学学会联合会、甘肃省统战理论研究会、甘肃省高等教育学会、甘肃省经济社会发展战略研究专家组等任职，发挥重要作用。宋福僧曾担任甘肃省社会科学学会联合会副主席，1985 年该学会正式成立时，宋福僧在第一次代表大会上，针对以往社会科学研究工作存在的问题，提出促进社会科学研究发展的三点建议："第一，我们必须始终端正社会科学研究的指导思想，也就是坚持以马克思主义为指导，观察和研究社会现象和社会问题，以保证社会科学研究的社会主义方向。第二，我们一定要在工作中坚持科学的态度和严谨的作风，彻底改变过去那种假、大、空，不实事求是，不

① 宋福僧：《中国共产党领导的多党合作制度与西方多党制的本质区别》，《西北师大学报》1995 年第 5 期。

坚持真理的非科学态度。第三，坚持理论联系实际，注意研究新事物、新问题，特别是社会上所提出的迫切需要解决的现实问题。"[1] 时至今日，这些建议对于社会科学研究工作者仍有极其重要的借鉴意义。

宋福僧教授生活简朴，平时不在乎吃什么、穿什么，一心一意将自己的精力投入到科研和教学工作当中，正是这份热爱与坚守，使得他将自己的大半生奉献给了西北师范大学，奉献给了他热爱的事业。

（吴斌　王昆）

◎法学学科的开拓者吴文翰

西北师范大学系百年名校，法学教育历史悠久，积淀深厚。在师大法学院百年办学的风雨历程中，有这样一位"大先生"，他坚守奋斗，默默躬耕，栉风沐雨，勇攀高峰，为法学院法学学科的发展作出了重大贡献。他就是吴文翰，作为甘肃法学教育的奠基者和开拓者，吴文翰是著名的西北法学"二吴"之一。

吴文翰，字菩默，1910 年 10 月 22 日生，天津市人。他少时天资聪颖，喜欢读书，尤其是对历代法家的著作情有独钟。1930 年吴文翰考入了北京朝阳大学法律系大学部本科。本科学习期间，吴文翰刻苦努力，1936 年以优异的成绩毕业，获法学学士学位。作为甘肃法学学科的奠基者，早年在求学期间，吴文翰受梁启超、章太炎等学者影响颇深，尤其深受当时法学界著名学者余启昌、程树德、陈瑾昆、江庸等教授的指导和学术影响，对

图 23-2　吴文瀚

---

① 《宋福僧同志在甘肃省社会科学学会联合会第一次代表大会上的发言》，《社联通讯》1985 年第 1 期。

民法、刑法、中国法制史、罗马法等学科有浓厚的兴趣。① 因此在吴文翰心中埋下了用法律治国安邦的炙热理想，他也用实际行动践行着这一信仰。

全民族抗战爆发后，北平沦陷，为谋取生计，吴文翰一路向西，颠沛流离只身前往西安，但西安亦是兵荒马乱之地，1943 年他最终落脚兰州。在兰州，吴文翰遇见了自己大学期间的老师李镜湖，在李镜湖的介绍下，吴文翰执教于甘肃学院。1946 年甘肃学院升格为兰州大学，吴文翰先后任讲师、副教授等职。1948—1949 年在国立兰州大学法律系任副教授、名誉系主任、法史教研室主任。

新中国成立后，吴文翰倍加珍惜来之不易的教学科研及进修机会。1950 年和 1957 年，吴文翰分别在北京中国新法学研究院（第一期）和中国人民大学法律系各进修一年。在进修期间，吴文翰勤奋学习，沉浸在法律庄严肃穆的神韵里，进一步提升了自己的法学修养。生活的坎坷使吴文翰意识到只有提高全民族的科学文化素养和法律意识，才能实现中华民族崛起、国家富强兴旺的目标。基于这一目的，吴文翰在兰州开启了自己的法律教育生涯。1958 年吴文翰到甘肃财经学院（现兰州财经大学）任职，1962 年又到甘肃教育学院（现兰州文理学院）任职。1969 年，吴文翰前往甘肃师范大学（现西北师范大学）任职，主要教授民法、刑法、罗马法、财经法规、法学概论等课程。1980 年之后，法学界百废待举，为了给民法特别是罗马法教学提供便利，吴文翰、周枬和谢邦宇合作编著了《罗马法》一书，得到了广泛赞誉。此外，吴文翰先后主编了《新编法学概论》《国家所有权与企业经营权适度分离研究》《中国法律文化名人评传》，共撰写论文 70 余篇，对一些法学理论上的重大问题形成了自己独特的看法。1981 年，吴文翰在西北师范学院晋升为教授。作为学界泰斗，他在西北师范大学慷慨传授法律知识，带领学生探寻超越时空的法治文明。

1969—1985 年是中国社会转型发展的历史机遇期，也是吴文翰人生轨迹转折的重要时期。这一时期吴先生在西北师院为法学教育辛勤耕耘，1979 年吴文翰受聘为西北师范学院政治系 1977 级开讲"法学概论"课，据先生学生、原西北民族大学法学院院长马玉祥回忆："1979 年的一天下午，一位皓首银发的老先生在系主任宋福僧教授的陪同下走进我们教室，宋主任说，

① 刘艺工：《法学家吴文翰先生》，转引自萃英法律研究与服务中心微信公众号，2021 年 11 月 20 日。

'我给大家介绍一下，这位老先生就是吴文翰老师，他是一位资深的法学家！从今天开始就给你们上法学课，请大家欢迎！'顿时，教室里爆发出雷鸣般的掌声。吴老师中等身材，四方脸庞，肤色白中透红，神态安详，目光慈善充满着睿智与自信，一头银发在一身蓝色中山装陪衬下，一派学者气质。吴老师说：'学校要我为同学们开讲《法学概论》学年课程，每周四课时。今天是我重返讲台的第一堂课，又知道你们是高考恢复后的首届学生，我的心情和你们一样的高兴！'"①

吴老师为普及法律知识，往返于安宁区十里店到城关区龙尾山下的西北民族学院，不辞劳苦为数以千计的师生举办法制讲座。又应邀为该校政治系承担"法学概论"学年课。少数民族学生为吴教授演讲喝彩，为他的学识与风采而倾倒。

吴文翰讲授的"法学概论"使学生们感受到了他扎实的法学功底和如涌泉般喷涌的激烈感情。吴文翰认为，法律意识、法治观念是对法的本质特征、功能作用的态度和认识的评价。法并不完全是冰冷的工具，法彰显的是公平正义的人类价值！这一发人深省的表述展示了吴先生睿智博学、正直无私的大家风范。此外，他在课堂中注重将法律与现实生活联系起来，开辟"法学教学第二课堂"，指导学生在模拟法庭中审判案件、组织学生进行司法诉讼活动，以此培养学生理论联系实际的能力。吴先生往往通过简明的案例诠释出深奥的法理，以生动形象、引人入胜的讲解，达到"明德、法治、正义、致公"的目的。吴文翰的法学课在西北师范学院引起了激烈的反响，他上课时教室里座无虚席，"法学概论"很快成为政治系精品课程，并延伸到师大多个文科学科，成为必选课。

教诲如春风，师恩似海深。吴文翰教授在西北师大辛勤播撒法治火种，培养了一批高校法学教授和法律工作者，例如曾任十一届全国人大代表、西北师大党委书记、教授、博士研究生导师的刘基；曾任十届全国政协委员、中国法学会民族法学研究会副会长、西北民族大学法学院院长的马玉祥教授；曾任兰州大学法律系副主任、副教授，上海大学法学院执行院长、三亚学院的禄正平教授等。刘基曾对记者采访时说："吴先生是我就学期间最为敬佩的老师，他为人和善，心胸博大，低调敬业，学养修养俱佳，在师生中口碑非

① 马玉祥：《回忆恩师吴文翰教授》，转引自陇籍法学家微信公众号，2021 年 9 月 8 日。

常好，受到师生的普遍尊重，我们为能在他的门下学习感到幸运，也十分珍视与他的交往，也从他身上汲取到了做人，做事，做学问的精神力量。"

1985年1月吴文翰又被调回兰州大学法律系，虽年逾古稀，仍欣然前往，并指导民法、经济法两个专业的硕士研究生。从此吴先生在兰州大学举起了筹办法律本科专业的旗帜，开始了第二次在高校的法学创业征程。1986年在吴文翰先生带头申报下，兰州大学获批经济法硕士点，这是兰大首个法学硕士点，也是西部地区最早的法学硕士点之一。

在吴老师的支持下，1992年西北民大政治系申报成人法律专科专业，得到国家教委、国家民委和司法部批准。政治系与甘南藏族自治州政法委签订了为甘南州开办双语法律大专班合同。1992年，来自甘南州政法系统的40名在职人员到校学习。1999年，西北民大"全日制法学本科专业"获得批准招生。2003年，"环境与资源保护法学硕士研究生专业"获得批准招生。

吴文翰教授不仅在讲台上发挥他的光与热，而且积极投身于社会活动宣讲社会主义法制建设。他认为，法治是一个国家、一个民族富强的根本保证。于是，他以自己的优势，以新旧中国法制见证人的身份，向学生、向领导、向人民群众大讲加强社会主义民主和法制的重要性、必要性、紧迫性。① 改革开放之后，吴文翰以其杰出的学识赢得了甘肃省委的重视，并被省委领导邀请讲解资产阶级的议会制，讲述资本主义国家的三权分立。"位卑不敢忘忧国"，法治是吴文翰先生法学理念的支柱，不论身在何方，他时刻惦念着治世济国的法治。

1984年12月他应邀到香港讲学。他热情地为广大香港同胞介绍了中国内地政治经济发展情况，改革开放后带来的社会繁荣，尤其是几十年来社会主义民主与法制建设取得的成果；宣传了邓小平同志提出的"一国两制"的宏伟构想；宣讲了制定香港基本法的原则和意义，对广大香港人士了解内地的政治、经济、法律制度作出了有益的贡献，对沟通香港与内地的相互密切往来，实现香港主权回归祖国产生了积极影响。1987年，新西兰总理来兰州参观期间，吴文翰还与其共同探讨了有关法律问题，介绍了我国的民主、法制建设情况，增进了两国之间的友好联系和往来。②

---

① 陶广峰：《法学家吴文翰教授》，《社科纵横》1990年第6期。
② 杨文德：《甘肃法学的开拓者和奠基人——〈陇上学人文存·吴文翰卷（编选前言）〉》，《甘肃社会科学》2011年第5期。

光阴飞纵，岁月流逝，至 2004 年去世，吴文翰先生在兰州整整工作了 62 年。他将自己毕生的精力放在发展甘肃法学事业上，为甘肃各个高校法学学科的发展留下了彪炳史册的功绩。即使年逾七旬，他也依然以"咬定青山不放松"的竹石精神从事高等院校法学教育、宣传法治精神。吴文翰教授渊博的学识、无私奉献的精神给后人留下了一笔宝贵的财富，激励着法律学人为社会主义法制奋斗终身。

（吴斌　马义婷）

◎中国文化走向世界的"使者"

开展和加强对外交流与合作是新时代教育服务国家的必然要求。我校的对外文化交流，可追溯至 20 世纪 40 年代。如英国人李柏庆（Liberth）、美国人石德伦（Suther Lonae）、加拿大人郝仪德曾在校任教。再如 1945 年我校体育系教授袁敦礼曾被美国国务院聘任为客座教授赴美讲学，这在我国体育学界是空前的，在当时的教育学界也是屈指可数的。再如 1947 年我校体育系教授董守义当选国际奥委会委员，是近代中国第一位从事体育专业出身的国际奥委会委员，并于次年出任第 14 届伦敦奥运会中国代表团总干事。

新中国成立以后，20 世纪 50 年代中期学校按照教育部的要求，曾派白光弼等多人到苏联去攻读学位。改革开放以来，学校结束了相当一段时期内封闭办学的历史，主动开展对外文化交流活动。得益于国家外交格局的不断扩大，我校师生的对外交流取得了长足的发展，开始从个人的、不定期的对外交流转向有组织的、稳定的对外交流。1983 年，学校在校长办公室下设外事科，专门负责前来讲学、任教、访问、参观和学习的外籍人员的日常管理工作。在此基础上，学校于 1985 年开始留学生教育工作，当年历史系招收了 2 名日本籍留学生，在完成汉语学习后进入历史系学习甘肃古代史。1995 年学校成立留学生教学中心，是西北地区较早开展留学生教育的高校。

进入 21 世纪以来，学校坚持扩大对外交流与合作。先后在海外建立 3

所孔子学院，分别是摩尔多瓦自由国际大学孔子学院、苏丹喀土穆大学孔子学院和波黑萨拉热窝大学孔子学院。在创办海外孔子学院的同时，学校也在校内开展对外人才的培养工作。2009 年开始招收国际汉语教育硕士研究生，2012 年成立国际文化交流学院，2016 年成立中亚研究院，2019 年获批国际汉语教育专业博士学位授权点。由此，形成了涵盖本科教育、研究生教育、海外汉语教育、留学生教育在内的严密的人才培养体系和学术研究体系。

在学校建立的 3 所孔子学院中，苏丹喀土穆大学孔子学院的办学规模最大，每年培训 5000 多人次。成效也最为显著，在汉语水平考试中，过关率一度取得全球第一的成绩，推荐奖学金的人数也是遥遥领先。2015 年在全球 1600 多所孔子学院中被评为全球先进孔子学院。2017 年第十六届"汉语桥"世界大学生中文比赛中，喀土穆大学孔子学院的学员获得全球总冠军，是非洲学生第一次获此殊荣。

图 23-3　第十届全球孔子学院大会上，西北师范大学合作的
苏丹喀土穆大学中文系获全球"先进孔子学院"，
西北师范大学同时获"先进中方合作机构"

盲人女孩李灿的故事，更为世人所称赞。

李灿是喀土穆大学孔子学院的一位学员，因为家族遗传，她先天性双目失明。虽然只能用耳朵学习汉语，但是李灿没有放弃。不管是书上的字还是老师写在黑板上的字，她都看不见，就请同学读给她听。考试的时候也需要一个人帮她写汉字、读题目，她说答案，同学再帮她写汉字。面对这些困难，一般人早已放弃，李灿却说："虽然对我来说学汉语时遇到了比别人更多的困难，但是我觉得那些都不重要，重要的是我自己应该克服所有的困难，不要放弃。我相信有理想、有目标，能够坚持的人最终一定会成功。"①

喀土穆大学孔子学院每年会举办很多活动，比如汉字听写比赛、诗歌朗诵比赛、"汉语桥"比赛，还有春晚。在第一次参加"汉语桥"比赛时，李灿表现得十分紧张，老师和同学们便积极鼓励她。在她鼓足勇气唱完《隐形的翅膀》后，教室里响起了热烈的掌声。这给了她很大的鼓励，从那以后，她再也没有害怕过比赛。2017年第十二届全球孔子学院大会在西安开幕，李灿作为全球汉语学员代表进行发言，并演唱《隐形的翅膀》，让在场观众无不动容。此后，在国家汉办举办的第十六届"汉语桥"比赛中，她作为特邀嘉宾，再次献唱，震撼了全场。李灿最大的梦想是来中国学习汉语，孔子学院总部知道这一情况后，邀请她来中国参加了一场特别的汉语水平考试。考场中只有她一个人，考试环境都是为她单独设置的。很幸运，她以高分顺利通过了考试，最终获得了来华读书奖学金。

喀土穆大学孔子学院之所以能取得这样的成就，是所有教职员工辛勤付出的结果。第三任中方院长田河回忆："虽然喀土穆大学孔子学院是从2009年开始设立的，但到我去赴任时，整个学院的建设仍处于起步阶段。"② 他和同事们从当地政府申请扩大校舍地盘，由原来的400平方米扩大到1400平方米。他利用有限的资金改建了十余间教室，并在孔子学院总部的援助下修建了两个多媒体教室，整个学院的面貌焕然一新，教学环境极大改善。在改善教学环境的同时，田河也积极帮助改善孔子学院的教学体系，不仅协助苏丹其他四所大学建立了中文系，而且联系在苏中资企业，为喀土穆大学孔子学院捐款筹建了图书馆。2016年苏丹政府授予他"苏中友谊杰出贡献奖"，同时他也被评为"全球孔子学院先进个人"。

---

① 国家汉办：《因为汉语，双目失明的她有了一双"隐形的翅膀"》，《新民晚报》2017年12月15日。
② 杨喜红采访，田河口述，2021年12月。

自 2012 年国际文化交流学院建院以后，学校的留学生教育取得了长足发展。学院设立对外汉语系、汉语国际教育硕士专业学位教育中心、西北师范大学留学生教学中心、汉语国际教育研究所、中亚与东干语言文化所、语言与文化传播研究所、汉语国际教育远程教育实验室、国别与区域研究中心等教学和研究机构。在办学理念上，秉承"向西为主、内外兼顾、深耕中亚、特色发展、提质增效，稳中求进"的留学生教育工作理念，积极服务于国家对外开放战略和学校的国际化建设。

在向西为主、深耕中亚的战略布局之下，学院紧扣国家"一带一路"倡议，对中亚地区的文化交流极为重视，尤其与中亚地区的东干族学生结下了不解的情缘。作为中国西北回族的后裔，东干人百余年来乡音未改、风俗依旧，他们从未中断过对故乡的思念。不少东干学生带着电影中留下的印象来到国际文化交流学院，对于留学期间的生活，他们在陌生中透露着几分亲切感。当发现自己的东干方言与汉语有着千丝万缕联系时，这些东干学生对汉语产生了浓厚兴趣。因得到老师和校友的帮助，东干族留学生能熟练掌握汉语语法，部分学生能说一口流利的汉语。留学期间的所见所闻，使他们对中国的记忆倍感温馨。部分学生明确表示，毕业之后要从事与中国有关的工作，以加强中国文化和中亚文化的交流。不少毕业生希望能回国办汉语培训班，或者到贸易公司当翻译，发挥"丝路使者"的桥梁作用。

东干族留学生古月甚至说："我想把自己在中国学到的知识，传给我们那边的人，不仅把汉语，还有中国文化，传到我们那面"。哈萨克斯坦的东干族学生马智明还表达了他对中国的热爱之情："我特别喜欢中国的文化，大学期间，我去过中国很多地方，宏伟雄奇的丹霞地貌、嘉峪关长城城楼、敦煌飞天等，都让我印象深刻。"马智明在留学期间掌握了一口流利的汉语，他将中国的《琅琊榜》《麻雀》《伪装者》等电视剧都挨着看完了，每看一句话就翻查字典，弄清表达的意思。毕业后他表示想回国到贸易公司当翻译，或者办汉语培训班，做促进哈萨克斯坦与中国文化交流的使者。

正是因为和中国结下了不解的情缘，这些东干族学生成了西北师范大学校园里特有的明星，正如西北师范大学刘仲奎校长所说："初来乍到之时，这些与中国学生'长相相同、语言相近、举止各异'的东干学生，成为校园一道独特而亮丽的风景。"对于东干学生的访问交流，刘仲奎说，因为东干学生的到来，东干语言文化便成了学校新的学科增长点。目前学校已与其他院校和科研机构合作组建了"东干族语言文化研究中心"，致力于通过学术研究的途径，让越来越多的人走近东干族，认识和理解东干文化。

2020 年，在新冠肺炎疫情肆虐全球时，远在国外的留学生们无法来到中国进行汉语学习。为了能按时、保质开展线上教学，老师们采用多样化的云端教学，如直播、录屏、比赛等，加强线上教学互动性，激发学生学习主动性。同时，通过在线教育平台，与泰国华文教师公会携手合作，为泰国华文教师传递汉字教学理念，通过讲述汉字起源与流变的故事，探讨汉字学习和教学的有效、有趣、有用的途径与方法，为海外华文教育蓬勃发展注入新的动力与活力。[①]

从师生个人零星的对外交流到有组织的、多方位的、稳定的对外交流，西北师范大学走过了一段极不平凡的对外交流之路，其中蕴含着诸多师生的家国情怀和西北师范大学的时代使命，也反映着国家不断强大的历史进程。国际文化交流学院将会以更大的责任担当融入时代，为中国文化走向世界作出应有的贡献。

（吴斌　杨喜红）

◎西北旅游业人才培养的重要基地

二十一年栉风沐雨，风雨兼程，2021 年 10 月，西北师范大学旅游学院已度过了二十一个春秋的建院历史。学院成立于 2000 年 10 月，是西北地区知名、在全国有较大影响力的文化与旅游人才培养、科学研究和服务文化与旅游产业发展的重要基地。目前，学院下设旅游管理系、酒店管理系、航空服务与管理系和文化产业管理系四个教学单位，有旅游管理、酒店管

---

① 《西北师大："云"中传播汉字文化》，《光明日报》2020 年 6 月 12 日。

理、文化产业管理和航空服务艺术与管理四个普通本科专业，有旅游管理、文化与旅游产业两个学术型和旅游管理硕士（MTA）共三个硕士点。现有专、兼职教职员工 52 人，副高以上职称教师 22 人，教师博士率达 46%；有研究生、本科生等各类在校生 1300 余人，其中专业学位研究生（MTA）160 余人，学术型研究生 40 余人。

西北师范大学旅游专业的设置，最早可以追溯到 1995 年。据旅游学院首任院长王三北教授介绍："西北师范大学历史系以前只设有历史专业，后来学校在专业设置上逐渐扩展，历史学这个专业变得相对冷门。面对这一发展瓶颈，老师们纷纷建言献策谋出路，在诸多的建议与发展构想之中，其中一条就是做旅游。由于历史文化是旅游的重要资源，因此，历史系就有了开办旅游专业的打算。"[1] 1995 年，历史系设置旅游专业的这一申请获得相关部门的批准，同年开始正式招收专科生。1998 年，历史系的旅游专业由专科升为本科。自此，西北师范大学正式办起了旅游专业。

2000 年，西北师范大学旅游学院正式成立。学校将旅游专业从历史系中分离且单独创办一个新的学院，主要基于以下原因。其一，2000 年左右，西北师范大学进行机构调整，在管理体制方面有了较大的变化，学校从原来的"校、系、教研室"三级建制过渡到"校、院、系"三级建制。其二，旅游专业和历史学二者的学科性质具有显著差异，历史学属于基础性学科，旅游则注重社会参与和社会实践，属于应用型学科。将旅游专业继续置于历史系之下，已经不符合专业发展的实际需求。其三，2000 年恰逢中国改革开放二十余年，改革开放进入了十分关键的历史时期，我国的人均 GDP 取得了巨大突破，文化产业和旅游产业随之呈现出一个高速增长的阶段。甘肃省根据全国的经济发展形势和改善人民生活的需求，提出省内高校有必要大力发展旅游专业。斯时，"我们学校的旅游专业已经有了一定的尝试和基础，作为高校，我们要通过高校的学科建设、专业建设、人才培养和科学研究去适应时代的转变和需求，适应甘肃省以及国家文化旅游产业的发展。"[2] 因此，西北师范大学从甘肃省的经济发展、学校的学科建设以及旅游专业的发展等角度综合考虑，决定正式成立旅游学院。

---

① 李月娇采访，王三北口述，2021 年 12 月。
② 李月娇采访，把多勋口述，2021 年 12 月。

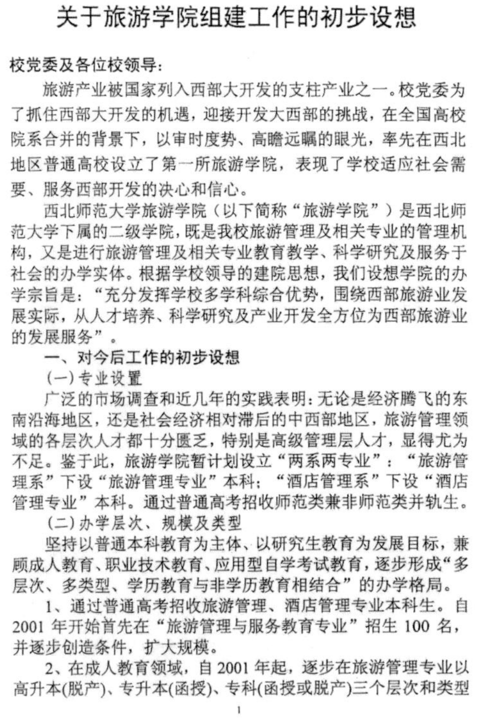

关于旅游学院组建工作的初步设想

校党委及各位校领导：

旅游产业被国家列入西部大开发的支柱产业之一。校党委为了抓住西部大开发的机遇，迎接开发大西部的挑战，在全国高校院系合并的背景下，以审时度势、高瞻远瞩的眼光，率先在西北地区普通高校设立了第一所旅游学院，表现了学校适应社会需要、服务西部开发的决心和信心。

西北师范大学旅游学院（以下简称"旅游学院"）是西北师范大学下属的二级学院，既是我校旅游管理及相关专业的管理机构，又是进行旅游管理及相关专业教育教学、科学研究及服务于社会的办学实体。根据学校领导的建院思想，我们设想学院的办学宗旨是："充分发挥学校多学科综合优势，围绕西部旅游业发展实际，从人才培养、科学研究及产业开发全方位为西部旅游业的发展服务"。

一、对今后工作的初步设想

（一）专业设置

广泛的市场调查和近几年的实践表明：无论是经济腾飞的东南沿海地区，还是社会经济相对滞后的中西部地区，旅游领域的各层次人才都十分匮乏，特别是高级管理层人才，显得尤为不足。鉴于此，旅游学院暂计划设立"两系两专业"："旅游管理系"下设"旅游管理专业"本科；"酒店管理系"下设"酒店管理专业"本科。通过普通高考招收师范类兼非师范类在轨生。

（二）办学层次、规模及类型

坚持以普通本科教育为主体、以研究生教育为发展目标，兼顾成人教育、职业技术教育、应用型自学考试教育，逐步形成"多层次、多类型、学历教育与非学历教育相结合"的办学格局。

1、通过普通高考招收旅游管理、酒店管理专业本科生。自2001年开始首先在"旅游管理与服务教育专业"招生100名，并逐步创造条件，扩大规模。

2、在成人教育领域，自2001年起，逐步在旅游管理专业以高升本(脱产)、专升本(函授)、专科(函授或脱产)三个层次和类型

图 23-4 《关于旅游学院组建工作的初步设想》（局部）

旅游学院在创建初期经历了重重坎坷与考验。学院首任党委书记魏锦煌先生对该院的创建历程记忆犹新："2000年10月，学院成立的时候只有两个人，一个是从历史系过来的王三北教授，一个就是我。学校在全校的促进大会上给我颁发了一块写有'西北师范大学旅游学院'的牌子，学院就这样诞生了。当时，我们没有一间房子，没有一支团队，可以说是一穷二白。甚至都没有一个合适的地方去悬挂那块牌子，我只好将它抱回来，暂时放置于自己家中。三北老师担任院长，主抓专业建设；我担任书记，主抓政工和人事。两三个月后，学校在今天的校档案馆那里给我们分配了三间办公室，每间屋子大约十平米，我和三北老师就带领着四五名年轻人陆续开展起了相关工作，这就是旅游学院最初的样子。"① 旅游学院初创之时，师资力量十分薄弱。2001年8月，全院仅有教职工13人，在旧文科楼正式开始办公招生。创建初期，学院经费紧张、设备不足，使用的大多是

---

① 李月娇采访，魏锦煌口述，2021年12月。

学校淘汰下来的陈旧物件。

为了应对和缓解经费紧张这一关键问题，旅游学院开办了"刺考班"（相当于辅导班，即刺激学生努力学习、参加考试）。当时，学院的招生类别分为两种，一类是计划内的招生，即通过高考招收进来的本科生；另一类是计划外的招生，即拿到高中毕业文凭的高升本或专升本学生。"刺考班"招收进来的"刺考生"就属于计划外的招生，"当时招收进来的专升本学生，大多是各个景区、集团、酒店的负责人，这些学生普遍能力较强。他们不仅学习能力强，而且工作能力和实践能力也很强。他们一面学习，一面负责各自单位的管理工作，当他们拿到本科文凭后，就在原有的实践基础上注入了扎实的理论基础。"这些学生在毕业后流向全国各地，其中大部分人选择留在甘肃省内，他们为甘肃省旅游业的发展注入活力，为推动甘肃省旅游业的发展作出了应有的贡献。"旅游学院后来能够发展起来，'刺考班'作出了很大的贡献。招收'刺考生'在当时是符合社会实际情况的，这是一个双赢的过程，一方面缓解了学院经费短缺的问题，另一方面也为社会培训了一批旅游服务行业的专门人才。"①

在旧文科楼办公一两年后，旅游学院的办公地点搬迁至理科楼西区二楼。这时的学院发展基本上步入正轨，学院的经费问题基本得以妥善解决，青年教师的工资收入有所增加，学院的建设取得了显著进步。"旅游学院办起来之后，我们的主要目标就是用心致力于甘肃省旅游产业的发展，但若只有一个旅游管理专业是远远不够的，发展的指向不够明确。"② 而且，当时的旅游业作为一个新兴产业，社会上对它的认知度和认可度普遍较低，"若想在一个经济发展相对滞后的省份发展旅游业，就一定要找到适合自己的路径，要充分利用我们独特的资源优势，走出一条特色化的道路。旅游学院的发展也是这样，要展现出自己的特色，要寻找到在甘肃省的整个社会经济环境中的发展路径与模式。"③ 有鉴于此，学院一边加强旅游专业建设，一边努力探索适合自身发展的道路。

2002年9月，旅游学院把旅游专业的发展设置成三个方向：（1）设置

① 李月娇采访，魏锦煌口述，2021年12月。
② 李月娇采访，把多勋口述，2021年12月。
③ 李月娇采访，王三北口述，2021年12月。

涉外旅游管理方向，主要培养旅游管理、运营类的人才；（2）设置旅游英语方向，主要是为民族地区的旅游业培养专门人才；（3）设置旅游日语方向，主要目的是为敦煌的旅游业培养人才。旅游学院的这一培养思路具有相当强的前瞻性，所培养出来的学生很受欢迎。2005 年 9 月，学院又设立了国际文化交流（涉外旅游方向）专业，主要目标是为甘肃的文化交流、民间的全球文化交流出谋划策，期盼着能够将甘肃文化推向世界。该方向自设立后运营顺利，直到 2012 年西北师范大学正式成立国际文化交流学院，这个专业才从旅游学院转到了国交院之下。

旅游学院的创建与发展对于学校自身而言，也具有重要的意义与价值，"旅游学院的成立，为学校蹚开了一条社会服务应用型学院的道路。旅游学院可谓是西北师范大学应用型学院的探路者，对我校后来应用型学院的创建与发展提供了经验和教训，也进一步优化了西北师范大学的办学结构、办学方向以及办学理念，极大地拓宽了学校发展的路子"。①

经过二十余年的不懈努力，今天的旅游学院已形成丝绸之路文化与旅游研究、西北民族旅游研究和区域旅游研究等三个特色鲜明的研究方向。学院旅游管理学科连续三年进入中国科学评价研究中心排行榜"优势学科"序列，在 2003—2016 年 Top100 旅游院校和科研机构排名中位列第 25 名。学院为甘肃省及西北文化与旅游业发展提供了强有力的智力支持，已成为甘肃省乃至西北文化与旅游产业发展的重要智库。

（吴斌　李月娇）

◎应时而生的计算中心

今天是一个万物互联的时代，人们对于互联网已不再陌生，并且充分享受着它带给我们生活的便利。提起互联网人们总会与摩登城市关联，这不难理解，但如果将互联网与西北关联，你又会想到什么？现在让我们来

---

① 李月娇采访，把多勋口述，2021 年 12 月。

认识一下西北师范大学计算机专业的历史。

西北师范大学的计算机专业发端较早,早在20世纪50年代就装配了手摇计算机,而那时我国的"两弹一星"计划还在手写珠算。1977年成立了数学系计算机教研室,开设"计算方法",形成了以姚申助老师为组长,有浦恩佛、丁传松、金坚明、周中一、李运平、朱瑞英、张凯等老师参与的团队。师大的计算机专业从此起步。1978年10月浦恩佛老师担任数学系计算机教研室主任,组员有金坚明、周中一、李运平、朱瑞英、张凯等老师。1979年9月数学系计算机教研室新进徐建设、倪志新、文哲蓉、王立群、王树芳等老师。

互联网的核心是计算机。1976年中科院无偿调拨给学校一台国产第一代JSJ-103型电子管计算机,经过安装、调试,终于在1978年底的理科楼与全校师生见面。而在20世纪70年代初,师大自己就开发过台式计算机,并且开设了"计算数学"课。从1978年首次为数学系学生授课"算法语言"开始便延续不辍,授课范围不断扩大,从数学系扩大到物理系学生,授课课程也相应增加。1978年筹建计算中心大楼,1979年购进JSJ-108乙机(晶体管二代计算机),经过两年多调试终于在1981年运行。1984年购进三十余台APPLE II微型计算机,为全校计算机语言课程提供上机实验教学服务。1984年计算机系成立后,通过世界银行贷款,增添了一大批比较精密的电子计算设备。

除了硬件设施的建设,学校还重视人才的培养。先后派遣诸多老师外出学习。1978年5月学校首次安排李运平、朱瑞英参加在成都举办的"全国计算机系统培训",为期一个月;1978年12月选派浦恩佛、周中一、张凯、李运平、朱瑞英赴长沙湖南无线电厂参加JSJ-108乙机系统培训,为期一个月;1983年6月选派朱瑞英首次参加"全国JSJ-108乙机编译系统学术交流会";1984年2月选派李运平、朱瑞英到北京大学二分校参加全国"DBASE II数据库管理系统"培训,为期一个月,同期周中一和王立群到北京大学二分校参加了计算机硬件系统培训等等。除了外派学习,学校也通过举办各种教师培训班,先后为社会培养了200多名微型机专门人才和中学微型机教师。

1983年可谓西北师范学院计算机专业的"元年",这一年计算机专业正式创建，而且是甘肃省高校中最早建立的计算机专业。自此之后计算机专业加速发展。1984 年成立计算机科学系，首次面向社会招收开办电算专修班，招生 45 人。同期引进台湾留德国硕士陈石城老师，先后开设微机原理等课程。1985 年日本岛田教授来系学术交流。1986 年 7 月首次面向社会招收首届计算机科学与技术专业本科生，王立群老师担任班主任。

图 23-5　1985 年教育部领导来校视察计算机科学系

2000 年由数学系、计算机科学系、计算中心合并组建数学与信息科学学院。

2012 年再次进行院系调整，由计算机科学系、计算中心、网络教育学院合并成立计算机科学与工程学院。新成立后的计算机科学与工程学院设有计算机科学与技术系、物联网工程系、软件工程系、公共计算机教学部、实验中心等教学系部或中心。学院在承担专业本科生和研究生教学、科研任务之外，还承担全校本科生公共计算机课程的教学任务。

著名教育家梅贻琦先生有言：“所谓大学者，非谓有大楼之谓也，有大师之谓也。”计算机科学与工程学院现有教职工 101 人，拥有博士学位的教师比例占 62%。学院建有物联网工程系列、算法与程序设计、计算机基础等 3 个省级教学团队。计算机科学与技术学科、软件工程学科为省级重点学科。拥有计算机科学与技术和软件工程一级学科硕士学位授予权，电子信息（计算机技术、软件工程）专业硕士学位授予权，以及职业技术教育专业硕士学位授予权。设有甘肃省大数据研究院、甘肃省物联网工程研究中心、甘肃省电子政务建模仿真工程实验室、甘肃省信息技术与信息安全实验室、甘肃省区块链行业技术中心以及甘肃省电子商务重点实验室等6个省级科研平台，建有甘肃省智能感知与数据分析专业化众创空间、甘肃省高校计算机应用人才实践与创新能力培养基地等2个省级学生创新创业基地。目前，"软件工程"为省级一流课程，"数据结构""程序设计"等为甘肃省精品课程，另外还有10余门校级精品课程。学院建有"面向对象程序设计（JAVA）""Web程序设计"等甘肃省精品资源共享课程，建成省级双语教学示范课程1门、校级双语教学示范课程2门。经过长期积累与发展，学院在智能感知与物联网技术、智能计算、可信服务、教育领域软件工程等方向上凝聚成稳定的研究力量，形成了研究特色与优势。先后承担各类科研项目100多项，获甘肃省科技进步奖、甘肃省高校科技进步奖多项。

"桃李不言，下自成蹊。"自专业创办以来，计算机科学与工程学院已为社会培养计算机技术各类人才6000余名，毕业生广泛分布于全国各地特别是甘肃和西部地区的教育、通信、银行、IT企业等行业以及政府机关。在甘肃省属各类高校中，40%以上的计算机学科教师为本学院的毕业生。回顾西北师范大学计算机科学与工程学院发展历史，从无到有，从小到大，而现在正当有为年代。她坚韧地扎根于祖国西北，滋润于黄河母亲，将继续秉承"知术欲圆，行旨须直"的校训茁壮成长。

（吴斌　祁少龙）

第二十四章　科教兴校新高地

◎西北少数民族教育发展研究中心

　　1985 年 6 月，教育部依托西北师范大学建立了"西北少数民族师资培训中心"。与此同时，西北师范大学专门成立了"少数民族教育研究所"，著名教育学家胡德海教授担任首任所长。1999 年 5 月，西北师范大学在原"少数民族教育研究所"的基础上，成立了"西北少数民族教育发展研究中心"，并被教育部批准为首批省属人文社会科学重点研究基地之一。2004 年12 月，中心获批为教育部第五批人文社科重点研究基地。三十多年来，中心在建设和发展过程中，经历了辉煌的发展历程。

　　中心成立伊始，主要聚焦于民族教育基本理论研究和跨文化心理研究，取得了卓越的研究成果：胡德海教授主编了《中国教育大词典》（少数民族教育卷），撰写了《中国少数民族教育学概论》专著，提出了对政府部门教育决策产生了重要影响的"民族教育即民族地区的教育"这一观点；万明钢教授在《心理学报》《教育研究》等刊物上发表了学术论文十余篇，出版了《跨文化心理学导论》等重要专著，承担并完成了国家教委八五青年专项基金资助课题——"甘肃特有少数民族儿童心理发展与教育问题研究"项目。

　　1991—2000 年，中心依旧聚焦于民族教育基本理论研究和跨文化心理研究，在理论探索和实践研究两个方面取得了较大的突破。景时春教授主编的《民族教育学》成为新中国成立以来第一本民族教育学教材，被中央民族大学等高等院校列为民族师范生教材；李定仁等教授合作完成的《西北少数民族基础教育发展对策研究》成果荣获中宣部"五个一工程奖"；李定仁教授主编的《中国西北少数民族教育研究》一书荣获全国教育科学优秀成果二等奖；万明钢教授主持完成的"少数民族学生心理跨文化研究"系列论文被教育部立项为优秀青年教师基金项目；王嘉毅教授的专著《少数民族双语教学理论与实践》成为国内较为系统研究少数民族双语教学的理论著作。万明钢教授、王鉴教授提出的"藏汉双语教学模式"在甘南藏区、青海藏区的学校教育中被广泛采用；王嘉毅教授较系统地探讨了少数民族贫困地区提高教学质量、加快普及义务教育步伐的有效途径，为民族贫困地区普及义务教育提供了典型的范例；杨改学教授与甘肃省民族事务委员会联合开展了"西北少数民族地区现代远程教育网站"的实验研究，并首先在夏河县藏族中学建立了交互式远程教育网站。

2001—2005 年，中心全方位开展民族教育研究工作，形成了少数民族义务教育及"两基"攻坚研究、少数民族学校教育与宗教教育的关系研究、中国少数民族教育与西方少数民族教育比较研究三大主要研究方向，成果丰硕。王利民等教授主持完成了全国教育科学规划重点课题"西北民族地区农村中小学课程改革研究"，其标志性成果《西北少数民族地区农村中小学课程改革的行动研究》等 10 余部论著相继出版；万明钢教授带领团队围绕相关课题进行研究，形成了《回族青少年的宗教世界》等重要咨询报告，得到了国家有关部门的高度重视；万明钢教授、王鉴教授的研究团队在《教育研究》《民族研究》等著名刊物上发表了 10 余篇有重要影响的学术论文，出版了"中国少数民族教育与西方多元文化教育比较研究丛书"。这一时期，中心共主持完成国家级科研项目 8 项、教育部科研项目 12 项、甘肃省科研项目 10 项，发表学术论文 300 余篇，出版学术专著 40 多部，获得国家级、省级奖励 26 项。

2006—2010 年，中心紧紧围绕"西北少数民族地区基础教育发展研究""西北少数民族地区宗教与现代学校教育发展关系研究""中国少数民族教育与西方多元文化教育比较研究"三大领域开展研究，成果丰硕。荣获中国高校人文社科优秀成果奖 2 项，其中王嘉毅教授的学术专著《西北少数民族基础教育发展现状与对策研究》荣获一等奖，万明钢教授的学术论文《"积极差别待遇"与"教育优先区"的理论构想——西部少数民族贫困地区教育发展途径探索》荣获二等奖；多份研究咨询报告被教育部基教司等部门采纳。这一时期，中心共主持国家级科研项目 11 项、教育部科研项目 32 项、甘肃省科研项目 10 项，发表学术论文 221 篇，出版学术专著 30 多部，获得国家级、省级奖励 30 余项。

2011—2015 年，中心保持了在以上三大研究领域的国内国际领先地位。王嘉毅教授参与了《国家中长期教育发展规划纲要》基础教育部分的起草工作，王嘉毅教授等完成的《西北少数民族基础教育发展现状与对策研究》《教育扩展与收入分配：中国的经验研究》分别获得教育部第五届中国高校人文社会科学研究优秀成果一等奖和三等奖。部分成果被民进中央等多家单位采纳。2015 年中心通过民进中央向全国"两会"提交的关于稳定西北边疆、优先发展新疆民族教育问题的提案获得全国政协提案三等奖。这一时期，中心共主持国家级科研项目 10 余项、教育部科研项目 30 余项、甘肃省科研项目 10 余项，发表学术论文 497 篇，出版学术专著 30 多部，获得国家级、省级奖励 30 余项。

2016—2021 年，中心紧紧围绕"教育与民族地区教育精准扶贫研究""国家通用语言文字教育政策变革研究""民族团结进步教育""民族地区高等教育发展研究"四大领域开展研究。2016 年，王鉴教授的学术专著《中国少数民族教育政策体系研究》荣获全国教育科学研究优秀成果二等奖；2017 年，万明钢教授的学术论文《论我国少数民族教育中的"理工科问题"》荣获全国民族研究优秀成果奖三等奖；中心获全国民族工作优秀调研报告三等奖 3 项。共主持国家级科研项目 16 项、教育部科研项目 30 余项、甘肃省科研项目 10 余项，共出版《民国中央政府少数民族教育政策研究》《清代前中期少数民族文教政策研究》《明代少数民族文教政策研究》《适应与选择：西部民族聚居区高校人才培养模式研究》《高校青年教师教学能力发展研究——基于西北民族地区 17 所高校的调查》等民族教育相关研究专著 30 余部，发表学术论文 211 篇，获得国家级、省级奖励 40 余项。

中心长期聘任国内外、校内外专兼职研究人员50余人，组建与打造研究团队。中心的研究得益于研究团队的长期努力和坚守，在多年的建设中，中心不断凸显自己的特色。正如王鉴教授在总结中谈道："中心的获批和建设，一是西北师大的教育学科在全国基础很好，得益于老先生们创造的条件。二是近三十年来，中心的研究人员和团队持之以恒的坚持做我们自己的研究，能够在这样艰苦的环境中做出成绩，尤其不易。这也是对我们长期坚持、潜心学术的回报。三是坚持自己的特色，少数民族教育研究植根于西北土壤，并且在这里开花结果，这种特色只有西北师大有，'北上广'没有，因为深居西北这样的环境中，就是要做我们的特色，这就是人无我有"。中心研究团队坚信，只有不断打造"国家队"，走出特色，我们的研究领域、研究成果才能够代表我们西北的声音。少数民族教育研究西北师大已经做到了，中心逐渐成为国内知名的民族教育研究机构。

近年来，中心先后为国家相关部门提供决策咨询报告20余份，发挥了重要的智库作用。万明钢教授及其团队先后为教育部起草了《加快推进少数民族和民族地区国家通用语言文字教育的报告》，承担了教育部民族教育发展中心委托的"三区三州"教育脱贫"一县一策"指导方案的研制；编写了全国《中（小）学民族团结进步教育教师用书》；中心承担的《内地班政策绩效评估研究》等课题研究成果受到教育部等部门的批示和充分肯定。

2001年起，中心组织多次高级别学术会议，包括首届"妇女与少数民族教育国际学术会议""两岸三地多元文化课程改革学术研讨会""学校发展国际学术研讨会""中国少数民族教育与西方多元文化教育比较研究国际学术研讨会""首届教育人类学学术研讨会""中国少数民族教育学会第一次学术研讨会""中国少数民族教育高层论坛""中国人类学民族学研究会教育人类学专业委员会第三届年会暨'一带一路'战略与民族教育研究学术研讨会""新时期农村教育发展国际研讨会""高校服务民族基础教育经验交流研讨会"等高层次学术交流会议，采取"走出去"和"请进来"的办法加强同国内外的学术交流与联系，为进一步深化中心研究工作搭建了一个广阔的学术交流平台。

图 24-1 高校服务民族基础教育经验交流会

经过 30 年的建设和发展，中心已经具备了良好的学术研究环境，产出了一批具有国内外重大影响的学术成果，成为国家和地方发展民族教育的"思想库""人才库"和"信息库"。目前，中心正朝着国内一流、国际知名的少数民族教育研究基地、高层次人才培养基地的目标迈进。同时，中心正以教育部人文社会科学重点研究基地建设的五项标准作为发展考核的依据，力争成为与国际开展民族教育和多元文化教育交流与合作的权威机构，成为国内民族教育发展的政策咨询中心。

（贺玲）

◎生态功能高分子材料教育部重点实验室

西北师范大学"生态功能高分子材料教育部重点实验室"是在 2003 年成立的"甘肃省高分子材料重点实验室"基础上，于 2005 年 7 月由教育部批准立项建设，2009 年 5 月通过教育部专家组验收，到目前为止是西北师范大学唯一的教育部重点实验室。实验室原名为"生态环境相关高分子材料教育部重点实验室",2019年7月,更名为"生态功能高分子材料教育部重点实验室"。

"生态功能高分子材料教育部重点实验室"是学校组织高水平科学研究、培养和集聚创新人才、开展学术合作交流的重要基地。实验室面向国家重大需求和国际科技前沿,立足甘肃生态环境特点,聚焦新时期国家生态环境发展战略,开展了环境修复高分子材料、环境友好高分子复合材料、改性天然及农用生态高分子材料三个方向的基础及应用基础研究,在高水平科学研究、人才培养和学术交流等方面作出了重要贡献。

重点实验室成立以来,雷自强教授任主任,北京大学周其凤院士任学术委员会主任。

"生态功能高分子材料教育部重点实验室"为学校化学、化工、材料及工程学科博士后流动站、博士点及硕士点的申请和建设提供了重要人力和科研支撑;为学校化学、材料和工程三个学科进入全球 ESI 前1%提供了突出贡献;为学校获得"黏土基生态功能高分子材料"教育部创新团队和"风沙危害区生态修复与沙产业协同创新中心"提供了决定性贡献。

西北师范大学是国内最早进行无卤低烟阻燃高分子材料研究的单位。"生态功能高分子材料教育部重点实验室"成立以来继续了该领域的研究,首次将坡缕石等黏土运用于高分子材料的抑烟、减毒和阻燃,在无机物基质上可控聚合、消除无机—有机复合材料力学性能恶化等方面取得了重要进展;从2015年开始,重点实验室进行了本征阻燃功能高分子材料研究,首次提出无机固化剂概念,合成了功能无机固化剂和阻燃剂,成功制备了本征阻燃环氧树脂、聚酯及聚酰胺,大大提高了环氧树脂和聚酯的质量和功能;在"响应型功能高分子材料"研究方面,重点实验室合成了系列对水体污染物、人体组织等具有光、温度、pH 值等响应的新型高分子材料,实现了对水体污染物、人体组织可视化观测和便捷监测与检测;"清洁能源材料"研究方面,通过结构、组成调控设计合成了新一代低成本、高性能、长寿命新能源材料,将稀土元素应用于能源转化与储存材料,促进了地方特色资源应用,合成了高导电率活性凝胶电解质,制备了柔性能源转化及储存器件。

　　"生态功能高分子材料教育部重点实验室"最重要的贡献是有关"土基生态功能高分子材料及技术"的研究。本研究先后得到科技部重大基础研究前期专项-973专项（2005CCA06000）、教育部创新团队（IRT1177及滚动IRT15R56）、国家自然基金（21174114、1164009及42167068）、甘肃省创新群体（1210RJIA00450）、甘肃省民生科技（1209FCMH019及1503FCMF014）、甘肃省高等学校科学研究创新团队（2017C-04）及甘肃省高等学校产业支撑计划（2020C-10）等项目的支持，先后组建了教育部创新团队、甘肃省创新群体及甘肃省高等学校科学研究创新团队。

　　"土基生态功能高分子材料及技术"立足甘肃省地处我国荒漠化和沙漠化地区的实际情况，选择国家和甘肃中长期发展规划中的重点研究领域，以黄土、黏土及生物质材料为基本原料，利用弱相互作用，复配环境友好高分子材料，通过结构和组成调控，设计、制备了固沙材料、固土材料、防蒸发材料、防渗漏材料、集水保水材料、调温材料、沙地改良材料等7类功能材料，在此基础上研发了组合沙（土）障、辅助生物结皮、戈壁沙地综合改良、生物—工程组合防风蚀、生物—工程组合防水蚀、荒漠灌溉、扰动（退化）荒漠生态修复、辅助植物（包括濒危和特有植物）保护繁衍、辅助旱生植物和经济林木种植、水土流失防控及季节性洪水分流集聚等11项原创技术。

　　"土基生态功能高分子材料及技术"研究中，"沙漠地区生态修复环境友好保水剂制备技术研究（甘科鉴字〔2012〕第0949号）"和"黏土基固沙材料及固沙技术研究（甘科鉴字〔2012〕第0950号）"两项成果通过了甘肃省科技厅组织的专家鉴定，认为"该成果达到了同类研究的国际先进水平"；"极旱荒漠区风沙危害防控土基材料及其组合沙障技术（甘科评字〔2017〕第17号）"和"黄土高原沟壑防控组合土障技术（甘科评字〔2017〕第18号）"两项技术，经甘肃省情报所组织的专家评价认为两项技术"在国际范围内未见相同文献报道"，成果创新性获得最高评价指标7级，"成果的技术指标达到国内同领域的领先水平"，"生态效益非常突出"。

　　受教育部科技司委托，甘肃省教育厅组织包括5位院士组成的专家，分别于2015年6月28日和2020年11月28日，对西北师范大学承担的"黏土基生态功能高分子材料研究"教育部创新团队项目（IRT1177及滚动支持

IRT15R56）进行了结题验收。IRT1177 验收结论为："黏土基生态功能高分子材料研究"教育部创新团队，具有优良的团队协作精神和很强的创新能力，取得了一系列创新性研究成果。总体评价为"优秀"。IRT15R56 验收结论为：创新团队研制的防蒸发材料，环境友好，成本低廉；其研究成果对于干旱地区集水节水、旱地水资源时空调控、替代地膜和减少白色污染具有重要意义。

"土基生态功能高分子材料及技术"研究解决了材料成本和环境相容性问题，促进了生物质和无机矿物的资源化利用，提高了荒漠化防控和荒漠化土地利用生态和经济效益。研究成果可用于风沙危害防控、水土流失防控、沙地旱地综合改良利用、退化草原修复及矿山生态修复等领域，该研究是对我国生态、林草及农业领域已有技术和方法强有力的补充，已经为全国包括高校、科研院所和企业在内的近 70 家单位提供了技术支撑，技术服务面积超过 2000 万亩。

图 24-2
《土基材料及荒漠化防控》

2020 年重点实验室雷自强教授主编的《土基材料及荒漠化防控》由科学出版社出版，该书是对西北师范大学"土基生态功能高分子材料及技术"科研的总结。该成果得到了媒体的广泛关注，人民网、新华网、新华网客户端、人民日报中国经济周刊官网、新华网甘肃频道、每日甘肃网、光明网、中国科学网、中国新闻网、中国青年网、中国教育报及甘肃日报等媒体进行了多次报道，其中 2020 年 12 月 9 日新华网客户端"西北师大一课题组成功研制出土基防蒸发材料"的报道，点击阅读量达到 125.6 万。

"生态功能高分子材料教育部重点实验室"在人才培养方面也取得了显著进展。队伍中有"全国优秀教师"1 人，全国先进工作者 1 人，甘肃省"特聘科技专家"1 人，教育部"新世纪优秀人才支持计划"1 人，教育部"高等学校优秀青年教师奖"获得者 1 人，甘肃省"333""555"科技创新人才 7 人，甘肃省领军人才 3 人，甘肃省"飞天学者"特聘教授 2 人，甘肃省"飞天学者"青年学者 2 人。

最近 5 年,"生态功能高分子材料教育部重点实验室"共获各类科研项目 71 项,总金额达 2713 万元;发表高质量论文 614 篇,获授权国家发明专利 320 件,转化应用 13 件,获各类科研奖项 3 项,出版专著 3 部。

"生态功能高分子材料教育部重点实验室"成立以来共举办了"高分子前沿论坛""沙产业论坛"等 9 次全国性学术会议;邀请国内外著名专家学术报告 100 余次,被邀请学术报告 50 余次;与美国沙漠研究所、非洲荒漠化防治咨询委员会、兰州大学、中国科学院新疆生态与地理研究所、中国科学院西北生态环境资源研究院、中国科学院兰州化学物理研究所、甘肃省治沙研究所、内蒙古蒙草生态环境(集团)股份有限公司、宁夏宁苗生态园林(集团)股份有限公司、蒙树生态建设集团有限公司及甘肃省林业科学研究院等近 70 家单位建立了长期合作关系。

(雷自强)

◎西北少数民族师资培训中心

西北师范大学在长期的办学实践中,始终坚持"师范性、民族性、区域性"的办学方向,全面贯彻落实党的教育方针,扎根西北、立足甘肃,逐渐探索形成了集"培养、研究、实验、示范、管理"为一体的少数民族高等师范教育办学新模式,培养了一大批高质量的少数民族师资人才,为甘肃乃至西北地区教育事业和经济社会发展,特别是边疆稳定、民族团结、社会和谐作出了突出贡献。

1985 年 3 月,教育部决定在西北师范学院(西北师范大学)建立教育部"西北少数民族师资培训中心"(下称"民培中心")。1985 年 6 月,教育部在兰州召开了"西北少数民族师资培训中心工作会议",并将《教育部少数民族师资培训中心工作会议纪要》(下称《纪要》)下发西北五省区高教厅(局)和西北师范学院。

教育部文件

闽教民字003号

关于筹建西北少数民族师资培训中心的通知

甘肃省教育厅，西北师范学院：

为了贯彻国家关于开发和建设大西北的战略决策和中共中央中发〔1983〕16号文件精神，必须采取特殊措施发展西北地区的教育事业，尽快培养出各类师资，加强少数民族师资队伍的建设。为此，经商得国家计委同意，决定在甘肃省西北师范学院内建立"西北少数民族师资培训中心"（以下简称"培训中心"）。现将有关问题通知如下：

一、培训中心为新疆维吾尔自治区、青海省、甘肃省、宁夏回族自治区、陕西省等五省区培养普通高中、中等师范学校和大专院校部分学科少数民族师资；适当兼顾上述省区教育比较落后的汉族地区紧缺专业的中学师资的培养。

二、培训中心的近六发展规模定为二千五百人，招生计划另行商

—1—

定后下达。

三、教育部负责制订培训中心的方针任务、事业发展规划（包括招生和毕业生分配），确定专业设置，安排事业经费和基建投资，并根据实际情况确定需要增加的人员编制。西北师范学院负责日常行政管理、教学、人事和思想政治工作等。

四、培训中心的筹建工作，由甘肃省教育厅和西北师范学院负责。希接到通知后，抓紧进行。

五、有关筹建培训中心的各项工作，近期还要另开一次西北五省区会议专门研究，具体落实。会议的时间和地点另行通知。

中华人民共和国教育部

一九八五年三月七日

抄送：国家计委、财政部、劳动人事部、国家民委、甘肃省人民政府、新疆、宁夏、青海省（自治区）教育厅，陕西省高教局

—2—

图24-3　关于筹建西北少数民族师资培训中心的通知

《纪要》指出，西北少数民族师资培训中心主要任务和培养目标是为新疆、青海、宁夏、甘肃和陕西等五省区培养具有较高水平的普通高中、中等师范学校和大专院校部分学科的少数民族师资以及中等以上职业技术学校的少数民族基础课教师，适当兼顾培养上述五省区教育比较落后的汉族地区紧缺专业的中学和中等职业技术学校的师资。使培养的学生具有社会主义觉悟，懂得党的民族政策，掌握较坚实的基础理论，具备较强的实践能力，热爱人民教师职业，具有愿为少数民族教育事业献身的崇高理想。"民培中心"是我国唯一一所依托普通高师院校，专门为西部地区系统培养民族师资的办学机构，与西北师范学院实行"两块牌子，一套班子"的管理体制。成立后，学校高度重视、密切配合，设立了"西北少数民族师资培训中心办公室"，配备专职干部负责日常工作和组织协调工作。1985年，首届招收陕、甘、宁、青、新地区数学、英语两专业新生80人。到1988年，人数达到包括19个民族的435名学生。1989—2021年，共有汉语言文学、数学与应用数学、英语等23个专业的7299名学生从培训中心毕业。2008—2021年，民培中心在学校70多个相关专业培养了8636名少数民族

学生。这些学生，95%以上返回生源地，直接服务于民族地区，在推动西部民族地区教育发展、维护民族团结、促进各民族共同繁荣等方面作出了重要贡献。2009—2021年，民培中心共承担了106项国家级、省厅级项目，获项目经费支持995.88万元。为表彰学校为发展西北尤其是甘肃少数民族教育事业作出的贡献，国务院分别在1988年、1990年和2005年3次授予学校"全国民族团结进步先进集体"称号。

西北少数民族师资培训中心和藏族师资培训中心，为甘肃及西部10省（区）培养培训了42个少数民族的各类师资和其他高层次人才3万多人，逐步形成了一系列有特色、高水平、有影响的教育科研成果和行动方案，成为国家西部教育发展特别是西部农村和少数民族教育发展重要的决策咨询中心、信息交流中心和高层次人才培养培训中心。

突出特色，不断探索少数民族高等师范教育模式

经过多年的实践和探索，西北师范大学的民族教育已经形成了完整的体系，形成了附属中学民族班、民族预科、民族本科、民族硕士博士完整的培养体系，并积极探索教育教学改革。

学校针对民族地区生源质量不高、培养方式单一、培养标准偏低的问题，围绕专业建设、招生制度、教学计划、教育教学模式、教学质量提升、教育教学信息化和教材教法等方面提出具体改革措施，实施六期本科"教改工程"。在预科教学中形成了符合少数民族预科学生特点的"结合专业特点，融预科教育于本科教育之中"的办学方法，在本科教学中提出了"强化师范基础，突出时代特色，拓宽专业范围，提高教育质量，增强适应能力"的办学指导思想，形成了适应西部地区基础教育、农村教育和民族教育发展需要的卓越教师培养体系。

1985年开始，学校为青海、西藏、新疆等地区培养培训少数民族师资，开创了内地高等师范院校为西藏、新疆培养基础教育师资的先例，缓解了这些地区双语师资紧缺问题，提高了基础教育的整体水平。2010年学校被教育部民族教育司列为全国28所新疆预科生培养协作院校之一，开始为外省有关高校和本校培养少数民族本、专科新疆预科生。学校培养的学生直接服务在民族地区的基础教育事业第一线。西藏藏北，在被人们称作"生命禁区"的阿里地区，化学专业毕业生白玛卓嘎自毕业以后就一直在那里无私奉献。在西藏山南地区条件艰苦的曲松中学，物理专业毕业生白玛次旦，不但给学生们上课，还利用业余时间给当地群众义务修理电器，深受当地师生群众的喜爱。

理论支撑，充分利用优质教育资源开展民族教育研究

学校和西北少数民族师资培训中心始终以提高民族地区教育水平为己任，建立少数民族地区综合研究实验区，进行多学科融合的民族教育研究，帮助民族地区更新教育观念、制定教育发展规划，提高基础教育质量，为民族地区基础教育、民族教育和农村教育发展提供理论支撑。

学校充分利用教育部在学校设立的"基础教育课程研究中心"，在新疆维吾尔自治区天山实验区、沙伊巴克实验区和宁夏回族自治区灵武市实验区等6个实验区进行跟踪课程改革的实施情况，先后为实验区培训教师10000多人次，其中，国家级、省级新课程大型培训3次；先后深入实验区指导600多人次；大型调研活动4次；撰写各种研究报告50多份；做新课程报告、讲座1000多场次；召开各种研讨会、座谈会50余场次；累计听课1000多节次。基础教育课程研究中心项目组成员也因此得到了西北各省区政府部门和实验区教师的充分肯定。

基于学校丰厚的民族教育研究基础，教育部在学校成立了"西北少数民族教育发展研究中心"，形成了一系列有特色、高水平、有影响的教育科研成果和行动方案，成为国家西部教育发展特别是西部农村和少数民族教育发展重要的决策咨询中心、信息交流中心和高层次人才培养培训中心。中心专兼职研究人员在国家权威学术期刊《教育研究》《民族研究》《心理学报》等刊物发表高水平学术论文300余篇，其中CSSCI刊物发文200余篇；出版少数民族教育专著40余部。中心还主动承担教育部基础教育司、民族教育司、国家民委教育司、甘肃省教育厅、甘肃省民委委托的研究课题，为我国民族教育的各级部门提供咨询服务。

示范辐射，积极发挥民族教育实验区的带动作用

学校在民族地区建成了包括少数民族高等教育、少数民族基础教育、少数民族远程教育、少数民族女童教育以及散杂居地区少数民族教育在内的30多个民族教育实验区，为民族教育发展和改革起到了积极的推动、示范、辐射作用，有力地促进了民族地区基础教育的发展。

1991年，学校在甘肃省夏河县藏族中学建立了民族教育综合改革实施基地，与夏河藏族中学开展对口支援交流合作。双方签订《西北师范大学支援夏河藏族中学协议书》，加大了对夏河县藏族中学对口支援帮扶的力度。20多年来，为夏河藏中培养培训双语教师40余名，参加培训的大多数教师已成长为该校的学科带头人和骨干教师，促使该校教育质量大幅度提高。

2010年以来，学校通过"请进来，走下去"的方式，对来自甘肃、宁夏等民族地区的中小学校长、党支部书记、教导主任、班主任、中学各科骨干教师、中小学民族团结教育师资等4500人次进行了业务能力专项培训。通过对思想政治理论水平、教育管理能力等内容的系统培训学习，采用专题报告、经验交流、跟岗研习等形式，极大地提高了民族地区中小学骨干教师和管理干部的业务水平。

2008年，学校与新疆维吾尔自治区教育厅签署校地合作协议，选派优秀学生赴新疆开展实习支教。13年来，5000余名师大学子"接力"这场"支教的马拉松"，共置换了2000多名民族地区教师前往各地高师院校进修学习。2014年以来，学校先后派出五批次300多名学前教育专业学生赴甘南州夏河县、临潭县、迭部县、舟曲县的31所乡、村幼儿园进行为期一学期的顶岗支教实习，缓解了该地区幼儿园师资短缺的压力，提升了该地教育质量和水平。

提升管理服务水平，营造良好的民族师资培养育人环境

学校在少数民族人才培养过程中始终坚持"政治上关心、生活上照顾、学习上坚持标准、纪律上严格要求"的原则，切实保证少数民族人才的培养质量，全面加强少数民族学生的综合素质教育。

学校以校、院、班三级少数民族学生教育管理机制，推行混班教学、混合居住管理模式，为学生交往、交流、交融创造有利环境。同时，制定、修订和完善了一系列教育管理制度，建立起了一套具有科学性、导向性、普适性、可视性、动态性和可操作性，集定位引导、现状诊断、绩效评估、动态监测、决策服务等重要功能于一体的学校学生工作和少数民族学生评估考核体系，充分保证了少数民族学生思想政治教育工作领导、决策、管理与实施的"一体化"育人长效机制。

学校建立了一支专业科学、分布广泛、年龄结构合理、专兼职结合的群体化、梯队化的思想政治教育师资管理队伍。全面推进精细化管理模式，落实"一名辅导员、一名班主任和一名学生骨干共同帮助教育一名问题学生"的"3+1"问题学生关爱行动等活动；以富有学校特色的"典礼文化"为途径，对学生进行民族团结教育、爱校教育、成才教育、诚信教育和职前教育，帮助少数民族学生树立献身民族教育事业的崇高理想，为培养"四有"好老师打好基础。

为了推进少数民族学生校园文化活动的建设，促进各民族交流、交往、交融，学校以铸牢中华民族共同体意识为工作主线，建立了民族团结进步教育讲堂，通过民族团结教育报告、少数民族学生普通话演讲比赛、藏族歌舞晚会、民族风情图片展演、少数民族节庆活动等少数民族校园文化活动，培养少数民族学生的综合素质。

新的时代，学校将继续厚植"学为人师，行为世范"的优良传统，坚持民族教育的鲜明特色和优势，铸牢中华民族共同体意识，主动服务西部大开发、"一带一路"倡议、黄河流域生态保护和高质量发展以及乡村振兴等国家战略，以昂扬的姿态在建设高等教育强国的伟大实践中阔步前进，积极为西部民族教育作出更大的贡献。

（杨纳名）

◎西北师范大学新农村发展研究院

党的十八大吹响了全面建成小康社会的冲锋号，习近平总书记向全党全国发出了脱贫攻坚的动员令。为响应和落实党中央习总书记的号召，教育部、科技部在全国各省重点高校部署并成立了新农村发展研究院，要求专门开展三农问题研究、进行农业科技研发和人才培养，旨在发挥高等院校学科优势、专家技术优势，弘扬高校服务社会，勇于担当的社会责任。经过严格遴选和综合评价，2013 年教育部、科技部批复同意成立西北师范大学新农村发展研究院。

新农村发展研究院的成立得益于西北师范大学生物学雄厚的学术积淀，得益于以孔宪武教授为代表的一批著名植物学家、生物学家几十年的辛勤耕耘和杰出贡献。早在 1958 年，教育部就在西北师范大学成立了植物研究所，成为当时我国植物学的重要研究机构。20 世纪 90 年代，在韦璧瑜等教授的带领下，植物研究所在西北地区特色植物资源开发及药物研发上取得一系列重要成果，其中，国家一类新药氢溴酸高乌甲素发明，获得了国家自然科学技术进步奖，从此，西北师范大学植物学基础研究和应用研究开始迈开新的步伐。

进入新世纪，西北师范大学把服务社会作为重要使命，以张继教授为代表的一批专家教授承前启后，主动投入社会服务的大潮中，投入现代农业科学研究创新的实践中，他们把学科优势转化为科技研发优势，用一流的技术成果和创新，用实际行动把论文写在了陇原大地上。他们用无私的奉献精神惠及广大农民，用坚忍不拔的执着情怀扎根陇原大地，用科技成果助推产业。先后研发了降脂灵、紫堇碱等一批产品和成果，并成功转让企业，为我省生物医药产业的发展作出了重要贡献。2008 年在国家科技部和省级项目的支持下，他们又聚焦甘肃农、林产业，开展陇药等特色产业的科技研发和攻关，在陇南夏秋茶深度利用、橄榄油产业提升质量、食用菌袋种推广以及山杏仁、番茄酱废渣、马铃薯茎叶等特色农林产品废弃物资源化方面取得了一批标志性的研究和应用成果，创立了特色农产品高质（值）化利用技术体系，获甘肃省科技进步一、二等奖，甘肃省技术发明二等奖及甘肃省专利三等奖。先后获批甘肃特色植物有效成分制品工程技术研究中心、甘肃省特色农产品高值化利用工程实验室、西北特色农产品产业技术创新战略联盟 3 个省部级科研平台，极大地推动了学科、学位点建设和人才培养质量，也为新农村发展研究院申报成功奠定了雄厚的基础和社会影响。

图 24-4　新农院科研人员在百合生产基地

　　西北师范大学新农村发展研究院的成立，标志着西北师大在建设美好幸福新甘肃和服务三农方面进入了新阶段。目前，新农院依托学校多学科优势，更加聚焦甘肃特色农畜产业以及陇药产业发展的科技需求，集成绿色生态技术，创新现代食品技术，开展农产品保鲜与储运，用现代食品理念，创新农畜产品的高质化利用技术和分类定向加工技术，建立了纯天然优质牛羊肉乳生产加工技术体系，为解决农牧业转型升级，实现一二三产业高效融合发展，创新了工艺，解决了许多技术瓶颈，提升了价值链、延伸了产业链，为现代农业的绿色高效发展，为农畜产品的高质化、食品化提供了完整的技术支撑体系。

　　新农村发展研究院还将着力跟进世界食品工业的技术发展前沿，系统开发食品的绿色、高质化生产关键技术和产品，力求在西部芳香植物资源开发利用、绿色防控、家畜无抗养殖（无抗生素）技术和产品研发等领域取得突破，实现领先，不断提升现代农业、畜牧业等食品工业一级生产环节的安全绿色和品质，推动甘肃省现代食品工业的发展。

　　培训新型职业农民，提升地方科技人员素质，培养高层次人才是新农村发展研究院的重要职能。在这个重要的平台上，通过承接科技部"三区"人才支持计划、教育部"国培计划"和政府各类委托培训计划，采取精准施策、模块教学、现场实习、田间学校等多元培训模式，开展农村基层管理人员、农技人员和职业农民的培训，还发挥我校师资培养的传统优势，开展农村中小学校长与骨干教师培训。为面向乡村需求的职业教育和培养懂农业、爱农村、爱农民的"三农"工作队伍培养、培训积累了经验，为农村人才振兴探索出了新模式和途径。

进入新时代，乡村振兴战略全面实施，农业农村现代化进程快速推进。新农村发展研究院还按照校党委和行政的总体部署，带动多学科交叉联合，各平台协作联动、积极开展交流合作，围绕农村文化建设、美丽乡村建设和旅游产业发展，开展甘肃乡村历史文化资源挖掘与整理，传播优秀乡村文化；开展乡村旅游产业发展规划设计，开发文化旅游创意产品，构建全省乡村旅游建设标准。开展农村人居环境整治与乡村休闲旅游融合发展规划、咨询；甘肃实用村庄清洁技术集成示范；组织制定美丽宜居村庄和最美庭院创建活动标准；开展农业面源污染监测与治理；制定甘肃各县区农村实用生态循环农业技术体系研发与实施方案，推进畜禽粪污、秸秆、农膜等农业废弃物资源化利用。

新农村发展研究院积极参加国务院扶贫办（国家乡村振兴局）的重大项目，担任中国电商扶贫模式总结与评估主题团队，高质量圆满完成了任务，获得了专家和国家乡村振兴局的肯定和好评，使西北师大在农业农村重大项目的社会和绩效评估的学术水平在全国领先。学校团队还成为世界银行农业发展项目的评估、评价专家团队，承担脱贫攻坚政策绩效评估、稳定脱贫长效机制设计、甘肃省"三区三州"深度贫困地区产业政策规划与转型升级；为加强基层党组织建设、甘肃农村"三治结合"的乡村治理体系构建、村级组织议事协商制度建设提供智力支持；在进一步放开农村土地市场、健全"三权分置"的农地产权体系、完善所有权承包权权能内容、探索建立土地承包权依法、自愿、有偿退出制度等方面提供法律服务，农业农村重大发展项目的社会评估，绩效评估的学术水平和影响力进一步提升。

在学校党委和行政的坚强领导下，在学校各部门和各相关学院的大力支持配合下，新农院遵照教育部、科技部的指示要求，聚焦甘肃农业发展，按照省委省政府的总体部署，聚焦西北现代农业的重大科技需求，精心谋划，积极争取，承担了农产品高值化利用技术、绿色防控、农业科技成果转移、转化和农村土地整理等涉农科研项目共90项，项目资金2100余万元；已为全省110余家涉农企业提供技术服务，建立生产示范基地40多个、生产线20多条，开发的30多套新工艺、新产品，在20多家企业进行转移转化，产值近13亿元；并在涉农重大发展项目社会评价和绩效评估，环境修复、环境友好及农用生态高分子材料，芳香植物精油绿色防控和无抗养殖等领域开展系列研究取得多项技术突破，学术影响力、科技引领力不断提高，科技成果和研发产品的产业化取得积极进展，示范推广效益显著；获省部级以上农业科技推广奖励成果3个；在省级以上媒体宣传报道6次；完成规划、政策建议战略性报告数量90余份；能力提升培训爱农人才20余万人次，为甘肃特色的现代农业发展作出了显著贡献。

在实现第二个百年梦想的伟大征程中，在全面实施乡村振兴战略、促进农业农村现代化的重大机遇期，西北师范大学新农村发展研究院将按照教育部、科技部的要求，把服务三农，促进现代农业发展作为立足新发展阶段、贯彻新发展理念、构建新发展格局的重要抓手，以习近平新时代中国特色社会主义思想为指导，积极进取、勇于创新，用一流的科研成果和工作成绩谱写出西北师范大学人不愧于时代的华彩乐章。

（吴建平　张继）

第二十五章　肝胆相照同奋斗

◎凝心聚力画出最大最美同心圆

作为一所百年老校，西北师范大学党外知识分子相对集中，各民主党派组织健全，具有人数多、层次高、影响面广的特点。在学校党委的正确领导下，在民主党派省委会的指导下，各民主党派能坚持提高政治站位，强化思想引领，弘扬爱国奋斗精神，积极建言献策，团结带领广大统战成员为建设一流大学和经济社会发展提供最广泛的力量支持。学校现有民革、民盟、民建、民进、农工党、九三学社6个民主党派基层组织，成员共273人，其中在职人员143人，高级职称111人。现有各级人大代表和政协委员20人，省人大常委、省政协常委各1人，有民主党派省委会副主委2人，省级统战团体副会长和理事13人，省政府参事2人、特约研究员8人，省政府文史馆馆员5人、研究员4人。党外干部中有校领导1人，中层31人。

顺乎潮流而进，逐步成为重要统战力量

中国民主同盟和九三学社是学校最早成立的两个民主党派。西北师范学院民盟于1950年4月成立小组，1952年成立西北师院区分部（即支部），李化方任主任。1987年6月成立总支，孙静轩任第一届主委。目前已召开八届盟员大会。九三学社西北师院小组于1954年底成立，1956年西北师院支社成立，金少英任主委。2021年升格为西北师大九三学社基层委员会，

441

杨颖丽任主委。目前已召开八届社员大会。民进西北师大支部于 1984 年 1 月成立，周庆鸿任主委。目前已召开九届会员大会。民革西北师院小组于 1984 年 12 月成立，黄席群任组长。1988 年第一届民革西北师大支部成立，吕子玉任主委。2011 年民革西北师大附属中学支部成立，张天顺任主委。2013 年第一届民革西北师大总支部成立，杨立勋任主委。目前已召开九届党员大会。农工党师大支部于 1992 年成立，霍旭东任主委。2021 年升格为西北师大农工党基层委员会，张腾国任主委。民建西北师大支部于 2009 年成立，张永丽任主委。目前已召开三届会员大会。

思想引领铸魂，铸牢共同思想政治基础

新中国成立后，各民主党派勇担重任、与时俱进。1954 年九三学社成立后积极投入教学改革和思想改造运动，组织社员开展马列主义学习宣传和时事政策教育，制定向科学进军的目标和十二年远景规划。1956 年民盟第八届会议确定重点任务，积极组织政治和时政学习，结合思想实际开展批评与自我批评，贯彻国家文教政策，发表文艺创作和学术成果，开展教学改革和学术研究经验交流。

改革开放以来，各民主党派坚持和完善中国共产党领导的多党合作和政治协商制度、维护多党合作的基本格局、巩固和发展最广泛的爱国统一战线，组织了构建和谐社会、践行社会主义核心价值体系等辅导讲座，举办"建设社会主义核心价值体系、提升统战工作科学化水平"等主题培训，组织参观兰州石化公司，营造尊重劳动、尊重知识、尊重人才、尊重创造的良好氛围，形成民主党派成员充分释放才华和能量的环境。

十八大以来，各民主党派以习近平总书记关于加强和改进统一战线工作的重要思想为指导，贯彻落实"四新""三好"要求。开展了"不忘合作初心，继续携手前进"专题教育、"弘扬爱国奋斗精神、建功立业新时代"系列活动、"四史"学习教育活动、庆祝中国共产党成立 100 周年系列活动，举办"五一口号"发布 70 周年纪念活动、参观甘肃省庆祝改革开放 40 周年图片展，召开习近平总书记视察甘肃重要讲话精神学习会、《中国共产党统一战线条例》学习会、政协委员建言献策分享会及党外人士"自己讲、讲自己"座谈会，在会宁长征胜利纪念馆、高台西路军纪念馆、重庆大学、

兰州新区开展红色教育和专题培训，围绕抗击新冠肺炎疫情，助力决胜全面小康、决战脱贫攻坚等重点任务，把握自身肩负的历史使命，找准参政议政的立足点和发力点，为新时代作出应有贡献。欧美同学会和侨台联充分发挥桥梁纽带作用，归国留学人员坚守家国情怀，侨台联广泛凝聚侨心侨力侨智，着力发挥思想引领、凝聚力量、建言资政、维护侨益的作用，听党话跟党走，自觉担负起为党育人、为国育才的光荣使命。

图 25-1　2021 年 6 月西北师大统一战线庆祝中国共产党成立 100 周年座谈会

围绕中心建功，担负建设一流大学使命

民主党派成员承担着教学科研、学科建设和人才培养的重要任务，是学校事业发展的特殊资源和重要力量。在 120 年办学历程中涌现出了一批以德立身、以德立学、以德施教、有较大影响力的学术名家，为学校高质量发展奠定坚实基础。

徐劲教授在师生中开展马列主义理论教育，极大提高了师生的马列主义理论水平，从全国聘请袁敦礼、董守义、吕斯百等 40 余位学者来校任教，为学院发展奠定了雄厚的师资基础。李化方教授坚持引进优秀人才，使西北师院在新中国成立后又一次迎来复兴。李秉德教授主编的《教育科学研究方法》《教学论》开辟了教学论研究的新纪元，荣膺全国优秀教师。南国农教授提出以现代教育媒体研究与应用为核心的电化教育理论体系，对建立电化教育学科起到开创和奠基作用，获全国教育科学研究终身成就奖。郝承瑞教授编译的《武术》《空手道运动》发行量达 15 万册，填补了全国柔道教材的空白。宋福僧教授和郑麟翔教授为经济学系创建人。王震亚教授牵头与甘肃省文物考古研究所联合招收简牍学硕士研究生，开创了西北师大简牍学研究新里程。吕斯百教授直接创办了西北师范学院艺术系。袁敦礼教授曾任西北师范学院副院长，是我国现代体育教育事业的主要创始人。金少英教授是我国著名历史文献学家、教育家。李学禧编著的《汉英成语与常用语词典》发行 20 万册，影响很大。黄席群教授受商务印书馆委托翻译《美国的历程》计 250 余万字。

图 25-2　刘仲奎校长

现任校长刘仲奎教授是著名数学家，国家有突出贡献的中青年专家，在同调理论以及半群代数理论研究方面成就卓著。无党派人士赵逵夫教授为全国先进工作者、国家级教学名师和全国第六届道德模范，是海内外有重要影响的中国古代文献和文论研究著名学者。尹占华教授编纂的《柳宗元集校注》入选中国古典文学基本丛书。雷自强教授获全国优秀教师称号。

服务大局聚智，助推经济社会高质量发展

各民主党派成员主动适应地方社会经济发展需要，发挥自身资源优势，结合省情实际精准定向、深度挖掘，先后形成一批有见地、有价值的调研成果，为建设美好幸福新甘肃贡献了"师大智慧"。

1945 年，在西北师范学院任教的黎锦熙教授参加了"民主科学座谈会"（即九三学社前身），1946 年九三学社正式成立时被公推为八位监事之一，后为常务监事。李化方教授 1954 年当选为甘肃省人大代表，兼任民盟省委

会副主委，民盟候补中央委员。李秉德教授兼任第六、七届全国政协委员，民盟甘肃省委第六、七届常委。南国农教授曾任省政协第七、八届常委，民盟省委会第七、八届常委。吕子玉教授参加1994年民革全国基层组织工作经验交流会，师大支部受到民革中央表彰。郭层城教授任民革省委副主委，多次代表民革省委在政协会议作专题发言。赖景耀教授"关于自考本科毕业生申请学士学位问题"的提案受省学位委员会高度重视，当年就出台相关政策。郝承瑞教授荣获竞技项目全国优秀裁判员和荣誉裁判称号，任第五、六届甘肃省政协委员，第七、八届甘肃省政协常委，第九届全国政协委员，民进省委会主委、第十届中央委员。郑麟翔教授作为核心成员参与农工民主党甘肃省组织成立。廉永善教授曾任九三学社省委常委（连任三届）、省政协第七届委员和第八届常委。宋福僧教授曾任九三学社省委会副主委。

2008年民盟成员李葆竹、韦自强、吴怀信3位教授参加了"纪念改革开放三十周年、欢庆奥运甘肃民盟书画作品提名展暨'重建家园'大型书画作品拍卖会"活动，拍卖6幅作品筹集3万元，为陇南灾区援建5所"民盟烛光"学校。雷自强教授兼任教育部创新团队学术带头人、风沙危害区生态修复与沙产业协同创新中心主任和首席专家，研发的防风固沙技术在敦煌阳关、民勤县青土湖等16个地方示范推广，为22个单位的生态工程提供技术支持，获授权发明专利15件，技术成果产业化产值超过3亿。胡雨来教授任第十届、第十一届省政协委员，完成了甘肃山丹宏定元公司硫化碱废渣无害化处理项目，与甘肃利众新材料股份有限公司成立了校企联合实验室。

刘仲奎教授兼任政协十三届全国委员，省人大常委，民盟甘肃省第十届委员会主任委员、第十二届中央委员会委员，全国先进工作者，甘肃省劳动模范。2018年在全国政协十三届一次会议上提出"稳定西部高校高层次人才"的提案。民革成员杨立勋教授2017年入选政协甘肃省委员会智库专家，提出的"甘肃经济增长质量现状及对策""各级政府改革及农民负担问题"调研成果受到省政府的批示。民建成员张永丽教授2012年受舟曲县政府委托主持编制了《舟曲县"十二五"扶贫攻坚规划》，省政府办公厅印发文件实施，2017年"对全省精准扶贫精准脱贫提出政策建议"和"全省经济形势分析及实现稳定增长的对策建议"被省委办公厅《甘肃信息》采用编发。民建主委戈银庆教授2020年在省政协十二届三次会议上提出的

《关于推动黄河流域跨区域协同发展的提案》被列为省政协重点督办提案。民进成员石培基教授2017年提出的"关于深入推进兰州新区发展的几点建议"被省委办公厅《甘肃信息》采用编发。2018年申报的"甘肃省土地利用与综合整治工程研究中心"被省发改委批准组建省级工程研究中心。2020年牵头撰写的《兰西城市群建设对策研究》等4篇咨询报告为我省推进兰西城市群建设提供了决策依据，被省委主要领导批示。农工党主委张腾国教授"关于开展《甘肃植物志》编纂工作的建议"等3篇提案被列为省政协A类提案，受到了相关厅局重视。九三学社成员张学鹏提出的"甘肃省农民负担现状与减负对策研究"受到省委省政府高度重视，完成省政协"关于我省高等教育改革发展情况的调研报告"，被省政府办公厅转发至九个厅局。

无党派人士赵逵夫教授，担任第八、九、十届省人大常委，先后提交60余条建言，受到了省上有关部门好评。李并成研究员任省政协委员、省政协常委、省参事室参事、省文史研究馆馆员，荣膺"全国先进工作者"称号，在历届省政协会上提交160多件提案，被誉为"提案大户"。郭绍青教授荣获甘肃省科技领军人才、全国电化教育优秀工作者，是国家远程教育专家组成员。

2013年民盟盟员张晓彤、任重远、孙理和、张学强荣获"民盟甘肃省委会参政议政工作先进个人"称号。2020年民盟师大委员会被民盟中央授予"盟务工作先进基层组织"称号，吕元琮、刘仲奎、雷自强获民盟省委会"特殊贡献奖"，李葆竹获"杰出贡献奖"、任重远获"突出贡献奖"。2021年石培基、杨立勋、李莉教授荣获优秀政协委员称号。

中国特色社会主义进入了新时代，学校各民主党派坚持贯彻落实习近平总书记关于加强和改进统一战线工作的重要思想，以《中国共产党统一战线工作条例》为旨归，按照"四新""三好"要求，牢记多党合作初心，继续携手前进，做引领引导之事，聚同行同向之力，建助推助力之功，不断汇聚起开局"十四五"、奋进新征程的强大正能量，为服务新时代国家事业发展作出新的更大贡献！

（刘波）

◎坚定信仰紧跟党的共青团

西北师范大学共青团和学生会在学校党委、团省委和省学联的关怀和悉心指导下，始终牢牢把握政治方向，各级团学组织和团学干部凝心聚力，积极建构实践育人共同体；全面解读志愿服务精神，精心打造志愿活动新载体；认真探索双创人才培养途径，不断深化创新创业教育内涵；厚植百年文化沃土，持续开展校园文化品牌活动。全校广大团员青年秉承着先辈们的西迁精神，心系祖国和陇原大地的发展，投身强国伟业，谱写着一篇篇色彩绚烂的时代华章！

共青团星星之火在理想与曲折中不断前行（1949—1979）

1949 年 10 月，西北师范学院学生会正式成立，是当时甘肃高校中最先成立的学生会之一。同年 12 月，中国新民主主义青年团西北师院支部成立。至此，西北师院团学组织正式诞生，成为学校党政开展学生工作的得力助手。此时，《新儿女英雄传》《钢铁是怎样炼成的》等优秀作品在学生中广为流传，这对当时的学生树立革命理想、培养革命人生观、建立新的学习秩序等起到了重要作用。与此同时，团支部大力进行组织建设，组织团员和青年积极学习党课和团课。为了进一步壮大团的组织、加强团的建设，团支部大量吸收进步青年加入团组织，并派遣团干部、先进团员利用假期参加省团工委举办的"青训班"，以提高业务素质。据 1951 年 2 月统计，当时西北师院已有团员 85 人。

随着团组织进一步发展壮大，1951 年 2 月经上级批准，新民主主义青年团西北师院总支委员会成立，同年，新民主主义青年团西北师院总支部改为团委建制，下设 3 个总支、11 个支部。团组织的迅速壮大，使得团干部培养锻炼工作日显重要，为此院团委开展了团干部培训工作，多次组织团干部学习"怎样做团小组长""怎样做支部书记""青年团组织工作方法""青年团问答"和共青团的其它业务文件，从而培养出了一批比较得力的共青团干部。这种干部的培训办法成为一种传统，在师院一直继承下来。

1956年到1966年是中国共产党带领中国人民进行社会主义建设探索的十年，在这一阶段学校青年团密切配合学校做好思想教育、专业教育，仅1957年就组织了兴趣小组90个，参加学生约1897人。另外还有大型社团7个，其中话剧团3个、古典剧团3个、乐队1个，参加学生200余人，排出话剧、古典剧共7幕，形成了良好的学生社团活动氛围，并协助学校做了大量有特色的工作，取得了显著成绩。

1966年后，教育领域受到严重冲击，全国各级共青团也陷入了工作停顿、组织被摧毁的状态，甘肃师范大学亦复如此。

1978年12月，共青团甘肃师范大学第十一次代表大会、第十三次学生代表大会召开。团省委书记胡锦涛到会祝贺并致辞。第十一次团代会召开以后，学校共青团加强组织整顿，健全了各级团组织和学生组织，狠抓思想教育工作，开展学雷锋、创三好、树新风活动，促进了团的发展，结束了"文化大革命"以来团组织涣散的情况。

着力固本强基，发挥共青团实践育人功能（1979—2000）

伴随改革开放步伐的迈进，教育事业步入新的时期，学校团学工作进入了一个新的阶段。这一时期的主要任务是切实加强思想政治工作，大力开展"学雷锋、树新风"和"五讲四美三热爱"活动，不断提高团员青年的思想觉悟，培养和造就更多的德智体美全面发展、又红又专的人才。

结合改革开放新形势下共青团工作的特点，团学组织积极探索工作的新方法、新路子，注意活动的思想性，寓教育于活动之中，"学雷锋送温暖""燃起心灵之火"大学生演讲团赴全省劳教所、监狱巡回演讲和"红军长征过甘肃"大学生自行车考察团等社会考察活动陆续开展，"模拟法庭"等活动受到学校和社会好评，"动员中小学生致函毕业生回家乡"活动被《人民日报》《光明日报》《中国青年报》等新闻媒体报道。

1992年，学校下发《关于进一步加强对工会、共青团、妇女委员会等群众团体领导的意见》，定期召开专题会议听取群众团体的工作汇报，有针对性地进行工作研究和部署，大力鼓励和支持群众团体按照各自的章程独立自主开展工作。学校共青团紧紧围绕培养合格人民教师这一中心工作，认真贯彻团省委、校党委的各项决议和学校第十四次团代会提出的工作任务，全校团员青年团结奋斗，锐意进取，团学工作充满了生机与活力，团的各项工作取得了显著成绩，团组织面貌发生了很大的变化。

1993 年 9 月，由张俊宗参与主编的《团旗正红》由北京师范大学出版社出版，这本书分团史篇、理论篇、团务篇、修养篇、团十三大篇，共二十讲，内容充实，指导性强，深受读者喜欢。

学校坚持大德育工作思路，全校各级团学组织深入开展党的基本理论、基本路线、基本方针和改革开放教育，同时举行大型主题教育活动，以主题演讲、诗歌朗诵、图片展览、文艺演出等多种形式，营造爱国主义教育氛围。大力推进"跨世纪青年文明工程"和"跨世纪青年人才工程"，努力提高青年大学生的道德文明素质和综合技能水平，积极为学校育人工作服务。持久开展学雷锋活动，组织动员团员青年走上街头、深入基层，集中开展了家政服务、法律咨询、义务家教等为民服务活动，挂牌成立"共青团文明建设区"，积极创建"十无校园"。逐步完善社会实践工作机制，形成了以小分队为骨干，课题调研为补充，分散开展"三个一"活动为重点的社会实践格局，实践内容涉及劳动教育、挂职锻炼、文艺演出、科技扶贫、法制宣传、社会调查等领域。初步形成校园文化系列化布局，精心设计开展"学术月""艺术月""体育之春""五项全能""未来园丁大赛"等届次化、品牌化的活动，为全校青年学生提供了展示才华、锻炼自我的广阔平台。创新拓展实践育人新途径，大学生艺术团、家教服务中心、心理与事业发展咨询中心应运而生，同时加强学生社团管理与指导，引导学生社团兴趣化发展。狠抓团组织建设，推广"大团日"活动思路，树立"标杆团支部"并组织团干部参加跨校际、跨支部、跨专业组织生活观摩活动，实行目标管理考核制度，全面实行团员民主评议和"三知一懂"团员轮训制度，建立健全团组织生活申报制度、团干部上岗培训制度、支委例会制度等。

持续改革创新，打造青年思想引领新模式（2000—2021）

进入新世纪，西北师范大学共青团不断改革创新、与时俱进，以围绕中心、服务大局为工作主线，突出思想引领、成长服务两项工作任务，按照党建带团、服务立团、学习兴团、创新强团的工作格局，努力构建具有时代特征、符合青年特点、凸显师范特色的共青团新体系，积极探索新形势下加强青年思想政治工作的新途径、新载体、新方法，不断从严治团，开创共青团事业发展新局面。

"互联网+"思政教育突出主流价值引领。学校团委青年文化传媒中心构建"六位一体"校园新媒体矩阵格局，举办"我的中国梦"、社会主义核心价值观、学习习近平总书记系列重要讲话精神主题团日活动，广泛开展"与信仰对话，为青春导航"等价值导向鲜明的"微活动"。团委、学生会微博分别入选"全国十大高校团委微博""全国十大高校学生会微博"。"青年全媒体中心"微信公众平台获评全国高校新媒体"十佳视觉设计奖"，并获批全国高校共青团新媒体重点工作室。

校园文化品牌化发展彰显文化育人优势。学校团委以培育青年学生的科学精神和人文素养为目标，礼敬中华优秀传统文化，凝聚青年学生价值共识，努力促进青年学生全方位自我完善、科学发展、健康成才。连续举办了"丁香花开"中国诗词文化节、"我最喜爱的教师"评选、"五月的鲜花——永远跟党走"文艺汇演、中秋音乐诗会等有时代特征、符合青年特点的品牌校园文化活动，"师说三人行·和老师一起喝咖啡"系列访谈活动被评为第八届高校校园文化建设优秀成果奖。

"挑战杯"开启学生科研创新能力新突破。学校团委推动"挑战杯"竞赛等校园学术科技创新活动走上制度化、科学化、规范化的轨道。"挑战杯"大学生课外学术科技作品竞赛、"科研近距离"主题学术沙龙、"河畔思享"青年公开课等形式多样、各具特色的学术科技类校园文化活动成届次开展。生命科学学院本科生牛天水获得"中国青少年科技创新奖"，受到中央、省上领导同志接见。物理与电子工程学院"创想工兵"科技创新团队获团中央首批"小平科技创新团队"项目资助。

社会实践助力社会经济发展与学生成长成才。学校团委不断拓展社会实践活动的领域和内涵，从地方建设发展的现实需要和大学生锻炼成长的实际需求出发，有针对性地开展实践活动。重点推进"中国梦·陇原情——学子返乡""精准扶贫·青年在行动"社会实践，"看中国·外国青年影像计划（兰州行）"活动被习近平总书记表扬，《光明日报》《中国青

年报》、人民网、中国青年网等媒体进行了宣传报道。学校连续 21 年获全
国大学生社会实践先进集体、优秀实践项目单位。

图 25-3　"看中国·外国青年影像计划（兰州行）"实践活动

　　复合文化载体多方位深化志愿服务内涵。学校团委有效整合青年志愿
服务项目，在全国率先倡议发起了"爱尚微公益"实践项目。实践团队先
后被中宣部、团中央评为"全国学雷锋示范点""青年志愿服务优秀组织
奖"。一批热衷志愿服务的优秀学生先后被评为"最美中国人""中国大学
生年度人物"和"中国大学生自强之星标兵"。中央电视台《焦点访谈》
《新闻 30 分》等栏目，《光明日报》《中国青年报》等新闻媒体广泛宣传报
道了实践活动。中共中央候补委员、全国道德模范、"当代雷锋"郭明义同
志评价"'爱尚微公益'走在了微公益的前端，突破了公益的瓶颈"。

（尚哲民）

◎创新创业创未来

西北师范大学高度重视创新创业教育工作，在全省高校创新创业工作中长期处于第一方阵。经过长期的积累，已经具备了较为完备的创新创业教育、实践和孵化链条，拥有一支专业化、专家化的创新创业导师队伍，培育孵化出了一批社会效益好、经济效益高的企业和项目，在创新创业教育、双创项目孵化、就业创业指导等方面总结了一些可以辐射全省各高校的经验和做法。

西北师大是甘肃省第一所设立学生双创项目资助的高校，2003年学校设立"本科生学术科研资助金"，每年投入10万元用于支持学生科研项目；2009年起实施"本科生学术能力提升计划"，每年投入100万元用于提升学生的创新实践能力；2017年起实施学生"创新创业能力提升计划"，每年投入150万元用于提升学生的创新创业能力。

西北师大是甘肃省第一所开展创业大赛的高校，2010年6月，西北师大为激发和培养全校大学生的创业意识、创业精神和创业能力，将创业意识、创业想法转化为创业方案，发掘扶持优秀创业项目，推动创业培训工作，实现以创业促就业。

西北师大是甘肃省第一所设立创业基金的高校，2011年6月16日上午，学校在图书馆二楼多功能厅举行"西北师范大学洪涛大学生创业基金"签约仪式。时任校党委书记刘基和时任校长、党委副书记王嘉毅，及杰出校友、兰州中和投资创业集团董事长洪涛出席签约仪式。化学系91届杰出校友、兰州中和投资创业集团董事长洪涛先生毕业后秉承和弘扬西北师大精神，艰苦奋斗，自强不息，成功创业，十年磨一剑，二十年树品牌，在自己事业如日中天之际，不忘感恩母校，回馈社会，决定设立"西北师范大学洪涛大学生创业基金"，从2011年开始连续5年每年资助60万元人民币，共计300万元，用于学校人才培养和大学生创业就业工作。在该项创业基金的支持下，西北师大建成1800平方米的"中和大学生创意创业孵化基地·金声众创空间"，2015 年，被甘肃省科技厅认定为"甘肃省首批省级众创空间"。2016 年，安宁区在孵化基地挂牌建立"大学生创新创业工作站"。

进入新时代，西北师大持续推动创新创业教育改革，努力为全校师生搭建创新创业实训平台。2016 年 12 月，西北师大成立创新创业学院，院长由分管学生工作的副校长兼任。副院长由党委学生工作部、教务处、研究生院、科学技术处、社会科学处、科研合作服务处等单位主要负责人兼任。学院办公室设在学生就业指导服务中心，学生就业指导服务中心主任兼办公室主任。2017 年 7 月 17 日，时任校党委书记陈克恭同志主持召开 2017 年第十一次党委常委会议，决定由创新创业学院负责运营管理西苑餐厅，将"西苑餐厅"改名为"学生餐饮文化中心"，将其建设成学生校内创新创业实训基地。2018 年 12 月底学校机构改革，创新创业学院独立设置，成为学校直属单位。

图 25-4　陈克恭书记在西北师范大学第七次党代会上做报告

独立设置后的创新创业学院对全校的创新创业教育资源进行整合、协调、拓展和管理，系统化开展创新创业教育、创新训练和创业实践，持续推进创新创业训练项目的转化孵化。2019 年建设"创新教育工坊"，2021 年该教育工坊被兰州市科学技术协会认定为兰州市科普基地；2020 年受教育厅委托建设"甘肃省大学生就业创业导师库"，将学校创新创业教育的理念辐射到全省各高校。2021 年建成 5000 平方米的"械樸苑"大学生创新创业中心，将该中心建设为"创新创业知识教育、创业就业思想集聚、学生创业就业实践、商业项目对接、创新创业孵化、创业成果展示"于一体的多功能师生创新创业实践平台，成为区域内创业信息交流的集散地，创业人才培养的试验田、校地合作的催化剂、区域经济文化发展的驱动机。

创新创业学院独立设置以来，孵化培育了一大批优秀的学生创业企业和创新创业项目。孵化培育 2017 届毕业生马蛟龙创办的"甘肃阳光智家网络科技有限责任公司"为国家级高新技术企业、省级科技创新型企业、省级众创空间、省级中小企业公共服务示范平台、省级疫情防控物资重点保障企业，马蛟龙也获得全国"2020—2021 大学生就业创业年度新闻人物"。孵化培育 2014 届毕业生骆玮创办的"甘肃南博万影视科技有限公司"立足新媒体行业发展，现已成为甘肃省行业领头羊，与省内多家上市公司及全国知名企业合作开展业务，年营业额 600 余万元，创业八年来累计提供就业岗位 110 余个，提供大学毕业生就业岗位 70 余个，主动承担社会工作，制作的甘肃省教育厅全省大学生就业创业宣传片在甘肃日报手机客户端、抖音、快手、微视等短视频平台发布，累计播放量 370 万余次。孵化培育 2019 届毕业生李阔阳创办的"甘肃新潍文化科技有限公司"立足校园文创产品开发与推广，继续打造"西师文创"文化品牌，充分挖掘校园文化元素设计开发"丁香花开""筑梦百廿""温暖守护"等校园文创产品，为学校国际交流、学术会议、重大节庆、校友回访及广大师生提供五个系列 40 余种文创产品。设计制作西北师大定制版口罩 6 款 20 万只，为校园防疫提供支持；学生创业实习团队以校内实训方式持续做好学生餐饮文化中心的日常运行管理，每年为 300 余万人次提供餐饮服务，每年保持 12% 的营业额增长。学生公益创业企业云田公益发展中心，围绕乡村儿童卫生健康教育缺失问题，设计包括"云田健康教育行动""好玩运动会"等一系列健康教育项目和活动。自 2019 年以来，累计募集资金超 200 万元，创造专职岗位 3 个，兼职岗位 4 个，项目入选由中国公益慈善项目交流展示会组委会办公室编写、北京日报出版社发行的《公益创投 十年一剑：讲述公益创新与项目成长的故事》。学生参加以中国国际"互联网+"大学生创新创业大赛为代表的各级各类创新创业赛事屡获大奖，2021 年"西小狮汉字王国"获第十一届全国大学生电子商务"创新、创意及创业"挑战赛全国总决赛一等奖和最佳创新奖，指导教师国际文化交流学院李华教授获全国"优秀指导教师"荣誉。因学校在全省大学生创新创业赛事中的优异表现，2022年，学校获得第八届中国国际"互联网+"大学生创新创业大赛甘肃赛区的承办权，将进一步提升学校创新创业赛事的组织水平，扩大学校创新创业教育的影响。

图 25-5　创新创业创未来

雄关漫道真如铁，而今迈步从头越！相较于学校厚重的历史，年轻的创新创业学院会保持年轻的活力与创劲，持续系统地思考学校创新创业教育工作布局，从价值导向、内涵提升、资源供给、协同创新等多个维度去谋划发展，推动全校创新创业教育工作，构建符合学校办学定位，特色鲜明的西北师范大学创新创业教育生态。推动创新创业工作向更高层次的目标迈进，提高学校服务地方经济社会发展的贡献率。

（慕小军）

◎存史资政档案馆

"百年师大，馆藏百年"，2021年6月9日，为庆祝中国共产党成立100

周年、迎接西北师范大学建校 120 周年，学校档案馆（校史研究中心）围绕"档案话百年"，立足馆藏资源，遴选出 120 组党史校史档案，精心策划设计，举行了以"百年初心历久弥坚　百廿师范任重道远"为主题的党史校史展，首次展示新中国成立前后学校共产党员、党组织活动的珍贵档案，以档案见证师大的悠久历史。一幅幅珍贵的民国时期档案照片，一件件印刻师大人孜孜以求精神的档案资料，给观看展览的师生留下了深刻的印象，大家纷纷表示，此次档案专题展览呈现内容丰富，信息量大，知识密度高，给师生的党史校史学习提供了生动教材和资政育人的生动课堂。

让档案记忆历史、弘扬精神，让历史走进师生、资政育人，这正是学校档案事业发展的一个真实写照。

西北师范大学的档案工作自学校诞生就已经开始了。从 1902 年京师大学堂师范馆成立，到如今的西北师范大学，伴随着学校的每一步成长，档案都相伴相生，记录着学校建设发展过程中的点点滴滴、方方面面。这些鲜活的历史档案见证了西北师范大学 120 年栉风沐雨、筚路蓝缕、孜孜以求的奋斗精神，彰显着以教育为己任、爱国敬业、服务国家和社会的历史担当和家国情怀。

学校初期的档案工作主要是学校各部门、部分岗位（院长室秘书、注册组、出纳员）独立保管开展工作所留存的一些文件、凭证、资料等，并没有成立专门的档案管理机构。真正开始集中管理档案开始于 20 世纪 50 年代。1957 年，学校成立了档案室，隶属于党办、校办领导，专门负责学校文书等档案的管理工作。但此后由于历史的原因，学校档案工作一度受到严重影响和破坏。党的十一届三中全会后，学校全面恢复档案工作，于 1981 年成立了综合档案室，在党委办公室的领导下，积极开展档案材料的收集整理工作，并制定和完善了各项规章制度，为后续的规范化、专业化发展奠定了良好的基础。1987 年以后，学校综合档案室工作由单一收集整理党政机关文书档案材料扩大到收集整理包括教学、科研、财务等各类业务档案，业务范围开始涉及学校诸多部门、更多领域。2000 年 7 月，学校在内部管理体制改革中，为了使档案工作更加适应学校事业发展，同时提升档案管理的水平和质量，本着科学管理、规范收集、确保安全、方便利用的原则，正式成立了档案馆，为学校直属正处级业务单位，将原来分散多头管理的文书、教学、财会、科技、声像、基建等档案进行集中收集、整理、保管，包括原隶属学生处管理的学生档案和人事处、组织部负责的干部人事档案，实现了对全校各类档案的集中统一和规范管理。管理体制的改革和完善为学校档案工作的发展提供了组织上的保证，从此学校档案工作迈上一个新台阶。这也是当时甘肃省省属高校中最早成立的档案馆。

2001年，原甘肃省经济管理干部学院并入西北师范大学，其1785卷档案也一并归入学校档案馆统一管理。2018年12月，为进一步加强校史研究，学校成立校史研究中心，挂靠档案馆开展工作。2021年，随着全省独立院校转设工作的推进，原西北师范大学知行学院近10万卷（件）档案全部归入西北师范大学档案馆。经过不断的发展，历经数次搬迁和合并，目前学校档案馆现有馆库建筑面积1200多平方米，收藏了建校以来的文书、教学、科研、基建、设备、出版物、产品、财会、人事、学生等门类的档案资料近30万卷（袋、张、件），包括西北师范大学、甘肃经济管理干部学院、西北师范大学知行学院3个全宗，数字化档案信息100万余条（幅）。每年接待查阅量以20%的速度增长，目前已经超过每年12000人（次），年查阅档案近20000卷（件），利用查准率、查全率均为100%。对各类档案收集、整理、利用、保管制定了严格的制度办法，整理科学规范，保管安全可靠，利用便捷高效，实现了档案服务对象全覆盖、业务范围全覆盖、过程环节全覆盖。

西北师大档案事业的发展离不开各级领导的关怀和重视。一直以来，学校党政领导非常重视档案工作，专门安排校领导分管档案工作，结合档案工作实际，指导工作，解决问题，使得档案馆发展有了坚实保障。2014年8月15日，时任国家档案局局长杨冬权一行五人在省委副秘书长、省档案局局长赵国强，省档案局副局长张煊等陪同下莅临学校检查、指导档案工作，在制度建设、业务规范、人员培训和发展方向等方面给予了指导和鼓励。在兰各高校及其他行业档案部门的领导和专家也经常到西北师大档案馆参观访问、切磋交流，给西北师大的档案工作给予了无私的指导和帮助。

在国家和省档案局的指导下，在学校党委的坚强领导下，在全校档案工作人员的共同努力下，学校档案工作在服务学校教学、科研和管理等各方面取得了显著成绩，而且也得到了上级有关部门和社会各界的认可。20

图 25-6　国家档案局局长杨冬权（左三）和甘肃省委副秘书长、
省档案局局长赵国强（右二），西北师范大学党委书记刘基（左二）
来馆检查指导工作

世纪 80 年代，学校综合档案室就被评为"甘肃省档案工作先进集体""甘肃省标准档案室""科技事业单位档案管理国家二级"；2004 年被国家档案局（馆）授予"全国档案工作优秀集体"称号，被评为"甘肃省档案工作示范单位"；2006 年被甘肃省档案局评为全省档案管理工作"特优"单位；2008 年被甘肃省人事厅、档案局授予"全省档案工作先进集体"称号；2009 年再次被甘肃省档案局评为全省档案管理工作"特优"单位①；2010 年被中共甘肃省委组织部授予"全省干部档案工作先进集体"称号；2021 年，学校再次被省人社厅（省人事厅）、省委办公厅（省档案局）评为"全省档案工作先进集体"。学校现为甘肃省档案规范化管理"省特级"单位，是首批通过测评的 14 家中唯一一家地厅级单位。

"胸怀祖国、服务社会"亦是学校档案工作长久追求的使命和担当。在做好学校档案工作的同时，学校档案工作积极主动融入社会、服务社会。将珍藏的民国时期档案捐赠给甘肃省档案馆，方便更多人查询利用；深度挖掘西北联大西迁历程和蕴含精神，为中国高等教育尤其是师范教育研究

---

① 2009 年省直和中央在兰单位档案工作检查中，共有 25 家被评为"特优"单位，西北师大以 1098 分位列第一名。

贡献重要力量；挖掘整理早期西北地区爱国进步人士和党组织发展史料，梳理师生参与抗日战争、解放战争、抗美援朝以及和平时期杰出校友陈红军烈士卫国戍边的感人故事，将学校爱国主义精神厚植立德树人之中，将学校保家卫国红色血脉永远赓续下去……经过多年的不懈努力，学校档案馆也成为中国高等教育学会档案分会的常务理事单位、西北片区负责单位，甘肃省档案学会高校分会副理事长和秘书长单位，承担着省内外高校档案业务交流、业务培训、学术研究、编研合作等组织协调工作，为高校档案事业发展贡献着师大力量、师大智慧。

雄关漫道真如铁，而今迈步从头越。在当前新一轮教育改革的重要历史时期和新形势下，随着学校改革和发展的新局面，档案工作在取得不断进步的同时，也面临着档案信息化建设、档案个性化服务、档案编研专业化等新的机遇和挑战。2021 年 1 月 1 日，新修订的《档案法》正式施行，7 月 6 日，习近平总书记对档案工作做出重要批示。甘肃省档案局制定《关于认真学习贯彻习近平总书记对档案工作重要批示的通知》《关于进一步加强和改进新形势下档案工作的若干措施》《关于印发"十四五"甘肃省档案事业发展规划的通知》等文件连续下发，对学习贯彻落实习近平总书记讲话精神和新时代档案工作提出了更高的要求，也为学校档案事业发展指明了方向。如何让冰冷的档案活起来、热起来、亮起来，让档案成为学校发展有温度的重要参与者、见证者，是师大档案人不懈的追求。让档案见证历史，让历史照亮未来，学校档案工作将紧扣学校立德树人中心工作和大局，本着"紧扣中心、服务大局、夯实基础、扩容增量、优化馆藏、提质增效"的工作思路，全面履行"为党管档、为国守史、为民服务"职责，着力提升档案"收、管、用、保、研"各环节质量和服务意识、服务水平，突出档案和校史研究工作在学校全方位记录、全过程参与、全时段服务的特殊性和服务功能，固本强基，与时俱进，开拓创新，加快发展步伐，以更加昂扬的姿态，更高水平的工作，努力实现我校档案工作的现代化、信息化，使档案馆成为聚集智力资源、科技资源和精神资源的宝库，为学校的发展、科学文化的传承、社会的进步作出更大的贡献。

（张国奎　武华维　张方）

第二十六章　我的校园在黄河岸上

◎校歌往事

校歌是一所学校办学理念、校园精神和学校特色的集中体现，是校园文化的重要组成部分。我国的新式学校校歌起源于 1896 年盛宣怀创办的南洋公学（交通大学初名）内的学堂乐歌。民国时期，作为大学文化载体和标志之一，校歌受到大学的普遍重视。作为我国第一所高等师范院校，我校编订校歌时间较早，且在一百余年的发展历程中先后传唱过多个版本的校歌。

新中国成立之前，学校先后编订过三首校歌。分别是 1914 年编订的《国立北京高等师范学校校歌》、1924 年编订的《国立北京师范大学校歌》和 1938 年作词的《国立西北联合大学校歌》。1914 年的校歌由章厥生作词，冯亚雄编曲。歌词如下：

> 礼陶乐淑教之基，依京国，坚声施，英才天下期。党庠州序仰师资，师资肇端在于斯。学日进，德务滋，诚勇勤与爱，力行无愧为人师。[1]

这首校歌词风古雅，文短意长，涵盖内容全面。它概括了中国几千年的教育传统，彰显了北京高师在国家教育系统中的地位和成就，融汇了学

---

[1] 《校歌谱》，《北京高等师范学校校友会杂志》1916 年第 2 辑，扉页。

校的校训、育人理念和社会服务追求。词作者章厥生是我国近代著名史学家，著有《中华通史》，是清代著名史学家章学诚的后裔，1914 年至 1925年在校任教。曲作者冯亚雄，又名冯孝思，是我国近代著名的音乐教育家，早年留学日本，回国后在校任教，1924 年曾与柯政和先生组织了学校历史上第一次音乐会。

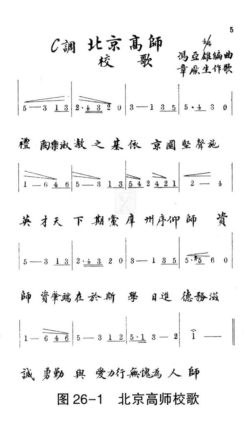

图 26-1 北京高师校歌

1923 年，北京高等师范学校升格为国立北京师范大学。学校组织大纲规定"以造就师范与中等学校教师及教育行政人员并研究专门学术为宗旨"，明确并强化了学校的学术研究职能。由此，学校于 1924 年重新编订校歌。新校歌由时任校长范源濂作词，依旧由冯亚雄作曲。歌词如下：

> 往者文化世所宗，将来事业更无穷，开来继往师道贯其中。
> 师道，师道，谁与立？责无旁贷在藐躬。
> 皇皇分首都，巍巍分学府，一堂相聚志相同，朝研夕讨乐融融。

宏我教化，昌我民智，共矢此愿务成功！①

在这首校歌中，"师道"被三次提及。"振立师道"被认为是师大人责无旁贷的使命，师大人要一以贯之予以坚持。这个师道，不仅仅是"传道、授业、解惑"的教师职责，更重要的是报国为民的师大责任、继往开来的师大使命、"宏我教化，昌我民智"的办学追求。这首校歌一直被传唱，后因北京改为北平，不再是首都，故将"皇皇兮首都"中的"首"字改为"故"字。②

全民族抗战爆发后，学校被迫西迁，与国立北平大学、北洋工学院等机构组成西安临时大学，后又更名为国立西北联合大学。1938年，黎锦熙和许寿裳两位先生为西北联大作校歌。歌词如下：

> 并序连黉，卅载燕都迥。
> 联辉合耀，文化开秦陇。
> 汉江千里源蟠冢，天山万仞自卑隆。
> 文理导愚蒙；政法倡忠勇；师资树人表；实业拯民穷；健体明医弱者雄。
> 勤朴公诚校训崇。
> 华夏声威，神州文物，原从西北，化被南东。
> 努力发扬我四千年国族之雄风。

歌词首先回顾了西北联大的由来，接着细数了组成西北联大的院系，即文理学院、法商学院、教育学院、农学院、工学院和医学院，最后阐明了学校的使命和目标所在。既有历史之凝重，又有时代之特色，既细致精微，又大开大阖、气势磅礴。可惜的是尚未谱曲，国民政府便对西北联大进行调整，分立为国立西北五校，校歌因此未能传唱。1939年国立西北师范学院独立办学后，继续沿用范源濂所作校歌。

新中国成立以后，学校于1952年决定采用征集方式重新编订校歌。然

---

① 北京师大平民学校编：《平民唱歌集·正篇》，求知学社1924年版，第2页。
② 国立北平师范大学编：《国立北平师范大学一览》，1934年，第3页。

而资料留存有限，我们无从得知当时征集校歌的具体情况。1958年学校由部属变为省属，更名为甘肃师范大学。此后二十余年，学校政治运动频繁，正常教学秩序受到较大影响，校歌传唱被搁置。直到1984年西北师范学院四十五周年校庆之际①，学校向全校师生发出校歌征集。这是改革开放以后学校首次将校歌编写工作提上日程。征集过程中，学校选定十首歌曲供师生传唱，其中便包括洪元基所作《我的校园在黄河岸上》。这些歌曲在当时的各种活动中被反复传唱，但并未选定正式校歌。20世纪90年代，另一首歌曲《奔向太阳》作为正式校歌被传唱。这首校歌由张俊宗组织，集体作词，由时任音乐系主任康建东作曲。康建东现为中国音乐家协会会员、甘肃省音乐家协会副主席，中国海洋大学教授、博士生导师。

> 从故都走来，在陇原勃发。
> 丝绸路上，文化荟萃的殿堂。
> 辛勤园丁躬耕文明的沃土，莘莘学子采撷智慧的矿藏。
> 我们拥抱黄河，我们奔向太阳。
> 勤学、求实、敬业、创新。
> 勤学、求实、敬业、创新。
> 宏我教化，兴我中华。
> 让生命在奉献中闪光，在奉献中闪光。

这首校歌回顾了学校艰苦卓绝、曲折辉煌的奋斗历程；继承了原北平师范大学校歌中"弘我教化"的办学追求；并将"黄河"这一元素融入校歌，体现了黄河对于学校精神的影响，一直传唱至2012年。2012年110周年校庆之时，学校重新征集校歌。经过广泛征集全校师生及校友的意见，最终将洪元基作词、卜锡文作曲的《我的校园在黄河岸上》稍作改动后定为校歌。

> 我的校园在黄河岸上，这儿鲜花朵朵，绿树行行。
> 我的校园在黄河岸上，这儿歌声阵阵，书声琅琅。

---

① 以1939年国立西北师范学院独立办学为起点，1984年为45周年校庆。

在花丛和浓荫之中，科学的春光在荡漾，知识的清泉在流淌。

啊，黄河，

你的乳汁哺育我们幸福成长。

你的乳汁哺育我们幸福成长。

我的校园在黄河岸上，这儿鲜花朵朵，绿树行行。

我的校园在黄河岸上，这儿歌声阵阵，书声琅琅。

在歌声和书声之中，青春的理想在闪光，时代的乐章在回响。

啊，黄河，

你的精神鼓舞我们奔向远方。

你的精神鼓舞我们奔向远方。

奔向远方……

这首歌曲原是 1979 年洪元基和卜锡文为庆祝甘肃师范大学建校四十周年所作。据洪元基夫人邵秀英回忆，创作这首歌曲时，学校恢复正常上课不久。"教师缺空多、任务重，尤其是教英语的老师。元基早上、下午都要上课，晚上还要给教职工上公共大课，课多时，一星期上四十节，有几次上课时都晕倒在讲台上！"但就是在这样繁忙的环境中，洪元基坚持完成了创作。

一首歌曲在创作 33 年后被确定为校歌，这在中国校歌发展史上是一件很独特的事情。当然，更为独特的，是这首歌曲创作背后的故事。1979 年 12 月 17 日，洪元基致信"校庆筹备委员会"，表达了自己对学校迎来新生的喜悦。"穿越烽火战乱，历经破坏浩劫……在三中全会的阳光下，在科学的春天，在新长征的光荣岁月，我们隆重纪念建校四十周年。此时此刻，我们的心情和全校领导、教师、学生、职工以及历届校友的心情一样，充满了无限的感慨和喜悦。为此，我们特写了一首歌，献给大会，以表达我们的一点心意。"可以说，十一届三中全会的召开，确立了国家以经济建设为中心、大力发展生产力和实行改革开放的方针政策。它像一股春风慢慢地熨平了知识分子心上的伤疤，使他们重新投入轰轰烈烈的经济建设中。高考恢复，师生重返校园。校园里又响起了琅琅的读书声，追求知识、发展科学、追求真理、勤奋好学蔚然成风。这首校歌正是在这样的背景下写成的。

　　洪元基原是我校外语系教师，并非专业的词作者，却创作出了这首极具特色的校歌，这与其个人的人生经历有很大的关系。据历史系退休教授侯丕勋回忆，1968 年洪元基曾被派往靖远筹建分校。当时分校的条件十分艰苦，尤其是取水极为困难。为了储备水源，老师们在校园内挖了一处涝池。但靖远当地的黄土透水性强，无法长期储水。为防止透水，又从别处运来黏性较强的红土，打算夯入池底及池壁。然而，在夯筑红土的过程中，大家打夯的步调很难做到一致。为此，洪元基便主动编写并带动大家唱夯歌，顺利地完成了涝池的夯筑任务。有了在靖远分校编写夯歌的经历，回到兰州以后洪元基更是积极地进行诗词的创作。而这首《我的校园在黄河岸上》，则保留了夯歌的影子。因此，他特意邀请了研究甘肃夯歌的专家，我校音乐系教授卜锡文进行谱曲。

　　从古都走来，在陇原勃发。每一个时代的现实情况有所不同，师大的使命亦有所不同。不同版本的校歌深刻体现着西北师大 120 年的发展历程，也折射出近代以来中华民族的发展历程。不同的时期传唱的校歌不尽相同，但其中所体现的师范教育精神以及师生的家国情怀却始终如一。

（尚季芳　杨喜红）

◎校训的故事

　　关于校训，《辞海》解释为："学校为训育上之便利，选若干德目制成匾额，悬之校中公见之地，是为校训。其目的在使个人随时注意而实践之。"[1] 据学者考证，中文中的"校训"一词源于日语对英文"motto"的译文"校训"，其引入中国时间大概在甲午战争至 1914 年间。[2] 如 1910 年有人在考察日本教育后便指出："日本各校皆有校训，且立标准人物，以为修

---

[1]　舒新城：《辞海》，中华书局 1999 年版，第 1493 页。
[2]　王彩霞：《试探中国近代大学校训的起源》，《高教探索》2006 年第 2 期。

身之准据。校训之特质，彼此又不相同。……学堂若无校训，犹如无衔之马、无柁之舟。"① 1915 年颁布的《大总统特定教育纲要》中对校训即有明确指示："明示教育趋向，使人人知求学系造就本身能力，用以开发社会无穷事业，非仅供官吏一部分之用。凡从前入学专以干禄之恶习，切宜破除，以养成国民独立之精神，各学校均用此著为校训。"②

我校已知最早的校训，可追溯至陈宝泉执掌北京高等师范学校时期的"诚、勤、勇、爱"。1914 年陈宝泉在《北京高等师范学校周年概况报告》中便指出"本校训练学生，务在养成诚实、勤勉、亲爱之习惯，使之具有高尚人格作后学之模范。"③ 1918 年在《〈北京高等师范学校十周（年）纪念录〉缘起》中陈宝泉进一步指出："本校设立之旨趣，在养成多数优良之中等学校教师或校长。故其人之聪敏才干，必须能任事务，能教青年，而且有温良性，有诚恳性，有强毅性，有种种细密性。其能力足以开导一般之社会，为社会多数人所敬爱，而不为社会多数人所嫉视。深幸吾校诸生，对于此点，颇能加以体察，知所信守。此种精神的成绩，扩言之，直当视为一国教育之纪念。"④ 1919 年，蔡元培在北京高师演讲时，对于此校训进行了详细的阐释。他认为"诚"字之义，"不但不欺人而已，亦必不可为他人所欺"；"勤"为养成勤劳之习惯，但"勤"之力行必依赖于科学；"勇"为勇敢，"凡作一事能排万难而达其目的者，皆可谓勇"；"爱"为养成爱心，但爱心之养成，关键在于"嫉妒之技无所施"。⑤

1923 年学校升格为国立北京师范大学后，范源濂先生曾提出"以身作则"为校训。"师范大学毕业诸君以教育为职志，特本言教不如身教之旨。"⑥ 范氏长校期间也确实做到了"以身作则"。梁荣若回忆："他每天办公很勤，请教授很努力，把些挂名不管事的兼任系主任都换了更负责的人。他所请的兼任讲座如梁任公、蒋方震、黄郛等都能按时上课，比一些二级

---

① 《孟松乔王桐冈两先生在学界欢迎会之演说》，《大公报》（天津）1910 年 8 月 29 日。
② 《大总统特定教育纲要》，《大公报》（天津）1915 年 4 月 6 日。
③ 《北京高等师范学校周年概况报告》，《教育公报》1914 年第 3 期。
④ 陈宝泉：《本校十周（年）纪念录缘起》，北京高等师范学校编《北京高等师范学校十周（年）纪念录》，1918 年，第 1 页。
⑤ 蔡元培：《中国人的修养》，青岛出版社 2020 年版，第 236—238 页。
⑥ 《给北京师范大学毕业生的题词》，《范源濂集》，第 275 页。

名教授还负责任些。"① 他的这种精神，对当时北京师大的师生影响很大。

20世纪20年代后期至30年代初，北京政局动荡，学校数次被强行合并重组。学校师生为保存学校建制与师范教育独立之精神，时常发起各种独立运动与护校运动，奔走呼告，与教育当局相抗衡。受此危局影响，师生缺少对校训的解释与传承。全民族抗战爆发后学校迁往西安，与国立北平大学、北洋工学院等组成国立西安临时大学。此后又迁往陕南，更名国立西北联合大学。在此期间，确立黎锦熙先生提出的"公诚勤朴"四字为校训。西北联大分立为国立西北五校后，国立西北大学沿用了这一校训。1944年，黎锦熙先生曾对这一校训进行阐释：

> "公诚勤朴"校风之养成，盖与西北固有优良民性风习相应。夫"民生在勤，勤则不匮"，此足以去贫，非仅治学修业宜尔也。勤以开源，朴以节流；然朴之义又不止于此，乃巧诈之反。"今之愚也诈而已矣"，此足以去愚，凡诈皆愚也。公以去私，用绝党争。"诚者天之道也""天行健，君子以自强不息"。此足以去弱。弱原于虚，诚则实矣。"贫、愚、私、弱"，人皆知吾族之所苦；勤朴公诚，正其对症药也。②

1939年，学校独立为国立西北师范学院。1940年，国民政府教育部统一"礼义廉耻"四字为全国各级学校校训。"这四个字既简单，又通行，包含了我国固有的国民行为的基准，也包含了近代国民必备的品格。以'礼'的含义，教训国民互助合作；以'义'的含义，来训育国民使负责任、肯牺牲；以'廉'的含义，教训国民刻苦耐劳、辨别公私、守职份、洗侵越；以'耻'的含义，教训国民自强自励、知奋斗、知进取。这样固几千年来深入人心的教条，造成现代国民的品格，而然后得民族的生存与发展。"③学校遂以此为校训。

新中国成立以后，学校是否确立校训，现有史料难以说明。但学校在新中国成立后几十年的发展历史中，"形成了自己朴实、力学、教书、育人

---

① 梁荣若：《记范静生先生》，《范源濂集》，第651页。
② 黎锦熙：《西大源流与公诚勤朴之校训》，载杨德生主编《西北大学教育理念文选》，西北大学出版社2004年版，第43页。
③ 《讲述总裁对于教育青年之训示》，西北师范大学档案馆藏。

的优良传统，一大批学者专家勤奋攻读、严谨治学、诲人不倦的学风和教风，长期被留下来，并不断发扬光大，谱写出一支激励人心的'摇篮曲'，抚育了一批又一批优秀的人民教师和教育工作者"。① 20 世纪 90 年代，学校以"勤学、求实、敬业、创新"为校训，这一校训在当时传唱的校歌《奔向太阳》中得以体现。

图 26-2
黎锦熙为 1947 届毕业生题词

2007 年建校 105 周年之际，学校就修改校训征集各方意见。同年 12 月 19 日召开的校庆座谈会上，历史系李并成教授建议进一步凝练办学理念，将校训改为"知术欲圆、行旨须直"。学校最终采纳了这一建议。这一校训取自 1947 年黎锦熙先生为国立西北师范学院毕业生的题词"知术欲圆、行旨须直，大漠孤烟、长河落日。"黎锦熙先生是我国著名的语言学家，1913—1914 年曾在湖南第一师范学校任教，既是毛泽东的老师，也是"可与商量学问，言天下国家大计"的朋友。1919 年到北京高等师范学校任教，1937 年随北平师范大学西迁，抗战时期曾任国立西北师范学院教务主任和国文系主任。1945 年至 1947 年任国立西北师范学院院长。

新校训确定之后，学校师生从不同层面对其内核进行阐释。赵逵夫先生认为"知术欲圆、行旨须直"来自先秦诸子《文子》中的《微明》篇，"凡人之道，心欲小，志欲大，智欲圆，行欲方"。"上句是说掌握知识要广博无所缺憾，又能融会贯通而灵动善变。下句是说做人的宗旨必须端直方正，品行合于道德，一生有所持守。""在这两句之后还有'大漠孤烟，长河落日'，是引了王维的两句诗而分别省去末尾的'直''圆'二字，让人们在思考中加深对'知术欲圆，行旨须直'二句中'圆''直'两字含义的记忆与理解。黎先生之所以引录了王维这两句诗，也应反映了他在当时

———

① 《关于报送〈西北人民教师的摇篮〉一文的报告》，西北师范大学档案馆藏。

西北师院建校初期对周围环境的感受。"① 校友魏小奇认为："确立'知术欲圆、行旨须直'的校训，要真正体现在师大的教风、学风、研风上。……不否定'勤学、求实、敬业、创新'，只把它调整为教、学、研的指针，力争把教风引导到'敬业'上，把学风引导到'勤学'上，把研风引导到'求实'上，体现西北师范大学珍视过去、衔接现在、指向未来的崇高追求。"②

纵观各个阶段的校训，深刻反映了学校 120 年的发展历程。从北京高等师范学校到今天的西北师范大学，变化的是学校所处的环境，不变的是学校师生孜孜以求、始终坚持的是师范教育精神。

（尚季芳　杨喜红）

◎校庆点滴

1902 年 12 月 17 日，京师大学堂师范馆在北京景山东马神庙内正式创办开学。这一日，便成为对于西北师范大学意义深远的建校纪念日。在百年校史沿革之中，因西北师范大学数易校名，校庆纪念日有所不同，校庆周年计算各异。但从学校发展历程来看，校庆发端于 1902 年 12 月 17 日的脉络清晰明确。举办校庆，西北师范大学既能总结历史办学经验，体现时代责任与使命担当，又能为全体师生进一步崇尚学术、服务社会提振精神。

1904 年，京师大学堂师范馆改为京师大学堂优级师范科。1908 年，又改为京师优级师范学堂，并于当年 11 月 14 日开学。1912 年改称的国立北京高等师范学校与 1927 年组建的京师大学校师范部一度将此日作为校庆纪念日。1918 年，北京高等师范学校举办成立 10 周年纪念会，陈宝泉校长在《本校十周（年）纪念会校长演说词》中指明，学校沿革于前清开办的京师大学堂师范馆，而举办校庆纪念会目的有三：即辅助社会教育、联络各科

---

① 赵逵夫：《西北师大校训与黎锦熙先生的题词》，《当代教育与文化》2015 年第 1 期。
② 魏小奇：《校训，母校本真的灵魂》，《我与西北师大》，第 361 页。

智识、振作求学兴味。陈校长殷切嘱咐师生要重视校庆纪念会，借此发挥其教育功用："招待务须周至，讲演必求恳挚，庶不负筹办此会之苦心，而为教育界别开新面。"[1] 为记录学校历史与取得成绩，撰成了《北京高等师范学校十周（年）纪念录》。1921 年 11 月 14 日，北京高等师范学校庆祝 13 周年纪念时，各部门与师生发挥所长，举办解剖、美术、体育竞赛、物理化学实验等各种精彩的展览，在社会上影响尤为积极广泛，"自上午九时起，迄下午六时止，各界人士往观者，络绎不绝"[2]。1927 年 8 月，张作霖奉系军阀政府下令北京师范大学合组到京师大学校，将其改为师范部，同年学校举行 19 周年纪念会时，已任职为教育部普通教育司司长的陈宝泉以管理学生为出发点，在演说辞中希望那个动荡不安、军阀混战的年代，学生能够对自身所言所行负责，对家庭、国家与教员负责。[3]

1929 年 6 月，国民政府实行大学区制彻底失败，校名由北平大学第一师范学院改为国立北平师范大学。全面抗战爆发后，迫于北平沦陷的严峻形势，北平大学、北洋工学院与北平师范大学等学校迁往西安，组成西安临时大学。此后，校庆纪念日便追溯到了京师大学堂师范馆开学之日，校庆也频频举办。每次校庆必讲演校史，告诫师生不忘学校前身为国立北平师范大学，激励他们抗战胜利后还要回到北平继续办学的信念。

1937 年 12 月 17 日，原本计划在北平隆重举办的北平师范大学 35 周年纪念会在西安进行，各位师生刚刚亲历了故都沦陷的事实，经历了流亡办学、求学的艰苦，一时百感交集。李蒸校长虽然悲痛国难，却仍勉励师生要认识到教育对于救国的重大要义："今后吾国之教育必须脚踏实地去培养国家观念与灌输科学知识，不虚伪，不欺骗，不存侥幸心理，使人人能公而忘私国而忘家，先求自身之健全，然后御侮破敌必有绝对的把握。"[4] 国难之中的校庆被赋予特殊内涵，砥砺着师生抗日救国的意志愈发坚定，并自觉将教育与启发民众意识联系起来，"惟有收复失地，复兴民族，才是我

---

[1] 陈宝泉著，蔡振生、刘立德编：《陈宝泉教育论著选》，人民教育出版社 1996 年版，第 85 页。

[2] 《北高十三周年之纪念 昨日之展览会》，《新社会报》1921 年 11 月 15 日。

[3] 《陈筱庄司长演说辞（京师大学校师范部第十九周纪念会）》，《社会教育星期报》1927 年第 637 期，第 4 页。

[4] 李蒸：《国立北平师范大学卅五周年纪念专刊》，《序》，1937 年 12 月。

们师范教育的出路，惟有动员民众，抗战到底，才是我们师范教育的任务"。[1] 1939 年 9 月，国立西北师范学院独立设置。同年 12 月 17 日上午 8 时，两千余人聚集汉中城固西北师范学院精心布置的操场上，热烈庆祝学校成立 37 周年。城固县县长、前安徽省政府主席刘镇华、西北大学校长胡庶华、国民党九十一师师长王毓文到场并发表演说，对师大以往在教育界的贡献推崇备至。中午学生排列了"师大"二字纪念校庆。校庆不忘救国之心，下午 6 时民众教育馆举行杂技、国剧等表演，学校在门口首次设置了献金台，观众一律最少捐献一角钱入场，最后捐赠给前方作战的将士。[2]

　　1941 年 10 月 1 日，国立西北师范学院兰州分院正式成立，开始了在兰州办学的历程。为了学校发展，兰州校庆多次邀请政府要员与各界人士参加，以获取他们对学校发展的有力支持，而这也体现了李蒸校长的灵活处事和用心良苦。1942 年 12 月 17 日学校成立 40 周年纪念时，因校舍未全部迁移至兰州，分设在城固、兰州的师院同日进行庆祝。城固校庆在教场坝风雨操棚举行，代理院务的袁敦礼主持并作报告，学生进行成绩展览，学校各处悬挂横幅、张贴对联，热闹非凡。兰州校庆时，李蒸院长在报告中将师院过往四十年划分为草创、第一稳定、开展（亦称多事）、第二稳定、流亡、新生等六个时期，并简述师院现状，希望甘肃各政府机关与各界人士多加协助学校日后的发展。时任甘肃省政府主席谷正伦、兰州市市长蔡孟坚出席校庆并发表致辞，均表示师院肩负着培养师资、战时动员的重大使命，蔡市长当场表明愿协力支持学校发展。[3] 学校四十生辰之际，国民政府第八战区司令长官朱绍良，各界人士纷纷题词祝贺。当日，西北师范学院编辑部学术性刊物《师声》创刊发行，《西北日报》特设"国立西北师范学院国立北平师范大学"成立 40 周年纪念刊。1943 年兰州举行 41 周年校庆时，学院甘宁青同学会与兰州校友分会，发起为学院捐助万册图书运动。第八战区司令长官朱绍良出席并演说，提出要根据国家的生活需要与环境来规定教育方策，当时的中国须进行"国防教育"，希望学院师生为此而努

---

[1]　赵兰庭：《从全民抗战说到师范教育的出路与任务》，《国立北平师范大学卅五周年纪念专刊》，1937 年 12 月，第 37 页。

[2]　《北平师大卅七周年纪念会志盛》，《国立西北师范学院校务汇报》1940 年第 3 期，第 8 页。

[3]　《北平师大及本院成立四十周年纪念会纪事》，《国立西北师范学院史料摘编》（上册），第 148—153 页。

力。① 全面抗战以来，师院知识青年将报效祖国落实在实际行动之中，积极应征入伍，校庆也与欢送知识青年从军结合起来。1944 年 42 周年校庆日前，从军青年"学生及同人报名者已逾百人，超出配额三倍"，学院特在 12 月 18 日上午在大礼堂开欢送会。②

抗战胜利后，经过复校运动，教育部批准在北平原师大旧址设立北平师范学院，而大部分教师不愿离开兰州继续留在西北师范学院任教。1946 年国民政府行政院决定将西北师院并入国立兰州大学。经过多方努力，7 月 18 日教育部下令西北师范学院仍独立设置。12 月 17 日举行 44 周年校庆时，代理院长易价在报告中指出："本年暑假本院奉令继续独立设置，成为西北区的独立师范学院，站在发展西北文化教育的立场，特别值得庆祝。"③ 兰州大学辛树帜校长为西北师范学院继续独立设置作出重要贡献，出席校庆时他也由衷祝贺此事。1949 年 12 月 17 日，西北师范学院在兰州解放后迎来了新生，在新中国成立的欢呼浪潮中举行了 47 周年校庆。此后，学校将近 30 年未举办校庆。

1979 年，学校以 1939 年国立西北师范师院独立设置为起点计算校庆周年，将 12 月 17 日定为校庆纪念日，庆祝建校 40 周年。5 月 4 日，为庆祝五四运动 60 周年，建校 40 周年，美术系举办"百花美展"在甘肃省博物馆开幕，共展出 438 件反映社会主义建设的美术作品。④ 从 12 月 17 日开始连续几日，学校各系、各部门举办了以学术研讨为主要内容的校庆，并开展了一些形式多样的、生动活泼的文体活动，促进了教学和科研工作良好开展。1988 年，学校定名为西北师范大学。1989 年学校成立 50 周年时，白光弼校长为纪念三二九学生运动，特意嘱托时平凉市纪委副书记从崆峒山找到一块碑石，运到兰州，并于 12 月 16 日下午在文科教学楼前举行了揭碑仪式。时至今日，这块纪念碑仍屹立在新旧文科楼之间，激发着师生的爱国主义情感。12 月 17 日，学校在大礼堂举行了建校 50 周年庆祝大会。甘肃省委书记李子奇、全国政协常委王秉祥、甘肃省副省长张吾乐等多位领导人出席参加。甘肃省委书记李子奇在讲话中，高度赞扬了学校 50 年以来为

---

① 《朱长官训话》，《国立西北师范学院校务汇报》1943 年第 61 期，第 4 页。

② 《校闻——校庆声中欢送远征军》，《国立西北师范学院校务汇报》1944 年第 72 期，第 10 页。

③ 易价：《主席易代院长价讲词》，《国立西北师范学院校务汇报》1946 年第 84 期，第 1 页。

④ 《我校美术系举办"百花美展"》，《西北师大学报》1979 年第 3 期。

我国教育事业作出的重要贡献，勉励师生为甘肃和西北地区的教育事业作出更大贡献再接再厉。①

1998年10月，学校组织民主党派与无党派人士召开会议，商议来年筹办60周年校庆事宜。在会议上，李并成老师讲述了校庆历史且提出建议，校庆应该从1902年算起，应该在2002年隆重举行百年校庆。这一提议，立即在学校引起热议并取得广泛支持。学校由此取消了原本计划在1999年举行的校庆，重回以1902年为起始举办校庆的轨道。

2002年西北师范大学正式成为百年学府。自7月13日至10月20日，学校举办了30多项以"检阅办学成就、弘扬西部精神、加快学校发展、再创辉煌业绩"为主题的百年校庆系列活动，"充分展示了学校100年来的办学成就，进一步明晰了'崇尚学术、追求卓越'的办学理念和'爱国进步、诚信质朴、艰苦奋斗、自强不息'的西北师大精神，进一步增强了学校师生的凝聚力和发展共识，进一步提升了学校的办学声誉和社会影响力"。10月15日上午，西北师范大学百年校庆庆祝大会在东操场隆重举行，教育部副部长袁贵仁代表教育部，甘肃省委副书记韩忠信代表省委、省人大、省政府、省政协向学校表示祝贺，并为学校办学提出宝贵建议。校长王利民回顾百年辉煌校史时表示："我们作为继往开来的一代，决心继承和发扬百

图26-3　姚克敏、王利民与李政道在西北师大100周年校庆大会上

① 周文杰：《西北师范大学隆重庆祝建校五十周年》，《西北师范大学报》1990年第1期。

年师大的优良传统和校风，认真贯彻江泽民同志在北师大百年校庆上的讲话精神，积极推进教育思想、教学体制、教育内容、教育方法、教育手段的不断创新，为把西北师大早日建设成以教师教育为主、综合性、有特色、教学研究性的西部高水平大学而努力奋斗。"10 月 19 日，甘肃省省长陆浩来校参观时，要求省上有关部门积极主动地关心西北师范大学的改革与发展，尽可能给予扶持。① 百年校庆，继往开来，为西北师范大学日后发展规划总结了重要经验。

2012 年 110 周年校庆之际，学校邀请国内外著名学者来校开展系列学术活动，提高了师生专业学术素养。9 月 15 日，中共中央政治局委员、国务委员刘延东发来贺信祝贺校庆，希望学校以建校 110 周年为契机，为深入实施西部大开发战略，为全面建设小康社会和中华民族的伟大复兴作出新的更大贡献。9 月 16 日上午，建校 110 周年庆祝大会在西北师范大学体育场隆重举行，校长王嘉毅表示："110 年以来，西北师范大学先后为国家和社会输送了 18 万优秀教师和各类人才，为推动甘肃乃至西部教育事业发展和经济社会进步作出了重要贡献。"西北师范大学党委书记刘基指出西北师大肩负着重要使命，他讲道："建设高等教育强国的滚滚驱力使每一所大学都蓄势已发，中西部高等教育振兴崛起的发展要求令我们奋起直追，全面提

图 26-4　王嘉毅校长在 110 周年校庆大会上讲话

① 《西北师范大学校史（1902—2012）》，第 492—495 页。

高高等教育质量的核心使命我们更是责无旁贷。"各界人士纷纷为西北师范大学祝贺、题词，北京大学校长周其凤题词为"木铎金声传百年、道德文章安天下"；全国人大常委会副委员长、民进中央主席严隽琪题词为"陇上毓园，百年学府"。

图 26-5　刘基书记在 110 周年校庆大会上讲话

丝路传薪双甲子，长河振铎百廿载。为隆重迎接 2022 年西北师范大学 120 周年校庆的到来，2021 年 12 月 17 日晚，学校举行了 120 周年校庆年启动仪式，党委书记张俊宗、校长刘仲奎与身处世界各地的校友们线上、线

图 26-6　张俊宗书记在 120 周年校庆启动仪式上讲话

下一道，共同启动了 120 周年校庆年系列活动。仪式启动以后，海内外知名学者开展系列讲座提升师生学识，校庆工作推进会定期召开集思广益，各学院组织众多文艺活动精彩纷呈。黄河之滨、水塔山下，丁香花开、飘香四溢，全校师生精神提振，西北师范大学的办学水平也必将在校庆的欢愉中更上一层楼。

（尚季芳　王昆）

第二十七章　附属教育枝叶茂

◎ "启迪有方" 的方永蒸教授

方永蒸（1893—1994），字蔚东，辽宁铁岭熊官屯人。1917 年毕业于北京高等师范学校英语部，1922 年毕业于北京高等师范学校教育研究科第一班，先后师从著名教育家李建勋、张耀翔和美国教育家杜威。1931 年赴美考察教育，同时进入哥伦比亚大学研究院专攻教育，1933 年回国，担任东北大学教育学院院长兼教育系主任，次年又兼任东北大学分校主任和文学院院长。1936 年转任北平师范大学教育系教授。

图 27-1　方永蒸

方永蒸自幼目睹列强对东北的霸凌，便有了"振作图强莫如以教育唤起民魂"的理想，决心以教育报国，参加了中华教育改进社和中华平民教育促进会。全面抗战爆发后，方永蒸不顾个人安危，转道天津、山东，克服重重困难毅然赴陕西西安。1938 年 3 月任国立西安临时大学附设高中部主任。直至1945 年抗战胜利，方先生一直担任西北师范学院教育系教授兼附中校长。1945 年 9 月，方永蒸奉命接收东北院校，1946 年在沈阳开办东北大学先修班，8 月在吉林创办长白师范学院，并出任院长。1949 年迁往我国台湾省。

在抗战期间艰难的办学环境中，方永蒸能以身作则和全校师生同呼吸共命运，1938 年亲自率领学生徒步穿越秦岭，与师生一起同吃同住，夜宿荒山破庙，一路长途跋涉到达城固，1943 年又继续带领师生西迁兰州，受尽迁徙之苦。举国闻名的国立西北师院附中的校牌，也是在方永蒸的率领下，从西安扛到城固，再从城固扛到兰州，直至 1949 年兰州解放，这块校牌一直挂在附中的土墙校门口，成为西北师院附中首任校长方永蒸在艰苦岁月里治校的历史见证。

方永蒸治校有方，"严"是他治校治学的一大特点，也是昔日附中得以发展和闻名遐迩的一大法宝。方先生一方面聘任良师任教，附中教师都是由师院毕业生中经过预教、试用、全面考核择优录用，教师教风严谨，认真教书育人。另一方面，他严格选拔入学学生，从不降分照顾。汉中警备司令祝绍周的五个孩子，只有一个考上了附中。虽托人拜望，但都被他婉言谢绝。就连方校长自己的孩子也没有考上附中，他坚持让孩子上其他学校，赢得了师生由衷的钦佩。因此，陕南地区当年流传着这样一首民谣：

> 一中土匪、二中乱，上大、乐育汽车站。
>
> 文治、五三是旅店，联大附中金銮殿。
>
> 金銮殿！金銮殿！考进附中难如上青天。

附中的学生大多来自战区，条件艰苦，但在学习上自知奋勉，刻苦学习蔚然成风。方永蒸先生倡导培育学生民族精神，注重培养学生的爱国感情，养成良好的生活习惯。他吸收外国道尔顿制的优点，培养学生自主研究精神，因材施教，发展个性。方永蒸把他的用人哲学贯穿到学生的管理中，有学生违反了校纪，按照规定必须开除学籍，但他不忍因此断送学生的前途，他认为惩罚是必不可少的手段，同时也是教育的失败，感化应胜于惩罚。方永蒸先生还特别注意减轻学生的负担，怕学生过度学习，累坏了身体，"别的学校都是唯恐学生不用功，而我们确是担心学生用功过度"。方永蒸曾在其文章《与中学生谈教育目标》中提出教育的目标有七：1. 学生必须有强健的体格；2. 学生必须具有公民道德、大公无私、见义勇为、精诚团结、严守纪律的美德；3. 学生要有民族意识，了解民族的悠久文化和历史，并把它发扬光大；4. 掌握科学基础，运用科学头脑观察判断一切事物；5. 学习生活技能，不当寄生虫；6. 养成良好的劳动习惯，不要轻视劳动；7. 具有艺术爱好，陶冶情操。并提出要为培养健全国民为中学教育目标而努力。方永蒸在抗战期间担任西北师范学院附中校长，治校八年，成绩卓著。当时教育部统计全国各高中升大学的比例，附中赫然冠首，在1941 年全国国立中学会考中一举夺魁。为此，教育部部长陈立夫专门颁发"启迪有方"牌匾以资鼓励。① "启迪有方"取意双关，对方先生的功勋和附中的办学成就进行了褒奖。

方先生对学校的教员也关爱有加。学校在陕西城固时，若逢鲤鱼上市，一定会买条十斤以上的大鲤鱼，和教职员同仁一起分享，以示慰劳。由于物价飞涨，教育部款项往往不能按时下拨，学校师生时有断炊之虑，方先生时常为此辛苦奔波，数度因师生无米之炊而哽咽。艰难时期，附中的教员每人配备一桌两凳，西北师院按照教授的标准给他配发两张椅子，他婉言谢绝，以示与其他教员同甘共苦。即便生活困难，方永蒸先生对待自己的儿女也是非常严格的，从不搞特殊化。抗战西迁期间，方永蒸先生的大女儿在西北联大读书，当时联大的学生都享有公费伙食，而方先生却一再嘱咐女儿回家吃饭，不占学校便宜。方先生一家八口生计，皆由微薄的薪水维持，每日三餐都是粗米掺白薯。替学校磨面粉的商人，因讨账到方先生家里，看到校长家的伙食如此之差，竟要送两袋面粉，最后方先生硬将面粉钱付给了面粉店老板，这种严以律己的精神，至今为当年师生所称颂。方先生为附中倾注了大量的心血，时常冒着生命危险。在城固时，方永蒸先生一星期给师院学生上 6 个小时的课，同时又兼附中校长，总是在城固县城和古路坝之间奔波，来回都坐一种由两根竹子做成的"滑竿"（两支长约八尺且特别粗的竹竿，中间用竹子编成躺椅绑在两支粗竹竿上，前后有两个人抬着，坐躺皆可）。脚夫在崎岖不平的山道上行走，特别是当夕阳依山而下暮色苍茫时，脚夫往往被神出鬼没的蛇吓得发颤，方永蒸校长好几次险些跌下山去。

方永蒸先生为办好附中含辛茹苦，呕心沥血。他主持附中工作期间，

---

① 《铁岭方永蒸回忆录》，第130 页。

对师生宽严相济，张弛有度，师资力量强，教师敬业，学生勤学，他先进的办学经验和长期培养的优良校风与传统，为之后附中的发展壮大奠定了良好的基础。"方先生的办学经验和所办出附中的特色，至今仍是我们宝贵的财富，附中就是在他创业的基础上发展和前进的。"① 他一生奉献于教育事业，实事求是，清廉节俭，勤恳无私，实为教育楷模。

（尚季芳　丁晓东）

◎百廿附中的光辉历程

1901 年 11 月 2 日，清政府发布上谕，成立五城学堂。1902 年，五城学堂更名为五城中学堂。1912 年 7 月，南京临时政府教育部令"五城学堂"改名为"北京高等师范学校附属中学校"。1923 年更名为"国立北京师范大学附属中学"。1928 年北京师范大学改为"北平大学第一师范学院"，附中隶属之称为"国立北平大学附属中学校"。1929 年更名为"国立北平师范大学附属中学校"。1931 年更名为"国立北平师范大学附属中学"。

全民族抗战爆发后，北平师大西迁，同年 10 月，北平师大附中部分领导、教师陆续抵达西安筹建附中。并借得西安东大街玄枫桥 22 号原张学良将军的卫队营房五十余间作为校舍，校名定为"国立西安临时大学附设高中部"，并于 11 月 2 日正式开学上课。

1938 年 3 月，日寇占领风陵渡，并狂炸西安城，潼关告急。西安行营主任蒋鼎文要求"为维持学生的学业起见，及为国家根本的教育事业起见，西安临时大学再迁往汉中"②。3 月中旬，附中师生百余人在方永蒸先生的带领下，由西安出发徒步过秦岭，穿峡谷，涉河流，夜宿破庙、戏楼，师生们相互鼓励、相互搀扶，同甘共苦，一路行军一路歌，克服重重困难抵

---

① 陈林：《热心教育艰苦创业的方永蒸校长》，载政协铁岭市银州区委员会文史资料委员会编《银州文史资料》第 6 辑，1990 年，第 64 页。
② 《西北联大校刊·校闻》1938 年第 1 期，第 7 页。

达汉中城固。附中校址设在城固南四十里的古路坝。期间，"西安临时大学"奉命更名为"西北联合大学"，附中也随之更名为"西北联合大学附属中学"。1939 年 8 月，国立西北师范学院设置，附中也随之更名为"国立西北师范学院附中"。

古路坝位于群山之中，环境十分宁静，是读书的好地方。附中校舍是意大利人所建天主教堂的四合院，有房四十六间，占地一千平方米，师生一切住宿、学习、活动都在这里。1939 年春，附中在城固东关外关帝庙购置农田二十亩，建成后搬迁至此。

附中学生一到关帝庙，就把不凡的身手展示给了当地群众。歌咏队经常演出，城固人都说附中的娃儿们唱得好。课外活动非常丰富，"每学期都有国语竞赛会、英文演讲会、各科成绩观摩会、书画观摩会、音乐会、图书成绩展览会等等……至于个人的活动因兴味各有不同那便多不胜举了，有爱旅行的，有乐划船的，有愿运动的。大概爱好音乐的较多，在课后胡琴声、口琴声、京戏声、歌曲声交织成一支洪亮美妙的交响曲"。由于学校占地广，校区内的空地，都有计划的分配给每个班经营，按学生的兴趣，有的培植花草，有的种植蔬菜，从耕地、播种、除草、浇水、施肥、收割，到挑到市场去卖，所获得的收成，可以用来贴补班费，补充学生营养，而且也实践了战时劳动与生产相结合的教育方针。

虽有美好安静的自然环境，但艰苦也是城固时期的主色调。"三间大的寝室，住三四十人，床位不够用，床上再架床，上层的人一动下层便得盖住头部，不然尘土会进入眼中的。夏天汉中盆地热得如在蒸笼中，地又阴湿，几十个人挤在一个房子里，气味臭浊的如入鲍鱼之肆，加上臭虫蚊子的骚扰，那种遭遇的苦痛是可想而知的。体育器械和理化仪器少得可怜。图书馆、校医室也因学校经费困难关系极其简陋，至于浴室、理化实验室等那更是谈不到。"[1] 学校的伙食也会经常出现无米下锅的窘境。附中学生除了少数是当地的子弟外，大多是从河南、山东、河北、山西沦陷区逃出的青年，他们无家可归，无依无靠，皆仰赖政府的贷金维持，"学生伙食费少，所以每餐除了米饭以外，仅有汤菜，也买不起肉类。城固麦子产量较少，面粉很贵，只能吃米饭，学生早上都吃稀饭，很容易饿，后来勉强地

---

[1]　鲁夫：《国立西北师范学院附属中学速写》，《城固青年》1942 年第 2 卷第 1 期，第 19—20 页。

每人加两个馒头。学校没有礼堂和饭厅的设备，就连图书馆，还是利用大间教室凑合的。所以，学生吃饭，是在走廊里、操场上、树荫下，就地蹲着吃。即使雨点、雪花落在菜盆、饭碗里，大家也只有感激，没有怨言"。①"物价涨，经费少，许多必要措施因之缩减，清晨，冷水洗面已成良好习惯，夜晚，四人一只蜡烛就可以维持。"② 艰苦的环境和条件，并没有阻挡学生们好学的精神，师生们团结一致，勤奋好学，取得了优异成绩。

附中实行导师制，是沿袭北师大附中的方法。"由于本校的先生大多是北师大毕业，自然养成负责的精神，至于新来的先生也按此规定，由此，附中的导师制，实行很成功……导师们很少有家眷，都住在学校里，他们以校为家，视学生如子女，所以，他们都尽心负责。在学生自习时导师们大多会主动地来班上巡视，有的导师早上预习时，也来教室，替学生解答疑问。甚至学生晚间就寝时，他们也在旁看顾。"附中的先生们慷慨好义，常常为了学生，牺牲自己的利益。据方永蒸校长回忆，"记得有一年学校举办招生，应考的学生大多成绩优秀，可是限于经费不足，仅能招两班，于是导师们开会决议，他们都不要导师费，而把这些钱补助学校，使能多收一班"③。学校对学生的关心无微不至，另一方面也严管有加，凡事皆按校规处理，绝不通融，所有教员都是饱学之士，学生自然养成了勤学上进的精神。"深更半夜，当校警在这无围墙的校院中来往巡逡时，各教室（尤以高年级为多）窗户都蒙着一层昏暗灯影。"④ 附中学生不但注重课内学习，更注重民族精神的教育，下课后大家一窝蜂地挤在报牌前，阅读新闻，关注时事。教师敬业，学生勤学，使附中在全国各高中升大学中赫然冠首，因此当时就有了"北有附中，南有扬中（扬州中学）"的说法。

1940 年 4 月，国民政府鉴于城固地处偏僻，高校太多，而甘肃高校少，迫切需要培养中学师资以发展教育，令国立西北师范学院再次西迁兰州。1941 年 11 月，国立西北师范学院在兰州设立分院。1942 年，西北师院本部由城固迁到兰州，城固本院改成分院，附中也随之开始迁校。1943 年 10 月，附中开始在兰州招生。1944 年，城固分校全部迁到兰州。

---

① 《铁岭方永蒸回忆录》，第 125 页。
② 《师院附中在城固》，《中国青年》1942 年第 6 卷第 1 期，第 42 页。
③ 《铁岭方永蒸回忆录》，第 126—127 页。
④ 《师院附中在城固》，《中国青年》1942 年第 6 卷第 1 期，第 43 页。

初到兰州，由于经费有限，急需校舍和设备，方永蒸校长为此经营谋划，奔波于城固和兰州之间，煞费苦心。西北师院将其位于兰州十里店的教职员宿舍东部土房二三十间拨给附中作为校舍，又争取到部分经费购置了一些桌椅床凳等校具。后来，学校与西北公路局达成了合作办学协议，争取到了一些校舍供附中使用，同时也提供必要的设备及生活上的水电供应。条件依然艰苦，但师生们很快就适应了兰州的生活，在艰难中寻找快乐。从十里店到城内，同学们大多以步代车，有时乘坐兰州特有的羊皮筏子，"虽然惊险，却能给人精神上的激励。"[1] 艰苦之余，同学们经常爬山，领略黄河河谷两岸的风光，观看大水车，寒冬之际在黄河边滑冰。这些课余活动，锻炼了学生们的意志和克服困难的精神，也为新的校园生活平添了不一样的乐趣。

附中从 1937 年迁校至 1949 年 8 月兰州解放这一时期的历史，堪称全国第一流的学校。为发展教育事业，以方永蒸校长、冯成麟为代表的一大批优秀教师，含辛茹苦，呕心沥血，贡献了青春年华，博得了社会的广泛赞誉和学生们的永久尊敬。艰苦创校，百折不挠，以苦为乐，苦而弥坚的精神；尊师爱生，教学相长，师生一体，亲如一家的师生关系；潜心钻研，认真教学，诲人不倦，严格要求的教风；勤奋好学，慎思明辨，诚实自觉，勇于进取的学风；高标准，严要求，一丝不苟，正正堂堂的校风；这就是附中西迁办学的优良传统，它在此后的办学实践中仍被附中人继承、发扬和光大。

1949 年 8 月 26 日兰州解放，西北师范学院附中进入了一个新的历史阶段。9 月 3 日，兰州军事管制委员会以军字第 54 号命令接管了西北师范学院，辛安亭为军事代表，李登文为附中军事代表。10 月 25 日奉甘肃行政公署教育处命令，兰州大学附属中学与西北师范学院附属中学合校，11 月 1 日改名兰州实验中学。此时，西北师院附中共有学生十四个班总计 433 人，其中高中七个班学生 254 人，初中四个班学生 139 人，师范部三个班共 40 人。教职员工 88 人，其中教师 35 人，职员 22 人，工人 31 人。1950 年 8 月 22 日西北区教育部决定将兰州实验中学改属西北师范学院，更名为"国立西北师范院附设中学"。

---

[1]　王鸿文、李树龙：《难忘的兰州附中校园生活》，《西北师院附中纪念文集》，2002 年，第 99 页。

从 1949 年 8 月兰州解放到 1956 年，是附中整顿、改革和初步发展的时期，学校教育质量稳步提高，办学条件和规模有了较大发展。在党和政府的关心下，新中国成立后的七届初中毕业生有 411 人，98% 升入高中，高中毕业生 318 人，考入高等学校 302 人，平均年升学率为 95%，连续数年各项成绩列全省之冠。1958 年西北师院划归甘肃省领导，改名为甘肃师范大学，附中也随之改名"甘肃师范大学附属中学"。1963 年甘肃省教育厅确定附中为省属重点中学。1981 年 9 月，甘肃师范大学更名为西北师范学院，附中更名为"西北师范学院附属中学"。1988 年 5 月，西北师范学院更名西北师范大学，附中随之更名"西北师范大学附属中学"。

图 27-2　西北师范大学附属中学

随着党的十一届三中全会的召开，学校及时把工作重点转移到培养德智体全面发展的人才上来，先后开展了"五讲四美三热爱"等活动，狠抓教学质量，取得了优异的成绩。为把附中建成具有全国第一流水平的高质量、有特色、具有实验性和示范性的重点中学打下了良好的基础。

20 世纪八九十年代，附中贯彻《中国教育改革和发展纲要》的精神，探索素质教育的途径和方法，开展教育教学活动和改革实验，"五爱"教育，"养成"教育，"重德行、重基础、重导学、重智能、重思维、重自学"的"六重"教学法在学校生根发芽，开花结果。在广大师生的努力之下，附中教学质量在全省保持领先水平，学生成绩优良率在 50% 以上，会考合格率达 100%，在全国各类学科竞赛中成绩优异。附中自 2001 年开始面向全省招生，吸引了省内大批优秀学子报考，极大改善了附中生源结构，提高了生源质量。为扩大对外交流与合作，拓展国际视野，西北师大附中定期举办中外中学生交流活动，先后派百余人赴英国、法国、美国、德国、日本等国进行考察访问和短期留学，并开始招高中留学生。2006 年，被国家汉办确立为甘肃省唯一一个国家"汉语国际推广中小学基地"。

进入 21 世纪，西北师大附中抢抓发展机遇，深化教育改革，教育教学、队伍建设、基础设施、校园环境、办学条件齐头并进，蓬勃发展，书写了办学史上一个个精彩篇章。以"和实生物、卓越发展"作为具有鲜明个性和时代特征的学校精神，在充分发挥学生个性特长、促进素质全面发展方面进行了大胆的探索和实践，取得了显著的成绩。先后创办了鸿宇理科实验班、北辰人文实验班、昌绪工程实验班、永蒸创新实验班等特色实验班，积极探索高素质拔尖领军人才培养模式；通过寄宿制就读、学生公寓、餐饮系统管理，大胆改革创新学校管理方式；通过举办国际英才班、剑桥国际课程班，开展"中美中学生文化交流夏令营"、招收各国中学留学生等方式扩大对外交流与合作，拓展国际视野，提高办学水平。附中立德树人、锐意改革、追求卓越，在引领甘肃普通高中教育发展的同时，逐步发展成为一所享誉国内外的著名高中：连续多年被评为兰州市教育质量优秀奖（一等奖）；2017 年被授予甘肃省教育系统先进集体；2007 年以来连续进入"中国百强中学"名录，高考成绩、学科竞赛等教育教学重要指标连续十多年稳居全省同类学校之首；自 2015 年以来，高考一本上线率稳居 96% 以上，二本上线率达到 99% 以上，国际部毕业学生近 900 人，全部进入国外知名高校深造，等等。为数众多的荣誉，集中体现了附中承续传统、立德树人、创西北名校的显著成果，也让社会各界初步明了西北师大附中何以在全省普通高中教育中独领风骚，何以成为社会公认的全省普通高中"排头兵"。

西北师大附中在追求卓越发展的同时，也为促进教育公平、推进教育发展积极努力，贡献力量。2000 年以来，附中对口支持省内部分市州学校，并与省内外众多兄弟学校密切交流合作，通过教师讲座、影子培训、教师培训、资源共享，发挥了引领示范作用；1996—2018 年，派出多名优秀教师参加农村学校支教、"三区支教"、对口帮扶支教等；2017 年面向全省建档立卡户家庭招收"弘远班"，为贫困学子提供优质教育资源；2018 年结对帮扶东乡族自治县民族中学，在该校设立"致远班"，派出教师为民族地区学生支教；2019 年，通过远程数字技术，附中的课程同步传送到临夏、甘南、庆阳三地支援学校。"附中促进教育公平和对口帮扶方面的不懈努力，促进了被帮扶学校教育教学能力的提升，为甘肃普通高中教育的均衡发展作出了贡献。"① 在长期的办学过程中，附中秉承"勤、慎、诚、勇"校训，不断发扬优良办学传统，以启迪有方、英才辈出而闻名遐迩。附中毕业学子大多数到重点大学学习，成为各行业、各领域的翘楚、栋梁。中国科学院原常务副院长、院士孙鸿烈，美国科学院院士、国际著名数学家、逻辑学家王浩，中国科学院、工程院资深院士、国家最高科学技术奖获得者、"中国高温合金之父"师昌绪，中国工程院院士、"中国枪王"朵英贤等 11名院士，以及民盟中央副主席李重庵，香港凤凰卫视总裁刘长乐，野生动物保护专家、"中国十大杰出青年"吕植等，是附中西北办学以来新老学子的杰出代表。

以高质量发展为立校之本；以高素质的教师队伍为持续发展的重要动力；以科学务实、高效有力的教育教学管理机制为实现教育教学目标的根本保证；以提高教学效率为完成教学目标的有效手段；以灵活而丰富多彩的活动为实现学生多元、个性发展的重要途径；以学校文化底蕴为附中人不断前行的动力源泉；以积极探索国际化教育，为学生可持续发展奠定基础；社会各界的支持是附中卓越发展的外部保证；信息化是学校提升教育质量的技术保障；良好的学习、生活环境为学校发展保驾护航，这就是近年来附中所取得的一切成绩和创新发展的成功经验。

回溯历史，百廿附中的成长经历与祖国同呼吸、共命运。在日寇侵华的战火中，为保留中华文化之火种，毅然数度西迁，无论在艰难困苦的战争年代，还是在如沐春风的新时代，"附中人"始终秉持"勤、慎、诚、勇"校训，承前启后，继往开来，发扬附中优良传统，为党和国家培养出一批批优秀的人才。进入新时代，"附中人"将不忘初心，砥砺前行，创新

---

① 《改革创新四十载　立德树人育英才——西北师大附中改革开放 40 年发展巡礼》，《甘肃日报》2018年 12 月 6 日。

发展，追求卓越，努力把附中建成西部一流和全国著名的示范性、实验性、高质量、高标准、有特色的高品质高中而不懈奋斗。

（尚季芳　丁晓东）

◎从自强小学到附属小学

在西北师范大学办学的光辉历程中，附属中小学教育伴随始终，成绩卓著。

1912年5月，京师优级师范学堂改为"北京高等师范学校"。7月，北京厂甸五城中学改为"北京高等师范学校附属中学校"，同时增设附属小学。1922年5月，呈准教育部附属中学开办女子部，附属小学高等科兼收女生。1923年7月，北京高等师范学校改为"北京师范大学"。1931年7月，北平师范大学与北平大学女子师范学院合组国立北平师范大学，原北平大学女子师范学院附属中学、附属小学和蒙养园均隶属北平师范大学，并将这些附属中小学改名为附属中学南校、附属中学北校和第一附属小学、第二附属小学。教育系教授韩定生、燕景缇、孙廷莹曾任附属小学主任。1936年7月，校务会议决议将幼稚园并入附属第一及第二小学，两所小学各设一个幼稚班。北平师大附小成为最早将幼儿教育与小学教育贯通的小学之一。

1937年2月，由于战事吃紧，北平师范大学奉令西迁西安与其他机构组建西安临时大学。11月西安临大开学后，北平师大附属小学也租借军营办学，招收了少量学生，开始了在西北的办学。1939年8月，西北师范学院独立设置后，附属中学和附属小学相继紧随其后开始了办学活动。

据西北师范学院院长李蒸先生的女儿李溪桥回忆，1938年秋天，她在城固上自强小学三年级，"自强小学位于城外，每天去学校要经过一座小桥，我们上课时常常被空袭警报所打断，老师便带领我们去田野跑警报"[1]。

---

[1] 李溪桥主编：《纪念父亲诞辰100周年，逝世20周年》，《李蒸纪念文集》，第33页。

根据《国立西北师范学院院务概况》记载，"附属小学"已经为学校的组织机构之一，备注为"先设代用小学"，"本院代用小学自强小学本学年度由本院派研究员三人担任该校教员，其薪俸每月共计一百元，由本院支付，原有补助费取消，请予追认"。① 可以看出，在西迁过程中，附属小学虽未成正式建制，但因随校西迁的教职工子女接受教育的需求和培养师资进行实践实习的需要，学校依然办有代用小学，而这个代用小学就是城固县自强小学。这一时期，附小也积极参与当地的社会教育，附小的师生书写并张贴标语宣传抗战，在乡村办壁报介绍科学常识，制作各种教育漫画到处张挂，编排秦腔演出。附小在城固及周边地区的识字扫盲、普及常识、宣传抗日等方面，发挥了重要作用。

1942 年 10 月，学校设立了"国立西北师范学院附属小学实验班"，胡国钰先生担任主任。设立目的"一为供给师院及附属中学师范部学生之研究与实习，二为供给本院同仁子女就学。"② 开办之始只有两名教员，五个年级，17 名学生。1943 年秋，学生人数增至 39 人，到 1944 年春，学生增至 48 名，"教室狭小，几不能容"。当年暑假后，西北师范学院教职员工全部从城固迁往兰州，学生又增加到 75 名，不得不增设为三班。创立之初，附小实验班聘请了师院及附中的很多教师担任班主任和教员，采取训育主任制与级任制的组织方式实施训导工作。1943 年 12 月 17 日，西北师院举办建校四十一周年纪念活动，附小学生演出了儿童剧《捉汉奸》，表演了《卢沟桥问答》《娃娃进行曲》《打倒东洋兵》《小青蛙》《小白兔》等节目。③

1947 年 7 月 24 日，国立西北师范学院向国民政府教育部呈文④，请求教育部核准正式成立附属小学，并报备了《西北师院附属小学组织大纲草案》。1947 年 9 月，国民政府教育部部长朱家骅签发（高字第 51569 号）指令，将附小实验班正式改为国立西北师范学院附属小学。根据这个指令和部颁《师范学院规程》的相关规定，修订后的《国立西北师范学院附属小学组织大纲》文本共九条，对附属小学的性质任务、负责人及教师聘任、

① 《第六次院务会议记录》，《国立西北师范学院校务汇报》1941 年第 35 期，第 4 页。
② 国立西北师范学院编：《国立西北师范学院近况》，国立西北师范学院 1944 年，第 10 页。
③ 《师大及本院成立四十一周年纪念专号》，《国立西北师范学院校务汇报》1943 年第 61 期，第 8 页。
④ 《关于卅六年度正式成立附属小学并上报组织大纲事宜给教育部的呈文》，西北师范大学档案馆藏。

机构设置等权限作出了具体规定。

西北师范学院西迁兰州后，不仅招收西北师范学院教职工子女，而且尽最大努力招收周边百姓子弟入学，以十里店、孔家崖两所中心学校为依托，开展社会教育、平民教育和乡村建设运动。附小作为西北师范学院教育的实验场所，将先进的教育理念、教学方法在此实验实践，并通过《小学教育通讯研究》向甘肃、西北乃至全国推广，受到了国民政府教育部的嘉奖。① 西北师范学院及其附小的示范带动作用可见一斑。

1949 年，兰州解放，附小随同西北师范学院一起迎来了新生。1950 年，附小迁至十里店西北师范学院旧办公院内，有教师 14 名，学生 450 名。1955 年甘肃省教育厅拨款购置教学仪器 80 余套（件），图书 500 册，以支持附小办学。1958 年，附小迁至甘肃师范大学（即西北师范学院）本部院内（现址），并更名"甘肃师范大学附属小学"，此时，附小已有 12 个教学班，30 名教师，540 名学生。1963 年 3 月，教育部颁布了《全日制小学工作条例（草案）》，附小根据《条例》的要求配备师资力量，优化课堂结构，加强教学管理，教育质量有了很大提升。改革开放以后，附小进入快速发展时期。1980 年，附小被甘肃省教育厅列为全省首批重点小学。② 1988 年更名为"西北师范大学附属小学"。1991 年，附小在全国"心中有祖国，心中有他人"的"双有"主题活动中表现优异，受到国家教委基础教育司、团中央少工委的表彰。1992 年，附小建成投用新教学楼，提出了"敬业、勤奋、科学、创新"的校训，并逐步开始优化教师队伍建设。2001 年兰州市政府评定附小为"兰州市示范性小学"。改革开放以来，附小在各级党和政府的关怀下，坚持"德育为首，五育并举，面向现代化，面向世界，面向未来"的办学方针，坚持"让每一个孩子健康、快乐地成长，让每一位教师健康、幸福地工作"的办学理念，坚持"以人为本、张扬个性、全员发展、和谐发展"的育人原则和"合格+特长"的育人目标，形成了"尊师爱生、教学相长"的校风。

---

① 杨淑英编著：《西北师范大学附属小学发展事略》，云南大学出版社 2020 年版，第 36 页。
② 《关于甘肃师大附属小学为省重点小学的通知》，西北师范大学档案馆藏。

图 27-3　西北师范大学附属小学

　　进入新时代，附小大力开展教师培训，发挥名师示范引领作用，实施青年教师导师制，积极开展教育教学研究，附小滕光辉、杨淑英、王治峰、朱莲英、杨红等老师先后主持 20 项省级规划课题，并在国家级、省级刊物上发表教学论文 130 多篇；参加省级论文、教学案例评选，有 80 人获得一、二、三等奖，校报《阳光与春苗》、校刊《教坛之声》在兰州市教育局组织的中小学校报校刊中荣获一等奖。此外，在足球、乐器、舞蹈、书画等比赛中都取得骄人的成绩，使附小在同类学校中名列前茅，显著提升了内涵发展质量。关注社会、奉献社会是百年附小的优良传统，近几年，附小通过举办"国培计划"影子培训活动，积极开展对皋兰县西岔小学进行为期三年的帮扶工作，承担宁夏同心县小学管理干部和学科教师挂职交流学习，配合师大做好陇南礼县的教育精准扶贫等任务，不断提高社会服务水平，发挥了示范引领作用。

　　附小诞生于中华民族危急存亡之秋，成长于抗击外侮、争取民族独立解放的烽火岁月，发展壮大于新中国。从诞生的那一天起，就与时代、国运、社会密切联系在一起。虽已历经百年，积淀并不断传承着自己的文化和传统，承担起新的使命和责任。近年来，附小立足师大，服务师大，积极参与教改实验，关注社会、奉献社会，取得了令人瞩目的成绩。展望未来，附小必定担当使命，奋发有为，开启新的征程，创造新的辉煌。

（尚季芳 丁晓东）

◎从保育室到实验幼儿园

1915 年 4 月 16 日，北京女子师范学校设立附属蒙养园。8 月，附属蒙养园招幼稚生一班，共 30 人，园务由附小主任孙世庆监管。[①] 1919 年园名改为北京女子高等师范学校附属蒙养园，制定了《北京女子高等师范学校附属蒙养园简章》，其办学宗旨为"与家庭教育相助，调护儿童身体，培养其知情意三育，以造就健全国民，而为国家教育之基础。"[②] 之后，因学校调整，蒙养园数易其名。1931 年更名为国立北平师范大学第二部附属幼稚园。此时有幼稚生 70 余名，教员 8 名。1936 年 7 月，大学校务会议决议附属幼稚园并入附属第一及第二小学，各设幼稚班一班。

1938 年 3 月，北平师范大学与河北女子师范学院组成西北联合大学教育学院（后改为师范学院），在陕西城固创办了西城巷幼稚园，每年招收幼儿 50 名。1939 年 6 月，西北师院家政系儿童保育讲师、幼儿教育专家陆秀在城固东关附中院内开办"儿童保育实验室"，并拟定发布《本校家政系儿童保育实验室简章》。其设立宗旨为"补助家庭教育之不足，增加母亲工作之效率，注重实验，藉供仿行"，由于条件限制，招生范围暂定为"本校同仁子女"，并采取"注重科学的养护、活泼之指导"的工作方法。[③] 后来又移至城固西关（马桩口），租借宽敞明亮的民房十余间办理，由于设备齐备、保育专业，"数年来颇得社会及儿童家庭信仰"。

陆秀，字佛侬，江苏无锡人。1918 年毕业于天津直隶第一女子高等师范学堂并留校任教。1926 年，考入武昌私立文华大学，毕业后应聘到北平

---

① 《本校附属蒙养园概况》，《北京女子高等师范文艺会刊》1919 年第 2 期，第 10 页。
② 《北京女子高等师范学校附属蒙养园简章》，《北京女高师幼稚教育的研究》1920 年第 1 期，第 6 页。
③ 《本校家政系儿童保育实验室简章》，《西北联大校刊》1939 年第 18 期，第 6—7 页。

女子师范大学任教。1932 年，赴美国哥伦比亚大学攻读学前教育硕士学位。1937 年 8 月回国时，北平沦陷，学校西迁，遂到陕西城固西北联合大学师范学院任家政系讲师。1941 年，四川省政府委任陆秀为四川省立成都实验幼稚园园长。陆秀受意大利幼教专家玛丽亚·蒙台梭利的幼儿教育思想影响，回国前专门绕道欧洲意大利，特意拜访幼儿教育家蒙台梭利，并参观幼儿园。回国后，主编出版《实验幼稚教育》刊物，主持开展幼稚教育教学法实验，把蒙台梭利的教学法中国化，其实验成果对中国幼稚园建设产生了积极指导作用。在陆秀的努力下，保育室一时之间成为城固最好幼儿教育机构。①

西北师范学院西迁兰州后，随之在兰州另设儿童保育室，其宗旨是"增进幼儿身心健康，力谋幼儿快乐与幸福，培养人生基本的优良习惯，协助家庭保育幼儿并谋家庭教育之改进"，同时供本院家政系"儿童保育"班学生之参观与实习。儿童保育室由家政系讲师高福媛任主任，贾爱芳、杨唯宁、马凤鸣、张华如等先后任保育师。后来，师院家政系主任王非曼兼任保育室主任，保育室的各方面条件有了明显变化。王非曼先后从师院聘

图 27-4　西北师院家政系附设保育室师生合影

___
① 《西北师范大学附属小学发展事略》，第 28 页。

请多位教师，这些教师专业性强，吃苦耐劳，爱岗敬业，为保育室的发展作出了杰出贡献。办学条件也日益改善，"保育室内，有二十多间房子，虽不像洋房那样的富丽堂皇，但布置得非常合乎卫生，每间房子，有两个大窗子，光线充足，空气流畅，其中有游戏室、午睡室、盥洗室、餐厅，其他就是保师们的宿舍"①。

新中国成立后，实验幼儿园进入快速发展时期。实验幼儿园坐落在环境优美的西北师范大学校园内，远离城市喧嚣，毗邻师大敦煌艺术学院，布局合理，格调优雅，园内环境宁静、优美。室内装修依照幼儿的生活规律和接受能力规划设计，环境装饰以生态化、园林化为主，绿树成荫、风景如画、泉水潺潺，是一所园林化生态幼儿园。1992 年，实验幼儿园被确定为首批达标的"甘肃省一类幼儿园"，2011 年创建成为"兰州市市级示范园"，是安宁区唯一一所市级示范性幼儿园。幼儿园总面积近 5800 平方米，现有 13 个教学班，大、中、小班齐全。近年来，幼儿园注重以多种形式加强教师队伍的建设，目前，有教职工 60 人，形成了一支学历层次高、年龄及学缘结构合理的优秀教学团队。实验幼儿园以"开发幼儿潜能，发展幼儿个性"为办园宗旨，尊重幼儿的人格与权利，创设与幼儿发展相适应的教育环境，培养积极、愉快的情绪和良好的行为习惯，让每个孩子在充满平等、友爱、和谐的环境中健康快乐、富有个性地成长。教育生态方面，实验幼儿园以常规教养工作为主体，兴趣培养为手段，艺术教育为特色，挖掘高校教育资源，在深入贯彻教育部颁发的《幼儿园教育指导纲要（试行）》《幼儿园工作规程》和《3—6 岁儿童学习与发展指南》的基础上，结合现代教育需求，以科学的五大领域为主导教育，重点推行"动脑、动手"教育活动。

实验幼儿园作为西北师范大学教育学院和知行学院学前教育的教学实习及科研基地，长期承担指导本科学生实习、见习的任务；多次配合西北师范大学师生完成各类研究工作；积极参加西北师范大学各附属学校对口接待项目，承担省市县幼儿园园长、教师挂职、培训研修；多年来，学校获得了国家级、省级、市级各类荣誉，教师在市区优质课、骨干教师、教学新秀、演讲比赛中，取得了众多优异的成绩；积极参加省教育厅、市区

---

① 《儿童们的乐园（上）介绍师院保育室》，《甘肃民国日报》1948 年 1 月 9 日。

教育局组织的多种形式的学习培训、评优选先和课题研究工作。近年来，西北师范大学实验幼儿园在管理、教育教学、卫生保健等方面取得了一定的成绩，以较强的综合实力、良好的服务赢得了家长和社会的充分认可，取得了广泛而良好的办园声誉。

　　进入新时代，实验幼儿园将继续以创建省示范园为目标，立足师大、服务师大，创立最优环境、最佳师资、最高质量，为幼儿教育开辟更为广阔的空间。

（尚季芳　丁晓东）

第二十八章 学术期刊声誉隆

◎《国立西北师范学院校务汇报》介绍

《北京高等师范学校校友会杂志》《师大月刊》和《国立西北师范学院校务汇报》是早期西北师大历史的重要传媒载体。虽然刊名发生了变化，然而贯穿始终的是一致的血脉。

《北京高等师范学校校友会杂志》1916 年 4 月创刊于北京，发行至 1918 年 3 月第 4 期后停刊，由北京高等师范学校校友会编辑。"发刊词"为章嵚先生所作，章嵚早年赴日本求学，辛亥革命前回国，民国建立以后，先后任教于北大、北师大、东南大学、浙江大学。章嵚基于在日本的求学经历，认为日本发展迅速的主要原因，是日本学子将留学

图 28-1 《国立西北师范学院校务汇报》1939 年第 1 期

所获的知识回国之后广泛传播，使日本的国民素质得到提升，故该刊将传播新知识、启发民智作为主要目的。

该刊内容丰富，栏目设置有本校纪事、专件、名人演讲、特别征文、学生成绩等，如本校纪事栏目主要刊载校长对毕业生的训词、校历、历史沿革、校内任教教员名录、校友会职员表、同学录、周年概况报告、学校内部各组织简明表等内容，是研究此时期学校历史的重要参考资料。

《师大月刊》1932 年 11 月在国立北平师范大学创刊，1937 年 2 月停刊，共发行 32 期，双月刊，主要编辑有钱玄同、黎锦熙等。李蒸校长计划该刊"每学期共出四册，第一期为创刊号，第二期为文学院专号，第三期为理学院专号，第四期为教育学院专号。第二学期办法与此同，年共八册"①。勉励全校师生要肩负"大希望，大责任"。

《师大月刊》是当时学术界文史哲领域权威月刊之一，所刊载的文章皆具有较高的学术价值，对社会问题也同样重视。由于日本侵华加剧，该刊于 1937 年 2 月停刊。

《国立西北师范学院校务汇报》创刊于 1939 年 12 月，至 1947 年 10 月停刊，是国立西北师范学院的内部刊物，随西北师院从陕西城固到甘肃兰州。自 1939 年 12 月 1 日第 1 期到 1942 年 1 月 15 日第 38 期，每半月发行一期；自 1942 年 2 月 28 日第 39 期至 1947 年停刊，每月发行一期。根据已有资料统计，至少已经出版 87 期。② 除正常发行版次之外，另有 1939 年 12 月 17 日出版的北京师范大学建校三十七周年纪念增刊、1940 年 12 月 15 日出版的新生训导专号、1941 年暑期出版训导专号增刊各一册。

李蒸校长在"发刊词"中写道："本院改组伊始，负训练中等学校师资、发扬北平师大精神之二重责任。同人等并力以赴，惟恐不胜。爰仿师大成例，刊印校务汇报，记载教育法令，院务概况，及讲演记录，俾社会人士洞悉本院情形，指示改进意见。"③《国立西北师范学院校务汇报》在栏目设置上有教育部部令，校长及本校布告，会议记录和学校新闻，纪念周讲词、教师论著、学生的学习生活等。

---

① 《师大月刊》（创刊号），1932 年 11 月 11 日。
② 《国立西北师范学院史料摘编》（下册），第 1132 页。
③ 李蒸：《发刊词》，《国立西北师范学院校务汇报》1939 年第 1 期，第 1 页。

教育部部令栏目是常设栏目之一，其目的就是及时向师院师生传达教育部最新指示。例如在第2期刊载《教育部举办专科以上学校学生抗战建国论文比赛办法》，第9期刊登《教育部令开发固有文化以增强民族意识，促进建国大业令》，第40期刊载《发动注音识字运动》等。

另外此刊发行期间，会议记录和纪念周讲词为常设栏目，而且内容总体偏多。其中会议记录主要刊载的是国立西北师范学院的院务会议，内容包括会议时间、会议地点、出席者、会议主席、会议记录员、报告事项、讨论事项等。如第2期便刊登了《院务谈话会第六次会议记录》，其中就有参会人员对各种工作进行的汇报，主席报告本院改组成立经过，汪事务主任报告本学期学生宿舍及教室分配计划，袁教务主任报告教育部令本院开办体育教员进修班，袁会计主任报告本院经济状况，预算每月经费至少需三万一千元。除院务会议之外，还刊登其他会议的内容，如第5期刊登的《社会教育推行委员会第一次会议记录》，第18期刊登的《训导会议第二次会议记录》《社会教育推行委员会第二次会议记录》等。

总理纪念周是国立西北师范学院每周都要举行的仪式，由院长或知名教授进行演讲，组织全体学生听讲，而纪念周讲词栏目便是对演讲内容的记录和刊登，包括对时局的认识、师院近况的分析等。如第40期的纪念周讲词为《近来本院经费困难的原因》《兰州分院之近况》等。

《国立西北师范学院校务汇报》不仅对学校的活动及时报道，对于师院老师的文章，也在第一时间登载。第7期刊登了李建勋的《师道论》，第20期刊登了邹豹君的《英美日角逐下的泰国》，第26期刊登黎锦熙的《集体活动与教育创造》，第60期刊载了李蒸院长的《青年应有的修养》等。

除此之外，学生活动也是其重要的关注对象。如第16期刊登《国立西北师范学院新生个性调查表》，在《训导专号》刊登《二十九年度学生健康状况》《学生营养状况之研究》，第32期刊登《部令饬知切实注重学生体格》等。师院所举办的文娱活动，如迎新会、运动会、元旦活动、欢送毕业生等都可见于校务汇报之中，如第23期刊登《本院各种课外活动近况》，第42期《本院举行春季运动大会》，第48期《本院筹备庆祝周年纪念》等。

《国立西北师范学院校务汇报》大到教育部部令，小到一次运动会，均翔实记载，是研究国立西北师范学院的重要史料。它不仅见证了国立西北师范学院的发展历程，同时是学院与社会、师生之间沟通的桥梁，是师生和校友参与学校事务的重要载体。

（尚季芳　郑复甲）

◎从《学术季刊》到《西北师大学报》

初创时期的国立西北师范学院，经费十分拮据，校舍简陋，教学设备短缺，境况万分艰难。然而，携抗战精神而来的国立西北师范学院的创建者们，并未因困境而退缩，而是愈加奋进，在极其困难的条件下，进行着另一种形式的抗战。《学术季刊》就是在这种背景之下诞生的。早在城固时期，西北师院就成立了出版委员会，并于1941年10月就《学术季刊》的创刊发行召开专门会议，确定了《学术季刊》的刊期、印数以及所刊稿件内容方面的要求。由于前期良好的准备工作，西迁兰州不久，经李蒸提议，《国立西北师范学院学术季刊》正式创刊，出版委员会主席黎锦熙先生亲自为新生的杂志题写刊名。

关于办刊理念与宗旨，《学术季刊》出版委员会的决议中有这样的记载："为发挥教育最高学府之效能起见，编印《学术季刊》一种……稿件内容……凡关于学术性质之著述，如，（1）西北地区特殊文化，（2）我国固有学术文化与近代科学，（3）中等师资与专业训练，（4）与过去抗战有关之文学作品等，均所欢迎。"可以看出，地域性、学术性、师范性与民族性是《学术季刊》的主要研究内容。这四个方面是对学院既有研究水平的表征，同时准确地指引了当时国立西北师范学院学术研究的取向。

《学术季刊》的办刊理念在创刊号的发刊词中也可管窥一二。《学术季刊》没有专门的"发刊词"，因此把李蒸院长1941年对新生的寄语——"本院的使命与校风"作为创刊号"代发刊词"。"师大所负的使命是双重的：一为实施教育专业训练，培养中等学校各科师资，教育行政人员，及研究教育学术专家，二为钻研高深学术，探讨宇宙真理"，"本院对于国家民族之复兴，社会文化之促进，及西北人民与在学青年之陶冶训练，均负有领导责任。"① 《学术季刊》以此为"发刊词"，既表达了学院的教育特色，同时又显现出以学术为要义的指向，而更为重要的是显现出了国家与民族危难之时期刊的责任担当。

《学术季刊》创办伊始，就拟定每季度出刊一期，每期约 10 万字，印数 500 册。但实际上，因当时学院经费奇缺，屡屡断期，从创刊至 1949 年仅出 3 期，发文 45 篇（另有 4 篇诗作）。

第 1 期（创刊号）于 1942 年 3 月 15 日在陕西城固出版发行，16 开本，开设了教育、文史与艺术、文艺、理科 4 个栏目，共刊发学术论文 18 篇，总计 16 万字，封三附有作者略历和编辑后记。此后，由于学校迁徙以及困顿的资金、飞涨的物价等因素，直到 1945 年 12 月，第 2 期才得以出版。此期编辑后记对于办刊的艰难有着这样的记载："惟本期拟扩大篇幅，以四十万字为准……不料三十五年新岁以还，物价日腾，承印著稿不及半，不愿续印，遂将未排诸稿，改为第三期，重议印价，订妥再印。故此第二期字数篇数，尚未及原拟分量之半。"《学术季刊》第 2 期的编辑、印刷及出版发行均在兰州。第 2 期开设政教、语文、文艺、史籍等 4 个栏目，共发文 20 篇，总计约 10 万字。封三仍附有作者略历和编辑后记，封底刊登了第三期要目预告。第 3 期于 1949 年 7 月出版。可能与时局有关，这一期杂志没有目次页，栏目也划分不清。第 2 期所刊"第三期要目预告"中列出的 29 篇文章，在第 3 期实际上只发出 11 篇，杂志总计约 10 万字。

到了后期，《学术季刊》的生存更为艰难，以至于缺少经费无法出刊，不得不借助于兰州《新光》第十三期、《西北论坛》第八期的版面出版。尽管如此，《学术季刊》"文化建设"的宗旨始终如一，并没有发生改变。

《学术季刊》三期共发表 45 篇学术论文，凡涉文史、教育、艺术等学科。作为学者办刊的重要体现，《学术季刊》刊载有出版委员会主席黎锦熙先生的多篇文章。作为西北师院出版委员会的两任主席，他对《学术季刊》的发展起了至关重要的作用。黎锦熙先生在该刊共发表了 5 篇论文、11 篇诗作。其中，《中国古今语文之综合的研究》《各级学校〈作文〉教学改革案》《中等学校国文讲读教学改革案述要》具有非常重要的学术价值；此

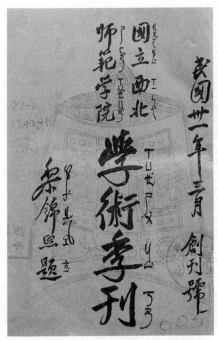

图 28-2 《国立西北师范学院
学术季刊》创刊号

外，易君左先生的《孔子及孔门谈诗》、冯国瑞先生的《绛华楼金石经简诗录》、王汝弼先生的《声乐探微》、李世权先生的《隋唐八十四调解说》、叶丁易先生的《广境界论》，从不同侧面展示了学院的学术研究特色。

当时的西北师院云集了全国教育理论界的一大批著名学者，他们发表在《学术季刊》上的论文，大多属于教育研究的扛鼎之作。其中卓有影响的有李蒸先生的《今后教育建设之路》，李建勋教授的《抗战后吾国高等教育之态势及其改进》《关于吾国高级师资训练几个重要问题》，许椿生先生的《中国教育史上关于孔子二三事》，金澍荣、杨少松先生的《西北中等学校师资问题之一斑》，唐得源教授的《学校管理引论》，胡国钰先生的《智慧活动之条件》，郭鸣鹤先生的《中等学校的课外活动之原理与实施》，陈毓瓒先生的《体育活动对于心理卫生的贡献》等文，在当时都具有重要的学术价值与实践意义。在今天看来，其中的诸多认知诸如课外活动之原理、体育之意义仍需我们认真汲取。

《学术季刊》创办伊始，就是文理综合性学报，但以文为主。理科方面，只在创刊号上刊载了两篇论文，一篇为理化系著名教授张贻侗先生的《顺容性与分子构造》，另一篇为博物系讲师栗作云先生的《变形虫的采集及其简易的培养法》。这从一个侧面也反映出国立西北师范学院的办学特点以及理科教师的学术思想及治学精神。

《学术季刊》从创刊到停刊历时 8 年。这本诞生于抗日救亡大潮中的学术刊物，正如一朵蕴含着西北塞上黄土气息的山花，不以无人而不芳，不因清寒而畏缩，散发出了抗战时期西北学人的文化坚守，为当时陕南城固和古城兰州的艰难岁月增添了美好的色彩，更为重要的是，她展现了中华文化薪火相传的追求，故而具有非常迷人的历史价值——她正是中华文明生生不息的特殊写照。

新中国成立后，学校为展现教师研究成果、提高学校的科研质量，于1956年创办《争鸣》月刊。1957年6月，《西北师范学院学报（自然科学版和社会科学版）》正式复刊（《争鸣》就此停刊）。从复刊到"文革"前，文科学报出版24期，理科学报出版18期。[①] 1958年，《西北师范学院学报》随校名改为《甘肃师范大学学报》（1958年未出自然科学版），1961年因国家遭遇经济困难，休刊一年。从1962年开始，文理两科学报各自分期分刊出版。1965年，学报被迫再次停刊，直到1973年10月，经国务院科教组批准复刊，复刊之后的刊名改为《甘肃师大学报》，仍为一刊两版，两版交替发行。文科学报还通过北京大学图书馆向国外发行。1975年开始，文理两刊分刊出版。复刊后到"文革"结束，文科学报出版9期，理科学报出版5期。这一时期的学报建设偏离了正常的轨道，无论是文科学报还是理科学报，刊登的内容均是中央文件、社论文章及批判性文章，学报的质量停滞不前。

1978年后，中国进入了改革开放的历史新时期，学报建设也迎来了新气象。学校将学报工作从科研科划分出来，成立了系一级的学报编辑部，并配备了属学校教学科研编制的专职编辑人员，使学报的组织结构更加合理，编辑人员更加专业，学报的学术质量也逐步提升。1981年学校恢复原校名西北师范学院，学报也相应地从1981年第2期恢复《西北师范学院学报》刊名。从1989年第1期起《西北师范学院学报》由季刊改为双月刊，刊名也随校名改变，改为《西北师大学报》。新时期的学报建设秉持着抗战时期的办刊宗旨与方针，坚持砥砺求真、为国为民的学术精神与人文情怀，学报的质量不断提升，国内文科、理科领域的知名学者均在《西北师大学报》发表过学术价值高的论文。经过长时期的积累，截至2021年12月，文科学报出版至第59卷281期，理科学报出版至第57卷221期。

在学报建设过程中，学报编辑部同仁逐渐凝聚成一个共识：刊物的质量和个性就是刊物的生命。编辑部坚持将提升学报质量、突出学报个性特色作为学报建设的重点内容。文理两刊自创刊以来，虽然历经波折，但它

---

① 王明汉：《煌煌五十年　迈进同国步——纪念西北师大学报创刊五十年》，《西北师大学报》1992年第4期。

仍然是展示我校学术研究成果的平台与园地，经过时间的打磨与沉淀，文科学报入围中文社会科学引文索引（CSSCI）来源期刊，全国综合性人文、社会科学类中文核心期刊，中国人文社会科学核心期刊和首届全国双十佳社科学报。理科学报被评为全国中文核心期刊，中国科技核心期刊，中国精品科技期刊，中国高校优秀科技期刊和《中国科技论文在线》来源期刊。

《西北师大学报》创刊以来，它的发展过程既反映了学校的历史变迁，也展现了近代以来中国社会的深刻变动。进入新时代，学报将继续贯彻办报宗旨与方针，将学报建设成为人才的培养基地、学术研究的园地与理论教育的阵地。在一代代师大人的薪火相传中，《西北师大学报》必将为我国的科研文化事业作出更大的贡献。

（王兆璟）

◎《丝绸之路》的那些人那些事

图28-3 《丝绸之路》创刊号

丝绸之路——美妙而有诗意、神奇而又佐证历史的名字！

这条横贯亚洲、连接欧亚大陆的著名古代陆上商贸通道，宛如纵横交错的筋脉，布满亚欧大陆的腹地。

20世纪90年代初期，改革开放的大潮，给地处丝绸之路黄金地段的甘肃带来了美好的春天，一批专家学者提出"弘扬丝绸之路传统，重振丝绸之路雄风"的口号。1992年3月，政界老同志李子奇、吴坚、于忠正等和学界精英段文杰、季成家、初世宾等为核心的甘肃丝绸之路协会成立；同年9月，"首届中国丝绸之路节"在兰州举办。在这种时代氛围和现实需求中，为配合节会，国内唯一以"丝绸之路"命名的杂志应运而生。

夹缝中求生存——艰难的创办期

成功创办一本杂志，不是一件容易的事。单凭一腔热情是不够的，还得从一件件实事做起。时任西北师范大学西部文学研究所所长的季成家教授受命于危难之际，挺身而出担任《丝绸之路》杂志主编，在没经费、没经验、没场所、没人员的情况下，扛起了这面文化大旗，开启了艰难的办刊之路。

季成家先生致力于中国当代文学的教学和研究，对中国西部文化和民间文学情有独钟并多有建树，积淀了深厚的文化情怀和热情。为了让《丝绸之路》这本新苗生存下来，他凭借自己在甘肃文化界的威望和在西北师范大学的影响，亲自奔走于文化、出版、企业、学校等单位，广泛联络各方力量，积极寻求各种支持。时任西北师范大学党委书记姚克敏、校长赵金保，甘肃省文物局局长马文治及丝绸之路协会秘书长于忠正，对办刊工作给予了大力支持和帮助，1993年，《丝绸之路》双月刊在兰州正式发行。

图 28-4　赵金保校长（右一）

杂志要稳定出版发行，首先面临的便是严峻的财力和人力问题。

"为了解决办刊基本经费，我努力让自己快速成长为一个商人，为了钱几乎斯文扫地……"这是季先生亲口给第一位专职编辑马玉蕻的肺腑之言。刚开始，因为形象太寒酸，又羞于张口谈钱，与好几个广告擦肩而过，甚至被扫地出门，杂志面临揭不开锅的危机。

再说人力，最基本的就是作者和编辑。杂志要有固定来稿，还要保证质量。稿子来了，要有人审稿、校对、编印。季先生身先士卒，既当作者又当编辑，亲笔写了好多文章，然后又一篇篇编校其他来稿。除此，他动员校内文史专业的老师写，发动甘肃文学界的朋友写。至于编辑，搞文字的全是西部文学所的同事，设计排版就找美术专业的老师帮忙。

办公场所就是季先生西部文学研究所的办公室，文章一篇篇用笔在手写稿上修改，然后送到打印店打印出来，手写校对后再次修改。杂志排版也完全是手工作业，在纸上画出版式，配图需要扫描照片。最后送到印刷厂，由技术工人排版出清样，还要反复校对修改。这一切都无专职人员来做，各种艰难可想而知。

季先生多次回忆说，万事开头难，《丝绸之路》办刊初期真是难上加难，好几次面临停刊危机，也有人劝他放弃，夜深人静时他常常一个人坐在办公室，一支支抽着烟，思想反复斗争。多少年来，季先生以坚韧执着和不懈努力，迎来了《丝绸之路》的转机和希望。

就这样，依靠西北师范大学和西部文学所这块平台，凭借一帮人纯粹的文化热情，《丝绸之路》杂志度过了艰难的创办期。

自立中求发展——市场经济中的改造创新

杂志稳定立足后，就得接受市场考验，以谋得进一步发展。

由于丝绸之路文化和旅游市场的兴起，刊物的影响逐渐增大，编辑力量也不断壮大。

那时，季先生六十多岁，已从西部文学所退休专职负责做杂志，学校提供基本办公经费和专门的办公场所。

当时的兼职队伍已经很壮大，王尚寿、武世珍、李并成、彭金山、田澍、张兵、胡小鹏、刘进宝、彭岚嘉等专家学者，在工作之余帮着审稿；美术学院的张学乾、杨明、隋建明等老师，兼职美术编辑；西部文学所的张乃英兼职办公室主任、会计，朱立芸兼职出纳；工会的郑屹老师包揽了所有摄影工作。甘肃文学界的杨文林、赵燕翼、武玉笑、高平、谢昌余、陈德宏、汪玉良、马天彩等，以及兰州军区政治部杨闻宇、卢振国、李镜、吴恭让，兰空政治部刘立波等老同志们也多有助力，组成杂志固定作者群，撰写了大量优秀文稿。

为了进一步扩大社会影响力，2001 年，《丝绸之路》杂志改为月刊。2002 年，杂志社被正式列为西北师范大学直属业务单位，有了人员编制，马玉蕻正式调入。从 2001 年起，学校又分配文学院本科毕业生阎岩和北师大本科毕业生赵晓红到杂志社任专职编辑，为编辑部注入了年轻而蓬勃的力量。二十多岁正是我们初生牛犊不怕虎、无知无畏的大好年华，在季先生的鼓舞和指派下，我只身前往新疆、陕西拓展广告、发行业务，创办了两地办事处；阎岩南下广州、深圳、珠海等地考察探索市场行情，寻求合作伙伴；赵晓红也独当一面，统揽收稿、通联等工作。

这一时期，《丝绸之路》杂志社在注重提高刊物质量和办刊人员素质的前提下，更新办刊理念，发挥自身优势，既抓办刊又抓经营，取得了较好成效。办刊定位更加精准明晰，刊物内容在学术研究和文化推广之间有效结合，市场化推进广告和发行的尝试日渐成功，广告接收和发行量不断扩大。

至此，杂志真正跻身市场，走上了发展之路！

机遇中求壮大——绘就蓝图续新篇

关于杂志的进一步壮大，在季先生的心中早已大胆绘就了一幅宏伟蓝图——适应时代的变化发展，不断更新理念，充实内容，将杂志办成浓缩丝绸之路灿烂文明、古老文化和向世人全面介绍中国西部现代旅游和发展的权威性、标志性复合媒体群。

现实一直在向梦想靠近。《丝绸之路》经历了一个渐进式的发展过程，一步步走向壮大。从双月刊到月刊，从学术性刊物到综合性刊物，从单色印刷到全彩印刷，从省内发行到国内外发行。经过多年摸索和努力，《丝绸之路》形成了自己固定的风格和特色，逐渐从文化群体步入普通大众视野。

杂志社也在学校关怀下，从嘈杂的家属 25 号楼搬到安静的行政 3 号楼，拥有了一层楼的办公场所，下设编辑部、广告部、发行部、办公室四部门，期刊编排和管理彻底实现了计算机及网络等现代化手段。学校又先后分配崔欣、洪小斌、马玉凤三位硕士毕业生来杂志社工作，加之十几名年轻的招聘人员，一时生龙活虎、朝气蓬勃，形成了一支业务强、热情高、善创新、能吃苦的办刊团队。

随着时代的发展，丝绸之路学术研究方兴未艾，2009 年，为适应社会需求和开辟丝绸之路学术研究园地，《丝绸之路》从月刊改为半月刊，上半月刊定位于丝绸之路旅游文化，面向普通大众；下半月刊集中刊发学术性文稿，面向专家学者。杂志实现了学术版和文化版两种版本并行，进入最理想的发展模式，实现了自身的多元发展。

2012 年，响应国家文化体制改革号召，杂志社成功转型为甘肃丝绸之路杂志社出版传媒有限公司，季先生完成了自己的历史使命，急流勇退担任杂志顾问，学校聘任冯玉雷担任公司总经理。

2013 年，国家主席习近平先后提出建设"新丝绸之路经济带"和"21世纪海上丝绸之路"的战略构想。2014 年，"丝绸之路：长安—天山廊道的路网"成功申报为世界文化遗产。2016 年，《丝绸之路》杂志被甘肃省委宣传部指定为丝绸之路（敦煌）国际文化博览会会刊。

新的时代，机遇与挑战同在，奋斗与梦想齐飞。季先生宏伟蓝图中的创办《丝绸之路》英文版、建设丝绸之路论坛及俱乐部等尚未绘就，他却抱憾离去，于 2020 年 12 月走完了自己 85 岁的人生。

最后，借张德芳先生为杂志创刊十六年写的诗作为此文画上句号：

痴心一片丝绸路，灿烂华章十六年。

西去驼铃耳边响，东来胡舞眼前旋。

丝绸赛得黄金贵，天马引来汉帝欢。

万国千年青史著，更凭《丝路》续新篇。

（马玉蕻）

◎中国电化教育的权威期刊《电化教育研究》

1980 年，为响应时代需要，为我国电化教育事业提供一个理论研究与实践探索的学术平台，在全国知名电教专家南国农先生的带领下，《电化教育研究》在西北师范大学创刊。经过不懈努力，该刊已在全国教育技术事业和国家教育信息化发展中，确立了自己独有的风格和高质量、高水准的地位。

1978 年 4 月 22 日，邓小平同志在全国教育工作会议上指出："要制订加速发展电视、广播等现代化教育手段的措施，这是多快好省发展教育事业的重要途径，必须引起充分的重视。"① 这一讲话在全国教育

图 28-5
《电化教育研究》创刊号

界引起极大的反响，使得电化教育事业进入了一个蓬勃发展时期。同年，中央电化教育馆成立，教育部召开了我国电化教育史上第一次盛会——全国幻灯教学汇报会。在这样的时代背景下，亟待一个能为电化教育事业发展提供理论研究和实践经验交流的学术平台。1979 年，教育部委托甘肃师范大学举办电化教育讨论班，与会的 37 所院校代表发起成立了中国电化教育研究会，推选教育部电化教育局局长程光为会长，南国农为副会长，并决定由研究会与甘肃师范大学联合主办《电化教育研究》杂志。经过一年多的筹备，经甘肃师范大学党委研究，报甘肃省文明办和省委宣传部批准，于 1980 年 9 月创刊。

《电化教育研究》杂志主编由时任甘肃师范大学教育科学研究所所长、

———————————

① 《电化教育研究》编辑部：《璀璨的历程 光辉的前景 庆〈电化教育研究〉创刊十周年》，《电化教育研究》1990 年第 4 期。

电化教育中心的南国农先生担任。编委由南国农、吴在杨（中央电化教育馆负责人）、孙明经（北京电影学院教授）、廖泰初（北京师范大学教授）、杨名甲（中央电化教育馆技术部负责人）、萧树滋（甘肃师范大学教授）6人组成。《电化教育研究》创办时为季刊，其办刊宗旨是：研究、探讨电化教育的理论和方法；介绍电化教育器材和教材的编制经验和使用情况；交流国内外电化教育经验；推动电化教育的深入发展，提高教学、教育质量。1980年9月《电化教育研究》创刊号在兰州正式出版，刊登了"发刊词"和14篇文章，6位编委均发表了文章，主题涉及评论、基础理论与方法、电化教育软件制作、技术知识等。原甘肃师范大学校长李秉德先生与南国农先生共同为创刊号撰写了题为《大力开展电化教育研究》的"发刊词"，从此《电化教育研究》始终秉持着南国农先生等老一辈创刊人的办刊理念："面向高教，兼顾普教"①，并将这一理念贯彻到刊物建设中，不断推动着中国教育技术学科体系的发展。

从2016年第1期起，《电化教育研究》对栏目进行了微调，调整后的栏目主要包括理论探讨、网络教育、学习环境与资源、课程与教学、学科建设与教师发展、中小学电教、历史与国际比较等。理论探讨栏目主要刊发信息化教育基本理论、信息化教育理论基础和教育信息化战略、管理与发展理论方面的研究文章。网络教育栏目主要刊发开放教育、网络教育和教育电视等方面的研究文章，侧重于现代信息技术在开放教育课程建设、教学支持、学习支持应用方面的研究。学习环境与资源栏目主要刊发各类数字化学习环境与资源的设计、开发与评价方面的研究文章。课程与教学栏目主要刊发网络课程建设、信息技术与课程深度融合、信息化教学、学习分析方面的研究文章。学科建设与教师发展栏目主要刊发教育技术学专业与学科建设、人才培养及信息技术支持教师专业发展方面的研究文章。中小学电教栏目主要刊发中小学信息化教育实践方面的文章。历史与国际比较栏目主要刊发信息化教育（教育技术）发展史、国外和港澳台信息化教育及中外（包括国外及港澳台）信息化教育比较方面的研究文章。②《电化教育研究》立足高等教育，面向整个教育领域，反映国内外电化教育的

---

① 南国农：《我与电化教育：旧事追忆》，《课程·教材·教法》2014年第10期。
② 《〈电化教育研究〉栏目介绍》，《电化教育研究》2019年第3期。

最新发展动态，以超前的理论研究引领电化教育的发展方向。

　　《电化教育研究》刊载的文章重视教育技术（电化教育）学科发展及现实问题的解决，既有高度的理论性，又能对学科理论和实践问题的解决提供有价值的指导和切实可行的实施方案，由此形成紧扣实际、扎实厚重的学术特色，引导着中国教育技术理论研究与实践的方向。原西北师范大学教授陶立志先生在《电化教育研究》创刊百期时，用"崇尚理论建树、营造学术氛围、倡导创新精神、培育人才摇篮、树立创业风范"① 五句话概括了该刊的特色。

　　时至今日，《电化教育研究》经过 40 年的发展，从季刊到双月刊再到月刊，取得了令人瞩目的成就。1991 年 7 月，《电化教育研究》开始广告经营。1994 年，经甘肃省新闻出版局审读和专家综合评议，成为甘肃首批编校质量达标期刊之一，同年被列为"中国教育类核心期刊"。1996 年北京大学图书馆出版《中文期刊要目总览》，从全国 600 多家教育类刊物中筛选出了 23 种核心期刊，《电化教育研究》位列第 10 名。1997 年入选《国家级学术刊物名录》，教育类国家级学术刊物共 14 家，《电化教育研究》排名第 9位。1999 年，被甘肃省新闻出版局组织专家考评为"甘肃省一级期刊"。2001 年，被中国社会科学评价中心列为"CSSCI 检索源期刊"，此后直到2021 年连续稳居其中，且排名靠前。2008 年经武汉大学中国科学评价研究中心课题组对中国内地近万种期刊广泛检索，反复比较和认真研究，从中挑选了 6170 种纯学术性期刊和半学术性期刊参与评价。《电化教育研究》杂志入选《中国学术期刊评价报告——RCCSE 权威期刊排行榜》（2009—2010），获得"RCCSE 中国权威学术期刊"称誉。2018 年，《电化教育研究》被评定为"2018 年度中国人文社会科学期刊 AMI 综合评价"A 刊核心期刊。此外，《电化教育研究》继 2017 年后再次荣获"2018 中国最具国际影响力学术期刊"（人文社会科学），位列第 21 位。

　　对于《电化教育研究》取得的卓越成绩，来自各个高校的教育技术工作者们都肯定了其对中国电教事业及教育技术发展起到的重大作用。河南大学汪基德教授指出，"过去的《电化教育研究》成就了电化教育人、电化教育学科、电化教育专业、电化教育事业和电化教育产业；未来的《电化

---

① 陶立志：《发扬特色再创辉煌——〈电化教育研究〉百期感言》，《电化教育研究》2001 年第 8 期。

教育研究》必将引领教育技术进入新时代!"① 华南师范大学李克东教授认为《电化教育研究》的创办是极具卓越远见的创举，它"所展示的中国教育技术的变化就是中国教育技术发展史的一部分。"② 华东师范大学任友群教授感慨《电化教育研究》走过的40年是"伴随、引领、支持中国教育信息化事业历经风风雨雨，不断锐意进取的40年。杂志不断推进教育与技术的融合应用，不断促进学术共同体的健康发展，不断探索电化教育的理论建构与实践创新。"③

40年栉风沐雨，40年历久弥坚。《电化教育研究》引领时代前沿，为电化教育研究学术讨论及新思想、新技术、新理论的引进提供了一个平台，电化教育理论在此碰撞火花，为中国电化教育的理论建设作出了贡献，为电化教育和信息技术、教育信息化的递进发展提供了理论探讨渠道，为我国电化教育事业的发展和教育现代化奠定了坚实的基础。40年来，《电化教育研究》在西北师范大学历任领导的关怀下，从摸索到发展，从稚嫩到成熟，离不开南国农先生辛勤培育和全体工作人员勤劳奋进。站在新的历史起点上，《电化教育研究》杂志将在新时代，为国家教育信息化事业的发展争取再作更大贡献。

(尚季芳　马义婷)

① 汪基德：《热烈庆祝〈电化教育研究〉创刊40周年》，《电化教育研究》2020年第6期。
② 李克东：《热烈庆祝〈电化教育研究〉创刊40周年》，《电化教育研究》2020年第5期。
③ 任友群：《热烈庆祝〈电化教育研究〉创刊40周年》，《电化教育研究》2020年第1期。

第二十九章　校园丽景话沧桑

◎校园规划见发展

纵观西北师范大学自迁至兰州以来的发展史,从最初选址黄河岸边修建土坯茅草校舍到如今的大楼耸立,校园面积从最初的 275 亩至如今三个校区占地 3000 余亩,校园规划与建设的变化从一个侧面反映出了学校的发展,同时也是时代变迁的缩影。

选址黄河岸边

1940 年,民国政府教育部令西北师范学院搬迁至甘肃兰州,院长李蒸几经考察,最终在兰州城西六公里公路近旁黄河之滨,以每亩 180 元,总价约 49500 元购得土地 275 亩作为西北师资训练之基。[①] 8 月 31 日,学校向教育部呈报在兰州购置土地建筑校舍、充实设备临时经费拟算书,简要计划书,建筑校舍略图,择定校址位置图等。这是学校迁兰第一份校园规划书,其中关于建筑校舍原则为:(一)规模须朴实远大;(二)材料须就地取材;(三)设备须新颖充实;(四)作用须费小效宏;(五)房屋位置须连络与疏散兼筹并顾,以防意外。

整个校园规划中,共分为四大类,第一类为购地,包括院址和场圃,场圃用于博物系饲养动物、培养植物及劳作专修科实验农场;第二类为建

---

① 《兰州分院筹备谈话会记录》,《国立西北师范学院校务汇报》1941 年第 32 期,第 4 页。

筑，包括教学建筑、行政建筑、员生宿舍和其他建筑；第三类为设备，包括图书、仪器、家具器皿；第四类为附属学校建设。其中，教室、实验室及科学馆拟建二层之楼房两座，男生宿舍拟建二层楼房六座。以上规划建设费共计 98 万元。呈文中申请"如蒙一次拨给则全部建筑，举校迁往；若分批拨给，则择要分步建筑，每年迁往若干班，至迁完为止。"

由于战乱影响，国民政府财政赤字严重，教育经费严重不足，教育部采取变通办法，决定自 1941 年"在兰新招、城固停招"的方式逐年过渡，迁建费在本年建置费 12 万元下开支。这与原计划的建设经费相差甚远，筹措迁校建设经费成为摆在师院人面前的最大难题。1941 年，学校"以五万元购地二百七十余亩，而以十万元建房，仅建成教室七个，共二十四间分两排，其余房舍如办公室、员生宿舍、食堂及其他公用室，或租借兰州市疏建区房屋，或价买西北师校及省立某小学校舍，暂时应用，零星散漫，距离遥远，于行政上既多不便，于上课及管训上尤多困难"①。同时，在多方努力之下，于 11 月实现了首批 150 余名新生开学。

为使迁兰和校舍建设计划顺利实施，学校于 1942 年开始向银行透支贷款建校。该年学校续建教室 36 间、学生宿舍 60 间、饭厅厨房等 27 间，以 23 万元购得兰州市政府十里店疏建房屋 35 所。由于经费受限，校舍建设缓慢，甚至一度制约学校正常办学，1943 年学校在多方协调下将甘肃社会处实验救济院所借十里店留充教职员居住之房屋收回，将总办公厅移入，原总办公厅改为宿舍才解决了新生住宿问题。1944 年，教育部向学校垫拨 400 万元，行政院给 400 万元，7 月间开始建筑大礼堂。为了节约建设经费，学校采取"购料雇工自建"的方法，组建起建筑委员会，由汪如川、胡国钰、李建勋、张德馨、赵擎寰诸先生担任常务委员，建筑委员会负责设计，赵擎寰担任建设工程师，进行绘图、购料，审计处负责检查，这样建设下来比原预算大约节约了 100 多万元。

---

① 《为陈述本院兰州分院需要建筑设备迫切情形并遵示将本年暑后应需房舍建筑计划再行备缄呈请鉴核施行》，西北师范大学档案馆藏。

图 29-1 大礼堂

至 1944 年年底，在李蒸校长的带领下，经过师生近 5 年艰苦卓绝的努力，终于在兰州十里店建成了占地 330 亩，南面黄河，北靠公路，分为东西两区的完整校园。校园西区为本部，占地 300 亩，建房 220 间，有教室、实验室、图书馆、礼堂、办公室、学生宿舍、食堂、体育场、农业实习地、园艺实习地；校园东区为住宅区，占地 30 亩，建有小结构住宅房 370 间，为教职员住宅。虽然在起初规划之时有二层楼房的建设计划，但由于经费问题，这一时期的所有建筑基本以土坯平房为主。

从平房到楼房的变迁

1949 年 8 月兰州解放，西北师范学院投入新中国的怀抱。新中国成立后，政府为建设西北，发展西北高等教育，比较重视西北师范学院的建设，自 1951 年开始，国家进入建设大发展时期，学校校舍建筑迎来了新的发展时期，最大的变化即是由原先的平房逐步向楼房转变。学校现有的老式建筑基本都是在这一时期兴建的。

根据西北教育部的指示，1951 年学校拟订了一个十年建设计划：即从 1952—1961 年，计划修建理化大楼、社会科学大楼、艺术大楼、地理数学系大楼、图书馆大楼、女生体育馆、男生体育馆、小型音乐厅、生理解剖室、生物系标本实验室、地理系测候所、医疗所、教职员住宅、改建学生宿舍为楼房、改建大礼堂、改建办公大楼、建筑教职员学生俱乐部等。规划中还明确要求，房舍面积与绿化面积要保持在 4：1 或 5：1。若十年建设计划能够完成，西北师范学院将成为背山面水、绿树成荫、芳草萋萋、环境优雅的学习场所。

从上可知这是一次规模宏大的建设规划，故原有的 300 余亩土地难以容纳，所以从 1951 年至 1955 年间，学校向兰州市建设局和建设委员会申请，共征地近 500 亩，使得校园面积达到 800 亩左右，大大改善了学校的空间布局，为学校今后的发展与建设奠定了良好的基础。

1953 年，学校开工建设了理化大楼，后于 1954 年改为社会科学大楼，即现在的旧文科楼旧址；兴建了新的图书馆，于 1954 年 6 月竣工；同时对原有的大礼堂进行了整修，可容纳 1500 人左右。1954 年学校又动工修建了三层混合结构的单身教职员工宿舍；建起了练琴房和建筑围墙。1955 年，自然科学大楼即现在的理科楼开始兴修，于 1957 年竣工投入使用，其建筑面积 16615 平方米，成为当时西北地区面积最大、设备齐全的教学实验大楼，内有 32 间教室、116 间实验室、49 间研究室，还有天文台、幻灯室及防毒、通风、动力、化验等设备，可容纳 3000 人上课和实验之用。同时，为了改善学生的住宿环境，学校也申请兴建了 4 幢学生宿舍楼。这一时期，正是苏联援华时期。以上这几幢建筑，均带有明显的时代痕迹，是典型的苏式建筑风格，以无声的形式记录了历史，反映了时代。

图 29-2　理科楼

同时，为了解决多年来师生从黄河驮拉运水之苦，改善师生生活用水质量，学校仿照原北平师范大学校园水塔模样，在学校东北角兴建了一座水塔，容量 150 吨。1958 年，学校更名为甘肃师范大学，修建了新的校门，一直沿用至今，现已成为兰州市保护文物；建成了简易体操房，对原有土坯房进行了翻修，装上了电灯、取暖等设施，大大改善了教学科研条件和生活环境。学校整体面貌焕然一新，昔日的陈迹已不多见，现代化大学的气息渐浓。

从楼房到高楼的迈进

1978 年，改革开放的春风吹遍神州大地，国家重心开始转向经济建设，同时恢复高考制度。与此相伴，学校也迎来新的发展契机，师生规模不断扩大，校园规划与建设呈现出快速发展之势。

1978 年学校先后兴建了 4500 平方米的美术楼和音乐楼，改变了建校以来艺术系科没有独立教学楼的状况。1979 年开始兴建了 5400 平方米的新图书馆大楼，成为学子们最喜欢的地方之一，现在已成了学校的一个重要对外窗口——博物馆。之后几年又兴建一批职工住宅楼和学生宿舍楼，并于 1983 年投资 600 余万元兴建了新文科楼，成为校园里第一幢电梯楼，也是当时学校第一高楼，共有 8 层。1988 年建设了 5100 平方米的电教楼。1978—1988 年是学校基本建设投入较大、蓬勃发展的十年，共完成建筑面积 93000 多平方米。

图 29-3 新文科楼

进入 20 世纪 90 年代以来，学校基本建设步伐加快。1996 年 3 月 29 日，学校"风雨操场"举行开工奠基仪式，包括综合球类馆、篮排球训练馆、武术和体操训练馆、体育系实验室办公室四部分组成，3 年后建成投入使用，成为当时甘肃省高校中规模最大、功能最全、配套设施最齐全的现代化体育馆，师大人多年来建设体育馆的夙愿得以实现。1998 年暑期建成生化楼，11 月逸夫图书馆举行奠基仪式，由香港著名爱国人士邵逸夫先生捐资 400 万港元兴建，成为校园中别具一格的一幢建筑。

进入 21 世纪，伴随国民经济的快速发展，高等教育使命发生新的变化，扩大招生名额成为适应经济发展对人才所需的务实之举。与此相对应，学校招生人数逐年扩大，国家对高校的办学条件亦提出新的要求。为此，学校校园规划与建筑亦得跟上时代之变化。2000 年可谓是学校发展历史上大建设年，7 月 28 日，香港著名实业家田家炳先生捐资 500 万元兴建的田家炳教育书院奠基开工，总建筑面积 1600 平方米。这幢造型别具的建筑设计新颖、布局合理，U 字形的设计显示了它的开放与包容，教学与办公一体化的布局突出了大学的特点，至今仍是学子上课阅读的必选点之一。同年 9 月 30 日，学校大学生活动中心项目开工建设，成为学生集用餐、开展校园文化活动为一体的重要场所，学校许多精彩的团学文艺活动都出自这里。11 月 5 日，敦煌艺术教学楼开工建设，该楼的建成缓解了音乐、美术、舞蹈等专业长期以来存在的教学用房紧张、设施落后陈旧的矛盾。这一时期也建成学校两幢最大体量的建筑，一是 17 层高的综合实验楼群，建筑面积 29731 平方米，超越新文科楼而成为师大的第一高楼；二是教学十号楼，它虽不是学校最高的楼，却是学校最大的楼，建筑面积达到 3 万多平方米。2018 年落成的文科实训楼，更是体现新时代的气息，其设计独特，外墙庄

图 29-4　田家炳教育书院

重，学生活动公共空间较多，开放式的理念贯穿其中，内部既有现代信息技术、传媒艺术的展示，又有国际化的面孔，因此成为学子学习"争夺"地。

图 29-5　综合实验楼

这一时期，学校还加强了校园景观建设，制定了学校校园环境建设规划，先后建成了图书馆景区、学思园景区、百花园景区、桃李园景区、正门两侧景区及艺苑广场等，真正成为花园式校园。为了继承和发扬百年师大的优良校风，学校于 2019 年对正门两侧景观进行了整修，建造出"燕

图 29-6　文科实训楼与如意湖

园""秦园""陇园",以景观再现的方式纪念学校筚路蓝缕的办学历程,特别是"陇园"如意湖的修建,更是为厚重的百年师大带来了水的灵气,它们也和勤奋苦读的学子一起成为校园内最美的景致。

经过一代又一代师大人的辛勤努力和付出,校园从东到西大致分成家属区、教学区和学生生活区三个大板块,各自功能分区较为明显;最早建设的建筑物已由于年代久远而退出历史舞台,20世纪50年代兴建的建筑成为独树一帜的时代标志,成为这所大学办学历史悠久的代表;当然校园里更多的是现代化的建筑,这也成为学校蓬勃发展的象征。

从一个校区到三个校区的转变

20世纪90年代,国家开展社会主义高等教育探索,对高等教育管理体制进行了大幅度的改革,按照"共建、调整、合作、合并"的指导方针,高校则开启了合并重组的改革历程。在这个过程中,西北师范大学也是参与者之一。2001年,甘肃省人民政府印发《关于将甘肃省经济管理干部学院并入西北师范大学的通知》,决定撤销甘肃省经济管理干部学院建制,将其并入西北师大,学院的人员编制、校产资源、财政拨款及债权、债务等整体划转西北师大。于是西北师大又新增了一个校区,即占地50亩的北校区,学校的办学规模进一步扩大、学科和专业体系进一步完善。后来,北校区一直为学校继续教育学院所在地,2011年后根据学校发展需要,为解决青年教职工住房需求,做好人才引进和高层次人才稳定工作,学校将北校区统一规划为教职工的住宅区,目前已基本建成。

与20世纪90年代高等院校合并重组相伴随的还有一项即是高校扩招。这一时期国家整体的高等教育政策是扩大规模,进行数量扩张,与此相伴,很多省市都建起了大学城,其办学条件发生了质的飞跃。西北师大在该时期也谋划新校区征地工作,最初设想在学校西南边征用民地,但由于种种原因而未能实现。2004年底,学校正式启动新校区建设工作,成立了征地办,决定在东至甘肃交通职业技术学院、南至西北师范大学知行学院、西至盐池沟、北至北山范围内征地460亩。由于甘肃地处经济欠发达地区,财政经济困难,在整个征地过程中大费周折。当时负责征地的是魏载俊主任,他基本平均每两天就得去一趟城关区,时常奔波在各个厅局之间。2005年,征地方案得到省市区政府的批准。

之后便开始报批、补偿、拆迁等工作。这项工作牵涉到各级政府、农户、学校等各方利益，政府想通过划拨土地增加地方 GDP 数量，同时提升财政收入；学校想尽快拿到合法土地开始建设；失地农户想尽量多得到一些补偿。大部分的农户遵循了政府政策，愉快地完成了土地征收工作，但也有个别农户因为不满意补偿而成为所谓的"钉子户"。为了做好此类的工作，学校工作人员整天与地方政府人员一起做农户的工作，通过将心比心的沟通、协调，最后三方都很满意地化解了，甚至成了好朋友。2008 年，学校正式拿到了新校区 429 亩"国有土地使用证"，另外还有 190 余亩的二台地和 1800 亩绿化山坡地。

与此同时，学校基建部门抓紧开展了前期设计及报批工作。建设新校区是学校当时的头等大事，也是多年来全校教职工的夙愿，为保证校园文化的完整与传统优势，学校制定了"一个学校、两个校区、统筹规划、功能互补、资源共享、风格协调、特色彰显"的建设原则，总建筑面积约 20 万平方米，包括综合实验楼 72300 平方米、图书馆 40300 平方米、公共教学楼 14400 平方米、研究生公寓 52000 平方米、食堂 9791 平方米、大学生活动中心 3550 平方米、浴室 1680 平方米、食堂 9791 平方米，投资约 7 亿多元。此项工程项目一次性建设"体量大""工期紧""经费难""期盼高"，为此学校成立了专门的新校区建设指挥部，由校长、分管基建副校长担任总指挥、副总指挥，学校基建处全员参与，抽调相关人员组建专职建设队伍。为了建设好新校区，学校组织人员不仅前往国内高校调研，也广泛征求师生员工意见建议，做足了前期设计阶段的功课。

同时，学校为了保证新校区建设能够健康、顺利开展，科学合理地运用好来之不易的建设资金，坚决避免"楼盖起来、人倒下去"的局面发生，学校先后建立了一套完整的新校区建设管理机制，指挥部下设办公室、基础部、项目部、预算部，纪委、审计等部门全程参与，跟踪审计；同时，建设工作建立了每周三例会制度，通报上一星期工作，研究解决需要集体研究的问题，该会从建设开始总共开了 150 余次，为新校区的建设决策提供了很好的保驾护航作用。

图 29-7　西北师范大学新校区开工奠基仪式

2009 年 9 月 26 日，新校区建设举行隆重的开工奠基仪式，省市区领导、合作企业负责人及学校师生代表集聚新校区建设场地，都为新校区建设和学校未来发展带来美好的祝愿，几十台施工机械同时齐鸣破土，场面颇为壮观。基础设施、各单体建筑之间同时开工建设，热火朝天的建设场面就此拉开序幕。

新校区建设工作坚持高标准、严要求，将各单体建设包到具体人员身上进行监督负责。最初那里曾是农户的地和一些简易的住房，里面长满了枣树和杂草，西边有一养牛场，二台地上面有一养猪场，新校区清新的空气中不时弥漫着养殖场的"味"，特别是夏天在指挥部办公，猪叫声和"味"混合搭配，让人时时知道还存在没有拆迁的地方。

指挥部先在靠山的代征地修建了两层办公用房，从校本部往新校区路只通到四十五中门口，之后就成了田间小道。建设工作开始后，将路延伸到了山脚下，不过那都是土路，由于工程车都得从那里出入，所以那条路基本是"晴天一身土，雨天两脚泥"，去那里上班基本穿运动服、工地鞋。建设过程中，全体参建人员发扬敢于拼搏、敢于吃苦的精神，寒暑不易地奋战在建设一线，几十家工程队同处一地，相互之间难免出现施工"打架"的情形，协调工作量也特别大。由于研究生公寓和食堂、浴室只有一年的建设工期，在 2010 年的暑期期间，为了确保工程质量和工期，大家全身心投入，全部放弃了中午的"干部觉"，经常在工地啃着"肉夹馍"连夜加班鏖战，累是很累，但是看着楼一天天朝着完工行进，大家还是累并快乐着，并确保学生如期住进了公寓。2011年完成了基础设施和部分单体建筑的施工任务，2012年基本完成了建设任务，一座崭新的校区呈现在了师大人面前。

新校区建设工作在整个学校的发展历史上具有重要的意义，为学校近十年来的发展奠定了良好的基础，特别对化学、地理、生物学科的建设和研究生的扩招培养提供了良好的条件保障，新建的图书馆成为新校区的地标建筑，成为学子学习的理想场所之一。2015年，学校又在新校区建设了特殊教育大楼，教育学院和心理学院实现了整体搬迁，办学条件大为改善，老校区的教学资源也更为合理分配。在师大人一年年的精心"雕饰"下，新校区现在已成为建筑新颖、绿树成荫、芳草萋萋的现代化校园。

兰天学生公寓的"回归"

在20世纪90年代末，根据全国高等院校本科全面扩招的政策要求，学校扩大了招生规模。为了解决学生住宿问题，结合当时国务院推行高校后勤社会改革大背景，1999年，在安宁区委、区政府、甘肃省教委的积极支持下，学校最终选择由民营企业兰天物资调剂有限公司自筹资金，办理相关土地及建设手续，建设兰天学生公寓。自1999年8月起至2004年9月，分三期建成18栋学生宿舍楼。从1999年起，学校整体租赁用于解决学生住宿问题。

由于兰天学生公寓在建设之初即存在用地手续不完整、建设审批不规范、消防设计不完善等问题，2016年被兰州市安委会认定为非法建筑。同时由于兰天学生公寓运行体制机制限制，学校没有修缮和建设的主动权，公寓一度成为困扰和阻碍学校近年来发展的一个瓶颈因素，也成为每年新生家长心理的"痛点"，多次被媒体所"追逐"和聚焦。

自2012年以来，学校几任领导班子都把解决兰天学生公寓作为破解学校发展的重大问题之一，在省委省政府和市区各级政府的大力关心和支持下，经学校多方努力，2019年5月，学校以"法拍"形式竞得兰天学生公寓，正式成为学校资产，学校对兰天学生公寓实现全面接管，解决制约学校办学的老大难问题取得突破性进展。同时，学校投入1500多万元，对兰天学生公寓进行了全面维修改造，美化了学生社区大环境和楼宇小环境，学生的学习生活条件得到了较大改善。在此基础上，省委省政府于 2021 年 7 月审定通过了彻底解决兰天学生公寓的建设方案，将兰天学生公寓土地调拨为教育用地并划归西北师大所有，决定对兰天学生公寓由南向北，分批次全部拆除重建，一并解决公寓土地合法性问题及各类安全问题。与此同时，学校也在校本部西北角原助剂厂旧址设计修建了学生公寓综合体，计划于 2024 年竣工投入使用。至此，预计到 2027 年，兰天学生公寓将以一个崭新的面貌成为学校学生住宿活动的重要场所，真正实现由制约性瓶颈因素向推动学校发展重要因素的转变。

从最初的迁校黄河岸边到如今三个校区，从最初的土坯草屋到现在的高楼林立，校园规划与建设的每一角每一处都留下了师大人薪火相传、艰苦奋斗的印迹，也显示出中国高等教育发展变迁的历史轨迹，更是体现了国家改革发展的辉煌成果。伴随国家对教育投入力度的加大，特别是对中西部高等教育的振兴，西北师大明天校园必将越变越美，真正成为让人向往的育人圣地。

（牛成春）

◎旧文科楼逸事

旧文科楼是西北师范大学的地标性建筑，是学校百年建校历程的印记。楼体建筑是典型的苏式风格，朴实肃穆、厚重端庄、沉稳大气。旧文科楼文化广场由旧文科楼改建而成，绿草青青，景色优雅，留存楼体建筑框架，是学校师生缅怀历史、重温旧梦、倾吐思念的纪念性广场，也是工作、学习、休闲、娱乐的好去处。

1951 年，西北师院拟定了学校十年建设计划，其中包括理化楼、图书馆、学生宿舍等，理化楼就是后来的旧文科楼。1953 年 5 月 1 日，理化楼设计完成，平面布置图中计划将理化楼建在学校南校门附近。9 月份兰州市城市建设规划发生了变更，为了配合市政建设总体规划，理化楼工程挪移原选定地址，重新办理申请购地手续。最终，理化楼选在学校东西走向的主干道中间北侧，新征的农民宅邸区域。院中两棵核桃树是当时宽阔荒凉的安宁十里店师大往西二里路的地标性大树。学校为了保留这两棵树，理化大楼整体向南挪移了近十米，导致学校东西校门的大路在中段没能笔直贯通。因为新址在重新进行土壤抗压试验时抗压不够，所以理化大楼又重新变更了基础设计。为了能在 1953 年内进行施工，不得已而采取了边设计边施工的异常措施。经过短期的工地布置以及劳动力整顿阶段之后，理化楼在 9 月 25 日动土施工，并在 10 月 2 日图书馆施工当日举行了隆重的开工典礼。

图 29-8　旧文科楼

理化楼建筑面积 4222 平方米，投资 61.77 万元，教室 3337 平方米，教研室 351 平方米，为混合结构局部三层楼房。[①]

1954 年学校自然科学大楼开工建设，于是在 1955 年改理化楼名为社会科学大楼。1958 年因在楼内上课的主要是以文科为主的中文系、历史系、政治系、外语系的师生，故改社会科学大楼为文科楼。

旧文科楼成"凹"字形，1972 年 5 月—1973 年 11 月，在原基础上两侧扩建第三层，中间扩建第四层。南面是一大片地和果园，北面紧挨着核桃树。夏天学子们在树下读书乘凉，有甚多难忘的回忆。20 世纪 80 年代，文科楼对面新建了一栋九层高楼，被称为新文科楼，由此文科楼成了永久的旧文

---

① 《甘肃师范大学基本建设设计任务书（1963—1967）》，西北师范大学档案馆藏。

科楼。

旧文科楼作为 20 世纪 50 年代师大最大的一栋教学楼，是全省高校校舍建设中时间早，水、电、暖设施齐全，内外环境舒适的教学楼之一。"文革"前，全校学生宿舍、教室都实行晚 11 点熄灯制，唯独旧文科楼 101 教室设有长明灯，通宵的照明更是学子们渴望求知、彻夜通读的保障。

旧文科楼楼内设有中文系、历史系、外语系和马列主义教研室。历年在楼内上课的知名教授有中文系的彭铎、郑文、匡扶、郭晋稀等以及历史系的金宝祥、王俊杰、龚泽铣、陈守忠等先生，他们齐聚旧文科楼，以渊博的知识、文雅的谈吐、孜孜不倦的教诲，培养出了许多优秀的学生。中文系 1982 年毕业生李希、解志熙、朱庆之等都是从旧文科楼步入社会的知名校友，他们在旧文科楼探索知识、奋笔疾书，成为国家的栋梁。

旧文科楼是西北教育重要的文化知识普及地。新中国成立以后学校积极响应国家教育扫盲政策办职工业余夜校普及教育。夜校自由报名，不限年龄和学历，从识字班开始到小学班、中学班，借用旧文科楼晚上没有课的教室授课。原师大财务处处长周兴，就是师大职工夜校培养出来的优秀学生。他本是守护师大东校门的农民，十七岁入夜校识字班学习，通过个人努力毕业后留校工作，后被提为师大财务处处长。当时没上过学的工人、农民，从旧文科楼夜校班学习毕业后重新到新岗位的人还有很多。

旧文科楼是学校文化艺术的殿堂，是师生交流思想、启迪智慧，充满美好回忆的地方。旧文科楼教室宽敞，容纳的人多，又新又时髦，建好后迅速与文化艺术结缘。逢年过节，校工会在这里举办灯会，是极好的中国传统文化学术活动。灯笼上写着谜语、历史典故、成语故事，或者事件的古今等悬挂在教室里，各式各样似百花齐放，颇具文化气氛。活动中，中文系和历史系的老先生积极热情地参与，以他们通古博今的渊博知识渲染着整个活动。经常参与的老师有张文熊、郑文、何乐夫、金少英、匡扶等，郭晋稀先生更是当年的活跃人物。年轻人了解的古代文学、历史典故相对老先生比较缺乏，猜不到就请教老先生，"您看这讲的是什么?"老先生看不清楚，让年轻人念内容，然后告知答案，还滔滔不绝一阵。年轻老师着急填上答案去领奖品，两个糖、一个笔记本或者两支铅笔，你一个我一个，虽没有什么分量和特殊价值，但大家都很开心，洋溢着无穷的乐趣。

　　50 年代旧文科楼除举办灯会之外，还有新民主主义青年团定期举办的交际舞舞会，参加舞会的大都是学校年轻教师和学生。舞会上，新中国成立前从北京来的先生伴随着音乐从容而舞，形舒意广，展示了年轻人充满奔放的热情，如春日百花争艳。来自农村的老师和学生认真学习，一开始不是你把他的脚踏了，就是他把你的脚后跟踩了，十分逗乐，但是多次练习后他们都能随乐曼舞，也了解了这种优雅的社交礼仪。舞会轰轰烈烈，喜气洋洋，丰富了学校业余文化生活，为旧文科楼增添了不一样的色彩，成为学校亮丽的一道风景线。

　　除交际舞外，整个 50 年代还流行秧歌舞。铜镲一敲，锣鼓一响，让人禁不住就会甩开胳膊扭起来，动作粗犷豪放，潇洒大方，多姿多彩，场面红火热闹。每逢过节的时候，中文系的何乐夫先生都会非常活跃，他把收藏的陶罐摆到大礼堂前面的花坛里，然后自己跟着秧歌队扭到旧文科楼灯会那里热闹。整个秧歌队他年龄最大，白花花的胡子，非常乐观喜庆。"文革"以后，旧文科楼四处弥漫的是深厚的文学气息和琅琅的读书声……

　　2013 年 4 月，甘肃土木工程科学研究院到学校现场调查和勘测，鉴定"旧文科楼属于有重大安全隐患的高危建筑，建议拆除"。从此，这栋为师大学子遮风挡雨六十年的旧文科楼被围了起来，完成了它教书育人的历史使命。

　　2016 年 4 月，学校领导从校园建筑空间、密度、整体规划方面反复斟酌后决定重建旧文科楼。旧文科楼拆除的消息很快唤醒了无数师生已沉睡许久的记忆，曾经的酸甜苦辣、稀奇古怪、浪漫青春……"何当共剪西窗烛，却话巴山夜雨时"的思念顿时难以抑制。怀念旧文科楼的文章，挽留、反对拆除的帖子顷刻间铺天盖地。从这里走出去的学者、教育家、科学家、企业家、政府工作人员以不同的形式表达了对旧文科楼的眷恋与不舍。

　　2016 年 5 月，曾经最为热闹的旧文科楼在闲置清静了三年之后，"重建还是拆除"的讨论一时之间沸腾起来。学校党委书记陈克恭、副校长张生勇带领各学院负责人到美术学院调研旧文科楼如何改建。会后陈克恭书记安排张生勇副校长将"旧文科楼改建"作为课题研究讨论，广泛征集改建思路和设计意见。经过考察、调研、网投最终选定美术学院马仿明教授的设计方案，保护旧文科楼所承载的文化教育功能与历史价值，保留它的主要框架，改建为旧文科楼文化广场，以供后来的学子缅怀。

图 29-9　旧文科楼改造后样貌

　　旧文科楼文化广场保留了大楼正立面的门框、门楣、门厅到二楼的楼梯和小平台、西北角两个教室、东北角一个教室、两侧两三层副楼梯等，其他教室、教研室、厕所等留下框架，里面种植花草，结合原有楼道，安置座椅，成为休闲步道。另外，加固了门口两侧的柱子，稳固了门洞口的牌坊。整个设计不仅符合有高有低、有长有短的美观要求，又做到不管谁来都能找到留在这里的痕迹。为了找寻历史的记忆，在清洗门头的时候，隐约出现了"毛主席万岁"和一些被历史模糊了的字样。更巧合的是，西北角保留下的一个有围墙，一个只是框架的两个平台教室，是西北师范大学现任党委书记张俊宗教授和爱人谈正好老师曾经就读的教室。旧文科楼陪伴着学子们成长，一砖一瓦、一草一木代表母爱的希望，寄托着平安，见证着爱情，象征着夫妻好合。

　　旧文科楼已是历史，他承载的教育、纪念、时代意义已成为师生永远无法忘记的隽永回忆。旧文科楼文化广场古雅的风景已然是增强校友对母校归属感，重温青春故事的凭据。不仅铭刻着学校的辉煌历史，同时滋养、浸润着未来一代代学子的青春情怀与精神气质，他将与旧文科楼一样继续见证学校的发展。

（沈琰）

◎从水塔山到如意湖

　　兰州地处西北干旱地区，在这里水一直是宝贵资源，"生命之源"的特征相比其他地方更为突出。当年李蒸校长在兰州选址建校时，其中有一条便是要求离黄河近，主要是要解决好师生员工的吃水问题。新中国成立之后，在国家的支持之下，学校建起了水塔，不仅解决了师生用水问题，黄河水更是流淌在了校园里，成为师大的标志性景观之一，成为20世纪五六十年代那一代人记忆中的重要元素。进入新时代，学校更是急师生之所急，顺应大家对"水"的企盼和渴望，在校园里建起了兼容甘肃元素与学校办学历史的"如意湖"，让这所百年老校在沉稳、大气中增添了不少秀丽和灵气。

　　从1941年学校正式在兰州建校至新中国成立前，学校一直是用人力或畜力从黄河拉运来解决用水问题。新中国成立之后，学校的用水成了困扰学校发展的重要问题。从师生食用方面来说，学校师生员工及家属日渐增加，"自1954年暑假后起，经按招生计划切实估计，连同附中、附小、幼儿园以及新创办之工农速成中学在内，共有员生及家属人数约在三千五六百人"，黄河拉运的水供应不济，已经不能满足师大人的用水需求，"在水供应上单就食用方面来说亦应速谋解决"。从安全卫生方面来讲，黄河水含泥沙较大，还有许多大肠杆菌，饮用后容易引起肠炎等疾病，不利于师生员工身体健康。从教学需要方面来看，当时学校生物系培植的植物及一般树木，由于缺水以致枯槁致死现象普遍存在，这对改进教学、校内环境极为不利。同时学校新建理化大楼、图书馆大楼、社会科学大楼及宿舍大楼均将在1954年度秋季落成，这些大型建筑物内部卫生设备、消防设备等都需用水，且理科楼落成后，化学系、物理系的实验室用水问题，也必须得到解决，修建一座自己的水塔便成为师大人急切的愿望之一。

　　其实，学校对改进供水筹谋已久，1953年教育部副部长来校视察时，就已提出修建自来水的初步意见。之后，学校又与兰州市建设委员会商询了兰州市筹办自来水计划，反馈意见是近年来兰州市政建设的供水面积限于工业区，十里店区域不在计划之内。

为此，学校于 1954 年向教育部呈报了用水方面存在的上述困难，提出"本院按照在五年内员生人数发展到 8000 至 9000 人来计算，以及教学、卫生、浇灌花木等方面用水，拟修建一座水塔及全部给水工程设备，经与甘肃省建筑工程公司接洽估计需要建筑用费为 65 亿元（旧币）"。

水塔造型完全按照北平师范大学时期校园内水塔原样设计，选址在学校东北角的一座小山坡上，为五层砖木混合结构，呈六面体，表面青色到顶。教育部于 1955 年 4 月对水塔初步设计进行了批复，并做了小型调整，如取消水塔四周之方砖站台与花池，简化水塔顶部过于复杂的装饰等问题。其投资额核减为 117000 元整。① 1955 年 5 月 1 日水塔工程正式开工建设，当年 8 月底建成。至此，学校师生员工用上"黄河自来水"。

图 29-10　水塔夕照

为了利用水塔之水，学校修建了一条从水塔山一直绵延到学校西边"苹果园"的水渠，大约有 2 千米，可以说是横贯学校东西的"龙脉"。据学校子弟王兰萍回忆，夏日里，水塔每周必定日定时放水，黄河水沿"龙脉"顺势下流，经过各个小区的公共水沟，沿途的住家们都可以舀水，浇灌自家的花园，最后灌溉校园里成片的苹果园。水塔山流出的水取自黄河，因黄河泥沙多，水渠淌水之后，用水泥砌成的、浅浅的沟底便留下一层黄沙，这可是小孩子的好玩处。用穿着凉鞋的脚，轻轻踩几下，黄沙就拍出了水，黏糊糊的，还叭叭直响，动脚、听响、看泥巴变稀，神奇的变化，都很好玩，特别是女孩子们都爱玩。这种法子玩，是自由自在的玩。每每

———————

① 《我部同意你院建筑水塔工程项目其投资额由 217594 元核减为 117000 元》，西北师范大学档案馆藏。

家长们放任孩子的这段场景，都是很惬意的难忘时光![1]

学校在水塔山周围建起了当时所谓的"高档"住房，最早时是学校教授、领导的住处，这里也统称为"水塔区"，从南向北各 6 栋，整齐错落，排列有致。房子之间间隔距离较大，每家都有前后院，基本家家也都种菜，还有向日葵。这些都为当年的师大人增添了无限欢乐。

有校友回忆儿时的水塔山时说：师大娃很少说甚至听不懂兰州话，大都操着前后鼻音不分的师大话，有点像人们说的"京兰话"。大约是因为和北师大渊源深厚，所以家属院的划分也和北师大很近似，南苑区、北苑区、西单、东单……只不过师大的人，非常肯定非常执着地把"南苑区""北苑区"叫作南"碗（音）"区、北"碗"区。我小时候有一段时间热衷于查字典，发现根本就没有这个"碗"的读音……但是这个重大发现也不能改变我们大家一致的读音。估计你念"院"会被别人鄙夷你不识字吧。所以就这样一直"碗"到了今天。

从 20 世纪 90 年代之后，随着学校整体办学条件的改善，水塔山周边的住房也都进行了拆迁，建起了更多的教学高楼，水塔也真正结束了它的供水功能，一楼的门也经常挂起了锁，为这个昔日最为繁华的区域增加了几分神秘甚至是落寞之感，水塔更多的变成了校友寻找往日足迹、回忆师大历史的元素，成为兰州市的文物建筑，成为百年老校一路西迁的文化符号。近年来，学校非常重视办学历史的回顾，于 2020 年出资对水塔山周边进行了整体美化、亮化提升改造，使这座文物之塔焕发出新的容颜和光彩，成为学子缅怀先辈办学的重要场所。

学校扎根西北，背靠大山，南临黄河，20 世纪的水塔将黄河水引入了校园，滋养了一批批心怀教育的先贤大师和勤奋好学的莘莘学子，浇灌了一片贫瘠干涸的沙砾土地。因为有了"水"的到来，校园的土壤变得更加肥沃，校园的文化变得更加温润，绿树成荫、花香四溢成为校园常态，环境育人成为一个重要载体。

大山给人以厚重之感，湖水给人以灵秀之美。一百二十年来，一代代西北师大人接续先辈们的足迹，一点点地描摹建设着这座美丽的校园，一

---

① 王兰萍：《水塔山寄情》，载吴建国、王兰萍编《西行启示录》第 1 卷，2021 年 7 月，第 80 页。

步步实现着李蒸校长建校时的美好愿望。进入新时代，广大师生员工对建设更加美好的校园环境的需求更加迫切，修建一池湖水成为大家共同的心声，让这个文化积淀深厚的老校多一点秀美。

2019 年，学校在征求各方意见的基础上，决定对学校正门两侧景观进行改善美化。建设项目将文化与景观融为一体，既充分考虑百年老校因国家民族救亡需要、一路西迁播撒高等教育种子的艰难而辉煌的发展历程，又立足甘肃兴教陇原的地理现实，结合学校校园建设实际进行设计，打造了一处集校史校情教育、休憩读书、校园标志为一体的校史景观长廊，体现了"山水怡情、绿联今昔"的整体理念。根据学校办学历史进程，从东到西共分为燕园、秦园和陇园三部分。其中燕园代表学校发端京师，木铎雕塑大气、稳重，令人敬慕之感油然而生；秦园代表学校迁转古城西安和汉水之畔；陇园代表学校扎根甘肃兰州，园内"如意湖"造型由"如意"甘肃地图而来，既表达了水对甘肃的滋养之情，又表示出学校为甘肃培养人才、发展甘肃之意。

如意湖依校园地势而建，既有亭台榭阁，又有小桥湖水，古朴大方、温婉典雅。湖边石柳相依、书声琅琅，湖内荷鱼嬉戏、流水潺潺，这里现已成为学子学习、活动的主阵地之一，国际留学生在这里打太极、学汉语、中国学子在这里身着汉服、朗诵中华优秀诗词，毕业学子在"我的校园在黄河岸上"的牌子前留影……青年学子为湖增添了几分书香与朝气，湖水为学校增添了许多的灵气。

从水塔山到如意湖，塔湖映照，相映成趣。当年建塔是为了吃水，今天建湖是为了怡情。他们既诉说着百年老校悠久的历史，传承着良好的校园文化，体现出他的沉着、稳重，也昭示着学校风华正茂的发展势头，让人感受到他的朝气与生机。

（牛成春）

◎图书馆走笔

西北师范大学图书馆，一百二十年辗转三迁。现址黄河之滨，北山之南。从初到兰州面积不足 400 平方米的简陋馆舍，到如今 4.7 万平方米的智慧图书馆；从翻越秦岭走来仅剩一万余册图书的捉襟见肘，到如今约 249 万册的丰盈馆藏；从翻阅目录柜里一张张卡片手工检索的烦琐，到如今一站式智慧检索、自助借还的便捷，一路走来的 120 年岁月里，是对历史的回响和对未来的打开。

西北师范大学图书馆前身为国立北平师范大学图书馆，发端于 1902 年京师大学堂师范馆图书室。七七事变爆发后，合组的西迁三校建立西安临时大学图书馆。图书馆总馆设于西安城隍庙后街大学本部，同时为便利教职员和学生阅读，设分组于城外东北隅本校第二院。临大图书馆筹建后，随即向西安、长沙、香港等处抓紧收购中外文图书杂志，但交通阻塞以及学校迁移等故，书籍杂志均不能如数按期到馆。

西安临时大学设立不久，再移城固。辗转迁移途中运载书刊三千余册，历尽艰辛方使书籍卷帙无损，于城固选定县城东北隅一座文庙内的尊经阁为图书馆馆址。尊经阁"位于大成殿后，另成院落。阁之上下，可容百人。楼上西部，划为研究所阅览处。楼下东端，作为书库，余为阅览处。高阁凭城，榆柳四合，碧影满窗，市声不闻；阁上游廊环绕，可眺汉江，颇似故都北海公园揽翠轩。读倦凭栏，令人意远，诚学子潜修地也。"[1] 在兵荒马乱中辗转到西北后方的师生忘却跋涉千里之辛苦，远去前方之炮火而驻足于此，正是学子潜心修研之圣地，也是他乡安身立命之所在。

1938 年 4 月，西安临大奉令改称西北联合大学，临大图书馆亦改称西北联合大学图书馆。由于战乱频繁，学校不断迁移，家具搬迁困难，每到一地无架上书。勤于钻研者想出"以箱代架"两用法解了燃眉之急，即做

---

[1]　何日章：《国立西北师范学院图书馆近况》，《中华图书馆协会会报》1943 年第 17 卷第 3—4 期，第 2—3 页。

成统一规格的长二尺五寸，深、宽各一尺的木箱若干，行路途中作为书箱装卸方便，到达目的地，书箱叠起来即成书架，如果再遇搬迁仍可拆架装书起运。省时方便、利用率高，堪称战时一大发明。整个联大图书馆，刚开始时只有 2000 多册图书。书籍既缺又贵，保护馆藏不敢懈怠，包装纸也派上了大用场。洋装书籍多为硬皮，外面常有软质色纸书皮保护，如遇这样的书籍到馆即将色纸书皮脱下另行储存，取其平整耐磨的再用价值，以备中文图书书皮破损时粘补。如系透明包装蜡纸，则不仅可以粘连破页，又能透视文字，为此大受欢迎。此外，城固一带鼠多猫少，书报杂志因装订时使用面制浆糊的关系，多遭害咬。购书难、借还书难、保护书亦难，为此花了不少时间，想了许多办法来克服。

图 29-11　何日章

西北联大图书馆自开馆后，师生争先恐后涌入尊经阁，来馆借阅者总是人多且急，但馆藏图书资料严重不足，以少数图书应对多数读者实属难办。针对这一局面，图书馆主任何日章先生从制度建设入手，积极应对。一是最大限度延长开馆时间，每天从早上七点至晚上七点连续开放；二是提倡馆内阅读，凡外借图书资料须当日归还，以增进流通效率；三是想方设法克服困难，多渠道采购教授们推荐的紧急用书，首先满足教师教学、科研的文献资料需求。为了解图书的借阅流通情况，还规定三项统计：阅览人数统计表、各系学生借书次数统计表和各类图书借出次数统计表。此外还做新书报道展示、报纸剪贴、论文索引、参考工具书介绍及使用方法等，使有限的文献资源最大限度地被师生利用，发挥其价值。

1938 年夏，西北联大工学院、农学院分别独立设置，馆藏图书一部分划给两院。1939 年 8 月，国立西北联合大学撤销，整体改组为国立西北师范学院、国立西北医学院、国立西北大学，馆藏图书再行划分。随着全国战局不断恶化，1940 年教育部训令西北师范学院再迁甘肃兰州，设立兰州分院，兰州分院招收一届新生，城固毕业一届旧生，逐年过渡直至全部完成迁移。为解决兰州、城固两地图书资料使用需求，何日章先生四处奔走，调运、采购、征集图书，个中艰辛一言难尽。及至1944年秋天，何日章和几名同事把城固最后50箱图书搬到车上，告别城固文庙尊经阁，最终抵达甘肃兰州十里店新址。此后，图书馆随本校更名而更名，相继延续至今。

经过几代人努力建设，时至今日，西北师范大学图书馆已壮大成为西部一所历史悠久、规模较大的现代化知识信息服务中心。如今，图书馆有校本部逸夫馆和新校区馆两座馆舍，总建筑面积4.7万平方米。两座馆舍内部均秉承"大开间、全开放；人在书中、书在人中"的空间设计理念，既是积学储典的藏书空间，又是启智慧人的服务空间。敞开式的格局实现了藏书空间、读者服务空间及部分管理空间的整合，读者在每一楼层都可以方便地获得计算机查询、自助借还、阅览、参考咨询等服务，实现了"藏、查、借、阅、参"五位一体的一站式服务。

图 29-12　图书馆

空间是现代大学图书馆的重要服务载体和资源。图书馆多措并举，为充分满足师生学习、研讨、休闲等多元需求做出了有益的探索和尝试。图书馆设有"古籍善本书库""甘肃省古籍修复技艺传习中心西北师范大学传习所""师大文库"，用以收藏珍贵典籍、传承技艺、举办展览。馆内设置了形式多样的功能区，有检索区、自习区、展览区、研讨区、电子图书阅读区、休息区等，满足读者不同的学习需求。图书馆主楼引入了大量高科技设施和装备，所有区间无线网覆盖，为用户带来全新数字体验。

西北师大的百年发展历史，积淀了图书馆丰富的馆藏和文化。图书馆排排书架间典藏云集，不止《饮膳正要》《增修埤雅广要》等 23 种入选《国家珍贵古籍名录》、83 种入选《甘肃省珍贵古籍名录》的古籍，也不止 597 种 8617 册古籍善本、1341 种 1.34 万册中华再造善本，亦不止 340 余种百年以上西文原版图书，还有藏量丰富的民国文献、新中国成立后五六十年代文献和现当代文献。2020 年文化和旅游部公布了《第六批全国古籍重点保护单位》名单，西北师大图书馆正式入选。图书馆经过多年的典藏优化，截至 2021 年底已拥有约 249 万册（含学院 42 万册）馆藏实物文献总量，90 余种各类电子文献数据库。在信息化建设与发展中，图书馆已逐步建立起文理学科门类齐全、纸电资源结构合理的文献信息资源保障体系。目前逸夫图书馆主要入藏 2000 年以来普通图书复本，新校区图书馆以中外文普通图书、古籍、报刊等各类型文献资源的完整性入藏为主，两馆形成资源特色鲜明、服务功能互补的一体化布局。

"把图书馆建成学生最满意的地方"，图书馆始终坚持初心。多年来，读者服务工作在加强常规基础性服务工作的同时，积极探索新的服务模式。服务模式的改变源于社会的发展，发展驱动技术，技术赋能服务。从机读目录（MARC）到图书馆集成管理系统，从光盘只读存储器（CD-ROM）到资源数字化网络化，从条码到无线射频识别技术（RFID），图书馆越来越人性化智能化，典藏管理愈加高效精确，图书借阅更为快速便捷。2021 年智慧图书馆项目正式实施，在原有基础上更进一步提升图书馆信息化服务水平。参考咨询服务也有了大改变，以现实馆藏和虚拟馆藏为基础，深化读者服务和专题信息服务，加强了学科建设与科研发展态势分析工作。不仅如此，图书馆还积极推动阅读宣传与推广，依托"读者俱乐部"学生社团，举办读书分享会、名师讲坛、知识竞赛等活动，培育读者人文素养与科学精神，拓展图书馆服务读者的深度和广度。

图书馆的发展历程印证了阮冈纳赞所说的"图书馆是一个生长着的有机体"的定律。新时代，图书馆将更加开放，馆藏不再拘泥于自身所拥有的资源，而是包容网络数据、联盟数据以及其他数据；馆员也不再是简单的劳动者，而是与教师一起成为学习活动的设计者、学习过程的引导者和辅助者。

图书馆特有的书香文化与孜孜不倦的科学精神,是大学校园里最美的文化风景线。图书馆不仅提供早7点至晚10点,每周102.5小时的实体资源服务,同时保障师生24小时数字资源服务。不同专业背景的师生学子在图书馆绽放着多元的思想火花,与上下古今一切民族的伟大智慧碰撞、交流、升华。踔厉奋发、蓬勃发展的图书馆将会继续成为师生教学、科研、学习的灵魂之地。

(陆金燕)

◎多彩多姿博物馆

西北师范大学博物馆创建于2000年,是集中收藏管理学校珍贵的历史文化资源,科学保护、合理展示,弘扬中国优秀传统文化,发扬学校人文精神的重要部门。

2010年博物馆搜集整合学校各类宝贵资源共计6000余件,下设校史、文物、彩陶、书画、矿物等六个分馆。[①] 2019年馆藏品增至8500余件,包括历史文物、校史文化、书画艺术、动植物标本、地矿标本陈列展室,并新设麦积山石窟雕塑复制品艺术馆,正在筹建西北民俗、敦煌壁画数字展室。西北师范大学博物馆藏品丰富、品类多样,具有鲜明的百年学府特色,是甘肃省首所为教学科研和社会公众服务的大学综合性博物馆。

步入庄重、典雅的博物馆大厅,首先映入眼帘的是学校20世纪50年代末建成的正门模型和醒目的金黄色校训"知术欲圆,行旨须直"。校训选自黎锦熙先生为1947年《国立西北师院同学毕业录》题字,从知、术、行、旨四个方面勉励着全校师生。

---

① 《西北师范大学校史(1902—2012)》,第745页。

艺术臻品——书画艺术展览馆

博物馆书画馆，在 2012 年整合美术学院和图书馆所藏书画作品基础上建设而成。现藏书画作品千余件，其中晚清之前作品 30 余幅，有郭熙、宋徽宗、倪瓒、王蒙、林良、文征明、仇英、丁云鹏、恽寿平等自北宋以来各个时期重要画家的优秀作品，有 1949 年以后限制出境的画家吴昌硕、任伯年、徐悲鸿、齐白石、蒋兆和、潘天寿、黄宾虹等艺术家的珍贵作品 20 余幅，还有西北美术学的开创者常书鸿、洪毅然、黄胄以及美术学院其他知名教授的书画作品百余幅。这些丰富、珍贵的书画艺术收藏，是中华优秀传统文化的代表，是学校百年文化积淀的见证，亦是西北美术发展的基石。

图 29-13

赵佶《宣和殿蝶蛱图》

赵佶《宣和殿蝶蛱图》是书画馆所藏珍品之一，1962 年美术学院刘文清、洪毅然先生从张秀楷先生处购藏。作品以工笔的形式描绘了宫廷御花园中翩翩起舞的蝴蝶，所绘蝴蝶姿态各异，错落有致，色彩和谐，代表了我国工笔花鸟画的最高水平，是观众喜欢的作品。

《静物》是吕斯百先生作品中之精品。吴作人先生《怎样画油画静物》一文中将其作为范本。作品为欧洲传统风格，构图饱满和谐、笔法娴熟稳健、不露痕迹，用色高贵雅致。莲花菜墨绿色的叶子油光发亮，与旁边的小菜花形成黑白对比，再配以暖色系的罐子和胡萝卜，从色泽、大小、布局上看都非常完美、讲究。

文华天宝——历史文物展览馆

历史文物展览馆的前身是 1953 年秋季建成的历史系文物陈列室，展馆文物多为历史系师生捐赠与单位购藏，也有 1950 年历史系建系时兰州大学所赠文物，藏品多为彩陶，现共藏文物 2000 余件，其中国家三级以上文物 140 余件。绝大多数藏品留存学校近 70 年，分别陈列展示于石器时代、商周之礼、汉唐之韵、宋元之朴、明清之雅等展区。馆藏新石器时代磨制石器、夏商周时期甲骨文、青铜器、汉代铜镜、汉代陶制品，宋元明清时期瓷器、古文书、古钱币等珍贵文物反映了我国不同时期的政治、经济、军事、文化艺术等。其中甲骨文残片、敦煌写经卷、西夏文物、光绪圣旨、出土于师大校园内的明万历年间深沟儿墩碑，均让人叹为观止。

《西夏文守御腰牌》是西夏使者传递文书、下达命令时通过关卡的证件。圆形铜质，通高 3.7 厘米（含孔高），宽 2.8 厘米，厚 0.6 厘米，刻西夏文人名，上有悬佩銎孔可系挂在腰带上，是执勤军人的名牌，通过关防时守卫者一看便知。西北师范大学藏《西夏印》两枚，圆角近正方形，边宽 5.2 厘米与 5.3 厘米。

馆藏"敦煌经卷"是文物展馆的镇馆之宝，共 28 卷（含 5 卷藏文），为全国高校收藏之首。唐代经卷《大唐圣教序》《般若波罗蜜多经三百八十八卷》《大乘无量寿经》等，字迹工整流利、隽秀飘逸、行云流水，有的笔酣墨宝、雄健洒脱，是书法小楷之珍品。这些经卷多为历史系旧藏，原历史系教授水天长等先生为其保护留存作出了很大的贡献。

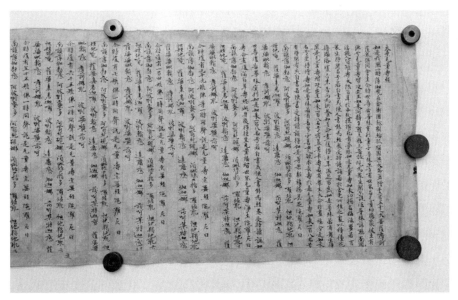

图 29-14　《敦煌经卷——大乘无量寿经（局部）》

彩魂陶韵——甘肃彩陶馆

甘肃彩陶馆展示着甘肃延续了5000多年的彩陶文化。有距今约7800年的大地湾文化彩陶片和马家窑、齐家、辛店、寺洼等时期彩陶共计200余件，其中三级以上53件。这些陈列展示内容反映了新石器时代和青铜器时代黄河中上游地区甘肃、青海一带人们的生活习性以及审美特征，述说着黄河文明的重要发祥地甘肃深厚的文化底蕴。甘肃先秦文化、先周文化、汉文化、丝路文化等都是中国文化的重要遗存。史前马家窑文化彩陶更是中国彩陶艺术巅峰，馆藏马家窑文化彩陶有马家窑类型、半山类型、马厂类型，以半山类型居多，器型丰富多样、制作精致、纹饰华美，具有极高的艺术研究价值。

和谐自然——动植物标本、古生物化石及地矿标本展览馆

回味着中国历史的厚重与中华文化的意蕴，感受着百年师大的沧桑与成就，缓步到三楼，意识瞬间被带到亿万年前。冰天雪地、枝繁叶茂、荒漠无垠在脑海中幻化，仿佛到了另一个世界。这里就是西北师范大学博物馆动植物标本、化石标本、矿物岩石标本综合馆。

动植物标本展览馆前身是生物系动植物标本室。2000年学校百年校庆时整合于博物馆并面向社会开放，2012年搬迁至此。馆藏各类标本、化石2000余件，多为学校建校以来生物系师生在教学科研实践中收集制作而成，2018年新增国家一级保护动物"大熊猫"和其他动物标本20余件。标本数量多、种类全，内涵丰富，地域特色鲜明，是生命科学学院教学科研实验、展示的重要场所和进行全民科学素质教育的重要基地。馆内有世界珍稀野生保护动物朱鹮、国家珍稀无脊椎动物标本中国鲎、红珊瑚、双珠大绢蝶、阿波罗绢蝶等，以及分布于甘肃境内的国家二级保护动物金丝猴、雪豹、野驴等，备受中小学生以及幼儿园孩子们的喜爱。

古生物化石及地矿标本展览馆是地理系地矿标本室的延续。其中有民主德国赠送的来自27个国家的珍贵岩石矿产标本200余件，刚玉、黄玉、绿柱石、海蓝宝石等均为国家宝石级矿物标本。另有寒武纪大爆发时期的早期生命化石、古脊椎动物化石、珍稀濒危动物标本300余件。其中采集于

甘肃永靖县刘家峡的恐龙足印化石、距今1.1亿年的甘肃肃北恐龙（禽龙）骨架化石为国内恐龙化石之罕见。甘肃肃北鱼类化石、和政县大唇犀头骨化石、库班猪化石等亦是甘肃境内珍贵的稀有动物化石。这些藏品对人们认识自然、增强自然生态环境保护意识极为重要，具有很高的历史、科学和研究价值。

麦积山雕塑复制品艺术馆

麦积山雕塑复制品艺术馆内文化、宗教、民族、艺术的结晶让人肃然起敬。此馆2020年筹建完成，展厅陈列麦积山石窟不同时期的经典雕塑复制品共计71件。其中北魏25件、西魏18件、隋3件、唐1件、五代2件、宋代6件，以佛、菩萨、弟子、供养人形象居多。制作忠实原作、近乎原作，技艺精美，在很大程度上反映了麦积山雕塑的艺术风格与美学意蕴。麦积山雕塑复制品艺术馆的建立为弘扬中国传统文化、传承民族精神、增强文化自信提供了有利的条件，是非常重要的美育教育基地。不仅可以让观众近距离领略麦积山雕塑艺术的历史变迁、文化思想、精湛技艺，更能将我国优秀的艺术文化、历史智慧以及雕塑艺术审美内涵弘扬光大。

西北师范大学百年的深厚积淀为学校博物馆的建设、发展提供了土壤。博物馆已发展成为学校精神文化的建设中心，是学校与学校、学校与社会交流的重要窗口，为学校的发展与社会影响力的提高发挥了不可替代的作用。博物馆将进一步促进和规范建设与发展，更好地服务学校教育教学、学术科研等，并紧跟经济社会发展的需要，为满足社会大众多样学习的需求和高涨的精神文化需求不懈努力。

（沈琰）

◎回眸校医院

今年我休年假回到兰州家里与父母一起过年，几日闲谈中不时提及往事。我母亲 1956 年响应政府号召,开发大西北,支援边省建设,由山东济宁来到兰州,18 岁考入西北师院(现名西北师范大学)医疗卫生技术人员训练班(中专),毕业后留在师大校医院工作至今,先后任护士、药剂士(师)、主管药师,1999 年退休。现在师大校医院 20 世纪 50 年代参加工作的只剩下两人,我与母亲的谈话就从一些今天鲜为人知的如烟往事开始。

新中国成立后,徐劲任西北师院院长时期,校医室(院)主任为韩振武、副主任黄锡三等;校医院办公室秘书为刘彦民、付润身等,设内科、外科、妇产科;西药房、制剂室、中药房、药库,外科手术室、外科换药室、注射室、理疗室、化验室、供应室、麻醉室、预防保健室、X 透视室,住院病房、病房灶(食堂)等 20 个科室。大夫有韩振武、黄锡三、栗奉真、任素珍、刘育才、杨士伊、李仁、吴军、闫华(鞠强)、潘维、曹子惠等;X 光透视室大夫有胡显智、吕佩明等。护士有李癸滋、李月梅、贾英儒、吴月华、张永生、宋曼若、杨兰珍、白雪琴、张春华、门连弟、陈桂鸿、任秀兰等;男护师有何华、张希贤、任志强等。保健科大夫有耿俊、徐兰芬等。中医科大夫有李之向、何平等。司药有陈宜昌、周尚礼、陈和协、赵建云、杨培荣、封兴太等。麻醉室有张宪文。化验室有孙冠文、李月莲等。

图 29-15　西北师范大学校医院

20 世纪 50 年代,由于护士人员紧缺,西北师院经甘肃省卫生厅批准开办医疗卫生技术人员训练班,生物系老师授基础课,校医院大夫授实习课,手把手教练，经过一年学习，培养十多名护士，解决了校医院急需的专业人员。校医院韩主任设想，医院规模要发展到住院病房 8 间，床位达 50 张。那时已经设置住院病房，最初选择在师院生物系实验室搬走后留下的一处院落里，即师院校园的东南角。病房收治一些患有肺结核、肝炎、伤寒、腮腺炎、菌痢和阑尾炎等病的学生、职工和家属，让他们在这里治疗休养。1959 年，我父亲曾因阑尾炎在这里住院。

西北师院位于兰州十里店，临黄河北岸，远离城区，交通不便，居民少，缺乏医院。师院每年从全国各地招生数百人（到 1959 年，年招生过千人），医疗保障是迫切需要解决的重大问题。筹建一支医护队伍，满足大学校园内师生家属的全科医疗与大学校园区域的具体卫生防疫，是校医院的功能定位。负责环境卫生的预防保健科，每到学生放假后要对学生楼每间宿舍进行消毒杀菌，医护人员肩上背着消毒械具，类似现在果园喷洒农药器具，挨个宿舍一间一间地喷洒药水。当时传染病多发，肺结核、肝炎、伤寒常见，不这样严谨消杀就不能保障学生整体住宿的卫生。同时，预防保健科还对大学附属幼儿园、附小的学生定期接种疫苗，检查全校各个食堂的卫生环境和一些必要的卫生处置工作。开展全员爱国卫生运动，监督执行卫生防疫措施的执行。

校医院也负责大学家属区的卫生保健工作。平日里的一些小伤小病的应急治疗，都由住在本家属区的校医院大夫护士义务承担，都不用专门去校医院。校医院的医护人员，多在自己家中备有一只医疗箱，是那种比较高级的棕色皮箱，上面有红色的十字。家属区有病人，如孩子的擦伤摔伤等，首先找本区的医护阿姨叔叔救治。我家住在西单时，有一次，男孩小牛的头摔破了，流血不止，吓得小牛妈赶紧抱着到北苑区的李月梅阿姨家里，李阿姨给止血包扎处置，次日再去校医院换药，三天就全好了。这样日常的卫生保健不出小区就解决，极大地方便了员工家属，融洽了医患关系，和谐了邻里关系。

那时，传染性疾病比较常见，特别是肺结核、肝炎偏多，校医院承担这类患病学生及家属的统一医疗。校医院专门设有传染病病房，发现传染病者立即入住，将传染病者与正常人群彻底分离，切断传染源。

医护人员免费出诊，医疗服务比较到位。冬季感冒、肺炎频繁，青霉素是治疗的特效常规药，每 6 小时或 8 小时需要肌肉注射一次。每日从早上 6 点打第一针，护士会按时上门注射，早晨有时病人全家还没起床，出诊护士就已候在门外。

药房依据大夫处方发药。一般病一次三天用药量；慢性病一次一周用药。此外，药房药剂师还按照《医院制剂操作规程》自制水剂、膏剂、散剂、洗剂等。自制水剂如外科用红汞、碘酒、白色洗剂、炉甘石洗剂、硫黄洗剂、水杨酸、头皮洗剂、樟脑酒、白癣酊、脚癣与手癣擦剂、硼酸滴耳剂、氯霉素甘油、硼酸洗眼液、氯化钠洗眼液、复方呋喃西林滴鼻剂、复方碘甘油、烫伤油、薄荷油、硼酸滴耳剂、口服补液剂、酒精稀释、神经性皮炎药水等。自制膏剂如硼酸软膏、水杨酸软膏、樟脑软膏、鱼石脂软膏、白降汞软膏、复方硫黄膏、氧化锌软膏、黑豆油软膏、脓疱疮糊剂等。自制膏散如小儿抗惊散、小儿腹泻散、止咳散、西皮氏散、茶碱散、复方降压散、小儿消化散、抗咳喘散等。这些配合大夫治病的小药，药房都可以常规操作制备，低成本地解决了短缺经济时代大学校园里治病的基础问题。

综上，如此建制规整的西北师院校医室，在规模上可能相当于一个区县级的医院。据回忆，校医院冬季的平均日处方量约 300—400 张，服务师生及家属超过 3000 人。

校医院大夫的医疗水准在那个年代也可以说是比较高超的。闫华大夫是负责普通外科手术的主治大夫。20 世纪 60 年代，闫大夫将一位重大外伤青年教师救治痊愈。那时，学校有每周定时开放的公共洗澡堂，职工设有专门盆池，盆是白色陶瓷制品，那位青年教师洗澡时，浴盆自中间断开，断裂处恰巧夹住了他的后背肌肉，背部被瓷片划了一拃多长（15 厘米）的口子，鲜血直流，他跑出澡堂，手反背撮住伤口，浑身是血到了校医院，闫大夫接诊，马上创面消毒，施行外科缝合手术。李月梅护士配合严大夫，缝合、止血、包扎，妥当处置。经约 40 分钟的处理，医护配合默契，治疗迅速，术后将年轻教师送回宿舍休息。之后连续几日，护士出诊换药，一周就痊愈了。闫大夫在外科主刀时，还成功地为一位患者摘除了膀胱结石，不留后遗症。此外，闫大夫家住西单时，邻居女孩小文摔倒肩关节脱臼，痛得直哭，他路过看到，经他挫捏几下子，小文的关节"咔吧"一声复位了。外科闫大夫的医术着实令人佩服。

内科杨士伊（1922—2004）大夫医术高明，口碑很好。1963 年杨大夫救治了一位煤烟中毒的陈姓职工。在 20 世纪 70 年代以前，过冬时节家家都烧煤球炉子，取暖做饭。每到晚上睡觉时，家里的煤球炉子应封闭严实，煤烟如有泄漏，室内人吸入煤烟过量就会中毒，严重时会致死。那年大学家属区陈姓职工，全家煤烟中毒，其中最严重的是家中丈夫，待送到校医院时人已面如土色，没有了气息。当时，杨大夫当班，立刻抢救。学校还广播呼吁师生义务献血，以抢救这次煤烟中毒者。杨大夫指挥医护团队采取一系列救治措施，注射强心剂，施以人工呼吸，进行输血等，最终硬是把他从死亡线上救了回来。杨大夫救活了煤烟中毒的职工，这消息不胫而走，家喻户晓。

潘维大夫是一位全科大夫，尤其擅长医治小儿病，如对小儿惊厥，她真是有妙手回春之力。为此，药房制剂室为配合大夫，按照潘大夫处方配置儿科用量的小儿抗惊散、小儿腹泻散。抗惊散特别灵验，不少学校子弟找潘大夫看病，只要发烧超过 40 摄氏度，她用上抗惊散，症状就会得到缓解。那时，潘大夫是学校著名的儿科专家，孩子们的救星。

妇产科栗奉真（1917—2004）大夫也是一位家喻户晓的人物。职工家里生孩子，90%的孩子都由校医院的栗大夫接生，没有听说什么差错事故。她骑着一辆自行车，飒爽英姿，上下车动作利索，仔细看时发现她骑的还是辆加重男式自行车。家属区的各个小区，如水塔区、西单、东单、北苑区、南苑区、向阳苑、教眷楼、北二楼等，都能看到栗大夫骑车穿梭的身影。每逢李大夫出诊上门接生，就见她背着一只大号出诊箱，一身白色大褂，挺像电影里的赤脚医生。问诊时，面带笑脸，好似邻家大妈，既亲切又很负责。她风雨无阻的身影，任劳任怨的态度，和蔼可亲的形象，深深刻印在人们心中。1967 年夏天，家住西单的赵姨要生孩子，临产那晚，先叫栗大夫来到家里，她检查后知道孕妇曾经有腰椎病史，担心她接生中途万一出现什么问题，会发生意外。于是，建议赵姨到城里的妇幼保健院生产。当晚，栗大夫骑上自行车一路护送，担心生在路上。赵姨家属和邻居杨钢等三人骑车带上孕妇，赶到妇幼保健院，顺利生产一女孩。今天想起这一幕，赵姨仍念念不忘，谁不说栗大夫是一位负责仁爱的好大夫呢！

刘育才大夫是河南人，曾经做过军医，是校医院全科大夫。他待人非常好，凡找他看病，无论是教授还是工人他都一视同仁。他被关牛棚时，老伴刘奶奶担心他吃不饱，想着给他送点吃的，但又送不进去，只能作罢。后来得知，刘大夫口碑好，即便关牛棚，送饭时有位大师傅特别关照他。关照的方法是大师傅按点送饭时饭盒表面与大家一致，可饭盒底部有特殊的内容，总会多块肉多个蛋。当"牛鬼蛇神"的刘大夫，还能够受到大师傅的同情与关照，谁说不是仁爱的一丝丝答谢。1974 年，我家搬到水塔区，与刘大夫家成为邻居，我见识过他给女孩小文外伤拆线的场景。有一年除夕，大人在家炸油果子，嫌小孩子干扰，就赶着孩子出去玩，玩什么呢？孩子们就爱玩"踢罐头"，黑灯瞎火在水塔山下玩，结果小文一不小心摔倒了，下巴磕在一个小石子上，鲜血直流，用手捂着到校医院治疗，结果缝了六针。一周后要拆线，时值春节，校医院只有值班大夫，外科不上班。小文妈领着小文到刘大夫家，请刘大夫给小文拆线。只见刘大夫戴上眼镜，拿出救护箱，掀开箱盖，取出镊子和剪刀，还有酒精棉球，在创伤处先擦上酒精，再用镊子夹住白色的线，用剪刀一挑，用手一扯，一分钟线就拆完了。神速利索，这就是刘大夫的为人和医术。

胡显智（1931—2010）大夫也是颇有名声。20 世纪 50 年代，胡显智是师大生物系的大学生，那时校医室任务繁重，大夫护士都缺，于是就从生物系大学生中选拔苗子，胡显智成为韩振武主任重点培养的对象。从 X 光大夫到全科大夫，胡大夫样样通。我家那时住水塔区，有天胡大夫值夜班，遇到病人需要急救，须用特殊管制类药物，而这类药物由我母亲管理（我母亲是药房司药）。胡大夫亲自跑到水塔区我家，敲开家门，和我妈一起回到校医院，取上药给病人服用。这件事情说明当时校医院有严格的药品管理制度，特种药品使用严格，毫不随意懈怠。1968 年秋，家住西单的王叔，母亲报病危，临终如何处置，没有经验的王叔夫妇，就到校医院请大夫。碰巧也是胡大夫值班，他来到这位王叔家里，与王叔夫妇一起守候了一夜，凌晨王母过世了，他帮助给故去的王母穿上衣服后才放心地离开。

20 世纪 50—70 年代，西北师大校医院的医护群体，是一支有爱心、仁厚，充满人道主义精神的群体。闫华大夫、杨士伊大夫、潘维大夫、刘育才大夫、栗奉真大夫和胡显智大夫等，仅仅是这一群体中的一部分，这些点滴往事可以反映这一群体的时代风貌。还有许多好事或大事，因我尚不知悉而无法在此一一记叙。根据母亲的回忆，写下此文，寥寥数笔，不为别的，只为后人能知晓校医院的医护工作者群体，因为他们在师大发展中作出了不可磨灭的历史贡献。感恩这些救死扶伤的仁心医者！

（赵建云口述　王兰萍整理）

◎大学与大树

清华大学老校长梅贻琦曾说：所谓大学者，非谓有大楼之谓也，有大师之谓也。但是走进一所大学，给人们第一观感的是校园环境，这里包括大楼，还有大树；然而紧接着想到的一定是大师，因为一座有着古建筑、长着参天大树的学校一定有大师的存在，不论过去、现在与将来。所以，大师、大楼、大树都应是大学的代表。

国立西北师范学院 1941 年迁至甘肃兰州办学，这所扎根西北的高校一来便有着一批大师，他们秉持建设西北"树人树木贵在同时，文化绿化乃能并进"之旨，一步步建起了大楼，一年年育起了大树。走进现在的师大校园，我们最能感受到"前人栽树、后人乘凉"的真谛。一棵棵参天大树见证了校园的发展变迁，他们和大师一样令人仰慕。

师大校园里最早的一次大规模植树

从现有的历史文献记载来看，师大在校园里有组织的第一次大规模植树是 1943 年 10 月 17 日开始至 11 月 8 日止，共花了三周时间。当时西北师范学院兰州分院已改为本院，校舍在陆续建设当中，学校觉得"植树亟感重要，且劳作专修科也已迁兰，对于植树富有专门知识和经验之教授贾慎修、冒兴汉两先生亦来"，于是由劳作科老师指导全体人员大举植树。

由于当时学校所处为砂石土壤，干旱强碱，故当时学校选定了抗干旱强碱、耐寒、生命力强且适合作风景树的树种，主要有洋槐、白榆、黄金树、胡颓子、疏毛槭等，总共 900 株，花坛的布置采用了玫瑰。其树苗来源是"省立农业职业学校及农业改进所等处慨赠"。洋槐、黄金树、槭树、胡颓子植于大门内至大礼堂前之行道、各排教室前、教室东之行道、男女宿舍各排房屋前，白榆植于院址东面、南面及西南面。

此次植树除移苗雇工外，其余均为劳动服务，先由新生挖掘一部分树坑，次由各级旧生按课余时间分组工作，中间全体教职员学生停课一日，作为劳动服务植树日，最后复发动全院工友植树。大家用心栽植树苗，师生们期待"荒凉的十里店，明春便可浓绿成荫，花香满院了"。

大树体现了学校厚重的历史积淀

当年栽植的小树苗，现已成参天之木。它们就像计数器一样，用年轮记录着学校的发展历史。每当说起大树，我们不由得就会想起旧文科楼后面的两棵核桃树，他们树冠巨大、枝叶茂盛，时时象征着这所大学旺盛的生命力；他们相依而立，彼此欣赏，百年来共同抵挡风雨，他们的"根"也许早已紧握在了一起。再看看北门口入校后的两排梧桐，他们高大、粗壮、笔直的枝干直插天空，弯曲的分枝形态各异，由于年代久远，梧桐树时不时将地面的硬化路顶起，述说着自己发达的根系和生命力，从那树皮、树根和树枝，即可让人感觉到这久远的年轮。这里没有夏日的炎热，可以感受梧桐细雨的美妙，最让人舒服的莫过于在外一路奔波，从北门一进校园便由梧桐大道带给人们的静谧和惬意，"家"的感觉油然而生。再来看看校园里的株株洋槐，它们笔直挺拔，高耸入云，在校园里低调、静默，严格的遵行着一年四季荣枯转换，春天时节沁人心脾的槐花香才能让人感受到它们的存在。

大树更是体现了大学的包容与多样

早在民国时期，蔡元培先生就提出了"兼容并包"的大学精神与办学方针，这也体现出了大学的大气、大度，也正是这种"百花争艳、百家争鸣"的包容精神，成就了大学引领社会的底气和能力。

"兼容并包"既然是精神，也肯定会时时显现于学校的各个细节。万明钢老师在《印象师大：大学与大树》一文中讲到，有校友回忆当年建旧文科楼时，为了保护那两棵核桃树，旧文科楼向南移了好几米，结果旧文科楼前面的路也向南拐了一个弯。还有学校体育馆南边的垂柳，不知由于什么原因，在树身快"躺平"之际，师生们为他搭起了人工"支架"；东苑餐厅西侧马路正中的枣树，由于是树生长在前，马路修建在后，所以这条宽度能行车的马路就变成了只能走人的马路；还有综合实验楼前为百年洋槐修建专门花池等等，这些对树的包容正是大学"兼容并包"精神的体现，如果没有这种精神，他们或许早因领导的更替而付之一"锯"，或许因年纪过大长相"磕碜"而被遗弃，或许因长的不对而被砍掉，这既是对"十年树木"不易的尊重，更是对"百年树人"的经典昭示。①

校园的树更体现在它的多样性上。春有丁香、夏有国槐、秋有银杏、冬有雪松。校园里丁香为何时栽种不得而知，但是从它们的树身便可知道年纪已不轻，每当春天来临暖意渐浓之时，清晨起来或晚饭之后散步校园，总能被丁香花香所陶醉，这也成了春天校园的独特香味。夏天烈日之下，南、北苑路主干道两旁的国槐树两两相对而立，枝头互依，搭建起两个绿荫长廊，阳光洒下，斑斑驳驳，热情地荫护着每天苦读好学、兢兢业业的师生学子。步入此时校园，走过绿荫长廊，求学求真的心绪顿时再上心头，知识、大师、学子的印象时时涌现，真是有时空穿梭之感。夏尽秋来，校园里最"靓"的风景必然有银杏的参与。它们天生高贵，而且洁身自好，无论何时何地，站在它们身下，你从不用担心会有虫子从天而降。它们笔直地站立在运动场边，每个叶片都像一把小扇子，随着季节的更替也变化着自己的气质，秋天的银杏由深绿变化金黄，让校园的秋景着色不少，昭示着秋的斑斓。雪松是校园当中的"君子"，理科楼前、体育场边都有它们的身影，它们真正像校园里的大师一样有着"铮铮铁骨"，每当其他大树在冬天都"卸"了妆，它们却依然在寒风雨雪中傲然挺立。从它们身上可以看到勤劳奋斗的品质，可以看到包容为善的品格，可以看到勇往向前的意志。

当然，校园里面还有很多值得书写与纪念的大树，像办公楼东侧的枣林，春天最早开花的迎春树，办公楼南面的侧柏、白蜡树，东操场的白杨树，还有新文科楼前以及散落在校园各处的垂柳，它们分别以独有的形式展示着自己，装点着校园的五彩斑斓。

---

① 万明钢：《印象师大：大学与大树》，《丝绸之路》2015 年第 19 期。

图 29-16　校园全景

大树也是师生的精神寄托

　　西北师范大学办学已有 120 年历史，迁兰已 80 余载，培养出各类学子 26 万余人。每当毕业学子忆及母校，总会提起当年教自己学问知识的大师，总会提起一起同窗苦读的同学，还有校园的大楼，以及陪伴他们成长的大树。万明钢老师在《印象师大：大学与大树》中讲到，一位毕业 40 多年都没有回过母校的学子，在异乡见面时最关心、问得最多的是师大校园里的树。当然，每个学子心中都会有校园大树的样子，这其实也是大树所承载的每个人心目中的往事与记忆，这时的大树已不是一棵简单的树，枣园还在，当年"打枣"的乐趣就还在，丁香花还在，当年"苦读"时的情景就还在。1987 年历史系毕业的漆永祥教授在《隐耀在旧文科楼里的母校恩泽——我的西北师大》一文中写到，自己初入校园，与高年级老乡一起爬树持棍打枣而与时任校长白光弼撞个正着的往事，当时他还不认识白校长，"长者欲言又止，自顾自地走了"，"后来才知道是学校大掌柜化学系白教授光弼院长。白先生肯定是看我一个新生，怕给吓得掉下来，所以什么也没说就走了，长者之风，至今想来，仍有余温"。① 这些点点滴滴构成了学子们心中母校的记忆，更成为每个人精神家园里一个重要组成部分，这些年轻时期求学的片段，或许将让每个人铭记一生。

---

① 《五更盘道》，第 96 页。

旧文科楼后的两棵核桃树更是学子们读书、作诗的重要之地，成为那个时代文科学子们抹不去的美好记忆，前面提到的那位毕业40多年未回母校的学子，就有在核桃树下晨读、开会，夜晚摘核桃吃，弄得满手墨色而洗不掉，第二天被老师、同学发现的趣事。近些年来，留在学校的学子也一代代地传承着核桃树的故事，办起了《核桃树下》刊物，"端午诗会"等品牌学生活动每年如期在此举行，核桃树已由最初的"经济树"慢慢演变成了毕业学子的记忆之树，甚或成为师大学子文脉相传的代表。

大学里的树是幸福的大树

西北师大是求知求真的场所，这里有学贯中西、令人仰止的先贤大师，这里有心怀家国、勤奋刻苦的莘莘学子，一代代师大人积淀、传承的校园文化，化育着这里的每一个学子，浸润着这里的一草一木。从1943年师生们在这里种下第一株树，到现在的绿树成荫，花草萋萋，无不在"知术欲圆、行旨须直"的校园文化氛围下长成，它们时时为学子所惦记，在它们身边上演着一个又一个学子的奋斗故事，它们也成为不同学子心目中不同的符号与象征。

师大树园里大树也是幸运的，有专门的园丁看护。它们渴了有人浇水，定期有人施肥，枯枝有人修剪，受到"虐待"了会有人打"校长"热线，这些都是其他地方的大树所不能企及的。同时，大学里的大树也是骄傲的，它们和大师一样担负起育人的神圣使命。它们以高大伟岸的身躯、褶皱满身的外皮诉说着这所大学的深厚历史，让每个走进这里的人无不肃然起敬，刻苦用功！

（牛成春）

第三十章　往事并不如烟

◎由部属到省属大学钩沉

从北京发端到兰州建校，从京师大学堂师范馆到国立西北师范学院，我校一直是由清政府学部、北洋政府教育部和国民政府教育部直属的高等师范院校，对中国师范教育制度形成，转移社会风气，服务国家建设等方面发挥了重要作用。1949 年 8 月兰州解放，兰州市军事管制委员会接管国立西北师范学院，通过一系列的整顿与改造，使学校的办学方向朝着社会主义教育事业有序推进。

1950 年 7 月，中央人民政府政务院第四十三次政务会通过《关于高等学校领导关系的决定》，规定中央人民政府教育部对全国高等学校（军事学校除外）均负有领导的责任，各大行政区人民政府或军政委员会教育部或文教部均有根据中央统一的方针政策，领导本区高等学校的责任。依据这一文件精神，1951 年 8 月 27 日至 9 月 11 日，教育部在召开第一次全国师范教育会议时，将西北师范学院确定为西北区教育部直属的师范学院。1953 年 10 月，中央人民政府政务院通过《关于修订高等学校领导关系的决定》，规定中央高等教育部对全国高等学校实行统一与集中领导。由此可见，在新中国成立初期，西北师范学院仍是"部属"的高等师范学校。为了贯彻 1955 年召开的全国文教工作会议精神，中华人民共和国国务院 1955 年 10 月 31 日下发通知，决定自 1956 年 1 月 1 日起，将华中、西南、西北三所师范学校分别委托各该学校所在地湖北、四川、甘肃省人民委员会直接管理。但实际上，1955年至1957年间大区行政机构撤销以后，西北师范学院一直归中央教育部领导管理。

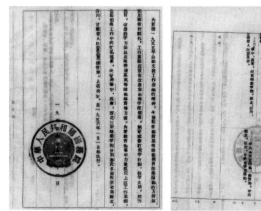

图 30-1　1956 年改成省属的命令

然而，新中国成立后国家发展高等教育事业过分借鉴苏联经验，由教育部直接集中统一领导，体制日益僵化，管得过死和集中过多等弊端逐渐暴露。为结合中国实际情况，使高等教育事业焕发新的生机，1958年8月和9月，中共中央和国务院分别发布《关于教育事业管理权下放问题的规定》与《关于教育工作的指示》，开始将教科书编写、领导管理等权力下放给地方。这种举措改变了以往中央过度统一调控教育事业的局面，短时间内促进了教育事业的良好发展。但在"大跃进"的影响下，由于我国教育体制尚不完备，教育事业的发展明显受挫。

这种形势之下，甘肃省进行了大学院系调整与合组，西北师范大学的隶属关系由"部属"转变为"省属"。1958年9月21日，中共甘肃省委、甘肃省人民委员会发布《关于贯彻执行中共中央、国务院"关于教育工作的指示"的几项规定》，将甘肃大学院系做出如下调整："西北畜牧兽医学院和甘肃农业学院合并为甘肃农业大学；甘肃交通大学和甘肃工学院合并为甘肃工业大学；兰州大学的历史学和中语系的一部分并入西北师范学院，中语系的另一部分并入兰州艺术学院；西北师范学院改为甘肃师范大学。"对于甘肃省更改我校校名的决议，学校党委会、团委会、教务处、教材科、人事处、业余大学、业余学校、工会、钟声体协、俱乐部等机构，定于1958年10月12日上午8时在办公楼会议室讨论有关改变校名的准备工作。西北师范学院起草了《有关变更校名准备事项计划（草案）》，其内容如下：

一、拟请省委或省人委正式下达关于改变校名的书面指示，以便有所依据。

二、关于改换公章及牌子问题：

1. 拟请教育厅转请省人委刊发本院及附中、附小、幼儿园公章各一枚；

2. 校内各单位公章（如附单），拟交教材科刊刻，用橡皮质，约需100元；

3. 党委公章由省委刊发，党委所属各部公章，拟请党委设计，交教材科刊刻；

4. 团委图章，拟请团委设计交教材科刊刻；

5. 职工业余学校公章，拟由该校报请兰州市教育局刊发；

6. 工会及钟声体协公章，拟由工会报请上级工会刊发；

7. 学校名称彩旗，拟由俱乐部负责设计制作；

8. 院部各单位长牌，拟交总务科统一粉刷改写；

9. 附属学校的长牌，拟由各该单位自行粉刷改写。

三、关于各种用纸及账册、表格的处理问题：

1. 凡现有的公文用纸、信纸、信封、便条、表格、簿册等，拟将原印校名"西北师范学院"六字中之"西北"二字加戳改为"甘肃"、"学院"二字加戳改为"大学"二字后仍继续使用，用完后再印新的。盖戳工作，由各单位自办；

2. 本年度学生证、积分册均已印好，也比照前条办法处理；

3. 自即日起，凡印制信纸、信封、表簿等，均用新校名"甘肃师范大学"。

四、关于校徽问题

校徽拟由人事处设计，在上海订制；制作校徽6000枚，每枚按一角五分估计，需款 900 元。

五、关于公章颁发后的工作

新的学校公章颁下后，拟：

（1）报请各领导机关备案；

（2）函达全国各高等学校；

（3）函达本市及安宁区各中等学校及有关机关；

（4）布告并通知内部各单位及全体师生员工；

（5）变更电报挂号通知有关单位；

（6）函请邮局等部门变更在本院所设服务单位的名称；

（7）电话号码仍照旧不变；

（8）在甘肃日报上登载本院改名日期。①

可以看出，西北师范学院从各个方面对变更校名做出了具体安排，统筹推进变更校名事宜。同时，学校决定于 1958 年 11 月 7 日正式变更校名为"甘肃师范大学"。1958 年 11 月 7 日，《甘肃日报》刊登了《西北师范学院更名为甘肃师范大学启事》，"根据上级决定，将原'西北师范学院'更名为'甘肃师范大学'，校址仍设在甘肃省兰州市十里店。自 11 月 7 日起如有工作接洽，请迳与甘肃师范大学联系。"② 学校校名变更为以"甘肃"开头命名的"甘肃师范大学"，已经显示出学校由"部属"高校转为"省属"高校的落实。

1959 年 3 月 29 日，为了贯彻执行中共中央、国务院《关于教育事业管理权下放的规定》，中共甘肃省委和甘肃省人民委员会决定："兰州医学院、兰州艺术学院和甘肃师范大学、兰州体育学院和西北民族学院分别由教育厅、卫生厅、文化局、省体委和省民委同高教局共同领导。"③ 这一决定的出台，标志着已有将近 60 年历史的西北师范大学开始划归地方管理，正式变为省属高校。

学校被下放至甘肃省管理，为甘肃乃至西北地区培养高质量的中小学

---

① 《有关变更校名准备各项计划（草案）》，西北师范大学档案馆藏。

② 《西北师范学院更名为甘肃师范大学启事》，《甘肃日报》1958 年 11 月 7 日。

③ 甘肃教育资料编辑委员会：《甘肃教育文件选编》（上册），甘肃教育出版社 1986 年版，第 238 页。

师资作出了卓越的贡献，这些师资在甘肃省和西北地区各市、县奉献青春，成为扫除文盲、推广普通话、培养人才的中坚力量。但学校处于西北内陆，地理条件本就是学校发展中难以突破的桎梏，转为省属高校后，国家政策支持和经费拨付进一步减少，而甘肃省对学校的各项支持相对有限，使我校的办学条件与发展前景受到了较大影响。

"大跃进"期间甘肃省盲目发展教育事业，新建高等学校过多过快，至1960年时全省高等学校数量达43所，出现了与当时经济发展水平不协调的问题。甘肃省根据中央"调整、巩固、充实、提高"的政策方针，1963年1月对省内高等教育事业进行了大幅度的裁撤与调整，其中兰州大学与兰州铁道学院分别由教育部与铁道部管理，学校未能调整至原"部属"高校。1978年以后，在调整高等学校隶属关系时，学校错失重返教育部直属高校的机会，成为学校发展史上难以弥补的缺憾。

（肖福赟　王昆）

◎申报 211 工程大学始末

1991年4月9日，全国人大七届四次会议批准的《中华人民共和国国民经济十年规划和第八个五年计划纲要》明确提出："有重点地办好一批大学，加强一批重点学科的建设，使其在科学技术水平上达到或接近发达国家同类学科的水平。"国家教委根据国家系列发展高等教育事业的精神积极筹划，于1993年7月出台《关于重点建设一批高等学校和重点学科的若干意见》，开始实施"211工程"计划，即面向21世纪，重点建设100所左右的高等学校和一批重点学科。

西北师范大学1958年由"部属"转为"省属"，1978年又未能回归教育部直属的6所重点师范学校，在很大程度上错失了更高质量的发展机遇。"211工程"消息一经传来，全体师生非常关注，希望学校可以通过努力争取进入到"211工程"大学的行列之中。学校对此尤为重视，及时采取实际行动。1993 年 9 月，便向国家教委"211 工程"办公室、甘肃省政府提交了《关于申请将我校列入国家教委"211 工程"建设计划的报告》，报告详述学校基本情况和建设成就，恳切期望国家教委能依据西北师大地处西北地区、特别是甘肃省所处的历史地位和现实地位，将学校列入"211 工程"建设计划。其中提出了学校日后争进"211 工程"的具体措施：（一）进一步加强党对学校工作的领导和思想政治工作；（二）促进学科建设上新台阶；（三）全面提高师资队伍建设的整体水平；（四）深化民族教育改革，探索民族高师教育的新路子；（五）加快厂校、地校联合办学的步伐，多渠道筹集办学资金。这些措施为学校进一步建设符合"211 工程"大学的指标明确了方向。同年 12 月，甘肃省人民政府根据学校意见，向国家教委呈送了《关于申请将西北师范大学列入国家"211 工程"的报告》（甘政发〔1993〕216 号），省政府明确表示将多举措支持西北师范大学进入"211 工程"。

争进"211 工程"必须找出差距，弥补不足，做好充分的思想准备。为此，学校多次召开关于申报"211 工程"的工作会议进行全面部署。1994 年 4 月，学校成立了"211 工程"办公室，具体负责进入"211 工程"的有关工作。1995 年 2 月 23 日，学校再次成立"211 工程"领导小组，加强对申报工作的统一组织。在当日小组第一次会议上，王福成校长深刻指出："要进入'211 工程'，困难很多，担子也很重……领导小组要从各个方面听取情况，确定提出重点发展目标"。王校长的讲话高屋建瓴，既认识到学校申报"211 工程"不是轻而易举之事，又为学校做好长期务实的申报工作打了预防针。小组成员在调研基础之上，从争取甘肃省政府支持、调动广大教师深度参与、加强学校基础设施建设、提升科研师资水平、扩大申报宣传等方面提出了针对性的建议。此后半年多，学校从各个方面稳步扎实推进工作。7 月 16 日，校"211 工程"领导小组召开第二次会议。会议上校"211 工程"办公室主任左书扬对前期的工作情况进行了汇报：1. 在宣传方面，"211 工程"办公室已经向《西北师大校报》投递 34 篇宣传文稿。2. 对学校教学改革、学科建设、学位规划等资料进行了汇集。3. 校外参与调研活动以了解申报信息、材料。4. 填报了国家教委"211 工程"办公室规定要求的申报表，反复核实数据。5. 对学校硬件设施进行了统计，已做好经费预算。以上实施的举措，是学校争取进入国家教委"211 工程"部门预审的重要行动。这次会议还充分探讨了《西北师大争进'211 工程'规划草案》，奠定了正式规划文件形成的基础。9 月 15 日，学校召开党委常务委员会，达成了必须尽力、尽快争取省上支持及资金投入的认识，因为这样学校就更有把握进入 100 所左右的"211 工程"大学行列。10 月 24 日，校"211 工程"领导小组召开第三次会议，确立了争进"211 工程"与学校"九五"规划联系在一起的发展思路。

学校从成立"211 工程"办公室与领导小组，再到一年之内多次召开会议紧抓各项工作的落实，对争进工作付出极大的努力。自申报工作开展以后，学校"积极创造条件，坚持解放思想，深化改革，苦练内功，力争进入'211 工程'的指导思想，进行了以校内管理体制改革为突破口，以教学科研改革为重点的综合改革，使办学质量与效益显著提高，适应社会发展的能力增强，为进入'211 工程'打下了良好的基础"。

1996 年 10 月，学校正式出台《西北师范大学"211 工程"整体建设规划（1996—2010）》，以更加长远、更高标准来建设学校。规划确立的总体目标是："突出师范特色、民族特色、区域特色，为甘肃基础教育服务，为甘肃经济和社会发展服务，为西北民族教育服务，经过 15 年的努力，把学校建设成在省内具有示范作用，整体办学水平和效益居全国师范大学前列，在国内外具有一定影响的社会主义新型一流师范大学。"这一总体目标通过两个阶段来实现，第一阶段是在 1996 年到 2000 年实施"攀登计划"，通过抓好"特色学科工程""教改二期工程""校园文化建设工程""校园计算机网建设工程"和"基础设施建设工程"等五项重点建设项目的落实，使学校整体办学水平迈上新台阶，为总体目标的全面实现奠定基础。第二阶段在 2001 年到 2010 年，使学校在教学、科研、服务等方面达到一流水平，全面实现"211 工程"建设目标。1996 年，学校已经全面做好接受部门预审的准备，国家教委主管"211 工程"的负责人韦钰对学校争进"211 工程"给予原则上的肯定。

1996 年 4 月，因国家教委年内将完成申请院校的部门预审工作，西北师范大学向甘肃省委、省政府呈送了《关于请求支持我校申请"211 工程"预审的报告》，恳请省政府进一步采取措施支持西北师范大学进入"211"工程预审，一、希望成立甘肃省高等学校实施"211 工程"领导小组，制定统筹合理的教育发展规划，使我校争进"211 工程"的工作体现为政府行为；二、希望省政府多渠道筹措资金加快学校的改革与发展。1996 年 12月，国家教委下发通知不再批复新的预审，但鼓励有条件的部门与地方，

西北师范大学收文处理专用纸

收文 政 字第（　）	1997 年 6 月 9 日
来文机关： 省政府	来文 甘政 发〔1997〕 第 6 号 1997年1月4日
事由：关于申请西北师范大学列入"211工程"部门预审的报告	附件：

拟办：

此件存档

阅办：

承办：

甘肃省人民政府文件

甘政发〔1997〕6 号

**甘肃省人民政府关于申请西北师范大学
列入"211工程"部门预审的报告**

国家教委：

　　西北师范大学是我省的一所重点大学，历史悠久，整体办学实力雄厚。进一步重点建设好这所学校，对发展我省基础教育和西北少数民族教育，推动高等教育事业的改革，促进我省经济与社会发展具有十分重要的意义。为此，省政府于1993年向国家教委呈送了《关于申请将西北师范大学列入国家"211工程"的报告》。近三年来，我们依据申请"211 工程"预审院校的条件，

1

在西北师范大学开展了一系列建设性工作，使该校的办学质量和办学效益有了进一步提高，保持了良好的发展势头。今后省政府将进一步加大支持力度，在核定西北师范大学专业经费预算时，充分考虑该校因免收学费且全员发放专业奖（助）学金造成的经费差额因素，提高拨款标准，尽快补齐差额部分；将西北师范大学评审高级职务的比例逐步扩大到40%以上，以加强各学科的梯队建设；采取切实措施，到2000年向西北师范大学投入1.13亿元重点建设费，"九五"期间直接向西北师范大学投入重点建设资金5345万元，另外通过减免部分基本建设收费和校办产业税收，提高为边远贫困及少数民族地区培养培训中学教师专项补贴费、扩大成人教育规模等方式，间接投入5900多万元。目前西北师范大学已做好了接受"211工程"部门预审的各项准备工作。按照国家教委"一省一校"的原则，我们再次向国家教委申请，请将西北师范大学列入"211工程"部门预审学校，并争取在1997年完成预审工作。

（此页无正文）

一九九七年一月二十四日

主题词：教育 学校 工程 报告

抄送：省教委

甘肃省人民政府办公厅　　　　1996年7月27日印发

　　　　　　　　　　　　　共印 55 份

3

**图 30-2 《甘肃省人民政府关于申请西北师范大学
列入"211 工程"部门预审的报告》**

选择基础较好的高等学校进行重点学科建设，成绩显著者按程序评审可滚动进入"211"工程建设规划。这就意味着进入"211工程"的大门没有真正关闭，学校仍继续坚实地迈着争进的步伐。1997年1月6日，学校又向甘肃省政府呈递《西北师范大学关于申请省政府支持进入"211"工程的报告》，得到了省政府的积极回应。1997年1月21日下午，孙英省长在西北师范大学主持召开省政府现场办公会议，专题研究了省政府支持我校进入"211工程"的有关问题。会议认为，西北师范大学进入"211工程"不仅能使学校得到新发展，而且对甘肃省教育事业改革与发展会起重要的推动作用，省政府将通过多种方式解决学校建设经费。1月24日，省政府向国家教委呈送了《甘肃省人民政府关于申请西北师范大学列入"211工程"部门预审的报告》（甘政发〔1997〕6号），希望国家教委按照"一省一校"的原则，在1997年完成对西北师范大学的预审工作。

尽管1997年学校仍未列入"211工程"审批，但此后十多年间，在省政府直接经费投入、各项政策保障等多方面大力支持下，学校根据国家"211工程"预审条件展开一系列建设工作，贯彻实施"攀登计划"，使办学水平与质量显著提升，在2003年首批本科教学水平评估中被评为优秀。2005年9月，教育部增补中央财经大学、中国政法大学、华中师范大学等12所高校正式列入国家"211工程"建设行列。次年2月，甘肃省政府再次向教育部呈递《甘肃省人民政府关于申请将西北师范大学列入"十一五"期间"211工程"并实施省部共建的函》（甘政发〔2006〕17号），继续表明坚持的态度，但最终未能如愿以偿。

从1993年开始，西北师范大学以务实肯干的态度争进"211工程"，在师生的殷切期望中时刻砥砺自身，取得了一系列令人瞩目的办学与建设成就。虽然学校最终与"211工程"大学失之交臂，但师大人"拧成一股绳、劲往一块使"的精神谱写了师大精神的璀璨华章！新时期赋予学校新使命，向着"一流大学、一流学科"继续奋斗，已成为西北师范大学努力追求的目标。

（肖福赟　王昆）

◎省部共建与发展新契机

为深入贯彻落实科学发展观，统筹区域高等教育发展，教育部自 2004 年开始面向中西部地区，选择一批基础较好、特色鲜明的高校，与地方政府签订协议进行省部共建。西北师范大学在争进"211 工程"过程中办学质量与水平显著提升，面对新的历史契机，西北师范大学本着在"西部大开发""科教兴省"战略中作出更大贡献的强烈意愿，2006 年 6 月向教育部呈递了《关于申请将西北师范大学列入省部共建学校的请示》。学校积极规划部署的同时，甘肃省委、省政府继续加大扶持力度，"为西北师范大学争取到政府担保国家开发银行贷款支持 4.5 亿元建设费用，同时，支持学校就近新征校区 729 亩，并划拨作为校园拓展预留空间的荒山台地 1800 多亩。兰州市政府在该校主要通行道路开通、过街天桥架设、校办化工厂动迁诸方面给予大力支持"，逐步为学校列入省部共建创造了良好条件。

在坚持不懈的争取与努力下，2009 年 3 月 16 日，甘肃省人民政府和教育部在西北师范大学正式签署共建协议。签约仪式由副省长郝远主持，教育部部长周济，省委书记、省人大常委会主任陆浩，省委副书记、省长徐守盛等多位领导和各界人士出席了签约仪式。省长徐守盛在讲话中指出，省部共建是西北师范大学发展史上一个重要的里程碑，希望西北师范大学紧紧抓住省部共建的重大机遇，为甘肃经济社会发展提供强大的智力支持

图 30-3　省部共建签约仪式

和人才保障，为我国高等教育事业协调发展作出应有的贡献。教育部部长周济讲道，西北师范大学是与北京师范大学同根同源的高等学府，今后应结合《国家中长期教育改革和发展规划纲要》，认真谋划学校发展，进一步思考"办一所什么样的大学""怎样办好大学"两个根本性问题，制定和完善发展战略规划、学科建设与队伍建设规划、校园与基础能力建设规划，进一步强化办学特色，深化教育改革，提高办学质量，实现学校发展目标。校长王利民在讲话中对紧抓省部共建发展新契机，促进学校办学迈入新台阶，更好地服务社会发展作出了庄严承诺。

省部共建为学校发展提供了新的平台，但借鉴好其他学校省部共建的经验弥足珍贵。省部共建协议签署后不久，副校长陈晓龙，学校各部门组成 13 人考察小组，前往山西大学、河北大学、河南大学等近期签约省部共建的学校深入展开考察和调研，为学校制定省部共建建设和发展规划提供了可供参考和借鉴的理论依据。2009 年 6 月 9—10 日，学校在甘肃省教育信息化培训中心组织召开省部共建发展规划研讨会，为学校今后的科学发展制定计划。根据省部共建部署要求，学校研究制定了《西北师范大学2009—2015 年发展战略规划纲要》与《西北师范大学 2009—2015 年学科建设发展规划》《西北师范大学 2009—2015 年本科发展规划》《西北师范大学2009—2015 年师资队伍建设规划》《西北师范大学 2009—2015 年公共服务体系建设规划》等 4 个子规划文件，并按要求上报了教育部高校司。2009年 8 月 25—26 日，教育部专家组来我校进行省部共建规划专项评估，在对学校 2009—2015 年发展规划措施具体、思路清晰、定位准确给予充分肯定的基础上，提出了有针对性的改进建议。为加强对实施省部共建的组织领导、切实做好规划的贯彻落实与指导检查各学院各单位制订本部门规划和工作计划，学校于 2009 年 12 月 1 日和 12 月 14 日先后成立了学校省部共建工作办公室和落实省部共建规划指导检查工作小组。2009 年，新校区建设项目正式列入甘肃省和教育部共同建设的协议和规划之中，7 月 18 日新校区基础设施开工建设，9 月 26 日单体建筑全面开始建设。

2010 年 4 月 28 日，学校召开实施省部共建发展规划启动大会，校党委书记刘基在讲话中动员大家，要更加充分认识到省部共建对于学校事业发展的重要意义，更加清楚实施省部共建发展规划是学校在新的平台上谋求新发展的战略安排和系统工程，全体师生要紧密团结，为建设"以教师教育为主、特色鲜明、西部一流、全国高水平综合性师范大学"努力奋斗。根据《西北师范大学 2009—2015 年发展战略规划纲要》和《西北师范大学 2009—2015 年本科教育发展规划》关于加强本科教育、着力提高人才培养质量的要求，当年秋季学期，学校开始实施本科教育"云亭班"试点培养计划，首批设置 6—8 个试点培养专业进行招生。"云亭班"的设置，是学校实施省部共建的重要举措之一，开办以来，培养了一批又一批专业基础扎实、富有创新精神、科研能力突出的综合性人才。

省部共建为学校全面建设提供了重要的资金保障。中央财政从 2010 年开始设立支持地方高校发展的专项资金后不久，甘肃省财政厅下发 2010 年中央财政支持地方高校发展专项资金预算的通知。学校立足省部共建的良好平台，积极争取到专项资金 1500 万元。加之此前的 700 万元中央与地方共建高校专项资金，仅 2010 年学校共争取中央财政支持 2200 万元。2011 年 6 月，甘肃省财政厅、教育厅对学校生态环境相关高分子材料省部共建重点实验室和西北少数民族教育发展研究中心各资助经费 30 万元。2011 年 7 月 22 日，省长刘伟平来学校考察调研并召开西北师范大学省部共建现场办公会议时表示，要按照省部共建协议，进一步在政策、经费、项目等方面加大对西北师范大学的支持力度，为省部共建创造更加有利的条件。9 月 6 日，甘肃省财政厅依据 7 月 22 日省长办公会议精神下发《甘肃省财政厅关于下达西北师范大学省部共建专项资金的通知》（甘财教〔2011〕142 号），一次性为学校下拨省部共建专项资金 3000 万元。学校取得省部共建专项资金统筹安排，合理使用，有力促进了学校学科建设和人才培养，有效改善了学校教学环境和办学条件。

省部共建之后，学校的科研水平发展迅速。一方面，学校一些重点科研机构相继建立。2010 年 10 月 14 日，学校成立了甘肃省生物电化学与环境分析重点实验室和甘肃省原子分子物理与功能材料重点实验室；2012 年 6 月 5 日和 6 月 11 日，学校分别成立了甘肃华文教育基地和甘肃文化发展研究院；2012 年 9 月 19 日，学校牵头组建华夏文明传承发展协同创新中心。这些研究机构、中心的建立，在自然科学和人文科学方面取得了一系列丰硕的研究成果，也是学校科研水平大幅度提升的重要标志。另一方面，学校着力提升青年教师科研能力。根据《西北师范大学 2009—2015 年发展战略规划纲要》和《西北师范大学青年教师科研能力提升计划资助办法（试行）》的有关规定，学校于 2010 年 10 月启动实施了青年教师科研能力提升计划项目。该项计划由学校每年预算划拨 300 万元，分设 150 万元资助自然科学和人文社会科学研究，旨在调动青年教师开展科学研究的积极性，提升青年教师的科研能力，为学校科研创新基地平台和创新团队提供后备研究力量，造就青年学术领军人才。

学校省部共建工作办公室成立后职责明确，每年统筹安排工作要点，稳步推进省部共建工程的实施。2017 年 10 月 12—13 日，江苏师范大学举行了以"提高人才培养质量　建设一流本科教育"为主题的 2017 年全国省部共建高校工作研讨会，西北师范大学校长刘仲奎做了题为《强基固本打造一流本科　多措并举提升教学质量》的主旨发言，他总结道，西北师范大学作为一所百年学府，有优良的教学传统和教学文化，始终不忘初心，以立德树人为根本任务，坚持教师教育特色，打造一流本科教育，通过系列教改工程不断深化教育教学改革，提高人才培养质量，为西部地区经济社会发展培养了一大批"下得去，留得住，用得上，干得好"的高素质人才，为缩小教育发展的地区差距、促进教育公平、维护民族团结和社会稳定作出了应有贡献。2019 年 7 月 13 日，以"进入新时代的教师教育"为主题的全国省部共建师范大学协作联盟 2019 年年会暨书记校长圆桌会议在西北师范大学召开。我校党委书记张俊宗在致辞中指出，推动师范教育改革是对新时代"教育强国"建设的有力回应，是提高教师教育质量、提升教育发展水平、推动我国教育国际化发展的必然之举。校长刘仲奎在报告中从本科教学改革工程、教师教育改革行动计划、民族教育创新实验区和实施"七高一体系"建设等方面系统介绍了学校省部共建实施情况，为其他学校提供了借鉴。

西北师范大学列入省部共建计划迎来了发展的新契机，在教学科研提升、学科建设和基础设施建设等诸多方面得到系统加强。时至今日，西北师范大学仍在省部共建的平台上将重点建设和长远规划相结合，为建设高水平师范大学不断奋进。

（肖福赟　王昆）

第三十一章　砥砺奋进新征程

◎送"智"扶"志"的西北师大扶贫模式

党的十八大以来，习近平总书记站在全面建成小康社会、实现中华民族伟大复兴中国梦的战略高度，把脱贫攻坚摆到治国理政突出位置，提出了一系列新思想新观点，作出了一系列新决策新部署。经过八年持续奋斗，如期完成了新时代脱贫攻坚目标任务，取得了令全世界刮目相看的伟大胜利，对世界减贫进程作出了史无前例的贡献。

西北师范大学作为西北高等教育的拓荒者、引领者，自20世纪40年代扎根陇原大地以来，就把服务地方经济社会发展作为自身之责，特别是在发挥教育资源优势方面，为改变甘肃乃至西北地区贫困面貌作出了积极贡献。进入新时代，西北师范大学主动融入国家发展大战略，积极投身脱贫攻坚主战场，以礼县三镇六村494个建档立卡户为主要帮扶对象，同时将教育扶贫和文化扶贫的力量辐射到临夏、甘南、白银等多个市州，紧紧围绕"扶持谁、谁来扶、怎么扶、如何退"四个方面的问题，持续投入、一体推进，形成了"三结合、三转化""智志双扶"的"西北师大模式"，创造了地方高校助力脱贫攻坚的西北师大样本。

其中，"三结合"是指老中青三代结合，帮扶干部三梯队结合，校地企三方结合，学校"集中力量办大事，一代接着一代干，一张蓝图绘到底"，凝聚全校合力，助力脱贫攻坚，主要解决"扶持谁，谁来扶"的问题。"三转化"是指知识智慧向内生动力的转化，思想文化向乡风文明的转化，科教成果向产业发展的转化，通过精神与物质、文化与产业双轮驱动，为帮扶村找到一条谋长远、管根本的可持续发展之路，主要解决"怎样扶，如何退"的问题。八年的帮扶实践，全校师生积极参与，老中青三代接续奋斗，人财物资源倾囊相助，用真情真心书写了西北师大的扶贫史。西北师大扶贫模式得到甘肃省主要领导的肯定和表扬，多次获得全省脱贫攻坚帮扶先进集体，多名帮扶干部荣获帮扶先进个人。

教育扶"智"，阻断贫困的代际传递

没有大额的资金支持，亦没有重大的工程项目建设，是摆在所有教育扶贫单位的现实，西北师大同样也面临这样的情况。然而要拔掉贫困地区的"穷根子"，教育显然是最为关键的一招。发挥教育资源优势，着力实施教育扶贫，显然是西北师范大学的强项所在。

教育发展的关键在师资。西北师大积极发挥师范大学师资培养与培训的传统优势，为贫困地区师资改善"输血"的同时，不断帮扶其自身提升"造血"功能。帮扶工作开展以来，学校采取教师双向培训，一方面选派附属中小学骨干教师到帮扶地区学校，通过公开教学示范、讲座、报告、座谈会等形式对贫困地区教师进行全员培训，采取"同一堂课"方式，由附属中小学的老师上一遍，乡镇学校的老师再讲一遍，在"同课异构"中，找差距、补短板，有效地提高了贫困地区师资整体水平；另一方面，学校与帮扶村镇对接，遴选帮扶村镇学校教师100多人次，分期分批来西北师大附属学校进行培训，全程参与省级示范学校的教育教学过程，在真实教育情境中变革教育理念、提升教学方法。在这个"走出去"和"请进来"的过程中，既锻炼了学校附属中小学教师，也提升了帮扶学校教师教育教学水平，教师之间建立起深厚的友谊，甚至成了"熟人""亲戚"，不断拉近了帮扶与被帮扶单位之间的距离。

同时，学校也注重为贫困地区基础教育"补短板"。每年为甘肃省培养输送3000余名各类师资，每年选派1500余名优秀大学生赴临夏州、甘南州、陇南市等甘肃省贫困地区、民族地区开展援教顶岗、实习支教工作，有效解决了全省基础教育师资结构性矛盾突出的问题。针对贫困地区中小

学艺术专业人才严重匮乏、制约艺术教育发展的问题，学校组织艺术专业师生，赴贫困村镇开展"爱在远山"乡村艺术教育活动，让艺术浸润孩子们的心灵，把艺术的种子撒播在乡村儿童的心里，让美的教育在乡村生根发芽；每年组织近100名学前教育专业学生在甘肃省民族地区幼儿园、小学低年级学生中开展普通话培训与推广活动，积极推进国家通用语言文字教育。学校还采用"聚爱心"的方式，从不同层面积极动员社会力量，关心、关注乡村中小学发展，进一步改善乡村中小学基础设施条件，在巩固脱贫攻坚成果的同时，为贫困地区的乡村教育传递温暖，为孩子们点亮希望。

另外，学校在临夏州、甘南州建立了国家教师发展协同创新实验基地，长期扎根民族贫困地区开展师资培养培训研究，以期形成深度贫困地区教师专业发展的可借鉴经验和可复制模式。学校利用"互联网+"人工智能等资源优势，建立了人工智能教育课程、信息化教学资源库，形成了"互联网+援教服务"新模式，通过"专递课堂""同步课堂"让农村孩子们接触到优质的教学资源，大力提升甘肃省民族和农村地区教育信息化水平。更为难得的是，学校自2017年始，面向全省民族地区建档立卡贫困家庭应届初中毕业生实施了首届"弘远班"计划，招收新生42名。2020年，42位学生中38人高考成绩超过一本线，文理科一本率达到90.5%。其中东乡族自治县毕业生9名，分别被北京大学、中央民族大学、四川大学、中南大学、兰州大学、厦门大学等名校录取，为民族地区学生走出大山点燃希望。学校实施东乡族自治县民族地区高考招生专项计划，几年来共录取东乡族自治县学生200多人，现有50多名返乡就业，为民族地区人才振兴提供支持，"头雁效应"效果明显，用实际成果告诉老百姓"教育是阻断贫困代际传递的治本之策"。

通过上述各种帮扶措施，当地基础教育的水平提升明显，甘肃礼县雷坝初级中学起初在全县38所学校中排名靠后，通过教育帮扶，2020年上升为全县第2名；在礼县帮扶的6个村的儿童入学率达到100%，先后有15名大学生考取研究生，70余名高中生考入大学。教育质量的提升带来了家庭情况的改变，特别是孩子考入大学的家庭从此彻底阻断贫困的代际传递。

文化扶"志"，激发群众脱贫的内生动力

帮扶工作涉及方方面面，不仅要扶智力，也要扶志气。贫困群众是扶

贫攻坚的对象,更是脱贫致富的主体。西北师大在帮扶礼县雷坝镇甘山村即是文化扶贫的典型。该村虽然是一个只有70多户人的小山村,却是一个有着深厚文化底蕴的"文化村"。这个村子有一本由当地农民创作的诗集——《甘山歌谣》,从20世纪六七十年代至本世纪初,该诗集先后四次由甘肃人民出版社和中国文联出版社出版。但随着时代的变迁,这样的"文化基因"已处于长期沉寂和即将消亡的边缘,昔日的辉煌早已不复存在,甘山村也因为发展滞后,成为一个深度贫困村,不禁让人感到惋惜。

在甘山村帮扶的西北师大干部深入村户做了大量基础调研,针对甘山村历史文化资源丰富、文化基因深厚的优势,因地制宜,提出了"生态甘山、艺术甘山、文化甘山"的发展定位,确定把对乡村文化的唤醒、传承和发展作为帮扶的主线,将乡村文化发展与旅游产业发展有效结合,精准施策、精准帮扶。

在礼县的帮扶中,学校实施了"送文化"与"种文化"相结合,持续实施"一村一特色,一村一亮点"村容村貌提升工程,对村头路口宣传标语、标志性建筑等视觉标识进行统一规划制作,完成乡村标志性建筑文化墙绘1000多平方米。在帮扶村建成文化广场6个,扶贫记忆馆3个,推普脱贫基地1个,撰写村史扶贫史,讲好扶贫故事。组织师生在6个帮扶村开展文化下乡、村民趣味运动会、花椒艺术节等乡村文化艺术活动,为村民书写春联、捐赠书画作品2000余幅,举办了首届"秦人崛起与西秦岭地区

图31-1 西北师范大学脱贫攻坚帮扶工作成果报告会

高质量发展"学术研讨会，建立"西北师范大学大学生艺术实践基地"，编辑出版了《新时代甘山歌谣》，实施了甘山古树保护项目，一系列的文化建设举措，提高了乡村文化的吸引力和感染力，留住了乡愁记忆，鼓舞了民心。对500多名致富带头人和乡村干部进行了集中培训，内容涉及农产品种植、扶贫车间管理、现代种植养殖技术等，同时也带领三个乡镇6个帮扶村干部到湖南、江西、浙江等地观摩学习脱贫攻坚和美丽乡村建设经验，开阔眼界、启迪思路、激发动力，变被动脱贫为主动致富，真正实现在富口袋的同时富脑袋。

克服"骄娇"二气，做心怀"国之大者"的扶贫干部

自2012年以来，西北师大先后分4批，共选派39人次赴帮扶点开展驻村帮扶，学校更是于2018年成立脱贫攻坚帮扶工作办公室，指派专人开展帮扶工作。8年来，驻村帮扶干部一批接着一批干，善始善终、善做善成，始终心怀"国之大者"，在脱贫攻坚的生动实践中既帮扶群众脱贫，使自身也受教育、长才干、作贡献，实现双赢。

他们是高校里的教师、干部，擅长的是教书育人。被选派到村镇之后，从头干起了帮扶工作，怎么让群众的口袋鼓起来变成了他们的头等大事。帮扶队员们认真学习国家关于脱贫攻坚的各项政策、要求；积极与当地政府对接落地举措，争取多方支持；同时也走访各自村户，熟悉村情，了解民意，在此基础上各自谋划脱贫致富之计。学校帮扶的礼县雷坝镇蒲陈村，农户的主要经济作物是花椒、核桃和油橄榄，可是由于受到地域限制，产品卖不出好价格，大多数农户因此放弃农作物种植，留守在家的农户收入来源成了问题。帮扶队员在了解调研的基础上，积极响应国家政策，在村子里办起了农业合作社，建起了700多平方米的"产业圆梦车间"，重点发展村里土特产的深加工，相继开发出了与花椒、菜籽油、土蜂蜜相关的"蒲礼""蒲陈珍品"等系列产品，社会反响很大。

脱贫攻坚的帮扶之路是不凡的。队员们到村里的第一件事就是如何接上地气，与群众打成一片，用帮扶干部的话来说就是要学会说"礼"话，听不懂方言就努力去听，人生地不熟就多和群众聊天，遇到听不懂的，大家笑自己就跟着笑；田间地头、农家炕头，屁股一坐、双腿一盘，摸家底、

搞调研，用真诚慢慢打开村民的心扉。第二件事就是适应新的生活环境，要习惯睡板床，晚上与蚊虫、老鼠斗智斗勇；要学会生火炉取暖，忍得了严寒酷暑，耐得住无聊寂寞；要习惯上旱厕，一周洗一次澡的现实。因为工作生活条件艰苦，好多队员都不同程度受到疾病的困扰，有的队员每次从家返回岗位拿的最多的成了一包又一包的药，"药吃了吗？"成为他们之间的问候语。当然还有一个最令他们牵挂的就是自己的家庭，因为多数是年轻干部，子女都小，为人夫为人父的他们，驻村期间觉得最对不住的还是妻子与儿女。但即便这样，也没有打垮他们。经过驻村磨砺，"队员们的意志更坚定了，更加接地气了，身上的'骄娇'二气少了，村民的炕头坐得住了，罐罐茶喝得惯了，老人唠叨的话听得下了，粗重的农活干得动了。"

当然，印刻在帮扶队员心里最深的还是帮扶工作取得的一项项成果。帮扶队员在心得中写道："'善谋者方能善成'，在迎风烈烈的党旗下，家家户户的困难——得到解决，干净的道路两旁满是白墙翠竹、鲜花盛开，一座座漂亮的新房如雨后春笋般矗立，土院子改造了，群众'两不愁三保障'的问题解决了，贫困人口全部实现脱贫，群众的脸上有了更多的笑容，他们开心，我们比他们还开心。几年来的朝夕相处，早已让老百姓把我们当成了自己人，时不时就会有老乡把自己种的菜悄悄放在我们门口。知道我们离家远，逢年过节争着请我们到家里吃饭。从繁华城市来到大山深处，虽然有苦也有累，但看到越来越好的花园化人居环境，以及困难群众充满真情的感谢和笑容，我感觉这一切都值了。"

脱贫摘帽不是终点，而是新生活、新奋斗的起点。2021年以来，在巩固拓展脱贫攻坚成果同乡村振兴有效衔接的关键时期，西北师范大学又派驻了新一批帮扶队员奔赴工作岗位，学校也成立了乡村振兴研究院，聚焦乡村振兴这个国家命题开展组团研究，为服务乡村振兴战略提供智力支撑。正是有一批批师大人抱定"功成不必在我"的精神境界和"功成必定有我"的历史担当，秉承不畏艰苦、有情有义的扶贫精神，师大人一定会在新时代的乡村振兴事业中再创辉煌！

（牛成春根据扶贫干部张国奎、王海波、刘小军等人口述整理）

◎教育润边援新疆

2008 年 8 月，西北师范大学与新疆维吾尔自治区教育厅签订了共建基础教育、民族教育创新实验区协议和开展实习支教工作协议，成为疆外第一所赴新疆基层地区开展师范生实习支教的师范大学。到 2021 年 9 月，学校已持续选派 24 批共 5200 名同学分赴新疆阿克苏地区 9 个县市 179 所学校实习支教，为服务新疆基础教育和民族教育、促进民族文化交流融合、维护新疆和谐稳定作出了积极贡献。

多年来，一批批怀揣梦想的莘莘学子，远离了都市的繁华与纷扰，远赴 5000 里外的天山脚下，捧一颗初心与爱心，支援祖国边疆，在最基层的农村中小学挥洒着青春与梦想。西北师大学子发扬艰苦奋斗、无私奉献的精神，克服种种困难，以强烈的责任感和高昂的热情积极投身"教育援疆"，见证了祖国西北边疆地区基础教育、民族教育事业发展，收获了教书育人的高尚情怀和别具一格的人生体验，也谱写了一曲曲感人肺腑的诗歌。边疆的雪山、大漠、草原、绿洲见证了他们肩负使命、无怨无悔的足迹，爱的种子在阿克苏生根发芽，在新疆大地开花结果。

一个特殊的电话

2008 年 6 月 10 日夜，已经入睡的时任西北师范大学副校长王嘉毅突然被电话吵醒，来电的正是当时的新疆维吾尔自治区教育厅副厅长孙也刚。

"老孙，你好。"

"嘉毅啊，有件事我觉得咱们可以好好合作一下，我代表新疆教育厅，想请西北师范大学来为新疆维吾尔自治区基础教育事业做点事。"

孙也刚没有寒暄，直入主题。"新疆教育这几年发展很快，无论是基础设施和硬件配置都很到位，学生入学率也屡创新高，但师资跟不上啊，尤其是中小学国语师资缺口很大。人员的补充工作我们一直在做，但这需要一个较长的过程，我这个副厅长压力很大啊。怎么样，你们西北师范大学的能不能来这边支持一下啊?"

王嘉毅一听,便来了精神。西北师范大学多年来长期致力于西北地区基础教育、民族教育,在甘肃、西藏、青海、宁夏都做过很多工作,在新疆虽然也做了工作,但在支持新疆基础教育事业方面依然大有可为。参与新疆教育工作将会极大开拓学校的办学空间,开辟西北师范大学为服务国家基础教育、民族教育的新途径。

"老孙,你说的这个事情我很感兴趣,我们学校也很感兴趣。现在有无这项工作的意向性材料,这会儿就可以给我发一份传真或电子邮件过来,争取早一点把这事推起来。"

两人越说越兴奋,不知不觉已经凌晨一点。挂上电话的那一刻,孙也刚如释重负:"终于可以美美睡上一觉了。"

天山在北,一路向西

经过前期全面考察论证,西北师范大学决定启动新疆实习支教工作,从 2008 年秋季学期实施,每期实习支教时间为一学期,分别在第六学期(春季)、第七学期(秋季)进行。支教地点均安排在阿克苏 9 个县市的各类基层学校,实习学生在支教学校独立完成"一学期、一个班、一门课"的教学任务,并根据支教学校需要兼任其他教学教辅工作。

作为疆外首次开展师范生实习支教的内地高校,西北师范大学采取了一系列有效措施,切实抓好实习支教工作。

首先,建立完善实习支教工作规章制度。通过制定具体的《实习支教工作条例》《实习支教学生守则》,明确了实习支教工作的组织领导与各级职责、具体实施步骤与内容、学生学分获得与评优、经费保障等内容,同样也明确了实习支教学生的纪律要求。

其次,做好实习支教前的专业思想教育和教学技能培训。通过调整教师教育类课程的上课时段,加强师德方面的教育,在突出从师技能的培养和形成的同时进一步强化实践教学环节,增建微格教室,强化教师职业技能训练。

再次,学校制定了加强对实习支教学生全程指导的详细计划。选派多位指导教育实习经验丰富的老师担任带队教师,全程驻点实习支教学校,对实习支教学生进行全面指导，确保实习支教学生短时间内能胜任教学工作。同时建立起了由"指导教师——支教地区教育行政干部——支教学校教师——支教同学"组成的实习支教联系网络，建立了实习支教网站、QQ群、微信群，搭建了学校与实习支教师生的交流平台。

通过创新实习支教工作机制，学校与新疆维吾尔自治区教育厅、阿克苏地区教育局一道，及时研究和解决实习支教工作中的新情况、新问题。出发前，为每位实习支教师生购买了人身意外伤害保险和医疗保险，与实习学校签订《实习支教安全协议书》。学校各级领导也非常重视，安排协调各部门各学院积极配合，形成了学校上下全员参与的浓厚氛围。

最终，经过自愿报名和学校教务处资格审查，学校在对遴选的优秀大学生开展实习支教培训后，协调兰州铁路局统一为学生购票，由指导教师带领同学们乘坐"支教专列"，雄赳赳、气昂昂，一路通过嘉峪关、低窝铺、玉门、鄯善、吐鲁番、和静、库尔勒等大大小小 21 个站点。透过车窗看到的是一张张稚嫩的脸庞，车厢里是一路的欢歌和笑语。就这样，第一批 179 名支教学生于 2008 年乘火车跨越 2700 公里，历经 42 小时抵达阿克苏。

从此，一批又一批支教同学"接力"这场"支教马拉松"，到 2021 年春季，第二十四批 770 名支教学生抵达阿克苏，西北师大开展新疆实习支教已有十四个年头。十四年间，5000 多名西北师大学子先后来到阿克苏，把知识的种子撒播在了这片热土上，把优质的师范教育一直向西推进到祖国西部边陲。

图 31-2　【CCTV13 东方时空】

西北师大 589 名实习支教生赴新疆阿克苏地区支教

为人师，方知任重道远

实习支教不仅为学生们提供了广阔的实践平台，大大提升了他们的教学素养和技能，更能激发他们的责任心和使命感，让他们明白"教师"二字既是责任，也是信念。阿克苏之行锤炼了一批批西北师大学子的意志品质，成为他们今后人生的指路明灯和奋斗的不竭动力。

第一次站在讲台上，我能很清楚地看到学生们那清澈的眼睛。讲课时真的想把自己知道的一切告诉他们。像是拔苗助长的那个庸人，希望他们一下长大。说到外面的世界，他们回报我的是睁得大大的双眼。那时我感到自己肩上的担子不轻。

第一次听到学生喊："老师好！"慌乱不知所措，甚至怀疑在给别的老师打招呼。之后便是一种收获的幸福感涌上心头……

——祁存英，2009 级数学与统计学院学生，

阿克苏市十一校实习支教

在我们此次的支教中，西北师范大学坚持以国家通用语言文字为中心，多学科综合并举、全程育人的教学内容和实践取向，在新疆阿克苏地区形成了从幼儿园到高等院校的全层次支教结构。我的支教学校是阿克苏地区的一所大学——新疆理工学院。在新疆理工学院组织人事处为期126天的支教时光中，我经历了很多、收获了很多，也成长很多。一是目睹了新时代新疆经济社会发展和民生改善所取得的历史性成就以及各族群众的获得感、幸福感、安全感的不断增强。二是亲身体验了从一名大学生到支教老师的角色转化，开始尝试用新的思维和眼光来认识和处理支教中所遇到的实际工作问题。三是亲身感受到支教学校教师供给数量相对欠缺的实际问题，让我能够跳出"小我"的局限，在一个更高的层次上来审视"实习支教"的历史意义和现实价值。

——李昌恕，2017 级马克思主义学院学生，

新疆理工学院实习支教

　　西北师大不仅把爱留在了沙漠绿洲之上，也通过学生把先进教学理念和专业知识运用到实践中。辛勤耕耘、默默奉献在阿克苏基础教育一线的学子们，时刻彰显着西北师大致力于西北地区教育事业的历史使命。

我能继续留在这里吗

　　在 2010 年春季学期参加支教的同学中，有位历史系的陈冲同学，被分配至离阿瓦提县城不远的第五中学。学校带队领导和阿克苏地区教育局领导一并到各学校去看望同学时，陈冲几次欲言又止，最后终于鼓起勇气小声说："老师，能不能给我换一下学校，我水土不服，我家在海南，在这所学校吃饭不习惯。"看着丫头个子小小的，瘦瘦的，好像一阵风刮来就能吹倒似的，学校领导和地区教育局商量了一下，觉得学生要求是合适的。五中的陈校长对此不以为然，操着一口浓重的方言说道："没关系，没关系，习惯两天就好了，没事。"地区教育局刘红老师说道："陈冲，能否这样，你先在这所学校等两天，两天后我们协调好学校来接你。"陈冲高兴地点了点头。

　　第三天一大早，刘红老师来到阿瓦提县第五中学，地区教育局已为陈冲联系到了生活条件较好的地区实验中学。见到陈冲时，丫头难为情地说："刘老师，我想继续留在五中，可以吗？""这里的校长对我们太好了，给我们把生活各方面都照顾得很好，老师们也很好，对我们很热情。""课也给我排上了，我走了，这些孩子们怎么办呢。"不等刘老师说话，陈冲就一刻不停地说着这几天的感受。

　　"那你在这边能适应吗，吃饭问题能克服吗？"刘老师关切地问道。"能！学校给我们新买了灶具，我们几个人有时间学着做饭吃。其实学校食堂的饭挺好的，那天可能是刚来，不太习惯。"最终陈冲选择留在五中，留在这所让她无限热爱的学校支教。

　　教育学院教师卓杰说："我第一次带队参加支教是在 2009 年，当时从兰州出发要坐 40 多个小时的火车才能到达阿克苏地区，下车时每个人都疲惫不堪。但等我们到了支教学校，见到当地热情的老师和学生，一路上的疲惫一扫而光。"新疆实习支教带给师大学生们的温暖，不单来自母校，更来自阿克苏当地善良、可爱、温暖、朴实的每一位老师和孩子。"选择西部，选择这边的孩子，青春无悔！支教，对于我们来说是很神圣的，它不仅给孩子们带来了知识、期待和幻想，同时也给生活带来了一份纯粹的快乐；这种快乐属于山区的孩子们，同时也属于我们。"陈冲同学这样说道。

也有很多支教生因为支教爱上了新疆，同时加深了他们对教师这个职业的向往，他们毕业后毅然决然地选择到新疆从事教育工作。学前教育专业学生吐孙尼撒来自新疆和田，一来到阿瓦提县第七国语幼儿园，就和孩子们打成了一片，他毫不犹豫地说："毕业后我要回到和田，为新疆的教育事业贡献力量。"

长期推进的支教活动，也让西北师大在阿克苏地区的影响不断增强。据官方数据显示，2008 年至 2019 年期间，西北师大共有 3000 多名毕业生在新疆维吾尔自治区就业，其中有实习支教经历的学生占了三分之一。2008 年西北师范大学共有 66 名毕业生在新疆就业，2010 年则猛增至 153 人，2013 年为 167 人，2016 年为 236 人，2017 年为 218 人，2018 年为 235 人。2017 年库车县、新河县、温宿县直接委托学校各推荐 30 名优秀毕业生作为高层次人才予以引进。不少西北师大毕业生已成为当地学校教学科研骨干，备受称赞。

起航新征程

在多年的支教实践中，西北师大积累了丰富的经验，支教范围涵盖了学前教育到高中阶段教育的所有科目，支教区域覆盖阿克苏地区八县一市，有效缓解了当地教师短缺、师资结构不合理的状况。

2013 年 8 月底，由万明钢副校长带队与新疆教育厅签署新一轮五年实习支教协议，启动实习支教第二个五年计划。2019 年 2 月，根据学校党委书记张俊宗、新疆教育厅副厅长孙长波、阿克苏地委书记窦万贵的要求，西北师大出台了《西北师范大学新疆实习支教"升级版"行动计划》，学校阿克苏支教工作走上新的征程。在不断总结过去 10 年支教工作的基础上，学校充分发挥自身优势，主动对接阿克苏当地需求，建立"西北师范大学阿克苏地区民族教育创新实验区"，通过实习支教、联合培养、教师培训、教育研究、促进就业、助力"一带一路"等措施，以阿克苏地区为中心辐射全疆，为当地社会经济发展提供更多智力支撑和人才支持，促进当地教育事业发展，增强民族团结与融合，增进国家认同感，为边疆稳定和社会发展作出更大的贡献。至此，西北师范大学新疆实习支教正式开启"2.0"时代。"阿克苏要有西北师大的元素，西北师大要有阿克苏的元素。"张俊宗在与新疆维吾尔自治区教育厅签署第三轮实习支教协议时说。

图 31-3　西北师范大学在阿克苏建立教学研究实践基地

"西迁精神，薪火相传。80 年前，西北师大师生在抗战烽火中一路西迁，担负起了发展西部教育的历史重任。走进新时代，西北师大的责任使命未有改变。我们将努力探索符合新形势、新要求的卓越教师培养模式，引领教育教学改革，持续为民族地区、农村地区的基础教育服务，更加坚定不移地深入推进实习支教工作。"西北师范大学校长刘仲奎在接受记者采访时这样说道。放眼未来，学校也必将以"功成必定有我"的担当精神，积极应对新疆教育事业发展之所需，主动将优质教育资源向西推进延伸，展现百年名校浓厚的家国情怀和鲜明的育人特色，在阿克苏地区续写"教育援疆"新华章。

（王兴　周建翔）

◎ "七高一体系"及双一流大学建设愿景

　　回顾西北师范大学 120 年的历史，从发端京师大学堂师范馆起，学校即是"根正苗红"的高等师范教育院校。经 20 世纪 20 年代"高师改大"运动，北平师范大学成为全国仅存的六所师范院校，全体学人以顽强的精神捍卫了师范教育的尊严，成为北平这个高校云集的地区高等教育的"领头雁"之一。后因抗战西迁陕西西安，再迁陕南城固，最终植根甘肃兰州，一路将高等教育的火种播撒到西北大地，填补了甘肃国立高等教育的空白，成为国家高等教育整体布局中一支重要力量。1958 年之前，学校一直都是教育部直属高校。新中国成立后，国家高等教育政策不断调整，特别是 20 世纪 90 年代中后期，"211""985"等高等教育工程相继实施，但学校都与之失之交臂。经过几代人的努力，2009 年 3 月学校跨入了省部共建高校行列，让学校的办学层次再上了一个台阶。

　　习近平总书记在党的十九大报告中庄严宣告，中国特色社会主义进入了新时代。立足新时代，如何审视自己的定位使命，如何谋划我们的奋斗目标，如何以奋斗目标为导向布局学校未来发展，是新时代学校面临的新机遇、新考验、新要求。反观国家的高等教育政策，加快一流大学和一流学科建设，实现高等教育内涵式发展，成为高等教育的时代主题。因此，建设国家一流大学便成为西北师大人实现"国立"情结的追求和理想。

"七高一体系"办学理念的提出

　　2018 年 3 月，西北师大党委书记张俊宗教授时隔 17 年后再回母校工作。上任之始，带着对母校改革发展迫切之情，带着广大师生热切期盼，为了摸清学校发展底数，理清发展思路，张俊宗书记便立即投入工作，带领党政领导班子开始了历时 3 个多月的工作调研。2018 年 7 月，学校党委召开了中层领导干部"改革激活力、发展谋新篇"为主题的理论研讨会，党委书记张俊宗结合在各学院各单位调研情况，以"定方位、做诊断、找路子、谋发展"为题，量化对比分析了学校在全国高校中所处方位，围绕学校建设教师教育特色鲜明高水平大学奋斗目标，对照高水平大学建设标准，阐述了学校今后改革发展的思路。校长刘仲奎结合本科教学审核评估、第四轮学科评估以及博士点申报工作，围绕学科建设，通过横纵向比较，梳理分析了学校学科建设中存在的问题，就学科建设如何补短板、强特色提出了今后建设思路。会议经过充分研讨，确定了"七高一体系"高水平大学建设的目标和思路。

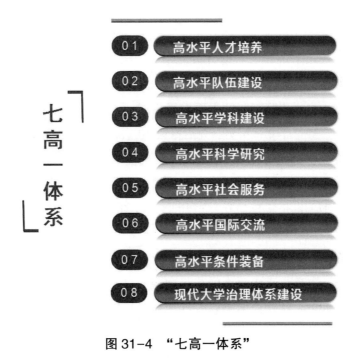

图31-4　"七高一体系"

渊源接续，薪火相传。会议研讨成果体现了学校党委对新时代高等教育改革发展态势的全面把握，对"双一流"背景下如何建设地方高水平大学的深刻认识，勾画了学校"七高一体系"高水平大学建设构想，彰显出全校师生对今后一段时期办好西北师大的清晰思路、强烈愿望和坚定决心。破除思维定式和路径依赖，跳出师大看师大、站位全国看师大，集中集体智慧，高标准做好学校"七高一体系"高水平大学建设的顶层设计，成为方案编制的共识。

之后，学校成立以党委书记张俊宗、校长刘仲奎任组长的《西北师范大学高水平大学建设行动方案》编制领导小组，领导小组下设高水平人才培养、高水平队伍建设、高水平学科建设、高水平科学研究、高水平社会服务、高水平国际交流、高水平装备建设和现代大学治理体系八个工作小组，正式启动方案编制工作。之后学校党委多次主持召开方案编制工作汇报讨论会，坚持问题导向和目标导向相统一，以"跳起来摘桃子"的思路和"跑起来奔目标"的劲头，高起点高标准绘制学校"七高一体系"高水平大学作战图。

编制工作小组认真研读党中央、国务院重要会议和政策精神，与各牵头部门开展专题工作研讨，把国家和省上的最新要求体现在《行动方案》中，把研讨成果呈现在《行动方案》中。围绕学校综合排名进位目标，寻找与对标高校的差距，梳理确定我校高水平大学建设的具体指标，在充分论证的基础上提出未来五年的主要发展指标，为《行动方案》的编制提供了重要依据。经过半年多努力，先后修改10余稿，《行动方案》经2019年第十二次党委常委会会议审议通过，并在全校印发执行。《行动方案》是全校教职员工集体智慧的结晶，充分反映了全校上下的共同愿景，是学校新时代的宣言书，也是学校站在新的历史方位对"双一流"建设的再动员、再部署、再出发。

"七高一体系"高水平大学建设内容

站在新起点，学校提出要以习近平新时代中国特色社会主义思想为指导，深入贯彻落实党的十九大精神，全面落实全国全省教育大会精神，坚持学校党委对高水平大学建设工作的全面领导，紧扣追赶超越、提质进位的奋斗目标，以协同推进"七高一体系"为主线，以学科建设为龙头、人才培养为根本、队伍建设为核心、深化改革为动力，从多维度攻坚重点任务与核心指标，全面提升学校综合实力与核心竞争力，在引领西部教师教育、服务国家和区域经济社会发展方面发挥重大作用。

"七高一体系"高水平大学建设方案，从全力打造一流本科教育和高水平研究生教育、着力建设高水平人才队伍、加快提升学科整体发展水平、大力提升科研创新能力与学术影响力、推动形成全方位服务社会发展新格局、加快提升学校国际化办学水平、着力提高办学资源支撑保障水平、不断推进治理体系和治理能力现代化建设等八个方面对学校建设、实现高质量发展和内涵发展作出系统部署，清晰绘制了实施路径。

学校在协同推进"七高一体系"高水平大学建设过程中始终贯彻"六个坚持"：即坚持目标引领，保持发展定力，增强发展自信，明确发展薄弱点、改革突破点、工作发力点，把广大师生员工的智慧和力量汇聚到加快建成"七高一体系"高水平大学建设的奋斗目标上来。坚持内涵发展，对照建设"七高一体系"高水平大学的目标任务和核心要素，加快发展方式转变，合理配置办学资源，实现学校事业高质量发展，做好向西向下文章。坚持改革创新，创新发展理念，落实改革任务，破除不利于学校科学发展的体制机制障碍，实现关键环节、重点领域的突破，进一步激发发展动力，释放发展活力。坚持以人为本，紧紧依靠师生，关注关怀师生，充分尊重师生在学校事业改革发展中的主体地位，推动改革发展红利惠及全体师生，促进学校事业发展与师生个人发展的协调统一。坚持文化引领，挖掘、梳理和凝练学校文化内涵与特色，大力弘扬学校优良办学传统和文化精神，强化师生共同的价值追求，使共同价值观成为学校各项工作和师生的行动航标。坚持党的领导，全面从严治党，强化领导地位，坚持和完善党委领导下的校长负责制，不断增强党的创造力、凝聚力、战斗力，确保学校发展始终沿着社会主义办学方向前进。

方案实施以来，学校人才培养的中心地位持续巩固，学科水平和科研实力稳步提升，服务社会发展能力显著增强，人才队伍建设成效明显，教学科研条件极大改善，国际交流合作有效拓展，助力脱贫攻坚成效显著，治理体系和治理能力建设有序推进，学校办学整体实力和水平迈上新的台阶。

"双一流"大学建设愿景

党的十九大以来，地方"双一流"大学建设纵深推进。学校在前期"七高一体系"高水平大学建设的基础上，进一步推进一流大学建设。2020年，甘肃省委省政府从全省经济社会发展战略需求出发，明确支持西北师范大学建设国家一流大学。2021年12月，学校"教育学""简牍学"入选省属高校国家一流学科突破工程建设项目。2021年12月，学校在开启十四五规划的关键节点，团结带领全校党员干部，凝聚全校师生力量，以"坚守师范使命，再塑发展优势，奋力开启一流大学建设新篇章"为主题，胜利召开了学校第八次党代会，系统回顾了第七次党代会以来的工作，全面总结了学校在兰州办学80年的经验成就，提出了今后五年的奋斗目标和工作举措，奋力开启一流大学建设新篇章。

图 31-5　中国共产党西北师范大学第八次代表大会

　　作为学校发展历史上一次非常重要的会议，第八次党代会分析了学校未来发展形势，认为未来五年，是我国由全面建成小康社会向基本实现社会主义现代化迈进的关键时期，是实现教育现代化、建设教育强国的重要阶段。学校发展面临的机遇更具有战略性、可塑性。百年未有之大变局催生高等教育发展理念、发展形态、发展方式深刻变革。提出奋力开启一流大学建设新篇章的根本在于坚持以习近平新时代中国特色社会主义思想为统领，坚持把党的全面领导贯穿办学治校全过程、体现在教书育人各方面，把立德树人作为检验一切工作的根本标准，着力培养一代又一代拥护中国共产党领导和我国社会主义制度、立志为中国特色社会主义奋斗终身的有用人才；核心是坚决落实中央省委部署要求并积极融入国家地方战略需求，深度融入"一带一路"建设，主动肩负起建设幸福美好新甘肃的社会责任，在全面振兴中西部高等教育的进程中发挥战略支点作用；重点是建设高质量教育体系，努力把"西北师大学子"锻造成为担当民族复兴大任的时代新人，提升科学研究质量和社会服务质量，把论文写在大地上，把研究成果转化为"西北师大创造"；关键是接续改革奋斗，树牢一流大学的意识，对标一流大学的标准，以逢山开路、遇水架桥的决心和勇气，保持一张蓝图绘到底、咬定青山不放松的战略定力，全面深入推进学校综合改革。

这次会议也确定了一流大学建设未来五年的奋斗目标和远景目标，即到2025年，学校稳步进入国家"双一流"大学建设行列，教育学、简牍学2个学科处于全国同类院校前列。到2035年，学校人才培养、科学研究、社会服务、文化传承创新、国际合作交流的水平全面提升，基本实现治理体系和治理能力现代化，基本建成教师教育特色、铸牢中华民族共同体意识特色、服务西部发展特色鲜明的一流大学，综合实力和国际影响力走在全国同类院校前列，这也成为全体西北师大人的奋斗愿景。

一代人有一代人的使命，一代人有一代人的担当。在实现中华民族伟大复兴的大好时代，有国家新时代推进西部大开发形成新格局和"一带一路"建设的伟大战略，有新时代振兴中西部高等教育的政策支持，有甘肃省委省政府的关心指导，有"爱国进步、诚信质朴、艰苦奋斗、自强不息"的师大精神，我们有理由相信，全体师大人定能在创建一流大学的赛道上交出满意的答卷，早日实现建成"双一流"大学的"西北师大梦"！

（牛成春根据学校《高水平大学建设行动方案》和
《第八次党代会报告》摘选整理）

后　记

　　"丝路传薪双甲子,长河振铎百廿载"。2022 年,西北师范大学迎来了建校 120 周年。为了总结历史、提振精神、开拓未来,学校组织编写了《西北师范大学史话》,作为百廿周年校庆的一份献礼。

　　西北师范大学向来重视校史宣讲和研究,形成了良好的传统。早在民国年间,历年校庆活动中都要讲述学校历史,陈述发展脉络,期以精神存续;历年毕业纪念册扉页都要详叙学校历史,希望毕业同学牢记过往,传递家国情怀,发扬艰苦奋斗精神。新中国成立后,学校依然重视历史传承,开始编撰、出版校史论著。1985 年出版的《甘肃文史资料选辑》第 23 辑上载有李爱民、曹怀玉撰写的《西北师范学院史略》一文,该文较为详细地叙述了学校的发展史。1989 年青海人民出版社出版了王明汉、衡均编写的《西北师范大学校史 (1939—1989)》,该书是第一部严格意义上的校史专著。2002 年,为了庆祝学校 100 周年华诞,甘肃人民出版社出版了《西北师大校史 (1902—2002)》。2012 年,在学校 110 周年校庆之际,学校在教育科学出版社出版了由刘基、王嘉毅和丁虎生主编的《西北师范大学校史(1902—2012)》,这版校史内容丰富,脉络清晰,叙述详细,史料价值较高,至今仍是研究学校历史的重要参考书籍。2018 年,西北师大成立了校史研究中心,派人专职负责,充分表明学校对校史工作的重视。

　　近年来,校史研究热度不减,校史的撰写方式也逐渐趋于灵活多样。因此学校领导决定创新校史编撰的方式,用史话的形式钩沉学校 120 年的发展历程,以时间为主线,以人物为重点,以故事为载体,以精神为统系,把校史写得更具思想性、故事性、趣味性、可读性，让更多的人走近师大、了解师大、理解师大和支持师大。遵循上述旨趣，这本史话具有以下几大特点。第一，在充分查阅史料的基础上，精心考证，力求史实准确，叙述清楚以前语焉不详或错误的问题，讲清楚西北师大与国家同呼吸、共命运的历史，说明白西北师大在中国高等教育史上的杰出贡献，总结出西北师大不断辉煌的精神密码，把校史研究推进到一个新高度。第二，选取的人物均为品行高尚、学问一流，堪称大师或教育家的先贤，将他们的教育理念、优秀品德、扎根西北及献身国家的典型事迹具象呈现，达到纪念先贤、启迪后人之功效。第三，在行文中，重视学校精神的提炼，力图把学校爱国进步、诚信质朴、艰苦奋斗、自强不息的校风和崇尚学术、追求卓越的办学理念贯穿始终，让师生感恩过去、潜心治学、努力求学、创造未来。第四，文笔力求通俗易懂、表述生动、流畅明晰、感情充沛，达到以人系事、以事育人和弘扬教化之目的。

《西北师范大学史话》是集体智慧的结晶。党委书记张俊宗教授和校长刘仲奎教授直接领导该书的撰写，他们思想深邃、视野宏阔、眼光独到，经常为撰写者指点迷津，开拓思路；副校长张生勇研究员分管校史工作，他多次主持召开校史工作推进会，为撰写者铺路搭桥，助力尤多；副校长田澍教授、邓小娟教授和韩高年教授时常询问编写进度，为编写团队排忧解难，不遗余力。参加撰写者和统稿者均为在职教师和部分博硕士，他们热爱学校，在繁忙的工作学习之余，认真查证史料，精心着笔，不计劳苦，令人动容。感谢西北师范大学档案馆提供部分档案和图片。感谢人民出版社邵永忠编审，邵编审学养非凡，是当下出版界的翘楚和良心，他提出了诸多宝贵修改意见，使史话增色不少。

通过史话形式阐释学校历史，传承学校精神，激励教育后人，这是一次有益的尝试。然由于水平有限，全书难免有挂一漏万或错误之处，希望读者诸君匡正。

《西北师范大学史话》编写组

责任编辑:邵永忠
封面设计:胡欣欣
责任校对:吕　飞

图书在版编目(CIP)数据

西北师范大学史话/张俊宗,刘仲奎　主编;尚季芳　副主编.—北京:
　人民出版社,2022.9
　ISBN 978-7-01-024736-6

Ⅰ.①西… Ⅱ.①张… ②刘… ③尚… Ⅲ.①西北师范大学-校史
　Ⅳ.①G659.284.21

中国版本图书馆 CIP 数据核字(2022)第 069151 号

西北师范大学史话
XIBEI SHIFAN DAXUE SHIHUA

张俊宗　刘仲奎　主编
尚季芳　副主编

人民出版社 出版发行
(100706　北京市东城区隆福寺街 99 号)

北京中科印刷有限公司印刷　新华书店经销

2022 年 9 月第 1 版　2022 年 9 月北京第 1 次印刷
开本:710 毫米×1000 毫米 1/16　印张:37.75　字数:610 千字

ISBN 978-7-01-024736-6　定价:110.00 元

邮购地址 100706　北京市东城区隆福寺街 99 号
人民东方图书销售中心　电话 (010)65250042　65289539